Stefan Zweig
»Ich habe das Bedürfnis nach Freunden«

Klemens RENOLDNER (Hg.)
Unter Mitarbeit von Elisabeth Fritz

Stefan Zweig
»Ich habe das Bedürfnis nach Freunden«

Erzählungen, Essays
und unbekannte Texte

styria premium

Inhalt

Vorwort

Stefan Zweigs Novellen erleben eine große Renaissance. Schon zu seinen Lebzeiten wurden sie in der ganzen Welt begeistert aufgenommen. Zeitgenossen wie Joseph Roth, Thomas Mann, Maxim Gorki, Paul Valéry oder Sigmund Freud haben sie bewundert. Seit einigen Jahren gibt es aber ein neues Interesse an Stefan Zweigs Erzählungen. Nicht nur in Frankreich, England, Italien und Spanien, sondern auch in China und Russland, in asiatischen, arabischen wie in lateinamerikanischen Ländern findet das Werk des österreichischen Schriftstellers dank neuer Übersetzungen zum zweiten Mal eine begeisterte Leserschaft.

Eine neue Generation von Literaturfreunden entdeckt nicht nur sein Erinnerungsbuch *Die Welt von Gestern,* seine historischen Biographien über Napoleons Polizeiminister Joseph Fouché, die tragischen Königinnen Marie Antoinette und Maria Stuart, den großen Humanisten Erasmus von Rotterdam, die Entdecker Magellan und Amerigo Vespucci, sondern vor allem seine faszinierenden Erzählungen, Novellen und Kurzgeschichten.

Das vorliegende Lesebuch enthält einige der mit Recht so berühmten Meister-Erzählungen wie zum Beispiel *Angst, Vierundzwanzig Stunden aus dem Leben einer Frau, Verwirrung der Gefühle* und die *Schachnovelle.* Zu entdecken gilt es aber Zweigs Früh- und Spätwerk, das selbst den meisten Zweig-Freunden kaum bekannt ist. *Vergessene Träume* ist der Titel des ersten Prosatextes, den der Autor 1901, im Alter von zwanzig Jahren, veröffentlicht hat. Eine der letzten Erzählungen, die sich im brasilianischen Nachlass fand, hat den Titel *Die spät bezahlte Schuld* und beschließt den ersten Teil.

Weil in vielen Ausgaben der Werke Zweigs eine große Textunsicherheit festzustellen ist und – zum Teil mit Absicht, zum Teil irrtümlich – zahlreiche Abänderungen vorgenommen wurden, haben wir, um einen gesicherten Textcorpus zu erlangen, die Quellenlage neu studiert und – soweit zugänglich – Typoskripte, Erstdrucke bzw. Erstausgaben zum Vergleich herangezogen. Die detaillierten Angaben zu den Druckvorlagen, die wir herangezogen haben, sind bei den Nachweisen ab Seite 514 zu finden.

„Ich habe das Bedürfnis nach Freunden wie nie", schrieb Stefan Zweig am 25. September 1937 in einem Brief an seinen Freund, den Schriftsteller Joseph Roth. Im zweiten Teil des vorliegenden Bandes sind einige bisher noch nie in Buchform erschienene Aufsätze und Essays von Stefan Zweig zu entdecken. Bei der Auswahl der Texte war es auch die Absicht, das geistige Leben Wiens aus Stefan Zweigs Blick lebendig werden zu lassen. Neben Texten zu Literatur, Kunst und Musik sind hier vor allem Erinnerungen an Freunde versammelt. Dabei durften natürlich Joseph Roth, Sigmund Freud, Theodor Herzl und Otto Weininger nicht fehlen – auch wenn diese Aufsätze bzw. Reden schon in Anthologien veröffentlicht wurden.

K. R.

Erzählungen

Vergessene Träume

Die Villa lag hart am Meer.

In den stillen, dämmerreichen Piniengängen atmete die satte Kraft der salzhältigen Seeluft und eine leichte beständige Brise spielte um die Orangenbäume und streifte hie und da, wie mit vorsichtigen Fingern, eine farbenbunte Blüte herab. Die sonnenumglänzten Fernen, Hügel, aus denen zierliche Häuser wie weiße Perlen hervorblitzten, ein meilenweiter Leuchtturm, der einer Kerze gleich steil emporschoss, alles schimmerte in scharfen, abgegrenzten Konturen und war, ein leuchtendes Mosaik, in den tiefblauen Azur des Äthers eingesenkt. Das Meer, in das nur selten weit, weit in der Ferne, weiße Funken fielen, die schimmernden Segel von einsamen Schiffen, schmiegte sich mit der beweglichen Weise seiner Wogen an die Stufenterrasse an, von der sich die Villa erhob, um immer tiefer in das Grün eines weiten, schattendunklen Gartens zu steigen und sich dort in dem müden, märchenstillen Park zu verlieren.

Von dem schlafenden Hause, auf dem die Vormittagshitze lastete, lief ein schmaler, kiesbedeckter Weg wie eine weiße Linie zu dem kühlen Aussichtspunkte, unter dem die Wogen in wilden, unaufhörlichen Anstürmen grollten und hie und da schimmernde Wasseratome heraufstäubten, die beim grellen Sonnenlichte im regenbogenfunkelnden Glanz von Diamanten prahlten. Dort brachen sich die leuchtenden Sonnenpfeile teils an den Pinienwichseln, die dicht beisammen wie im vertrauten Gespräche standen, teils hielt sie ein weitausgespannter japanischer Schirm ab, auf dem lustige Gestalten mit scharfen, unangenehmen Farben festgehalten waren.

Innerhalb des Schattenbereiches dieses Schirmes lehnte in einem weichen Strohfauteuil eine Frauengestalt, die ihre schönen Formen wohlig in das nachgiebige Geflecht schmiegte. Die eine schmale, unberingte Hand hing wie vergessen herab und spielte mit leisem, behaglichem Schmeicheln in dem glitzernden Seidenfelle eines Hundes, während die andere ein Buch hielt, auf das die dunkeln, schwarzbewimperten Augen, in denen es wie ein verhaltenes Lächeln lag, ihre ununterbrochene Aufmerksamkeit konzentrierten. Es waren große, unruhige Augen, deren Schönheit noch ein matter verschleierter Glanz erhöhte. Überhaupt war die starke, anziehende Wirkung, die das ovale, scharfgeschnittene Gesicht ausübte, keine natürliche, einheitliche, sondern ein raffiniertes Hervorstechen einzelner Detailschönheiten, die mit besorgter, feinfühliger Koketterie gepflegt waren. Die anscheinend regellose Wirrnis der duftenden, schimmernden Locken war die mühevolle Konstruktion einer Künstlerin, und auch das leise Lächeln, das während des Lesens die Lippen umzitterte und dabei den weißen, blanken Schmelz der Zähne entblößte, war das Resultat einer mehrjährigen Spiegelprobe, aber jetzt schon zur festen, unablegbaren Gewohnheitskunst geworden.

Ein leises Knistern im Sande.

Sie sieht hin, ohne ihre Stellung zu ändern, wie eine Katze, die im blendenden warmflutenden Sonnenlichte gebadet liegt und nur träge mit den phosphorisierenden Augen dem Kommenden entgegenblinzelt.

Die Schritte kommen rasch näher und ein livrierter Diener steht vor ihr, um ihr eine schmale Visitkarte zu überreichen und dann ein wenig wartend zurückzutreten.

Sie liest den Namen mit dem Ausdrucke der Überraschung in den Zügen, den man hat, wenn man auf der Straße von einem Unbekannten in familiärster Weise begrüßt wird. Einen Augenblick graben sich kleine Falten oberhalb der scharfen, schwarzen Augenbrauen ein, die das angestrengte Nachdenken markieren, und dann plötzlich spielt ein fröhlicher Schimmer um das ganze Gesicht, die Augen blitzen in übermütiger Helligkeit, wie sie an längst verflogene, ganz und gar vergessene Jugendtage denkt, deren lichte Bilder der Name in ihr neu erweckt hat. Gestalten und Träume gewinnen wieder feste Formen und werden klar wie die Wirklichkeit.

»Ach so«, erinnerte sie sich plötzlich zum Diener gewandt, »der Herr möchte natürlich vorsprechen.«

Der Diener ging mit leisen devoten Schritten. Eine Minute war diese Stille, nur der nimmermüde Wind sang leise in den Gipfeln, die voll schweren Mittagsgoldes hingen.

Und dann plötzlich elastische Schritte, die energisch auf dem Kieswege hallten, ein langer Schatten, der bis zu ihren Füßen lief, und eine hohe Männergestalt stand vor ihr, die sich lebhaft von ihrem schwellenden Sitze erhoben hatte.

Zuerst begegneten sich ihre Augen. Er überflog mit einem

raschen Blicke die Eleganz der Gestalt, während ihr leises ironisches Lächeln auch in den Augen aufleuchtete.

»Es ist wirklich lieb von Ihnen, dass Sie noch an mich gedacht haben«, begann sie, indem sie ihm die schmalschimmernde, feingepflegte Hand hinstreckte, die er ehrfürchtig mit den Lippen berührte.

»Gnädige Frau, ich will ehrlich mit Ihnen sein, weil dies ein Wiedersehen ist seit Jahren und auch, wie ich fürchte, – für lange Jahre. Es ist mehr ein Zufall, dass ich hierher gekommen bin, der Name des Besitzers dieses Schlosses, nach dem ich mich wegen seiner herrlichen Lage erkundigte, rief mir Ihre Gestalt wieder in den Sinn. Und so bin ich denn eigentlich als ein Schuldbewusster da.«

»Darum aber nicht minder willkommen, denn auch ich konnte mich nicht im ersten Moment an Ihre Existenz erinnern, obwohl sie einmal für mich ziemlich bedeutsam war.«

Jetzt lächelten beide. Der süße leichte Duft der ersten halbverschwiegenen Jugendliebe war mit seiner ganzen berauschenden Süßigkeit in ihnen erwacht wie ein Traum, über den man beim Erwachen verächtlich die Lippen verzieht, obwohl man wünscht, ihn noch einmal nur zu träumen, zu leben. Der schöne Traum der Halbheit, die nur wünscht und nicht zu fordern wagt, die nur verspricht und nicht gibt. –

Sie sprachen weiter. Aber es lag schon eine Herzlichkeit in den Stimmen, eine zärtliche Vertraulichkeit, wie sie nur ein so rosiges, schon halbverblasstes Geheimnis gewähren kann. Mit leisen Worten, in die hie und da ein fröhliches Lachen seine rollenden Perlen warf, sprachen sie von vergangenen Dingen, von vergessenen Gedichten, verwelkten Blumen, verlorenen und vernichteten Schleifen, kleinen Liebeszeichen, die sie sich in der kleinen Stadt, in der sie damals ihre Jugend verbrachten, gegenseitig gegeben. Die alten Geschichten, die wie verschollene Sagen in ihren Herzen langverstummte, stauberstickte Glocken rührten, wurden langsam, ganz langsam von einer wehen, müden Feierlichkeit erfüllt, der Ausklang ihrer toten Jugendliebe legte in ihr Gespräch einen tiefen, fast traurigen Ernst. –

Und seine dunkelmelodisch klingende Stimme vibrierte leise, wie er erzählte: »In Amerika drüben bekam ich die Nachricht, dass

Sie sich verlobt hätten, zu einer Zeit, wo die Heirat wohl schon vollzogen war.«

Sie antwortete nichts darauf. Ihre Gedanken waren zehn Jahre weiter zurück.

Einige lange Minuten lastete ein schwüles Schweigen auf beiden.

Und dann fragte sie leise, fast lautlos:

»Was haben Sie damals von mir gedacht?«

Er blickte überrascht auf.

»Ich kann es Ihnen ja offen sagen, denn morgen fahre ich wieder meiner neuen Heimat zu. – Ich habe Ihnen nicht gezürnt, nicht Augenblicke voll wirrer, feindlicher Entschlüsse gehabt, denn das Leben hatte schon damals die farbige Lohe der Liebe zu einer glimmenden Flamme der Sympathie erkaltet. Ich habe Sie nicht verstanden, nur – bedauert.«

Eine leichte dunkelrote Stelle flog über ihre Wangen und der Glanz ihrer Augen wurde intensiv, wie sie erregt ausrief:

»Mich bedauert! Ich wüsste nicht warum.«

»Weil ich an Ihren zukünftigen Gemahl dachte, den indolenten, immer erwerben wollenden Geldmenschen – widersprechen Sie mir nicht, ich will Ihren Mann, den ich immer geachtet habe, durchaus nicht beleidigen – und weil ich an Sie dachte, das Mädchen, wie ich es verlassen habe. Weil ich mir nicht das Bild denken konnte, wie Sie, die Einsame, Ideale, die für das Alltagsleben nur eine verächtliche Ironie gehabt, die ehrsame Frau eines gewöhnlichen Menschen werden konnten.«

»Und warum hätte ich ihn denn doch geheiratet, wenn dies alles sich so verhielte?«

»Ich wusste es nicht so genau. Vielleicht besaß er verborgene Vorzüge, die dem oberflächlichen Blicke entgehen und erst im intimen Verkehr zu leuchten beginnen. Und dies war mir dann des Rätsels leichte Lösung, denn eines konnte und wollte ich nicht glauben.«

»Das ist?«

»Dass Sie ihn um seiner Grafenkrone und seiner Millionen genommen hätten. Das war mir die einzige Unmöglichkeit.«

Es war, als hätte sie das letzte überhört, denn sie blickte mit vorgehaltenen Fingern, die im Sonnenlichte in blutdunkelm Rosa wie eine Purpurmuschel erstrahlten, weit hinaus, weithin zum schleierumzogenen Horizonte, wo der Himmel sein blassblaues Kleid in die dunkle Pracht der Wogen tauchte.

Auch er war in tiefen Gedanken verloren und hatte beinahe die letzten Worte vergessen, als sie plötzlich kaum vernehmlich, von ihm abgewendet, sagte:

»Und doch ist es so gewesen.«

Er sah überrascht, fast erschreckt zu ihr hin, die in langsamer, offenbar künstlicher Ruhe sich wieder in ihren Sessel niedergelassen hatte und mit einer stillen Wehmut monoton und die Lippen kaum bewegend weitersprach:

»Ihr habt mich damals keiner verstanden, als ich noch das kleine Mädchen mit den verschüchterten Kinderworten war, auch Sie nicht, der Sie mir so nah standen. Ich selbst vielleicht auch nicht. Ich denke jetzt noch oft daran und begreife mich nicht, denn was wissen noch Frauen von ihren wundergläubigen Mädchenseelen, deren Träume wie zarte, schmale, weiße Blüten sind, die der erste Hauch der Wirklichkeit verweht? Und ich war nicht wie alle die andern Mädchen, die von mannesmutigen, jugendkräftigen Helden träumten, die ihre suchende Sehnsucht zu leuchtendem Glücke, ihr stilles Ahnen zum beseligenden Wissen machen sollten und ihnen die Erlösung bringen von dem ungewissen, unklaren, nicht zu fassenden und doch fühlbaren Leid, das seinen Schatten über ihre Mädchentage wirft, und immer dunkler und drohender und lastender wird. Das habe ich nie gekannt, auf anderen Traumeskähnen steuerte meine Seele dem verborgenen Hain der Zukunft zu, der hinter den hüllenden Nebeln der kommenden Tage lag. Meine Träume waren eigen. Ich träumte mich immer als ein Königskind, wie sie in den alten Märchenbüchern stehen, die mit funkelnden, strahlenschillernden Edelsteinen spielen, deren Hände sich im goldigen Glanz von Märchenschätzen versenken und deren wallende Kleider von unnennbaren Werten sind. – Ich träumte von Luxus und Pracht, weil ich beides liebte. Die Lust, wenn meine Hände über zitternde, leise singende Seide streifen durften, wenn meine Finger in den weichen, dunkelträumenden Daunen eines schweren Sammetstoffes wie im Schlafe liegen konnten! Ich war glücklich, wenn ich Schmuck an den schmalen Gliedern meiner von Freude zitternden Finger wie eine Kette tragen konnte, wenn weiße Steine aus der dichten Flut meines Haares wie Schaumperlen schimmerten, mein höchstes Ziel war es, in den weichen Sitzen eines eleganten Wagens zu ruhen. Ich war damals in einem Rausche von Kunstschönheit befangen, der mich mein wirkliches Leben verachten ließ. Ich hasste mich, wenn ich in meinen Alltagskleidern war, bescheiden und einfach wie eine Nonne und blieb oft tagelang zu Hause, weil ich mich vor mir selbst in meiner Gewöhnlichkeit schämte, ich versteckte mich in meinem engen, hässlichen Zimmer, ich, deren schönster Traum es war, allein am weiten Meere zu leben, in einem Eigentum, das prächtig ist und kunstvoll zugleich, in schattigen, grünen Laubgängen, wo nicht die Niedrigkeit des Werkeltags seine schmutzigen Krallen hinreckt, wo reicher Friede ist – fast so wie hier. Denn was meine Träume gewollt, hat mir mein Mann erfüllt, und eben weil er dies vermochte, ist er mein Gemahl geworden.«

Sie ist verstummt und ihr Gesicht ist von bacchantischer Schönheit umloht. Der Glanz in ihren Augen ist tief und drohend geworden, und das Rot der Wangen flammt immer heißer auf.

Es ist tiefe Stille.

Nur drunten der eintönige Rhythmensang der glitzernden Wellen, die sich an die Stufen der Terrasse werfen, wie an eine geliebte Brust.

Da sagt er leise, wie zu sich selbst:

»Aber die Liebe?«

Sie hat es gehört. Ein leichtes Lächeln zieht über ihre Lippen.

»Haben Sie heute noch alle Ihre Ideale, alle, die Sie damals in die ferne Welt trugen? Sind Ihnen alle geblieben, unverletzt, oder sind Ihnen einige gestorben, dahingewelkt? Oder hat man sie Ihnen nicht am Ende gewaltsam aus der Brust gerissen und in den Kot geschleudert, wo die Tausende von Rädern, deren Wagen zum Lebensziele strebten, sie zermalmt haben? Oder haben Sie keine verloren?«

Er nickt trübe und schweigt.

Und plötzlich führt er ihre Hand zu den Lippen, küsst sie stumm. Dann sagt er mit herzlicher Stimme:

»Leben Sie wohl!«

Sie erwidert es ihm kräftig und ehrlich. Sie fühlt keine Scham, dass sie einem Menschen, dem sie durch Jahre fremd war, ihr tiefstes

Geheimnis entschleiert und ihre Seele gezeigt. Lächelnd sieht sie ihm nach und denkt an die Worte, die er von der Liebe gesprochen, und die Vergangenheit stellt sich wieder mit leisen, unhörbaren Schritten zwischen sie und die Gegenwart. Und plötzlich denkt sie, dass jener ihr Leben hätte leiten können, und die Gedanken malen in Farben diesen bizarren Einfall aus.

Und langsam, langsam, ganz unmerklich, stirbt das Lächeln auf ihren träumenden Lippen ...

Das Kreuz

Es war im Kriegsjahre 1810. Eine ungeheure brandige Staubwolke wälzte sich auf der Heerstraße Kataloniens Hostalrich zu, das die Spanier so hitzig verteidigten und die Franzosen so rastlos bestürmten. Manchmal schlug ein lässiger Windstoß den weißen Schleier auseinander, aus dem schattenhaft schwerfällige Wagen, in lose Gruppen gereihte Soldaten, matt vorwärtsschleifende Pferde auftauchten, ein Proviantransport, den ein erfahrener Colonel mit seiner Truppe schützte. Geschlängelt und schräg kroch der weiße Weg aus dem lehmigen Land der Hügelwellen empor und strebte einem kleinen Walde zu, der violett flammte, rot umkantet von der niedersinkenden Abendsonne. Schon rollte die Staubwolke gemächlich ins Baumdunkel, das schweigsam den knarrenden Zug erwartete.

Plötzlich wie eine Rakete ein Schuss aus dem Dunkel. Ein Zeichen offenbar. In der nächsten Sekunde prasselte ein mörderisches Schnellfeuer auf den eingekeilten Zug. Rechts und links fielen Soldaten, ehe ihnen Zeit blieb, die Flinte zu fassen, aufwiehernd stürmten die erschreckten Pferde empor, so dass die Wagen überschlugen oder mit dumpfem Stoß ineinanderrannten. Mit einem Blick übersah der Colonel die Situation: Widerstand war Wahnsinn, Flucht gefährlich. Wie eine Trompete überschrie sein Ruf den Lärm. Er befahl den Angriff gegen eine Flanke, den Transport und die Verwundeten dem Feind überlassend. Fanatisch knatterte die Trommel unter den fiebernden Händen des kleinen Tambours, und ohne Ordnung, ungestüm und unwiderstehlich, sprangen die Franzosen gegen die linke Seite der Straße in den Wald, dessen Bäume sich seltsam zu beleben begannen. Blitze rannen herab von den Kronen, die schwankten von ungewohnter Last, dunkle Gestalten streiften wie schwarze Schlangen die Äste hinab, und manchmal fiel dumpf, wie eine riesige Frucht, menschliche Masse von den zornig nachschwingenden Zweigen. Spanier, die im Buschwerk kauerten, flüchteten zurück vor den blind ins Dunkel stechenden Bajonetten der Franzosen, die verzweifelt vorwärtsfegten, um die Lichtung der Höhe zu gewinnen. Dazwischen brandete dumpf das Getöse von Schuss und Schrei, verrauschend in schreckhaftem Echo. Allen voran, Pistole und Säbel in der Hand, stürmte der Colonel. Plötzlich griff sein Arm steil in die Luft mit gekrampfter Hand. Sein Fuß hatte sich in einer Wurzel gefangen, und nun, wie er hinschlug, schmetterte sein Kopf so heftig gegen einen Baum, dass er mit leerem Blick ins Dunkel eines Busches fiel, dessen Gerten heftig über ihm zusammensausten. Achtlos hetzte an dem Ohnmächtigen der Kampf vorbei. –

Als der Colonel die Augen wieder aufschlug, lag er einsam in Dunkel und Stille. Über ihm schaukelten die Äste in den abendlich verschatteten Himmel, die Luft mit dumpfem Sausen erfüllend. Wie er den Kopf heben wollte, fühlte er Blut auf den Lippen. Unsicher denkend tastete er den Striemen nach, welche die Gerten im Niederschnellen über sein Gesicht gezogen. Und rasch belebte sich nun das Erinnern. Von der Stelle des Überfalles trug der Wind undeutlich das wirre Geräusch angeschirrter Pferde und fortrollender Räder her, ferner und immer ferner. Offenbar entführte die siegreiche Guerillabande ihre Beute. In das erste Erinnern mischte sich schon dumpfer Schmerz: der Colonel fühlte, dass die Entscheidung gänzlich aus seinen Händen geglitten sei und nur mehr im Spiel des Zufalls schwanke. Einsam war er in einem fremden Walde, einsam in Feindesland. Ein Blitzen seines Säbels, ein Knacken im Unterholz konnte ihn ausliefern, eine wehrlose Beute für die Torturen der Aufständischen. Denn seitdem Augereau die Wege mit Schnellgalgen gemessen, seit ohne Gericht die Spanier zusammengeschossen wurden, fanden die Franzosen schreckhafte Spuren der Rache in den verlassenen Dörfern, die verkohlten Leichen der von langsamem Feuer verbrannten Soldaten, die faulenden Leichen der gepfählten Gefangenen, furchtbare Bilder überstandener Qualen und tierischer Grausamkeit. Das alles blitzte auf in seinem Gehirn, so rasch, so grell, dass er zusammenfuhr, wie von Fieber geschüttelt. Dunkler und dunkler rauschte um ihn der Wald des Unheils, der ihn gefangen.

Der Colonel überlegte, alles ungestüme Entscheiden erdrosselnd. Nur Flucht war möglich, nächtliche Flucht aus dem Gehölz, Flucht entweder Hostalrich zu oder die Straße zurück, bis er wieder französischen Truppen begegnete. Aber Flucht um jeden Preis, das fühlte er, so sehr ihm auch der Gedanke seiner kläglichen Wehrlosigkeit das Herz verbrannte. Noch verdammte ihn das fahle Licht, das über den Wipfeln hing, zur Untätigkeit. Mit verbissenen Lippen und brennenden Augen, reglos unter dem Busche liegend, musste er noch warten, warten auf die runde Mondscheibe, die grünlich glimmernd aus den Abendnebeln zur Himmelshöhe schwamm, musste horchen auf jede Erschütterung des Bodens, jede hinzitternde Regung der Luft, jeden Vogelschrei aus der Tiefe des Waldes, jedes Stöhnen in den abendwindgeschaukelten Ästen. Erinnerung an die endlosen Nächte Ägyptens erfüllte ihn mit Grauen, an jene schweflig gelben Nachthimmel, angefüllt mit grenzenlosem Schweigen und unnennbarer Drohung. Die ganze Schwere rettungslosen Verlassenseins hing sich an sein Herz.

Nach Stunden und Stunden endlich, als das Gehölz wie vereist stand im kalten Mondlicht, kroch er vorsichtig auf den Knien gegen die Stelle des Überfalls zurück, zitternd nicht so sehr von Angst wie von fiebriger Glut unbestimmter Erwartung. Mit einer unendlichen Behutsamkeit, die seiner Erregung furchtbarste Qual war, tastete er auf allen vieren nach vorne durch das Buschwerk der verfilzten Sträucher und das harte Netz der Baumwurzeln. Eine Ewigkeit wurde ihm der Weg von Baum zu Baum. Endlich glänzte, hell wie ein Teich, die Landstraße durch das schläfrige Dunkel der Umsäumung.

Aufatmend reckte er sich empor, um nun auf dem verlassenen Wege zurückzueilen, die Pistole in der Hand und den Säbel in steter Bereitschaft. Da – er fuhr zusammen – glitt ein Schatten hart vor ihn hin. Und lief wieder zurück. Und wieder her und hin, ganz undeutlich und doch fühlbar wie ein kalter Hauch.

Der Colonel packte die Pistole und starrte ins Dunkel der Bäume. Aber kein Laut zuckte auf. Und doch: langsam und stetig kroch wieder der Schatten in den Kies der Straße, und unruhig, unwesenhaft dunkelte er wieder verlöschend zurück. Ging und kam wie ein Pendelschlag, geheimnisvoll und lautlos, ein Gespenst der Nacht. Atemlos folgte der Colonel seinem Wege. Und schauerte jählings zusammen, als er die Augen emporwandte gegen das Mondlicht.

Knapp zu seinen Häupten, an dem vorgeneigten Zweige einer jungen Korkeiche pendelte eine nackte Leiche, bleich und grauenhaft schimmernd in der kreidigen Mondgrelle. Pendelte in ruhigem Gang wie der Schatten über die Straße. Und wie der erschreckte Blick weitergriff von Baum zu Baum, vervielfältigte sich das schaurige Bild. Tote, hoch aufgeknüpft in den Schatten der Baumkronen und nur fahl vom gespenstischen Zwielicht übergossen, schienen mit phantastischen Gesten zu winken, die bleichen Körper unruhig im Winde hin und her werfend. Röchelnd quoll der Atem aus der Kehle des Colonels, als er über den verzerrten Gesichtern die höhnisch aufgepflanzten Bärenmützen seiner Soldaten sah. Seine Soldaten, tapfere, brave Kerle, mit denen er noch gestern beim Wachtfeuer gescherzt, von Briganten, von Räubern, von Spaniern hingehängt wie gerupfte, erwürgte Hühner, zuerst gemeuchelt, dann gemartert, geschmäht, bespien! Taumelnd vor Wut sprang er auf, hämmerte im wahnwitzigen Bedürfnis, etwas zu tun, mit der Faust gegen die harten Bäume. Und warf sich wieder hin mit verbissenen Zähnen, Wurzeln ausreißend und zerknirschend, fiebernd in der Qual seiner Wehrlosigkeit, aufglühend im Verlangen, etwas zu tun, zu brüllen, zu schlagen, zu drosseln, zu morden. Ein Übermaß war in ihm vom qualvollen Drängen, eine hochgepeitschte Flamme der Wut und Verzweiflung. Und immer wieder die Schatten über der Straße und das dumpfe Sausen des Waldes! Seit Jahren und Jahren fühlte der Colonel zum erstenmal ein Brennen in den Augen wie von Tränen, zum erstenmal fuhr Napoleons Name mit einem Fluch von seinen Lippen, dass er ihn in dieses Land der Mörder und Leichenschänder gesandt habe. Und dieser verwühlte sich diese fassungslose, fiebernde Wut. Wie Feuer quoll es in seinen Händen.

Da plötzlich ein Geräusch! Ein Schritt ... Blut und Atem, Fieber und Zorn, Denken und Besinnung stürzten in eine Sekunde der Erwartung. Tatsächlich: ein Schritt, ein heraneilender Schritt. Und schon ein Schatten zwischen den Bäumen dort, wo sich die Straße in den Wald bog. Instinktiv kauerte sich der Wartende ins Dunkel hinein, die Waffen gierig umkrampfend, dumpf und jubelnd keuchte seine Brust, als er im flüchtigen Mondschimmer einen Spanier erkannte. Ein Bote vielleicht, ein Hirte, ein Marodeur, ein Versprengter, ein Bauer, ein Bettler nur möglicherweise, – aber – es glühte und zuckte in seinen Händen: ein Spanier, ein Mörder, ein Schurke. Wut und Wille fieberten zusammen in ein Ziel. Einen Schritt ließ er, der Lauernde, dem eilenden Spanier voraus, dann warf er sich mit einem dumpfen Schrei der Wut auf den Erschreckten, umklammerte mit der Linken im Krampf seine Kehle, den Schrei des Entsetzens mit den Fingern erwürgend. Und dann – eine Sekunde wollüstig ruhend im Anblick der im Todeskampf verquollenen Augen – tauchte er sein Messer in den Rücken des Opfers, langsam zuerst, grausam und überlegt genießend. Und stieß es ihm dann in aufzuckendem Zorn wieder und wieder, rascher und rascher durch Rücken und Kehle, heftiger und heftiger, dass endlich die Klinge, am Wirbel abgleitend, ihm in die eigene Hand fuhr. Der Schmerz und das Rieseln des warmen Blutes brachten den Rasenden wieder zur Besinnung. Wie mit Ekel schüttelte er die Leiche von sich, dass sie kreiselnd gegen den Graben taumelte und dumpf klatschend hinschlug.

Mit einem einzigen tiefen Atemzuge sog er dann die kühle Nachtluft ein. Es war ihm wunderbar frei geworden. Nicht Zorn, Angst, Bangen, Reue, Glut fühlte er mehr, nur kühle, kühle, die mondkühle, volle, von sanftem Wind geschwellte Luft, die über seine Lippen rann. Kraft, Mut und eiliges Besinnen füllte wieder seine Glieder: hochgereckt, empfand er sich wieder als Colonel Napoleons. Ruhig und sicher stieg das Denken vom Vergangenen zum Zukünftigen. Der Leichnam des voreilig und in blindem Zorn Getöteten musste ihn verraten: das übersah er klar. Wie er sich über das verzerrte Gesicht hinbeugte, das im unsicheren Mondlicht beinahe bewegt erschien von gespenstischem Leben, starrten ihn die gläsernen Augen mit unheimlichem Ausdruck an. Aber nicht Furcht und nicht Reue überkam den Colonel, nicht einmal der springende Schauer momentanen Grauens. Furchtlos fasste er die Leiche, schleifte sie durch die unwillig knickenden Büsche dem Versteck zu, das ihn selbst beschützt hatte, und warf den schweren Körper lässig ins Gehölz. Er atmete auf. Keine Erregung wallte mehr durch seinen Körper, aber dumpf begann ihn die Müdigkeit zu drücken, die Abspannung der vielen furchtbaren Stunden. Der Morgen konnte nicht mehr ferne sein, denn schon hing blasser das Mondlicht im Gesträuch. So gab er den Fluchtplan als verspätet auf. Und ohne neuen Möglichkeiten nachzusinnen, warf er sich, nur seiner Müdigkeit gehorchend, zu Boden hin, zwei Schritte kaum von dem Toten gelagert. Und schlief schwer und bleiern, wie auf den Schlachtfeldern Italiens und Österreichs in der Einsamkeit des Todes.

Im gelben Lichte eines verwölkten Morgens aus dieser Nacht des Schreckens erwachend, überlegte der Colonel, zitternd im Frühfrost und würgend an dem bitteren Druck seiner Kehle, die verzweifelte Lage. Kenntlich als Soldat, unkund der Sprache, durfte er nicht einen Schritt aus diesem Walde wagen, der ihn finster umrauschte. Er musste wieder warten, untätig warten bis zum Abend, musste hoffen auf vorüberstreifende französische Truppen, auf ein Unerhörtes, Unwahrscheinliches. Langsam, wie ein nagendes Tier, fraß sich eine andere Stimme aus ihm empor, unruhig und quälend: der Hunger zerfetzte seine Eingeweide. Und Durst brannte auf seinen Lippen. Ein furchtbarer Tag der Qualen brach an; Gedanken, ätzend wie die erdige Feuchtigkeit, die er aus emporgerissenen Wurzeln sog, zerfurchten sein Gehirn. Unruhig spielte er mit der geladenen Pistole, die alles enden konnte. Nur der Schmerz, der Stolz zu verrecken wie ein Tier in einem Walde, nutzlos, ohne Kampf, fern von seinen Truppen, hielt die Finger vom Drücker. In dumpfer Qual blieb er hingestreckt, Stunden und Stunden, die Ewigkeit vom Morgen bis zum Abend. Ringsum ging das Leben in höhnischem Gleichtakt: von der Straße her löschte manchmal das flüchtige Geräusch von Vorüberziehenden für einen Augenblick die entsetzliche Einsamkeit aus, dann aber kamen wieder Stunden, nur erfüllt vom Sausen des Windes und dem Ächzen der Äste. Niemand nahte, die Gitterstäbe des unsichtbaren Gefängnisses zu lösen; wie ein Verwundeter im Feld, der in den leeren Himmel stöhnt, blieb er liegen, liegen mit matten Händen und fiebernder Stirne in dem Walde, der feucht in der steigenden Sonne schwelte.

Endlich nach Stunden wahnsinniger Qual schrägten die Sonnenstrahlen. Der Abend kam, und mit ihm ein verzweifelter Entschluss. Mit jähem Ruck riss sich der Colonel die Kleider vom Leib und warf sie hin ins Dunkel. Tastete dann in das Blättergewirre, wo die Leiche des gemordeten Spaniers auf dem Antlitz lag, scharrte sie empor und nahm, Stück für Stück, seine Bekleidung, zerrte die blutige Mantilla aus der gekrampften Todeshand. Und hüllte sich ohne Grauen, gejagt von seinem letzten, unbeugsamen Entschluss in die spanische Tracht, den Mantel über den Rücken sich schlagend, wo die breite, noch feuchte Blutspur das Gewand überfloss. So wollte er fliehen, wollte er sich Brot erbetteln; die würgende Glut stillen, die seinen Körper zerriss, wollte sich retten aus diesem Netz des Grauens, diesem Walde des Todes. Wollte hin zu Menschen, nicht mehr wie ein Tier zwischen Leichen leben, gehetzt von Furcht und Hunger, wollte wieder zurück zu seinem Heer, zu seinem Kaiser, sei es auch um den Preis seiner Ehre. Ein Schluchzen hing ihm in der Kehle, als er seine Uniform wie eine Leiche verlassen sah, die Uniform, die er durch zwanzig Schlachten getragen, die mit seinem Sein verwachsen war wie die Mutter mit dem Kinde. Aber der Hunger stieß ihn fort, der Straße, der Dämmerung zu. Wie er sich rückwärts wandte, zum letztenmal, zum Abschied, fühlte er durch den Glanz der Tränen ein Schimmern wie das eines Auges. Es war das Kreuz, das Napoleon ihm selbst auf dem Schlachtfelde angeheftet. Das konnte er nicht lassen. Mit dem blutigen Dolch schnitt er es ab und barg es in der Tasche. Und ging, stieß sich nach vorwärts, eilte, hetzte der Straße zu.

Kaum eine Meile weit von dem Gehölz, das wusste er, war ein kleines, wüstes Dorf. Die Kompagnie hatte dort gerastet, und unsicher entsann er sich – zerquält von der zerrenden Gier des Hungers und dem Hämmern des Blutes – eines runden Brunnens am Platze, wo sie die Pferde getränkt hatten. Auch die finstern Gesichter der Spanier tauchten auf in seiner Erinnerung, dieser mühsam verhaltene Hohn der Verräter, aber alles, alles verlosch in dem einzigen Gefühl: Hunger! Und so eilte er fast taumelnd die schon dunkle Landstraße hinab, das Gesicht tief mit dem Hute verschattend, eilte und eilte, um im Lauf das Aufquellen des Hungers zu überrasen, eilte so keuchend, bis er endlich das Dunkel sich formen sah, bis Häuser, verschachtelt und enge, herauswuchsen aus dem sinkenden Abendgewölk. Er tappte dem Platze zu und ließ zuerst das sprudelnde Wasser in seine Gurgel rinnen, tauchte Hände und die fiebrige Stirn gierig in die Kühle. Ein erster Augenblick des Wohlgefühls durchrieselte ihn seit endlosen Stunden. Aber in der nächsten Stunde fühlte er wieder die Faust des Hungers aus seinem Leibe sich recken, die ihn vorwärts stieß, der ersten Türe zu. Unruhig klopfte er gegen die morsche Pforte. Ein altes Weib, das gelbe Gesicht von Runzeln zerschnitten, sah ihn mit bösen, misstrauischen Augen an, den Spalt nur halb auftuend. Er deutete mit der Geste der Stummen auf die Lippen und machte eine flehende Gebärde. Sein Soldatenherz war tot in dieser Sekunde, begraben im Walde oben mit seinem Säbel und seinem Kleid. Das Weib wandte sich verneinend ab und wollte die Türe schließen. Aber der Hungernde, wie betäubt von dem öligen Geruch der Speisen, vom brenzligen Dunste, der dem Hause entströmte, fasste, allen Stolz vergessend, ein Tier nur mehr in seinem rasenden Verlangen, den Arm der entsetzt Zurückweichenden, um sie zu beschwören. Die Flamme des Wahnsinns zuckte grell in seinen Augen. Da warf sie, statt aller Antwort, die wuchtige Tür gegen die Stirn des Vordringenden, dass er betäubt zurücktaumelte. Ein wilder französischer Fluch fuhr ihm aus der Kehle; erschreckt sah sich der Colonel um. Gottlob, niemand hatte ihn gehört, noch konnte er weiter als Taubstummer betteln. Und er tat es, tat es mit brennendem Herzen, ging von Haus zu Haus, bis er endlich ein paar Krumen gelbkörnigen Brotes und fünf, sechs feuchte Oliven in der Hand hielt. Mit gierigen Stößen würgte er alles hinab, Hunger, Ekel, Scham mitschlingend, fraß wie ein Tier mit stumpfem Blick und verzerrten Mienen. Ehe er an dem letzten, schwarzen Schuppen des Dorfes vorbei war, hatte er leere Hände.

Eine furchtbare Frage stieg wieder auf mit den rings aufwallenden Schatten der Nacht. Wohin nun? Er hatte fliehen wollen, den Weg zurück, den die Kolonne gekommen. Aber nun hing ihm Blei an den Füßen. Und alle Spannkraft war zerschnitten. Seit er fremdes Kleid trug und bettelnd von Haus zu Haus gegangen, waren Mut und Verwegenheit zerronnen, aller Wille zum Leben matt und treibend geworden. Dumpfe Schläfrigkeit erfüllte sein ganzes Sein. Und ohne es zu wissen, schleifte er sich mechanisch wieder zu dem Walde hin, der ihn gefangen, der ihn zu halten und zu locken schien mit einer geheimnisvollen Kraft. Die Straße, die er einmal mit seinen Soldaten gegangen, heiter und sorglos, führte ihn wieder zurück in den Wald, wo sie der Tod belauert hatte, wo er noch hing zwischen den schwarzen Zweigen, gespenstig rauschend. Aber es trieb ihn hin wie im Traum. Das Bedürfnis zu ruhen, zu ruhen, ganz auszulöschen in der Mattigkeit des Ruhens zog ihn unwiderstehlich in das Baumdunkel. Er klomm die Böschung mit müder Anstrengung empor und ließ sich ohne Gedanken, ohne Fühlen in das Dunkel fallen, knapp am Straßenrande. Weiter wagte er sich nicht, um den Blick seiner toten Gefährten zu meiden, um nicht sein Soldatenkleid mehr zu sehen, das, ein blutiger Fetzen, höhnisch im Dunkel lag, um nicht die Ahnung des Todes in diesen Zeichen zu erkennen. Gläubig wie ein Priester umpresste er das Ehrenkreuz in der Tasche. Das war sein Jubel, seine Klage, seine Hoffnung.

Und wieder begann eine Nacht, die zweite, furchtbare Nacht, eine Mondnacht mit vielen kalten Sternen, mit der Trostlosigkeit eines klar gewölbten, unendlich stillen Firmamentes, von dem schwere Einsamkeit herniedersank. Der Colonel starrte mit seinen tränenlosen, verbrannten, wahnwitzigen Augen auf den Weg, der weiß in das sinnlose Dunkel lief. Was sollte auf diesem Wege kommen? Hoffnung, Befreiung, Freunde? Eine Diligencia vielleicht, die ihn aufnahm, französische Truppen? Aber all diese Gedanken rannen wirr in die große Müdigkeit zusammen, versponnen mit dem dunklen Sausen der Blätter, dem zitternden Fernglanz der Sterne und den gleitenden Mondstrahlen. Wie in einem Grab ruhte er in diesem einsamen Walde. –

Am frühen Morgen gellte ein Ruf den Colonel aus dem Schlafe. Ein Vogelruf, wie er meinte, traumtaumelnd aufstarrend in das Nebelnetz des Morgens. Aber jetzt wieder – war es nicht unseliger Traum? – nein, ganz scharf, ganz deutlich, ein Hornsignal, Trompetensignal naher Truppen ...

In jähem Sturze hielt sein Blut an. Sollten das wirklich Franzosen sein, Freunde, Retter? Sollte er doch noch zurück ins Leben? Unsäglicher wahnsinniger Jubel quoll bis in seine Kehle. Er sprang auf – und da, von der Straße her sah er sie kommen, Truppen französische Soldaten in losen Reihen, sah die Mützen, die Säbel, die Fahnen, die Geschütze. Ein Hilfskorps für Hostalrich offenbar.

Da brach er los, der Jubel zersprengte sein Besinnen. Sein Schicksal, die Gefahr, die Verkleidung vergessend, hinstolpernd in wahnsinniger Überhetzung, sauste er den Befreiern entgegen, die Mantilla zum Gruße wirbelnd und mit der andern Hand die Pistole. Und ein Schrei, ein tierischer Schrei, in dem Angst, Qual und Verzweiflung kreischten, ein Schrei, in dem übermenschlicher Jubel in die Lüfte stieß, fuhr auf in den Morgen.

Als er so zur Lichtung stürmte, geschah das Unvermeidliche. Zwei, vier, zehn Schüsse – eine ganze Salve – knatterte dem vermeintlichen Spanier entgegen, der – noch vorwärtstaumelnd im hitzigen Lauf – zögerte, schwankte und blutüberströmt hinschlug. Rasch formte sich das Bataillon. Man erwartete einen Überfall, Signale gellten, die Trommel rasselte. Und dann eherne Stille. Alles war gerüstet, harrte, wartete mit verhaltenem Atem. Aber kein Feind zeigte sich, auch die vorgesandten Tirailleure meldeten nichts. Da löste sich wieder die Ordnung. Ohne weiter den Irrtum zu bedenken – es war ja nur ein Spanier – schulterten die Soldaten ihre Gewehre, und der Marsch ging vorwärts ins Gehölz, Hostalrich zu.

Nur ein paar Soldaten traten aus der Reihe, um die Leiche zu plündern. Ohne das leise Röcheln des Sterbenden zu beachten, rissen sie an den Kleidern und wühlten in den Taschen. Und eine grenzenlose Wut überkam sie, als einer in den blutigen Fetzen das Ordenskreuz des vermissten Colonels fand. Ein Kreuz Napoleons in der Tasche eines spanischen Banditen! Mit erbitterten Kolbenstößen schmetterten sie dem vermeintlichen Mörder das Gehirn ein, hämmerten in blindem Zorn auf den entblößten Körper und traten ihn fluchend mit Füßen; dann schleuderten sie den Leichnam des Unglücklichen mit so heftigem Schwung ins Feld, dass er – die Luft schreckhaft mit seinen Armen durchwühlend – gespreitet hinfiel, als ungeheures, helles Kreuz, aufleuchtend in den schwarzen, verbrannten Ackerschollen.

Angst

Als Frau Irene die Treppe von der Wohnung ihres Geliebten hinabstieg, packte sie mit einem Male wieder jene sinnlose Angst. Ein schwarzer Kreisel surrte plötzlich vor ihren Augen, die Knie froren zu entsetzlicher Starre und hastig musste sie sich am Geländer festhalten, um nicht jählings nach vorne zu fallen. Es war nicht das erste Mal, dass sie den gefahrvollen Besuch wagte, dieser jähe Schauer ihr keineswegs fremd, immer aber unterlag sie trotz aller innerlichen Gegenwehr bei jeder Heimkehr solchen grundlosen Anfällen unsinniger und lächerlicher Angst. Der Weg zum Rendezvous war unbedenklich leichter. Da ließ sie den Wagen an der Straßenecke halten, lief hastig und ohne aufzuschauen die wenigen Schritte bis zum Haustor und dann die Stufen eilend empor, wusste sie doch, er warte schon innen auf sie hinter der rasch geöffneten Tür, und diese erste Angst, in der doch auch Ungeduld brannte, zerfloss heiß in einer grüßenden Umarmung. Aber dann, wenn sie heim wollte, stieg es fröstelnd auf, dies andere geheimnisvolle Grauen, nun wirr gemengt mit dem Schauer der Schuld und jenem törichten Wahn, jeder fremde Blick auf der Straße vermöchte ihr abzulesen, woher sie käme, und mit frechem Lächeln ihre Verwirrung erwidern. Noch die letzten Minuten in seiner Nähe waren schon vergiftet von der steigenden Unruhe dieses Vorgefühls; im Fortwollen zitterten ihre Hände vor nervöser Eile, zerstreut fing sie seine Worte auf und wehrte hastig den Nachzüglern seiner Leidenschaft, fort nur, fort wollte dann immer schon alles in ihr, aus seiner Wohnung, seinem Haus, aus dem Abenteuer in ihre ruhige bürgerliche Welt zurück. Kaum wagte sie in den Spiegel zu schauen, aus Furcht vor dem Misstrauen im eigenen Blick, und doch war es nötig zu prüfen, ob nichts an ihrer Kleidung die Leidenschaft der Stunde durch Verwirrung verriete. Dann kamen noch jene letzten vergeblich beruhigenden Worte, die sie vor Aufregung kaum hörte und jene horchende Sekunde hinter der bergenden Tür, ob niemand die Treppe hinauf oder hinab ginge. Draußen aber stand schon die Angst, ungeduldig sie anzufassen, und hemmte ihr so herrisch den Herzschlag, dass sie immer schon atemlos die wenigen Stufen niederstieg, bis sie die nervös zusammengeraffte Kraft versagen fühlte.

Eine Minute stand sie so mit geschlossenen Augen und atmete die dämmerige Kühle des Treppenhauses gierig ein. Da fiel von einem oberen Stockwerk eine Tür ins Schloss, erschreckt raffte sie sich zusammen und hastete, indes ihre Hände unwillkürlich den dichten Schleier noch fester zusammenrafften, die Stufen hinab. Jetzt drohte noch jener letzte furchtbarste Moment, das Grauen, aus fremdem Haustor auf die Straße zu treten und vielleicht in die vordringliche Frage eines vorübergehenden Bekannten hinein, woher sie käme, in die Verwirrung und Gefahr einer Lüge: sie senkte den Kopf wie ein Springer beim Anlauf und eilte mit jähem Entschluss gegen das halboffene Tor.

Da stieß sie hart mit einer Frauensperson zusammen, die offenbar eben eintreten wollte. »Pardon«, sagte sie verlegen und mühte sich rasch an ihr vorbeizukommen. Aber die Person sperrte ihr breit die Tür und starrte sie zornig und zugleich mit unverstelltem Hohn an. »Dass ich Sie nur einmal erwische«, schrie sie ganz unbekümmert mit einer derben Stimme. »Natürlich, eine anständige Frau, eine sogenannte! Das hat nicht genug an einem Mann und dem vielen Geld und an allem, das muss noch einem armen Mädel ihren Geliebten abspenstig machen ...«

»Um Gottes willen ... was haben Sie ... Sie irren sich ...«, stammelte Frau Irene und machte einen linkischen Versuch durchzuwischen, aber die Person pfropfte ihren massigen Körper breit in die Tür und keifte ihr grell entgegen: »Nein, ich irre mich nicht ... ich kenne Sie ... Sie kommen von Eduard, meinem Freund ... Jetzt habe ich Sie endlich einmal erwischt, jetzt weiß ich, warum er so wenig Zeit für mich in der letzten Zeit hat ... Wegen Ihnen also ... Sie gemeine ...!«

»Um Gottes willen«, unterbrach sie Frau Irene mit erlöschender Stimme, »schreien Sie doch nicht so«, und trat unwillkürlich in den Hausflur wieder zurück. Die Frau sah sie höhnisch an. Diese schlotternde Angst, diese sichtliche Hilflosigkeit schien ihr irgendwie wohl zu tun, denn mit einem selbstbewussten und spöttisch zufriedenen Lächeln musterte sie jetzt ihr Opfer. Ihre Stimme wurde vor gemeinem Wohlbehagen ganz breit und beinahe behäbig.

»So sehen sie also aus, diese verheirateten Damen, die nobeln, vornehmen Damen, wenn sie einem die Männer stehlen gehen. Verschleiert, natürlich verschleiert, damit man nachher überall die anständige Frau spielen kann ...«

»Was ... was wollen Sie denn von mir? ... Ich kenne Sie ja gar nicht ... Ich muss fort ...«

»Fort ... ja natürlich ... zum Herrn Gemahl ... in die warme Stube, die vornehme Dame spielen und sich auskleiden lassen von den Dienstboten ... Aber was unsereiner treibt, ob das krepiert vor Hunger, das schert ja so eine vornehme Dame nicht ... So einer stehlen sie auch das letzte, diese anständigen Frauen ...«

Irene gab sich einen Ruck und griff, einer vagen Eingebung gehorchend in ihr Portemonnaie und fasste, was ihr gerade an Banknoten in die Hand kam. »Da ... da haben Sie ..., aber lassen Sie mich jetzt ... Ich komme nie mehr her ... ich schwöre es Ihnen.«

Mit einem bösen Blick nahm die Person das Geld. »Luder«, murmelte sie dabei. Frau Irene zuckte unter dem Wort zusammen, aber sie sah, dass die andere ihr die Tür freigab und stürzte hinaus, dumpf und atemlos wie ein Selbstmörder vom Turm. Sie spürte Gesichter als verzerrte Fratzen vorbeigleiten, wie sie vorwärts lief und rang sich mühsam mit schon verdunkeltem Blick durch bis zu einem Automobil, das an der Ecke stand. Wie eine Masse warf sie ihren Körper in die Kissen, dann wurde alles in ihr starr und regungslos, und als der Chauffeur endlich verwundert den sonderbaren Fahrgast fragte, wohin der Weg ginge, starrte sie ihn einen Augenblick ganz leer an, bis ihr benommenes Gehirn seine Worte schließlich erfasste. »Zum Südbahnhof«, stieß sie dann hastig heraus und, plötzlich vom Gedanken erfasst, die Person könnte ihr folgen, »rasch, rasch, fahren Sie schnell!«

In der Fahrt erst spürte sie, wie sehr diese Begegnung sie ins Herz getroffen hatte. Sie tastete ihre Hände an, die erstarrt und kalt wie abgestorbene Dinge von ihrem Körper niederhingen und begann mit einem Male so zu zittern, dass es sie schüttelte. In der Kehle klomm etwas Bitteres empor, sie spürte Brechreiz und zugleich eine sinnlose dumpfe Wut, die wie ein Krampf das Innere ihrer Brust herauswühlen wollte. Am liebsten hätte sie geschrien oder mit den Fäusten getobt, sich frei zu machen von dem Grauen dieser Erinnerung, die fest wie ein Angelhaken in ihrem Gehirn saß, dieses wüste Gesicht mit seinem höhnischen Lachen, dieser Dunst von Gemeinheit, der aufstieg vom schlechten Atem der Proletarierin, dieser wüste Mund, der voll Hass ihr hart bis ins Gesicht die niedrigen Worte gespien, und die gehobene rote Faust, mit der sie ihr gedroht hatte. Immer stärker wurde das Übelkeitsgefühl, immer höher klomm es in die Kehle, dazu schleuderte der rasch rollende Wagen hin und her und eben wollte sie dem Chauffeur bedeuten, langsamer zu fahren, als ihr noch rechtzeitig einfiel, sie hätte vielleicht nicht mehr genug Geld bei sich, ihn zu bezahlen, da sie doch alle Banknoten an diese Erpresserin gegeben. Hastig gab sie das Signal zum Halten und stieg zu neuerlicher Verwunderung des Chauffeurs plötzlich aus. Glücklicherweise reichte der Rest ihres Geldes. Aber dann fand sie sich in einen fremden Bezirk verschlagen, in einem Geschiebe geschäftiger Menschen, die ihr physisch weh taten mit jedem Wort und jedem Blick. Dabei waren ihre Knie wie aufgeweicht von der Angst und trugen nur unwillig die Schritte vorwärts, aber sie musste heim, und alle Energie zusammenraffend stieß sie sich von Gasse zu Gasse fort mit einer übermenschlichen Anstrengung, als ob sie durch einen Morast watete oder knietiefen Schnee. Endlich kam sie zu ihrem Hause und stürzte mit einer nervösen Hast, die sie aber sofort wieder mäßigte, um nicht durch ihre Unruhe aufzufallen, die Treppe hinauf.

Jetzt erst, da ihr das Dienstmädchen den Mantel abnahm, sie nebenan ihren kleinen Knaben mit der jüngeren Schwester laut spielen hörte und der beruhigte Blick überall Eigenes fasste, Eigentum und Geborgenheit, gewann sie wieder einen äußeren Schein von der Gefasstheit zurück, indes unterirdisch die Woge der Erregung noch schmerzhaft die gespannte Brust durchrollte. Sie nahm den Schleier ab, glättete mit dem starken Willen, arglos zu scheinen, ihr Gesicht und trat in das Speisezimmer, wo ihr Mann bei dem abendlich gedeckten Tisch die Zeitung las.

»Spät, spät, liebe Irene«, grüßte er mit sanftem Vorwurf, stand auf und küsste sie auf die Wange, was ihr unwillkürlich ein peinliches Gefühl der Scham erweckte. Sie setzten sich zu Tische und gleichgültig kaum von der Zeitung weg fragte er: »Wo warst du so lange?«

»Ich war ... bei ... bei Amélie ... sie musste da noch etwas besorgen ... und ich ging mit«, ergänzte sie und schon zornig über die eigene Unbedachtsamkeit, so schlecht gelogen zu haben. Sonst rüstete sie immer im Voraus eine sorgfältig ausgeklügelte, allen Möglichkeiten der Überprüfung trotzende Lüge, heute aber hatte die Angst sie daran vergessen lassen und zu einer so ungeschickten Improvisation gezwungen. Wenn, fuhr es ihr durch den Sinn, ihr Mann, wie jüngst in dem Stück, das sie im Theater sahen, hintelefonierte und sich erkundigte ...

»Was hast du denn? ... Du scheinst mir so nervös ... und warum nimmst du denn den Hut nicht ab«, fragte ihr Mann. Sie schrak zusammen, als sie sich neuerdings in ihrer Verlegenheit ertappt fühlte, stand eilig auf, ging in ihr Zimmer, den Hut abzunehmen, und sah dabei im Spiegel ihr unruhiges Auge so lange an, bis der Blick ihr wieder sicher und fest schien. Dann kehrte sie in das Speisezimmer zurück.

Das Mädchen kam mit der Abendmahlzeit und es wurde ein Abend wie alle anderen, vielleicht etwas mehr wortkarg und weniger gesellig als sonst, ein Abend mit einem armen, müden, oft hinstolpernden Gespräch. Ihre Gedanken wanderten den Weg unablässig zurück und schraken immer entsetzt empor, wenn sie zu jener Minute kamen, in die grauenhafte Nähe der Erpresserin: dann hob sie immer den Blick, um sich geborgen zu fühlen, griff Ding um Ding der beseelten Nähe, jedes durch Erinnerung und Bedeutung in die Zimmer gestellt, zärtlich an und eine leichte Beruhigung kehrte in sie zurück.

Und die Wanduhr, gemächlich mit ihrem stählernen Schritt das Schweigen durchschreitend, gab ihrem Herzen unmerklich wieder etwas von seinem gleichmäßigen sorglos-sicheren Takt.

Am nächsten Morgen, als ihr Mann in seine Kanzlei, die Kinder spazieren gegangen waren und sie endlich mit sich allein blieb, verlor im klaren Vormittagslicht jene schreckhafte Begegnung bei nachträglicher Überprüfung viel von ihrer Beängstigung. Frau Irene besann sich zunächst, dass ihr Schleier sehr dicht und es jener Person dadurch unmöglich gewesen war, die Züge ihres Gesichtes genau wahrzunehmen und jemals wieder erkennen zu können. Ruhig erwog sie nun alle Maßnahmen der Vorbeugung. Auf keinen Fall würde sie ihren Geliebten nochmals in seiner Wohnung aufsuchen – und damit war wohl die eheste Möglichkeit eines solchen Überfalls beseitigt. Blieb also nur die Gefahr einer zufälligen Wiederbegegnung mit dieser Person, doch auch eine solche war unwahrscheinlich, denn nachgefolgt konnte sie ihr, die doch im Automobil geflüchtet war, nicht sein. Name und Wohnung war ihr fremd und ein sonstiges zuverlässiges Erkennen nach dem undeutlichen Gesichtsbilde nicht zu befürchten. Aber auch für diesen äußersten Fall war Frau Irene gerüstet. Dann, nicht mehr im Schraubstock der Angst, würde sie einfach, so beschloss sie sofort, ruhige Haltung bewahren, alles ableugnen, kühl einen Irrtum behaupten und, da ein Beweis jenes Besuches anders als zur Stelle kaum zu erbringen war, diese Person eventuell der Erpressung bezichtigen. Nicht umsonst war Frau Irene die Gattin eines der bekanntesten Verteidiger der Residenz, sie wusste genug aus dessen Gesprächen mit Fachkollegen, dass Erpressungen nur sofort und durch größte Kaltblütigkeit gedrosselt werden könnten, weil jede Verzögerung, jeder Schein von Unruhe von Seiten des Verfolgten die Überlegenheit seines Gegners nur steigert.

Die erste Gegenmaßregel war ein knapper Brief an ihren Geliebten, sie könne morgen zur vereinbarten Stunde nicht kommen und auch in den nächsten Tagen nicht. Beim Überlesen schien ihr das Billett, in dem sie zum erstenmal ihre Schrift verstellte, etwas frostig im Ton, und schon wollte sie die ungefälligen Worte durch intimere ersetzen, als die Erinnerung an die gestrige Begegnung plötzlich einen unterirdisch regen Groll, der unbewusst die Kälte der Zeilen verschuldet hatte, ihr erklärte. Ihr Stolz war gereizt durch jene peinliche Entdeckung, in der Gunst ihres Liebhabers eine so niedere und unwürdige Vorgängerin abgelöst zu haben, und mit gehässigerem Gefühl die Worte prüfend, freute sie sich nun rachsüchtig der kühlen Art, mit der sie ihr Kommen darin gewissermaßen in die Sphäre ihrer gütigen Laune erhob.

Sie hatte diesen jungen Menschen, einen Pianisten von Ruf, in einem freilich noch begrenzten Kreise, bei einer gelegentlichen Abendunterhaltung kennen gelernt und war bald, ohne es recht zu wollen und beinahe ohne es zu begreifen, seine Geliebte geworden. Nichts in ihrem Blute hatte eigentlich nach dem seinen verlangt, nichts Sinnliches und kaum ein Geistiges sie seinem Körper verbunden: sie hatte sich ihm hingegeben ohne seiner zu bedürfen oder ihn nur stark zu begehren, aus einer gewissen Trägheit des Widerstandes gegen seinen Willen und einer Art unruhigen Neugier. Nichts in ihr, weder ihr durch eheliches Glück voll befriedigtes Blut, noch das bei Frauen so häufige Gefühl, in ihren geistigen Interessen zu verkümmern, hatte ihr einen Liebhaber zum Bedürfnis gemacht, sie war vollkommen glücklich an der Seite eines begüterten, geistig ihr überlegenen Gatten, zweier Kinder, träge und zufrieden gebettet in ihrer behaglichen, breitbürgerlichen, windstillen Existenz. Aber es gibt eine Schlaffheit der Atmosphäre, die ebenso sinnlich macht als Schwüle oder Sturm, eine Wohltemperiertheit des Glückes, die aufreizender ist als Unglück, und für viele Frauen durch ihre Wunschlosigkeit ebenso verhängnisvoll als eine dauernde Unbefriedigung durch Hoffnungslosigkeit. Sattheit reizt nicht minder wie Hunger, und das Gefahrlose, Gesicherte ihres Lebens gab ihr Neugier nach dem Abenteuer. Nirgends war Widerstand in ihrer Existenz. Überall griff sie ins Weiche, überall war Vorsorglichkeit, Zärtlichkeit, laue Liebe und häusliche Achtung hingebreitet, und ohne zu ahnen, dass diese Gemäßigtheit der Existenz niemals von äußeren Dingen bemessen wird, sondern immer nur Widerspiel einer inneren Beziehungslosigkeit ist, fühlte sie sich irgendwie um das wirkliche Leben durch diese Behaglichkeit betrogen.

Ihre dämmernden Mädchenträume von der großen Liebe und der Ekstase des Gefühls, eingeschläfert von den freundlichen Beruhigungen der ersten Ehejahre und dem spielhaften Reiz junger Mütterlichkeit, begannen jetzt, da sie sich dem dreißigsten Jahre näherte, wieder zu erwachen, und wie jede Frau maß sie sich innerlich die Fähigkeit zu großer Leidenschaft bei, ohne aber dem Willen zum Erleben den Mut beizugesellen, der das Abenteuer mit seinem wahrhaften Preis, der Gefahr, bezahlt. Als ihr nun in diesen Augenblicken einer Zufriedenheit, die sie selbst nicht zu steigern vermochte, dieser junge Mensch mit starkem, unverhehltem Begehren sich ihr näherte und, von der Romantik der Kunst umwittert, in ihre bürgerliche Welt trat, wo sonst die Männer nur mit lauen Späßen und kleinen Koketterien die »schöne Frau« in ihr respektvoll feierten, ohne je ernstlich das Weib in ihr zu begehren, fühlte sie sich zum erstenmal seit ihren Mädchentagen wieder in ihrem Innersten gereizt. An seinem Wesen hatte sie vielleicht nichts verlockt als ein Schatten von Trauer, der über seinem etwas zu interessant arrangierten Gesicht lag, und von dem sie nicht zu unterscheiden wusste, dass er eigentlich ebenso erlernt sei wie das Technische seiner Kunst und jene melancholisch verdüsterte Nachdenklichkeit, aus der er ein (längst vorausstudiertes) Impromptu erhob. In dieser Traurigkeit lag für sie, die sich von lauter satten und bürgerlichen Menschen umringt fühlte, eine Ahnung jener höheren Welt, die ihr farbig aus den Büchern entgegenblickte und romantisch in den Theaterstücken sich regte, und unwillkürlich beugte sie sich über den Rand ihrer täglichen Gefühle, um sie zu betrachten. Ein Kompliment, aus der Hingerissenheit der Sekunde, vielleicht etwas heißer als schicklich dargebracht, ließ ihn vom Klavier zu der Frau aufschauen, und schon dieser erste Blick griff nach ihr. Sie erschrak und fühlte gleichzeitig die Wollust aller Angst: ein Gespräch, in dem alles wie von unterirdischen Flammen durchleuchtet und erhitzt schien, beschäftigte und reizte ihre nun schon rege Neugier so sehr, dass sie einer neuerlichen Begegnung in einem öffentlichen Konzert nicht auswich. Sie sahen sich dann öfter, und bald nicht mehr durch Zufall. Der Ehrgeiz, dass sie, die ihrem musikalischen Urteil bisher wenig Wert zugemutet hatte und mit Recht ihrem künstlerischen Gefühl Bedeutung versagte, ihm, einem wirklichen Künstler, als Verstehende und Beratende viel bedeute, wie er ihr wiederholt versicherte, ließ sie wenige Wochen später voreilig seinem Vorschlage vertrauen, er wolle ihr und nur ihr allein sein neuestes Werk bei sich vorspielen – ein Versprechen, das in seiner Absicht vielleicht halb aufrichtig war, aber doch in Küssen und schließlich ihrer überraschten Hingabe unterging. Ihr erstes Gefühl war Erschrecken vor dieser unerwarteten Wendung ins Sinnliche, der geheimnisvolle Schauer, der diese Beziehung umwitterte, war jählings gebrochen, und das Schuldbewusstsein für diesen ungewollten Ehebruch wurde nur teilweise beruhigt durch die prickelnde Eitelkeit, zum erstenmal durch einen, wie sie glaubte, eigenen Entschluss die bürgerliche Welt, in der sie lebte, verneint zu haben. Den Schauer vor ihrer eigenen Schlechtigkeit, der sie in den ersten Tagen erschreckte, verwandelte ihre Eitelkeit so in gesteigerten Stolz. Aber auch diese geheimnisvollen Erregungen hatten ihre volle Spannung nur in den ersten Augenblicken. Ihr Instinkt wehrte sich unterirdisch gegen diesen Menschen und am meisten gegen das Neue in ihm, das Andersartige, das ihre Neugier eigentlich verlockt hatte. Die Extravaganz seiner Kleidung, das Zigeunerische seines Hausstandes, das Ungeregelte seiner finanziellen Existenz, die zwischen Verschwendung und Verlegenheit ewig pendelte, waren ihrem bourgeoisen Empfinden antipathisch; wie die meisten Frauen wollte sie den Künstler sehr romantisch von der Ferne und sehr gesittet im persönlichen Umgang, ein funkelndes Raubtier aber hinter den Eisenstäben der Sitte. Die Leidenschaft, die sie an seinem Spiel berauschte, beunruhigte in seiner körperlichen Nähe, sie mochte eigentlich diese plötzlichen und herrischen Umarmungen nicht, deren eigenwillige Rücksichtslosigkeit sie unwillkürlich mit der nach Jahren noch scheuen und verehrungsvollen Glut ihres Mannes verglich. Aber nun sie einmal in die Untreue geraten war, kam sie wieder und wieder zu ihm, ohne beglückt, ohne enttäuscht zu sein, aus einem gewissen Gefühl der Verpflichtung und einer Trägheit der Gewöhnung. Sie war eine jener Frauen, die selbst unter den leichtsinnigen und sogar den Kokotten nicht selten sind, deren innere Bürgerlichkeit so stark ist, dass sie selbst in den Ehebruch eine Ordnung, in die Ausschweifung eine Art Häuslichkeit mitbringen und selbst das seltenste Gefühl mit geduldiger Maske in eine Alltäglichkeit zu verspinnen suchen. Nach wenigen Wochen schon passte sie diesen jungen Menschen, ihren Geliebten, irgendwo säuberlich in ihr Leben ein, bestimmte ihm, so wie ihren Schwiegereltern, einen Tag in der Woche, aber sie gab mit dieser neuen Beziehung nichts von ihrer alten Ordnung auf, sondern legte nur gewissermaßen ihrem Leben etwas hinzu. Dieser Geliebte änderte bald gar nichts mehr am behaglichen Mechanismus ihrer Existenz, er wurde irgend ein Zuwachs von temperiertem Glück, wie ein drittes Kind oder ein Automobil, und das Abenteuer schien ihr bald so banal wie der erlaubte Genuss.

Das erstemal nun, da sie das Abenteuer mit seinem wirklichen Preis, der Gefahr, bezahlen sollte, begann sie es kleinlich auf seinen Wert zu berechnen. Vom Schicksal verwöhnt, verzärtelt von ihrer Familie, fast wunschlos gemacht durch günstige Vermögensverhältnisse, schien schon die erste Unbequemlichkeit ihrer Wehleidigkeit zu viel. Sie weigerte sich sofort, etwas von ihrer seelischen Sorglosigkeit herzugeben und war eigentlich ohne Überlegung bereit, den Geliebten ihrer Gemächlichkeit zu opfern.

Die Antwort ihres Geliebten, ein aufgeschreckter, nervös hingestammelter Brief, noch am Nachmittag von einem Boten überbracht, ein Brief, der verstört flehte, klagte und anklagte, machte sie wieder unsicher in ihrem Entschluss, das Abenteuer zu enden, weil diese Gier ihrer Eitelkeit schmeichelte und sie durch seine ekstatische Verzweiflung entzückte. Ihr Geliebter bat sie in dringendsten Worten wenigstens um eine flüchtige Begegnung, damit er doch seine Schuld aufklären könne, falls er sie durch irgend etwas unwissend verletzt haben sollte, und nun reizte sie das neue Spiel, weiter mit ihm zu schmollen und durch unmotiviertes Verweigern sich ihm noch kostbarer zu machen. Sie empfand sich jetzt inmitten einer Aufregung, und das tat ihr, wie allen innerlich kühlen Menschen, wohl, umbrandet zu sein von Leidenschaften und doch selbst nicht zu brennen. So bestellte sie ihn in eine Konditorei, von der sie sich plötzlich wieder erinnerte, dort als junges Mädchen ein Rendezvous mit einem Schauspieler gehabt zu haben, eines freilich, das ihr jetzt kindisch dünkte, in seiner Ehrerbietung und Sorglosigkeit. Seltsam, lächelte sie in sich hinein, dass die Romantik in ihrem Leben jetzt wieder aufzublühen begann, die in all den Jahren ihrer Ehe verkümmert war. Und beinahe war sie schon jener brüsken Begegnung mit der Weibsperson von gestern innerlich froh, bei der sie seit langem wieder ein wirkliches Gefühl so stark und stimulierend empfunden hatte, dass ihre sonst ganz leicht entspannten Nerven noch unterirdisch davon bebten.

Sie nahm diesmal ein dunkles unauffälliges Kleid und einen anderen Hut, um bei der möglichen Begegnung die Erinnerung jener Person irre zu machen. Einen Schleier hatte sie schon bereit, um sich unkenntlicher zu machen, aber ein plötzlich aufsteigender Trotz ließ sie ihn beiseite legen. Sollte sie es denn nicht wagen dürfen, sie, eine geachtete, angesehene Frau, auf die Straße zu gehen, aus Angst vor irgendeiner Person, die sie gar nicht kannte? Und schon mengte sich der Furcht vor der Gefahr ein fremdartig lockender Reiz, eine kampfbereite, gefährlich prickelnde Lust, ähnlich der, mit den Fingern die kühle Schneide eines Dolches zu fühlen oder in die Mündung eines Revolvers zu schauen, in dessen schwarzer Hülse der Tod zusammengepresst sitzt. In diesem Schauer des Abenteuers war etwas ihrem geborgenen Leben Ungewohntes, dem wieder nahe zu sein es sie spielhaft verlockte, eine Sensation, die ihre Nerven jetzt wundervoll spannte und elektrische Funken durch ihr Blut sprühte.

Ein flüchtiges Angstgefühl überflog sie nur in der ersten Sekunde, da sie die Straße betrat, ein nervöser Schauer von rieselnder Kälte, wie wenn man die Fußspitze prüfend ins Wasser taucht, ehe man sich der Welle voll hingibt. Aber eine Sekunde bloß flog diese Kühle durch sie hin, dann rauschte mit einemmal in ihr eine seltene Selbstfreude auf, die Lust, so leicht stark und elastisch auszuschreiten, mit einem gespannten, gehobenen Schritt, den sie an sich selber nicht kannte. Fast leid war es ihr, dass die Konditorei so nahe lag, denn irgendein Wille trieb sie jetzt rhythmisch weiter fort in die geheimnisvoll magnetische Anziehung des Abenteuers. Aber die Stunde war knapp, die sie der Begegnung bestimmt hatte, und eine angenehme Sicherheit im Blut verhieß ihr, dass ihr Geliebter sie bereits erwarte. Er saß in einer Ecke, als sie eintrat, und sprang mit einer Erregung auf, die sie angenehm und peinlich zugleich berührte. Sie musste ihn mahnen, die Stimme zu dämpfen, so heiß sprudelte er aus dem Tumult seiner inneren Erregtheit einen Wirbel von Fragen und Vorwürfen ihr entgegen, die sie lächelnd empfing, äußerlich hochmütig, aber innen doch angeflammt von der Leidenschaft seines durch ihre Absage wieder hochgepeitschten Begehrens. Ohne den wahrhaften Grund ihres Ausbleibens auch nur anzudeuten, spielte sie mit Andeutungen, die ihn durch ihre Unbestimmtheit noch mehr entzündeten. Für seine Wünsche blieb sie diesmal unnahbar und zögerte selbst mit Versprechungen, weil sie spürte, wie sehr dies geheimnisvoll plötzliche Entziehen und Versagen ihn aufreizte. ... Und als sie ihn nach einer halben Stunde heißen Gesprächs verließ, ohne ihm das mindeste an Zärtlichkeit gewährt oder auch nur verheißen zu haben, loderte sie innen von einem sehr seltsamen Gefühl, wie sie es nur als Mädchen gekannt hatte. Es war ihr, als glimme eine kleine, prickelnde Flamme tief unten und warte nur auf den Wind, der das Feuer aufpeitschte, dass es über ihrem Haupte zusammenschlage. Sie nahm jeden Blick, den ihr die Gasse zusprengte, hastig mit im Vorüberschreiten, und der unerwartete Erfolg vieler solcher männlicher Lockungen reizte ihre Neugier nach dem eigenen Gesicht so sehr, dass sie plötzlich vor dem Spiegel an der Auslage einer Blumenhandlung stehen blieb, um im Rahmen roter Rosen und tauglitzernder Veilchen ihre eigene Schönheit zu sehen. Funkelnd blickte sie sich an, leicht und jung, ein wollüstig halbgeöffneter Mund lächelte ihr von drüben Zufriedenheit zu und beflügelt fühlte sie nun ihre Glieder im Weiterschreiten; ein Verlangen nach einer körperlichen Entkettung, nach Tanz oder Taumel löste den gewohnten gemächlichen Rhythmus aus ihren Schritten, und ungern hörte sie jetzt von der Michaelerkirche, an der sie vorbeieilte, die Stunde, die sie nach Hause rief, in ihre enge, ordentliche Welt. Seit ihren Mädchentagen hatte sie nie sich so leicht empfunden, nie so beseelt in allen Sinnen, nicht die ersten Tage der Ehe und nicht die Umarmungen ihres Geliebten hatten derart mit Funken ihren Leib gestachelt, und der Gedanke wurde ihr unerträglich, jetzt schon all diese seltene Leichtigkeit, diese süße Besessenheit des Blutes an geregelte Stunden zu verschwenden. Müde ging sie weiter. Vor dem Hause blieb sie noch einmal zögernd stehen, die feurige Luft, das Verwirrende dieser Stunde noch einmal mit geweiteter Brust in sich einzuatmen, sie tief bis ans Herz zu spüren, diese letzte verebbende Welle des Abenteuers.

Da rührte sie jemand an der Schulter. Sie wandte sich um. »Was ... was wollen Sie denn schon wieder«, stammelte sie tödlich erschreckt, als sie plötzlich das verhasste Gesicht sah und erschrak noch mehr, sich selbst diese verhängnisvollen Worte sagen zu hören. Sie hatte sich doch vorgenommen, diese Frau nicht mehr zu erkennen, wenn sie ihr jemals wieder begegnen sollte, alles abzuleugnen, Stirn an Stirn der Erpresserin entgegenzutreten ... Jetzt war es zu spät.

»Ich warte schon eine halbe Stunde hier auf Sie, Frau Wagner.«

Irene zuckte zusammen, als sie ihren Namen hörte. Die Person wusste ihren Namen, ihre Wohnung. Jetzt war alles verloren, sie ihr rettungslos ausgeliefert. Sie hatte Worte zwischen ihren Lippen, die sorgsam vorbereiteten und berechnenden Worte, aber ihre Zunge war gelähmt und ohne Kraft einen Laut hervorzubringen.

»Eine halbe Stunde warte ich schon, Frau Wagner.« Drohend wie einen Vorwurf wiederholte die Person ihre Worte.

»Was wollen Sie ..., was wollen Sie denn von mir...«

»Sie wissen schon, Frau Wagner« – Irene zuckte bei dem Namen wieder zusammen –, »Sie wissen ganz genau, warum ich komme.«

»Ich habe ihn nie mehr gesehen ... lassen Sie mich jetzt ... nie mehr werde ich ihn sehen ... nie ...«

Die Person wartete gemächlich, bis Irene in ihrer Erregung nicht mehr weiter konnte. Dann sagte sie barsch wie zu einem Untergebenen: »Lügen Sie nicht! Ich bin Ihnen ja nachgegangen. Bis in die Konditorei«, und fügte, als sie Irene zurückweichen sah, noch höhnisch hinzu: »Ich habe ja keine Beschäftigung. Aus dem Geschäft haben sie mich entlassen, wegen Arbeitsmangels, wie sie sagen, und wegen der schlechten Zeiten. Na, das nützt man halt aus, und da geht unsereins auch ein biss'l spaziern ... ganz so wie die anständigen Frauen.«

Sie sagte das mit einer kalten Bosheit, die Irene ins Herz stach. Wehrlos fühlte sie sich gegen die nackte Brutalität dieser Gemeinheit, und immer wirbeliger fasste sie der Angstgedanke, die Person könnte jetzt wieder laut zu sprechen anfangen oder ihr Mann vorbeikommen, und dann wäre alles verloren. Rasch tastete sie in den Muff, riss ihre Silbertasche auf und holte alles Geld heraus, das ihr in die Finger kam. Mit Ekel stieß sie es ihr in die Hand, die sich schon langsam in sicherer Erwartung der Beute frech entgegenstreckte. Aber diesmal sank die freche Hand, sobald sie das Geld spürte, nicht wie damals demütig in sich zusammen, sondern blieb starr in der Luft schweben und offen wie eine Kralle.

»Geben S' mir doch auch die Silbertasche, damit ich das Geld nicht verlier'!«, sagte dazu der höhnisch aufgeworfene Mund mit einem leisen kollernden Lachen.

Irene blickte ihr in das Auge, aber nur eine Sekunde. Dieser freche, gemeine Hohn war nicht zu ertragen. Wie einen brennenden Schmerz spürte sie Ekel ihren ganzen Körper durchdringen. Nur fort, fort, nur dies Gesicht nicht mehr sehen! Abgewandt, mit einer raschen Bewegung streckte sie ihr die kostbare Tasche hin, dann lief sie, von Grauen gejagt, die Treppe empor.

Ihre eingetrocknete, nach Menschen lechzende Seele sog aus allem Leben und Genuss. Nebenan lockte Musik und drang ihr tief unter die brennende Haut. Der Tanz begann, und ohne es zu wissen, war sie schon mitten im Gewühle. Wie noch nie in ihrem Leben tanzte sie. Dieser kreisende Wirbel schleuderte alle Schwere aus ihr heraus, der Rhythmus wuchs in die Glieder und durchatmete den Körper mit feuriger Bewegung. Hielt die Musik inne, so fühlte sie die Stille schmerzhaft, die Flamme der Unrast züngelte auf an ihren schauernden Gliedern und wie in ein Bad, in kühlendes beruhigendes, tragendes Wasser, stürzte sie sich wieder in den Wirbel hinein. Sonst war sie immer nur eine mittelmäßige Tänzerin gewesen, zu gemessen, zu besonnen, zu hart und vorsichtig in den Bewegungen, aber dieser Rausch der befreiten Freude löste alle körperlichen Hemmungen. Ein stählernes Band von Scham und Besonnenheit, das sonst ihre wildesten Leidenschaften in eine Form zusammenhielt, riss jetzt mitten durch und sie fühlte sich haltlos, restlos, selig zerfließen. Arme, Hände spürte sie um sich, Berührung und Entschwinden, Atem von Worten, kitzelndes Lachen, Musik, die innen im Blut zuckte, ihr ganzer Körper war gespannt, so sehr gespannt, dass ihr die Kleider am Leibe brannten und sie unbewusst am liebsten alle Hülle abgerissen hätte, um nackt diesen Rausch tiefer in sich hineinzuspüren.

»Irene, was hast du?« – sie wandte sich um, taumelnd und lachenden Auges, noch ganz heiß von der Umschlingung ihres Tänzers. Da stieß kalt und hart der verwundert starre Blick ihres Mannes in ihr Herz. Sie erschrak. War sie zu wild gewesen? Hatte ihre Raserei etwas verraten?

»Was ... was meinst du Fritz?«, stammelte sie, verwundert vom jähen Stoß seines Blickes, der immer tiefer in sie zu dringen schien und den sie jetzt schon ganz innen, ganz an ihrem Herzen spürte. Sie hätte aufschreien mögen unter der wühlenden Entschlossenheit dieser Augen.

»Das ist doch seltsam«, murmelte er endlich. In seiner Stimme war eine dumpfe Verwunderung. Sie wagte nicht zu fragen, was er damit meinte. Aber ein Schauer lief ihr durch die Glieder, als sie jetzt, da er sich wortlos wegwandte, seine Schultern sah, breit, hart und groß, zu einem eisernen Nacken nervig getürmt. Wie bei einem Mörder, flog es ihr durch das Hirn, irrsinnig und schon wieder verscheucht. Jetzt erst, als ob sie ihn zum erstenmal gesehen, ihren eigenen Mann, empfand sie voll Grauen, dass er stark und gefährlich war.

Die Musik hob wieder an. Ein Herr trat auf sie zu, mechanisch nahm sie seinen Arm. Aber nun war alles schwer geworden, und die helle Melodie konnte ihre erstarrten Glieder nicht mehr heben. Eine dumpfe Schwere wuchs vom Herzen aus den Füßen zu, jeder Schritt tat ihr weh. Und sie musste ihren Tänzer bitten, sie frei zu geben. Unwillkürlich sah sie sich im Zurücktreten um, ob ihr Mann nahe wäre. Und schrak zusammen. Er stand unmittelbar hinter ihr, als erwarte er sie, und wieder stieß er blank mit dem Blick gegen den ihren. Was wollte er? Was wusste er schon? Unwillkürlich raffte sie das Kleid zusammen, als müsste sie die nackte Brust vor ihm schützen. Sein Schweigen blieb hartnäckig wie sein Blick.

»Wollen wir gehen?«, fragte sie ängstlich. »Ja.« Seine Stimme klang hart und unfreundlich. Er ging voraus. Wieder sah sie den breiten, drohenden Nacken. Man warf ihr den Pelz um, aber ihr fror. Schweigend fuhren sie nebeneinander. Sie wagte kein Wort. Dumpf fühlte sie eine neue Gefahr. Nun war sie von beiden Seiten umstellt.

In dieser Nacht hatte sie einen drückenden Traum. Irgendeine fremde Musik rauschte, ein Saal war hell und hoch, sie trat ein, viele Menschen und Farben mengten ihre Bewegung, da drängte ein junger Mann, den sie zu kennen glaubte und doch nicht ganz erriet, auf sie zu, fasste sie am Arm und sie tanzte mit ihm. Ihr war wohl und weich, eine einzige Welle Musik hob sie auf, dass sie den Boden nicht mehr spürte, und so tanzten sie durch viele Säle, in denen goldene Leuchter ganz hoch oben wie Sterne strahlend kleine Flammen hielten, und viele Spiegel Wand an Wand ihr eigenes Lächeln ihr zuwarfen und wieder weit wegtrugen in unendlichen Reflexen. Immer heißer wurde der Tanz, immer brennender die Musik. Sie merkte, wie der Jüngling sich enger an sie schmiegte, seine Hand in ihren nackten Arm sich vergrub, dass sie stöhnen musste vor schmerzvoller Lust, und jetzt, da ihre Augen in seine tauchten, meinte sie ihn zu erkennen. Ein Schauspieler dünkte er sie, den sie als kleines Mädchen von fern ekstatisch geliebt hatte, schon wollte sie seinen Namen beseligt aussprechen, aber er verschloss ihren leisen Schrei mit einem glühenden Kuss. Und so, mit verschmolzenen Lippen, ein einziger ineinander glühender Körper, flogen sie, wie von einem seligen Wind getragen, durch die Räume. Die Wände strömten vorbei, sie spürte die aufschwebende Decke nicht mehr und die Stunde, unsäglich leicht und mit entketteten Gliedern. Da plötzlich rührte sie jemand an die Schulter. Sie hielt inne und mit ihr die Musik, die Leuchter verloschen, schwarz drängten sich die Wände heran und der Tänzer war verschwunden. »Gib ihn mir her, du Diebin!«, schrie das grauenhafte Weib, denn sie war es, dass die Wände gellten, und klemmte eiskalte Finger um ihr Handgelenk. Sie bäumte sich auf und hörte sich selber schreien, einen irren, kreischenden Laut des Entsetzens, und sie rangen beide, aber das Weib war stärker, riss ihr das Perlenhalsband ab und dabei das halbe Kleid, dass ihre Brust und Arme sich nackt entblößten unter den niederhängenden Fetzen. Mit einem Male waren wieder Menschen da, aus allen Sälen strömten sie in anschwellendem Lärm und starrten sie, die Halbnackte, höhnisch an und das Weib, das gellend schrie: »Sie hat ihn mir gestohlen, die Ehebrecherin, die Dirne.« Sie wusste nicht, wohin sich verbergen, wohin ihre Augen wenden, denn immer näher traten die Menschen heran, neugierige, fauchende Fratzen griffen in ihre Nacktheit und jetzt, da ihr taumelnder Blick nach Rettung fortflüchtete, sah sie plötzlich im finsteren Rahmen der Tür ihren Mann reglos stehen, die rechte Hand hinter dem Rücken verborgen. Sie schrie auf und lief von ihm fort, lief durch viele Räume, hinter ihr brandete die gierige Menge, sie spürte, wie ihr Kleid immer mehr niederglitt, kaum konnte sie es noch halten. Da sprang eine Treppe vor ihr auf, gierig stürzte sie hinab, sich zu retten, aber unten wartete wieder schon das gemeine Weib in ihrem wollenen Rock und mit ihren kralligen Händen. Sie sprang zur Seite und lief wie wahnsinnig ins Weite, aber die andere stürzte ihr nach, und so jagten sie beide durch die Nacht lange schweigende Straßen entlang und die Laternen bogen sich grinsend zu ihnen nieder. Hinter sich hörte sie immer die Holzschuhe des Weibes ihr nachklappern, aber immer, wenn sie an eine Straßenecke kam, sprang auch dorten wieder das Weib hervor und wieder an der nächsten, hinter allen Häusern, rechts und links lauerte sie. Immer war sie schon da, entsetzlich vervielfacht, nicht zu überholen, immer sprang sie vor und griff nach ihr, die schon die Knie sich versagen fühlte. Doch endlich, da war ihr Haus, sie stürzte darauf zu, aber wie sie die Tür aufriss, stand dort ihr Mann, ein Messer in der Hand, starrte sie an mit seinem bohrenden Blick. »Wo bist du gewesen?«, fragte er dumpf. »Nirgends«, hörte sie sich sagen und schon ein grelles Gelächter an ihrer Seite. »Ich habe es gesehen! Ich habe es gesehen!«, schrie grinsend das Weib, das plötzlich wieder neben ihr stand und irrsinnig lachte. Da hob ihr Mann das Messer. »Hilfe!«, schrie sie auf, »Hilfe!« ...

Sie starrte auf und ihre erschreckten, taumelnden Blicke stießen in die ihres Mannes. Was ... was war das? Sie war in ihrem Zimmer, die Ampel brannte fahl, sie war zu Hause in ihrem Bett, sie hatte nur geträumt. Aber wieso saß ihr Mann am Rand ihres Bettes und betrachtete sie gleich einer Kranken? Wer hatte das Licht angezündet, warum saß er so ernst da, so regungslos starr? Ein Schrecken zuckte ihr durch und durch. Unwillkürlich blickte sie nach seiner Hand: nein, es war kein Messer darin. Langsam wich die Benommenheit des Schlafes von ihr und das Wetterleuchten seiner Bilder. Sie musste geträumt, im Traume geschrien und ihn erweckt haben. Aber warum blickte er so ernst, so durchdringend, so unerbittlich ernst auf sie?

Sie versuchte zu lächeln. »Was ... was ist denn? Warum siehst du mich so an? Ich glaube, ich habe bös geträumt.«

»Ja, du hast laut geschrien. Vom andern Zimmer habe ich's gehört.«

Was habe ich gerufen, was habe ich verraten, schauerte ihr, was weiß er schon? Sie wagte sich kaum wieder empor in seinen Blick. Aber er sah ganz ernst auf sie nieder mit einer merkwürdigen Ruhe.

»Was ist mit dir, Irene? Etwas geht in dir vor. Du bist ganz verwandelt seit ein paar Tagen, bist wie im Fieber, nervös, zerfahren und schreist um Hilfe aus dem Schlaf?«

Sie versuchte wieder zu lächeln. »Nein«, beharrte er. »Du sollst mir nichts verschweigen. Hast du irgendeine Sorge oder quält dich etwas? Alle haben es schon bemerkt im Hause, wie du verwandelt bist. Du sollst Vertrauen zu mir haben, Irene.«

Er rückte unmerklich an sie heran, sie fühlte, wie seine Finger ihren nackten Arm glätteten und schmeichelten und in seinen Augen war ein seltsames Licht. Ein Verlangen überkam sie, jetzt sich an seinen festen Körper zu werfen, sich anzuklammern, alles zu gestehen und ihn nicht eher zu lassen, als bis er vergeben, jetzt, in diesem Augenblick, da er sie leiden gesehen.

Aber die Ampel brannte fahl, ihr Gesicht erhellend, und sie schämte sich. Sie fürchtete sich vor dem Wort.

»Sei nicht besorgt, Fritz«, suchte sie zu lächeln, indes ihr

Körper schauerte bis in die nackten Zehen. »Ich bin nur ein wenig nervös. Es wird schon vorübergehen.«

Die Hand, die sie schon umschlungen hielt, zog sich rasch zurück. Sie schauerte wie sie ihn jetzt ansah, bleich im gläsernen Licht, und die Stirn von den schweren Schatten finsterer Gedanken überwölbt. Langsam richtete er sich auf.

»Ich weiß nicht, mir war so, als hättest du mir etwas zu sagen all diese Tage schon. Etwas, was nur dich angeht und mich. Wir sind jetzt allein, Irene.«

Sie lag und rührte sich nicht, gleichsam hypnotisiert von diesem ernsten und verschleierten Blick. Wie gut, fühlte sie, könnte jetzt alles werden, nur ein Wort brauchte sie sagen, ein kleines Wort: Verzeihung, und er würde nicht fragen, wofür. Aber warum brannte das Licht, dieses laute, freche, horchende Licht? Im Dunkel hätte sie es zu sagen vermocht, das fühlte sie. Aber das Licht zerbrach ihre Kraft.

»Also wirklich nichts, gar nichts hast du mir zu sagen?«

Wie furchtbar die Verlockung, wie weich seine Stimme war! Nie hatte sie ihn so sprechen gehört. Aber das Licht, die Ampel, dieses gelbe, gierige Licht!

Sie gab sich einen Ruck. »Was fällt dir ein«, lachte sie und erschrak schon vor dem Falsett der eigenen Stimme. »Weil ich nicht gut schlafe, sollte ich schon Geheimnisse haben? Am Ende gar Abenteuer?«

Sie schauerte selber, wie falsch, wie verlogen die Worte klangen, ihr graute bis in das innerste Mark vor sich selbst und unwillkürlich wandte sie den Blick.

»Nun – schlaf' gut.« Kurz sagte er's jetzt, ganz scharf. Mit einer ganz anderen Stimme. Wie eine Drohung oder wie einen bösen, gefährlichen Spott.

Dann löschte er das Licht. Sie sah seinen weißen Schatten bei der Tür verschwinden, lautlos, fahl, ein nächtiges Gespenst, und wie die Tür zufiel, war ihr, als schließe sich ein Sarg. Abgestorben fühlte sie alle Welt und hohl, nur innen in ihrem erstarrten Leib stieß das eigene Herz laut und wild gegen die Brust, Schmerz und Schmerz jeder Schlag.

Am nächsten Tage, als sie gemeinsam beim Mittagessen saßen

– die Kinder hatten eben gestritten und konnten nur mit Mühe zur Ruhe verwiesen werden – brachte das Dienstmädchen einen Brief. Für die gnädige Frau und man warte auf Antwort. Erstaunt betrachtete sie eine fremde Schrift und löste eilig das Kuvert, um schon bei der ersten Zeile jäh zu erblassen. Mit einem Ruck sprang sie auf und erschrak noch mehr, als sie an der einhelligen Verwunderung der anderen das Verräterisch-Unbedachte ihres Ungestüms erkannte.

Der Brief war kurz. Drei Zeilen: »Bitte, geben Sie dem Überbringer dieses sofort hundert Kronen.« Keine Unterschrift, kein Datum in den sichtbar verstellten Schriftzügen, nur dieser grauenhaft eindringliche Befehl. Frau Irene lief in ihr Zimmer, um das Geld zu holen, doch sie hatte die Schlüssel zu ihrem Kasten verlegt, fieberhaft riss und rüttelte sie an allen ihren Laden, bis sie ihn endlich fand. Zitternd faltete sie die Banknote in ein Kuvert und übergab sie selbst an der Tür dem wartenden Dienstmann. Sie tat das alles ganz sinnlos wie in einer Hypnose, ohne an die Möglichkeit eines Zögerns zu denken. Dann trat sie – kaum zwei Minuten war sie weggeblieben – wieder in das Zimmer zurück.

Alles schwieg. Sie setzte sich mit einem scheuen Unbehagen nieder und wollte eben irgend eine eilige Ausflucht suchen, als sie – und so zitterte ihre Hand, dass sie das erhobene Glas eilig niederstellen musste – in furchtbarstem Erschrecken bemerkte, dass sie, vom Blitzschlag der Erregung geblendet, den Brief offen neben ihrem Teller hatte liegen lassen. Eine kleine Bewegung nur, und ihr Mann hätte ihn zu sich herüberziehen können, ein Blick vielleicht konnte genügt haben, die groß und ungelenk geschriebenen Zeilen zu lesen. Das Wort versagte ihr. Mit einem verstohlenen Griff knitterte sie das Billett zusammen, aber jetzt, wie sie es einsteckte, begegnete sie, aufschauend, einem starken Blick ihres Mannes, einem bohrenden, strengen, schmerzhaften Blick, den sie früher nie an ihm gekannt hatte. Jetzt erst, seit einigen Tagen, gab er ihr mit dem Blick diese plötzlichen Stöße des Misstrauens, von denen sie ihr Innerstes erzittern fühlte und die zu parieren sie nicht verstand. Mit solch einem Blick hatte er nach ihren Gliedern damals beim Tanz gegriffen, es war der gleiche, der gestern nachts wie ein Messer über ihrem Schlaf gefunkelt hatte.

War es ein Wissen oder ein Wissenwollen, das ihn so schärfte, so blank, so stählern, so schmerzhaft machte? Und während sie noch nach einem Wort rang, überfiel sie eine längst vergessene Erinnerung, nämlich dass ihr Mann einmal erzählt hatte, als Anwalt einem Untersuchungsrichter gegenüber gestanden zu sein, dessen Kunstgriff es war, während des Verhörs mit gleichsam kurzsichtigen Blicken die Akten zu durchmustern, um dann bei der wirklich entscheidenden Frage blitzartig den Blick zu heben und wie einen Dolch in das jähe Erschrecken des Angeklagten zu stoßen, der dann bei diesem grellen Blitz konzentrierter Aufmerksamkeit die Fassung verlor und die sorgsam hochgehaltene Lüge kraftlos fallen ließ. Sollte er nun selbst sich in so gefährlicher Kunst versuchen und sie das Opfer sein? Sie schauderte, um so mehr als sie wusste, eine wie große psychologische Leidenschaft ihn weit über das Maß der juridischen Ansprüche an seinen Beruf fesselte. Aufspüren, Entfalten, Erpressen eines Verbrechens konnten ihn beschäftigen, wie andere Hasardspiel oder Erotik, und in solchen Tagen psychologischer Spürjagd war sein Wesen gleichsam innerlich durchglüht. Eine brennende Nervosität, die ihn nachts oft vergessene Entscheidungen aufstöbern ließ, wurde nach außen zu einer stählernen Undurchdringlichkeit, er aß und trank wenig, rauchte nur unablässig, das Wort gleichsam aufsparend für die Stunde vor dem Gericht. Einmal hatte sie ihn dort gesehen bei einem Plädoyer und nicht ein zweitesmal mehr, so sehr war sie erschreckt gewesen von der finsteren Leidenschaft, der fast bösen Glut seiner Rede und einem dumpfen und herben Zug in seinem Gesicht, den sie nun mit einem Male in dem starren Blick unter den drohend gefalteten Brauen wiederzufinden meinte.

All diese verlorenen Erinnerungen drängten sich in dieser einen Sekunde zusammen und wehrten den Worten, die sich auf ihren Lippen immer bilden wollten. Sie schwieg und wurde in dem Maße verwirrter, je mehr sie spürte, wie gefährlich dieses Schweigen war und wie sehr sie die letzte plausible Möglichkeit einer Erklärung versäumte. Die Augen wagte sie nicht mehr zu erheben, aber jetzt im Niederblicken erschrak sie noch mehr, als sie seine des sonst so Ruhigen und Gemessenen Hände wie kleine wilde Tiere auf dem Tisch auf und nieder wandern sah. Zum Glück war das Mittagsmahl bald zu Ende, die Kinder sprangen auf und stürmten ins Nebenzimmer mit ihren hellen heiteren Stimmen, deren Übermut die Gouvernante vergebens sich zu dämpfen bemühte. Auch ihr Mann erhob sich und ging schwer und ohne sich umzuschauen ins Nebenzimmer.

Kaum allein, holte sie den verhängnisvollen Brief wieder hervor. Einmal überflog sie noch die Zeilen: »Bitte, geben Sie dem Überbringer dieses sofort hundert Kronen.« Dann riss ihre Wut ihn zu Fetzen und ballte schon die Reste zusammen, um sie in den Papierkorb zu schleudern, da besann sie sich, hielt inne, beugte sich über den Kamin und warf das Papier in die aufzischende Glut. Die weiße Flamme, die mit aufspringender Gier die Drohung fraß, beruhigte sie.

In diesem Augenblick hörte sie den rückkehrenden Schritt ihres Mannes schon an der Tür. Rasch fuhr sie auf, das Gesicht rot vom Anhauch der Glut und der Ertappung. Die Tür des Ofens stand noch verräterisch offen, ungeschickt suchte sie mit ihrem Körper sie zu decken. Er trat an den Tisch, entflammte ein Streichholz für seine Zigarre und wie die Flamme nun nah seinem Gesichte war, glaubte sie ein Zittern um seine Nasenflügel flimmern zu sehen, das bei ihm immer Zorn verriet. Ruhig blickte er jetzt herüber. »Ich will dich nur aufmerksam machen, dass du nicht verpflichtet bist, mir deine Briefe zu zeigen. Wenn du es wünscht, Geheimnisse vor mir zu haben, so steht dir das vollkommen frei.« Sie schwieg und wagte ihn nicht anzusehen. Er wartete einen Augenblick, dann stieß er den Dampf seiner Zigarre mit starkem Atem wie aus innerster Brust heraus und verließ mit schwerem Schritt das Zimmer.

Sie wollte nun an nichts mehr denken, nur mehr leben, sich betäuben, ihr Herz mit leeren und sinnlosen Beschäftigungen füllen. Das Haus ertrug sie nicht mehr, sie musste, das fühlte sie, auf die Straße, unter Menschen, um nicht wahnsinnig zu werden vor Grauen. Mit diesen hundert Kronen waren, so hoffte sie, wenigstens einige knappe Tage Freiheit von der Erpresserin erkauft und sie beschloss, wieder einen Spaziergang zu wagen, um so mehr als vielerlei zu besorgen und vor allem zu Hause das Auffällige ihres veränderten Benehmens zu verdecken war. Sie hatte jetzt schon eine bestimmte Art zu fliehen. Vom Haustor stürzte sie wie von einem Sprungbrett mit geschlossenen Augen in die Flut der Straße. Und einmal das harte Pflaster unter den Füßen, die warme Flut von Menschen um sich, stieß sie sich in einer nervösen Hast, so rasch eine Dame nur gehen durfte ohne auffällig zu werden, blindlings nach vorwärts, die Augen starr auf den Boden geheftet, in der begreiflichen Furcht, wieder jenem gefährlichen Blick zu begegnen. War sie belauert, so wollte sie es wenigstens nicht wissen. Und doch spürte sie, dass sie an nichts anderes dachte und schrak zusammen, wenn zufällig jemand an ihren Körper streifte. Ihre Nerven litten schmerzhaft unter jedem Laut, jedem Schritt, der nachkam, jedem Schatten, der vorbeistreifte; nur im Wagen oder fremden Haus konnte sie wahrhaft atmen.

Ein Herr grüßte sie. Aufschauend, erkannte sie einen Jugendfreund ihrer Familie, einen freundlichen, geschwätzigen Graubart, dem sie sonst gerne auswich, weil er die Art hatte, einen stundenlang mit seinen kleinen, vielleicht nur eingebildeten körperlichen Leiden zu belästigen. Aber jetzt war es ihr leid, den Gruß nur dankend erwidert und nicht seine Begleitung gesucht zu haben, denn ein Bekannter wäre doch Abwehr gegen eine unvermutete Ansprache jener Erpresserin gewesen. Sie zögerte und wollte noch nachträglich umkehren, da war ihr, als ob jemand von rückwärts rasch auf sie zuschritte, und instinktiv, ohne zu überlegen, stürmte sie weiter. Aber sie spürte im Rücken mit dem durch die Angst grausam geschärften Ahnungsgefühl eine gleichsam beschleunigte Annäherung und lief immer hastiger, obwohl sie wusste, der Verfolgung schließlich nicht entgehen zu können. Ihre Schultern begannen zu schauern im Vorgefühl der Hand, die sie nun – immer näher spürte sie den Schritt – im nächsten Augenblick berühren würde und je mehr sie ihren Gang beschleunigen wollte, desto schwerer wurden ihre Knie. Ganz nahe spürte sie jetzt den Verfolger und »Irene!« rief jetzt eindringlich und doch leise von rückwärts eine Stimme, an die sie sich erst besinnen musste, die aber doch nicht die gefürchtete war, die grauenhafte Botin des Unglücks. Aufatmend wandte sie sich herum: es war ihr Geliebter, der bei dem plötzlichen Ruck, mit dem sie anhielt, fast an sie stürzte. Bleich, verwirrt war sein Gesicht mit allen Zeichen der Erregung und nun, unter ihrem fassungslosen Blick, schon der Beschämung. Unsicher hob er die Hand zum Gruß und ließ sie wieder sinken, als sie ihm die ihre nicht bot. Sie starrte ihn nur an, ein, zwei Sekunden, so unerwartet war er ihr. Gerade ihn hatte sie vergessen in all den Tagen der Angst. Jetzt aber, da sie sein bleiches und fragendes Gesicht von nah sah mit jenem Ausdruck ratloser Leerheit, die jedes ungewisse Gefühl immer in die Augen zeichnet, schäumte plötzlich die Wut in heißer Welle in ihr empor. Ihre Lippen zitterten nach einem Wort, und die Erregung in ihrem Antlitz war so sichtbar, dass er erschreckt nur ihren Namen stammelte: »Irene, was hast du?«, und als er ihre ungeduldige Gebärde sah, schon ganz geduckt beifügte: »Was habe ich dir denn getan?«

Sie starrte ihn an mit schlecht bezähmter Wut. »Was Sie mir getan haben«, lachte sie höhnisch. »Nichts! Gar nichts! Nur Gutes! Nur Annehmlichkeiten.«

Sein Blick war entgeistert und sein Mund blieb halb offen vor Erstaunen, was das Einfältige und Lächerliche seines Aussehens noch vermehrte. »Aber Irene ... Irene!«

»Machen Sie kein Aufsehen da«, herrschte sie ihn barsch an. »Und spielen Sie mir keine Komödien vor. Gewiss lauert sie wieder in der Nähe, Ihre saubere Freundin, und dann fällt sie mich wieder an ...«

»Wer ... wer denn?«

Am liebsten hätte sie ihm mit der Faust ins Gesicht geschlagen, in dieses läppisch-starre, verzerrte Gesicht. Sie spürte schon, wie ihre Hand den Schirm umkrallte. Nie hatte sie einen Menschen so verachtet, so gehasst. »Aber Irene ... Irene«, stammelte er immer verwirrter. »Was habe ich dir denn getan? ... Auf einmal bleibst du fort ... Ich warte auf dich Tag und Nacht ... Den ganzen Tag stehe ich heute schon vor deinem Haus und warte, dich eine Minute sprechen zu können.«

»Du wartest ... so ... du auch.« Sinnlos machte sie, das fühlte sie, die Wut. Ihm ins Gesicht schlagen können, wie wohl das täte! Aber sie hielt sich zusammen, sah ihn noch einmal an voll brennenden Ekels, gleichsam überlegend, ob sie ihm nicht den ganzen aufgestauten Zorn mit einer Beschimpfung ins Gesicht speien sollte, dann wandte sie sich plötzlich und drängte, ohne zurückzublicken, in das Menschengewirr hinein. Er blieb stehen mit seiner noch flehend ausgestreckten Hand, ratlos und durchschauert, bis das Geschiebe der Straße ihn fasste und fortschob wie die Strömung ein sinkendes Blatt, das taumelnd und kreisend sich wehrt und schließlich doch willenlos weggeschwemmt wird.

Dass dieser Mensch jemals ihr Geliebter gewesen war, kam ihr jetzt plötzlich ganz unwahr und sinnlos vor. An nichts konnte sie sich besinnen, nicht an die Farbe seiner Augen, die Form seines Gesichtes, keine seiner Liebkosungen war ihr körperlich gewärtig und von seinen Worten klang nichts in ihr nach als dieses jammernde, weibische, hündische »Aber, Irene!« seiner stammelnden Verzweiflung. Nicht ein einziges Mal hatte sie in all den Tagen, so sehr er Ursprung alles Unheils war, an ihn gedacht, nicht einmal in ihren Träumen. Nichts war er für ihr Leben, keine Lockung und kaum eine Erinnerung. Unverständlich war ihr geworden, dass jemals ihre Lippen seinen Mund gefühlt haben sollten, und sie fühlte die Kraft zum Eide in sich, niemals ihm angehört zu haben. Was hatte sie in seine Arme getrieben, welcher fürchterliche Wahnsinn in ein Abenteuer gejagt, das ihr eigenes Herz nicht mehr verstand und kaum ihre Sinne? Nichts wusste sie mehr davon, fremd war ihr alles in diesem Geschehnis, fremd sie sich selber.

Aber war nicht auch alles andere anders geworden in diesen sechs Tagen, dieser einen Woche des Entsetzens? Wie Scheidewasser hatte die ätzende Angst ihr Leben zersetzt und seine Elemente gesondert. Die Dinge hatten mit einem Male anderes Gewicht, vertauscht waren alle Werte und die Beziehungen verwirrt. Ihr war, als hätte sie nur mit dämmrigem Gefühl, halb verschlossenen Blicks bisher durch ihr Leben getastet, und nun strahlte mit einem Male alles von innen in einer furchtbar schönen Klarheit. Ganz vor ihr, atemnah, standen Dinge, an die sie nie gerührt hatte und von denen sie mit einem Male begriff, dass sie ihr wahrhaftes Leben bedeuteten, und anderes wieder, was ihr wichtig geschienen, schwand hin wie Rauch. Sie hatte bislang in einer regen Geselligkeit gelebt, in jener lauten, gesprächigen Gemeinschaft der begüterten Kreise, und eigentlich nur für sie, aber nun, seit einer Woche im Kerker ihres eigenen Hauses, spürte sie keinen Mangel darin, sie zu entbehren, sondern nur Ekel vor dieser leeren Geschäftigkeit der Unbeschäftigten, und unwillkürlich maß sie an diesem ersten starken Gefühl, das ihr zuteil war, die Seichtigkeit ihrer bisherigen Neigungen und das unendliche Versäumnis an werktätiger Liebe. Wie in einem Abgrund sah sie in ihre Vergangenheit. Acht Jahre vermählt, war sie im Wahn eines zu bescheidenen Glückes nie ihrem Manne nähergetreten, fremd seinem innersten Wesen und nicht minder ihren eigenen Kindern. Zwischen ihr und ihnen standen bezahlte Menschen, Gouvernanten und Dienstboten, ihr all die kleinen Sorgen abzunehmen, von denen sie jetzt – seit sie näher in das Leben ihrer Kinder geblickt – erst zu ahnen begann, dass sie verlockender waren als die heißen Blicke der Männer und beseligender als eine Umarmung. Langsam bildete sich ihr Leben zu einem neuen Sinn um, alles gewann Beziehungen und wandte ihr plötzlich ein ernst-bedeutsames Antlitz zu. Seit sie die Gefahr kannte und mit der Gefahr ein wahrhaftes Gefühl, begannen mit einem Male alle Dinge und auch die fremdesten ihr gemeinsam zu werden. In allem spürte sie sich, und die Welt, früher durchsichtig wie Glas, wurde an der dunklen Fläche ihres inneren Schattens mit einem Male zum Spiegel. Wohin sie sah, wohin sie horchte, war plötzlich Wirklichkeit.

Sie saß bei den Kindern. Das Fräulein las ihnen ein Märchen vor von der Prinzessin, die alle Kammern ihres Palastes beschauen durfte, nur die eine nicht, die mit silbernem Schlüssel verriegelt war und die sie doch öffnete zu ihrem Verhängnis. War das nicht ihr eigenes Schicksal, dass auch sie nur das Verbotene gereizt hatte und ins Unglück getrieben? Tiefe Weisheit schien ihr das kleine Märchen, das sie vor einer Woche noch als einfältig belächelt hätte. In der Zeitung stand die Geschichte eines Offiziers, der unter Erpressung zum Verräter geworden war. Sie schauerte und verstand. Würde denn sie nicht auch Unmögliches tun, um sich Geld zu schaffen, ein paar Tage Ruhe zu kaufen, einen Schein von Glück. Jede Zeile, die von Selbstmord sprach, jedes Verbrechen, jede Verzweiflung wurde ihr plötzlich zum Geschehnis. Alles sagte »ich« zu ihr, der Lebensmüde, der Verzweifelte, das verführte Dienstmädchen und das verlassene Kind, alles war wie ihr eigenes Schicksal. Mit einem Male spürte sie den ganzen Reichtum des Lebens und wusste, dass nie eine Stunde in ihrem Schicksal mehr arm sein könnte und jetzt, da sich alles zu Ende neigte, spürte sie erst einen Anbeginn. Und dieses wunderbare Verstricktsein mit der ganzen unendlichen Welt sollte diese eine verlotterte Weibsperson Macht haben mit ihren groben Fäusten zu zerreißen? Um dieser einen Schuld willen sollte all das Große und Schöne, dessen sie sich nun zum erstenmal fähig fühlte, zertrümmert sein?

Und warum – sie wehrte sich blind gegen ein Verhängnis, das sie unbewusst sinnvoll glaubte – warum gerade ihr so entsetzliche Strafe für geringfügiges Vergehen! Wie viele Frauen kannte sie, eitle, freche, wollüstige, die sich für Geld sogar Liebhaber hielten und in ihrem Arm den eigenen Mann verhöhnten, Frauen, die in der Lüge lebten wie im eigenen Haus, die schöner wurden in der Verstellung, stärker in der Verfolgung, klüger in der Gefahr, indes sie ohnmächtig zusammenbrach bei der ersten Angst, dem ersten Vergehen.

Aber war sie denn überhaupt schuldig? In ihrem Innersten fühlte sie, dass dieser Mensch, dieser Geliebte ihr fremd war, dass sie nichts von ihrem wirklichen Leben ihm jemals hingegeben. Nichts hatte sie empfangen von ihm, nichts von sich ihm geschenkt. All dies Vergangene und Vergessene war gar nicht ihr Verbrechen, sondern das einer anderen Frau, die sie selbst nicht verstand und an die sie sich nicht einmal mehr zurückerinnern konnte. Durfte man denn ein Vergehen strafen, das durch die Zeit schon entsühnt war?

Plötzlich erschrak sie. Sie fühlte, dass dies gar nicht mehr ihr eigener Gedanke war. Wer hatte das nur gesagt? Irgend jemand in ihrer Nähe, jüngst erst, vor wenigen Tagen. Sie dachte nach, und ihr Erschrecken wurde nicht geringer, als sie sich besann, dass es ihr eigener Mann war, der diesen Gedanken in ihr geweckt hatte. Er war von einem Prozess zurückgekommen, aufgeregt, bleich, und plötzlich sagte der sonst so Ungesprächige zu ihr und zufällig anwesenden Freunden: »Heute hat man einen Unschuldigen verurteilt.« Von ihr und den anderen befragt, erzählte er noch ganz aus seiner Erregung, man habe soeben einen Dieb bestraft für eine Entwendung, die er vor drei Jahren begangen hätte, und für sein Empfinden zu Unrecht, denn nach drei Jahren sei doch das Verbrechen gar nicht mehr das seine. Man bestrafe einen anderen Menschen und strafe ihn überdies doppelt, weil er doch schon diese drei Jahre im Kerker seiner eigenen Angst, in der ewigen Unruhe der Überführung verbracht habe.

Mit Entsetzen entsann sie sich, ihm damals widersprochen zu haben. Ihrem lebensfremden Empfinden war der Verbrecher immer nur ein Schädling der bürgerlichen Behaglichkeit gewesen, der ausgerottet werden musste um jeden Preis. Nun erst spürte sie, wie jämmerlich ihre Argumente gewesen waren, wie gütig und gerecht die seinen. Aber würde er auch bei ihr verstehen können, dass sie nicht einen Menschen geliebt, sondern das Abenteuer? Dass er mitschuldig war durch zu viel Güte, durch die erschlaffende Behaglichkeit, die er um ihr Leben gebreitet? Würde er auch gerecht sein können, als Richter seiner eigenen Sache?

Aber es war gesorgt dafür, dass sie sich freundlichen Hoffnungen nicht hingeben sollte. Schon am nächsten Tage kam wieder ein Zettel, wieder ein Peitschenhieb, der ihre ermattete Angst aufscheuchte. Diesmal waren zweihundert Kronen gefordert, die sie widerstandslos gab. Entsetzlich war ihr diese jähe Steigerung der Erpressung, der sie sich auch materiell nicht gewachsen fühlte, denn obzwar aus vermögender Familie, war sie doch nicht in der Lage, sich unauffällig größere Summen zu beschaffen. Und dann, was half es? Sie wusste, morgen würden es vierhundert Kronen sein und bald tausend, immer mehr, je mehr sie gab, und dann schließlich, sobald ihre Mittel versagten, der anonyme Brief, der Zusammenbruch. Was sie kaufte, war nur Zeit, eine Atemspanne, zwei Tage Rast oder drei, eine Woche vielleicht, aber eine wie entsetzlich wertlose Zeit voll Qual und Spannung. Seit Wochen schlief sie jetzt unruhig mit Träumen, die ärger waren als das Wachsein, ihr fehlte die Luft, die freie Bewegung, die Ruhe, die Beschäftigung. Sie vermochte nicht mehr zu lesen, nichts mehr zu tun, dämonisch gejagt von ihrer inneren Angst. Sie fühlte sich krank. Manchmal musste sie sich plötzlich niedersetzen, so heftig überfiel sie das Herzklopfen, eine unruhige Schwere füllte mit dem zähen Saft einer fast schmerzhaften Müdigkeit alle Glieder, die aber dennoch dem Schlaf sich verwehrte. Unterhöhlt von der fressenden Angst war ihre ganze Existenz, vergiftet ihr Körper, und im Innersten sehnte sie sich eigentlich danach, dass dieses Kranksein doch endlich herausbrechen möge in einem sichtbaren Schmerz, einem wirklich fassbaren, sichtbaren klinischen Leiden, für das die Menschen doch Mitleid hatten und Erbarmen. Sie beneidete die Kranken in diesen Stunden unterirdischer Qual. Wie gut müsste es sein, in einem Sanatorium zu liegen, im weißen Bett zwischen weißen Wänden, umgeben von Bedauern und Blumen, Menschen würden kommen, alle gütig zu ihr sein, und hinter der Wolke des Leidens stünde schon fern wie eine große gütige Sonne die Genesung. Hatte man Schmerzen, so durfte man wenigstens laut schreien, sie aber musste unaufhörlich die tragische Komödie eines heiteren Gesundseins spielen, für die jeder Tag und beinahe jede Stunde ihr neue und furchtbarere Situationen fand. Mit zuckenden Nerven musste sie lächeln und froh scheinen, ohne dass jemand die unendliche Anstrengung dieser vorgetäuschten Heiterkeit ahnte, die heroische Kraft, die sie verschwendete an solche tägliche und doch nutzlose Selbstvergewaltigung.

Nur einer von allen Menschen rings um sie schien, so dünkte es ihr, etwas zu ahnen von dem Furchtbaren, das in ihr vorging, und dieser nur, weil er sie belauerte. Sie spürte, und diese Sicherheit zwang sie zu doppelter Vorsicht, dass er sich unablässig mit ihr beschäftigte, so wie sie mit ihm. Sie umschlichen sich Tag und Nacht, gleichsam einander umkreisend, um einer des andern Geheimnis auszuspähen und das eigene hinter dem Rücken zu bergen. Auch ihr Mann war anders geworden in der letzten Zeit. Die drohende Strenge jener ersten inquisitorischen Tage war bei ihm einer eigenen Art von Güte und Besorgtheit gewichen, die sie unwillkürlich an ihre Brautzeit erinnerte. Wie eine Kranke behandelte er sie, mit einer Sorgsamkeit, die sie verwirrte, weil sie sich beschämt fühlte durch so unverdiente Liebe, und die sie anderseits doch fürchtete, weil sie doch auch eine List bedeuteten könnte, um ihr jäh in unvermutetem Augenblick das Geheimnis aus den erschlafften Händen zu winden. Seit jener Nacht, da er sie im Schlafe belauscht, und jenem Tage, da er den Brief in ihren Händen erblickt, war sein Misstrauen wie in Mitleid verwandelt, er warb um ihr Vertrauen mit einer Zartheit, die sie manchmal beruhigte und schon nachgiebig stimmte, um in der nächsten Sekunde dem Argwohn wieder nachzugeben. War es nur eine List, die verführerische Lockung des Untersuchungsrichters für den Angeklagten, eine Fangbrücke des Vertrauens, die ihr Geständnis überschreiten sollte und die dann, plötzlich hochgezogen, sie wehrlos in seiner Willkür ließ? Oder war auch schon in ihm das Gefühl, dass dieser gesteigerte Zustand des Belauerns und Belauschens ein unerträglicher war, und seine Sympathie so stark, dass er heimlich mitlitt an ihrem täglich mehr sichtbaren Leiden? Sie spürte in einem merkwürdigen Schauer, wie er ihr manchmal das erlösende Wort gleichsam hinreichte, wie verlockend leicht er ihr das Geständnis machte; sie verstand seine Absicht und war seiner Güte dankbar froh. Aber sie empfand auch, dass mit dem regeren

Gefühl der Neigung auch ihre Scham vor ihm wuchs und das Empfinden der Nähe ihr strenger das Wort verwehrte als vordem ihr Misstrauen.

Einmal in diesen Tagen sprach er zu ihr ganz deutlich und Blick in Blick. Sie war nach Hause gekommen und hatte vom Vorzimmer laute Stimmen gehört, die ihres Mannes, scharf und energisch, das zänkische Geschwätz der Gouvernante und dazwischen Weinen und schluchzende Laute. Ihr erstes Gefühl war Erschrecken. Immer, wenn sie laute Stimmen hörte oder eine Erregung im Hause, schauerte sie zusammen. Angst war das Gefühl, das bei ihr auf alles antwortete, was außergewöhnlich war, die brennende Angst, der Brief sei schon gekommen, das Geheimnis enthüllt. Immer, wenn sie die Tür auftat, stürzte ihr erster fragender Blick sich auf die Gesichter und frug sie ab, ob nichts in ihrer Abwesenheit geschehen sei, die Katastrophe nicht schon hereingebrochen, indes sie fern war. Diesmal war es nur Kinderzank, wie sie bald beruhigt erkannte, eine kleine improvisierte Gerichtsverhandlung. Eine Tante hatte vor wenigen Tagen dem Knaben ein Spielzeug, ein buntes Pferdchen, gebracht, was das jüngere Mädchen, das mindere Gaben erhalten, neidisch erbitterte. Vergeblich hatte sie ihr Recht geltend zu machen gesucht und so gierig, dass der Knabe, gereizt in seinem Besitzerstolz, ihr verweigerte, sein Spielzeug überhaupt zu berühren, was zuerst lauten Zorn des Kindes erregte und dann ein dumpfes, geducktes, hartnäckiges Schweigen. Aber am nächsten Morgen war das Pferdchen plötzlich verschwunden, spurlos, und alle Bemühungen des Knaben vergebens, bis man durch Zufall das Verlorene schließlich zerstückelt im Ofen entdeckte, die Holzteile zerbrochen, das bunte Fell abgerissen und das Innere ausgeweidet. Der Verdacht fiel selbstverständlich auf das kleine Mädchen; weinend war der Bub zum Vater gestürzt, die Boshafte zu verklagen, die einer Rechtfertigung nicht ausweichen konnte, und eben begann das Verhör.

Irene fühlte einen jähen Neid. Warum kamen die Kinder mit all ihren Sorgen immer zu ihm und niemals zu ihr? Von je vertrauten sie alle ihre Streitigkeiten und Klagen immer ihrem Manne an; bisher war ihr's lieb gewesen, von diesen kleinen Plackereien befreit zu sein, aber auf einmal geizte sie danach, weil sie darin die Liebe fühlte und Vertrauen.

Die kleine Gerichtsverhandlung war bald entschieden. Das Kind leugnete zuerst, freilich mit scheugesenkten Augen und einem verräterischen Zittern in der Stimme. Die Gouvernante zeugte gegen sie, sie hatte gehört, wie das kleine Mädchen im Zorn gedroht hatte, das Pferdchen zum Fenster hinunter zu werfen, was das Kind vergeblich abzuleugnen sich bemühte. Es gab einen kleinen Tumult von Schluchzen und Verzweiflung. Irene blickte auf ihren Mann; ihr war es, als säße er zu Gericht nicht über das Kind, sondern schon über ihr eigenes Schicksal, denn so würde sie vielleicht morgen schon ihm gegenüberstehen, mit dem gleichen Zittern und demselben Sprung in der Stimme. Ihr Mann blickte zuerst streng, so lange das Kind bei der Lüge beharrte, zwang dann Wort für Wort den Widerstand nieder, ohne je bei einer Weigerung in Zorn zu geraten. Dann aber, als sich das Leugnen in eine dumpfe Verstocktheit löste, sprach er ihr gütig zu, bewies geradezu die innere Notwendigkeit der Handlung und entschuldigte gewissermaßen, dass sie im ersten unbedachten Zorn etwas so Abscheuliches getan habe, damit, dass sie dabei nicht besonnen habe, es würde ihren Bruder tatsächlich kränken. Und so warm und eindringlich erläuterte er dem immer unsicherer werdenden Kinde die eigene Tat als etwas Begreifliches, aber doch Verurteilenswertes, dass es endlich in Tränen ausbrach und wild zu heulen begann. Und bald, gedeckt vom Schwall der Tränen, stammelte es endlich das gestehende Wort.

Irene stürzte hin, die Weinende zu umarmen, aber die Kleine stieß sie weg im Zorn. Auch ihr Mann verwies ihr mahnend dies voreilige Mitleid, denn er wollte das Vergehen doch nicht straflos hingehen lassen, und verhängte die zwar geringfügige, für das Kind aber empfindliche Strafe, am nächsten Tage nicht zu einer Veranstaltung gehen zu dürfen, auf die sich das Mädchen seit Wochen gefreut hatte. Heulend hörte das Kind sein Urteil; der Knabe begann laut zu triumphieren, aber dieser frühzeitige und gehässige Hohn verwickelte ihn augenblicklich gleichfalls in die Strafe, und auch ihm wurde für seine Schadenfreude die Erlaubnis, jenes Kinderfest zu besuchen, entzogen. Traurig und nur getröstet durch die Gemeinsamkeit ihrer Bestrafung zogen die beiden schließlich ab und Irene blieb allein mit ihrem Mann.

Jetzt, fühlte sie plötzlich, war endlich Gelegenheit, statt der heimtückischen und vielleicht nur eingebildeten Anspielungen hinter der Maske eines Gespräches über die Schuld des Kindes und sein Geständnis von ihrer eigenen zu sprechen, und irgend ein Gefühl der Erleichterung überkam sie, wenigstens in verhüllter Form die Beichte ablegen und um Mitleid bitten zu dürfen. Denn wie ein Zeichen war es ihr, ob er ihre Fürsprache für das Kind nun gütig aufnahm, und sie wusste, dann würde sie vielleicht wagen können, für sich selbst zu sprechen.

»Sag, Fritz«, begann sie, »willst du wirklich die Kinder morgen nicht gehen lassen? Sie werden ganz unglücklich sein, besonders die Kleine. So arg war es ja gar nicht, was sie angestellt hat. Warum willst du sie so streng bestrafen? Tut sie dir gar nicht leid, die Kleine?«

Er sah sie an. Dann setzte er sich gemächlich. Er schien sichtlich willig, das Thema ausführlicher zu erörtern, und ein Vorgefühl, angenehm und ängstlich zugleich, ließ sie vermuten, er würde Wort für Wort gegen sie münzen; alles in ihr wartete die Pause zu Ende, die er, wohl mit Absicht oder in angestrengtem Überlegen, besonders dehnte.

»Ob sie mir nicht leid tut, fragst du? Darauf sage ich: heute nicht mehr. Ihr ist jetzt leicht, seit sie bestraft ist, ob's ihr auch bitter scheint. Unglücklich war sie gestern, als das arme Pferdchen zerbrochen im Ofen steckte, alles im Hause danach suchte und sie tagaus, tagein die Angst hatte, man würde, man müsse es entdecken. Die Angst ist ärger als die Strafe, denn die ist ja etwas Bestimmtes und, viel oder wenig, immer mehr als das entsetzlich Unbestimmte, dies Grauenhaft-Unendliche der Spannung. Sobald sie ihre Strafe wusste, war ihr leicht. Das Weinen darf dich ja nicht irre machen: es ist nur jetzt herausgefahren und früher stak es drinnen. Und innen tut's ärger als draußen. Wär' sie nicht ein Kind oder könnte man irgendwie ganz in ihr Letztes schauen, ich glaube, man würde finden, dass sie eigentlich froh ist trotz der Bestrafung und der Tränen und sicher froher als gestern, wo sie anscheinend sorglos herumging und niemand sie verdächtigte.«

Sie sah auf. Ihr war so, als zielte er jedes Wort gegen sie. Aber er schien sie gar nicht zu beachten, sondern fuhr, ihre Bewegung vielleicht missdeutend, entschiedener fort:

»Es ist wirklich so, du kannst es mir glauben. Ich kenne das vom Gericht und aus den Untersuchungen. Die Angeklagten leiden am meisten unter den Verheimlichungen, unter der Drohung der Entdeckung, unter dem grauenvollen Zwang, eine Lüge gegen tausend kleine versteckte Angriffe verteidigen zu müssen. Es ist furchtbar, so einen Fall zu sehen, wo der Richter schon alles in Händen hat, die Schuld, den Beweis, vielleicht sogar das Urteil bereits, und nur das Geständnis noch nicht, das steckt innen im Angeklagten und will nicht heraus, so sehr er auch zieht und zerrt. Entsetzlich ist das zu sehen, wie der Angeklagte sich windet und krümmt, weil man ihm sein »Ja« wie mit einem Haken aus dem widerstrebenden Fleisch reißen muss. Manchmal sitzt es schon ganz oben in der Kehle, von innen drängt's eine unwiderstehliche Macht nach oben, sie würgen daran, beinahe ist es schon Wort: da kommt die böse Gewalt über sie, jenes unbegreifliche Gefühl von Trotz und Angst, und sie schlucken es wieder hinab. Und der Kampf beginnt von neuem. Die Richter leiden manchmal mehr dabei als die Opfer. Und dabei betrachten die Angeklagten ihn immer als den Feind, der in Wahrheit ihr Helfer ist. Und ich als ihr Anwalt, als Verteidiger, sollte ja eigentlich meine Klienten warnen, zu gestehen, ihre Lüge festigen und stärken, aber innerlich wage ich es oft nicht, denn sie leiden mehr am Nichtgestehen als am Geständnis und seiner Bestrafung. Ich verstehe das eigentlich noch immer nicht, dass man eine Tat tun kann, mit Bewusstsein der Gefahr, und dann nicht den Mut zum Geständnis, diese kleine, klägliche Angst will mir immer etwas Niedriges scheinen, das mit dem Übermächtigen, das in den meisten Vergehen steckt, so seltsam kontrastiert. Diese kleine Angst vor dem Wort finde ich kläglicher als jedes Verbrechen.«

»Meinst du ... dass es immer ... immer nur Angst ist ... die die Menschen hindert? Könnte es nicht ... könnte es nicht Scham sein ... die Scham, sich auszusprechen ... sich auszukleiden vor all den Menschen?«

Verwundert blickte er auf. Er war sonst nicht gewohnt, von ihr Antwort zu empfangen. Aber das Wort faszinierte ihn.

»Scham, sagst du ... das ... das ist ja auch nur eine Angst ... aber eine bessere ... eine, nicht vor der Strafe, sondern ... ja, ich verstehe ...«

Er war aufgestanden, merkwürdig erregt, und ging auf und ab. Der Gedanke schien in ihm irgend etwas getroffen zu haben, das jetzt aufzuckte und sich stürmisch regte. Plötzlich blieb er stehen.

»Ich gebe zu ... Scham vor den Menschen, vor den Fremden ... vor dem Pöbel, der aus der Zeitung fremdes Schicksal frisst wie ein Butterbrot ... Aber deshalb könnte man doch sich wenigstens jenen bekennen, denen man nahesteht ... Du erinnerst dich an jenen Brandstifter, den ich im vergangenen Jahr verteidigte ... der zu mir eine so merkwürdige Zuneigung gefasst hatte ... er erzählte mir alles, kleine Geschichten aus seiner Kindheit ... sogar von intimeren Dingen ... Siehst du, der hatte die Tat bestimmt begangen, er ist auch verurteilt worden ... aber auch mir hatte er sie nicht eingestanden ... das war eben die Angst, ich könnte ihn verraten ... nicht die Scham, denn mir vertraute er ja ... ich war, glaube ich, der Einzige, zu dem er im Leben so etwas wie Freundlichkeit empfunden hatte ... da war es also doch nicht Scham vor den Fremden ... was war es da, wo er doch vertrauen konnte?«

»Vielleicht« – sie musste sich abwenden, weil er sie so ansah und sie ihre Stimme zittern spürte – »vielleicht ... ist die Scham am größten ... denen gegenüber, denen man sich ... am nächsten fühlt.«

Er blieb plötzlich stehen, wie gepackt von einer innerlichen Gewalt.

»Du meinst also ... du meinst ...« – und mit einem Male wurde seine Stimme anders, ganz weich und dunkel – »du meinst ... dass Helene ... jemand anderem ihre Schuld leichter gestanden hätte ... der Gouvernante vielleicht ... dass sie ...«

»Ich bin überzeugt davon ... sie hat gerade dir so viel Widerstand nur entgegengesetzt ... weil ... weil dein Urteil ihr das wichtigste ist ... weil ... weil ... sie ... dich am meisten liebt ...«

Wieder blieb er stehen.

»Du ... du hast vielleicht recht ... ja sogar bestimmt ... das ist doch seltsam ... gerade daran habe ich nie gedacht ... es ist doch so einfach ... Ich war vielleicht zu streng, du kennst mich ja ... ich meine es nicht so. Aber ich gehe jetzt gleich hinein ... sie darf natürlich hin ... ich wollte ja nur ihren Trotz strafen, ihren Widerstand und dass ... dass sie kein Vertrauen hatte zu mir ... Aber du hast recht, ich will nicht, dass du glaubst, ich könnte nicht verzeihen ... das möchte ich nicht ... gerade von dir möchte ich das nicht, Irene ...«

Er sah sie an und sie spürte, wie sie errötete unter seinem Blick. War das Absicht, dass er so sprach, oder ein Zufall, ein tückischer gefährlicher Zufall? Noch immer fühlte sie die entsetzliche Unentschlossenheit.

»Das Urteil ist kassiert« – irgendeine Heiterkeit schien jetzt über ihn zu kommen. – »Helene ist frei und ich gehe es ihr selbst ankündigen. Bist du jetzt zufrieden mit mir? Oder hast du noch einen Wunsch? ... Du ... du siehst ... du siehst, ich bin in generöser Laune heute ... vielleicht weil ich froh bin, ein Unrecht rechtzeitig einbekannt zu haben. Das schafft immer eine Erleichterung, Irene, immer ...«

Sie glaubte zu verstehen, was diese Betonung meinte. Unwillkürlich trat sie ihm näher, schon fühlte sie das Wort in sich aufquellen und auch er trat vor, als wollte er ihr eilig aus den Händen nehmen, was sie so sichtlich bedrückte. Da traf sie sein Blick, in dem eine Gier war, nach dem Geständnis, nach irgend etwas von ihrem Wesen, eine glühende Ungeduld, und plötzlich brach alles in ihr zusammen. Müde fiel ihre Hand und sie wandte sich ab. Es war vergeblich, fühlte sie, nie würde sie es aussprechen können, das eine befreiende Wort, das innen brannte und ihre Ruhe verzehrte. Wie naher Donner rollte die Warnung, aber sie wusste, dass sie nicht entfliehen konnte. Und im geheimsten Wunsch ersehnte sie schon, was sie bislang gefürchtet, den erlösenden Blitz: die Entdeckung.

Rascher, als sie ahnte, schien ihr Wunsch sich erfüllen zu wollen. Vierzehn Tage währte jetzt der Kampf und Irene fühlte sich am Ende ihrer Kraft. Nun waren es schon vier Tage, dass die Person sich nicht gemeldet hatte, und so in den Körper gedrungen, so eins mit dem Blute war schon die Angst, dass sie bei jedem Klingeln an der Tür immer jäh aufschoss, um selbst eine erpresserische Botschaft rechtzeitig abzufangen. Eine Ungeduld, beinahe eine Sehnsucht war in dieser Gier, denn mit jeder dieser Bezahlungen kaufte sie ja einen Abend Beruhigung, ein paar stille Stunden mit den Kindern, einen Spaziergang. Für einen Abend, einen Tag konnte sie dann aufatmen, auf der Straße gehen und zu Freunden; freilich, der Schlaf war weise, er ließ sich sein sicheres Wissen um die beständig nahe Gefahr nicht von so kärglichem Trost betrügerisch nehmen und füllte ihr Blut nachts mit zehrenden Angstträumen.

Ungestüm war sie wiederum bei dem Klingelruf hinausgeeilt, die Tür zu öffnen, so sehr ihr auch bewusst sein musste, diese Unruhe, den Dienstboten zuvorzukommen, müsste Verdacht erwecken und leicht zu feindlichen Vermutungen verlocken. Aber wie schwach wurden diese kleinen Widerstände des besonnenen Überlegens, wenn beim Telephonsignal, einem Schritt auf der Straße hinter ihr her oder dem Ruf der Türglocke ihr ganzer Körper gleichsam aufschnellte wie von einem Peitschenschlag. Wieder hatte sie ein Klingelzeichen aus dem Zimmer und hin zur Tür gerissen; sie öffnete, um im ersten Augenblick eine fremde Dame verwundert anzusehen und dann, entsetzt zurückfahrend, in der neuen Ausstaffierung und unter einem eleganten Hut das verhasste Gesicht der Erpresserin zu erkennen.

»Ach, Sie sind es selbst, Frau Wagner, das ist mir angenehm. Ich hab' Sie wichtig zu sprechen.« Und ohne eine Antwort der Erschrockenen abzuwarten, die sich mit zitternder Hand auf die Türklinke stützte, trat sie ein, legte den Schirm ab, einen grellen, roten Sonnenschirm, offenbar schon eine erste Verwertung ihrer erpresserischen Raubzüge. Sie bewegte sich mit einer ungeheuren Sicherheit, als ob sie in ihrer eigenen Wohnung wäre und, wohlgefällig und gleichsam mit dem Gefühl einer Beruhigung die stattliche Einrichtung betrachtend, schritt sie unaufgefordert weiter gegen die halboffene Tür zum Empfangszimmer. »Nicht wahr, hier herein?«, fragte sie mit einem verhaltenen Hohn und, als die Erschreckte, des Wortes noch immer nicht mächtig, ihr abwehren wollte, fügte sie beruhigend bei: »Wir können es ja rasch erledigen, wenn es Ihnen unangenehm ist.«

Frau Irene folgte ihr ohne Widerrede. Der Gedanke, die Erpresserin in ihrer eigenen Wohnung zu wissen, diese Verwegenheit, die ihre entsetzlichsten Vermutungen übertraf, betäubte sie. Ihr war, als träumte sie dies alles.

»Schön haben Sie's hier, sehr schön«, bewunderte mit sichtlicher Behaglichkeit die Person, während sie sich niederließ. »Ah, wie gut sich's da sitzt. Und die vielen Bilder. Da sieht man's erst, wie armselig es unsereiner hat. Sehr schön haben Sie's, sehr schön, Frau Wagner.«

Da, wie sie diese Verbrecherin in ihren eigenen Räumen so behaglich sah, brach endlich die Wut in der Gemarterten auf. »Was wollen Sie denn, Sie Erpresserin! Bis in meine Wohnung verfolgen Sie mich. Aber ich werde mich nicht zu Tode quälen lassen von Ihnen. Ich werde ...!«

»Sprechen Sie doch nicht so laut«, unterbrach die andere mit einer beleidigenden Vertraulichkeit. »Die Tür ist ja offen und die Dienstboten könnten Sie hören. Mir liegt doch nicht viel daran. Ich leugne ja nichts, mein Gott, und schließlich im Gefängnis kann's mir doch auch nicht schlechter geh'n wie jetzt, bei dem elenden Leben. Aber Sie, Frau Wagner, sollten etwas vorsichtiger sein. Ich will vor allem einmal die Tür zumachen, wenn Sie's für nötig befinden, sich zu ereifern. Aber das sag' ich Ihnen gleich, dass Beschimpfungen auf mich keinen Eindruck machen.«

Frau Irenens Kraft, für einen Augenblick durch den Zorn gestählt, sank wieder ohnmächtig zusammen vor der Unerschütterlichkeit dieser Person. Wie ein Kind, das wartet, welche Aufgabe ihm diktiert wird, stand sie da, demütig beinahe und unruhig.

»Also Frau Wagner, ich will keine langen Umstände machen. Mir geht's nicht gut, das wissen Sie. Das hab' ich Ihnen schon gesagt. Und jetzt brauch' ich Geld auf den Zins. Ich bin ihn schon so lang schuldig, und noch auf andere Sachen. Ich möcht' endlich einmal ein bisschen in Ordnung kommen. Deshalb bin ich zu Ihnen gekommen, dass Sie mir da halt aushelfen mit – na mit halt vierhundert Kronen.«

»Ich kann nicht«, stammelte Frau Irene, von der Summe erschrocken, die sie tatsächlich nicht mehr in Barem besaß. »Ich hab's jetzt wirklich nicht. Dreihundert Kronen hab' ich Ihnen schon gegeben in diesem Monat. Woher soll ich's denn nehmen?«

»Na, es wird schon geh'n, denken Sie nur nach. Eine so reiche Frau wie Sie kann doch Geld haben, so viel sie will. Aber wollen muss sie halt. Also denken S' nur nach, Frau Wagner, es wird schon geh'n.«

»Aber ich hab' es wirklich nicht. Ich möchte es Ihnen ja gern geben. Aber soviel hab' ich wirklich nicht. Ich könnte Ihnen etwas geben ... hundert Kronen vielleicht ...«

»Vierhundert Kronen, hab' ich gesagt, brauch' ich.« Wie beleidigt durch die Zumutung warf sie schroff die Worte hin.

»Aber ich habe sie nicht«, schrie Irene verzweifelt. Wenn jetzt ihr Mann käme, dachte sie zwischendurch, jeden Augenblick konnte er kommen. »Ich schwöre es Ihnen, ich habe sie nicht ...«

»Dann suchen Sie sich's zu verschaffen ...«

»Ich kann nicht.«

Die Person sah sie an, von oben bis unten, als wollte sie sie abschätzen.

»Na ... zum Beispiel der Ring da ... Wenn man den versetzte, dann würde es gleich geh'n. Ich kenn' mich freilich nicht mit Schmuck so gut aus ... ich hab' ja nie einen gehabt ... aber vierhundert Kronen, glaube ich, kriegt man schon dafür ...«

»Den Ring«, schrie Frau Irene auf. Es war ihr Verlobungsring, der einzige, den sie nie ablegte, und dem ein sehr kostbarer und schöner Stein hohen Wert gab.

»No, warum denn nicht? Ich schick' Ihnen den Versatzschein, da können S' ihn einlösen, wann Sie wollen. Sie krieg'n ihn ja wieder zurück. Ich werd' ihn nicht behalten. Was macht denn so eine arme Person wie ich mit einem so nobeln Ring?«

»Warum verfolgen Sie mich? Warum quälen Sie mich. Ich kann nicht ... ich kann nicht. Das müssen Sie doch begreifen ... Sie sehen, ich habe getan, was ich kann. Das müssen Sie doch begreifen. Haben Sie doch Mitleid!«

»Mit mir hat auch keiner Mitleid gehabt. Mich haben sie beinahe krepieren lassen vor Hunger. Warum soll gerade ich Mitleid haben mit einer so reichen Frau?«

Irene wollte eben heftig erwidern. Da hörte sie – und ihr Blut stockte – von außen die Tür ins Schloss fallen. Das musste ihr Mann sein, der von seinem Büro zurückkehrte. Ohne erst zu überlegen, riss sie sich den Ring vom Finger und streckte ihn der Wartenden hin, die ihn eilig verschwinden ließ.

»Haben Sie keine Angst. Ich geh' schon weg«, nickte die Person, als sie die namenlose Angst in dem Gesichte gewahrte und das gespannte Lauschen gegen das Vorzimmer, wo ein Männerschritt deutlich vernehmbar war. Sie öffnete die Tür, grüßte Irenens eintretenden Gemahl, der für einen Augenblick zu ihr aufsah und sie nicht sonderlich zu beachten schien, und verschwand.

»Eine Dame, die um eine Auskunft kam«, sagte Irene mit letzter Kraft zur Erklärung, sobald die Tür hinter der Person ins

Schloss gefallen war. Die ärgste Sekunde war überstanden. Ihr Mann erwiderte nichts und trat ruhig in das Zimmer, wo der Mittagstisch bereits gedeckt war.

Irene war, als brenne die Luft auf jene Stelle an ihrem Finger, die sonst der kühle Reif des Ringes schützte, und als müsste jeder auf die nackte Stelle wie auf ein Brandmal blicken. Immer wieder versteckte sie während des Speisens die Hand, und indes sie's tat, höhnte sie eine merkwürdige Überreizung des Gefühls, ein Blick ihres Mannes streife unablässig gegen ihre Hand und verfolge sie auf all ihren Wanderungen. Mit aller Kraft bemühte sie sich, seine Aufmerksamkeit abzulenken und mit unablässigen Fragen ein Gespräch in Fluss zu bringen. Sie sprach und sprach zu ihm, zu den Kindern, zu der Gouvernante, immer wieder entzündete sie mit den kleinen Flammen der Frage das Gespräch, aber immer versagte ihr der Atem, und immer brach es wieder erstickt in sich zusammen. Sie versuchte, übermütig zu scheinen, und auch die andern zu einer Fröhlichkeit zu verleiten, sie neckte die Kinder und stachelte sie gegeneinander auf, aber sie stritten nicht und sie lachten nicht: es musste, so spürte sie selbst, in ihrer Heiterkeit etwas Falsches sein, das die andern unbewusst befremdete. Je mehr sie sich anspannte, desto weniger gelang der Versuch. Schließlich wurde sie müde und schwieg.

Auch die andern schwiegen; sie hörte nur das leise Klirren der Teller und innen die quellenden Stimmen der Angst. Da, mit einem Male sagte ihr Mann: »Wo hast du denn heute deinen Ring?«

Sie zuckte zusammen. Innen sagte etwas ganz laut ein Wort: Vorbei! Aber noch wehrte sich ihr Instinkt. Jetzt alle Kraft zusammenhalten, fühlte sie. Nur für einen Satz noch, für ein Wort. Nur eine Lüge noch finden, eine letzte Lüge.

»Ich ... ich hab' ihn zum Putzen gegeben.«

Und gleichsam erstarkt an der Unwahrheit fügte sie nun entschlossen bei: »Übermorgen hol ich mir ihn ab.« Übermorgen. Jetzt war sie gebunden, die Lüge musste zerbrechen und sie mit, wenn es ihr nicht gelang. Jetzt hatte sie sich selbst die Frist gestellt, und all die wirre Angst durchdrang jetzt mit einem Male ein neues Gefühl, eine Art Glück, die Entscheidung so nahe zu wissen. Übermorgen: nun wusste sie ihre Frist und fühlte aus dieser Gewissheit eine merkwürdige Ruhe in ihre Angst überströmen. Innen wuchs etwas auf, eine neue Kraft, Kraft zum Leben und die Kraft zu sterben.

Das endlich gesicherte Bewusstsein der nahen Entscheidung begann eine unerwartete Klarheit in ihr zu verbreiten. Die Nervosität wich wunderbar einer geordneten Überlegung, die Angst einem ihr selbst fremden Gefühl kristallener Ruhe, dank der sie alle ihre Dinge ihres Lebens plötzlich durchsichtig und in ihrem wahrhaften Wert sah. Sie maß ihr Leben und spürte, es wog noch immer schwer, durfte sie es behalten und steigern in dem neuen und erhöhten Sinne, die diese Tage der Angst sie gelehrt hatten, konnte sie es noch einmal rein und sicher, ohne Lüge beginnen, sie fühlte sich bereit. Aber als geschiedene Frau, Ehebrecherin, befleckt vom Skandal, hinzuleben, dazu war sie zu müde und zu müde auch, weiter dies gefährliche Spiel einer erkauften und auf Frist gewährten Beruhigung fortzusetzen. Widerstand war, das fühlte sie, jetzt nicht mehr denkbar, das Ende schon nahe, Verrat drohte von ihrem Mann, ihren Kindern, von allem, das sie umgab, und von ihr selbst. Flucht war unmöglich vor einem Gegner, der allgegenwärtig schien. Und das Bekenntnis, die sichere Hilfe, blieb ihr verwehrt, das wusste sie nun. Ein einziger Weg war noch frei, aber von dem gab es keine Wiederkehr.

Noch lockte das Leben. Es war einer jener elementaren Frühlingstage, wie sie manchmal aus dem verschlossenen Schoß des Winters stürmisch hervorbrechen, ein Tag mit unendlich erblautem Himmel, dessen erhobene Weite man wie Aufatmen nach all den umdüsterten Winterstunden zu fühlen meinte.

Die Kinder stürmten herein in hellen Kleidern, die sie zum erstenmal in diesem Jahre trugen, und sie musste sich bezwingen, ihren aufstürmenden Jubel nicht mit Tränen zu erwidern. Sobald das Lachen der Kinder mit seinem schmerzlichen Nachhall in ihr verklungen war, machte sie sich daran, ihre eigenen Beschlüsse entschlossen auszuführen. Zunächst wollte sie versuchen, sich wieder in den Besitz des Ringes zu setzen, denn, wie immer sich jetzt ihr Schicksal entschiede, sollte kein Verdacht auf ihre Erinnerung fallen, niemand einen sichtlichen Beweis ihrer Schuld besitzen. Niemand und vor allem die Kinder nicht sollten jemals das furchtbare Geheimnis ahnen, das sie ihnen entrissen hatte; ein Zufall müsste es scheinen, den keiner zu verantworten hatte.

Sie ging zunächst in eine Leihanstalt, dort ein ererbtes Schmuckstück, das sie fast niemals trug, zu versetzen, und sich so mit genug Geld zu versehen, um der Person eventuell den verräterischen Ring wieder abkaufen zu können. Gesicherter im Gefühl, sobald sie die bare Summe in der Tasche hatte, promenierte sie dann weiter aufs Geratewohl, im Innersten das ersehnend, was sie bis gestern am meisten gefürchtet hatte: der Erpresserin zu begegnen. Die Luft war lind und ein Geleucht von Sonne über den Häusern. Etwas von der ungestümen Bewegung des Windes, der weiße Wolken eilig über den Himmel jagte, schien in den Rhythmus der Menschen eingedrungen zu sein, die leichter und beschwingter ausschritten als bisher in all den trostlosen winterdämmrigen Tagen. Und sie selbst vermeinte, etwas davon in sich zu fühlen. Der Gedanke des Sterbens, gestern wie im Flug gefasst und nicht mehr aus der zitternden Hand gelassen, wuchs plötzlich zur Ungeheuerlichkeit und sank ihren Sinnen. Sollte es denn möglich sein, dass ein Wort irgendeines widrigen Weibes all dies zerstören könnte, die Häuser da mit den blinkenden Fassaden, die sausenden Wagen, die lachenden Menschen und innen dies rauschende Gefühl von Blut? Sollte ein Wort die unendliche Flamme verlöschen können, mit der die ganze Welt aufloderte in ihrem atmenden Herzen?

Sie ging und ging, aber nicht mehr mit gesenktem Blick, sondern offen spürend und beinahe voll Gier, endlich die Langgesuchte zu entdecken. Das Opfer suchte jetzt den Jäger, und wie das gehetzte schwächere Tier, wenn es fühlt, dass ein Entrinnen nicht mehr möglich ist, sich mit dem Entschluss der Verzweiflung plötzlich wendet und dem Verfolger kampfbereit entgegenstellt, so verlangte es sie jetzt, der Peinigerin sich Antlitz in Antlitz zu stellen und mit jener letzten Kraft zu ringen, die der Trieb des Lebens den Verzweifelten verleiht. Mit Absicht blieb sie in der Nähe ihrer Wohnung, wo sonst die Erpresserin sie zu belauern pflegte, einmal eilte sie sogar über die Straße, weil in der Tracht irgendeine Frauensperson an die Gesuchte erinnerte. Es war längst nicht mehr der Ring, um den sie kämpfte und der ja doch nur Aufschub bedeutete und nicht Befreiung, sondern wie ein Zeichen des Schicksals ersehnte sie diese Begegnung, als Entscheidung über Leben und Tod von höherer Macht, aus ihrem eigenen Entschlusse gefällt, schien ihr sein Wiederbesitz. Aber nirgends war die Person zu erspähen. Wie eine Ratte im Loch war sie verschwunden im unendlichen Gewirr der Riesenstadt. Enttäuscht, aber noch nicht hoffnungslos kehrte sie mittags zurück, um sogleich nach dem Mittagsmahle die vergebliche Suche wieder zu beginnen. Neuerdings streifte sie die Straßen ab, und jetzt, da sie sie nirgends fand, wuchs wieder das fast entwöhnte Grauen in ihr empor. Nicht die Person war es mehr, nicht der Ring, der sie beunruhigte, sondern das grauenhaft Geheimnisvolle in all diesen Begegnungen, das mit der Vernunft nicht mehr voll zu begreifen war. Diese Person hatte wie durch Magie ihren Namen erfahren und ihre Wohnung, sie wusste all ihre Stunden und häuslichen Verhältnisse, sie war immer im schreckhaftesten und gefährlichsten Momente gekommen, um nun im erwünschtesten mit einem Male verschwunden zu sein. Irgendwo musste sie sein in dem riesigen Getriebe, nah, wenn sie wollte, und doch unerreichbar, sobald man sie begehrte, und dies Gestaltlose der Drohung, das unfassbare Nahe der Erpresserin, hart an ihrem Leben und doch nicht zu fassen, lieferte die schon Ermattete machtlos an die immer mehr mystische Angst. Es war, als hätten sich höhere Kräfte zu ihrem Untergang teuflisch verschworen, eine solche Verhöhnung ihrer Schwäche war in diesem übermächtigen Gewirr feindlicher Zufälle. Nervös schon, mit einem fiebernden Schritt, lief sie immer noch dieselbe Straße auf und nieder. Wie eine Dirne, dachte sie selbst. Aber die Person blieb unsichtbar. Nur das Dunkel kam jetzt drohend herabgeglitten, der frühe Frühlingsabend löste die helle Farbe des Himmels in schmutzige Trübe, und eilig brach die Nacht herein. Lichter entflammten sich in den Straßen, der Strom der Menschen flutete rascher in die Häuser zurück, das ganze Leben schien in dunkler Strömung zu entschwinden. Ein paarmal ging sie noch auf und ab, spähte noch einmal mit letzter Hoffnung die Straße entlang, dann wandte sie sich ihrem Hause zu. Ihr fror.

Müde ging sie hinauf. Sie hörte, wie man nebenan die Kinder zu Bett brachte, aber sie vermied, ihnen gute Nacht zu wünschen, Abschied zu nehmen für die eine und dabei an die ewige zu denken. Wozu sie jetzt auch sehen? Um an ihren übermütigen Küssen ungetrübtes Glück zu fühlen, in ihren hellen Gesichtern die Liebe?

Wozu sich noch martern mit einer Freude, die doch schon verloren war? Sie biss die Zähne zusammen: nein, sie wollte nichts mehr vom Leben fühlen, nicht mehr das Gute und Lachende, das sie mit vieler Erinnerung band, da sie doch all diesen Zusammenhalt morgen mit einem Ruck zerreißen musste. Nur an das Widerwärtige wollte sie jetzt denken, an das Hässliche, das Gemeine, an das Verhängnis, die Erpresserin, an den Skandal, an alles, was sie forttrieb, dem Abgrund entgegen.

Die Heimkehr ihres Mannes unterbrach das dumpfe und einsame Sinnen. Freundlich um ein reges Gespräch bemüht, suchte er sich ihr im Worte zu nähern und fragte vielerlei. Eine gewisse Nervosität meinte sie dieser plötzlich so regen Sorgsamkeit entraten zu können, aber sie widerstrebte jedem Gespräch in Erinnerung an das von gestern. Irgendeine innere Angst hielt sie zurück, sich durch Liebe zu binden, durch Sympathie halten zu lassen. Er schien ihren Widerstand zu spüren und irgendwie besorgt. Sie wiederum fürchtete von seiner Besorgnis neuerliche Annäherung und bot ihm frühzeitig gute Nacht. »Auf morgen«, antwortete er. Dann ging sie.

Morgen: wie nah das war und wie unendlich fern! Ungeheuer weit und finster schien ihr die schlaflose Nacht. Allmählich wurden die Geräusche der Straße seltener, an den Reflexen des Zimmers sah sie, dass die Lichter draußen erloschen. Manchmal meinte sie die nahen Atemzüge von den andern Zimmern fühlen zu können, das Leben ihrer Kinder, ihres Mannes und der ganzen nahen und doch so fernen, fast schon entschwundenen Welt, aber auch gleichzeitig ein namenloses Schweigen, das nicht aus der Natur, nicht von ringsum zu kommen schien, sondern von innen, aus geheimnisvoll rauschender Quelle. Eingesargt fühlte sie sich in einer Unendlichkeit von Stille und das Dunkel unsichtbarer Himmel auf ihrer Brust. Manchmal sprachen die Stunden laut eine Zahl in das Dunkel, dann ward die Nacht wieder schwarz und leblos, aber zum erstenmal meinte sie den Sinn dieser endlosen, leeren Dunkelheit zu verstehen. Sie sann jetzt nicht mehr über Abschied und Tod, sondern dachte nur, wie sie ihm entgegenflüchten und möglichst unauffällig den Kindern und sich die Schande des Aufsehens ersparen könnte. An alle Wege sann sie, von denen sie wusste, dass sie zum Tode führten, dachte alle Möglichkeiten der Selbstvernichtung aus, bis sie sich mit einer

Art freudigen Schreckens plötzlich erinnerte, dass der Arzt bei einer schmerzhaften Krankheit, die Schlaflosigkeit im Gefolge hatte, ihr Morphium verschrieben hatte, und sie damals tropfenweise das süß-bittere Gift aus einem kleinen Fläschchen genommen hatte, dessen Inhalt, wie man ihr damals sagte, hinreichend war, einen sanft entschlummern zu lassen. Oh, nicht mehr gejagt zu sein, ruhen können, ruhen ins Unendliche, nicht mehr den Hammer der Angst auf dem Herzen zu spüren! Der Gedanke dieses sanften Entschlummerns reizte die Schlaflose unendlich, schon meinte sie den galligen Geschmack auf den Lippen zu fühlen und die weiche Umnachtung der Sinne. Eilig raffte sie sich auf und entzündete das Licht. Das Fläschchen, das sie bald fand, war nur mehr halbvoll und sie befürchtete, es möchte nicht genügen. Fieberhaft durchforschte sie alle Laden, bis sie schließlich das Rezept fand, das die Bereitung größerer Quantitäten ermöglichte. Wie eine kostbare Banknote faltete sie es lächelnd zusammen: nun hielt sie den Tod in der Hand. Kühl durchschauert und doch beruhigt wollte sie wieder zurück ins Bett, aber jetzt, wie sie am beleuchteten Spiegel vorbeischritt, sah sie plötzlich aus dem dunklen Rahmen sich selbst entgegentreten, gespenstig, bleich, hohlen Auges und vom weißen Nachtgewand wie in ein Leichenlaken gehüllt. Grauen fiel sie an, sie löschte das Licht, flüchtete frierend in das verlassene Bett und lag wach bis in den dämmernden Tag.

Am Vormittag verbrannte sie ihre Briefschaften, brachte Ordnung in allerhand kleine Dinge, aber sie vermied nach Möglichkeit, die Kinder zu sehen und alles überhaupt, was ihr lieb war. Sie wollte das Leben jetzt nur abhalten, sich an sie mit Lust und Verlockung anzuklammern und ihr den gefassten Entschluss durch ein nur vergebliches Zögern noch erschweren. Dann ging sie noch einmal auf die Straße, zum letztenmal das Schicksal zu versuchen und der Erpresserin zu begegnen. Sie ging wieder rastlos die Straßen ab, aber nicht mehr mit jenem gesteigerten Gefühl der Spannung. In ihr war schon etwas müde geworden, und sie verzagte, weiterkämpfen zu können. Sie ging und ging wie aus Pflichtbewusstsein zwei Stunden. Nirgends war die Person zu sehen. Es tat ihr nicht mehr weh. Fast wünschte sie nicht mehr die Begegnung, so kraftlos fühlte sie sich. Sie sah in die Gesichter der Menschen hinein und alle schienen ihr fremd, alle tot und irgendwie abgestorben. Das alles war irgendwie schon fern und verloren und gehörte ihr nicht mehr.

Nur einmal schrak sie zusammen. Ihr war, als hätte sie beim Umblicken auf der anderen Seite der Straße aus dem Gewühl plötzlich den Blick ihres Mannes gefühlt, jenen merkwürdigen, harten, stoßenden Blick, den sie erst seit kurzem an ihm kannte. Ängstlich starrte sie hinüber, aber die Gestalt war rasch hinter einem vorbeifahrenden Wagen verschwunden, und sie beruhigte sich mit dem Gedanken, dass er zu dieser Zeit immer bei Gericht beschäftigt sei. Das Gefühl für die Stunde wurde ihr unsicher in der spähenden Erregung, und sie kam verspätet zum Mittagsmahl. Aber auch er war noch nicht zur Stelle wie sonst, sondern kam erst zwei Minuten später und, wie ihr dünkte, ein wenig erregt.

Sie zählte jetzt die Stunden bis zum Abend und erschrak, wie viele es noch waren, wie wunderlich das war, wie wenig Zeit man brauchte zum Abschiednehmen, wie wenig wert alles schien, wenn man wusste, dass man es nicht mitnehmen könne. Etwas wie Schläfrigkeit kam über sie. Mechanisch ging sie wieder die Straße hinab, aufs Geratewohl, ohne zu denken oder zu schauen. An einer Kreuzung riss ein Kutscher im letzten Augenblick die Pferde zurück, schon hatte sie die Deichsel des Wagens knapp vor sie hinstoßen gesehen. Der Kutscher fluchte gemein, sie wandte sich kaum um: das wäre Rettung gewesen oder Aufschub. Ein Zufall hätte ihr den Entschluss erspart. Müde ging sie weiter: es war wohltuend, so gar nichts zu denken, nur wirr ein dunkles Gefühl vom Ende innen zu spüren, einen Nebel, der sacht niederstieg und alles verhüllte.

Als sie zufällig aufblickte, nach dem Namen der Straße zu sehen, schauerte sie zusammen: in ihrem verworrenen Wandeln war sie durch Zufall bis beinahe vor das Haus ihres einstigen Geliebten gekommen. War das ein Zeichen? Er könnte ihr vielleicht noch helfen, er musste die Adresse jener Person wissen. Sie zitterte beinahe vor Freude. Wie hatte sie dies nicht bedenken können, dies Einfachste? Mit einem Male spürte sie die Glieder wieder reg, die Hoffnung beschwingte die trägen Gedanken, die jetzt wirr durcheinanderstoben. Er müsste jetzt hingehen mit ihr zu jener Person und ein für allemal ein Ende machen. Er müsste sie bedrohen, diese Erpressungen einzustellen, vielleicht genügte eine Summe sogar, sie aus der Stadt zu entfernen. Es tat ihr plötzlich leid, den Armen jüngst so schlecht behandelt zu haben, aber er würde ihr helfen, sie war dessen gewiss. Wie seltsam, dass diese Rettung jetzt erst kam, jetzt, in letzter Stunde.

Hastig eilte sie die Treppen hinauf und läutete. Niemand öffnete. Sie horchte: es war ihr, als hätte sie vorsichtige Schritte hinter der Tür gehört. Sie läutete nochmals. Wieder ein Schweigen. Und wieder ein leises Geräusch von innen. Da riss ihr die Geduld: sie läutete und läutete ohne Unterlass, es galt ja ihr Leben.

Endlich rührte sich etwas hinter der Tür, das Schloss knackte, und ein schmaler Spalt tat sich auf.

»Ich bin es«, hastete sie rasch.

Wie mit einem Erschrecken öffnete er jetzt die Tür. »Du bist ... Sie sind es ... gnädige Frau«, stammelte er, sichtlich verlegen. »Ich war ... verzeihen Sie ... ich war ... nicht darauf vorbereitet ... auf Ihren Besuch ... verzeihen Sie meinen Aufzug.« Dabei deutete er auf seine Hemdärmeln. Sein Hemd war halb offen und er trug keinen Kragen.

»Ich muss Sie dringend sprechen ... Sie müssen mir helfen«, sagte sie nervös, weil er sie noch immer im Flur stehen ließ wie eine Bettlerin. »Wollen Sie mich nicht eintreten lassen und mich eine Minute anhören«, fügte sie gereizt hinzu.

»Bitte«, murmelte er, verlegen und mit einem seitlichen Blick, »ich bin nur jetzt ... ich kann nicht recht ...«

»Sie müssen mich hören. Es ist ja Ihre Schuld. Sie haben die Pflicht, mir zu helfen ... Sie müssen mir den Ring schaffen, Sie müssen ... Oder sagen Sie mir wenigstens die Adresse ... Sie verfolgt mich immer, und jetzt ist sie fort ... Sie müssen, hören Sie, Sie müssen.«

Er starrte sie an. Jetzt merkte sie erst, dass sie ganz zusammenhanglos die Worte keuchte.

»Ach so ... Sie wissen nicht ... Also, Ihre Geliebte, Ihre frühere, die Person hat mich damals von Ihnen fortgehen geseh'n, und seitdem verfolgt sie mich und erpresst von mir ... sie foltert mich zu Tode ... Jetzt hat sie mir den Ring genommen und den, den muss ich haben. Bis heute abends muss ich ihn haben, ich habe es gesagt, bis heute abends ... Wollen Sie mir also helfen?«

»Aber ... aber ich ...«

»Wollen Sie oder nicht?«

»Aber ich kenne doch keine Person. Ich weiß nicht, wen Sie meinen. Ich habe nie Beziehungen gehabt zu Erpresserinnen.«

Er war beinahe grob.

»So ... Sie kennen sie nicht. Sie sagt das so aus der Luft. Und sie kennt Ihren Namen und meine Wohnung. Vielleicht ist es auch nicht wahr, dass sie erpresst. Vielleicht träume ich das nur.«

Sie lachte grell. Ihm wurde unbehaglich. Einen Augenblick fuhr es ihm durch den Sinn, sie könnte wahnsinnig sein, so funkelten ihre Augen. Ihr Gehaben war verstört, die Worte sinnlos. Ängstlich sah er sich um.

»Bitte, beruhigen Sie sich doch ... gnädige Frau ... ich versichere Ihnen, Sie täuschen sich. Es ist ganz ausgeschlossen, das muss ... nein, ich verstehe es selbst nicht. Ich kenne Frauen dieser Sorte nicht. Die beiden Beziehungen, die ich hier seit meinem, wie Sie wissen, doch kurzen Aufenthalt hatte, sind nicht derart ... ich will keinen Namen nennen, aber ... aber es ist so lächerlich ... ich versichere Ihnen, es muss ein Irrtum sein ...«

»Sie wollen mir also nicht helfen?«

»Aber gewiss ... wenn ich kann.«

»Dann ... kommen Sie. Wir gehen zusammen zu ihr ...«

»Zu wem ... zu wem denn?« Er fühlte wieder das Grauen, sie sei wahnsinnig, als sie ihn jetzt beim Arm fasste.

»Zu ihr ... Wollen Sie oder wollen Sie nicht?«

»Aber gewiss ... gewiss« – sein Verdacht wurde immer mehr bestärkt durch die Gier, mit der sie ihn drängte – »gewiss ... gewiss ...«

»So kommen Sie ... es geht mir um Leben oder Tod!«

Er hielt an sich, um nicht zu lächeln. Dann wurde er mit einem Male förmlich.

»Verzeihung, gnädige Frau ... aber es ist mir momentan nicht möglich ... ich habe eine Klavierstunde ... ich kann jetzt nicht unterbrechen ...«

»So ... so ...«, grell lachte sie ihm ins Gesicht, »so geben Sie Klavierstunden ... in Hemdärmeln ... Sie Lügner Sie.« Und plötzlich, gepackt von einer Idee, stürmte sie vorwärts. Er suchte sie zurückzuhalten. »Hier ist sie also, die Erpresserin, bei Ihnen? Am Ende spielt Ihr gemeinsames Spiel. Vielleicht teilt Ihr alles, was Ihr aus mir herausgepresst habt. Aber ich will sie mir fassen. Jetzt habe ich vor nichts mehr Angst.« Sie schrie laut. Er hielt sie fest, aber sie rang mit ihm, riss sich los und stürzte zur Tür des Schlafzimmers.

Eine Gestalt fuhr zurück, die offenbar an der Tür gelauscht hatte. Irene starrte entgeistert eine fremde Dame in etwas unordentlicher Toilette an, die ihr Gesicht hastig abwandte. Ihr Geliebter war ihr nachgestürmt, um Irene zu halten, die er für wahnsinnig hielt; und ein Unglück zu verhüten, aber schon trat sie wieder aus dem Zimmer zurück. »Verzeihen Sie«, murmelte sie. Es war ihr ganz wirr. Sie verstand nichts mehr, nur Ekel fühlte sie, unendlichen Ekel, und eine Müdigkeit.

»Verzeihen Sie«, sagte sie noch einmal, als sie ihn unruhig ihr nachschauen sah. »Morgen ... morgen werden Sie alles begreifen ... das heißt, ich ... ich verstehe selbst nichts mehr.« Wie zu einem Fremden sprach sie zu ihm. Nichts erinnerte sie, dass sie jemals diesem Menschen angehört hatte, und kaum spürte sie noch den eigenen Körper. Es war alles jetzt noch viel wirrer als zuvor, sie wusste nur, dass irgendwo eine Lüge sein müsste. Aber sie war zu müde, noch zu denken, zu müde, zu schauen. Mit geschlossenen Augen stieg sie die Treppe hinab wie ein Verurteilter zum Schafott.

Dunkel war die Straße, als sie hinaustrat. Vielleicht, flog es ihr durch den Sinn, wartet sie jetzt drüben, vielleicht kommt jetzt im letzten Augenblick noch Rettung. Es war ihr, als müsste sie die Hände falten und beten zu einem vergessenen Gott. Oh, nur noch ein paar Monate sich kaufen können, die paar Monate bis zum Sommer und dann dort friedlich leben, unerreichbar für die Erpresserin, leben zwischen Wiesen und Feldern, nur einen Sommer, aber ihn so ganz und voll, dass er mehr zählt wie ein ganzes Menschenleben. Gierig spähte sie auf die schon dunkle Straße. Drüben in einem Haustor vermeinte sie eine Gestalt lauern zu sehen, aber jetzt, wie sie näher trat, schwand sie tiefer in den Flur zurück. Einen Augenblick glaubte sie, Ähnlichkeit mit ihrem Mann zu entdecken. Zum zweitenmal kam ihr heute diese Angst, ihn und seinen Blick auf der Straße plötzlich zu spüren, diese fiebernde und wie aus einem Traum emporgefieberte Begegnung. Sie zögerte, um sich zu überzeugen. Aber die Gestalt war verschwunden im Schatten. Unruhig ging sie weiter, ein seltsam gespanntes Gefühl im Nacken wie von einem rückwärts brennenden Blick. Einmal wandte sie sich noch um. Aber da war niemand mehr zu sehen.

Die Apotheke war nicht weit. Mit einem leisen Schauer trat sie ein. Der Provisor nahm das Rezept und machte sich an die Bereitung. Alles sah sie in dieser einen Minute, die blanke Waage, die zierlichen Gewichte, die kleinen Etiketten, und oben in den Schränken die Reihe der Essenzen mit den fremdartigen lateinischen Namen, die sie unbewusst alle mit den Blicken nachbuchstabierte. Sie hörte die Uhr ticken, spürte den eigentümlichen Duft, diesen fettig-süßlichen Geruch der Arzneien, und erinnerte sich mit einem Male, als Kind ihre Mutter immer gebeten zu haben, die Besorgungen für die Apotheke übernehmen zu dürfen, weil sie diesen Geruch liebte und den fremdartigen Anblick der vielen blinkenden Tiegel. Dabei entsann sie sich entsetzt, dass sie es verabsäumt habe, von ihrer Mutter Abschied zu nehmen, und die arme Frau tat ihr furchtbar leid. Wie sie erschrecken würde, dachte sie entsetzt, aber schon zählte der Provisor aus einem bauchigen Gefäß die hellen Tropfen in ein blaues Fläschchen. Starr sah sie zu, wie der Tod aus diesem Gefäß in das kleine wanderte, von dem er bald in ihre Adern strömen sollte, und ein Gefühl von Kälte rieselte durch ihre Glieder. Sinnlos, in einer Art von Hypnose, starrte sie auf seine Finger, die jetzt den Propfen in das gefüllte Glas bohrten und jetzt mit Papier die gefährliche Rundung überklebten. Alle ihre Sinne waren gefesselt und gelähmt von dem grausigen Gedanken.

»Zwei Kronen, bitte«, sagte der Provisor. Sie wachte auf aus ihrer Starre und sah fremd um sich. Dann griff sie mechanisch in die Tasche, um das Geld hervorzuholen. Noch traumhaft war alles in ihr, sie sah die Münzen an, ohne sie gleich zu erkennen, und verzögerte sich unwillkürlich im Zählen.

In diesem Augenblick fühlte sie ihren Arm erregt beiseite geschoben und hörte Geld auf die gläserne Schüssel klingen. Eine Hand streckte sich neben ihr aus und griff nach dem Fläschchen.

Unwillkürlich wandte sie sich herum. Und ihr Blick erstarrte. Es war ihr Mann, der da stand, mit hart zugepressten Lippen. Sein Gesicht war fahl und auf der Stirn funkelte ihm feuchter Schweiß.

Sie fühlte sich einer Ohnmacht nahe und musste sich am Tisch festhalten. Mit einem Male begriff sie, dass er es gewesen, den sie auf der Straße gesehen und der eben noch im Haustor gelauert; etwas in ihr hatte ihn schon dort ahnend erkannt und besann sich wirr in der einen Sekunde.

»Komm«, sagte er mit einer dumpfen, würgenden Stimme. Sie sah ihn starr an und wunderte sich im Innern, in einer ganz dumpfen, tiefen Welt ihres Bewusstseins, dass sie ihm gehorchte. Und ihr Schritt ging mit, ohne dass sie selber es wusste.

Sie gingen nebeneinander über die Straße. Keiner blickte den andern an. Er hielt das Fläschchen noch immer in der Hand. Einmal blieb er stehen und wischte sich die feuchte Stirn. Unwillkürlich hemmte auch sie den Schritt, ohne es zu wollen, ohne es zu wissen. Aber sie wagte nicht, hinüber zu blicken. Keiner sprach ein Wort, der Lärm der Straße wogte zwischen ihnen.

Auf der Stiege ließ er sie vorausschreiten. Und sofort, wie er nicht neben ihr ging, geriet ihr Schritt ins Wanken. Sie blieb stehen und hielt sich an. Da stützte er ihren Arm. Bei der Berührung schrak sie zusammen und hastete die letzten Stufen rascher hinauf.

Sie trat ins Zimmer. Er folgte ihr. Dunkel glänzten die Wände, kaum waren die Gegenstände zu unterscheiden. Noch immer sprachen sie kein Wort. Er riss das Papier der Umhüllung ab, öffnete das Fläschchen, goss den Inhalt fort. Dann schleuderte er es heftig in eine Ecke. Sie zuckte zusammen bei dem klirrenden Laut.

Sie schwiegen und schwiegen. Sie fühlte, wie er sich bändigte, fühlte es, ohne hinzusehen. Endlich trat er auf sie zu. Nahe und nun ganz nah. Sie konnte seinen schweren Atem spüren und sah mit ihrem starren und wie verwölkten Blick den Glanz seiner Augen funkelnd aus dem Dunkel des Raumes treten. Seinen Zorn wartete sie schon losbrechen zu hören und schauerte starr dem harten Griff seiner Hand entgegen, der sie erfasste. Irenen stand ihr Herz still, nur die Nerven vibrierten wie hochgespannte Saiten; alles wartete auf die Züchtigung, und beinahe ersehnte sie seinen Zorn. Aber er schwieg noch immer, und mit einem unendlichen Staunen spürte sie, dass sein Nahetreten ein sanftes war. »Irene«, sagte er, und seine Stimme klang merkwürdig weich. »Wie lange sollen wir uns noch quälen?«

Da brach es aus ihr, plötzlich, konvulsivisch, mit einem übermächtigen Stoß, wie ein einziger, sinnloser tierischer Schrei, endlich stürzte es vor, das aufgesparte, niedergerungene Schluchzen all dieser Wochen. Eine zornige Hand schien sie von innen zu fassen und gewalttätig zu rütteln, sie schwankte wie eine Trunkene und wäre umgesunken, hätte er sie nicht festgehalten.

»Irene«, beruhigte er, »Irene, Irene«, immer leiser, immer beschwichtigender den Namen sprechend, als könnte er den verzweifelten Aufruhr der gekrampften Nerven durch die immer zärtlichere Tönung des Wortes glätten. Aber nur Schluchzen antwortete ihm, wilde Stöße, Wogen von Schmerz, die den ganzen Körper durchrollten. Er führte, er trug den zuckenden Körper zum Sofa und bettete ihn hin. Aber das Schluchzen wurde nicht still. Wie mit elektrischen Schlägen schüttelte der Weinkrampf die Glieder, Wellen von Schauer und Kälte schienen den gefolterten Leib zu überrinnen. Seit Wochen auf das Unerträglichste gespannt, waren die Nerven nun zerrissen, und fessellos tobte die Qual durch den fühllosen Leib.

Er hielt in höchster Erregung ihren durchschauerten Körper, fasste die kalten Hände, küsste zuerst beruhigend und dann wild, in Angst und Leidenschaft, ihr Kleid, ihren Nacken, aber das Zucken fuhr immer wie ein Riss über die hingekauerte Gestalt, und von innen rollte die aufstürzende, endlich entfesselte Welle des Schluchzens empor. Er fühlte das Gesicht an, das kühl war, von Tränen gebadet, und spürte die hämmernden Adern an den Schläfen. Eine unsägliche Angst überkam ihn. Er kniete hin, näher zu ihrem Antlitz zu sprechen.

»Irene«, immer wieder fasste er sie an, »warum weinst du ... Jetzt ... jetzt ist doch alles vorbei ... Warum quälst du dich noch ... Du musst dich nicht ängstigen mehr ... Sie wird nie mehr kommen, nie mehr ...«

Ihr Körper zuckte wieder auf, mit beiden Händen hielt er ihn fest. Eine Angst war in ihm, als er diese Verzweiflung fühlte, die den gefolterten Leib zerriss, als hätte er sie gemordet. Immer wieder küsste er sie und stammelte wirre Worte der Entschuldigung.

»Nein ... nie mehr ... ich schwöre es dir ... ich habe es ja nicht ahnen können, dass du so sehr erschrecken würdest ... nur rufen wollte ich dich ... zurückrufen zu deiner Pflicht ... nur dass du von ihm weggehst ... für immer ... und zurück zu uns ... ich hatte doch keine andere Wahl, als ich es durch Zufall erfuhr ... ich konnte es dir selbst doch nicht sagen ... ich dachte ... dachte immer, du würdest kommen ... darum habe ich sie gesandt, diese arme Person, dass sie dich treiben sollte ... ein armes Ding ist sie, eine Schauspielerin, eine entlassene ... sie hat sich ja ungern hergegeben, aber ich wollte es ... ich sehe, es war unrecht ... aber ich wollte dich doch zurück ... ich habe dir doch immer gezeigt, dass ich bereit bin ... dass ich nichts will als verzeihen, aber du hast mich nicht verstanden ... aber so ... so weit wollte ich dich nicht treiben ... ich habe ja mehr gelitten, alles das zu sehen ... jeden Schritt habe ich dich beobachtet ... nur wegen der Kinder, weißt du, wegen der Kinder musste ich dich doch zwingen ... aber jetzt ist doch alles vorbei ... jetzt wird alles wieder gut ...«

Sie hörte dumpf aus einer unendlichen Ferne Worte, die nah' klangen, und verstand sie doch nicht. Ein Rauschen wogte ihr innen, das alles übertönte, ein Tumult der Sinne, in dem jedes Gefühl verging. Sie fühlte Berührung an ihrer Haut, Küsse und Liebkosungen, und die eigenen, nun schon erkaltenden Tränen, aber innen war das Blut voll Klingen, voll eines dumpfen, dröhnenden Getöns, das gewaltsam schwoll und nun donnerte wie rasende Glocken. Dann schwand ihr alle Deutlichkeit. Sie spürte, wirr aus ihrer Ohnmacht erwachend, dass man sie entkleidete, sah wie durch viele Wolken das Antlitz ihres Mannes, gütig und besorgt. Dann fiel sie tief ins Dunkel hinab, in den lang entbehrten, schwarzen, traumlosen Schlaf.

Als sie am nächsten Morgen die Augen aufschlug, war es schon hell im Zimmer. Und Helligkeit spürte sie in sich, entwölkt und wie durch Gewitter gereinigt das eigene Blut. Sie versuchte sich zu besinnen, was ihr geschehen war, aber alles schien ihr noch Traum. Unwirklich, leicht und befreit, so wie man im Schlaf durch die Räume schwebt, dünkte ihr dies dämmernde Empfinden, und um der Wahrheit des wachen Erlebens gewiss zu werden, tastete sie die eigenen Hände prüfend an.

Plötzlich schrak sie zusammen: an ihrem Finger funkelte der Ring. Mit einem Male war sie ganz wach. Die wirren Worte, aus halber Ohnmacht gehört und doch nicht, ein ahnungsvoll dumpfes Gefühl von vordem, das nur nie gewagt hatte, Gedanke und Verdacht zu werden, beides verflocht sich jetzt plötzlich zu klarem Zusammenhang. Alles verstand sie mit einem Male, die Fragen ihres Mannes, das Erstaunen ihres Liebhabers, alle Maschen rollten sich auf, und sie sah das grauenhafte Netz, in dem sie verstrickt gewesen war. Erbitterung überfiel sie und Scham, wieder begannen die Nerven zu zittern, und fast bereute sie, erwacht zu sein aus diesem traumlosen, angstlosen Schlaf.

Da klang Lachen von nebenan. Die Kinder waren aufgestanden und lärmten wie erwachende Vögel in den jungen Tag. Deutlich erkannte sie die Stimme des Knaben und spürte erstaunt zum erstenmal, wie sehr sie der seines Vaters glich. Leise flog ein Lächeln auf ihre Lippen und rastete dort still. Mit geschlossenen Augen lag sie, um all dies tiefer zu genießen, was ihr Leben war und nun auch ihr Glück. Innen tat noch etwas leise weh, aber es war ein verheißender Schmerz, glühend und doch lind, so wie Wunden brennen, ehe sie für immer vernarben wollen.

Die Augen des ewigen Bruders

Nicht durch Vermeidung jeder Tat
wird wahrhaft man vom Tun befreit,
Nie kann man frei von allem Tun
auch einen Augenblick nur sein.

BHAGAVAD-GITA, 3. GESANG

Was ist denn Tat? was ist Nichttun? –
Das ist's, was Weise selbst verwirrt.
Denn achten muss man auf die Tat,
achten auf unerlaubtes Tun.
Muss achten auf das Nichttun auch –
der Tat Wesen ist abgrundtief.

BHAGAVAD-GITA, 4. GESANG

Dieses ist die Geschichte Viratas,

den sein Volk rühmte mit den vier Namen der Tugend, von dem aber nicht geschrieben ist in den Chroniken der Herrscher noch in den Büchern der Weisen und dessen Andenken die Menschen vergaßen.

In den Jahren, ehe noch der erhabene Buddha auf Erden weilte und die Erleuchtung der Erkenntnis eingoss in seine Diener, lebte im Land der Birwagher bei einem König Rajputas ein Edler, Virata, den sie den Blitz des Schwertes nannten, weil er ein Krieger war, kühn vor allen andern, und ein Jäger, dessen Pfeile nie fehlten, dessen Lanze nie sich vergeblich schwang und dessen Arm niederfiel wie ein Donner über den Schwung seines Schwertes. Seine Stirne war hell, aufrecht standen seine Augen vor der Frage der Menschen: nie ward seine Hand gekrümmt gesehen zum bösen Knollen der Faust, nie seine Stimme gehört im Schreie des Zorns. Er diente als ein Treuer dem Könige, und seine Sklaven dienten ihm in Ehrfurcht, denn keiner war als rechtlicher gekannt an den fünf Strömungen des Flusses: vor seinem Hause beugten sich die Frommen, wenn sie vorübergingen, und die Kinder lächelten in den Stern seines Auges, wo sie ihn erblickten.

Es geschah aber, dass Unheil fiel über den König, dem er diente. Seines Weibes Bruder, den er zum Verwalter gesetzt über die Hälfte seines Reiches, gelüstete es nach der Gänze, und er hatte heimlich die besten Krieger des Königs mit Geschenken verlockt, dass sie ihm dienten. Und er hatte die Priester beredet, dass sie nächtens die heiligen Reiher des Sees ihm brachten, die ein Zeichen der Herrschaft waren seit tausend und tausend Jahren in dem Geschlecht der Birwagher. Elefanten und Reiher rüstete der Feindliche im Felde, sammelte die Unzufriedenen der Berge zu einem Kriegsheer und zog drohend gegen die Stadt.

Der König ließ von morgens bis abends die kupfernen Becken schlagen und aus den weißen Hörnern von Elfenbein blasen; nachts zündeten sie Feuer auf den Türmen und warfen die zerriebenen

Schuppen der Fische in die Lohe, dass sie gelb aufglühten unter den Sternen als Zeichen der Not. Aber wenige nur kamen; die Kunde vom Raube der heiligen Reiher war schwer auf die Herzen der Führer gefallen und machte sie zag: der oberste der Krieger und der Hüter der Elefanten, die bewährtesten unter den Feldherren, weilten schon im Lager des Feindes, vergebens blickte der Verlassene nach Freunden (denn er war ein harter Herr gewesen, streng im Gericht und ein grausamer Eintreiber der Fron). Und er sah keinen von den bewährten unter den Hauptleuten und keinen der Anführer des Feldes vor seinem Palaste, nur ratlose Schar von Sklaven und Knechten.

In dieser seiner Not gedachte der König Viratas, der ihm Botschaft der Treue gesandt bei dem ersten Ruf der Hörner. Er ließ die Sänfte von Ebenholz rüsten und sie hintragen vor sein Haus. Virata neigte sich zur Erde nieder, da der König der Trage entstieg, aber der König umfing ihn wie ein Flehender und bat ihn, das Heer zu führen wider den Feind. Virata neigte sich und sprach: »Ich will es tun, Herr, und nicht wiederkehren in dies Haus, ehe die Flamme des Aufruhrs erstickt ist unter dem Fuß deiner Knechte.«

Und er sammelte seine Söhne, seine Sippen und Sklaven, stieß mit ihnen zu dem Haufen der Getreuen und reihte ihn zum Kriegszuge. Den ganzen Tag wanderten sie durch das Dickicht bis zum Flusse, auf dessen anderem Ufer die Feinde in unendlicher Zahl gesammelt waren, prahlend ihrer Menge und Bäume fällend für eine Brücke, dass sie des Morgens kämen und, selbst eine Flut, das Land mit Blut überschwemmten. Aber Virata kannte von der Jagd des Tigers eine Furt oberhalb der Brücke, und als das Dunkel gesunken war, führte er Mann für Mann die Getreuen durch das Wasser, und nachts fielen sie unversehens über den schlafenden Feind. Sie schwangen Pechfackeln, dass die Elefanten und Büffel scheu wurden und die Schlafenden auf ihrer Flucht zerstampften und die Lohe weiß in die Zelte sprang. Virata aber war als Erster in das Zelt des Widerkönigs gestürmt, und ehe die Schlafenden aufschreckten, hatte er schon zwei mit dem Schwerte geschlagen und den dritten, als er eben auffuhr und nach dem seinen griff. Den vierten und den fünften aber schlug er Mann wider Mann im Dunkel, dem einen die Stirn, dem andern in die noch nackte Brust. Sobald sie aber lautlos lagen, Schatten zwischen Schatten, stellte er sich quer vor den Eingang des Zeltes, jedem zu wehren, der eindringen wollte, das Zeichen des Gottes, die weißen Reiher, zu retten. Doch es kamen der Feinde nicht mehr, sie jagten hin in sinnlosem Schrecken und hinter ihnen mit Jubelschreien die siegreichen Knechte. Flucht fuhr vorüber und ward ferner und ferner. Da setzte sich Virata gequerten Knies vor das Zelt beruhigt nieder, das blutige Schwert in Händen, und wartete, bis die Gefährten wiederkämen von ihrer brennenden Jagd.

Es dauerte aber nur ein Geringes, da ward Gottes Tag wach hinter dem Walde, die Palmen brannten im goldenen Rot der Frühe und funkelten wie Fackeln in den Strom. Blutig brach die Sonne auf, die feurige Wunde im Osten. Da erhob sich Virata, legte das Gewand ab, trat zum Strome, die Hände über dem Haupte erhoben, und neigte sich betend vor Gottes leuchtendem Auge; dann stieg er nieder in den Strom zur heiligen Waschung, und das Blut floss ab von seinen Händen. Nun aber das Licht in weißer Welle sein Haupt anrührte, trat er zurück an das Ufer, hüllte sich in sein Gewand und ging hellen Antlitzes wieder zum Zelte, die Taten der Nacht im Morgen zu beschauen. Schreck in den Zügen starr bewahrend, aufgesperrten Auges und zerrissener Gebärde lagen die Toten: mit gespellter Stirne der Widerkönig und mit aufgestoßener Brust der Ungetreue, der vordem Heerführer gewesen im Lande der Birwagher. Virata schloss ihnen die Augen und schritt weiter, die andern zu sehen, die er im Schlafe geschlagen. Sie lagen, noch halb verhüllt von ihren Matten, zweier Antlitz ließen ihn fremd, es waren Sklaven des Verführers aus dem Südland mit wolligem Haar und von schwarzem Gesicht. Da er aber des letzten Antlitz zu sich wandte, ward es ihm dunkel vor den Blicken, denn sein älterer Bruder Belangur, der Fürst der Gebirge, war dies, den jener zur Hilfe gezogen und den er nächtens unwissend erschlagen mit eigener Hand. Zuckend beugte er sich nieder zu des Hingekrümmten Herzen. Aber es schlug nicht mehr, starr standen die offenen Augen des Erschlagenen, und ihre schwarzen Kugeln bohrten sich ihm bis ins Herz. Da ward Viratas Atem ganz klein, und wie ein Abgestorbener saß er zwischen den Toten, abgewandten Blicks, dass nicht das starre Auge jenes, den seine Mutter vor ihm geboren, ihn anklage um seiner Tat willen.

Bald doch flog Rufen her; wie die wilden Vögel jauchzten von der Verfolgung die Knechte sich heran zum Zelt, reich bebeutet und heiteren Sinns. Da sie den Widerkönig geschlagen fanden in der Mitte der Seinen und geborgen die heiligen Reiher, tanzten sie und sprangen, küssten Virata, der achtlos zwischen ihnen saß, das niederhangende Gewand und rühmten ihn mit neuem Namen als den Blitz des Schwertes. Und immer mehr kamen, sie luden die Beute auf Karren, doch so tief sanken die Räder unter der Last, dass sie mit Dornen die Büffel schlagen mussten und die Barken zu sinken drohten. Ein Bote sprang in den Fluss und eilte voraus, Kunde dem Könige zu bringen, die andern aber säumten bei der Beute und jubelten ihres Sieges. Schweigend indes und wie ein Träumender saß Virata. Nur einmal erhob er die Stimme, als sie den Toten das Gewand rauben wollten vom Leibe. Dann stand er auf, befahl, Balken zu raffen und die Leichname auf die Scheiter zu schichten, damit sie verbrannt würden und ihre Seelen rein eingingen in die Verwandlung. Die Knechte wunderten sich, dass er so tat an Verschwörern, deren Leiber zerrissen werden sollten von den Schakalen des Walds und deren Gebeine verbleichen im Grimm der Sonne; doch sie taten nach seinem Geheiß. Als die Scheiterhaufen geschichtet waren, entzündete Virata selber die Flamme und warf Wohlgeruch und Sandel in das glimmende Holz – dann wandte er sein Antlitz und stand in Schweigen, bis die Hölzer rot stürzten und in Asche die Glut zu Boden sank.

Inzwischen haben die Sklaven die Brücke geendigt, die gestern prahlend die Knechte des Widerkönigs begonnen, voran zogen die Krieger, gekränzt mit Pisangblüten, dann folgten die Knechte und zu Pferde die Fürsten. Virata ließ sie voran, denn ihr Singen und Schreien gellte ihm in der Seele, und als er ging, war ein Abstand zwischen jenen und ihm nach seinem Willen. In der Mitte der Brücke hielt er inne und sah lange hinab in das fließende Wasser zur Rechten und zur Linken – vor ihm aber und hinter ihm hielten, dass sie den Raum wahrten, staunend die Krieger. Und sie sahen, wie er den Arm hob mit dem Schwerte, als wollte er es schwingen wider den Himmel, doch im Sinken ließ er den Griff lässig gleiten, und das Schwert sank in die Flut. Von beiden Ufern sprangen nackte Knaben ins Wasser, um es wieder emporzutauchen, vermeinend, es sei ihm versehentlich entglitten, doch Virata wies sie strenge zurück und schritt weiter, unbewegten Gesichtes und dunkelnder Stirne, zwischen den verwunderten Knechten. Kein Wort bog mehr seine Lippe, indes sie Stunde um Stunde die gelbe Straße der Heimat entgegenzogen.

Noch waren sie ferne den Jaspistoren und zackigen Türmen Birwaghas, da stieg schon eine Wolke weiß in den Himmel, und die Wolke rollte heran, Läufer und Reiter, den Staub überjagend. Und sie hielten inne, da sie den Heerzug sahen, und breiteten Teppiche auf die Straße zum Zeichen, dass der König ihnen entgegenkäme, dessen Sohle irdischen Staub nie berührt von der Stunde der Geburt bis zum Tode, da die Flamme seinen geläuterten Leib umfängt. Und schon nahte von ferne auf dem uralten Elefanten der König, umringt von seinen Knaben. Der Elefant sank, dem Stachel gehorchend, in die Knie, und der König stieg nieder auf den gebreiteten Teppich. Virata wollte sich beugen vor seinem Herrn, aber der König schritt auf ihn zu und umfing ihn mit beiden Armen, eine Ehrung an einem Geringeren, wie sie noch nicht erhört war in der Zeit oder verzeichnet in den Büchern. Virata ließ die Reiher bringen, und als sie die weißen Flügel schlugen, brach Jubel aus, dass die Rosse sich bäumten und die Führer mit dem Stachel die Elefanten zähmen mussten. Der König umarmte, da er die Zeichen des Sieges erschaute, Virata zum andernmal und winkte einem Knechte. Der brachte das Schwert des Heldenvaters der Rajputas, das seit siebenmal siebenhundert Jahren in der Schatzkammer der Könige gelegen, ein Schwert, dessen Griff weiß war von Edelsteinen und in dessen Klinge mit goldenen Zeichen geheime Worte des Sieges geschrieben standen in der Vorväter Schrift, die selbst die Weisen nicht mehr wussten und die Priester des großen Tempels. Und der König reichte Virata das Schwert der Schwerter als die Gabe seines Dankes und zum Wahrbild, dass er von nun ab der oberste seiner Krieger sei und der Heerführer seiner Völker.

Aber Virata beugte sein Antlitz zur Erde und hub es nicht auf, indem er sagte:

»Darf ich eine Gnade erbitten von dem gnädigsten und eine Bitte von dem großmütigsten der Könige?«

Der König sah nieder zu ihm und sagte:

»Sie ist gewährt, noch ehe du dein Auge aufschlägst zu mir. Und fordertest du die Hälfte meines Reiches, so ist sie dein eigen, sobald du die Lippe rührst.«

Da sprach Virata:

»So gestatte, mein König, dass dies Schwert im Schatzhause bleibt, denn ich habe ein Gelöbnis getan in meinem Herzen, kein Schwert mehr zu fassen, seit ich heute meinen Bruder erschlug, den einzigen, der mit mir aus einem Schoß wuchs und der mit mir spielte auf meiner Mutter Händen.«

Erstaunt blickte ihn der König an. Dann sprach er:

»So sei ohne Schwert der oberste meiner Krieger, damit ich mein Reich sicher wisse vor jedem Feind, denn nie hat einer der Helden besser ein Heer geführt gegen die Übermacht: nimm meinen Gurt als Zeichen der Macht und dies mein Ross, dass dich alle erkennen als höchsten meiner Krieger.«

Aber Virata beugte noch einmal sein Antlitz zur Erde und erwiderte:

»Der Unsichtbare hat mir ein Zeichen gesandt, und mein Herz hat es verstanden. Ich erschlug meinen Bruder, auf dass ich nun wisse, dass jeder, der einen Menschen erschlägt, seinen Bruder tötet. Ich kann nicht Führer sein im Kriege, denn im Schwerte ist Gewalt, und Gewalt befeindet das Recht. Wer teilhat an der Sünde der Tötung, ist selbst ein Toter. Ich aber will, dass nicht Furcht ausgehe von mir, und lieber das Brot des Bettlers essen, denn unrecht tun wider dies Zeichen, das ich erkannte. Ein kurzes ist das Leben in der ewigen Verwandlung, lass mein Teil mich leben als ein Gerechter.«

Des Königs Antlitz ward dunkel eine Weile, und solche Stille des Schreckens stand um ihn, wie vordem Fülle des Lärmes gewesen, denn noch nie ward es erhört in den Zeiten der Väter und Urväter, dass ein Freier des Königs sich gewehrt und ein Fürst ein Geschenk nicht nahm von seinem Könige. Dann aber blickte der Herrscher auf zu den heiligen Reihern, den Zeichen des Sieges, die jener erbeutet, und sein Antlitz erhellte sich von neuem, da er sagte:

»Als tapfer habe ich dich von je erkannt wider meine Feinde, Virata, und als einen Gerechten vor allen Dienern meines Reiches. Muss ich dich missen im Kriege, so will ich dich nicht entbehren in meinem Dienste. Da du Schuld kennst und Schuld wägst als ein Gerechter, sollst du der oberste meiner Richter sein und Urteil sprechen auf der Treppe meines Palastes, damit die Wahrheit gewahrt sei in meinen Mauern und das Recht gehütet im Lande.«

Virata neigte sich vor dem König und fasste sein Knie zum Zeichen des Dankes. Der König hieß ihn den Elefanten besteigen zu seiner Seite, und sie zogen ein in die sechzigtürmige Stadt, deren Jubel wider sie schlug wie ein stürmendes Meer.

Von der Höhe der rosenfarbenen Treppe, im Schatten des Palastes sprach nun Virata im Namen des Königs Recht von Sonnenaufgang bis Sonnenuntergang. Sein Wort aber war gleich einer Waage, die lange zittert, ehe sie eine Schwere misst; klar ging sein Blick in die Seele des Schuldigen und seine Fragen drangen in die Tiefe der Verbrechen beharrlich hinab wie ein Dachs in das Dunkel der Erde. Strenge war sein Spruch, doch nie fällte er gleichen Tages das Urteil, immer legte er die kühle Spanne der Nacht zwischen Verhör und Bannung: die langen Stunden bis Sonnenaufgang hörten ihn die Seinen dann auf dem Dache des Hauses oft ruhelos schreiten, nachsinnend über Recht und Unrecht. Ehe er aber ein Urteil sprach, tauchte er die Hände und die Stirne in das Wasser, dass sein Spruch lauter sei von Hitze der Leidenschaft. Und immer, da er ihn gesprochen, fragte er den Missetäter, ob sein Wort ihm Irrtum dünke; doch selten nur geschah es, dass einer dawider redete; stumm küssten sie die Schwelle seines Sitzes und nahmen gesenkten Hauptes die Strafe wie von Gottes Mund.

Niemals aber sprach Viratas Mund Botschaft des Todes auch über den Schuldigsten und wehrte denen, die ihn mahnten. Denn er scheute das Blut. Den runden Brunnen der Urväter Rajputas, über dessen Rand der Henker die Häupter zum Hiebe beugte und dessen Steine schwarz waren von geronnenem Blute, wusch der Regen wieder weiß in den Jahren. Und doch ward im Lande des Unheils nicht mehr. Er verschloss die Missetäter in den felsenen Kerker oder tat sie in die Berge, wo sie Steine brechen mussten für die Mauern der Gärten, und in die Reismühlen am Flusse, wo sie die Räder mit den Elefanten drehten. Aber er ehrte das Leben, und die Menschen ehrten ihn, denn nie war ein Fehl ermessen an seinem Spruche, nie Lässigkeit in seiner Frage, nie Zorn in seinem Worte. Weit vom Lande kamen die Bauern, vorm Wagen den Büffel, mit ihrem Streit, dass er ihn schlichte, die Priester horchten seiner Rede und der König seinem Rat. Sein Ruhm wuchs, wie der junge Bambus wächst, aufrecht und hell in einer Nacht, und die Menschen vergaßen seines Namens von einst, da sie ihn als Blitz des Schwertes priesen, und nannten ihn weithin im Lande Rajputas die Quelle der Gerechtigkeit.

Im sechsten Jahre nun, da Virata Recht sprach von der Stufe des Vorhofs, geschah es, dass Kläger einen Jüngling vom Stamme der Kazaren brachten, der Wilden, die über den Felsen hausen und andern Göttern dienen. Seine Füße waren wund, so viele Tagereisen hatten sie ihn hergetrieben, und vierfach umschlangen Fesseln seine mächtigen Arme, dass er niemandem Gewalt anhaben konnte, wie es sein Auge drohend verhieß, das zornig rollte unter den verfinsterten Brauen. Sie stellten ihn an die Treppe und warfen den Gebundenen gewaltsam ins Knie vor dem Richter, dann neigten sie sich selbst und hoben die Hände zum Zeichen der Klage.

Virata sah staunend auf die Fremden:

»Wer seid ihr, Brüder, die ihr von ferne kommt, und wer ist dieser, den ihr in Fesseln vor mich bringt?«

Es neigte sich der Älteste unter ihnen und sprach:

»Hirten sind wir, Herr, friedlich wohnende im östlichen Lande, dieser aber ist der Böseste des bösen Stammes, ein Untier, das mehr Menschen geschlagen, als Finger sind an seiner Hand. Ein Mann unseres Dorfes hat ihm die Tochter verweigert zum Weibe, weil jene von unfrommen Sitten sind, Hundeesser und Kuhtöter, und sie einem Kaufmann des Tales zur Gattin gegeben. Da ist er in seinem Zorne als Räuber in unsere Herde gefahren, er hat den Vater geschlagen und seine drei Söhne des Nachts, und wann immer ein Mann jenes Mannes Vieh trieb an die Grenzen des Gebirges, hat er ihn getötet. Elf aus unserem Dorfe hat er so vom Leben zum Tode gebracht, bis wir uns zusammentaten und den Bösen jagten wie ein Wild und ihn herbrachten zu dem gerechtesten aller Richter, damit du das Land erlösest von dem Gewalttäter.«

Virata hob das Antlitz dem Gefesselten entgegen:

»Ist es wahr, was jene sprechen?«

»Wer bist du? Bist du der König?«

»Ich bin Virata, sein Diener und der Diener des Rechts, da ich um Sühne sorge für Schuld und das Wahre sondere vom Falschen.«

Der Gefesselte schwieg lange. Dann gab er strengen Blick:

»Wie kannst du wissen, was wahr ist und was falsch, aus der

Ferne, da dein Wissen sich nur tränkt von der Rede der Menschen!«

»Gegen ihre Rede möge deine Widerrede streiten, damit ich die Wahrheit erkenne.«

Verächtlich hob der Gefesselte die Brauen:

»Ich streite nicht mit jenen. Wie kannst du wissen, was ich tat, da ich selbst nicht weiß, was meine Hände tun, wenn Zorn über mich fällt. Ich habe recht getan an jenem, der ein Weib verkaufte um Geld, recht getan an seinen Kindern und Knechten. Mögen sie klagen wider mich. Ich verachte sie und ich verachte deinen Spruch.«

Wie ein Sturm fuhr Zorn durch die andern, da sie hörten, dass der Verstockte den gerechten Richter schmähte, und der Knecht des Gerichtes hob den dornigen Stock schon zum Schlage. Aber Virata winkte ihren Zorn nieder und wiederholte noch einmal Frage um Frage. Immer wenn ihm Antwort ward von den Klägern, fragte er von neuem den Gefesselten. Doch der presste die Zähne in ein böses Lachen zusammen und sprach nur noch einmal:

»Wie willst du die Wahrheit wissen aus den Worten der andern?«

Die Sonne stand steil über ihren Häuptern im Mittag, da Viratas Fragen zu Ende war. Und er erhob sich und wollte, wie es sein Brauch war, heimgehen und den Spruch erst künden am nächsten Tage. Aber die Kläger hoben die Hände. »Herr«, sagten sie, »sieben Tage sind wir gewandert vor dein Antlitz, und sieben Tage heimwärts will unsere Reise. Wir können nicht warten bis morgen, denn das Vieh verdurstet ohne Tränke und der Acker will unseren Pflug. Herr, wir flehen, sprich deinen Spruch!«

Da setzte sich Virata wieder nieder auf die Stufe und sann. Sein Antlitz war gespannt wie das eines, der schwere Last trägt auf seinem Haupte, denn nie war es ihm geschehen, Urteil wider einen zu sprechen, der nicht Gnade erbat und sich wehrte im Wort. Lange sann er, und die Schatten wuchsen auf mit den Stunden. Dann trat er zum Brunnen, wusch Antlitz und Hände in der Kühle des Wassers, damit sein Wort frei sei von der Hitze der Leidenschaft, und sagte: »Möge mein Spruch gerecht sein, den ich spreche. Todschuld hat dieser auf sich geladen, elf Lebendige gejagt aus ihrem warmen Leib in die Welt der Verwandlung. Ein Jahr reift das Leben des Menschen verschlossen im Schoße der Mutter, so sei dieser für jeden, den er getötet, verschlossen ein Jahr im Dunkel der Erde. Und weil er Blut gestoßen elfmal aus der Menschen Leib, sei er elfmal des Jahres gegeißelt, bis das Blut aus ihm springe, damit er zahle mit der Zahl seiner Opfer. Seines Lebens aber sei er nicht gestraft, denn von den Göttern ist das Leben, und nicht darf der Mensch an Göttliches rühren. Möge der Spruch gerecht sein, den ich sprach keinem zu Willen als der großen Vergeltung.« Und wiederum setzte sich Virata auf die Stufe, die Kläger küssten die Treppe zum Zeichen der Ehrfurcht. Der Gefesselte aber starrte finster in des Richters Blick, der ihm fragend entgegenkam. Da sagte Virata:

»Ich habe dich gerufen, dass du mich zur Milde mahnest und mir helfest wider deine Kläger, doch deine Lippen blieben verschlossen. Ist ein Irrtum in meinem Spruch, so klage vor dem Ewigen mich nicht an, sondern dein Schweigen. Ich wollte dir milde sein.«

Der Gefesselte fuhr auf:

»Ich will deine Milde nicht. Was ist deine Milde, die du gibst, gegen das Leben, das du mir nimmst in einem Atemzuge?«

»Ich nehme dir dein Leben nicht.«

»Du nimmst mir mein Leben und nimmst es grausamer, als es die Häuptlinge unseres Stammes tun, den sie den wilden nennen. Warum tötest du mich nicht? Ich habe getötet, Mann gegen Mann, du aber lässt mich einscharren wie ein Aas ins Dunkel der Erde, dass ich faule an den Jahren, weil dein Herz feig ist vor dem Blute und deine Eingeweide ohne Kraft. Willkür ist dein Gesetz und Marter dein Spruch. Töte mich, denn ich habe getötet.«

»Ich habe deine Strafe gerecht gemessen ...«

»Gerecht gemessen? Wo aber ist dein Maß, du Richter, nach dem du missest? Wer hat dich gegeißelt, dass du die Geißel kennst, wie zählst du die Jahre spielerisch an den Fingern, als ob sie ein gleiches wären, wie Stunden im Licht und die verschütteten im Dunkel der Erde? Hast du im Kerker gesessen, dass du weißt, wie viele Frühlinge du nimmst von meinen Tagen? Ein Unwissender bist du und kein Gerechter, denn nur wer ihn fühlt, weiß um den Schlag, nicht wer ihn führt; nur wer gelitten hat, darf Leiden messen. Schuldige vermisst sich dein Hochmut zu strafen, und du bist selbst der Schuldigste aller, denn ich habe im Zorn Leben genommen, im Zwange meiner Leidenschaft, du aber tust kalten Blutes mein Leben von mir und misst mir ein Maß, das deine Hand nicht gewogen und dessen

Wucht sie nie geprüft. Steh weg von der Stufe der Gerechtigkeit, du Richter, dass du nicht herabgleitest! Weh dem, der misst mit dem Maße der Willkür, weh dem Unwissenden, der meint, er wisse um das Recht. Steh weg von der Stufe, unwissender Richter, und richte nicht lebendige Menschen mit dem Tode deines Wortes!«

Bleich fuhr dem Schreienden Hass vom Munde, und wieder fielen die andern zornig über ihn. Aber Virata wehrte ihnen nochmals, wandte sein Haupt vorbei von dem Wilden und sagte leise:

»Ich kann den Spruch nicht zerbrechen, der auf dieser Schwelle getan wird! Möge er ein gerechter gewesen sein.«

Dann ging Virata, indes sie jenen fassten, der sich wehrte in seinen Fesseln. Aber noch einmal hielt der Richter inne und wandte sich zurück: da standen starr und böse ihm des Hingeschleppten Augen entgegen. Und mit einem Schauer fuhr es Virata ins Herz, wie ähnlich sie seines toten Bruders Augen waren in jener Stunde, da er damals von seiner eigenen Hand erschlagen lag im Zelte des Widerkönigs ...

An jenem Abend sprach Virata kein Wort mehr zu Menschen. Des Fremden Blick stak in seiner Seele wie ein brennender Pfeil. Und die Seinen hörten ihn die ganze Nacht, Stunde um Stunde, schlaflos auf dem Dache seines Hauses schreiten, bis der Morgen rot zwischen den Palmen aufbrach.

In dem heiligen Teiche des Tempels nahm Virata das Bad der Frühe und betete gen Osten, dann trat er wieder in sein Haus, wählte das gelbe Gewand des Festes, grüßte ernst die Seinen, die staunend und doch ohne Frage sein feierlich Tun betrachteten, und ging allein zu dem Palaste des Königs, der ihm offenstand zu jeder Stunde des Tages und der Nacht. Virata neigte sich vor dem Könige und berührte den Saum seines Kleides zum Zeichen der Bitte.

Der König sah hell zu ihm nieder und sagte:

»Dein Wunsch hat mein Kleid berührt. Er ist erfüllt, ehe du ihm Worte gibst, Virata.«

»Du hast mich zum obersten deiner Richter gesetzt. Sieben Jahre richte ich in deinem Namen und weiß nicht, ob ich recht gerichtet habe. Gönne mir einen Mond lang Stille, damit ich einen Weg zur Wahrheit gehe, und gönne mir, dass ich den Weg verschweige vor dir und allen andern. Ich will eine Tat tun ohne Unrecht und leben ohne Schuld.«

Der König staunte:

»Arm wird mein Reich sein an Gerechtigkeit von diesem Monde zum andern. Doch ich frage dich nicht nach deinem Wege. Möge er dich zur Wahrheit führen.«

Virata küsste die Schwelle zum Zeichen des Dankes, neigte nochmals das Haupt und ging.

Aus der Helle trat er in sein Haus, rief Weib und Kinder zusammen:

»Einen runden Mond lang werdet ihr mich nicht schauen. Nehmt Abschied von mir und fraget nicht.«

Scheu blickte die Frau, fromm blickten die Söhne. Zu jedem beugte er sich und küsste ihn zwischen die Augen.

»Nun geht in eure Räume, schließt euch ein, dass keiner mir nachsehe in meinen Rücken, wohin ich gehe, wenn ich aus der Tür trete. Und fraget nicht nach mir, ehe der Mond sich erneut.«

Und sie wandten sich, jeder in Schweigen.

Virata tat ab das festliche Kleid und tat ein dunkles an, betete vor den Bildnissen des tausendgestaltigen Gottes, ritzte in Palmblätter viele Schrift, die er rollte zu einem Brief. Mit dem Dunkel machte er sich dann auf aus seinem schweigenden Hause und ging zum Felsen vor der Stadt, wo die Erzgruben der Tiefe waren und die Gefängnisse. Er schlug an des Pförtners Tür, bis von der Matte der Schlafende aufstand und rief, wer ihn fordere:

»Virata bin ich, der oberste der Richter. Ich bin gekommen, nach jenem zu sehen, den sie gestern brachten.«

»In der Tiefe ist er verschlossen, Herr, im untersten Raume der Dunkelheit. Soll ich dich führen, Herr?«

»Ich kenne den Raum. Gib mir den Schlüssel und lege dich zur Ruhe. Morgens wirst du den Schlüssel finden vor deiner Tür. Und schweige zu jedem, dass du mich heute gesehen.«

Der Pförtner neigte sich, brachte den Schlüssel und eine Leuchte. Virata winkte ihm, stumm trat der Dienende zurück und warf sich auf die Matte. Er aber tat das kupferne Tor auf, das die Höhlung des Felsens verschloss, und stieg nieder in die Tiefe des Kerkers. Vor hundert Jahren schon hatten die Könige Rajputas in diese Felsen ihre Gefangenen zu verschließen begonnen, und jeder der Verschlossenen höhlte Tag für Tag tiefer den Berg hinab und schuf neue Gelasse in dem kalten Gestein für neue Knechte des Kerkers nach ihm.

Einen Blick noch warf Virata, ehe er nun die Türe zutat, nach dem aufgetanen Viereck des Himmels mit den weißen, springenden Sternen, dann schloss er die Pforte, und Dunkel schwoll ihm feucht entgegen, über das unsicher der Schein seiner Leuchte sprang wie ein suchendes Tier. Noch hörte er das weiche Rauschen des Windes in den Bäumen und die gellen Schreie der Affen: in der ersten Tiefe war aber dies nur mehr ein leises Brausen von weit, in der zweiten Tiefe stand schon Stille wie unter dem Spiegel des Meeres, reglos und kalt. Von Steinen wehte nur Feuchte und nicht mehr Duft irdischer Erde, und je tiefer er stieg, desto härter hallte sein Schritt in dem Starren der Stille.

Im fünften Gelass, tiefer unter der Erde, als die höchsten Palmen aufgreifen zum Himmel, war des Gefangenen Zelle. Virata trat ein und hob die Leuchte wider den dunklen Klumpen, der kaum sich regte, bis Licht über ihn strich. Eine Kette klirrte.

Virata beugte sich über ihn:

»Erkennst du mich?«

»Ich erkenne dich. Du bist es, den sie zum Herrn setzten über mein Schicksal und der es zertreten unter seinem Fuß.«

»Ich bin keines Herr. Ein Diener bin ich des Königs und der Gerechtigkeit. Ich bin gekommen, ihr zu dienen.«

Finster sah der Gefangene auf und starrte in des Richters Gesicht:

»Was willst du von mir?«

Virata schwieg lange, dann sagte er:

»Ich habe dir wehe getan mit meinem Wort, aber auch du hast mir ein Weh getan mit deinen Worten. Ich weiß nicht, ob mein Spruch gerecht gewesen, aber eine Wahrheit war in deinem Wort: es darf keiner messen mit einem Maße, das er nicht kennt. Ein Unwissender war ich und will wissend werden. Hunderte habe ich gesandt in diese Nacht, vielen habe ich vieles getan und weiß nicht um meine Tat. Nun will ich es erfahren, will lernen, um gerecht zu sein und ohne Schuld einzugehen in die Verwandlung.«

Der Gefangene starrte noch immer. Leise klirrte die Kette.

»Ich will wissen, was ich dir zusprach, den Biss der Geißel will ich kennen am eigenen Leib und die gefesselte Zeit in meiner Seele. Für einen Mond will ich an deine Stelle treten, damit ich wisse, wieviel ich dir zugezählt an Sühne. Dann erneuere ich den Spruch von der Schwelle, wissend um seine Wucht und Schwere. Du gehe inzwischen frei. Ich will dir den Schlüssel geben, der dich ins Licht führt, und dir einen Mond lang dein Leben frei lassen, so du mir Wiederkehr gelobst – dann wird von dem Dunkel dieser Tiefe Licht sein in meinem Wissen.«

Wie Stein stand der Gefangene. Die Kette klirrte nicht mehr.

»Schwöre mir bei der unbarmherzigen Göttin der Rache, die jeden erreicht, dass du schweigst wider alle diesen Mond lang, und ich will dir den Schlüssel geben und mein eigenes Kleid. Den Schlüssel legst du vor des Pförtners Gelass und gehst frei. Doch mit deinem Eide bleibst du gebunden vor dem tausendförmigen Gotte, dass du nach des Mondes Umkreis dieses Schreiben hinbringst dem Könige, damit ich gelöst werde und nochmals richte nach Gerechtigkeit. Schwörst du, dies zu tun, beim tausendförmigen Gotte?«

»Ich schwöre« – wie aus der Tiefe der Erde brach es dem Bebenden von der Lippe.

Virata löste die Kette und streifte sein eigen Kleid von der Schulter. »Hier, nimm dies Kleid, gib mir das deine und verdecke dein Antlitz, dass kein Wächter dich erkenne. Und nun fasse dies Schermesser und schere mir Haar und Bart, dass auch ich jenen nicht kenntlich sei.«

Der Gefangene nahm das Schermesser, doch bebend sank ihm die Hand. Gebietend aber drang des andern Blick in ihn ein, und er tat wie ihm geheißen. Lange schwieg er. Dann warf er sich hin, und schreiend sprang ihm das Wort aus dem Munde:

»Herr, ich dulde nicht, dass du leidest um meinetwillen. Ich habe getötet, habe Blut vergossen mit heißer Hand. Gerecht war dein Spruch.«

»Nicht du kannst es wägen und nicht ich, doch bald werde ich erleuchtet sein. Geh nun hin, wie du geschworen, und tritt am Tage des gerundeten Monds vor den König, dass er mich löse: dann werde ich wissend sein um die Taten, die ich tue, und mein Wort für immer ohne Unrecht. Geh!«

Der Gefangene beugte sich und küsste die Erde ... Schwer fiel die Türe in das Dunkel, noch einmal sprang Licht von der Leuchte gegen die Wände, dann stürzte die Nacht über die Stunden.

Am nächsten Morgen wurde Virata, den niemand erkannte, auf das Feld vor die Stadt geführt und dort gegeißelt. Als ihm der zuckende Hieb zum erstenmal auf den nackten Rücken sprang, schrie Virata auf. Dann presste er die Zähne zusammen. Bei dem siebzigsten Streich aber ward es dunkel vor seinen Sinnen, und sie trugen ihn fort wie ein totes Tier.

In der Zelle hingestreckt erwachte er wieder, und ihm war, als läge er mit dem Rücken über brennendem Feuer. Um seine Stirn aber war Kühle, Duft von wilden Kräutern sog er ein mit dem Atem: er fühlte, dass eine Hand war über seinem Haar und dass Lindes von ihr niederträufelte. Leise öffnete er den Spalt der Lider und sah: die Frau des Pförtners stand neben ihm und wusch ihm sorgend die Stirne. Und als er jetzt das Auge voll aufschlug zu ihr, strahlte der Stern des Mitleids ihm aus ihrem Blick entgegen. Und durch den Brand seines Leibes erkannte er den Sinn alles Leidens in der Gnade der Güte. Leise lächelte er auf zu ihr und spürte nicht mehr seine Qual.

Am zweiten Tage konnte er sich schon erheben und sein kaltes Geviert abtasten mit den Händen. Er fühlte, wie eine Welt neu wuchs mit jedem Schritt, den er tat, und am dritten Tage narbten die Wunden. Sinn und Kraft kehrten zurück. Nun saß er still und spürte die Stunden an den Tropfen nur, die niederfielen von der Wand und das große Schweigen teilten in viele kleine Zeiten, die still wuchsen zu Tag und Nacht, wie ein Leben aus Tausenden von Tagen selbst wieder wächst zu Mannheit und Alter. Niemand sprach auf ihn ein, Dunkel stand starr in seinem Blut, aber von innen stieg nun bunt Erinnerung in leisem Quell, floss mählich zusammen in einen ruhenden Teich der Schau, darin sein ganzes Leben gespiegelt war. Was er verteilt erlebt, rann nun in eines, und kühle Klarheit ohne Wellenschlag hielt das gereinigte Bild in der Schwebe des Herzens. Nie war sein Sinn so rein gewesen wie in diesem Gefühl reglosen Schauens in gespiegelte Welt.

Mit jedem Tage nun ward Viratas Auge heller, aus dem Dunkel hoben sich die Dinge ihm entgegen und vertrauten seinem Spüren die Formen. Und auch innen ward alles heller in gelassener Schau: die lindere Lust der Betrachtung, wunschlos hinschwellend über den Schein eines Scheines, die Erinnerung, spielte mit den Formen der Verwandlung wie die Hände des Gefesselten mit den zerstreuten Kieseln der Tiefe. Selbst sich entschwunden, reglos gebannt, unkund der Formen eigenen Wesens im Dunkel, spürte er stärker des tausendförmigen Gottes Gewalt und sich selbst hinwandern durch die Gestalten, keiner anhängend, klar gelöst von der Knechtschaft des Willens, tot im Lebendigen und lebendig im Tode ... Alle Angst der Vergängnis ging hin in sanfte Lust der Erlösung vom Leibe. Ihm war, als sänke er mit jeder Stunde tiefer ins Dunkel hinab, zu Stein und schwarzer Wurzel der Erde, und doch trächtig neuen Keims, Wurm vielleicht, dumpf wühlend in der Scholle oder Pflanze, aufstrebend mit stoßendem Schaft, oder Fels nur, kühl ruhend in seliger Unbewusstheit des Seins.

Achtzehn Nächte genoss Virata das göttliche Geheimnis hingegebenen Schauens, losgelöst von eigenem Willen und ledig des Stachels zum Leben. Seligkeit schien ihm, was er als Sühne getan, und schon fühlte er in sich Schuld und Verhängnis nur wie Traumbilder über dem ewigen Wachen des Wissens. In der neunzehnten Nacht aber fuhr er auf aus dem Schlaf: ein irdischer Gedanke hatte ihn angerührt. Wie glühende Nadel bohrte er sich ein in sein Hirn. Schreck schüttelte ihm graß seinen Leib, und die Finger zitterten an seiner Hand wie Blätter am Holze. Dies aber war der Gedanke des Schreckens: der Gefangene könnte untreu werden an seinem Schwur und ihn vergessen, und er müsse hier liegenbleiben tausend und tausend und tausend Tage, bis das Fleisch ihm von den Knochen fiele und die Zunge erstarrte im Schweigen. Noch einmal sprang der Wille zum Leben wie ein Panther auf in seinem Leibe und zerriss die Hülle: Zeit strömte ein in seine Seele und Angst und Hoffen, die Wirrnis des Menschen. Er konnte nicht mehr denken an den tausendförmigen Gott des ewigen Lebens, sondern nur an sich, seine Augen hungerten nach Licht, seine Beine, die sich scheuerten am harten Stein, wollten Weite, wollten Sprung und Lauf. An Weib und Söhne, an Haus und Habe, an die heiße Versuchung der Welt musste er denken, die mit Sinnen getrunken wird und gefühlt mit der wachen Wärme des Blutes.

Von diesem Tage des Erinnerns schwoll die Zeit, die bisher zu seinen Füßen stumm gelegen wie ein schwarzer, spiegelnder Teich, empor in sein Denken; wie ein Strom schoss sie her, aber immer wieder wider ihn. Er wollte, dass sie ihn mitreiße und hinschwemme wie einen springenden Balken zu der erstarrten Stunde der Befreiung. Aber gegen ihn strömte sie: mit ringendem Atem quälte er, ein verzweifelter Schwimmer, ihr Stunde um Stunde ab. Und ihm war, als zögerten mit einemmal die Tropfen des Wassers an der Wand im Falle, so weit schwoll die Spanne der Zeit zwischen ihnen. Er konnte nicht mehr länger verweilen auf seinem Lager. Der Gedanke, jener würde seiner vergessen und er müsse hier faulen im Keller des Schweigens, trieb ihn wie einen Kreisel zwischen den Wänden. Die Stille würgte ihn: er schrie die Steine an mit den Worten des Schimpfens und der Klage, er fluchte sich und den Göttern und dem Könige. Mit blutenden Nägeln krallte er am spottenden Felsen und rannte mit dem Schädel gegen die Türe, bis er sinnlos zu Boden fiel, um wachend wieder aufzuspringen und, eine rasende Ratte, auf und ab durch das Viereck zu rennen.

In diesen Tagen, vom achtzehnten der Abgeschiedenheit bis zum neuen Monde, durchlebte Virata Welten des Entsetzens. Ihn widerte Speise und Trank, denn Angst füllte seinen Leib. Keinen Gedanken mehr konnte er halten, nur seine Lippen zählten die Tropfen, die niederfielen, um die Zeit, die unendliche, zu zerteilen von einem Tage zum andern. Und ohne dass er es wusste, war das Haupt grau geworden über seinen hämmernden Schläfen.

Am dreißigsten Tag aber erhob sich ein Lärmen vor der Türe und fiel zurück in seine Stille. Dann hallten Schritte, auf sprang die Tür, Licht brach ein, und vor dem Begrabenen des Dunkels stand der König. Und er umfasste ihn liebend, da er sprach: »Ich habe von deiner Tat vernommen, die größer ist als eine, die je vernommen ward in den Schriften der Väter. Wie ein Stern wird sie hoch glänzen über dem Niedern unseres Lebens. Tritt heraus, dass das Feuer Gottes dich beglänze und das Volk seligen Auges einen Gerechten schaue.«

Virata hob die Hand vor das Auge, denn das Licht stach dem Entwöhnten zu grell den Blick, und innen wogte purpurn das Blut. Wie ein Trunkener stieg er auf, und die Knechte mussten ihn stützen. Ehe er aber vor das Tor trat, sprach er:

»Du hast mich, König, einen Gerechten genannt, ich aber weiß nun, dass jeder, der Recht spricht, unrecht tut und sich anfüllt mit Schuld. Noch sind Menschen in dieser Tiefe, die leiden durch mein Wort, und nun erst weiß ich um ihr Leiden und weiß: nichts darf mit nichts vergolten werden. Lass, König, jene frei und scheuche das Volk vor meinem Schritt, denn ich schäme mich seines Rühmens.«

Der König tat einen Wink, und die Knechte scheuchten das Volk. Es war wieder Stille um sie. Dann sagte der König:

»Auf der obersten Stufe des Palastes saßest du, um Recht zu sprechen. Nun aber, da du weiser warst, als je ein Richter gewesen, durch wissendes Leiden, sollst du neben mir sitzen, dass ich deinem Worte lausche und selber wissend werde an deiner Gerechtigkeit.«

Virata aber fasste sein Knie zum Zeichen der Bitte:

»Lass mich ledig sein meines Amtes! Ich kann nicht mehr wahrsprechen, seit ich weiß: keiner kann keines Richter sein. Es ist Gottes, zu strafen, und nicht der Menschen, denn wer an Schicksal rührt, fällt in Schuld. Und ich will mein Leben leben ohne Schuld. «

»So sei«, antwortete der König, »nicht Richter im Reiche, sondern Ratgeber meines Tuns, dass du mir weisest Krieg und Frieden, Steuer und Zins in Gerechtigkeit und ich nicht irre im Entschluss.«

Nochmals umfasste Virata des Königs Knie:

»Nicht Macht gib mir, König, denn Macht reizt zur Tat, und welche Tat, mein König, ist gerecht und nicht wider ein Schicksal? Rate ich Krieg, so säe ich Tod, und was ich rede, wächst zu Taten, und jede Tat zeugt einen Sinn, den ich nicht weiß. Gerecht kann nur sein, der nicht teilhat an keines Geschick und Werk, der einsam lebt: nie war ich näher der Erkenntnis, als da ich einsam war, ohne der Menschen Wort, und nie freier von Schuld. Lass mich friedsam leben in meinem Hause, ohne andern Dienst als den des Opfers vor den Göttern, dass ich rein bleibe aller Schuld.«

»Ungern lasse ich dich«, sagte der König, »aber wer darf einem Weisen widerreden und eines Gerechten Willen verderben? Lebe nach deinem Willen, es ist Ehre meines Reiches, dass einer in seinen Grenzen lebt und wirkt ohne Schuld.«

 Sie traten vor das Tor, dann ließ ihn der König. Allein ging

Virata und sog die süße Luft der Sonne, leicht war ihm die Seele wie nie, da er heimging, ein Freier alles Dienstes, in sein Haus. Hinter ihm klang leise ein fliehender Tritt nackten Fußes, und als er sich wandte, war es der Verurteilte, dessen Qual er genommen. Er küsste den Staub seiner Spur, beugte sich scheu und verschwand. Da lächelte Virata seit jener Stunde, da er seines Bruders starres Auge gesehen, wieder zum erstenmal und ging froh in sein Haus.

In seinem Hause lebte Virata Tage des Lichts. Sein Erwachen war dankbares Gebet, dass er die Helle des Himmels sehen durfte statt der Finsternis, dass er Farbe und Duft der heiligen Erde spürte und die klare Musik, die im Morgen wirkt. Täglich nahm er wie ein großes Geschenk das Wunder des Atems und den Zauber der freien Glieder, fromm fühlte er den eigenen Leib, den weichen seines Weibes, den starken seiner Söhne, allüberall der Gegenwart des tausendförmigen Gottes beseligt gewahr, beflügelt die Seele von lindem Stolz, dass er nirgends über sein Leben hinaus an fremdes Schicksal griff und niemals feindlich rührte an eine der tausend Formen des unsichtbaren Gottes. Von morgens bis abends las er in den Büchern der Weisheit und übte sich in den Arten der Andacht, die da sind: das Schweigen der Versenkung, die liebende Vertiefung im Geiste, das Wohltun an den Armen und das opfernde Gebet. Sein Sinn aber war heiter geworden, milde seine Rede auch zum geringsten seiner Knechte, und die Seinen liebten ihn mehr, als sie ihn jemals geliebt. Den Armen war er ein Helfer und den Unglücklichen ein Tröster. Vieler Menschen Gebet schwebte um seinen Schlaf, und sie nannten ihn nicht mehr wie einst den »Blitz des Schwertes« und »die Quelle der Gerechtigkeit«, sondern »den Acker des Rats«. Denn nicht nur die Nachbarn kamen von der Straße, sondern von ferne auch zogen die Fremden vor ihn, dass er ihren Streit schlichte, obwohl er nicht mehr Richter im Lande war, und fügten sich ohne Zögern seinem Wort. Virata war des glücklich, denn er fühlte, dass Raten besser sei als Befehlen, und Schlichten besser als Richten: ohne Schuld empfand er sein Leben, seit er kein Schicksal mehr zwang und doch an vieler Menschen Schicksal schaltend rührte. Und er liebte den Mittag seines Lebens mit aufgeheiterten Sinnen.

So gingen drei Jahre und noch drei dahin wie ein heller Tag. Immer linder ward Viratas Gemüt: wenn ein Streit vor ihn kam, verstand er kaum mehr in seiner Seele, dass soviel Unruhe war auf Erden und die Menschen sich drängten mit der kleinen Eifersucht des Eigenen, da sie doch das weite Leben hatten und den süßen Duft des Seins. Er beneidete keinen, und keiner beneidete ihn. Wie eine Insel des Friedens stand sein Haus im geebneten Leben, unberührt von den Sturzbächen der Leidenschaft und dem Strom der Begier.

Eines Abends, im sechsten Jahre seiner Stille, war Virata schon zur Ruhe gegangen, als er plötzlich gelles Schreien hörte und das nasse Geräusch von Schlägen. Er sprang von seinem Lager und sah, dass seine Söhne einen Sklaven in die Knie geworfen hatten und mit der Nilpferdpeitsche über den Rücken schlugen, dass Blut aufsprang. Und die Augen des Sklaven, in gepresster Qual aufgerissen, starrten ihn an: wieder sah er des gemordeten Bruders Blick von einst in seiner Seele. Virata eilte zu, hielt ihren Arm und fragte, was hier geschehen.

Es ergab sich aus der Rede und Widerrede, dass jener Sklave, dessen Dienst es war, das Wasser aus dem Felsenbrunnen zu schöpfen und in hölzernen Kufen zum Hause zu bringen, mehrmals schon in der Hitze des Mittags, Erschöpfung vorgebend, zu spät mit seiner Last angelangt und wiederholt gezüchtigt ward, bis er gestern, nach einer sonderlich harten Bestrafung, entlaufen war. Die Söhne Viratas hatten ihm zu Pferde nachgesetzt und ihn schon jenseits des Flusses in einem Dorf erreicht, mit einem Seil an den Sattel des Rosses gebunden, so dass er, halb gezerrt, halb laufend, mit zerrissenen Füßen wieder heim musste, wo ihm eben noch unerbittliche Züchtigung zur eigenen Warnung und jener der andern Sklaven (die schauernd, mit zitternden Knien den Hingestreckten betrachteten) verabreicht wurde, bis Virata durch sein Kommen die gewalttätige Peinigung unterbrach.

Virata blickte hinab auf den Sklaven. Der Sand unter seinen Sohlen war gefeuchtet von Blut. Die Augen des Verschreckten standen offen wie die eines Tieres, das geschlachtet werden sollte, und Virata sah hinter ihrer schwarzen Starre das Grauen, das einst in seiner eigenen Nacht gewesen. »Lasst ihn los«, sagte er zu den Söhnen, »sein Vergehen ist gesühnt.«

Der Sklave küsste den Staub vor seinen Schuhen. Zum erstenmal traten die Söhne verdrossen von des Vaters Seite. Virata kehrte in seinen Raum zurück. Unbewusst, was er tat, wusch er sich Stirn und Hände, um bei der Berührung plötzlich erschreckt zu erkennen, was sein wacher Sinn vergessen: dass er zum erstenmal wieder Richter gewesen und Spruch gesprochen in ein Schicksal. Und zum erstenmal seit sechs Jahren floh ihn wieder der Schlaf.

Da er aber schlaflos im Dunkel lag, kamen die Augen, die erschreckten, des Sklaven auf ihn zu (oder waren es jene des gemordeten Bruders?) und die zornigen seiner Söhne, und er fragte und fragte sich, ob nicht ein Unrecht geschehen sei von seinen Kindern an diesem Knecht. Blut hatte um geringer Lässigkeit willen den Sand seines Hauses genetzt, Geißel war in lebendigen Leib gefahren für kleinliche Versäumnis, und diese Schuld brannte ihm mehr als die Geißelschläge, die er selbst dereinst aufspringen gefühlt wie heiße Nattern über seinen Rücken. Keinem Freien freilich war diese Züchtigung geschehen, sondern einem Sklaven, dessen Leib sein eigen war vom Mutterschoße an nach dem Gesetz des Königs. War aber dies Gesetz des Königs auch ein Recht vor dem tausendförmigen Gotte, dass eines Menschen Leib ganz in fremdem Willen floss, frei jeder Willkür, und jeder schuldlos sei wider ihn, ob er ihm auch dies Leben zerriß oder verstörte?

Virata stand auf von seinem Lager und entzündete ein Licht, um in den Büchern der Unterweisung ein Zeichen zu finden. Nirgends traf sein Blick Unterscheidung zwischen Mensch und Menschen als in der Ordnung der Kasten und Stände, nirgends aber war im tausendförmigen Sein Unterschied und Abstand in der Forderung der Liebe. Immer durstiger trank er Wissen in sich ein, denn nie war seine Seele aufgespannter gewesen in der Frage; da warf sich die Flamme am Span des Lichts noch einmal hoch und erlosch.

Wie aber jetzt Dunkel von den Wänden stürzte, überkam es Virata geheimnisvoll: nicht sein Raum sei dies mehr, den er blinden Blickes umtaste, sondern der Kerker von einst, in dem er damals schreckfühlend erkannt, dass Freiheit das tiefste Anrecht des Menschen sei und keiner keinen verschließen dürfe, nicht auf ein Leben und nicht auf ein Jahr. Diesen Sklaven aber, so erkannte er, hatte er eingeschlossen in den unsichtbaren Kreis seines Willens und gekettet an den Zufall seiner Entschließung, dass kein eigener Schritt seines Lebens ihm mehr frei war. Klarheit kam in ihn, indes er still saß und fühlte, wie die Gedanken seine Brust so aufweiteten, bis von unsichtbarer Höhe Licht in ihn eindrang. Nun ward ihm bewusst, dass auch hier noch Schuld in ihm gewesen, solange er Menschen in seinen Willen tat und Sklaven nannte nach einem Gesetz, das nur jenes brüchige der Menschen war und nicht jenes ewige des tausendförmigen Gottes. Und er neigte sich im Gebet:

»Dank dir, Tausendförmiger, der du mir Boten sendest aus allen deinen Formen, dass sie mich aufjagen aus meiner Schuld, immer näher dir entgegen auf dem unsichtbaren Wege deines Willens! Gib, dass ich sie erkenne in den ewig anklagenden Augen des ewigen Bruders, der allorts mir begegnet, der aus meinen Blicken sieht und dessen Leiden ich leide, damit ich mein Leben rein wandle und atme ohne Schuld.«

Viratas Antlitz war wieder heiter geworden, hellen Auges trat er in die Nacht, trank den weißen Gruß der Sterne, das schwellende Sausen des Frühwinds tiefatmend in sich und ging durch die Gärten zum Flusse. Als die Sonne sich von Osten erhob, tauchte er nieder in die heilige Flut und kehrte heim zu den Seinen, die versammelt waren zum Gebet des Morgens.

Er trat in ihren Kreis, grüßte mit gutem Lächeln, winkte die Frauen in ihre Gemächer zurück, dann sprach er zu seinen Söhnen:

»Ihr wisst, dass seit Jahren nur eine Sorge meine Seele bewegt: ein Gerechter zu sein und ohne Schuld zu leben auf Erden; nun ist es gestern geschehen, dass Blut floss in die Scholle meines Hauses, Blut eines lebendigen Menschen, und ich will frei sein dieses Blutes und Sühne tun für das Vergehen im Schatten meines Daches. Der Sklave, der um ein Geringes zu hart gebüßt ward, soll Freiheit haben von dieser Stunde und gehen, wohin es ihn gelüstet, damit er nicht vor dem letzten Richter einst klage wider euch und mich.«

Schweigend standen die Söhne, und Virata fühlte ein Feindliches in diesem Verstummen.

»Ich spüre ein Schweigen wider mein Wort. Auch wider euch will ich nichts tun, ohne euch zu hören.«

»Einem Schuldigen, der sich verging, willst du Freiheit schenken, Belohnung statt Bestrafung«, begann der älteste Sohn. »Viele Diener haben wir im Haus, und es zählte nicht dieser eine. Aber jede Tat wirkt über sich hinaus und ist verknüpft mit der Kette. Lässest du diesen ledig, wie darfst du die andern, die dein eigen sind, dann halten, wenn sie fortbegehren?«

»Wenn sie fortbegehren aus meinem Leben, so muss ich sie lassen. Keines Lebendigen Schicksal will ich halten, denn wer Schicksale formt, fällt in Schuld.«

»Aber du lösest das Zeichen des Rechts«, hub der zweite Sohn an, »diese Sklaven sind unser eigen wie die Erde und der Baum dieser Erde und die Frucht dieses Baumes. So sie dir dienen, sind sie gebunden an dich und du gebunden an sie. An eine Reihe rührst du, die seit Jahrtausenden wächst durch die Zeiten: der Sklave ist nicht Herr seines Lebens, sondern Diener seines Herrn.«

»Es gibt nur ein Recht vom Gotte, und dies Recht ist das Leben, das jedem eingetan ward mit dem Atem seines Mundes. Zum Guten mahnst du mich, der ich verblendet war und frei zu sein meinte von Schuld: fremdes Leben habe ich genommen seit Jahren. Nun aber sehe ich klar und weiß: ein Gerechter darf nicht Menschen zum Tiere machen. Ich will allen die Freiheit geben, damit ich ohne Schuld sei wider sie auf Erden.«

Trotz stand auf den Stirnen der Söhne. Und hart antwortete der Älteste:

»Wer wird die Felder tränken mit Wasser, dass der Reis nicht verschmachte, wer die Büffel führen im Felde? Sollen wir Knechte werden um deines Wahns willen? Du selbst hast die Hände nicht gemüht mit Arbeit ein Leben lang und nie dich bekümmert, dass dein Leben wuchs auf fremdem Dienst. Und ist doch auch fremder Schweiß in der geflochtenen Matte, darauf du lagst, und über deinem Schlaf wachte der Wedel der Diener. Und mit einmal willst du sie von dir jagen, dass niemand sich mühe als wir, dein eigenes Blut? Sollen wir vielleicht noch die Büffel lösen vom Pfluge und die Stränge ziehen an ihrer statt, damit sie die Geißel nicht treffe? Denn auch ihnen fließt des Tausendförmigen Atem vom Munde. Nicht rühre, Vater, an das Bestehende, denn auch dies ist von dem Gotte. Nicht willig tut die Erde sich auf, Gewalt muss ihr getan werden, damit Frucht ihr entquelle, Gewalt ist Gesetz unter den Sternen, nicht können wir ihrer entbehren.«

»Ich aber will ihrer entbehren, denn Macht ist selten im Recht, und ich will ohne Unrecht leben auf Erden.«

»Macht ist in allem Haben, sei es Mensch oder Tier oder die geduldige Erde. Wo du Herr bist, musst du auch Herrscher sein: wer besitzt, ist gebunden an das Schicksal der Menschen.«

»Ich aber will mich lösen von allem, was mich in Schuld bringt. So befehle ich euch, die Knechte freizugeben im Hause und selbst zu schaffen für unsere Notdurft.«

Zorn schwoll in den Blicken der Söhne, kaum konnten sie ihr Murren verhalten. Dann sagte der Älteste:

»Du hast gesagt, keines Menschen Wille wollest du beugen. Nicht befehlen magst du deinen Sklaven, damit du nicht fallest in Schuld; uns aber befiehlst du und stößt in unser Leben. Wo ist, ich frage dich, hier Recht vor Gott und den Menschen?«

Virata schwieg lange. Als er den Blick hob, sah er die Flamme der Habgier in ihren Blicken, und Grauen kam über seine Seele. Dann sagte er leise:

»Ihr habt mich recht belehrt. Ich will nicht Gewalt tun wider euch. Nehmt das Haus und teilt es nach eurem Willen, ich habe nicht teil mehr an der Habe und nicht an der Schuld. Wohl hast du gesprochen: wer herrscht, macht unfrei die andern, doch seine Seele vor allem. Wer leben will ohne Schuld, darf nicht teilhaben an Haus und fremdem Geschick, darf sich nicht nähren von fremder Mühe, nicht trinken von anderer Schweiß, darf nicht hängen an der Wollust des Weibes und der Trägheit des Sattseins: nur wer allein lebt, lebt seinem Gotte, nur der Tätige fühlt ihn, nur die Armut hat ihn ganz. Ich aber will dem Unsichtbaren näher sein als der eigenen Erde, ich will leben ohne Schuld. Nehmt das Haus und teilt es in Frieden.«

Virata wandte sich und ging. Seine Söhne standen erstaunt; die gesättigte Habsucht brannte ihnen süß im Leibe, und doch waren sie beschämt in ihrer Seele.

Virata aber schloss sich ein in seine Kammer, hörte auf Ruf nicht und Mahnung. Erst als die Schatten in die Nacht fielen, rüstete er sich zum Wege, nahm einen Stab, die Almosenschale, ein Beil zum Werk, eine Handvoll Früchte zur Zehrung und die Palmblätter mit den Schriften der Weisheit zur Andacht, schürzte sein Gewand über die Knie hoch und ließ schweigend sein Haus, ohne sich noch einmal umzuwenden nach Weib, Kindern und aller Gemeinschaft seiner Habe. Die ganze Nacht wanderte er bis zu dem Flusse, in dem er einst in bitterer Stunde des Erwachens sein Schwert gesenkt, überquerte die Furt und zog dann stromaufwärts am andern Ufer, wo nirgends Bebautes war und die Erde den Pflug noch nicht kannte.

Um die Morgenröte kam er an eine Stelle, wo der Blitz in einen uralten Mangobaum gefahren und eine Lichtung in das Dickicht gebrannt. Der Fluss strich lind im Bogen vorbei, und ein Schwarm von Vögeln umschwärmte das niedere Wasser, um furchtlos zu trinken. Helle war hier vom offenen Strom und Schatten im Rücken von den Bäumen. Zersplittert vom Schlage lag noch Holz umher und geknicktes Gesträuch. Virata besah das einsam lichte Geviert inmitten des Waldes. Und er beschloss, hier eine Hütte zu bauen und sein Leben ganz der Betrachtung zu leben, abseits von den Menschen und ohne Schuld.

Fünf Tage zimmerte er an der Hütte, denn seine Hände waren der Arbeit entwöhnt. Und auch dann noch war sein Tagewerk voll Mühe, denn er musste sich Früchte suchen für seine Nahrung, das Dickicht von seiner Hütte wehren, das gewaltsam wieder heranwuchs, und einen Raum roden im Kreise mit spitzen Pflöcken, damit die Tiger, die hungrig im Dunkel brüllten, nicht herankämen des Nachts. Kein Laut von Menschen aber drang in sein Leben und verstörte ihm die Seele, still strömten die Tage vorbei wie das Wasser im Strome, sanft erneuert von unendlicher Quelle.

Nur die Vögel kamen noch immer, der ruhende Mann ängstigte sie nicht, und bald nisteten sie an seiner Hütte. Er streute ihnen Samen der großen Blumen und harte Früchte hin. Willig sprangen sie zu und scheuten nicht mehr seine Hände, sie flogen von den Palmen nieder, wenn er sie lockte, er spielte mit ihnen, und sie ließen sich vertraut von ihm berühren. Einmal fand er in dem Walde einen jungen Affen, der, ein Bein gebrochen und kindisch schreiend, auf dem Boden lag. Er nahm ihn zu sich und zog ihn auf, bis er gelehrig wurde und ihm in spielhafter Weise nachahmerisch diente wie ein Knecht. So war er sanft umgeben von Lebendigem, aber er wusste immer, dass auch in den Tieren die Gewalt schlummerte und das Böse wie im Menschen. Er sah, wie die Alligatoren einander bissen und jagten im Zorne, wie Vögel Fische mit spitzem Schnabel aus der Flut rissen und wiederum wie Schlangen die Vögel plötzlich ringelnd umpressten: die ungeheure Kette der Vernichtung, die jene feindliche Göttin um die Welt geschlungen, ward ihm offenbar Gesetz, dagegen das Wissen sich nicht weigern konnte. Doch dies tat wohl, nur als Schauender über diesen Kämpfen zu sein, unteilhaft jeder Schuld am wachsenden Kreise der Vernichtung und Befreiung.

Ein Jahr und manche Monde hatte er keinen Menschen gesehn. Einmal aber geschah es, dass ein Jäger eines Elefanten Spur folgte zur Tränke und vom jenseitigen Ufer seltsames Bild erschaute. Da saß, umleuchtet vom gelben Schimmer des Abends, vor schmaler Hütte ein Weißbart, Vögel nisteten friedlich in seinem Haar, ein Affe schlug mit hellen Schlägen ihm Nüsse vor den Füßen entzwei. Er aber sah auf zu den Wipfeln, wo blau und bunt die Papageien schaukelten, und als er mit einmal die Hand erhob, rauschten sie, eine goldene Wolke, herab und flogen in seine Hände. Dem Jäger aber dünkte, er hätte den Heiligen gesehen, von dem verheißen war, »die Tiere werden zu ihm sprechen mit der Stimme von Menschen, und die Blumen wachsen unter seinen Schritten. Er kann die Sterne pflücken mit den Lippen und weghauchen den Mond mit einem Atem seines Mundes«. Und der Jäger ließ seine Jagd und eilte heimwärts, das Erschaute zu berichten.

Am nächsten Tage schon drängten Neugierige her, das Wunder vom andern Ufer zu erspähen, immer mehr wurden der Erstaunten, bis einer unter ihnen Virata erkannte, den Verschollenen seiner Heimat, der Haus und Erbe gelassen um der großen Gerechtigkeit willen. Weiter flog die Kunde, und sie erreichte den König, der schmerzlich den Getreuen vermisste, und er ließ eine Barke rüsten mit viermal sieben Ruderknechten. Und sie schlugen die Ruder, bis das Boot stromaufwärts kam an die Stelle von Viratas Hütte, dann warfen sie Teppiche vor des Königs Fuß, der dem Weisen entgegenschritt. Es waren aber ein Jahr und sechs Monde, dass Virata die Stimme von Menschen nicht mehr gehört; scheu stand er und zögernd vor seinen Gästen, vergaß die Beugung des Dieners vor dem Gebieter und sagte nur:

»Gesegnet sei dein Kommen, mein König.«

Der König umfing ihn:

»Seit Jahren sehe ich deinen Weg entgegengehen der Vollendung, und ich bin gekommen, das Seltene zu schauen, wie ein Gerechter lebt, auf dass ich von ihm lerne.«

Virata neigte sich:

»Mein Wissen ist einzig dies, dass ich verlernte, mit Menschen zu sein, um ledig zu bleiben aller Schuld. Nur sich selbst kann der Einsame belehren. Nicht weiß ich, ob es Weisheit ist, was ich tue, nicht weiß ich, ob es Glück ist, was ich fühle – nichts weiß ich zu raten und nichts zu lehren. Die Weisheit des Einsamen ist eine andere denn die der Welt, das Gesetz der Betrachtung ein anderes denn das der Tat.«

»Aber schon Schauen, wie ein Gerechter lebt, ist Lernen«, antwortete der König. »Seit ich dein Auge gesehn, fühle ich schuldlose Freude. Mehr begehre ich nicht.«

Virata neigte sich abermals. Und abermals umfasste ihn der König:

»Kann ich dir einen Wunsch erfüllen in meinem Reiche oder ein Wort bringen an die Deinen?«

»Nichts ist mein mehr, mein König, oder alles auf dieser Erde. Ich habe vergessen, dass mir einst ein Haus war unter andern Häusern und Kinder unter andern Kindern. Der Heimatlose hat die Welt, der Abgelöste die Gänze des Lebens, der Schuldlose den Frieden. Ich habe keinen Wunsch, denn schuldlos zu bleiben auf Erden.«

»So lebe wohl und gedenke mein in dieser Andacht.«

»Ich gedenke des Gottes, und so gedenke ich auch dein und aller auf dieser Erde, die sein Teil sind und sein Atem.«

Virata beugte sich. Das Boot des Königs glitt wieder abwärts den Strom, und viele Monde hörte der Einsame keines Menschen Stimme mehr.

Noch einmal hob der Ruhm Viratas die Flügel auf und flog wie ein weißer Falke über das Land. Bis in die fernsten Dörfer und an die Hütten des Meeres ging die Kunde von jenem, der Haus und Erbe gelassen, um das wahre Leben der Andacht zu leben, und die Menschen nannten den Gottfürchtigen mit dem vierten Namen der Tugend, den »Stern der Einsamkeit«. Die Priester rühmten seine Entsagung in den Tempeln und der König vor seinen Dienern; sprach aber ein Richter im Lande einen Spruch, so fügte er bei: »Möge mein Wort gerecht sein, wie jenes Viratas gewesen, der nun dem Gotte lebt und um alle Weisheit weiß.«

Es geschah nun manchmal und immer öfter mit den Jahren,

dass ein Mann, wenn er das Unrecht seines Tuns und den dumpfen Sinn seines Lebens erkannte, Haus und Heimat ließ, sein Eigen verschenkte und in den Wald wanderte, sich wie jener eine Hütte zu zimmern und dem Gotte zu leben. Denn das Beispiel ist das stärkste Band auf Erden, das die Menschen bindet; jede Tat weckt in andern den Willen zum Rechten, dass er aufspringt vom Schlummer seines Träumens und tätig die Stunden erfüllt. Und diese Erwachten wurden inne ihres leeren Lebens, sie sahen das Blut an ihren Händen und die Schuld in ihren Seelen; so huben sie sich auf und gingen ins Abseits, sich eine Hütte zu zimmern wie jener, nur noch der nackten Notdurft des Körpers zu leben und der unendlichen Andacht. Wenn sie einander begegneten beim Früchtesuchen am Wege, sprachen sie kein Wort, um nicht neue Gemeinschaft zu schließen, aber ihre Augen lächelten einander freudig zu und ihre Seelen boten sich Frieden. Das Volk aber nannte jenen Wald die Siedlung der Frommen. Und kein Jäger streifte durch seine Wildnis, um die Heiligkeit nicht durch Mord zu verstören.

Einmal nun, als Virata morgens im Walde schritt, sah er einen der Einsiedler reglos auf der Erde hingestreckt, und als er sich über ihn beugte, um den Gesunkenen aufzurichten, merkte er, dass kein Leben mehr in seinem Leibe war. Virata schloss dem Toten die Augen, sprach ein Gebet und suchte die entseelte Hülle aus dem Dickicht zu tragen, damit er einen Scheiterhaufen rüste und der Leib dieses Bruders rein eingehen könne in die Verwandlung. Aber die Last ward seinen Armen zu schwer, die sich entkräftet hatten in der kärglichen Nahrung der Früchte. So ging er, um Hilfe zu erbitten, über die Furt des Stromes zum nächsten Dorf.

Als die Bewohner des Dorfes den Erhabenen ihre Straße wandeln sahen, kamen sie, ehrfürchtig seinen Willen zu hören, und gingen sogleich, Bäume zu fällen und den Toten zu bestatten. Wo aber Virata ging, beugten sich die Frauen, die Kinder blieben stehen und sahen ihm staunend nach, der schweigend schritt, und mancher Mann trat aus seinem Hause, des erhabenen Gastes Kleid zu küssen und den Segen des Heiligen zu empfangen. Virata aber ging lächelnd durch diese blinde Welle und fühlte, wie sehr und wie rein er die Menschen wieder zu lieben vermochte, seit er ihnen nicht mehr verbunden war.

Als er aber an dem letzten niedern Hause des Dorfes vorbeischritt, überall heiter den guten Gruß der Nahenden erwidernd, sah er dort die zwei Augen eines Weibes voll Hass auf sich gerichtet – er schrak zurück, denn ihm war, als hätte er wieder die starren, seit Jahren vergessenen Augen seines gemordeten Bruders gesehen. Jäh fuhr er zurück, so entwöhnt war seine Seele aller Feindlichkeit in der Zeit der Abkehr geworden. Und er beredete sich, es möge ein Irrtum gewesen sein seiner Augen. Aber die Blicke standen noch immer schwarz und starr gegen ihn. Und als er, wieder Herr seiner Ruhe, den Schritt löste, um auf das Haus zuzutreten, fuhr die Frau feindselig in den Gang zurück, aus dessen dunkler Tiefe er aber das Glimmen jenes Blickes noch auf sich brennen fühlte wie das Auge eines Tigers im reglosen Dickicht.

Virata ermannte sich. »Wie kann ich in Schuld sein wider jene, die ich niemals gesehen, dass ihr Hass gegen mich springt«, sagte er sich. »Es muss ein Irrtum sein, ich will ihn klären.« Ruhig trat er hin an das Haus und klopfte mit dem Knöchel an die Tür. Nur der nackte Schall schlug zurück, und doch fühlte er die hasserfüllte Nähe des fremden Weibes. Geduldig pochte er weiter, wartete und pochte wie ein Bettler. Endlich trat die Zögernde vor, finster und feindlich den Blick gegen ihn gewandt.

»Was willst du noch von mir?«, fuhr sie ihn fauchend an. Und er sah, sie musste sich an den Pfosten halten, so schüttelte sie der Zorn.

Virata aber sah nur in ihr Antlitz, und sein Herz ward leicht, da er gewiss ward, dass er sie niemals zuvor gesehen. Denn sie war jung und er war seit Jahren aus dem Wege der Menschen; nie konnte er ihren Pfad gekreuzt haben und etwas wider ihr Leben getan.

»Ich wollte dir den Gruß des Friedens geben, fremde Frau«, antwortete Virata, »und dich fragen, weshalb du im Zorne auf mich blickst. War ich dir etwa feind, habe ich etwas wider dich getan?«

»Was du mir getan hast?« – ein böses Lachen ging ihr um den Mund – »Was du mir getan hast? Ein Geringes nur, ein ganz Geringes: mein Haus hast du von Fülle zu Leere getan, mir Liebstes geraubt und mein Leben zum Tode geworfen. Geh, dass ich dein Antlitz nicht mehr sehe, sonst verschließt sich nicht länger mehr mein Zorn.«

Virata sah sie an. So wirr war ihr Auge, dass er meinte, Wahnwitz hätte die Fremde erfasst. Schon wandte er sich, weiterzugehen, und sagte: »Ich bin nicht der, den du meinst. Ich lebe abseits von den Menschen und trage keines Schicksals Schuld. Dein Auge verkennt mich.«

Aber ihr Hass fuhr hinter ihm her:

»Wohl erkenne ich dich, den alle kennen! Virata bist du, den sie den Stern der Einsamkeit nennen, den sie rühmen mit den vier Namen der Tugend. Aber ich werde dich nicht rühmen, mein Mund wird schreien wider dich, bis er den letzten Richter der Lebendigen erreicht. So komm, da du fragst, und sieh, was du mir getan.«

Und sie fasste den Erstaunten und riss ihn in das Haus, stieß eine Türe auf zu jenem Raum, der nieder und dunkel war. Und sie zog ihn zur Ecke, wo auf dem Boden etwas auf einer Matte reglos lag. Virata beugte sich nieder, und schauernd fuhr er zurück: ein Knabe lag dort tot, und seine Augen starrten zu ihm auf wie einst die Augen des Bruders in der ewigen Klage. Neben ihm aber schrie, geschüttelt vor Schmerz, das Weib: »Der dritte, der letzte war es meines Schoßes, und auch ihn hast du gemordet, du, den sie den Heiligen nennen und den Diener der Götter.«

Und als Virata fragend das Wort aufheben wollte zur Abwehr, riss sie ihn weiter: »Hier, sieh den Webstuhl, den leeren! Hier stand Paratika, mein Mann, des Tages und webte weißes Linnen, kein besserer Weber war im Lande. Von ferne kamen sie und brachten ihm Arbeit, und die Arbeit brachte uns Leben. Hell waren unsere Tage, denn ein Gütiger war Paratika und sein Fleiß ohne Abbruch. Er mied die Verworfenen und mied die Gasse, drei Kinder weckte er meinem Schoß, und wir zogen sie auf, dass sie Männer würden nach seinem Ebenbilde, gütig und gerecht. Da vernahm er – wollte Gott, nie wäre der Fremde gekommen – von einem Jäger, dass einer wäre im Lande, der hätte Haus und Habe gelassen, um einzugehen als Irdischer in den Gott, und hätte ein Haus gebaut mit den Händen. Da wurde der Sinn Paratikas dunkler und dunkler, er sann viel des Abends, und selten sprach er ein Wort. Und eines Nachts, da ich erwachte, war er von meiner Seite gegangen in den Wald, den sie den Wald der Frommen nennen und wo du weiltest, um Gottes gedenk zu sein. Aber da er sein gedachte, vergaß er unser und vergaß, dass wir lebten von seiner Kraft. Armut kam in das Haus, es fehlte den Kindern an Brot, eines starb hin nach dem andern, und heute ist dies, das letzte gestorben um deinetwillen. Denn du hast ihn verführt. Darum, dass du näher seist dem wahren Wesen des Gottes, sind drei Kinder meines Leibes in die harte Erde gefahren. Wie willst du dies sühnen, Hochmütiger, wenn ich dich anrufe vor dem Richter der Toten und Lebendigen, dass ihr kleiner Leib sich krümmte in tausend Qualen, ehe er verging, indes du Krumen den Vögeln hinwarfst und fern warst von allem Leid? Wie willst du dies sühnen, dass du einen Gerechten verlockt, die Arbeit zu lassen, die ihn nährte und die unschuldigen Knaben, mit dem törichten Wahne, er sei im Abseits näher dem Gott als im lebendigen Leben?«

Virata stand blass mit bebender Lippe:

»Ich habe dies nicht gewusst, dass ich andern ein Anstoß war. Allein meinte ich zu tun.«

»Wo ist dann deine Weisheit, du Weiser, wenn du dies nicht weißt, was Knaben schon wissen, dass alles Tun von Gott getan ist, dass keiner sich mit Willen ihm entwindet und dem Gesetz der Schuld. Nichts denn ein Hochmütiger bist du gewesen, der du meintest, Herr zu sein deines Tuns und andere zu belehren: was dir Süße war, ist nun meine Bitternis, und dein Leben ist dieses Kindes Tod.«

Virata sann eine Weile. Dann neigte er sich:

»Du sprichst wahr, und ich sehe: immer ist in einem Schmerz mehr Wissen um Wahrheit als in aller Weisen Gelassenheit. Was ich weiß, habe ich gelernt von den Unglücklichen, und was ich schaute, das sah ich durch den Blick der Gequälten, den Blick des ewigen Bruders. Nicht ein Demütiger des Gottes, wie ich meinte, ein Hochmütiger bin ich gewesen: dies weiß ich durch dein Leid, das ich nun leide. Verzeihe mir darum, dass ich es bekenne: ich trage an dir Schuld, und an vielem anderen Schicksal wohl auch, das ich nicht ahne. Denn auch der Untätige tut eine Tat, die ihn schuldig macht auf Erden, auch der Einsame lebt in allen seinen Brüdern. Verzeih mir, Frau. Ich will wiederkehren aus dem Walde, auf dass auch Paratika wiederkehre und neues Leben dir wecke im Schoß für das vergangene.«

Er beugte sich nochmals und rührte den Saum ihres Kleides mit der Lippe. Da fiel aller Zorn von ihr ab, staunend sah sie dem Schreitenden nach.

Eine Nacht verbrachte Virata in seiner Hütte, sah den Sternen zu, wie sie weiß aus der Tiefe des Himmels brachen und wieder erloschen im Morgen, noch einmal rief er die Vögel zum Futter und liebkoste sie. Dann nahm er Stab und Schale, wie er gekommen war vor Jahr und Jahr, und ging zurück in die Stadt.

Kaum verbreitete sich die Kunde, dass der Heilige seine Einsamkeit verlassen habe und wieder in den Mauern weile, so strömte das Volk aus den Gassen, selig, den selten Erschauten zu sehen, manche aber auch in geheimer Angst, sein Nahen aus dem Gotte möge Verkündigung eines Unheils bedeuten. Wie durch einen winkenden Wall voll Ehrfurcht schritt Virata dahin und versuchte, mit dem heitern Lächeln, das sonst lind auf seinen Lippen saß, die Menschen zu grüßen, aber zum erstenmal vermochte er es nicht mehr, sein Auge blieb ernst und sein Mund verschlossen.

So gelangte er in den Hof des Palastes. Es war die Stunde des Rates vorüber und der König allein. Virata ging auf ihn zu, der aufstand, ihn in seine Arme zu schließen. Aber Virata beugte sich zu Boden und fasste den Saum von des Königs Kleide im Zeichen der Bitte.

»Sie ist erfüllt deine Bitte«, sagte der König, »ehe sie noch Wort war auf deiner Lippe. Ehre über mich, dass mir Macht gegeben ist, einem Frommen zu dienen und eine Hilfe zu sein für den Weisen.«

»Nicht nenne mich einen Weisen«, antwortete Virata, »denn mein Weg war nicht der rechte. Ich bin im Kreise gegangen und stehe, ein Bittender, vor deiner Schwelle, wo ich einstens stand, dass du mich deines Dienstes entbändest. Ich wollte frei sein von Schuld und mied alles Tun, aber auch ich ward verstrickt in das Netz, das den Irdischen gespannt ist von den Göttern.«

»Fern sei mir, dies von dir zu glauben«, antwortete der König. »Wie konntest du unrecht tun an den Menschen, der du sie miedest, wie in Schuld fallen, da du im Gotte lebtest?«

»Nicht mit Wissen habe ich unrecht getan, ich habe die Schuld geflohen, doch unser Fuß ist an die Erde gefesselt und unser Tun an die Ewigen Gesetze. Auch die Tatenlosigkeit ist eine Tat, nicht konnte ich den Augen des ewigen Bruders entrinnen, an dem wir ewig tun Gutes und Böses, wider unseren Willen. Doch siebenfach bin ich schuldig, denn ich floh vor dem Gotte und wehrte dem Leben den

Dienst, ein Nutzloser war ich, denn ich nährte nur mein Leben und diente keinem andern. Nun will ich wieder dienen.«

»Fremd ist mir deine Rede, Virata, ich verstehe dich nicht. Sag mir deinen Wunsch, dass ich ihn erfülle.«

»Ich will nicht mehr frei sein meines Willens. Denn der Freie ist nicht frei und der Untätige nicht ohne Schuld. Nur wer dient, ist frei, wer seinen Willen gibt an einen andern, seine Kraft an ein Werk und tut, ohne zu fragen. Nur die Mitte der Tat ist unser Werk – ihr Anfang und Ende, ihre Ursache und ihr Wirken steht bei den Göttern. Mache mich frei von meinem Willen – denn alles Wollen ist Wirrnis, alles Dienen ist Weisheit –, dass ich dir danke, mein König.«

»Ich verstehe dich nicht. Ich soll dich frei machen, forderst du, und bittest in einem um Dienst. So ist nur frei, wer eines andern Dienst übernimmt, und jener nicht, der ihm den Dienst befiehlt. Ich verstehe das nicht.«

»Es ist gut, mein König, dass du dieses nicht verstehst in deinem Herzen. Denn wie könntest du noch König sein und gebieten, wenn du es verstündest?«

Des Königs Antlitz wurde dunkel im Zorne:

»So meinest du, dass der Gebieter geringer sei vor dem Gotte als der Knecht?«

»Es ist keiner geringer und keiner größer vor dem Gotte. Wer nur dient und seinen Willen hingibt, ohne zu fragen, der hat die Schuld von sich getan und rückgegeben an den Gott. Wer aber will und meint, er könne mit Weisheit das Feindliche meiden, der fällt in Versuchung und fällt in Schuld.«

Das Antlitz des Königs blieb dunkel:

»So ist auch ein Dienst gleich dem andern, und keiner größer und keiner geringer vor dem Gotte und vor den Menschen?«

»Es mag sein, dass manches größer scheine vor den Menschen, mein König, doch eins ist alles Dienen vor dem Gotte.«

Der König sah lange und finster Virata an. Böse krümmte sich der Stolz in seiner Seele. Als er aber sein verschüttetes Antlitz gewahrte und das weiße Haar über der faltigen Stirne, meinte er, der Alte sei kindisch geworden vor der Zeit, und sagte spottend, um ihn zu versuchen:

»Würdest du Aufseher der Hunde sein wollen in meinem Palast?«

Virata neigte sich und küsste die Stufe zum Zeichen des Dankes.

Von jenem Tag an war der Greis, den das Land einst gepriesen mit den vier Namen der Tugend, Hüter der Hunde in der Scheune vor dem Palast und wohnte mit den Knechten im untern Gelasse. Seine Söhne schämten sich seiner, in feigem Kreise umgingen sie das Haus, damit sie seiner nicht gewahr würden und sich nicht müssten seines Blutes bekennen vor den andern, die Priester kehrten sich von dem Unwürdigen ab. Nur das Volk stand und staunte noch einige Tage, wenn der greise Mann, der einst der Erste des Reiches gewesen, als Diener mit der Koppel der Hunde kam. Aber er achtete ihrer nicht, und so verliefen sie sich bald und dachten seiner nicht mehr.

Virata tat getreulich seinen Dienst von der Röte des Morgens bis zur Röte des Abends. Er wusch den Tieren die Lefzen und kratzte die Räude von ihrem Fell, er trug ihnen Speise und bettete ihr Lager und kehrte ihren Unrat. Bald liebten die Hunde ihn mehr denn irgendeinen des Palastes, und er war dessen froh; sein alter zerfalteter Mund, der selten zu Menschen sprach, lächelte immer bei ihrer Freude, und er liebte seine Jahre, die lange waren und ohne großes Geschehen. Der König ging vor ihm in den Tod, ein neuer kam, der seiner nicht achtete und ihn einmal mit dem Stocke schlug, weil ein Hund knurrte, da er vorüberging. Und auch die andern Menschen vergaßen allmählich seines Lebens.

Als aber auch seine Jahre erfüllt waren und Virata starb und eingescharrt ward in der Kehrichtgrube der Knechte, besann sich keiner im Volke mehr dessen, den das Land einst gerühmt mit den vier Namen der Tugend. Seine Söhne verbargen sich, und kein Priester sang den Sang des Todes an seinem abgelebten Leibe. Nur die Hunde heulten zwei Tage und zwei Nächte lang, dann vergaßen auch sie Viratas, dessen Namen nicht eingeschrieben ist in die Chroniken der Herrscher und nicht verzeichnet in den Büchern der Weisen.

Vierundzwanzig Stunden aus dem Leben einer Frau

In der kleinen Pension an der Riviera, wo ich damals, zehn Jahre vor dem Kriege, wohnte, war eine heftige Diskussion an unserem Tische ausgebrochen, die unvermutet zu rabiater Auseinandersetzung, ja sogar zu Gehässigkeit und Beleidigung auszuarten drohte. Die meisten Menschen sind von stumpfer Phantasie. Was sie nicht unmittelbar anrührt, nicht aufdringlich spitzen Keil bis hart an ihre Sinne treibt, vermag sie kaum zu entfachen; geschieht aber einmal knapp vor ihren Augen, in unmittelbarer Tastnähe des Gefühles auch nur ein Geringes, sogleich regt es in ihnen übermäßige Leidenschaft. Sie ersetzen dann gewissermaßen die Seltenheit ihrer Anteilnahme durch eine unangebrachte und übertriebene Vehemenz.

So auch diesmal in unserer durchaus bürgerlichen Tischgesellschaft, die sonst friedlich small talk und untiefe, kleine Späßchen untereinander übte und meist gleich nach aufgehobener Mahlzeit auseinanderbröckelte: das deutsche Ehepaar zu Ausflügen und Amateurphotographieren, der behäbige Däne zu langweiligem Fischfang, die vornehme englische Dame zu ihren Büchern, das italienische Ehepaar zu Eskapaden nach Monte Carlo und ich zu Faulenzerei im Gartenstuhl oder Arbeit. Diesmal aber blieben wir alle durch die erbitterte Diskussion vollkommen ineinander verhakt; und wenn einer von uns plötzlich aufsprang, so geschah es nicht wie sonst zu höflichem Abschied, sondern in hitzköpfiger Erbitterung, die, wie ich bereits vorwegerzählte, geradezu rabiate Formen annahm.

Das Begebnis nun, das dermaßen unsere kleine Tafelrunde aufgezäumt hatte, war allerdings sonderbar genug. Die Pension, in der wir sieben wohnten, bot sich nach außen hin zwar als abgesonderte Villa dar – ach, wie wunderbar ging der Blick von den Fenstern auf den felsenzerzackten Strand! –, aber eigentlich war sie nichts als die wohlfeilere Dependance des großen Palace Hotels und ihm durch den Garten unmittelbar verbunden, so dass wir Nebenbewohner doch mit seinen Gästen in ständigem Zusammenhang lebten. Dieses Hotel nun hatte am vorhergegangenen Tage einen tadellosen Skandal zu verzeichnen gehabt. Es war nämlich mit dem Mittagszuge um 12 Uhr 20 Minuten (ich kann nicht umhin, die Zeit so genau wiederzugeben, weil sie ebenso für diese Episode wie als Thema jener erregten Unterhaltung wichtig ist) ein junger Franzose angekommen und hatte ein Strandzimmer mit Ausblick nach dem Meer gemietet: das deutete an sich schon auf eine gewisse Behäbigkeit der Verhältnisse. Aber nicht nur seine diskrete Eleganz machte ihn angenehm auffällig, sondern vor allem seine außerordentliche und durchaus sympathische Schönheit: inmitten eines schmalen Mädchengesichtes umschmeichelte ein seidigblonder Schnurrbart sinnlich warme Lippen, über die weiße Stirn lockte sich weiches, braungewelltes Haar, weiche Augen liebkosten mit jedem Blick – alles war weich, schmeichlerisch, liebenswürdig in seinem Wesen, aber doch ohne alle Künstlichkeit und Geziertheit. Erinnerte er auch von fern zuvörderst ein wenig an jene rosafarbenen, eitel hingelehnten Wachsfiguren, wie sie in den Auslagen großer Modegeschäfte mit dem Zierstock in der Hand das Ideal männlicher Schönheit darstellen, so schwand doch bei näherem Zusehen jeder geckige Eindruck, denn hier war (seltenster Fall!) die Liebenswürdigkeit eine natürlich angeborene, gleichsam aus der Haut gewachsene. Er grüßte vorübergehend jeden Einzelnen in einer gleichzeitig bescheidenen und herzlichen Weise, und es war wirklich angenehm, zu beobachten, wie seine immer sprungbereite Grazie sich bei jedem Anlass ungezwungen offenbarte. Er eilte auf, wenn eine Dame zur Garderobe ging, ihren Mantel zu holen, hatte für jedes Kind einen freundlichen Blick oder ein Scherzwort, erwies sich umgänglich und diskret zugleich – kurz, er schien einer jener gesegneten Menschen, die aus dem erprobten Gefühl heraus, anderen Menschen durch ihr helles Gesicht und ihren jugendlichen Charme angenehm zu sein, diese Sicherheit neuerlich in Anmut verwandeln. Unter den meist älteren und kränklichen Gästen des Hotels wirkte seine Gegenwart wie eine Wohltat, und mit jenem sieghaften Schritt der Jugend, jenem Sturm von Leichtigkeit und Lebensfrische, wie sie Anmut so herrlich manchem Menschen zuteilt, war er unwiderstehlich in die Sympathie aller vorgedrungen. Zwei Stunden nach seiner Ankunft spielte er bereits Tennis mit den beiden Töchtern des breiten, behäbigen Fabrikanten aus Lyon, der zwölfjährigen Annette und der dreizehnjährigen Blanche, und ihre Mutter, die feine, zarte und ganz in sich zurückhaltende Madame Henriette, sah leise lächelnd zu, wie unbewusst kokett die beiden unflüggen Töchterchen mit dem jungen Fremden flirteten. Am Abend kiebitzte er uns eine

Stunde am Schachtisch, erzählte zwischendurch in unaufdringlicher Weise ein paar nette Anekdoten, ging neuerdings mit Madame Henriette, während ihr Gatte wie immer mit einem Geschäftsfreunde Domino spielte, auf der Terrasse lange auf und ab; spät abends beobachtete ich ihn dann noch mit der Sekretärin des Hotels im Schatten des Büros in verdächtig vertrautem Gespräch. Am nächsten Morgen begleitete er meinen dänischen Partner zum Fischfang, zeigte dabei erstaunliche Kenntnis, unterhielt sich nachher lange mit dem Fabrikanten aus Lyon über Politik, wobei er gleichfalls als guter Unterhalter sich erwies, denn man hörte das breite Lachen des dicken Herrn über die Brandung herübertönen. Nach Tisch – es ist durchaus für das Verständnis der Situation nötig, dass ich alle diese Phasen seiner Zeiteinteilung so genau berichte – saß er nochmals mit Madame Henriette beim schwarzen Kaffee eine Stunde allein im Garten, spielte wiederum Tennis mit ihren Töchtern, konversierte mit dem deutschen Ehepaar in der Halle. Um sechs Uhr traf ich ihn dann, als ich einen Brief aufzugeben ging, an der Bahn. Er kam mir eilig entgegen und erzählte, als müsse er sich entschuldigen, man habe ihn plötzlich abberufen, aber er kehre in zwei Tagen zurück. Abends fehlte er tatsächlich im Speisesaale, aber nur mit seiner Person, denn an allen Tischen sprach man einzig von ihm und rühmte seine angenehme, heitere Lebensart.

Nachts, es mochte gegen elf Uhr sein, saß ich in meinem Zimmer, um ein Buch zu Ende zu lesen, als ich plötzlich durch das offene Fenster im Garten unruhiges Schreien und Rufen hörte und sich drüben im Hotel eine sichtliche Bewegung kundgab. Eher beunruhigt als neugierig eilte ich sofort die fünfzig Schritte hinüber und fand Gäste und Personal in durcheinanderstürmender Erregung. Frau Henriette war, während ihr Mann in gewohnter Pünktlichkeit mit seinem Freunde aus Namur Domino spielte, von ihrem allabendlichen Spaziergang an der Strandterrasse nicht zurückgekehrt, so dass man einen Unglücksfall befürchtete. Wie ein Stier rannte der sonst so behäbige schwerfällige Mann immer wieder gegen den Strand, und wenn er mit seiner vor Erregung verzerrten Stimme »Henriette! Henriette!« in die Nacht hinausschrie, so hatte dieser Laut etwas von dem Schreckhaften und Urweltlichen eines zu Tode getroffenen riesigen Tieres. Kellner und Boys hetzten aufgeregt treppauf, treppab, man weckte alle Gäste und telefonierte an die Gendarmerie. Mitten hindurch aber stolperte und stapfte immer dieser dicke Mann mit offener Weste, ganz sinnlos den Namen »Henriette! Henriette!« in die Nacht hinaus schluchzend und schreiend. Inzwischen waren oben die Kinder wach geworden und riefen in ihren Nachtkleidern vom Fenster herunter nach der Mutter; der Vater eilte nun wieder zu ihnen hinauf, sie zu beruhigen.

Und dann geschah etwas so Furchtbares, dass es kaum wiederzuerzählen ist, weil die gewaltsam aufgespannte Natur in den Augenblicken des Übermaßes der Haltung des Menschen oft einen dermaßen tragischen Ausdruck gibt, dass ihn weder ein Bild noch ein Wort mit der gleichen blitzhaft einschlagenden Macht wiederzugeben vermag. Plötzlich kam der schwere, breite Mann die ächzenden Stufen herab mit einem veränderten, ganz müden und doch grimmigen Gesicht. Er hatte einen Brief in der Hand. »Rufen Sie alle zurück!«, sagte er mit gerade noch verständlicher Stimme zu dem Chef des Personals: »Rufen Sie alle Leute zurück, es ist nicht nötig. Meine Frau hat mich verlassen.«

Es war Haltung in dem Wesen dieses tödlich getroffenen Mannes, eine übermenschlich gespannte Haltung vor all diesen Leuten ringsum, die neugierig gedrängt auf ihn sahen und jetzt plötzlich, jeder erschreckt, beschämt, verwirrt, sich von ihm abwandten. Gerade genug Kraft blieb ihm noch, an uns vorbei zu wanken, ohne einen Einzigen anzusehen und im Lesezimmer das Licht abzudrehen; dann hörte man, wie sein schwerer, massiger Körper dumpf in einen Fauteuil fiel, und hörte ein wildes, tierisches Schluchzen, wie nur ein Mann weinen kann, der noch nie geweint hat. Und dieser elementare Schmerz hatte über jeden von uns, auch den Geringsten, eine Art betäubender Gewalt. Keiner der Kellner, keiner der aus Neugierde herbeigeschlichenen Gäste wagte ein Lächeln oder anderseits ein Wort des Bedauerns. Wortlos, einer nach dem anderen, wie beschämt von dieser zerschmetternden Explosion des Gefühls, schlichen wir in unsere Zimmer zurück, und nur drinnen in dem dunklen Raume zuckte und schluchzte dieses hingeschlagene Stück Mensch mit sich urallein in dem langsam auslöschenden, flüsternden, zischelnden, leise raunenden und wispernden Hause.

Man wird verstehen, dass ein solches blitzschlaghaftes, knapp vor unseren Augen und Sinnen niedergefahrenes Ereignis wohl geeignet war, die sonst nur an Langeweile und sorglosen Zeitvertreib gewöhnten Menschen mächtig zu erregen. Aber jene Diskussion, die dann so vehement an unserem Tische ausbrach und knapp bis an die Grenze der Tätlichkeiten emporstürmte, hatte zwar diesen erstaunlichen Zwischenfall zum Ausgangspunkt, war aber im Wesen eher eine grundsätzliche Erörterung, ein zorniges Gegeneinander feindlicher Lebensauffassungen. Durch die Indiskretion eines Dienstmädchens, die jenen Brief gelesen – der ganz in sich zusammengestürzte Gatte hatte ihn irgendwohin auf den Boden in ohnmächtigem Zorn hingeknüllt –, war nämlich rasch bekannt geworden, dass sich Frau Henriette nicht allein, sondern einverständlich mit dem jungen Franzosen entfernt hatte (für den die Sympathie der meisten nun rapid zu schwinden begann). Nun, das wäre auf den ersten Blick hin vollkommen verständlich gewesen, dass diese kleine Madame Bovary ihren behäbigen, provinzlerischen Gatten für einen eleganten, jungen Hübschling eintauschte. Aber was alle im Hause dermaßen erregte, war der Umstand, dass weder der Fabrikant, noch seine Töchter, noch auch Frau Henriette jemals diesen Lovelace vordem gesehen, dass also jenes zweistündige abendliche Gespräch auf der Terrasse und jener einstündige schwarze Kaffee im Garten genügt haben sollten, um eine etwa dreiunddreißigjährige, untadelige Frau zu bewegen, ihren Mann und ihre zwei Kinder über Nacht zu verlassen und einem wildfremden jungen Elegant auf das Geratewohl zu folgen. Diesen scheinbar offenkundigen Tatbestand lehnte nun unsere Tischrunde einhellig als perfide Täuschung und listiges Manöver des Liebespaares ab: selbstverständlich sei Frau Henriette längst mit dem jungen Mann in heimlichen Beziehungen gestanden und der Rattenfänger nur noch hierhergekommen, um die letzten Einzelheiten der Flucht zu bestimmen, denn – so folgerten sie – es sei vollkommen unmöglich, dass eine anständige Frau, nach bloß zweistündiger Bekanntschaft, einfach auf den ersten Pfiff davonlaufe. Nun machte es mir Spaß, anderer Ansicht zu sein, und ich verteidigte energisch derartige Möglichkeit, ja sogar Wahrscheinlichkeit bei einer Frau, die durch eine jahrelang enttäuschende, langweilige Ehe jedem energischen Zugriff innerlich zubereitet war. Durch meine unerwartete Opposition wurde die Diskussion rasch allgemein und vor allem dadurch erregt, dass die beiden Ehepaare, das deutsche sowohl als das italienische, die Existenz des coup de foudre als eine Narrheit und abgeschmackte Romanphantasie mit geradezu beleidigender Verächtlichkeit ablehnten.

Nun, es ist ja hier ohne Belang, den stürmischen Ablauf eines Streits zwischen Suppe und Pudding in allen Einzelheiten nachzukäuen: nur Professionals der Table d'hôte sind geistreich, und Argumente, zu denen man in der Hitzigkeit eines zufälligen Tischstreites greift, meist banal, weil bloß eilig mit der linken Hand aufgerafft. Schwer auch zu erklären, wieso unsere Diskussion dermaßen rasch beleidigende Formen annahm; die Gereiztheit, glaube ich, begann damit, dass unwillkürlich beide Ehemänner ihre eigenen Frauen von der Möglichkeit solcher Untiefen und Fährlichkeiten ausgenommen wissen wollten. Leider fanden sie dafür keine glücklichere Form, als mir entgegenzuhalten, so könne nur jemand reden, der die weibliche Psyche nach den zufälligen und allzubilligen Eroberungen von Junggesellen beurteile: das reizte mich schon einigermaßen, und als dann noch die deutsche Dame diese Lektion mit dem lehrhaften Senf bestrich, es gäbe einerseits wirkliche Frauen und andererseits »Dirnennaturen«, deren ihrer Ansicht nach Frau Henriette eine gewesen sein musste, da riss mir die Geduld vollends, ich wurde meinerseits aggressiv. All dies Abwehren der offenbaren Tatsache, dass eine Frau in manchen Stunden ihres Lebens jenseits ihres Willens und Wissens geheimnisvollen Mächten ausgeliefert sei, verberge nur Furcht vor dem eigenen Instinkt, vor dem Dämonischen unserer Natur, und es scheine eben manchen Menschen Vergnügen zu machen, sich stärker, sittlicher und reinlicher zu empfinden als die »leicht Verführbaren«. Ich persönlich wieder fände es ehrlicher, wenn eine Frau ihrem Instinkt frei und leidenschaftlich folge, statt, wie allgemein üblich, ihren Mann in seinen eigenen Armen mit geschlossenen Augen zu betrügen. So sagte ich ungefähr, und je mehr in dem nun aufknisternden Gespräch die anderen die arme Frau Henriette angriffen, um so leidenschaftlicher verteidigte ich sie (in Wahrheit weit über mein inneres Gefühl hinaus). Diese Begeisterung war nun – wie man in der Studentensprache sagt – Tusch für die beiden Ehepaare, und sie fuhren, ein wenig harmonisches Quartett, derart solidarisch erbittert auf mich los, dass der alte Däne, der mit jovialem Gesicht und gleichsam, die Stoppuhr in der Hand wie bei einem Fußballmatch, als Schiedsrichter dasaß, ab und zu mit dem Knöchel mahnend auf den Tisch klopfen musste: »Gentlemen, please.« Aber das half immer nur für einen Augenblick. Dreimal bereits war der eine Herr vom Tisch mit rotem Kopf aufgesprungen und nur mühsam von seiner Frau beschwichtigt worden – kurz, ein Dutzend Minuten noch, und unsere Diskussion hätte in Tätlichkeiten geendet, wenn nicht plötzlich Mrs. C. wie ein mildes Öl die aufschäumenden Wogen des Gesprächs geglättet hätte.

Mrs. C., die weißhaarige, vornehme, alte englische Dame, war die ungewählte Ehrenpräsidentin unseres Tisches. Aufrecht sitzend an ihrem Platze, in immer gleichmäßiger Freundlichkeit jedem zugewandt, schweigsam und dabei von angenehmster Interessiertheit des Zuhörens, bot sie rein physisch schon einen wohltätigen Anblick: eine wunderbare Zusammengefasstheit und Ruhe strahlte von ihrem aristokratisch verhaltenen Wesen. Sie hielt sich jedem Einzelnen fern bis zu einem gewissen Grade, obwohl sie jedem mit feinem Takt eine besondere Freundlichkeit zu erweisen wusste: meist saß sie mit Büchern im Garten, manchmal spielte sie Klavier, selten nur sah man sie in Gesellschaft oder in intensivem Gespräch. Man bemerkte sie kaum, und doch hatte sie eine sonderbare Macht über uns alle. Denn kaum dass sie jetzt zum erstenmal in unser Gespräch eingriff, überkam uns einhellig das peinliche Gefühl, allzu laut und unbeherrscht gewesen zu sein.

Mrs. C. hatte die ärgerliche Pause benützt, die durch das brüske Aufspringen und wieder sachte an den Tisch Zurückgeführtsein des deutschen Herrn entstanden war. Unvermutet hob sie ihr klares, graues Auge, sah mich einen Augenblick unentschlossen an, um dann mit beinahe sachlicher Deutlichkeit das Thema in ihrem Sinne aufzunehmen. »Sie glauben also, wenn ich Sie recht verstanden habe, dass Frau Henriette, dass eine Frau unschuldig in ein plötzliches Abenteuer geworfen werden kann, dass es Handlungen gibt, die eine solche Frau eine Stunde vorher selbst für unmöglich gehalten hätte und für die sie kaum verantwortlich gemacht werden kann?«

»Ich glaube unbedingt daran, gnädige Frau.«

»Damit wäre doch jedes moralische Urteil vollkommen sinnlos und jede Überschreitung im Sittlichen gerechtfertigt. Wenn Sie wirklich annehmen, dass das crime passionnel, wie es die Franzosen nennen, kein crime ist, wozu noch eine staatliche Justiz überhaupt? Es gehört ja nicht viel guter Wille dazu – und Sie haben erstaunlich viel guten Willen«, fügte sie leicht lächelnd hinzu –, »um dann in jedem Verbrechen eine Leidenschaft zu finden und dank dieser Leidenschaft zu entschuldigen.«

Der klare und zugleich fast heitere Ton ihrer Worte berührte mich ungemein wohltätig, und unwillkürlich ihre sachliche Art nachahmend, antwortete ich gleichfalls halb im Scherz und halb im Ernst: »Die staatliche Justiz entscheidet über diese Dinge sicherlich strenger als ich; ihr obliegt die Pflicht, mitleidlos die allgemeine Sitte und Konvention zu schützen: das nötigt sie, zu verurteilen statt zu entschuldigen. Ich als Privatperson aber sehe nicht ein, warum ich freiwillig die Rolle des Staatsanwaltes übernehmen sollte: ich ziehe es vor, Verteidiger von Beruf zu sein. Mir persönlich macht es mehr Freude, Menschen zu verstehen, als sie zu richten.«

Mrs. C. sah mich eine Zeitlang senkrecht mit ihren klaren, grauen Augen an und zögerte. Schon fürchtete ich, sie hätte mich nicht recht verstanden, und bereitete mich vor, ihr nun auf Englisch das Gesagte zu wiederholen. Aber mit einem merkwürdigen Ernst, gleichsam wie bei einer Prüfung, stellte sie weiter ihre Fragen.

»Finden Sie es nicht doch verächtlich oder hässlich, dass eine Frau ihren Mann und ihre zwei Kinder verlässt, um irgendeinem Menschen zu folgen, von dem sie noch gar nicht wissen kann, ob er ihrer Liebe wert ist? Können Sie wirklich ein so fahrlässiges und leichtfertiges Verhalten bei einer Frau entschuldigen, die doch immerhin nicht zu den Jüngsten zählt und sich zur Selbstachtung schon um ihrer Kinder willen erzogen haben müsste?«

«Ich wiederhole Ihnen, gnädige Frau«, beharrte ich, »dass ich mich weigere, in diesem Falle zu urteilen oder zu verurteilen. Vor Ihnen kann ich es ruhig bekennen, dass ich vorhin ein wenig übertrieben habe – diese arme Frau Henriette ist gewiss keine Heldin, nicht einmal eine Abenteurernatur und am wenigsten eine grande amoureuse. Sie scheint mir, soweit ich sie kenne, nichts als eine mittelmäßige, schwache Frau, für die ich ein wenig Respekt habe, weil sie mutig ihrem Willen gefolgt ist, aber noch mehr Bedauern, weil sie gewiss morgen, wenn nicht schon heute, tief unglücklich sein wird. Dumm vielleicht, gewiss übereilt mag sie gehandelt haben, aber keineswegs niedrig und gemein, und nach wie vor bestreite ich jedermann das Recht, diese arme, unglückliche Frau zu verachten.«

»Und Sie selbst, haben Sie noch genau denselben Respekt und dieselbe Achtung für sie? Machen Sie gar keinen Unterschied zwischen der Frau, mit der Sie vorgestern als einer ehrbaren Frau beisammen waren, und jener anderen, die gestern mit einem wildfremden Menschen davongelaufen ist?«

»Gar keinen. Nicht den geringsten, nicht den allergeringsten.«

»Is that so?« Unwillkürlich sprach sie Englisch: das ganze Gespräch schien sie merkwürdig zu beschäftigen. Und nach einem kurzen Augenblick des Nachdenkens hob sich ihr klarer Blick mir nochmals fragend entgegen. »Und wenn Sie morgen Madame Henriette, sagen wir in Nizza, begegnen würden, am Arme dieses jungen Mannes, würden Sie sie noch grüßen?«

»Selbstverständlich.«

»Und mit ihr sprechen?«

»Selbstverständlich.«

»Würden Sie – wenn Sie ... wenn Sie verheiratet wären, eine solche Frau Ihrer Frau vorstellen, genau so, als ob nichts vorgefallen wäre?«

»Selbstverständlich.«

»Would you really?«, sagte sie wiederum Englisch, voll ungläubigen, verwunderten Erstaunens.

»Surely I would«, antwortete ich unbewusst gleichfalls Englisch.

Mrs. C. schwieg. Sie schien noch immer angestrengt nachzudenken, und plötzlich sagte sie, während sie mich, gleichsam über ihren eigenen Mut erstaunt, ansah: »I don't know, if I would. Perhaps I might do it also.« Und mit jener unbeschreiblichen Sicherheit, wie nur Engländer ein Gespräch endgültig und doch ohne grobe Brüskerie abzuschließen wissen, stand sie auf und bot mir freundlich die Hand. Durch ihre Einwirkung war die Ruhe wieder eingekehrt, und wir dankten ihr innerlich alle, dass wir, eben noch Gegner, nun mit leidlicher Höflichkeit einander grüßten und die schon gefährlich gespannte Atmosphäre sich an ein paar leichten Scherzworten wieder auflockerte.

Obwohl unsere Diskussion schließlich in ritterlicher Weise ausgetragen schien, blieb von jener aufgereizten Erbitterung dennoch eine leichte Entfremdung zwischen meinen Widerpartnern und mir zurück. Das deutsche Ehepaar verhielt sich reserviert, während sich das italienische darin gefiel, mich in den nächsten Tagen immer wieder spöttelnd zu fragen, ob ich etwas von der »cara signora Henrietta« gehört hätte. So urban unsere Formen auch schienen, irgend etwas von der loyalen und unbetonten Geselligkeit unseres Tisches war doch unwiderruflich zerstört.

Um so auffälliger wurde für mich aber die ironische Kühle meiner damaligen Gegner durch die ganz besondere Freundlichkeit, die mir seit jener Diskussion Mrs. C. erwies. Sonst doch von äußerster Zurückhaltung und kaum je außerhalb der Mahlzeiten zu einem Gespräch mit den Tischgenossen geneigt, fand sie nun mehreremal Gelegenheit, mich im Garten anzusprechen und – fast möchte ich sagen: auszuzeichnen, denn ihre vornehm zurückhaltende Art ließ ein privates Gespräch schon als besondere Gunst erscheinen. Ja, um aufrichtig zu sein, muss ich berichten, dass sie mich geradezu suchte und jeden Anlass benützte, um mit mir ins Gespräch zu kommen, und dies in einer so unverkennbaren Weise, dass ich auf eitle und seltsame Gedanken hätte kommen können, wäre sie nicht eine alte weißhaarige Frau gewesen. Plauderten wir aber dann zusammen, so kehrte unsere Unterhaltung unvermeidlich und unablenkbar zu jenem Ausgangspunkt zurück, zu Madame Henriette: es schien ihr ein ganz geheimnisvolles Vergnügen zu bereiten, die Pflichtvergessene einer seelischen Haltlosigkeit und Unzuverlässigkeit zu beschuldigen. Aber gleichzeitig schien sie sich der Unerschütterlichkeit zu freuen, mit der meine Sympathien auf der Seite dieser zarten, feinen Frau verblieben, und dass nichts mich jemals bestimmen konnte, diese Sympathie zu verleugnen. Immer wieder lenkte sie unsere Gespräche in diese Richtung, schließlich wusste ich nicht mehr, was ich von dieser sonderbaren, beinahe spleenigen Beharrlichkeit denken sollte.

Das ging so einige Tage, fünf oder sechs, ohne dass sie mit einem Wort verraten hätte, warum diese Art des Gespräches für sie eine gewisse Wichtigkeit gewonnen hätte. Dass dem aber so war, wurde mir unverkennbar, als ich bei einem Spaziergang gelegentlich erwähnte, meine Zeit sei hier zu Ende und ich gedächte, übermorgen abzureisen. Da bekam ihr sonst so wellenloses Gesicht plötzlich einen merkwürdig gespannten Ausdruck, wie Wolkenschatten flog es über ihre meergrauen Augen hin: »Wie schade! Ich hätte noch so viel mit Ihnen zu besprechen.« Und von diesem Augenblick an verriet eine gewisse Fahrigkeit und Unruhe, dass sie während ihrer Worte an etwas anderes dachte, das sie gewaltsam beschäftigte und ablenkte. Schließlich schien diese Abgelenktheit sie selbst zu stören, denn quer über ein plötzlich eingetretenes Schweigen hinweg bot sie mir unvermutet die Hand:

»Ich sehe, ich kann nicht klar aussprechen, was ich Ihnen eigentlich sagen möchte. Ich will Ihnen lieber schreiben.« Und rascheren Schrittes, als ich es sonst an ihr gewöhnt war, ging sie gegen das Haus zu.

Tatsächlich fand ich am Abend, knapp vor dem Dinner, in meinem Zimmer einen Brief in ihrer energischen, offenen Handschrift. Nun bin ich leider mit den schriftlichen Dokumenten meiner Jugendjahre ziemlich leichtfertig umgegangen, so dass ich nicht den Wortlaut wiedergeben und nur das Tatsächliche ihrer Anfrage, ob sie mir aus ihrem Leben etwas erzählen dürfte, im ungefähren Inhalt Andeuten kann. Jene Episode liege so weit zurück, schrieb sie, dass sie eigentlich kaum mehr zu ihrem gegenwärtigen Leben gehöre, und dass ich übermorgen schon abreise, mache ihr leichter, über etwas zu sprechen, was sie seit mehr als zwanzig Jahren innerlich quäle und beschäftige. Falls ich also ein solches Gespräch nicht als Zudringlichkeit empfände, so würde sie mich gern um diese Stunde bitten.

Der Brief, von dem ich hier nur das rein Inhaltliche aufzeichne, faszinierte mich ungemein: das Englische allein gab ihm einen hohen Grad von Klarheit und Entschlossenheit. Dennoch wurde mir die Antwort nicht ganz leicht, ich zerriss drei Entwürfe, ehe ich antwortete:

»Es ist mir eine Ehre, dass Sie mir so viel Vertrauen schenken, und ich verspreche Ihnen, ehrlich zu antworten, falls Sie dies von mir fordern. Ich darf Sie natürlich nicht bitten, mir mehr zu erzählen, als Sie innerlich wollen. Aber was Sie erzählen, erzählen Sie sich und mir ganz wahr. Bitte, glauben Sie mir, dass ich Ihr Vertrauen als eine besondere Ehre empfinde.«

Der Zettel wanderte abends in ihr Zimmer, am nächsten Morgen fand ich die Antwort:

»Sie haben vollkommen recht: die halbe Wahrheit ist nichts wert, immer nur die ganze. Ich werde alle Kraft zusammennehmen, um nichts gegen mich selbst oder gegen Sie zu verschweigen. Kommen Sie nach dem Dinner in mein Zimmer – mit siebenundsechzig Jahren habe ich keine Missdeutung zu fürchten. Denn im Garten oder in der Nähe von Menschen kann ich nicht sprechen. Sie dürfen mir glauben, es war nicht leicht, mich überhaupt zu entschließen.«

Bei Tag trafen wir uns noch bei Tisch und konversierten artig über gleichgültige Dinge. Aber im Garten schon wich sie, mir begegnend, mit sichtlicher Verwirrung aus, und ich empfand es als peinlich und rührend zugleich, wie diese alte weißhaarige Dame mädchenscheu in eine Pinienallee vor mir flüchtete.

Am Abend, zur vereinbarten Stunde, klopfte ich an, mir wurde sofort aufgetan: das Zimmer lag in einem matten Zwielicht, nur die kleine Leselampe auf dem Tisch warf einen gelben Kegel in den sonst dämmerhaft dunklen Raum. Ganz ohne Befangen trat Mrs. C. auf mich zu, bot mir einen Fauteuil und setzte sich mir gegenüber: jede dieser Bewegungen, spürte ich, war innerlich bereitgestellt, aber doch kam eine Pause, offenbar wider ihren Willen, eine Pause des schweren Entschlusses, die lange und immer länger wurde, die ich aber nicht wagte mit einem Wort zu brechen, weil ich spürte, dass hier ein starker Wille gewaltsam mit einem starken Widerstand rang. Vom Konversationszimmer unten kreiselten manchmal matt die abgerissenen Töne eines Walzers herauf, ich hörte angespannt hin, gleichsam um dem Stillesein etwas von seinem lastenden Druck zu nehmen. Auch sie schien das unnatürlich Gespannte dieses Schweigens schon peinlich zu empfinden, denn plötzlich raffte sie sich zum Absprung und begann:

»Nur das erste Wort ist schwer. Ich habe mich seit zwei Tagen darauf vorbereitet, ganz klar und wahr zu sein: hoffentlich wird es mir gelingen. Vielleicht verstehen Sie jetzt noch nicht, dass ich Ihnen, einem Fremden, all dies erzähle, aber es vergeht kein Tag, kaum eine einzige Stunde, wo ich nicht an dieses bestimmte Geschehnis denke, und Sie können mir alten Frau glauben, dass es unerträglich ist, sein ganzes Leben lang auf einen einzigen Punkt seines Lebens zu starren, auf einen einzigen Tag. Denn alles, was ich Ihnen erzählen will, umspannt einen Zeitraum von bloß vierundzwanzig Stunden innerhalb von siebenundsechzig Jahren, und ich habe mir selbst bis zum Irrsinn oft gesagt, was bedeutets, wenn man da einmal einen Augenblick unsinnig gehandelt hätte. Aber man wird das nicht los, was wir mit einem sehr unsicheren Ausdruck Gewissen nennen, und ich habe mir damals, als ich Sie so sachlich über den Fall Henriette reden hörte, gedacht, vielleicht würde dieses sinnlose Zurückdenken und unablässige Sich-selbst-Anklagen ein Ende haben, könnte ich mich einmal entschließen, vor irgendeinem Menschen frei über diesen einen Tag meines Lebens zu sprechen. Wäre ich nicht anglikanischer Konfession, sondern Katholikin, so hätte mir längst die Beichte Gelegenheit geboten, dies Verschwiegene im Wort zu erlösen – aber diese Tröstung ist uns versagt, und so mache ich heute diesen sonderbaren Versuch, mich selbst freizusprechen, indem ich zu Ihnen spreche. Ich weiß, das alles ist sehr sonderbar, aber Sie sind ohne Zögern auf meinen Vorschlag eingegangen, und ich danke Ihnen dafür.

Also, ich sagte ja schon, dass ich Ihnen nur einen einzigen Tag aus meinem Leben erzählen möchte – alles Übrige scheint mir bedeutungslos und für jeden anderen langweilig. Was bis zu meinem zweiundvierzigsten Jahre geschah, geht mit keinem Schritt über das Gewöhnliche hinaus. Meine Eltern waren reiche Landlords in Schottland, wir besaßen große Fabriken und Pachten und lebten nach landesüblicher Adelsart den größten Teil des Jahres auf unseren Gütern, während der Season in London. Mit achtzehn Jahren lernte ich in einer Gesellschaft meinen Mann kennen, er war ein zweiter Sohn aus der bekannten Familie der R... und hatte zehn Jahre in Indien bei der Armee gedient. Wir heirateten rasch und führten das sorglose Leben unserer Gesellschaftskreise, ein Vierteljahr in London, ein Vierteljahr auf unseren Gütern, die übrige Zeit hotelabstreifend in Italien, Spanien und Frankreich. Nie hat der leiseste Schatten unsere Ehe getrübt, die beiden Söhne, die uns geboren wurden, sind heute schon erwachsen. Als ich vierzig Jahre alt war, starb plötzlich mein Mann. Er hatte sich von seinen Tropenjahren ein Leberleiden mitgebracht: ich verlor ihn innerhalb zweier entsetzlicher Wochen. Mein älterer Sohn war damals schon im Dienst, der jüngere im College – so stand ich über Nacht vollkommen im Leeren, und dieses Alleinsein war mir, die ich zärtliche Gemeinschaft gewohnt war, fürchterliche Qual. In dem verlassenen Hause, das mit jedem Gegenstand mich an den tragischen Verlust meines geliebten Mannes erinnerte, auch nur noch einen Tag länger zu bleiben, schien mir unmöglich: so entschloss ich mich, die nächsten Jahre, solange meine Söhne nicht verheiratet waren, viel auf Reisen zu gehen.

Im Grunde betrachtete ich mein Leben von diesem Augenblick an als vollkommen sinnlos und unnütz. Der Mann, mit dem ich durch dreiundzwanzig Jahre jede Stunde und jeden Gedanken geteilt hatte, war tot, meine Kinder brauchten mich nicht, ich fürchtete, ihre Jugend zu verstören mit meiner Verdüsterung und Melancholie – für mich selbst aber wollte ich und begehrte ich nichts mehr. Ich übersiedelte zunächst nach Paris, ging dort aus Langeweile in die Geschäfte und Museen; aber die Stadt und die Dinge standen fremd um mich herum, und Menschen wich ich aus, weil ich ihre höflich bedauernden Blicke auf meine Trauerkleider nicht vertrug. Wie diese Monate stumpfen blicklosen Zigeunerns vergangen sind, wüsste ich nicht mehr zu erzählen: ich weiß nur, ich hatte immer den Wunsch zu sterben, nur nicht die Kraft, selbst dies schmerzlich Ersehnte zu beschleunigen.

Im zweiten Trauerjahr, also im zweiundvierzigsten meines Lebens, war ich auf dieser uneingestandenen Flucht vor einer wertlos gewordenen und nicht zu erdrückenden Zeit im letzten Märzmonat nach Monte Carlo geraten. Aufrichtig gesagt: es geschah aus Langeweile, aus jener peinigenden, wie eine Übelkeit aufquellenden Leere des Innern, die sich wenigstens mit kleinen äußern Reizmitteln füttern will. Je weniger in mir selbst sich gefühlshaft regte, um so stärker drängte michs hin, wo der Lebenskreisel sich am geschwindesten dreht: für den Erlebnislosen ist ja leidenschaftliche Unruhe der andern noch ein Nervenerlebnis wie Schauspiel oder Musik.

Darum ging ich auch öfters ins Casino. Es reizte mich, auf den Gesichtern anderer Menschen Beglückung oder Bestürzung unruhig hin und her wogen zu sehen, indes in mir selbst diese entsetzliche Ebbe lag. Zudem war mein Mann, ohne leichtfertig zu sein, gern gelegentlich Gast des Spielsaals gewesen, und ich lebte mit einer gewissen unabsichtlichen Pietät alle seine früheren Gewohnheiten getreulich weiter. Und dort begannen jene vierundzwanzig Stunden, die erregender waren als alles Spiel und mein Schicksal auf Jahre hinaus verstörten.

Zu Mittag hatte ich mit der Herzogin von M., einer Verwandten meiner Familie, diniert, nach dem Souper fühlte ich mich noch nicht müde genug, um schlafen zu gehen. So trat ich in den Spielsaal, schlenderte, ohne selbst zu spielen, zwischen den Tischen hin und her und sah mir die zusammengemengte Partnerschaft in besonderer Weise an. Ich sage: in besonderer Weise, auf eine nämlich, die mich mein verstorbener Mann einmal gelehrt hatte, als ich, des Zuschauens müde, klagte, es sei mir langweilig, immer dieselben Gesichter anzugaffen, die alten, verhutzelten Frauen, die da stundenlang sitzen auf ihren Sesseln, ehe sie ein Jeton wagen, die abgefeimten Professionals und Kartenspielkokotten, jene ganze fragwürdige, zusammengeschneite Gesellschaft, die, Sie wissen's ja, bedeutend weniger pittoresk und romantisch ist, als sie in den elenden Romanen immer gemalt wird, gleichsam als fleur d'élégance und Aristokratie Europas. Und dabei war ja das Casino vor zwanzig Jahren, als noch bares sinnlich sichtbares Geld umrollte, die knisternden Noten, die goldenen Napoleons, die patzigen Fünffrankenstücke durcheinanderwirbelten, unendlich anziehender als heute, da in der modisch neugebauten pomphaften Spielburg ein verbürgertes Cook-Reisepublikum seine charakterlosen Spielmarken langweilig verpulvert. Doch schon damals fand ich zu wenig Reiz an diesem Einerlei gleichgültiger Gesichter, bis mir dann einmal mein Mann, dessen private Leidenschaft die Chiromantie, die Händedeutung, war, eine ganz besondere Art des Zusehens zeigte, in der Tat viel interessanter, viel aufregender und spannender als das lässige Herumstehen, nämlich: niemals auf ein Gesicht zu sehen, sondern einzig auf das Viereck des Tisches und dort wieder nur auf die Hände der Menschen, nur auf ihr besonderes Benehmen. Ich weiß nicht, ob Sie zufälligerweise einmal selbst bloß die grünen Tische ins Auge gefasst haben, nur das grüne Karree allein, wo in der Mitte die Kugel wie ein Betrunkener von Zahl zu Zahl taumelt und innerhalb der viereckig abgegrenzten Felder wirbelnde Fetzen von Papier, runde Stücke Silber und Gold hinfallen wie eine Saat, die dann der Rechen des Croupiers sensenscharf mit einem Riss wegmäht oder als Garbe dem Gewinner zuschaufelt. Das einzig Wandelhafte werden bei einer solchen perspektivischen Einstellung dann die Hände – die vielen hellen, bewegten, wartenden Hände rings um den grünen Tisch, alle aus der immer andern Höhle eines Ärmels vorlugend, jede ein Raubtier, zum Sprung bereit, jede anders geformt und gefärbt, manche nackt, andere mit Ringen und klirrenden Ketten aufgezäumt, manche behaart wie wilde Tiere, manche feucht und aalhaft gekrümmt, alle aber angespannt und vibrierend von einer ungeheuren Ungeduld. Unwillkürlich musste ich dann immer an einen Rennplatz denken, wo im Start die aufgeregten Pferde mit Mühe zurückgehalten werden, damit sie nicht vorzeitig losprellen: genau so zittern und heben und bäumen sie sich. Alles erkennt man an diesen Händen, an der Art, wie sie warten, wie sie greifen und stocken: den Habsüchtigen an der krallenden, den Verschwender an der lockeren Hand, den Berechnenden am ruhigen, den Verzweifelten am zitternden Gelenk; hundert Charaktere verraten sich blitzhaft schnell in der Geste des Geldanfassens, ob einer es knüllt oder nervös krümelt oder erschöpft, mit müden Handballen, während des Umlaufs liegen lässt. Der Mensch verrät sich im Spiele, ein Dutzendwort, ich weiß; ich aber sage: noch deutlicher verrät ihn während des Spieles seine eigene Hand. Denn alle oder fast alle Hasardeure haben bald gelernt, ihr Gesicht zu bezähmen – oben, über dem Hemdkragen tragen sie die kalte Maske der impassibilité, – sie zwingen die Falten um den Mund herab und stoßen ihre Erregung unter die verbissenen Zähne, sie verweigern ihren eigenen Augen die sichtliche Unruhe, sie glätten die aufspringenden Muskeln des Gesichtes zu einer künstlichen, auf vornehm hin stilisierten Gleichgültigkeit. Aber gerade, weil alle ihre Aufmerksamkeit sich krampfig konzentriert, ihr Gesicht als das Sichtbarste ihres Wesens zu bemeistern, vergessen sie ihre Hände und vergessen, dass es Menschen gibt, die nur diese Hände beobachten und von ihnen alles erraten, was oben die lächelnd gekräuselte Lippe, die absichtlich indifferenten Blicke verschweigen wollen. Aber die Hand tut indes ihr Geheimstes ganz schamlos auf. Denn ein Augenblick kommt unweigerlich, der alle diese mühsam beherrschten, scheinbar schlafenden Finger aus ihrer vornehmen Nachlässigkeit aufreißt: in der prallen Sekunde, wo die Roulettekugel in ihr kleines Becken fällt und die Gewinnstzahl aufgerufen wird, da, in dieser Sekunde macht jede dieser hundert oder fünfhundert Hände unwillkürlich eine ganz persönliche, ganz individuelle Bewegung urtümlichen Instinkts. Und wenn man, wie ich, durch jene Liebhaberei meines Gatten besonders belehrt, diese Arena der Hände zu beobachten gewohnt ist, wirkt der immer andre, immer unerwartete Ausbruch der immer andersartigen Temperamente aufregender als Theater oder Musik: ich kann es Ihnen gar nicht schildern, wieviel tausend Spielarten von Händen es gibt, wilde Bestien mit haarigen, gekrümmten Fingern, die spinnenhaft das Geld einkrallen, und nervöse, zittrige, mit blassen Nägeln, die es kaum anzufassen wagen, noble und niedrige, brutale und schüchterne, listige und gleichsam stammelnde – aber jede wirkt anders, denn jedes dieser Händepaare drückt ein besonderes Leben aus, mit Ausnahme jener vier oder fünf der Croupiers. Die sind ganz Maschinen, sie funktionieren mit ihrer sachlichen, geschäftlichen, völlig unbeteiligten Präzision gegenüber den gesteigert lebendigen wie die stählern klappernden Schließen eines Zählapparats. Aber selbst diese nüchternen Hände wirken wiederum erstaunlich durch ihren Gegensatz zwischen ihren jagdhaften und leidenschaftlichen Brüdern: sie stehen, möchte ich sagen, anders uniformiert, wie Polizisten inmitten eines wogenden und begeisterten Volksaufruhrs. Dazu kommt noch der persönliche Anreiz, nach einigen Tagen mit den vielen Gewohnheiten und Leidenschaften einzelner Hände bereits vertraut zu sein; nach ein paar Tagen hatte ich immer schon Bekannte unter ihnen und teilte sie ganz wie Menschen in sympathische und feindselige ein: manche waren mir so widerlich in ihrer Unart und Gier, dass ich immer den Blick von ihnen wegwandte wie von einer Unanständigkeit. Jede neue Hand am Tisch aber war mir Erlebnis und Neugier: oft vergaß ich, das Gesicht darüber anzusehen, das, hoch oben in einen Kragen geschnürt, als kalte gesellschaftliche Maske über einem Smokinghemd oder einem leuchtenden Busen unbewegt aufgepflanzt stand.

Als ich nun an jenem Abend eintrat, an zwei überfüllten Tischen vorbei zu dem dritten hin, und einige Goldstücke schon vorbereitete, hörte ich überrascht in jener ganz wortlosen, ganz gespannten, vom Schweigen gleichsam dröhnenden Pause, die immer eintritt, wenn die Kugel, schon selbst tödlich ermattet, nur noch zwischen zwei Nummern hintorkelt, da hörte ich also ein ganz sonderbares Geräusch gerade gegenüber, ein Krachen und Knacken, wie von brechenden Gelenken. Unwillkürlich staunte ich hinüber. Und da sah ich – wirklich, ich erschrak! – zwei Hände, wie ich sie noch nie gesehen, eine rechte und eine linke, die wie verbissene Tiere ineinander gekrampft waren und in so aufgebäumter Spannung sich ineinander und gegeneinander dehnten und krallten, dass die Fingergelenke krachten mit jenem trockenen Ton einer aufgeknackten Nuss. Es waren Hände von ganz seltener Schönheit, ungewöhnlich lang, ungewöhnlich schmal, und doch von Muskeln straff durchspannt – sehr weiß und die Nägel an ihren Spitzen blass, mit zart gerundeten perlmutternen Schaufeln. Ich habe sie den ganzen Abend dann noch angesehen – ja angestaunt, diese außerordentlichen, geradewegs einzigen Hände –, was mich aber zunächst so schreckhaft überraschte, war ihre Leidenschaft, ihr irrwitzig passionierter Ausdruck, dies krampfige Ineinanderringen und Sichgegenseitighalten. Hier drängte ein ganzer übervoller Mensch, sofort wusste ich's, seine Leidenschaft in die Fingerspitzen zusammen, um nicht selbst von ihr auseinandergesprengt zu werden. Und jetzt ... in der Sekunde, da die Kugel mit trockenem dürrem Ton in die Schüssel fiel und der Croupier die Zahl ausrief ..., in dieser Stunde fielen plötzlich die beiden Hände auseinander wie zwei Tiere, die eine einzige Kugel durchschossen. Sie fielen nieder, alle beide, wirklich tot und nicht nur erschöpft, sie fielen nieder mit einem so plastischen Ausdruck von Schlaffheit, von Enttäuschung, von Blitzgetroffenheit, von Zuendesein, wie ich ihn nicht mit Worten ausdrücken kann. Denn noch nie und seitdem niemals mehr habe ich so sprechende Hände gesehen, wo jeder Muskel ein Mund war und die Leidenschaft fühlbar fast aus den Poren brach. Einen Augenblick lang lagen sie beide dann auf dem grünen Tisch wie ausgeworfene Quallen am Wasserrand, flach und tot. Dann begann die eine, die rechte, mühsam wieder sich von den Fingerspitzen her aufzurichten, sie zitterte, zog sich zurück, rotierte um sich selbst, schwankte, kreiselte und griff schließlich nervös nach einem Jeton, das sie zwischen der Spitze des Daumens und des zweiten Fingers unschlüssig rollte wie ein kleines Rad. Und plötzlich beugte sie sich mit einem Katzenbuckel pantherhaft auf und schnellte, ja spie geradezu das Hundertfrancsjeton mitten auf das schwarze Feld. Sofort bemächtigte sich, wie auf ein Signal hin,

Erregung auch der untätig schlafenden linken Hand; sie stand auf, schlich, ja kroch heran zu der zitternden, vom Wurfe gleichsam ermüdeten Bruderhand, und beide lagen jetzt schauernd beisammen, beide schlugen mit dem Gelenk, wie Zähne im Frostfieber leicht aneinander klappern, lautlos an den Tisch – nein, nie, noch niemals hatte ich Hände mit so ungeheuerlich redendem Ausdruck gesehen, eine derart spasmatische Form von Erregung und Spannung. Alles andere in diesem wölbigen Raum, das Gesurr aus den Sälen, das marktschreierische Rufen der Croupiers, das Hin und Her der Menschen und jenes der Kugel selbst, die jetzt, aus der Höhe geschleudert, in ihrem runden, parkettglatten Käfig besessen sprang – alle diese grell über die Nerven flitzende Vielheit von flirrenden und schwirrenden Impressionen schien mir plötzlich tot und starr neben diesen beiden zitternden, atmenden, keuchenden, wartenden, frierenden, schauernden, neben diesen beiden unerhörten Händen, auf die hinzustarren ich irgendwie verzaubert war.

Aber endlich hielt es mich nicht länger; ich musste den Menschen, musste das Gesicht sehen, dem diese magischen Hände zugehörten, und ängstlich – ja, wirklich ängstlich, denn ich fürchtete mich vor diesen Händen! – schraubte mein Blick sich langsam die Ärmel, die schmalen Schultern empor. Und wieder schrak ich zusammen, denn dieses Gesicht sprach dieselbe zügellose, phantastisch überspannte Sprache wie die Hände, es teilte die gleiche entsetzliche Verbissenheit des Ausdrucks mit derselben zarten und fast weibischen Schönheit. Nie hatte ich ein solches Gesicht gesehen, ein dermaßen aus sich herausgebogenes, ganz von sich selbst weggerissenes Gesicht, und mir war volle Gelegenheit geboten, es wie eine Maske, wie eine augenlose Plastik gemächlich zu betrachten: nicht zur Rechten, nicht zur Linken hin wandte sich nur für eine Sekunde dies besessene Auge: starr, schwarz, eine tote Glaskugel stand die Pupille unter den aufgerissenen Lidern, spiegelnder Widerschein jener andern mahagonifarbenen, die närrisch und übermütig im runden Roulettekästchen kollerte und umsprang. Nie, ich muss es noch einmal sagen, hatte ich ein so gespanntes, ein dermaßen faszinierendes Gesicht gesehen. Es gehörte einem jungen, etwa vierundzwanzigjährigen Menschen, war schmal, zart, ein wenig länglich und dadurch so ausdrucksvoll. Genau wie die Hände, wirkte es nicht ganz männlich, sondern eher einem leidenschaftlich spielenden Knaben zugehörig – aber all das bemerkte ich erst später, denn jetzt verging dieses Gesicht vollkommen hinter einem vorbrechenden Ausdruck von Gier und Raserei. Der schmale Mund, lechzend aufgetan, entblößte halbwegs die Zähne: Im Abstand von zehn Schritten konnte man sehen, wie sie fieberhaft aneinanderschlugen, indes die Lippen starr offen blieben. Feucht klebte eine lichtblonde Haarsträhne sich an die Stirn, vornübergefallen wie bei einem Stürzenden, und um die Nasenflügel flackerte ununterbrochenes Zucken hin und her, als wogten dort kleine Wellen unsichtbar unter der Haut. Und dieser ganze vorgebeugte Kopf schob sich unbewusst immer mehr nach vorne, man hatte das Gefühl, er würde mitgerissen in den Wirbel der kleinen Kugel; und nun verstand ich erst das krampfige Drücken der Hände: nur durch dieses Gegendrücken, nur durch diesen Krampf hielt der aus dem Zentrum stürzende Körper sich noch im Gleichgewicht. Nie hatte ich – ich muss es immer wieder sagen – ein Gesicht gesehen, in dem Leidenschaft dermaßen offen, so tierisch, so schamlos nackt vorbrach, und ich starrte es an, dieses Gesicht ..., genau so fasziniert, so festgebannt von seiner Besessenheit, wie jene Blicke vom Sprung und Zucken der kreisenden Kugel. Von dieser Sekunde an merkte ich nichts anderes mehr im Saale, alles schien mir matt, dumpf und verschwommen, dunkel im Vergleich mit dem ausbrechenden Feuer dieses Gesichtes, und über alle Menschen hinweg beobachtete ich vielleicht eine Stunde lang nur diesen einen Menschen und jede seiner Gesten: wie grelles Licht seine Augen überfunkelte, der krampfige Knäuel der Hände jetzt gleichsam von einer Explosion aufgerissen ward und die Finger zitternd wegsprengte, als der Croupier ihrem gierigen Zugriff jetzt zwanzig Goldstücke zuschob. In dieser Sekunde wurde das Gesicht plötzlich lichthaft und ganz jung, die Falten fielen flach auseinander, die Augen begannen zu erglänzen, der vorgekrampfte Körper stieg hell und leicht empor – locker wie ein Reiter saß er mit einemmal da, getragen vom Gefühl des Triumphes, die Finger klimperten eitel und verliebt mit den runden Münzen, schnippten sie gegeneinander, ließen sie tanzen und spielartig klingeln. Dann wandte er wieder unruhig den Kopf, überflog den grünen Tisch gleichsam mit schnuppernden Nüstern eines jungen Jagdhundes, der die richtige Fährte sucht, um plötzlich mit einem raschen Ruck das ganze Büschel Goldstücke über eines der Vierecke hinzuschütten. Und sofort begann wieder dieses Lauern, dieses Gespanntsein. Wieder krochen von den Lippen jene elektrisch zuckenden Wellenschläge, wieder verkrampften sich die Hände, das Knabengesicht verschwand hinter lüsterner Erwartung, bis explosiv die zuckende Spannung in einer Enttäuschung auseinanderfiel: das Gesicht, das eben noch knabenhaft erregte, welkte, wurde fahl und alt, die Augen stumpf und ausgebrannt, und alles dies innerhalb einer einzigen Sekunde, im Hinsturz der Kugel auf eine fehlgemeinte Zahl. Er hatte verloren: ein paar Sekunden starrte er hin, beinahe blöden Blickes, als ob er nicht verstanden hätte; sofort aber bei dem ersten aufpeitschenden Ruf des Croupiers krallten die Finger wieder ein paar Goldstücke heran. Aber die Sicherheit war verloren, erst postierte er die Münzen auf das eine Feld, dann, anders besonnen, auf ein zweites, und als die Kugel schon im Rollen war, schleuderte er mit zitternder Hand, einer plötzlichen Neigung folgend, noch zwei zerknüllte Banknoten rasch in das Karree nach.

Dieses zuckende Auf und Ab von Verlust und Gewinn dauerte pausenlos ungefähr eine Stunde, und während dieser Stunde wandte ich nicht einen Atemzug lang meinen faszinierten Blick von diesem fortwährend verwandelten Gesicht, über das alle Leidenschaften strömten und ebbten; ich ließ sie nicht los mit den Augen, diese magischen Hände, die mit jedem Muskel die ganze springbrunnenhaft steigende und stürzende Skala der Gefühle plastisch wiedergaben. Nie im Theater habe ich so angespannt auf das Gesicht eines Schauspielers gesehen, wie in dieses eine Antlitz hinein, über das, wie Licht und Schatten über eine Landschaft, unaufhörlicher Wechsel aller Farben und Empfindungen ruckhaft hinging. Nie war ich mit meinem ganzen Anteil so innen in einem Spiel gewesen als im Widerschein dieser fremden Erregung. Hätte mich jemand in diesem Moment beobachtet, so hätte er mein stählernes Hinstarren für eine Hypnose halten müssen, und irgendwie ähnlich war ja auch mein Zustand vollkommener Benommenheit – ich konnte einfach nicht wegsehen von diesem Mienenspiel, und alles andere, was im Raum an Lichtern, Lachen, Menschen und Blicken durcheinanderging, umschwebte mich nur formlos, ein gelber Rauch, inmitten dessen dieses Gesicht stand, Flamme zwischen Flammen. Ich hörte nichts, ich spürte nichts, ich merkte nicht Menschen neben mir vordrängen, andere Hände wie Fühler sich plötzlich vorstrecken, Geld hinwerfen oder einkarren; ich sah die Kugel nicht und nicht die Stimme des Croupiers und sah doch alles wie im Traum, was geschah, an diesen Händen hohlspiegelhaft übersteigert durch Erregung und Übermaß. Denn ob die Kugel auf Rot fiel oder auf Schwarz, rollte oder stockte, das zu wissen, musste ich nicht auf das Roulette blicken: jede Phase ging, Verlust und Gewinn, Erwartung und Enttäuschung, feurigen Risses durch Nerv und Geste dieses von Leidenschaft überwogten Gesichts.

Aber dann kam ein furchtbarer Augenblick – ein Augenblick, den ich in mir die ganze Zeit hindurch dumpf schon gefürchtet hatte, der über meinen gespannten Nerven wie ein Gewitter hing und plötzlich sie mitten durchriss. Wieder war die Kugel mit jenem kleinen, klapprigen Knacks in ihre Rundung zurückgestürzt, wieder zuckte jene Sekunde, wo zweihundert Lippen den Atem verhielten, bis die Stimme des Croupiers – diesmal: »Zero« – ankündigte, indes schon sein eilfertiger Rechen von allen Seiten die klirrenden Münzen und das knisternde Papier zusammenscharrte. In diesem Augenblick nun machten die beiden verkrampften Hände eine besonders schreckhafte Bewegung, sie sprangen gleichsam auf, um etwas zu haschen, was nicht da war, und fielen dann, nichts in sich als zurückflutende Schwerkraft, wie tödlich ermattet, nieder auf den Tisch. Dann aber wurden sie plötzlich noch einmal lebendig, fieberhaft liefen sie vom Tisch zurück auf den eigenen Leib, kletterten wie wilde Katzen den Stamm des Körpers entlang, oben, unten, rechts und links, nervös in alle Taschen fahrend, ob nicht irgendwo noch ein vergessenes Geldstück sich verkrümelt habe. Aber immer kamen sie wieder leer zurück, immer hitziger erneuten sie dieses sinnlose, nutzlose Suchen, indes schon die Roulettescheibe wieder umkreiselte, das Spiel der anderen weiterging, Münzen klirrten, Sessel rückten und die kleinen hundertfältig zusammengesetzten Geräusche surrend den Saal füllten. Ich zitterte, von Grauen geschüttelt: so deutlich musste ich all das mitfühlen, als wärens meine eigenen Finger, die da verzweifelt nach irgendeinem Stück Geld in den Taschen und Wülsten des zerknitterten Kleides wühlten. Und plötzlich, mit einem einzigen Ruck stand der Mensch mir gegenüber auf – ganz so wie jemand aufsteht, dem unvermutet unwohl geworden ist, und sich hochwirft, um nicht zu ersticken; hinter ihm polterte der Stuhl krachend zu Boden. Aber ohne es nur zu bemerken, ohne der Nachbarn zu achten, die scheu und erstaunt dem Schwankenden auswichen, tappte er weg von dem Tisch.

Ich war bei diesem Anblick wie versteinert. Denn ich verstand sofort, wohin dieser Mensch ging: in den Tod. Wer so aufstand, ging nicht in einen Gasthof zurück, in eine Weinstube, zu einer Frau, in ein Eisenbahncoupé, in irgendeine Form des Lebens, sondern stürzte geradaus ins Bodenlose. Selbst der Abgebrühteste in diesem Höllensaale hätte erkennen müssen, dass dieser Mensch nicht noch irgendwo zu Hause oder in der Bank oder bei Verwandten einen Rückhalt hatte, sondern mit seinem letzten Geld, mit seinem Leben als Einsatz hier gesessen hatte und nun hinstolperte, irgendwo andershin, aber unbedingt aus diesem Leben hinaus. Immer hatte ich gefürchtet, vom ersten Augenblick an magisch gefühlt, dass hier ein Höheres im Spiele sei als Gewinn und Verlust, und doch schlug es nun in mich hinein, ein schwarzer Blitz, als ich sah, wie das Leben aus seinen Augen plötzlich ausrann und der Tod dies eben noch überlebendige Gesicht fahl überstrich. Unwillkürlich – so ganz war ich durchdrungen von seinen plastischen Gesten – musste ich mich mit der Hand ankrampfen, während dieser Mensch von seinem Platz sich losrang und taumelte, denn dieses Taumeln drang jetzt in meinen eigenen Körper aus seiner Gebärde hinüber, so wie vordem seine Spannung in Ader und Nerv. Aber dann riss es mich fort, ich musste ihm nach: ohne dass ich es wollte, schob sich mein Fuß. Es geschah vollkommen unbewusst, ich tat es gar nicht selbst, sondern es geschah mit mir, dass ich, ohne auf irgend jemanden zu achten, ohne mich selbst zu fühlen, in den Korridor zum Ausgang hinlief.

Er stand bei der Garderobe, der Diener hatte ihm den Mantel gebracht. Aber die eigenen Arme gehorchten nicht mehr: so half ihm der Beflissene wie einem Gelähmten mühsam in die Ärmel. Ich sah, wie er mechanisch in die Westentasche griff, jenem ein Trinkgeld zu geben, aber die Finger tasteten leer wieder heraus. Da schien er sich plötzlich wieder an alles zu erinnern, stammelte verlegen irgendein Wort dem Diener zu und gab sich genau wie vordem einen plötzlichen Ruck nach vorwärts, ehe er ganz wie ein Trunkener die

Stufen des Casinos hinabstolperte, von dem der Diener mit einem erst verächtlichen und dann erst begreifenden Lächeln ihm noch einen Augenblick lang nachsah.

Diese Geste war so erschütternd, dass mich das Zusehen beschämte. Unwillkürlich wandte ich mich zur Seite, geniert, einer fremden Verzweiflung wie von der Rampe eines Theaters zugeschaut zu haben – dann aber stieß mich plötzlich wieder jene unverständliche Angst von mir fort. Rasch ließ ich mir meine Garderobe reichen, und ohne etwas Bestimmtes zu denken, ganz mechanisch, ganz triebhaft, hastete ich diesem fremden Menschen nach in das Dunkel.«

Mrs. C. unterbrach ihre Erzählung für einen Augenblick. Sie hatte mir unbewegt gegenüber gesessen und mit jener ihr eigenen Ruhe und Sachlichkeit fast pausenlos gesprochen, wie eben nur jemand spricht, der sich innerlich vorbereitet und die Geschehnisse sorgfältig geordnet hat. Nun stockte sie zum erstenmal, zögerte und wandte sich dann plötzlich aus ihrer Erzählung heraus direkt mir zu:

»Ich habe Ihnen und mir selbst versprochen«, begann sie etwas unruhig, »alles Tatsächliche mit äußerster Aufrichtigkeit zu erzählen. Aber ich muss nun verlangen, dass Sie dieser meiner Aufrichtigkeit auch vollen Glauben schenken und nicht meiner Handlungsweise verschwiegene Motive unterlegen, deren ich mich vielleicht heute nicht schämen würde, die aber in diesem Falle vollkommen falsch vermutet wären. Ich muss also betonen, dass, wenn ich diesem zusammengebrochenen Spieler auf der Straße nacheilte, ich durchaus nicht etwa verliebt in diesen jungen Menschen war – ich dachte gar nicht an ihn als an einen Mann, und tatsächlich hat für mich, die damals mehr als vierzigjährige Frau, nach dem Tod meines Gemahls niemals mehr ein Blick irgendeinem Manne gegolten. Das war für mich endgültig vorbei: ich sage Ihnen das ausdrücklich und muss es Ihnen sagen, weil alles Spätere Ihnen sonst nicht in seiner ganzen Furchtbarkeit verständlich würde. Freilich, es wäre mir anderseits schwer, das Gefühl deutlich zu benennen, das mich damals so zwanghaft jenem Unglücklichen nachzog: es war Neugier darin, vor allem aber eine entsetzliche Angst oder besser gesagt Angst vor etwas Entsetzlichem, das ich unsichtbar von der ersten Sekunde an um diesen jungen Menschen wie eine Wolke gefühlt hatte. Aber solche Empfindungen kann man ja nicht zergliedern und zerlegen, vor allem schon darum nicht, weil sie zu zwanghaft, zu rasch, zu spontan durcheinanderschießen – wahrscheinlich tat ich nichts anderes als die durchaus instinktive Geste der Hilfeleistung, mit der man ein Kind zurückreißt, das auf der Straße in ein Automobil hineinrennen will. Oder lässt es sich vielleicht erklären, dass Menschen, die selbst nicht schwimmen können, von einer Brücke her einem Ertrinkenden nachspringen? Es zieht sie einfach magisch nach, ein Wille stößt sie hinab, ehe sie Zeit haben, sich schlüssig zu werden über die sinnlose Kühnheit ihres Unterfangens; und genau so, ohne zu denken, ohne bewusst wache Überlegung, bin ich damals jenem Unglücklichen aus dem Spielsaal zum Ausgang und vom Ausgang auf die Terrasse nachgegangen.

Und ich bin gewiss, weder Sie noch irgendein mit wachen Augen fühlender Mensch hätte sich dieser angstvollen Neugier entziehen können, denn ein unheimlicherer Anblick war nicht zu denken als jener junge Mann von höchstens vierundzwanzig Jahren, der mühsam wie ein Greis, schlenkernd wie ein Betrunkener, mit abgelösten, zerbrochenen Gelenken von der Treppe zur Straßenterrasse sich weiterschleppte. Dort fiel er plumpig wie ein Sack mit dem Körper auf eine Bank. Wieder spürte ich schaudernd an dieser Bewegung: dieser Mensch war zu Ende. So fällt nur ein Toter hin oder einer, in dem kein Muskel mehr sich ans Leben hält. Der Kopf war, schief gelehnt, zurück über die Lehne gesunken, die Arme hingen schlaff und formlos zu Boden, im Halbdunkel der trübe flackernden Laternen hätte jeder Vorübergehende ihn für einen Erschossenen halten müssen. Und so – ich kann es nicht erklären, wieso diese Vision plötzlich in mir ward, aber plötzlich stand sie da, greifbar plastisch, schauervoll und entsetzlich wahr –, so, als Erschossenen, sah ich ihn vor mir in dieser Sekunde, und unweigerlich war in mir die Gewissheit, dass er einen Revolver in der Tasche trage und man morgen diese Gestalt auf dieser Bank oder irgendeiner andern hingestreckt finden würde, leblos und mit Blut überströmt. Denn sein Niederfallen war durchaus das eines Steines, der in eine Tiefe fällt und nicht früher haltmacht, ehe er seinen Abgrund erreicht hat: nie habe ich einen ähnlichen Ausdruck von Müdigkeit und Verzweiflung in körperlicher Geste ausgedrückt gesehen. Und nun denken Sie sich meine Situation: ich stand zwanzig oder dreißig Schritte hinter jener Bank mit dem reglosen, zusammengebrochenen Menschen, ahnungslos, was beginnen, vorgetrieben einerseits vom Willen, zu helfen, zurückgedrängt von der anerzogenen, angeregten Scheu, einen fremden Mann auf der Straße anzusprechen. Die Gaslaternen flackerten trüb in den umwölkten Himmel, ganz selten nur hastete eine Gestalt vorbei, denn es war nahe an Mitternacht und ich fast ganz allein im Park mit dieser selbstmörderischen Gestalt. Fünfmal, zehnmal hatte ich mich schon zusammengerafft und war auf ihn zugegangen, immer riss mich Scham zurück oder vielleicht jener Instinkt tieferer Ahnung, dass Stürzende gern den Helfenden mit sich reißen – und mitten in diesem Hin und Wider fühlte ich selbst deutlich das Sinnlose, das Lächerliche der Situation. Dennoch vermochte ich weder zu sprechen noch wegzugehen, weder etwas zu tun noch ihn zu verlassen. Und ich hoffe, Sie glauben mir, wenn ich Ihnen sage, dass ich vielleicht eine Stunde lang, eine unendliche Stunde, während tausend und tausend kleine Wellenschläge des unsichtbaren Meeres die Zeit zerrissen, auf dieser Terrasse unschlüssig umherwanderte; so sehr erschütterte und hielt mich dies Bild der vollkommenen Zernichtung eines Menschen.

Aber doch, ich fand nicht den Mut eines Worts, einer Tat, und ich hätte die halbe Nacht noch so wartend gestanden, oder vielleicht hätte mich schließlich klügere Selbstsucht bewogen, nach Hause zu gehen, ja ich glaube sogar, dass ich bereits entschlossen war, dieses Bündel Elend in seiner Ohnmacht liegen zu lassen – aber da entschied ein Übermächtiges gegen meine Unentschlossenheit. Es begann nämlich zu regnen. Den ganzen Abend schon hatte der Wind über dem Meer schwere, dampfende Frühlingswolken zusammengeschoben, man spürte mit der Lunge, mit dem Herzen, dass der Himmel ganz tief herabdrückte – plötzlich begann ein Tropfen niederzuklatschen, und schon prasselte in schweren, nassen, vom Wind gejagten Strähnen ein massiger Regen herab. Unwillkürlich flüchtete ich unter den Vorsprung eines Kioskes, und obwohl ich den Schirm aufspannte, schütteten doch die springenden Böen nasse Büschel Wassers an mein Kleid. Bis hinauf ins Gesicht und die Hände spürte ich sprühend den kalten Staub der am Boden knallend zerklatschenden Tropfen.

Aber – und das war ein so entsetzlicher Anblick, dass mir heute noch, nach zwei Jahrzehnten, die Erinnerung die Kehle klemmt – in diesem stürzenden Wolkenbruch blieb der Unglückliche reglos auf seiner Bank sitzen und rührte sich nicht. Von allen Traufen triefte und gluckerte das Wasser, aus der Stadt her hörte man Wagen donnern, rechts und links flüchteten Gestalten mit aufgestülpten Mänteln; was Leben in sich hatte, alles duckte sich scheu, flüchtete, floh, suchte Unterschlupf, überall bei Mensch und Tier spürte man die Angst vor dem stürzenden Element – nur dieses schwarze Knäuel Mensch dort auf der Bank rührte und regte sich nicht. Ich sagte Ihnen schon früher, dass es diesem Menschen magisch gegeben war, jedes seiner Gefühle durch Bewegung und Geste plastisch zu machen; aber nichts, nichts auf Erden konnte Verzweiflung, vollkommene Selbstaufgabe, lebendiges Gestorbensein dermaßen erschütternd ausdrücken, als diese Unbeweglichkeit, dieses reglose, fühllose Dasitzen im prasselnden Regen, dieses Zumüdesein, um sich aufzuheben und die paar Schritte zu gehen bis zum schützenden Dach, diese letzte Gleichgültigkeit gegen das eigene Sein. Kein Bildhauer, kein Dichter, nicht Michelangelo und Dante hat mir jemals die Geste der letzten Verzweiflung, das letzte Elend der Erde so hinreißend fühlsam gemacht als dieser lebendige Mensch, der sich überschütten ließ vom Element, schon zu lässig, zu müde, durch eine einzige Bewegung sich zu schützen.

Das riss mich weg, ich konnte nicht anders. Mit einem Ruck durchlief ich die nasse Spießrutenreihe des Regens und rüttelte das triefende Bündel Mensch von der Bank. »Kommen Sie!« Ich packte seinen Arm. Irgend etwas starrte mühsam empor. Irgendeine Bewegung schien langsam aus ihm wachsen zu wollen, aber er verstand nicht. »Kommen Sie!«, zerrte ich nochmals den nassen Ärmel, nun schon beinahe zornig. Da stand er langsam auf, willenlos und schwankend. »Was wollen Sie?«, fragte er, und ich hatte darauf keine Antwort, denn ich wusste selbst nicht, wohin mit ihm: nur weg aus dem kalten Guss, aus diesem sinnlosen, selbstmörderischen Dasitzen äußerster Verzweiflung. Ich ließ den Arm nicht los, sondern zog den ganz Willenlosen weiter bis hin zu dem Verkaufskiosk, wo das schmale vorspringende Dach ihn wenigstens einigermaßen vor dem wütigen Überfall des vom Wind wild geschwenkten Elements schützte. Weiter wusste ich nichts, wollte ich nichts. Nur ins Trockene, nur unter ein Dach diesen Menschen ziehen: weiter hatte ich zunächst nicht gedacht. Und so standen wir beide nebeneinander in dem schmalen Streifen Trockenheit, hinter uns die verschlossene Wand der Verkaufsbude, über uns einzig das zu kleine Schutzdach, unter dem heimtückisch durchgreifend der unersättliche Regen uns mit plötzlichen Böen immer wieder lose Fetzen nasser Kälte über die Kleider und ins Gesicht schlug. Die Situation wurde unerträglich. Ich konnte doch nicht länger stehenbleiben neben diesem triefenden fremden Menschen. Und anderseits, ich konnte ihn, nachdem ich ihn hierhergezogen, nicht ohne ein Wort einfach stehen lassen. Irgend etwas musste geschehen; allmählich zwang ich mich zu geradem klaren Denken. Am besten, dachte ich, ihn in einem Wagen nach Hause bringen und dann selbst nach Hause: morgen wird er schon für sich Hilfe wissen. Und so fragte ich den reglos neben mir Stehenden, der starr hinaus in die jagende Nacht blickte: »Wo wohnen Sie?«

»Ich habe keine Wohnung ... ich bin erst abends von Nizza gekommen ... zu mir kann man nicht gehen.«

Den letzten Satz verstand ich nicht gleich. Erst später wurde mir klar, dass dieser Mensch mich für ... für eine Kokotte hielt, für eines der Weiber, wie sie nachts hier massenhaft um das Casino streichen, weil sie hoffen, glücklichen Spielern oder Betrunkenen noch etwas Geld abzujagen. Schließlich, was sollte er anderes auch denken, denn erst jetzt, da ich es Ihnen wiedererzähle, spüre ich das ganz Unwahrscheinliche, ja Phantastische meiner Situation – was sollte er anderes von mir meinen, war doch die Art, wie ich ihn von der Bank weggezogen und selbstverständlich mitgeschleppt, wahrhaftig nicht die einer Dame. Aber dieser Gedanke kam mir nicht gleich. Erst später, zu spät schon dämmerte mir das grauenvolle Missverständnis auf, in dem er sich über meine Person befand. Denn sonst hätte ich niemals die nächsten Worte gesprochen, die seinen Irrtum nur bestärken mussten. Ich sagte nämlich: »So wird man eben ein Zimmer in einem Hotel nehmen. Hier dürfen Sie nicht bleiben. Sie müssen jetzt irgendwo unterkommen.«

Aber sofort wurde ich jetzt seines peinlichen Irrtums gewahr, denn er wandte sich gar nicht mir zu und wehrte nur mit einem gewissen höhnischen Ausdruck ab: »Nein, ich brauche kein Zimmer, ich brauche gar nichts mehr. Gib dir keine Mühe, aus mir ist nichts zu holen. Du hast dich an den Unrichtigen gewandt, ich habe kein Geld.«

Das war wieder so furchtbar gesagt, mit einer so erschütternden Gleichgültigkeit; und sein Dastehen, dies schlaffe An-der-Wand-Lehnen eines triefenden, nassen, von innen her erschöpften Menschen erschütterte mich derart, dass ich gar nicht Zeit hatte für ein kleines, dummes Beleidigtsein. Ich empfand nur, was ich vom ersten Augenblick an, da ich ihn aus dem Saal taumeln sah, und während dieser unwahrscheinlichen Stunde ununterbrochen empfunden: dass hier ein Mensch, ein junger, lebendiger, atmender Mensch, knapp vor dem Tode stände und dass ich ihn retten musste. Ich trat näher.

»Kümmern Sie sich nicht um Geld und kommen Sie! Hier dürfen Sie nicht bleiben, ich werde Sie schon unterbringen. Kümmern Sie sich um gar nichts, kommen Sie nur jetzt!«

Er wandte den Kopf, ich spürte, wie er, indes der Regen dumpf um uns trommelte und die Traufe klatschendes Wasser zu unseren Füßen hinwarf, wie er da mitten im Dunkel zum erstenmal sich bemühte, mein Gesicht zu sehen. Auch der Körper schien langsam aus seiner Lethargie zu erwachen.

»Nun, wie du willst«, sagte er nachgebend. »Mir ist alles einerlei ... Schließlich warum nicht? Gehen wir.«

Ich spannte den Schirm auf, er trat an meine Seite und fasste mich unter dem Arm. Diese plötzliche Vertraulichkeit war mir unangenehm, ja sie entsetzte mich, ich erschrak bis hinab in das Unterste meines Herzens. Aber ich hatte nicht den Mut, ihm etwas zu verbieten; denn stieß ich ihn jetzt zurück, so fiel er ins Bodenlose, und alles war vergeblich, was ich bisher versucht. Wir gingen die wenigen Schritte gegen das Casino zurück. Jetzt fiel mir erst ein, dass ich nicht wusste, was mit ihm anfangen. Am besten, überlegte ich rasch, ihn zu einem Hotel führen, ihm dort Geld in die Hand drücken, dass er übernachten und morgen heimreisen kann: weiter dachte ich nicht. Und wie jetzt die Wagen hastig vor das Casino vorfuhren, rief ich einen an, wir stiegen ein. Als der Kutscher fragte, wohin, wusste ich zunächst keine Antwort. Aber mich plötzlich erinnernd, dass der gänzlich durchnässte, triefende Mensch neben mir in keinem der guten Hotels Aufnahme finden könnte – anderseits aber auch als wahrhaft unerfahrene Frau an ein Zweideutiges gar nicht denkend, rief ich dem Kutscher nur zu: »In irgendein einfaches Hotel!«

Der Kutscher, gleichmütig, regenübergossen, trieb die Pferde an. Der fremde Mensch neben mir sprach kein Wort, die Räder rasselten, und der Regen klatschte in wuchtigem Niederschlag gegen die Scheiben: mir war in diesem dunklen, lichtlosen, sarghaften Viereck zumute, als ob ich mit einer Leiche führe. Ich versuchte nachzudenken, irgendein Wort zu finden, um das Sonderbare und Grauenvolle dieses stummen Beisammenseins abzuschwächen, aber mir fiel nichts ein. Nach einigen Minuten hielt der Wagen, ich stieg zuerst aus, entlohnte den Kutscher, indes jener gleichsam schlaftrunken den Schlag zuklinkte. Wir standen jetzt vor der Tür eines kleinen, fremden Hotels, über uns wölbte ein gläsernes Vordach sein winziges Stück geschützten Raumes gegen den Regen, der ringsum mit grässlicher Monotonie die undurchdringliche Nacht zerfranste.

Der fremde Mensch, seiner Schwere nachgebend, hatte sich unwillkürlich an die Wand gelehnt, es tropfte und triefte von seinem nassen Hut, seinen zerdrückten Kleidern. Wie ein Ertrunkener, den man aus dem Fluss geholt mit noch benommenen Sinnen, so stand er da, und um den kleinen Fleck, wo er lehnte, bildete sich ein Rinnsal von niederrieselndem Wasser. Aber er machte nicht die geringste Anstrengung, sich abzuschütteln, den Hut wegzuschwenken, von dem Tropfen immer wieder über Stirn und Gesicht niederliefen. Er stand vollkommen teilnahmlos, und ich kann Ihnen nicht sagen, wie diese Zerbrochenheit mich erschütterte.

Aber jetzt musste etwas geschehen. Ich griff in meine Tasche: »Da haben Sie hundert Franken«, sagte ich, »nehmen Sie sich damit ein Zimmer und fahren Sie morgen nach Nizza zurück.«

Er sah erstaunt auf.

»Ich habe Sie im Spielsaale beobachtet«, drängte ich, sein Zögern bemerkend. »Ich weiß, dass Sie alles verloren haben, und fürchte, Sie sind auf dem besten Wege, eine Dummheit zu machen. Es ist keine Schande, sich helfen zu lassen ... Da, nehmen Sie!«

Aber er schob meine Hand zurück mit einer Energie, die ich ihm nicht zugetraut hätte. »Du bist ein guter Kerl«, sagte er, »aber vertu dein Geld nicht. Mir ist nicht mehr zu helfen. Ob ich diese

Nacht noch schlafe oder nicht, ist vollkommen gleichgültig. Morgen ist ohnehin alles zu Ende. Mir ist nicht zu helfen.«

»Nein, Sie müssen es nehmen«, drängte ich, »morgen werden Sie anders denken. Gehen Sie jetzt erst einmal hinauf, überschlafen Sie alles. Bei Tag haben die Dinge ein anderes Gesicht.«

Doch er stieß, da ich ihm neuerdings das Geld aufdrängte, beinahe heftig meine Hand weg. »Lass das«, wiederholte er nochmals dumpf, »es hat keinen Sinn. Besser, ich tue das draußen ab, als den Leuten hier ihr Zimmer mit Blut schmutzig zu machen. Mir ist mit hundert Franken nicht zu helfen und mit tausend auch nicht. Ich würde doch morgen wieder mit den letzten paar Franken in den Spielsaal gehen und nicht früher aufhören, als bis alles weg ist. Wozu nochmals anfangen, ich habe genug.«

Sie können nicht ermessen, wie mir dieser dumpfe Ton bis in die Seele drang; aber denken Sie sich das aus: zwei Zoll von Ihnen steht ein junger, heller, lebendiger, atmender Mensch, und man weiß, wenn man nicht alle Kräfte aufrafft, wird dieses denkende, sprechende, atmende Stück Jugend in zwei Stunden eine Leiche sein. Und nun wurde es für mich gleichsam eine Wut, ein Zorn, diesen sinnlosen Widerstand zu besiegen. Ich packte seinen Arm: »Schluss mit diesen Dummheiten! Sie werden jetzt hinaufgehen und sich ein Zimmer nehmen, und morgen früh komme ich und schaffe Sie an die Bahn. Sie müssen fort von hier, Sie müssen noch morgen nach Hause fahren, und ich werde nicht früher rasten, ehe ich Sie nicht selbst mit der Fahrkarte im Zuge sehe. Man wirft sein Leben nicht weg, wenn man jung ist, nur weil man gerade ein paar hundert oder tausend Franken verloren hat. Das ist Feigheit, eine dumme Hysterie von Zorn und Erbitterung. Morgen werden Sie mir selbst recht geben!«

»Morgen!«, wiederholte er mit sonderbar düsterer und ironischer Betonung. »Morgen! Wenn du wüsstest, wo ich morgen bin! Wenn ich selbst es wüsste, ich bin eigentlich schon ein wenig neugierig darauf. Nein, geh nach Hause, mein Kind, gib dir keine Mühe und vertu nicht dein Geld.«

Aber ich ließ nicht mehr nach. Es war wie eine Manie, wie eine Raserei in mir. Gewaltsam packte ich seine Hand und presste die Banknote hinein. »Sie werden das Geld nehmen und sofort hinaufgehen!« und dabei trat ich entschlossen zur Klingel und läutete an. »So, jetzt habe ich angeläutet, der Portier wird gleich kommen, Sie gehen hinauf und legen sich nieder. Morgen neun Uhr warte ich dann vor dem Haus und bringe Sie sofort an die Bahn. Machen Sie sich keine Sorge um alles Weitere, ich werde schon das Nötige veranlassen, dass Sie bis nach Hause kommen. Aber jetzt legen Sie sich nieder, schlafen Sie aus und denken Sie nicht weiter!«

In diesem Augenblick knackte der Schlüssel an der Tür von innen her, der Portier öffnete.

»Komm!«, sagte er da plötzlich mit einer harten, festen erbitterten Stimme, und eisern fühlte ich mein Handgelenk von seinen Fingern umspannt. Ich erschrak ... ich erschrak so durch und durch, so gelähmt, so blitzhaft getroffen, dass mir alle Besinnung schwand ... Ich wollte mich wehren, mich losreißen ... aber mein Wille war wie gelähmt ... und ich ... Sie werden es verstehen ... ich ... ich schämte mich, vor dem Portier, der da wartend und ungeduldig stand, mit einem fremden Menschen zu ringen. Und so ... so stand ich mit einem Male innen im Hotel; ich wollte sprechen, etwas sagen, aber die Kehle stockte mir ... an meinem Arm lag schwer und gebietend seine Hand ... ich spürte dumpf, wie sie mich unbewusst eine Treppe hinaufzog ... ein Schlüssel knackte ... Und plötzlich war ich mit diesem fremden Menschen allein in einem fremden Zimmer, in irgendeinem Hotel, dessen Namen ich heute noch nicht weiß.«

Mrs. C. hielt wieder inne und stand plötzlich auf. Die Stimme schien ihr nicht mehr zu gehorchen. Sie ging zum Fenster, sah stumm einige Minuten hinaus oder lehnte vielleicht nur die Stirn an die kalte Scheibe: ich hatte nicht den Mut, genau hinzusehen, denn es war mir peinlich, die alte Dame in ihrer Erregung zu beobachten. So saß ich still, ohne Frage, ohne Laut, und wartete, bis sie wieder mit gebändigtem Schritt zurückkam und sich mir gegenüber setzte.

»So – jetzt ist das Schwerste gesagt. Und ich hoffe, Sie glauben mir, wenn ich Ihnen nun nochmals versichere, wenn ich bei allem, was mir heilig ist, bei meiner Ehre und bei meinen Kindern, schwöre, dass mir bis zu jener Sekunde kein Gedanke an eine ... eine Verbindung mit diesem fremden Menschen in den Sinn gekommen war, dass ich wirklich ohne jeden wachen Willen, ja ganz ohne Bewusstsein wie durch eine Falltür vom ebenen Weg meiner Existenz plötzlich in diese Situation gestürzt war. Ich habe mir geschworen, zu Ihnen und zu mir wahr zu sein, so wiederhole ich Ihnen nochmals, dass ich nur durch einen fast überreizten Willen zur Hilfe durch kein anderes, kein persönliches Gefühl, also ganz ohne jeden Wunsch, ohne jede Ahnung in dieses tragische Abenteuer geriet.

Was in jenem Zimmer, was in jener Nacht geschah, ersparen Sie mir zu erzählen; ich selbst habe keine Sekunde dieser Nacht vergessen und will sie auch niemals vergessen. Denn in jener Nacht rang ich mit einem Menschen um sein Leben, denn ich wiederhole: um Leben und Sterben ging dieser Kampf. Zu unverkennbar spürte ich's mit jedem Nerv, dass dieser fremde Mensch, dieser halb schon Verlorene bereits mit aller Gier und Leidenschaft eines tödlich Bedrohten noch um das Letzte griff. Er klammerte sich an mich wie einer, der bereits den Abgrund unter sich fühlt. Ich aber raffte alles aus mir auf, um ihn zu retten mit allem, was mir gegeben war. Solche Stunde erlebt vielleicht ein Mensch nur einmal in seinem Leben, und von Millionen wieder nur einer – auch ich hätte nie geahnt ohne diesen fürchterlichen Zufall, wie glühend, wie verzweifelnd, mit welcher unbändigen Gier sich ein aufgegebener, ein verlorener Mensch noch einmal an jeden roten Tropfen Leben ansaugt, ich hätte, zwanzig Jahre lang fern von allen dämonischen Mächten des Daseins, nie begriffen, wie großartig und phantastisch die Natur manchmal ihr Heiß und Kalt, Tod und Leben, Entzückung und Verzweiflung in ein paar knappe Atemzüge zusammendrängt. Und diese Nacht war so angefüllt mit Kampf und Gespräch, mit Leidenschaft und Zorn und Hass, mit Tränen der Beschwörung und der Trunkenheit, dass sie mir tausend Jahre zu dauern schien und wir zwei Menschen, die verschlungen ihren Abgrund hinabtaumelten, todeswütig der eine, ahnungslos der andere, anders hervorgingen aus diesem tödlichen Tumult, anders, vollkommen verwandelt, mit anderen Sinnen, anderem Gefühl.

Aber ich will davon nicht sprechen. Ich kann und will das nicht schildern. Nur diese eine unerhörte Minute meines Erwachens am Morgen muss ich Ihnen doch andeuten. Ich erwachte aus einem bleiernen Schlaf, aus einer Tiefe der Nacht, wie ich sie nie gekannt. Ich brauchte lange, ehe ich die Augen aufschlug, und das Erste, was ich sah, war über mir eine fremde Zimmerdecke, und weiter tastend dann ein ganz fremder, unbekannter, hässlicher Raum, von dem ich nicht wusste, wie ich hineingeraten. Zuerst beredete ich mich, noch Traum sei dies, ein hellerer, durchsichtigerer Traum, aus dem ich von jenem ganz dumpfen und verworrenen Schlaf emporgetaucht sei – aber vor den Fenstern stand schon schneidend klares, unverkennbar wirkliches Sonnenlicht, Morgenlicht, von unten her dröhnte die Straße mit Wagengerassel, Tramwayklingeln und Menschenlaut – und nun wusste ich, dass ich nicht mehr träume, sondern wach sei. Unwillkürlich richtete ich mich auf, um mich zu besinnen, und da ... wie ich den Blick seitwärts wandte ... da sah ich – und nie werde ich Ihnen meinen Schrecken schildern können – einen fremden Menschen im breiten Bette neben mir schlafen ... aber fremd, fremd, fremd, ein halbnackter, unbekannter Mensch ...

Nein, dieses Entsetzen, ich weiß es, beschreibt sich nicht: es fiel so furchtbar über mich, dass ich zurücksank ohne Kraft. Aber es war nicht gute Ohnmacht, kein Nichtmehrwissen, im Gegenteil: mit blitzhafter Geschwindigkeit war mir alles ebenso bewusst wie unerklärbar, und ich hatte nur den einen Wunsch, zu sterben vor Ekel und Scham, mich plötzlich mit einem wildfremden Menschen in dem fremden Bett einer wohl verdächtigen Spelunke zu finden. Ich weiß noch deutlich, mein Herzschlag setzte aus, ich hielt den Atem an, als könnte ich mein Leben damit und vor allem das Bewusstsein auslöschen, dieses klare, grauenhaft klare Bewusstsein, das alles begriff und doch nichts verstand.

Ich werde niemals wissen, wie lange ich dann so gelegen habe, eiskalt an allen Gliedern: Tote müssen ähnlich starr im Sarge liegen. Ich weiß nur, ich hatte die Augen geschlossen und betete zu Gott, zu irgendeiner Macht des Himmels, es möge nicht wahr, es möge nicht wirklich sein. Aber meine geschärften Sinne erlaubten nun keinen Betrug mehr, ich hörte im Nachbarzimmer Menschen sprechen, Wasser rauschen, außen schlurften Schritte im Gang, und jedes dieser Zeichen bezeugte unerbittlich das grausam Wache meiner Sinne.

Wie lange dieser grässliche Zustand gedauert hat, vermag ich nicht zu sagen: solche Sekunden haben andere Zeiten als die gemessenen des Lebens. Aber plötzlich überfiel mich eine andere Angst, die jagende, grauenhafte Angst: dieser fremde Mensch, dessen Namen ich gar nicht kannte, möchte jetzt aufwachen und zu mir sprechen. Und sofort wusste ich, dass es für mich nur eines gäbe: mich anziehen, flüchten, ehe er erwachte. Nicht mehr von ihm gesehen werden, nicht mehr zu ihm sprechen. Sich rechtzeitig retten, fort, fort, fort, zurück in irgendein eigenes Leben, in mein Hotel, und gleich mit dem nächsten Zuge fort von diesem verruchten Ort, aus diesem Land, ihm nie mehr begegnen, nie mehr ins Auge sehen, keinen Zeugen haben, keinen Ankläger und Mitwisser. Der Gedanke riss die Ohnmacht in mir auf: ganz vorsichtig, mit den schleicherischen Bewegungen eines Diebes rückte ich Zoll um Zoll (nur um keinen Lärm zu machen) aus dem Bette und tastete zu meinen Kleidern. Ganz vorsichtig zog ich mich an, jede Sekunde zitternd vor seinem Erwachen, und schon war ich fertig, schon war es gelungen. Nur mein Hut lag drüben auf der anderen Seite zu Füßen des Bettes, und jetzt, wie ich auf den Zehen hintastete ihn aufzuheben, – in dieser Sekunde konnte ich nicht anders: ich musste noch einen Blick auf das Gesicht dieses fremden Menschen werfen, der in mein Leben wie ein Stein vom Gesims gestürzt war. Nur einen bloßen Blick wollte ich hinwerfen, aber ... es war sonderbar, denn der fremde, junge Mann, der dort schlummernd lag – war wirklich ein fremder Mensch für mich: im ersten Augenblick erkannte ich gar nicht das Gesicht von gestern. Denn wie weggelöscht waren die von Leidenschaft vorgetriebenen, krampfig aufgewühlten, gespannten Züge des tödlich Aufgeregten – dieser da hatte ein anderes, ein ganz kindliches, ganz knabenhaftes Gesicht, das geradezu strahlte von Reinheit und Heiterkeit. Die Lippen, gestern verbissen und zwischen die Zähne geklemmt, träumten weich auseinander gefaltet, und halb schon zu einem Lächeln gerundet; weich lockten sich die blonden Haare die faltenlose Stirn herab, und linden Wellenspiels ging ruhig der Atem von der Brust über den ruhenden Körper hin.

Sie können sich vielleicht entsinnen, dass ich Ihnen früher erzählte, ich hätte noch nie so stark, in einem so verbrecherisch starken Unmaß den Ausdruck von Gier und Leidenschaft an einem Menschen beobachtet als bei diesem Fremden am Spieltisch. Und ich sage Ihnen, dass ich nie, selbst bei Kindern nicht, die doch im Säuglingsschlaf manchmal einen engelhaften Schimmer von Heiterkeit um sich haben, jemals einen solchen Ausdruck von reiner Helligkeit, von wahrhaft seligem Schlummer gesehen habe. In diesem Gesicht formten sich eben mit einziger Plastik alle Gefühle heraus, nun ein paradiesisches Entspanntsein von allinnerlicher Schwere, ein Gelöstsein, ein Gerettetsein. Bei diesem überraschenden Anblick fiel wie ein schwerer, schwarzer Mantel von mir alle Angst, alles Grauen ab – ich schämte mich nicht mehr, nein, ich war beinahe froh. Das Furchtbare, das Unfassbare hatte plötzlich für mich Sinn bekommen, ich freute mich, ich war stolz bei dem Gedanken, dass dieser junge, zarte, schöne Mensch, der hier heiter und still wie eine Blume lag, ohne meine Hingabe zerschellt, blutig, mit einem zerschmetterten Gesicht, leblos, mit krass aufgerissenen Augen irgendwo an einem Felsenhang aufgefunden worden wäre: ich hatte ihn gerettet, er war gerettet. Und ich sah nun – ich kann es nicht anders sagen – mit einem mütterlichen Blick auf diesen Schlafenden hin, den ich noch einmal – schmerzvoller als meine eigenen Kinder – in das Leben zurückgeboren hatte. Und mitten in diesem verbrauchten, abgeschmutzten Zimmer, in diesem ekligen, schmierigen Gelegenheitshotel, überkam mich – mögen Sie es noch so lächerlich im Worte finden – ein Gefühl wie in einer Kirche, ein Beseligtsein von Wunder und Heiligung. Aus der furchtbarsten Sekunde eines ganzen Lebens wuchs mir schwesterhaft eine zweite, die erstaunlichste und überwältigendste zu.

Hatte ich mich zu laut bewegt? Hatte ich unwillkürlich etwas gesprochen? Ich weiß es nicht. Aber plötzlich schlug der Schlafende die Augen auf. Ich erschrak und fuhr zurück. Er sah erstaunt um sich – genau so wie früher ich selbst, so schien nun er aus ungeheurer Tiefe und Verworrenheit mühselig emporzusteigen. Sein Blick umwanderte angestrengt das fremde, unbekannte Zimmer, dann fiel er staunend auf mich. Aber ehe er noch sprach oder sich ganz besinnen konnte, hatte ich mich gefasst. Nicht ihn zu Wort kommen lassen, keine Frage, keine Vertraulichkeit gestatten, es durfte nichts erneuert werden, nichts erläutert, nichts besprochen werden von gestern und von dieser Nacht.

»Ich muss jetzt weggehen«, bedeutete ich ihm rasch, »Sie bleiben hier zurück und ziehen sich an. Um zwölf Uhr treffe ich Sie dann am Eingang des Casinos: dort werde ich für alles Weitere sorgen.«

Und ehe er ein Wort entgegnen konnte, flüchtete ich hinaus, nur um das Zimmer nicht mehr zu sehen, und lief, ohne mich umzuwenden, aus dem Hause, dessen Namen ich ebensowenig wusste wie jenen des fremden Mannes, mit dem ich darin eine Nacht verbracht.«

Einen Atemzug lang unterbrach Mrs. C. ihre Erzählung. Aber alles Gespannte und Gequälte war weg aus ihrer Stimme: wie ein Wagen, der schwer den Berg sich hinaufgemüht, dann aber von erreichter Höhe leicht rollend und geschwind die Senke herabrollt, so flügelte jetzt in entlasteter Rede ihr Bericht:

»Also: Ich eilte in mein Hotel durch die morgendlich erhellten Straßen, denen der Wettersturz alles Dumpfe vom Himmel so weggerissen, wie mir jetzt das qualhafte Gefühl. Denn vergessen Sie nicht, was ich Ihnen früher sagte: ich hatte nach dem Tode meines Mannes mein Leben vollkommen aufgegeben. Meine Kinder brauchten mich nicht, ich selber wollte mich nicht, und alles Leben ist Irrtum, das nicht zu einem bestimmten Zweck lebt. Nun war mir zum erstenmal unvermutet eine Aufgabe zugefallen: ich hatte einen Menschen gerettet, ihn aus seiner Vernichtung aufgerissen mit allem Aufgebot meiner Kräfte. Nur ein Kurzes war noch zu überwinden, und diese Aufgabe musste zu Ende getan sein. Ich lief also in mein Hotel: der erstaunte Blick des Portiers, dass ich erst jetzt um neun Uhr morgens nach Hause kam, glitt an mir ab – nichts mehr von Scham und Ärger über das Geschehnis drückte auf meine Sinne, sondern ein plötzliches Wiederaufgetansein meines Lebenswillens, ein unvermutet neues Gefühl von der Notwendigkeit meines Daseins durchblutete warm die erfüllten Adern. In meinem Zimmer kleidete ich mich rasch um, legte unbewusst (ich habe es erst später bemerkt) das Trauerkleid ab, um es mit einem helleren zu vertauschen, ging in die Bank, mir Geld zu beheben, hastete zum Bahnhof, mich nach der Abfahrt der Züge zu erkundigen; mit einer mir selber erstaunlichen Entschlossenheit bewältigte ich noch außerdem ein paar andere Besorgungen und Verabredungen. Nun war nichts mehr zu tun, als mit dem mir vom Schicksal zugeworfenen Menschen die Abreise und endgültige Rettung zu erledigen.

Freilich, dies erforderte Kraft, ihm nun persönlich gegenüberzutreten. Denn alles Gestrige war im Dunkel geschehen, in einem Wirbel, wie wenn zwei Steine, von einem Sturzbach gerissen, plötzlich zusammengeschlagen werden; wir kannten einander kaum von Angesicht zu Angesicht, ja ich war nicht einmal gewiss, ob jener Fremde mich überhaupt noch erkennen würde. Gestern – das war ein Zufall, ein Rausch, eine Besessenheit zweier verwirrter Menschen gewesen, heute aber tat es not, mich ihm offener preiszugeben als gestern, weil ich jetzt im unbarmherzig klaren Tageslicht mit meiner Person, mit meinem Gesicht, als lebendiger Mensch ihm gegenübertreten musste.

Aber alles ergab sich leichter, als ich dachte. Kaum hatte ich zu vereinbarter Stunde mich dem Casino genähert, als ein junger Mensch von einer Bank aufsprang und mir entgegeneilte. Es war etwas dermaßen Spontanes, etwas so Kindliches, Absichtsloses und Beglücktes in seinem Überraschtsein, wie in jeder seiner sprachmächtigen Bewegungen: er flog nur so her, den Strahl dankbarer und gleichzeitig ehrerbietiger Freude in den Augen, und schon senkten sie sich demütig, sobald sie die meinen vor seiner Gegenwart sich verwirren fühlten. Dankbarkeit, man spürt sie ja so selten bei Menschen, und gerade die Dankbarsten finden nicht den Ausdruck dafür, sie schweigen verwirrt, sie schämen sich und tun manchmal stockig, um ihr Gefühl zu verbergen. Hier aber in diesem Menschen, dem Gott wie ein geheimnisvoller Bildhauer die Gesten der Gefühle sinnlich, schön und plastisch herauszwang, glühte auch die Geste der Dankbarkeit wie eine Leidenschaft strahlend durch den Kern des Körpers. Er beugte sich über meine Hand, und die schmale Linie seines Knabenkopfes devot niedergesenkt, verharrte er so eine Minute in respektvollem, die Finger nur anstreifendem Kusse, dann erst trat er wieder zurück, fragte nach meinem Befinden, sah mich rührend an, und so viel Anstand war in jedem seiner Worte, dass in wenigen Minuten die letzte Beängstigung von mir schwand. Und gleichsam spiegelhaft für die eigene Erhellung des Gefühles, leuchtete ringsum die Landschaft völlig entzaubert: das Meer, das gestern zornig erregte, lag so unbewegt still und hell, dass jeder Kiesel unter der kleinen Brandung weiß bis zu uns herüberglänzte; das Casino, dieser Höllenpfuhl, blickte maurisch blank in den ausgefegten, damastenen Himmel; und jener Kiosk, unter dessen Schutzdach uns gestern der plätschernde Regen gedrängt, war aufgebrochen zu einem Blumenladen: hingeschüttet lagen dort weiß, rot, grün und bunt in gesprenkeltem Durcheinander breite Büsche von Blüten und Blumen, die ein junges Mädchen in buntbrennender Bluse feilbot.

Ich lud ihn ein, zu Mittag in einem kleinen Restaurant zu speisen; dort erzählte mir der fremde, junge Mensch die Geschichte seines tragischen Abenteuers. Sie war ganz Bestätigung meiner ersten Ahnung, als ich seine zitternden, nervengeschüttelten Hände auf dem grünen Tisch gesehen. Er stammte aus einer alten Adelsfamilie des österreichischen Polens, war für die diplomatische Karriere bestimmt, hatte in Wien studiert und vor einem Monat das erste seiner Examina mit außerordentlichem Erfolge abgelegt. Um diesen Tag zu feiern, hatte ihn sein Onkel, ein höherer Offizier des Generalstabes, bei dem er wohnte, zur Belohnung mit einem Fiaker in den Prater geführt, und sie waren zusammen auf den Rennplatz gegangen. Der Onkel hatte Glück beim Spiel, gewann dreimal hintereinander: mit einem dicken Pack erbeuteter Banknoten soupierten sie dann in einem eleganten Restaurant. Am nächsten Tage nun empfing zur Belohnung für das erfolgreiche Examen der angehende Diplomat von seinem Vater einen Geldbetrag in der Höhe seines Monatsgeldes; zwei Tage vorher wäre ihm diese Summe noch groß erschienen, nun aber, nach der Leichtigkeit jenes Gewinnes, dünkte sie ihm gleichgültig und gering. So fuhr er gleich nach Tisch wieder zum Trabrennen, setzte wild und leidenschaftlich, und sein Glück oder vielmehr sein Unglück wollte, dass er mit dem Dreifachen jener Summe nach dem letzten Rennen den Prater verließ. Und nun war Raserei des Spieles bald beim Rennen, bald in Kaffeehäusern oder in Clubs über ihn gekommen, die ihm Zeit, Studium, Nerven und vor allem sein Geld aufzehrte. Er vermochte nicht mehr zu denken, nicht mehr ruhig zu schlafen und am wenigsten sich zu beherrschen; einmal in der Nacht, nach Hause gekommen vom Club, wo er alles verloren hatte, fand er beim Auskleiden noch eine vergessene Banknote zerknüllt in seiner Weste. Es hielt ihn nicht, er zog sich noch einmal an und irrte herum, bis er in irgendeinem Kaffeehause ein paar Dominospieler fand, mit denen er noch bis ins Morgengrauen saß. Einmal half ihm seine verheiratete Schwester aus und zahlte die Schulden an Wucherer, die dem Erben eines großen Adelsnamens

Stefan Zweig (links) mit seinem um zwei Jahre älteren Bruder Alfred, Wien, um 1886

Stefan Zweig, Wien, 1920

Stefan Zweig, Wien, 1920

Hermann Bahr und Romain Rolland zu Besuch bei Stefan Zweig in Salzburg, 1923

Stefan Zweig, Wien, 1925

 Stefan Zweig, Wien, 1925

Stefan Zweig, Wien, 1925

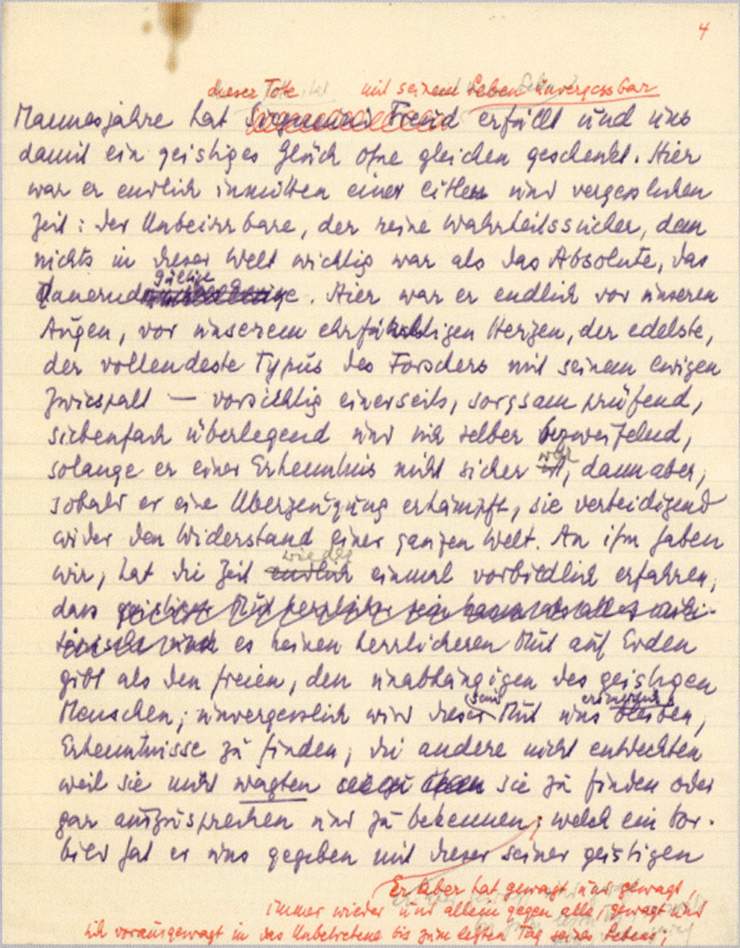
4

Mannesjahre hat dieser Tote Freud erfüllt und uns damit ein geistiges Glück ohne gleichen geschenkt. Hier war er endlich inmitten einer eitlen und vergeßlichen Zeit: der Unbeirrbare, der reine Wahrheitssucher, dem nichts in dieser Welt wichtig war als das Absolute, das dauernd gültige. Hier war er endlich vor unseren Augen, vor unseren ehrfürchtigen Herzen, der edelste, der vollendeste Typus des Forschers mit seinem ewigen Zwiespalt — vorsichtig einerseits, sorgsam prüfend, siebenfach überlegend und sich selber bezweifelnd, solange er einer Erkenntnis nicht sicher war, dann aber, sobald er eine Überzeugung erkämpft, sie verteidigend wider den Widerstand einer ganzen Welt. An ihm haben wir, hat die Zeit wieder einmal vorbildlich erfahren, dass es keinen herrlicheren Mut auf Erden gibt als den freien, den unabhängigen des geistigen Menschen; unvergesslich wird sein Mut uns bleiben, Erkenntnisse zu finden, die andere nicht entdeckten weil sie nicht wagten sie zu finden oder gar auszusprechen und zu bekennen; welch ein Vorbild hat er uns gegeben mit dieser seiner geistigen

Er aber hat gewagt und gewagt, immer wieder und allein gegen alle, gewagt und sich vorausgewagt in das Unbetretene bis zum letzten Tag seines Lebens;

Die Seite 4 aus dem Manuskript von Stefan Zweigs Rede bei der Trauerfeier für Sigmund Freud (vgl. Seite 491)

voll Bereitschaft kreditierten. Eine Zeitlang deckte ihn wieder das Spielglück – dann aber ging es unaufhaltsam abwärts, und je mehr er verlor, um so gieriger forderten ungedeckte Verpflichtungen und befristete Ehrenworte entscheidend erlösenden Gewinn. Längst hatte er schon seine Uhr, seine Kleider versetzt, und schließlich geschah das Entsetzliche: er stahl der alten Tante zwei große Boutons, die sie selten trug, aus dem Schrank. Den einen versetzte er um einen hohen Betrag, den das Spiel noch am selben Abend vervierfachte. Aber statt ihn nun auszulösen, wagte er das Ganze und verlor. Zur Stunde seiner Abreise war der Diebstahl noch nicht entdeckt, so versetzte er den zweiten Bouton und reiste, einer plötzlichen Eingebung folgend, in einem Zuge nach Monte Carlo, um sich im Roulette das erträumte Vermögen zu holen. Bereits hatte er hier seinen Koffer verkauft, seine Kleider, seinen Schirm, nichts war ihm geblieben als der Revolver mit vier Patronen und ein kleines, mit Edelsteinen besetztes Kreuz seiner Patin, der Fürstin X., von dem er sich nicht trennen wollte. Aber auch dieses Kreuz hatte er um fünfzig Franken nachmittags verkauft, nur um abends noch ein letztes Mal die zuckende Lust des Spiels auf Tod und Leben versuchen zu können.

Das alles erzählte er mir mit jener hinreißenden Anmut seines schöpferisch belebten Wesens. Und ich hörte zu, erschüttert, gepackt, erregt; aber nicht einen Augenblick kam mir der Gedanke, mich zu entrüsten, dass dieser Mensch an meinem Tisch doch eigentlich ein Dieb war. Hätte gestern jemand mir, einer Frau mit tadellos verbrachtem Leben, die in ihrer Gesellschaft strengste, konventionelle Würdigkeit forderte, auch nur angedeutet, ich würde mit einem wildfremden jungen Menschen, kaum älter als mein Sohn und der Perlenboutons gestohlen hatte, vertraulich beisammensitzen – ich hätte ihn für sinnberaubt gehalten. Aber nicht einen Augenblick lang empfand ich bei seiner Erzählung etwas wie Entsetzen, erzählte er doch all dies dermaßen natürlich und mit einer solchen Leidenschaft, dass seine Handlung eher als der Bericht eines Fiebers, einer Krankheit wirkte denn als ein Ärgernis. Und dann: wer selber gleich mir in der vergangenen Nacht etwas so kataraktisch Unerwartetes erfahren, dem hatte das Wort »unmöglich« mit einem Male seinen Sinn verloren. Ich hatte eben in jenen zehn Stunden unfassbar mehr an Wirklichkeitswissen erlebt als vordem in vierzig bürgerlich verbrachten Jahren.

Ein anderes aber erschreckte mich dennoch an jener Beichte, und das war der fiebrige Glanz in seinen Augen, der alle Nerven seines Gesichtes elektrisch zucken ließ, wenn er von seiner Spielleidenschaft erzählte. Noch die Wiedergabe regte ihn auf, und mit furchtbarer Deutlichkeit zeichnete sein plastisches Gesicht jede Spannung lusthaft und qualvoll nach. Unwillkürlich begannen seine Hände, diese wundervollen, schmalgelenkigen, nervösen Hände, genau wie am Spieltisch, selbst wieder raubtierhafte, jagende und flüchtende Wesen zu werden: ich sah sie, indes er erzählte, plötzlich von den Gelenken herauf zittern, sich übermächtig krümmen und zusammenballen, dann wieder aufschnellen und neu sich ineinanderknäueln. Und wie er den Diebstahl der Boutons beichtete, da taten sie (ich zuckte unwillkürlich zusammen), blitzhaft vorspringend, den raschen, diebischen Griff: ich s a h geradezu, wie die Finger toll auf den Schmuck lossprangen und ihn hastig einschluckten in die Höhlung der Faust. Und mit einem namenlosen Erschrecken erkannte ich, dass dieser Mensch vergiftet war von seiner Leidenschaft bis in den letzten Blutstropfen.

Nur das allein war es, was mich an seiner Erzählung so sehr erschütterte und entsetzte, diese erbärmliche Hörigkeit eines jungen, klaren, von eigentlicher Natur her sorglosen Menschen an eine irrwitzige Passion. So hielt ich es für meine erste Pflicht, meinem unvermuteten Schützling freundschaftlich zuzureden, er müsse sofort weg von Monte Carlo, wo die Versuchung am gefährlichsten sei, müsse noch heute zu seiner Familie zurück, ehe das Verschwinden der Boutons bemerkt und seine Zukunft für immer verschüttet sei. Ich versprach ihm Geld für die Reise und die Auslösung des Schmuckes, freilich nur unter der Bedingung, dass er noch heute abreise und mir bei seiner Ehre schwöre, nie mehr eine Karte anzurühren oder sonst Hasard zu spielen.

Nie werde ich vergessen, mit welcher erst demütigen, dann allmählich aufleuchtenden Leidenschaft der Dankbarkeit dieser fremde, verlorene Mensch mir zuhörte, wie er meine Worte t r a n k, als ich ihm Hilfe versprach; und plötzlich streckte er beide Hände über den Tisch, die meinen zu fassen mit einer mir unauslöschlichen Gebärde gleichsam der Anbetung und heiligen Gelobens. In seinen hellen, sonst ein wenig wirren Augen standen Tränen, der ganze

Körper zitterte nervös vor beglückter Erregung. Wie oft habe ich schon versucht, Ihnen die einzige Ausdrucksfähigkeit seiner Gebärden zu schildern, aber diese Geste vermag ich nicht darzustellen, denn es war eine so ekstatische, überirdische Beseligung, wie sie ein menschliches Antlitz uns sonst kaum zuwendet, sondern jenem weißen Schatten nur war sie vergleichbar, wenn man erwachend aus einem Traum das entschwindende Antlitz eines Engels vor sich zu erblicken vermeint.

Warum es verschweigen: ich hielt diesem Blicke nicht stand. Dankbarkeit beglückt, weil man sie so selten sichtbar erlebt, Zartgefühl tut wohl, und mir, dem gemessenen, kühlen Menschen, bedeutete solcher Überschwang ein wohltuendes, ja beglückendes Neues. Und dann: gleichzeitig mit diesem erschütterten, zertretenen Menschen war auch die Landschaft nach dem gestrigen Regen magisch aufgewacht. Herrlich glänzte, als wir aus dem Restaurant traten, das völlig beruhigte Meer, blau bis in den Himmel hinein und nur weiß überschwebt von Möwen dort in anderem, höherem Blau. Sie kennen ja die Rivieralandschaft. Sie wirkt immer schön, aber doch flach wie eine Ansichtskarte hält sie ihre immer satten Farben dem Auge gemächlich hin, eine schlafende, träge Schönheit, die sich gleichmütig von jedem Blicke betasten lässt, orientalisch fast in ihrer ewig üppigen Bereitschaft. Aber manchmal, ganz selten, gibt es dort Tage, da steht diese Schönheit auf, da bricht sie vor, da schreit sie einen gleichsam energisch an mit grellen, fanatisch funkelnden Farben, da schleudert sie einem ihre Blumenbuntheit sieghaft entgegen, da glüht, da brennt sie in Sinnlichkeit. Und ein solcher begeisterter Tag war auch damals aus dem stürmischen Chaos der Wetternacht vorgebrochen, weißgewaschen blinkte die Straße, türkisen der Himmel, und überall zündeten sich Büsche, farbige Fackeln, aus dem saftig durchfeuchteten Grün. Die Berge schienen plötzlich heller herangekommen in der entschwülten, vielsonnigen Luft: sie scharten sich neugierig näher an das blankpolierte glitzernde Städtchen, in jedem Blicke spürte man heraustretend das Fordernde und Aufmunternde der Natur und wie sie unwillkürlich das Herz an sich riss: »Nehmen wir einen Wagen«, sagte ich, »und fahren wir die Corniche entlang.«

Er nickte begeistert: zum erstenmal seit seiner Ankunft schien dieser junge Mensch die Landschaft überhaupt zu sehen und zu bemerken. Bisher hatte er nichts gekannt als den dumpfigen Casinosaal mit seinem schwülen, schweißigen Geruch, dem Gedränge seiner hässlichen und verzerrten Menschen und ein unwirsches, graues, lärmendes Meer. Aber nun lag auseinandergefaltet der ungeheure Fächer des übersonnten Strandes vor uns, und das Auge taumelte beglückt von Ferne zu Ferne. Wir fuhren im langsamen Wagen (es gab damals noch keine Automobile) den herrlichen Weg, vorbei an vielen Villen und Blicken: hundertmal, an jedem Haus, an jeder in Piniengrün verschatteten Villa kam es einen an als geheimster Wunsch: hier könnte man leben, still, zufrieden, abseits von der Welt!

Bin ich jemals im Leben glücklicher gewesen als in jener Stunde? Ich weiß es nicht. Neben mir im Wagen saß dieser junge Mensch, gestern noch verkrallt in Tod und Verhängnis, und nun staunend vom weißen Sturz der Sonne übersprüht: ganze Jahre schienen von ihm gleichsam weggeglitten. Er schien ganz Knabe geworden, ein schönes, spielendes Kind mit übermütigen und gleichzeitig ehrfurchtsvollen Augen, an dem nichts mich mehr entzückte als sein wachsinniges Zartgefühl: klomm der Wagen zu steil aufwärts und hatten die Pferde Mühe, so sprang er gelenkig ab, von rückwärts nachzuschieben. Nannte ich eine Blume oder deutete ich auf eine am Wege, so eilte er, sie abzupflücken. Eine kleine Kröte, die, vom gestrigen Regen verlockt, mühselig auf dem Wege kroch, hob er auf und trug sie sorgsam ins grüne Gras, damit sie nicht vom nachfahrenden Wagen zerdrückt werde; und zwischendurch erzählte er übermütig die lachendsten, anmutigsten Dinge: ich glaube, in diesem Lachen war eine Art Rettung für ihn, denn sonst hätte er singen müssen oder springen oder Tolles tun, so beglückt, so berauscht gebärdete sich sein plötzlicher Überschwang.

Als wir dann auf der Höhe ein winziges Dörfchen langsam durchfuhren, lüftete er plötzlich im Vorübergehen höflich den Hut. Ich staunte: wen grüßte er da, der Fremde unter Fremden? Er errötete leicht bei meiner Frage und erklärte, beinahe sich entschuldigend, wir seien an einer Kirche vorbeigefahren, und bei ihnen in Polen, wie in allen streng katholischen Ländern, werde es von Kindheit an geübt, vor jeder Kirche und jedem Gotteshaus den Hut zu senken. Diese schöne Ehrfurcht vor dem Religiösen ergriff mich tief, gleichzeitig erinnerte ich mich auch jenes Kreuzes, von dem er gesprochen, und fragte ihn, ob er gläubig sei. Und als er mit einer ein wenig verschämten Gebärde bescheiden zugab, er hoffe, der Gnade teilhaftig zu sein, überkam mich plötzlich ein Gedanke. »Halten Sie!«, rief ich dem Kutscher zu und stieg eilig aus dem Wagen. Er folgte mir verwundert: »Wohin gehen wir?« Ich antwortete nur: »Kommen Sie mit.«

Ich ging, von ihm begleitet, zurück zur Kirche, einem kleinen Landgotteshaus aus Backstein. Kalkig, grau und leer dämmerten innere Wände, die Tür stand offen, so dass ein gelber Kegel von Licht scharf hinein ins Dunkel schnitt, darin Schatten einen kleinen Altar blau umbauschten. Zwei Kerzen blickten, verschleierten Auges, aus der weihrauchwarmen Dämmerung. Wir traten ein, er lüftete den Hut, tauchte die Hand in den Kessel der Entsündigung, bekreuzte sich und beugte das Knie. Und kaum war er aufgestanden, so fasste ich ihn an. »Gehen Sie hin«, drängte ich, »zu einem Altar oder irgendeinem Bild hier, das Ihnen heilig ist, und leisten Sie dort das Gelöbnis, das ich Ihnen vorsprechen werde.« Er sah mich an, erstaunt, beinahe erschreckt. Aber schnell verstehend trat er hin zu einer Nische, schlug das Kreuz und kniete gehorsam nieder. »Sprechen Sie mir nach«, sagte ich, selbst zitternd vor Erregung, »sprechen Sie mir nach: Ich schwöre« – »Ich schwöre«, wiederholte er, und ich setzte fort: »dass ich niemals mehr an einem Spiel um Geld teilnehme, welcher Art es immer sei, dass ich nie mehr mein Leben und meine Ehre dieser Leidenschaft aussetzen werde.«

Er wiederholte zitternd die Worte: deutlich und laut hafteten sie in der vollkommenen Leere des Raumes. Dann ward es einen Augenblick still, so still, dass man von außen das leise Brausen der Bäume hören konnte, denen der Wind durch die Blätter griff. Und plötzlich warf er sich wie ein Büßender hin und sprach mit einer Ekstase, wie ich es nie gehört hatte, rasche und wirr hintereinander gejagte Worte polnischer Sprache, die ich nicht verstand. Aber es musste ein ekstatisches Gebet sein, ein Gebet des Dankes und der Zerknirschung, denn immer wieder beugte die stürmische Beichte sein Haupt demütig zum Pulte herab, immer leidenschaftlicher wiederholten sich die fremden Laute, und immer heftiger ein und dasselbe mit unsäglicher Inbrunst herausgeschleuderte Wort. Nie vordem, nie nachdem habe ich in einer Kirche der Welt so beten gehört. Seine Hände umklammerten krampfig dabei das hölzerne Betpult, sein ganzer Körper war geschüttelt von einem inneren Orkan, der ihn manchmal aufriss, manchmal wieder niederwarf. Er sah, er fühlte nichts mehr: alles in ihm schien in einer anderen Welt, in einem Fegefeuer der Verwandlung oder in einem Aufschwung zu einer heiligeren Sphäre. Endlich stand er langsam auf, schlug das Kreuz und wandte sich mühsam um. Seine Knie zitterten, sein Antlitz war blass wie das eines schwer Erschöpften. Aber als er mich sah, strahlte sein Auge auf, ein reines, ein wahrhaft frommes Lächeln hellte sein fortgetragenes Gesicht; er trat näher heran, beugte sich russisch tief, fasste meine beiden Hände, sie ehrfürchtig mit den Lippen zu berühren: »Gott hat Sie mir gesandt. Ich habe ihm dafür gedankt.« Ich wusste nichts zu sagen. Aber ich hätte gewünscht, dass plötzlich über dem niederen Gestühl die Orgel anhebe zu brausen, denn ich fühlte, mir war alles gelungen: diesen Menschen hatte ich für immer gerettet.

Wir traten aus der Kirche in das strahlende, strömende Licht dieses maihaften Tages zurück: nie war mir die Welt schöner erschienen. Zwei Stunden fuhren wir noch im Wagen langsam den panoramenhaften, an jeder Kehre neuen Ausblick schenkenden Weg über die Hügel entlang. Aber wir sprachen nicht mehr. Nach diesem Aufwand des Gefühls schien jedes Wort Verminderung. Und wenn mein Blick zufällig den seinen traf, so musste ich beschämt ihn wegwenden: es erschütterte mich zu sehr, mein eigenes Wunder zu sehen.

Gegen fünf Uhr nachmittags kehrten wir nach Monte Carlo zurück. Nun forderte mich noch eine Verabredung mit Verwandten, die abzusagen mir nicht mehr möglich war. Und eigentlich begehrte ich im Innersten eine Pause, ein Entspannen des zu gewaltsam aufgerissenen Gefühls. Denn es war zuviel des Glückes. Ich spürte, ich musste ausruhen von diesem überheißen, diesem ekstatischen Zustand, wie ich ihn ähnlich nie in meinem Leben gekannt. So bat ich meinen Schützling, nur für einen Augenblick zu mir ins Hotel zu kommen; dort in meinem Zimmer übergab ich ihm das Geld für die Reise und die Auslösung des Schmuckes. Wir vereinbarten, dass er während meiner Verabredung sich die Fahrkarte besorge; dann wollten wir uns abends um sieben Uhr an der Eingangshalle des Bahnhofes treffen, eine halbe Stunde, ehe der Zug über Genua ihn nach

Hause brachte. Als ich ihm die fünf Banknoten hinreichen wollte, wurden seine Lippen merkwürdig blass: »Nein ... kein Geld ... ich bitte Sie, kein Geld!«, stieß er zwischen den Zähnen heraus, während seine Finger nervös und fahrig zurückzitterten. »Kein Geld ... kein Geld ... ich kann es nicht sehen«, wiederholte er noch einmal, gleichsam von Ekel oder Angst körperlich überwältigt. Aber ich beruhigte seine Scham, es sei doch bloß geliehen, und fühle er sich bedrückt, so möge er mir eine Quittung ausstellen. »Ja ... ja ... eine Quittung«, murmelte er abgewandten Blickes, knitterte die Banknoten, wie etwas, das klebrig an den Fingern schmutzt, unbesehen in die Tasche, und schrieb auf ein Blatt mit fliegend hingejagten Zügen ein paar Worte. Als er aufsah, stand feuchter Schweiß auf seiner Stirne: etwas schien von innen empor stoßhaft in ihm aufzuwürgen, und kaum dass er jenes lose Blatt mir zugeschoben, zuckte es ihn durch, und plötzlich – ich trat unwillkürlich erschrocken zurück – fiel er in die Knie und küsste mir den Saum des Kleides. Unbeschreibliche Geste: ich zitterte am ganzen Leib von ihrer übermächtigen Gewalt. Ein merkwürdiger Schauer kam über mich, ich wurde verwirrt und konnte nur stammeln: »Ich danke Ihnen, dass Sie so dankbar sind. Aber bitte, gehen Sie jetzt! Abends sieben Uhr an der Eingangshalle des Bahnhofes wollen wir dann Abschied nehmen.«

Er sah mich an, Glanz von Rührung durchfeuchtete seinen Blick; einen Augenblick meinte ich, er wolle etwas sagen, einen Augenblick schien es, als ob er mir entgegendrängte. Aber dann verbeugte er sich plötzlich noch einmal tief, ganz tief, und verließ das Zimmer.«

Wieder unterbrach Mrs. C. ihre Erzählung. Sie war aufgestanden und zum Fenster gegangen, blickte hinaus und stand lange unbewegt: an dem silhouettenhaft hingezeichneten Rücken sah ich ein leichtes, zitterndes Schwanken. Mit einem Male wandte sie sich entschlossen um, ihre Hände, bisher ruhig und unbeteiligt, machten plötzlich eine heftige, abteilende Bewegung, gleichsam als wollten sie etwas zerreißen. Dann sah sie mich hart, beinahe kühn an und begann wieder mit einem Ruck:

»Ich habe Ihnen versprochen, ganz aufrichtig zu sein. Und ich sehe jetzt, wie notwendig dies Gelöbnis gewesen ist. Denn erst nun, da ich mich zwinge, zum erstenmal im geregelten Zusammenhang den ganzen Ablauf jener Stunde zu schildern und klare Worte zu suchen für ein damals ganz ineinandergefaltetes und verworrenes Gefühl, jetzt erst verstehe ich vieles deutlich, was ich damals nicht wusste oder vielleicht nur nicht wissen wollte. Und deshalb will ich hart und entschlossen mir selbst und auch Ihnen die Wahrheit sagen: damals, in jener Sekunde, als der junge Mensch das Zimmer verließ und ich allein zurückblieb, hatte ich – wie eine Ohnmacht fiel es dumpf über mich – das Empfinden eines harten Stoßes gegen mein Herz: irgend etwas hatte mir tödlich weh getan, aber ich wusste nicht – oder ich weigerte mich, zu wissen –, in welcher Art die doch rührend respektvolle Haltung meines Schützlings mich so schmerzhaft verwundete. Aber jetzt, da ich mich zwinge, hart und ordnungshaft alles Vergangene aus mir heraus wie ein Fremdes zu holen, und Ihre Zeugenschaft kein Verbergen, keinen feigen Unterschlupf eines beschämenden Gefühles duldet, heute weiß ich klar: was damals so weh tat, war die Enttäuschung ... die Enttäuschung, dass ... dass dieser junge Mensch so fügsam gegangen war ... so ohne jeden Wunsch, mich zu halten, bei mir zu bleiben ... dass er demütig und ehrfurchtsvoll meinem ersten Versuch, abzureisen, sich fügte, statt ... statt einen Versuch zu machen, mich an sich zu reißen ... dass er mich einzig als eine Heilige verehrte, die ihm auf seinem Wege erschienen ..., und nicht ... nicht mich fühlte als eine Frau.

Das war jene Enttäuschung für mich ... eine Enttäuschung, die ich mir nicht eingestand, damals nicht und später nicht, aber das Gefühl einer Frau weiß alles, ohne Worte und Bewusstsein. Denn ... jetzt betrüge ich mich nicht länger – hätte dieser Mensch mich damals umfasst, mich damals gefordert, ich wäre mit ihm gegangen bis ans Ende der Welt, ich hätte meinen Namen entehrt und den meiner Kinder ... ich wäre, gleichgültig gegen das Gerede der Leute und die innere Vernunft, mit ihm fortgelaufen, wie jene Madame Henriette mit dem jungen Franzosen, den sie tags zuvor noch nicht kannte ... ich hätte nicht gefragt, wohin und wie lange, nicht mich umgewandt mit einem Blick zurück in mein früheres Leben ... ich hätte mein Geld, meinen Namen, mein Vermögen, meine Ehre diesem Menschen geopfert ... ich wäre betteln gegangen, und wahrscheinlich gibt es keine Niedrigkeit dieser Welt, zu der er mich nicht hätte verleiten können. Alles, was man Scham nennt und Rücksicht unter den Menschen, hätte ich weggeworfen, wäre er nur mit einem Wort, mit einem Schritt auf mich zugetreten, hätte er versucht, mich zu fassen, so verloren war ich an ihn in dieser Sekunde. Aber ... ich sagte es Ihnen ja ... dieser sonderbar benommene Mensch sah mich und die Frau in mir mit keinem Blick mehr ... und wie sehr, wie ganz hingegeben ich ihm entgegenbrannte, das fühlte ich erst, als ich allein mit mir war, als die Leidenschaft, die eben noch sein erhelltes, sein geradezu seraphisches Gesicht emporriss, dunkel in mich zurückfiel und nun im Leeren einer verlassenen Brust wogte. Mühsam raffte ich mich auf, doppelt widrig lastete jene Verabredung. Mir war, als sei meiner Stirne ein schwerer eiserner, drückender Helm überstülpt, unter dessen Gewicht ich schwankte: meine Gedanken fielen lose auseinander wie meine Schritte, als ich endlich hinüber in das andere Hotel zu meinen Verwandten ging. Dort saß ich dumpf inmitten regen Geplauders und erschrak immer wieder von neuem, blickte ich zufällig auf und sah in ihre unbewegten Gesichter, die, im Vergleich mit jenem wie von licht- und schattenwerfendem Wolkenspiel belebten, mir maskenhaft oder erfroren dünkten. Als ob ich zwischen lauter Gestorbenen säße, so grauenhaft unbelebt war diese gesellige Gegenwart; und während ich Zucker in die Tasse warf und abwesend mitkonversierte, stieg immer innen, wie vom Flackern des Blutes hochgetrieben, jenes eine Antlitz auf, das zu beobachten mir inbrünstige Freude geworden war und das ich – entsetzlich zu denken! – in einer, in zwei Stunden zum letztenmal gesehen haben sollte. Unwillkürlich musste ich leise geseufzt oder aufgestöhnt haben, denn plötzlich beugte die Cousine meines Mannes sich mir zu: was mir sei, ob ich mich denn nicht ganz wohlfühle, ich blicke so blass und bedrängt. Diese unvermutete Frage half nun rasch und mühelos in eine rasche Ausrede, mich quäle in der Tat eine Migräne, sie möge mir darum erlauben, mich unauffällig zu entfernen.

So mir selbst zurückgegeben, eilte ich unverzüglich in mein Hotel. Und kaum dort allein, überkam mich neuerdings das Gefühl der Leere, des Verlassenseins und, hitzig damit verklammert, das Verlangen nach jenem jungen Menschen, den ich heute für immer verlassen sollte. Ich fuhr hin und her im Zimmer, riss unnütz Laden auf, wechselte Kleid und Band, um mich mit einmal vor dem

Spiegel zu finden, prüfenden Blickes, ob ich, dermaßen geschmückt, nicht doch den seinen zu binden vermöchte. Und jählings verstand ich mich selbst: alles tun, nur ihn nicht lassen! Und innerhalb einer gewalttätigen Sekunde wurde dieser Wille zum Entschluss. Ich lief hinunter zum Portier, kündigte ihm an, dass ich heute mit dem Abendzug abreise. Und nun galt es, eilig zu sein: ich klingelte dem Mädchen, dass sie mir behilflich sei, meine Sachen zu packen – die Zeit drängte ja; und während wir gemeinsam in wetteifernder Hast Kleider und kleines Gebrauchsgerät in die Koffer verstauten, träumte ich mir die ganze Überraschung aus: wie ich ihn an den Zug begleiten würde, um dann im letzten, im allerletzten Moment, wenn er mir die Hand schon zum Abschied geboten, plötzlich zu dem Erstaunten in den Wagen zu steigen, mit ihm für diese Nacht, für die nächste – solange er mich wollte. Eine Art entzückter, begeisterter Taumel wirbelte mir im Blut, manchmal lachte ich, zur Befremdung des Mädchens, indes ich Kleider in die Koffer warf, unvermutet laut auf: meine Sinne waren, ich fühlte es zwischendurch, in Unordnung geraten. Und als der Lohndiener kam, die Koffer zu holen, starrte ich ihn erst fremd an: es war zu schwer, an Sachliches zu denken, indes von innen her die Erregung mich so stark überwogte.

Die Zeit drängte, knapp an sieben mochte es sein, bestenfalls blieben da zwanzig Minuten bis zum Abgang des Zuges – freilich, tröstete ich mich, nun zählte mein Kommen ja nicht mehr als Abschied, seit ich entschlossen war, ihn auf seiner Fahrt zu begleiten solange, soweit er es duldete. Der Diener trug die Koffer voraus, ich hastete zur Hotelkasse, meine Rechnung zu begleichen. Schon reichte mir der Manager das Geld zurück, schon wollte ich weiter, da rührte eine Hand zärtlich an meine Schulter. Ich ruckte auf. Es war meine Cousine, die, beunruhigt durch mein angebliches Unwohlsein, gekommen war, nach mir zu sehen. Mir dunkelte es vor den Augen. Ich konnte sie jetzt nicht brauchen, jede Sekunde Verzögerung bedeutete verhängnisvolles Versäumnis, aber doch verpflichtete mich Höflichkeit, ihr wenigstens eine Zeitlang Rede und Antwort zu stehen. »Du musst zu Bett«, drängte sie, »du hast bestimmt Fieber.« Und so mochte es wohl auch sein, denn die Pulse trommelten mir hart auf die Schläfen, und manchmal spürte ich jene vorschwebenden blauen Schatten naher Ohnmacht über den Augen. Aber ich wehrte ab, bemühte mich dankbar zu scheinen, indes jedes Wort mich brannte und ich am liebsten ihre unzeitgemäße Fürsorge mit dem Fuße weggestoßen hätte. Doch die unerwünscht Besorgte blieb, blieb, blieb, bot mir Eau de Cologne, ließ sichs nicht nehmen, mir selbst das kühle um die Schläfen zu streichen: ich aber zählte indes die Minuten, dachte gleichzeitig an ihn und wie ich einen Vorwand finden könnte, dieser quälenden Anteilnahme zu entkommen. Und je unruhiger ich ward, desto mehr erschien ich ihr verdächtig: beinahe mit Gewalt wollte sie mich schließlich veranlassen, auf mein Zimmer zu gehen und mich niederzulegen. Da – inmitten ihres Zuspruches – sah ich auf einmal in der Mitte der Halle die Uhr: zwei Minuten vor halb acht, und um sieben Uhr 35 ging der Zug. Und brüsk, schusshaft, mit der brutalen Gleichgültigkeit einer Verzweifelten stieß ich meiner Cousine die Hand geradewegs zu: »Adieu, ich muss fort!« und ohne mich um ihren erstarrten Blick zu kümmern, ohne mich umzusehen, stürmte ich an den verwunderten Hoteldienern vorbei und zur Türe hinaus, auf die Straße und dem Bahnhof zu. Bereits an der erregten Gestikulation des Lohndieners, er stand dort wartend mit dem Gepäck, nahm ich von ferne wahr, es müsse höchste Zeit sein. Blindwütig stürmte ich hin zur Schranke, aber da wehrte wieder der Schaffner: ich hatte vergessen, ein Billett zu nehmen. Und während ich mit Gewalt beinahe ihn bereden wollte, mich dennoch auf den Perron zu lassen, setzte sich der Zug bereits in Bewegung: ich starrte hin, zitternd an allen Gliedern, wenigstens noch einen Blick von irgendeinem der Waggonfenster zu erhaschen, ein Winken, einen Gruß. Aber ich konnte inmitten des eilfertigen Geschiebes sein Antlitz nicht mehr wahrnehmen. Immer rascher rollten die Wagen vorbei, und nach einer Minute blieb nichts als qualmendes, schwarzes Gewölk vor meinen verdunkelten Augen.

Ich muss wie versteinert dort gestanden haben, Gott weiß wie lange, denn der Lohndiener hatte mich wohl vergeblich mehrmals angesprochen, ehe er wagte, meinen Arm zu berühren. Da erst schrak ich auf. Ob er das Gepäck wieder in das Hotel zurückbringen sollte. Ich brauchte ein paar Minuten Zeit, mich zu besinnen; nein, das war nicht möglich, ich konnte nach jener lächerlichen, überstürzten Abreise nicht wieder zurück und wollte auch nicht zurück, nie mehr; so befahl ich ihm, ungeduldig, schon allein zu sein, das Gepäck im Depot zu verstauen. Danach erst, mitten in dem unablässig erneuten Gequirl von Menschen, das sich in der Halle lärmend zusammenschob und wieder zerkleinerte, versuchte ich zu denken, klar zu denken, mich herauszuretten aus diesem verzweifelten, schmerzenden Gewürge von Zorn, Reue und Verzweiflung, denn – warum es nicht eingestehen? – der Gedanke, durch eigene Schuld die letzte Begegnung vertan zu haben, wühlte in mir mit glühender Schärfe unbarmherzig herum. Ich hätte aufschreien können, so weh tat diese immer erbarmungsloser vordringende, rotgehitzte Schneide. Nur ganz leidenschaftsfremde Menschen haben ja in ihren einzigen Augenblicken vielleicht solche lawinenhaft plötzliche, solche orkanische Ausbrüche der Leidenschaft: da stürzen ganze Jahre mit dem stürzenden Geröll nichtgenützter Kräfte die eigene Brust hinab. Nie vordem, nie nachdem hatte ich Ähnliches an Überraschung und wütender Machtlosigkeit erlebt als in dieser Sekunde, da ich, zum Verwegensten bereit – bereit, mein ganzes gespartes, gehäuftes, zusammengehaltenes Leben mit einem Ruck hinzuwerfen –, plötzlich vor mir eine Mauer von Sinnlosigkeit fand, gegen die meine Leidenschaft ohnmächtig mit der Stirne stieß.

Was ich dann tat, wie konnte es anders als gleichfalls ganz sinnlos sein; es war töricht, sogar dumm, fast schäme ich mich, es zu erzählen – aber ich habe mir, ich habe Ihnen versprochen, nichts zu verschweigen: nun, ich ... ich suchte ihn mir wieder ... das heißt, ich suchte mir jeden Augenblick zurück, den ich mit ihm verbracht ... es zog mich gewaltsam hin zu allen Orten, wo wir gemeinsam gestern gewesen, zu der Bank im Garten, von der ich ihn weggerissen, in den Spielsaal, wo ich ihn zum erstenmal gesehen, ja in jene Spelunke sogar, nur um noch einmal, noch einmal das Vergangene wieder zu erleben. Und morgen wollte ich dann im Wagen die Corniche entlang den gleichen Weg, damit jedes Wort, jede Geste noch einmal wieder in mir erneuert sei – ja so sinnlos, so kindisch war meine Verwirrung. Aber bedenken Sie, wie blitzhaft jene Geschehnisse mich überstürmten – ich hatte kaum anderes gefühlt als einen einzigen betäubenden Schlag. Nun aber, zu rauh aus jenem Tumult erweckt, wollte ich mich auf dies hinfliehend Erlebte noch einmal Zug um Zug nachgenießend besinnen, dank jenes magischen Selbstbetrugs, den wir Erinnerung nennen – freilich: das sind Dinge, die man begreift oder nicht begreift. Vielleicht braucht man ein brennendes Herz, um sie zu verstehen.

So ging ich zunächst in den Spielsaal, den Tisch zu suchen, wo er gesessen, und dort unter all den Händen die seinen mir zu erdenken. Ich trat ein: es war, ich wusste es noch, der linke Tisch gewesen im zweiten Zimmer, wo ich ihn zuerst erblickt. Noch deutlich stand jede seiner Gesten vor mir: traumwandlerisch, mit geschlossenen Augen und vorgestreckten Händen hätte ich seinen Platz gefunden. Ich trat also ein, ging gleich quer durch den Saal. Und da ... wie ich von der Tür aus den Blick gegen das Gewühl wandte ... da geschah mir etwas Sonderbares ... da saß genau an der Stelle, an die ich mir ihn hingeträumt, da saß – Halluzination des Fiebers! – ... er wirklich ... Er ... Er ... genau so, wie ich ihn eben träumend gesehen ... genau so wie gestern, stier die Augen auf die Kugel gerichtet, geisterhaft bleich ... aber Er ... Er ... unverkennbar Er ...

Mir war, als müsste ich aufschreien, so erschrak ich. Aber ich bezähmte meinen Schrecken vor dieser unsinnigen Vision und schloss die Augen. »Du bist wahnsinnig ... du träumst ... du fieberst«, sagte ich mir. »Es ist ja unmöglich, du halluzinierst ... Er ist vor einer halben Stunde von hier weggefahren.« Dann erst tat ich die Augen wieder auf. Aber entsetzlich: genau so wie vordem saß er dort, leibhaft unverkennbar ... unter Millionen hätte ich diese Hände erkannt ... nein, ich träumte nicht, er war es wirklich. Er war nicht weggefahren, wie er mir geschworen, der Wahnwitzige saß da, er hatte das Geld, das ich ihm zur Heimreise gegeben, hierhergetragen an den grünen Tisch und vollkommen selbstvergessen in seiner Leidenschaft hier gespielt, indes ich verzweifelt mir das Herz nach ihm ausgerungen.

Ein Ruck stieß mich vorwärts: Wut überschwemmte mir die Augen, rasende rotblickende Wut, den Eidbrüchigen, der mein Vertrauen, mein Gefühl, meine Hingabe so schändlich betrogen hatte, an der Gurgel zu fassen. Aber ich bezwang mich noch. Mit gewollter Langsamkeit (wie viel Kraft kostete sie mich!) trat ich an den Tisch gerade ihm gegenüber, ein Herr machte mir höflich Platz. Zwei Meter grünes Tuch standen zwischen uns beiden, und ich konnte, wie von einem Balkon herab in ein Schauspiel, hinstarren in sein Gesicht, in eben dasselbe Gesicht, das ich vor zwei Stunden überstrahlt gesehen hatte von Dankbarkeit, erleuchtet von der Aura der göttlichen Gnade, und das nun ganz wieder in allen Höllenfeuern der Leidenschaft zuckend verging. Die Hände, dieselben Hände, die ich noch nachmittags im heiligsten Eid an das Holz des Kirchengestühls verklammert gesehen, sie krallten jetzt wieder gekrümmt im Geld herum wie wollüstige Vampire. Denn er hatte gewonnen, er musste viel, sehr viel gewonnen haben: vor ihm glitzerte ein wirrer Haufen von Jetons und Louisdors und Banknoten, ein schütteres, achtloses Durcheinander, in dem die Finger, seine zitternden, nervösen Finger sich wohlig streckten und badeten. Ich sah, wie sie streichelnd die einzelnen Noten festhielten und falteten, die Münzen drehten und liebkosten, um dann plötzlich mit einem Ruck eine Faustvoll zu fassen und mitten auf eines der Karrees zu werfen. Und sofort begannen die Nasenflügel jetzt wieder diese fliegenden Zuckungen, der Ruf des Croupiers riss ihm die Augen, die gierig flackernden, vom Gelde weg hin zu der splitternden Kugel, er strömte gleichsam von sich selber fort, indes die Ellenbogen dem grünen Tisch mit Nägeln angehämmert schienen. Noch furchtbarer, noch grauenhafter offenbarte sich sein vollkommenes Besessensein als am vergangenen Abend, denn jede seiner Bewegungen mordete in mir jenes andere, wie auf Goldgrund leuchtende Bild, das ich leichtgläubig nach innen genommen.

Zwei Meter weit voneinander atmeten wir so beide; ich starrte auf ihn, ohne dass er meiner gewahr wurde. Er sah nicht auf mich, er sah niemanden; sein Blick glitt nur hin zu dem Geld, flackerte unstet mit der zurückrollenden Kugel: in diesem einen rasenden grünen Kreise waren alle seine Sinne eingeschlossen und hetzten hin und zurück. Die ganze Welt, die ganze Menschheit war diesem Spielsüchtigen zusammengeschmolzen in diesen viereckigen Fleck gespannten Tuches. Und ich wusste, dass ich hier Stunden und Stunden stehen konnte, ohne dass er eine Ahnung meiner Gegenwart in seine Sinne nehmen würde.

Aber ich ertrug es nicht länger. Mit einem plötzlichen Entschluss ging ich um den Tisch, trat hinter ihn und fasste hart mit der Hand seine Schulter. Sein Blick taumelte auf – eine Sekunde starrte er mit glasigen Augäpfeln mich fremd an, genau einem Trunkenen gleich, den man mühsam aus dem Schlaf rüttelt und dessen Blicke noch grau und dösig vom inneren Qualme dämmern. Dann schien er mich zu erkennen, sein Mund tat sich zitternd auf, beglückt sah er zu mir empor und stammelte leise mit einer wirr-geheimnisvollen Vertraulichkeit:

»Es geht gut ... Ich habe es gleich gewusst, wie ich hereinkam und sah, dass Er hier ist ... Ich habe es gleich gewusst ...«

Ich verstand ihn nicht. Ich merkte nur, dass er betrunken war vom Spiel, dass dieser Wahnwitzige alles vergessen hatte, sein Gelöbnis, seine Verabredung, mich und die Welt. Aber selbst in dieser Besessenheit war seine Ekstase für mich so hinreißend, dass ich unwillkürlich seiner Rede mich unterwarf und betroffen fragte, wer denn hier sei.

»Dort, der alte russische General mit dem einen Arm«, flüsterte er, ganz an mich gedrückt, damit niemand das magische Geheimnis erlausche. »Dort, der mit den weißen Kotelettes und dem Diener hinter sich. Er gewinnt immer, ich habe ihn schon gestern beobachtet, er muss ein System haben, und ich setze immer das Gleiche ... Auch gestern hat er immer gewonnen ... nur habe ich den Fehler gemacht, weiterzuspielen, als er wegging ... das war mein Fehler ... er muss gestern zwanzigtausend Franken gewonnen haben ... und auch heute gewinnt er mit jedem Zug ... jetzt setze ich ihm immer nach ... Jetzt ...«

Mitten in der Rede brach er plötzlich ab, denn der Croupier rief sein schnarrendes »Faites votre jeu!« und schon taumelte sein Blick fort und gierte hin zu dem Platz, wo gravitätisch und gelassen der weißbärtige Russe saß und bedächtig erst ein Goldstück, dann zögernd ein zweites auf das vierte Feld hinlegte. Sofort griffen die hitzigen Hände vor mir in den Haufen und warfen eine Handvoll Goldstücke auf die gleiche Stelle. Und als nach einer Minute der Croupier »Zero!« rief und sein Rechen mit einer einzigen Drehung den ganzen Tisch blankfegte, starrte er wie einem Wunder dem wegströmenden Gelde nach. Aber meinen Sie, er hätte sich nach mir umgewendet: nein, er hatte mich vollkommen vergessen; ich war herausgesunken, verloren, vergangen aus seinem Leben, seine ganzen angespannten Sinne starrten nur hin zu dem russischen General, der, vollkommen gleichgültig, wieder zwei Goldstücke in der Hand wog, unschlüssig, auf welche Zahl er sie platzieren sollte.

Ich kann Ihnen meine Erbitterung, meine Verzweiflung nicht schildern. Aber denken Sie sich mein Gefühl: für einen Menschen, dem man sein ganzes Leben hingeworfen hat, nicht mehr als eine Fliege zu sein, die man lässig mit der lockeren Hand wegscheucht. Wieder kam diese Welle von Wut über mich. Mit vollem Griff packte ich seinen Arm, dass er auffuhr.

»Sie werden sofort aufstehen!«, flüsterte ich ihm leise, aber befehlend zu. »Erinnern Sie sich, was Sie heute in der Kirche geschworen, Sie eidbrüchiger, erbärmlicher Mensch.«

Er starrte mich an, betroffen und ganz blass. Seine Augen bekamen plötzlich den Ausdruck eines geschlagenen Hundes, seine Lippen zitterten. Er schien sich mit einem Mal alles Vergangenen zu erinnern, und ein Grauen vor sich selbst, ihn zu überkommen.

»Ja ... ja ...«, stammelte er. »O mein Gott, mein Gott ... Ja ... ich komme schon, verzeihen Sie ...«

Und schon raffte seine Hand das ganze Geld zusammen, schnell zuerst, mit einem zusammenreißenden, vehementen Ruck, aber dann allmählich träger werdend und wie von einer Gegenkraft zurückgeströmt. Sein Blick war neuerdings auf den russischen General gefallen, der eben pointierte.

»Einen Augenblick noch ...«, er warf rasch fünf Goldstücke auf das gleiche Feld ... »Nur noch dieses eine Spiel ... Ich schwöre Ihnen, ich komme sofort ... nur noch dieses eine Spiel ... nur noch ...«

Und wieder verlosch seine Stimme. Die Kugel hatte zu rollen begonnen und riss ihn mit sich. Wieder war der Besessene mir, war er sich selber entglitten, hinabgeschleudert mit dem Kreisel in die glatte Mulde, innerhalb derer die winzige Kugel kollerte und sprang. Wieder rief der Croupier, wieder scharrte der Rechen die fünf Goldstücke von ihm weg; er hatte verloren. Aber er wandte sich nicht um. Er hatte mich vergessen, wie den Eid, wie das Wort, das er mir vor einer Minute gegeben. Schon wieder zuckte seine gierige Hand nach dem eingeschmolzenen Gelde, und nur zu dem Magnet seines Willens, zu dem glückbringenden Gegenüber hin flackerte sein betrunkener Blick.

Meine Geduld war zu Ende. Ich rüttelte ihn nochmals, aber jetzt gewaltsam. »Auf der Stelle stehen Sie jetzt auf! Sofort! ... Sie haben gesagt, dieses Spiel noch ...« Aber da geschah etwas Unerwartetes. Er riss sich plötzlich herum, doch das Gesicht, das mich ansah, war nicht mehr das eines Demütigen und Verwirrten, sondern eines Rasenden, eines Bündels Zorn mit brennenden Augen und vor Wut zitternden Lippen. »Lassen Sie mich in Ruhe!«, fauchte er mich an. »Gehen Sie weg! Sie bringen mir Unglück. Immer, wenn Sie da sind, verliere ich. So haben Sie es gestern gemacht und heute wieder. Gehen Sie fort!«

Ich war einen Augenblick starr. Aber an seiner Tollheit wurde nun auch mein Zorn zügellos.

»Ich bringe Ihnen Unglück?«, fuhr ich ihn an. »Sie Lügner, Sie Dieb, der Sie mir geschworen haben...«

Doch ich kam nicht weiter, denn der Besessene sprang von seinem Platze auf, stieß mich, gleichgültig um den sich regenden Tumult, zurück. »Lassen Sie mich in Frieden«, schrie er hemmungslos laut. »Ich stehe nicht unter Ihrer Kuratel ... da ... da... da haben Sie Ihr Geld«, und er warf mir ein paar Hundertfrankenscheine hin ... »Jetzt aber lassen Sie mich in Ruhe!«

Ganz laut, wie ein Besessener hatte er das gerufen, gleichgültig gegen die hundert Menschen ringsum. Alles starrte, zischelte, deutete, lachte, ja vom Nachbarsaal selbst drängten neugierige Leute herein. Mir war, als würden mir die Kleider vom Leibe gerissen und ich stünde nackt vor allen diesen Neugierigen ... »Silence, Madame, s'il vous plaît!«, sagte laut und herrisch der Croupier und klopfte mit dem Rechen auf den Tisch. Mir galt das, mir, das Wort dieses erbärmlichen Gesellen. Erniedrigt, von Scham übergossen, stand ich vor der zischelnd aufflüsternden Neugier wie eine Dirne, der man Geld hingeschmissen hat. Zweihundert, dreihundert unverschämte Augen griffen mir ins Gesicht, und da ... wie ich ausweichend, ganz geduckt vor dieser Jauche von Erniedrigung und Scham mit dem Blick zur Seite bog, da stieß er gradwegs in zwei Augen, gleichsam schneidend vor Überraschung – es war meine Cousine, die mich entgeistert anblickte, aufgegangenen Mundes und mit einer wie im Schreck erhobenen Hand.

Das schlug in mich hinein: noch ehe sie sich regen konnte, sich erholen von ihrer Überraschung, stürmte ich aus dem Saale; es trug mich noch gerade hin bis zu der Bank, zu eben derselben Bank, auf die gestern jener Besessene hingestürzt war. Und ebenso kraftlos, ebenso ausgeschöpft und zerschmettert fiel ich hin auf das harte, unbarmherzige Holz. –

Das ist jetzt vierundzwanzig Jahre her, und doch, wenn ich an diesen Augenblick, wo ich dort, niedergepeitscht von seinem Hohn, vor tausend fremden Menschen stand, mich erinnere, wird mir das Blut kalt in den Adern. Und ich spüre wieder erschrocken, eine wie schwache, armselige und quallige Substanz das doch sein muss, was wir immer großspurig Seele, Geist, Gefühl, was wir Schmerzen nennen, da all dies selbst im äußersten Übermaß nicht vermag, den leidenden Leib, den zerquälten Körper völlig zu zersprengen – weil man ja doch solche Stunden mit weiterpochendem Blut überdauert, statt hinzusterben und hinzustürzen wie ein Baum unterm Blitz. Nur für einen Ruck, für einen Augenblick hatte dieser Schmerz mir die Gelenke durchgerissen, dass ich hinfiel auf jene Bank, atemlos, stumpf und mit einem geradezu wollüstigen Vorgefühl des Absterbenmüssens. Aber ich sagte es eben, aller Schmerz ist feige, er zuckt zurück vor der übermächtigen Forderung nach Leben, die stärker in unserem Fleisch verhaftet scheint als alle Todesleidenschaft in unserem Geiste. Unerklärlich mir selbst nach solcher Zerschmetterung der Gefühle: aber doch, ich stand wieder auf, nicht wissend freilich, was zu tun. Und plötzlich fiel mir ein, dass ja meine Koffer am Bahnhof bereitstanden, und schon jagte es durch mich hin: fort, fort, fort, nur fort von hier, von diesem verfluchten Höllenhaus. Ich lief ohne auf jemand achtzugeben an die Bahn, fragte, wann der nächste Zug nach Paris ginge; um zehn Uhr sagte mir der Portier, und sofort ließ ich mein Gepäck aufgeben. Zehn Uhr – dann waren genau vierundzwanzig Stunden vorbei seit jener entsetzlichen Begegnung, vierundzwanzig Stunden, so gefüllt vom wechselnden Wetterschlag der widersinnigsten Gefühle, dass meine innere Welt für immer zerschmettert war. Aber zunächst spürte ich nichts als ein Wort in diesem ewig hämmernden, zuckenden Rhythmus: fort! fort! fort! Mein Puls hinter der Stirn schlug wie ein Keil es immer wieder in die Schläfen hinein: fort! fort! fort! Fort von dieser Stadt, fort von mir selbst, nach Hause, zu meinen Menschen, zu meinem früheren, zu meinem eigenen Leben! Ich fuhr die Nacht durch nach Paris, dort von einem Bahnhof zum andern und direkt nach Boulogne, von Boulogne nach Dover, von Dover nach London, von London zu meinem Sohn – alles in diesem einzigen jagenden Flug, ohne zu überlegen, ohne zu denken, achtundvierzig Stunden, ohne Schlaf, ohne Wort, ohne Essen, achtundvierzig Stunden, während derer alle Räder nur dieses eine Wort ratterten: fort! fort! fort! fort! Als ich endlich, unerwartet für jeden Einzelnen, bei meinem Sohn im Landhaus eintrat, schraken sie alle auf: irgend etwas muss in meinem Wesen, in meinem Blick gestanden haben, das mich verriet. Mein Sohn wollte mich umarmen und küssen. Ich bog mich zurück: der Gedanke war mir unerträglich, dass er Lippen berühren sollte, die ich als geschändet empfand. Ich wehrte jeder Frage, verlangte nur ein Bad, denn dies war mir Bedürfnis, mit dem Schmutz der Reise auch alles andere von meinem Körper wegzuwaschen, was noch von der Leidenschaft dieses Besessenen, dieses Unwürdigen ihm anzuhaften schien. Dann schleppte ich mich hinauf in mein Zimmer und schlief zwölf, vierzehn Stunden einen dumpfen, steinernen Schlaf, wie ich ihn nie zuvor und nie seitdem geschlafen habe, einen Schlaf, nach dem ich nun weiß, wie das sein muss, in einem Sarg zu liegen und tot zu sein. Meine Verwandten kümmerten sich um mich wie um eine Kranke, aber ihre Zärtlichkeit tat mir nur weh, ich schämte mich ihrer Ehrfurcht, ihres Respekts, und unablässig musste ich mich hüten, nicht plötzlich herauszuschreien, wie sehr ich sie alle verraten, vergessen und schon verlassen hatte um einer tollen und wahnwitzigen Leidenschaft willen.

Ziellos fuhr ich dann wieder in eine kleine französische Stadt, wo ich niemanden kannte, denn mich verfolgte der Wahn, jeder Mensch könne mir von außen beim ersten Blick meine Schande, meine Veränderung ansehen, so sehr fühlte ich mich verraten und beschmutzt bis in die tiefste Seele. Manchmal, wenn ich morgens aufwachte in meinem Bett, hatte ich eine grauenhafte Angst, die Augen zu öffnen. Wieder überfiel mich das Erinnern an diese Nacht, wo ich plötzlich neben einem fremden, halbnackten Menschen erwachte, und dann hatte ich immer nur, ganz wie damals, den einen Wunsch, sofort zu sterben.

Aber schließlich, die Zeit hat doch tiefe Macht und das Alter eine sonderbare entwertende Gewalt über alle Gefühle. Man spürt den Tod näher herankommen, sein Schatten fällt schwarz über den

Weg, da scheinen die Dinge weniger grell, sie fahren einem nicht mehr so in die inneren Sinne und verlieren viel von ihrer gefährlichen Gewalt. Allmählich kam ich über den Schock hinweg; und als ich nach langen Jahren einmal in einer Gesellschaft dem Attaché der österreichischen Gesandtschaft begegnete, einem jungen Polen, und er mir auf meine Erkundung nach jener Familie erzählte, dass ein Sohn dieses seines Vetters sich vor zehn Jahren in Monte Carlo erschossen habe – da zitterte ich nicht einmal mehr. Es tat kaum mehr weh: vielleicht – warum seinen Egoismus verleugnen? – tat es mir sogar wohl, denn nun war die letzte Furcht vorbei, noch jemals ihm zu begegnen: ich hatte keinen Zeugen mehr wider mich als die eigene Erinnerung. Seitdem bin ich ruhiger geworden. Altwerden heißt ja nichts anderes, als keine Angst mehr haben vor der Vergangenheit.

Und jetzt werden Sie es auch verstehen, wie ich plötzlich dazu kam, mit Ihnen über mein eigenes Schicksal zu sprechen. Als Sie Madame Henriette verteidigten und leidenschaftlich sagten, vierundzwanzig Stunden könnten das Schicksal einer Frau vollkommen bestimmen, fühlte ich mich selbst damit gemeint: ich war Ihnen dankbar, weil ich zum erstenmal mich gleichsam bestätigt fühlte. Und da dachte ich mir: einmal sichs wegsprechen von der Seele, vielleicht löst das den lastenden Bann und die ewig rückblickende Starre; dann kann ich morgen vielleicht hinübergehen und ebendenselben Saal betreten, in dem ich meinem Schicksal begegnet, und doch ohne Hass sein gegen ihn und gegen mich selbst. Dann ist der Stein von der Seele gewälzt, liegt mit seiner ganzen Wucht über aller Vergangenheit und verhütet, dass sie noch einmal aufersteht. Es war gut für mich, dass ich Ihnen all dies erzählen konnte: mir ist jetzt leichter und beinahe froh zumute ... ich danke Ihnen dafür.«

Bei diesen Worten war sie plötzlich aufgestanden, ich fühlte, dass sie zu Ende war. Etwas verlegen suchte ich nach einem Wort. Aber sie musste meine Berührung gefühlt haben und wehrte rasch ab. »Nein, bitte, sprechen Sie nicht ... ich möchte nicht, dass Sie mir etwas antworten oder sagen ... Seien Sie bedankt, dass Sie mir zugehört haben, und reisen Sie wohl.«

Sie stand mir gegenüber und reichte mir die Hand zum Abschied. Unwillkürlich sah ich auf zu ihrem Gesicht, und es schien mir rührend wunderbar, das Antlitz dieser alten Frau, die gütig und gleichzeitig leicht beschämt vor mir stand. War es der Widerschein vergangener Leidenschaft, war es Verwirrung, die da plötzlich mit aufsteigendem Rot die Wangen bis zum weißen Haar empor unruhig überglühte – aber ganz wie ein Mädchen stand sie da, bräutlich verwirrt von Erinnerungen und beschämt von dem eigenen Geständnis. Unwillkürlich ergriffen, drängte es mich sehr, ihr durch ein Wort meine Ehrfurcht zu bezeugen. Doch die Kehle wurde mir eng. Und da beugte ich mich nieder und küsste respektvoll ihre welke, wie Herbstlaub leicht zitternde Hand.

Verwirrung der Gefühle

Private Aufzeichnungen des Geheimrates R. v. D.

Sie haben es gut gemeint, meine Schüler und Kollegen von der Fakultät: da liegt, feierlich überbracht und kostbar gebunden, das erste Exemplar jener Festschrift, die zu meinem sechzigsten Geburtstag und zum dreißigsten meiner akademischen Lehrtätigkeit die Philologen mir gewidmet haben. Eine wahrhaftige Biographie ist es geworden; kein kleiner Aufsatz fehlt, keine Festrede, keine nichtige Rezension in irgendeinem gelehrten Jahrbuch, die nicht bibliographischer Fleiß dem papiernen Grabe entrissen hätte, – mein ganzer Werdegang, säuberlich klar, Stufe um Stufe, einer wohlgefegten Treppe gleich, ist er aufgebaut bis zur gegenwärtigen Stunde – wirklich, ich wäre undankbar, wollte ich mich nicht freuen an dieser rührenden Gründlichkeit. Was ich selbst verlebt und verloren gemeint, kehrt in diesem Bilde geeint und geordnet zurück: nein, ich darf es nicht leugnen, dass ich alter Mann die Blätter mit gleichem Stolz betrachtete wie einst der Schüler jenes Zeugnis seiner Lehrer, das ihm Fähigkeit und Willen zur Wissenschaft erstmalig bekundete.

Aber doch: als ich die zweihundert fleißigen Seiten durchblättert und meinem geistigen Spiegelbild genau ins Auge gesehen, musste ich lächeln. War das wirklich mein Leben, stieg es tatsächlich in so behaglich zielvollen Serpentinen von der ersten Stunde bis an die heutige heran, wie sichs hier aus papiernem Bestand der Biograph zurechtschichtet? Mir gings genau so, als da ich zum erstenmal meine eigene Stimme aus einem Grammophon sprechen hörte: ich erkannte sie vorerst gar nicht; denn wohl war dies meine Stimme, aber doch nur jene, wie die andern sie vernehmen und nicht ich selbst sie gleichsam durch mein Blut und im innern Gehäuse meines Seins höre. Und so ward ich, der ein Leben daran gewandt, Menschen aus ihrem Werke darzustellen und das geistige Gefüge ihrer Welt wesenhaft zu machen, gerade am eigenen Erlebnis wieder gewahr, wie undurchdringlich in jedem Schicksal der eigentliche Wesenskern bleibt, die plastische Zelle, aus der alles Wachstum dringt. Wir erleben Myriaden Sekunden, und doch wirds immer nur eine, eine einzige, die unsere ganze innere Welt in Wallung bringt, die Sekunde, da (Stendhal hat sie beschrieben) die innere, mit allen Säften schon getränkte Blüte blitzhaft in Kristallisation zusammenschießt – eine magische Sekunde gleich jener der Zeugung und gleich ihr verborgen im warmen Innern des eigenen Leibes, unsichtbar, untastbar, unfühlbar, einzig erlebtes Geheimnis. Keine Algebra des Geistes kann sie errechnen, keine Alchimie der Ahnung sie erraten, und selten errafft sie das eigene Gefühl.

Von jenem Geheimsten meiner geistigen Lebensentfaltung weiß jenes Buch kein Wort: darum musste ich lächeln. Alles ist wahr darin – nur das Wesenhafte fehlt. Es beschreibt mich nur, aber es sagt mich nicht aus. Es spricht bloß von mir, aber es verrät mich nicht. Zweihundert Namen umfasst das sorgfältig geklitterte Register – nur der eine fehlt, von dem aller schöpferische Impuls ausging, der Name des Mannes, der mein Schicksal bestimmte und nun wieder mit doppelter Gewalt mich in meine Jugend ruft. Von allen ist gesprochen, nur von ihm nicht, der mir die Sprache gab und in dessen Atem ich rede: und mit einemmal fühle ich dieses feige Verschweigen als eine Schuld. Ein Leben lang habe ich Bildnisse von Menschen gezeichnet, aus Jahrhunderten her Gestalten zurückerweckt für gegenwärtiges Gefühl, und gerade des mir Gegenwärtigsten, seiner habe ich niemals gedacht: so will ich ihm, dem geliebten Schatten, wie in homerischen Tagen zu trinken geben vom eigenen Blute, damit er wieder zu mir spreche und der längst schon Weggealterte bei mir, dem Alternden, sei. Ich will ein verschwiegenes Blatt legen zu den offenbaren, ein Bekenntnis des Gefühls neben das gelehrte Buch und mir selbst um seinetwillen die Wahrheit meiner Jugend erzählen.

Noch einmal, ehe ich beginne, blättere ich in jenem Buche, das mein Leben darzustellen vorgibt. Und wiederum muss ich lächeln. Denn wie wollten sie ans wahrhaft Innere meines Wesens heran, da sie einen falschen Einstieg wählten? Schon ihr erster Schritt geht fehl! Da fabelt ein mir wohlgesinnter Schulgenosse, gleichfalls Geheimrat heute, schon im Gymnasium hätte mich eine leidenschaftliche Liebe für die Geisteswissenschaften vor allen andern Pennälern ausgezeichnet. Falsch erinnert, lieber Geheimrat! Für mich war alles Humanistische schlecht ertragener, zähneknirschend durchgeschäumter Zwang. Gerade weil ich als Rektorssohn in jener norddeutschen Kleinstadt von Tisch und Stube her Bildung immer als Brotgeschäft betreiben sah, hasste ich alle Philologie von Kindheit an: immer setzt ja die Natur, ihrer mystischen Aufgabe gemäß, das

Schöpferische zu bewahren, dem Kinde Stachel und Hohn ein gegen die Neigung des Vaters. Sie will kein gemächliches kraftloses Erben, kein bloßes Fortsetzen und Weitertun von einem zum andern Geschlecht: immer stößt sie erst Gegensatz zwischen die Gleichgearteten und gestattet nur nach mühseligem und fruchtbarem Umweg dem Späteren Einkehr in der Voreltern Bahn. Genug, dass mein Vater die Wissenschaft heilig sprach, und schon empfand meine Selbstbehauptung sie als bloßes Klügeln mit Begriffen; weil er die Klassiker als Muster pries, schienen sie mir lehrhaft und darum verhasst. Von Büchern rings umgeben, verachtete ich die Bücher; immer zum Geistigen vom Vater gedrängt, empörte ich mich gegen jede Form schriftlich überlieferter Bildung; so war es nicht verwunderlich, dass ich nur mühsam bis zum Abiturium mich durchrang und dann mit Heftigkeit jede Fortsetzung des Studiums abwehrte. Ich wollte Offizier werden, Seemann oder Ingenieur; zu keinem dieser Berufe drängte mich eigentlich zwingende Neigung. Einzig der Widerwille gegen das Papierne und Didaktische der Wissenschaft ließ mich Praktisch-Tätiges statt des Akademischen fordern. Doch mein Vater bestand mit seiner fanatischen Ehrfurcht vor allem Universitätlichen auf meiner akademischen Ausbildung, und nichts als die Abschwächung gelang es mir durchzusetzen, dass ich statt der klassischen Philologie die englische wählen durfte (welche Zwitterlösung ich schließlich mit dem geheimen Hintergedanken hinnahm, dank der Kenntnis dieser maritimen Sprache dann leichter ausbrechen zu können in die unbändig ersehnte Seemannslaufbahn). Nichts ist also unrichtiger darum in jenem curriculum vitae als die freundliche Behauptung, ich hätte im ersten Berliner Semester, dank der Führung verdienstlicher Professoren, die Grundlagen der philologischen Wissenschaft gewonnen – was wusste meine ungestüm ausbrechende Freiheitsleidenschaft damals von Kollegien und Dozenten! Bei dem ersten flüchtigen Besuch des Hörsaals schon übermannte die muffige Luft, der pastorenhaft-monotone und gleichzeitig breitspurige Vortrag mich dermaßen mit Müdigkeit, dass ich mich anstrengen musste, den Kopf nicht schläfernd auf die Bank zu legen – das war ja nochmals die Schule, der ich glücklich entronnen zu sein glaubte, der mitgeschleppte Klassenraum mit dem überhöhten Katheder und der silbenstecherischen Kleinsachlichkeit: unwillkürlich war mir, als ob Sand aus den dünn aufgetanen Lippen des Geheimrats rinne, so zerrieben, so gleichmäßig rieselten die Worte des schleißigen Kollegienheftes in die dicke Luft. Der schon dem Schulknaben fühlbare Verdacht, in eine Leichenkammer des Geistes geraten zu sein, wo gleichgültige Hände an Abgestorbenem anatomisierend herumfingerten, schreckhaft erneute er sich in diesem Betriebsraum eines längst antiquarisch gewordenen Alexandrinertums – und wie intensiv erst wurde dieser abwehrende Instinkt, sobald ich von der mühsam ertragenen Lehrstunde hinaustrat in die Straßen der Stadt, jenes Berlin von damals, das, ganz überrascht von seinem eigenen Wachstum, strotzend von einer allzu plötzlich aufgeschossenen Männlichkeit aus allen Steinen und Straßen Elektrizität vorsprühte und ein hitzig pulsierendes Tempo jedem unwiderstehlich aufnötigte, das mit seiner raffenden Gier dem Rausch meiner eigenen, eben erst bemerkten Männlichkeit höchst ähnlich war. Beide, sie und ich, plötzlich aufgeschossen aus einer protestantisch ordnungshaften und umschränkten Kleinbürgerlichkeit, vorschnell hingegeben einem neuen Taumel von Macht und Möglichkeiten – beide, die Stadt und ich junger ausfahrender Bursche, vibrierten wir wie ein Dynamo von Unruhe und Ungeduld. Nie habe ich Berlin so verstanden, so geliebt als damals, denn genau wie in dieser überfließenden warmen Menschenwabe so drängte in mir jede Zelle nach plötzlicher Erweiterung – das Ungeduldigsein jeder starken Jugend, wo hätte es dermaßen sich entladen können als in dem zuckenden Schoße dieses heißen Riesenweibes, in dieser ungeduldigen, kraftausströmenden Stadt! Mit einem Ruck riss sie mich an, ich warf mich in sie, stieg hinab in ihre Adern, meine Neugier umlief hastig ihren ganzen steinernen und doch warmen Leib – von früh bis nachts trieb ich mich um in den Straßen, fuhr bis an die Seen, durchpirschte ihre Verstecke: wirklich, Besessenheit war es, mit der ich mich, statt des Studiums zu achten, in das Lebendig-Abenteuerliche des Auskundschaftens warf. Aber in dieser Übertreiblichkeit gehorchte ich freilich nur einer Besonderheit meiner Natur: von Kind auf schon unfähig zu Gleichzeitigkeiten, wurde ich immer sofort gefühlsblind für jede andere Beschäftigung; immer und überall hatte ich diesen bloß einlinig vorstoßenden Impetus, und noch heute in meiner Arbeit verbeiße ich mich meist so fanatisch in ein Problem, dass ichs nicht eher lasse, ehe ich nicht das Letzte, das Allerletzte seines Marks in den Zähnen fühle.

Damals nun wurde mir in Berlin das Freiheitsgefühl zu einem so übermächtigen Rausch, dass ich selbst die flüchtige Klausur der Vorlesungsstunde, ja die Umschlossenheit meines eigenen Zimmers nicht ertrug: alles schien mir Versäumnis, was nicht Abenteuer brachte. Und gewaltsam zäumte sich der ohrenfeuchte, eben erst vom Halfter gelassene Provinzjunge auf, recht männlich zu gelten: ich hospitierte in einer Verbindung, suchte meinem (eigentlich scheuen) Wesen etwas Keckes, Schmissiges, Ludriges zu geben, spielte, kaum acht Tage eingewöhnt, schon den Großstädter und Großdeutschen, lernte das Flegeln und Rekeln in den Caféhausecken als rechter Miles gloriosus mit verblüffender Geschwindigkeit. In dies Kapitel der Männlichkeit gehörten natürlich auch die Frauen – oder vielmehr: die Weiber, wie es in unserer studentischen Überheblichkeit hieß – und da kam mirs zupass, dass ich ein auffallend hübscher Junge war. Hochgewachsen, schlank, die bronzene Patina des Meeres noch frisch auf den Wangen, turnerisch gelenk in jeder Bewegung, fand ich leichtes Spiel gegenüber den käsigen, von der Stubenluft wie Heringe ausgedörrten Ladenschwengeln, die gleich uns allsonntags auf Beute in die Tanzlokale von Halensee und Hundekehle (damals noch weit außerhalb der Stadt) loszogen. Bald war es eine strohblonde Mecklenburger Dienstmagd mit milchweißer Haut, die ich, heiß vom Tanz, knapp vor ihrem Urlaubsheimgang noch in meine Bude schleppte, bald eine zappelige nervöse kleine Jüdin aus Posen, die bei Tietz Strümpfe verkaufte – billige Beute zumeist, leicht genommen und rasch den Kommilitonen weitergegeben. Aber in dieser unvermuteten Leichtigkeit des Gewinnens lag für den gestern noch ängstlichen Pennäler eine berauschende Überraschung – die billigen Erfolge steigerten meine Verwegenheit, und allmählich betrachtete ich die Straße einzig noch als Jagdplatz dieser vollkommen wahllosen, nur mehr sportlichen Abenteuerei. Als ich so einmal, einem hübschen Mädchen nachsteigend, unter die Linden kam und – wirklich zufällig – vor die Universität, musste ich lachen bei dem Gedanken, wie lange ich keinen Fuß über jene respektable Schwelle gesetzt. Aus Übermut trat ich mit einem gleichgesinnten Freunde ein; wir lüfteten nur die Tür, sahen (unglaublich lächerlich wirkte das) hundertfünfzig über die Bänke gebeugte skribelnde Rücken gleichsam mitbetend vor der Litanei eines psalmodierenden Weißbartes. Und schon klinkte ich wieder zu, ließ weiterhin das Bächlein jener trüben Beredsamkeit über die Schultern der Fleißigen rinnen und strotterte übermütig mit dem Genossen hinaus in die sonnige Allee. Manchmal will mir dünken, niemals habe ein junger Mensch dümmer seine Zeit vertan als ich in jenen Monaten. Ich las kein Buch, ich bin gewiss, kein vernünftiges Wort geredet, keinen wirklichen Gedanken gedacht zu haben – aus Instinkt wich ich aller kultivierten Geselligkeit aus, nur um mit dem wach gewordenen Leibe stärker die Beize des Neuen und bislang Verbotenen zu fühlen. Nun mag ja dies Besaufen am eigenen Saft, dies zeitverschwenderische Wider-sich-selber-Wüten irgendwie zum Wesen jeder starken und plötzlich freigegebenen Jugend gehören – dennoch machte meine besondere Besessenheit diese Art Lotterei schon gefährlich und nichts wahrscheinlicher, als dass ich völlig verbummelt oder zumindest in einer Dumpfheit des Gefühles untergegangen wäre, hätte nicht ein Zufall plötzlich den inneren Absturz gedämpft.

Dieser Zufall – heute nenne ich ihn dankbar einen glücklichen – bestand darin, dass unvermuteterweise mein Vater zu einer Rektorenkonferenz für einen Tag nach Berlin ins Ministerium beordert wurde. Als professioneller Pädagoge nutzte er die Gelegenheit, um ohne Ankündigung seines Kommens eine Stichprobe auf mein Betragen zu versuchen und mich Ahnungslosen zu überraschen. Dieser Überfall, vortrefflich gelang er ihm. Wie meistens hatte ich um die Abendstunde in meiner billigen Studentenbude im Norden – der Zugang ging durch die mittels eines Vorhangs abgeteilte Küche der Hausfrau – ein Mädel zu höchst vertraulichem Besuch, als vernehmlich an die Tür gepocht wurde. Einen Kollegen vermutend, murrte ich unwillig zurück: »Bin nicht zu sprechen.« Aber nach einer kurzen Pause wiederholte sich das Klopfen, einmal, zweimal und dann mit hörbarer Ungeduld ein drittes Mal. Zornig fuhr ich in die Hose, um den impertinenten Störer ausgiebig abzufertigen, und so, das Hemd halb offen, die Hosenträger niederpendelnd, die Füße nackt, riss ich die Tür auf, um sofort, wie mit der Faust über die Schläfe geschlagen, im Dunkel des Vorraums die Silhouette meines Vaters zu erkennen. Von seinem Gesicht nahm ich im Schatten kaum mehr wahr als die Brillengläser, die im Rückschein funkelten. Aber dieser Schattenriss genügte schon, dass jenes bereits frech vorbereitete Wort mir wie eine scharfe Gräte würgend in der Kehle stecken blieb: einen Augenblick stand ich betäubt. Dann musste ich ihn – entsetzliche Sekunde! – demütig bitten, einige Minuten in der Küche zu warten, bis ich mein Zimmer in Ordnung gebracht hätte. Wie gesagt: ich sah sein Gesicht nicht, aber ich spürte, er verstand. Ich spürte es an seinem Schweigen, an der verhaltenen Art, wie er, ohne mir die Hand zu reichen, mit einer angewiderten Geste hinter den Vorhang in die Küche trat. Und dort, vor einem nach aufgewärmtem Kaffee und Rüben dunstenden Eisenherd musste der alte Mann zehn Minuten stehend warten, zehn für mich und ihn gleicherweise erniedrigende Minuten, bis ich das Mädel aus dem Bett in ihre Kleider getrieben und an dem wider Willen Lauschenden vorbei aus der Wohnung. Er musste ihren Schritt hören, und wie die Falten des Vorhangs bei ihrem eiligen Verschwinden im Luftzug vorschlugen; und noch immer konnte ich den alten Mann nicht aus dem entwürdigenden Versteck holen: zuvor musste die überdeutliche Unordnung des Bettes beseitigt sein. Dann erst trat ich – nie war ich beschämter in meinem Leben gewesen – vor ihn hin.

Mein Vater hat Haltung gehabt in dieser argen Stunde, noch heute danke ich ihm innerlich dafür. Denn immer, wenn ich des längst Hingeschiedenen mich erinnern will, verweigere ich mir, ihn aus der Perspektive des Schülers zu sehen, der ihn einzig als Korrigiermaschine, als unablässig mäkelnden, auf Genauigkeit versessenen Schulfuchs zu verachten beliebte, sondern immer nehme ich mir sein Bild von diesem seinem menschlichsten Augenblick, da der alte Mann zutiefst angewidert und doch sich bezähmend wortlos hinter mir in das durchschwülte Zimmer trat. Er trug den Hut und die Handschuhe in der Hand: unwillkürlich wollte er sie ablegen, aber dann kam eine Geste des Ekels, als hätte er Widerwillen, mit irgendeinem Teil seines Wesens an diesen Schmutz zu rühren. Ich bot ihm einen Sessel; er antwortete nicht, nur eine wegwerfende Gebärde stieß alle Gemeinschaft mit Gegenständen dieses Raumes von sich fort.

Nach einigen eiskalten Augenblicken abgewandten Dastehens nestelte er endlich die Brille herab und putzte sie umständlich, was bei ihm, ich wusste es, Verlegenheit verriet; auch entging mirs nicht, wie der alte Mann, als er sie wieder aufsetzte, mit dem Handrücken über das Auge fuhr. Er schämte sich vor mir, und ich schämte mich vor ihm, keiner fand ein Wort. Im Geheimen fürchtete ich, er würde einen Sermon, eine schönrednerische Ansprache in jenem gutturalen Ton beginnen, den ich von der Schule her an ihm hasste und höhnte. Aber – und heute danke ich ihm noch dafür – der alte Mann blieb stumm und vermied, mich anzusehen. Endlich ging er hin zu dem wackligen Gestell, wo meine Studienbücher standen, schlug sie auf – der erste Blick musste ihn schon überzeugen, sie seien unberührt und meist unaufgeschnitten. »Deine Kollegienhefte!« – Dieser Befehl war sein erstes Wort. Zitternd reichte ich sie ihm hin, wusste ich doch, die stenographischen Notizen umfassten bloß eine einzige Lehrstunde. Er überflog die zwei Seiten mit einer raschen Wendung, legte, ohne das mindeste Zeichen von Erregung, die Hefte auf den Tisch. Dann zog er einen Stuhl heran, setzte sich nieder, sah mich ernst, aber ohne jeden Vorwurf an und fragte: »Nun, wie denkst du über das alles? Was soll da werden?«

Diese ruhige Frage stampfte mich in den Boden. Alles war in mir schon gekrampft gewesen: hätte er mich gescholten, ich wäre anmaßend losgefahren, hätte er rührselig mich ermahnt, ich hätte ihn verhöhnt. Aber diese sachliche Frage brach meinem Trotz die Gelenke: ihr Ernst forderte Ernst, ihre erzwungene Ruhe Respekt und innere Bereitschaft. Was ich antwortete, wage ich mich kaum zu erinnern, wie auch das ganze Gespräch, das nun folgte, mir noch heute nicht in die Feder will: es gibt plötzliche Erschütterungen, eine Art innern Aufschwalls, der, wiedererzählt, wahrscheinlich sentimental klingen würde, gewisse Worte, die nur ganz einmalig wahr sind, zwischen vier Augen und auffahrend aus einem unvermuteten Tumult des Gefühls. Es war das einzige wirkliche Gespräch, das ich jemals mit meinem Vater führte, und ich hatte kein Bedenken, mich freiwillig zu demütigen: ich legte alle Entscheidung in seine Hände. Er aber bot mir nur den Rat, ich möchte Berlin verlassen und das nächste Semester an einer kleinen Universität studieren, er sei gewiss, tröstete er beinahe, ich würde von nun ab mit Leidenschaft das Versäumte nachholen. Sein Vertrauen erschütterte mich; in dieser einen Sekunde fühlte ich alles Unrecht, das ich dem in eine kalte

Förmlichkeit verbarrikadierten alten Mann eine ganze Jugend lang angetan. Ich musste vehement in die Lippen beißen, um die Tränen zu zwingen, nicht heiß aus den Augen zu stürzen. Aber auch er mochte Ähnliches fühlen, denn er reichte mir plötzlich die Hand, hielt sie zitternd einen Augenblick und hastete dann hinaus. Ich wagte ihm nicht zu folgen, blieb unruhig und verwirrt und wischte mir mit dem Taschentuch das Blut von der Lippe: so sehr hatte ich, um mein Gefühl zu bemeistern, die Zähne in sie eingebissen.

Das war die erste Erschütterung, die ich, der Neunzehnjährige, erfuhr – sie warf das ganze bombastische Kartenhaus von Männischkeit, Studenterei, Selbstherrlichkeit, das ich in drei Monaten gebaut, ohne den Hauch eines starken Wortes zusammen. Ich fühlte mich fest genug, nun auf alle mindern Vergnüglichkeiten dank des herausgeforderten Willens zu verzichten, Ungeduld überkam mich, die verschwendete Kraft am Geistigen zu erproben, eine Gier nach Ernst, Nüchternheit, Zucht und Strenge. In dieser Zeit verschwor ich mich ganz dem Studium wie einem klösterlichen Opferdienst, freilich unkund des hohen Rausches, der mich in der Wissenschaft erwartete, und ahnungslos, dass auch in jener gesteigerten Welt des Geistes Abenteuer und Fährnis dem Ungestümen immer bereitet sind.

Die kleine Provinzstadt, die ich im Einverständnis mit meinem Vater für das nächste Semester gewählt, lag in Mitteldeutschland. Ihr weiter akademischer Ruhm stand in krassem Missverhältnis zu dem dünnen Häufchen von Häusern, die das Universitätsgebäude umlagerten. Ich hatte nicht viel Mühe, vom Bahnhof, wo ich vorerst mein Gepäck ließ, zur Alma mater mich durchzufragen, und auch innerhalb des altertümlich weitläufigen Hauses spürte ich sofort, um wieviel rascher der innere Kreis sich hier zusammenschloss als in jenem Berliner Taubenschlag. In zwei Stunden war die Inskription besorgt, die meisten Professoren besucht, nur meines Ordinarius, des Lehrers der englischen Philologie, konnte ich nicht sofort habhaft werden, doch wurde mir bedeutet, dass er nachmittags gegen vier Uhr im Seminar anzutreffen sei.

Von jener Ungeduld getrieben, nicht eine Stunde zu versäumen, ebenso leidenschaftlich nun im Anlauf gegen die Wissenschaft wie vordem in ihrer Vermeidung, befand ich mich – nach flüchtigem

Rundgang durch die im Vergleich mit Berlin narkotisch schlafende Kleinstadt – um vier Uhr pünktlich an der angegebenen Stelle. Der Pedell wies mir die Tür des Seminars. Ich klopfte an. Und da mir dünkte, von innen hätte eine Stimme geantwortet, trat ich ein.

Aber ich hatte unrichtig gehört. Niemand hatte mich eintreten geheißen, und der undeutliche Laut, den ich vernommen, war nur die erhobene, zu energischer Rede aufgeschwungene Stimme des Professors, der vor dem enggescharten und nah an ihn herangezogenen Kreis von etwa zwei Dutzend Studenten eine offenbar improvisierte Ansprache hielt. Peinlich berührt, durch mein Misshören ohne Erlaubnis eingetreten zu sein, wollte ich mich wieder leise hinausdrücken, fürchtete aber gerade dadurch Aufmerksamkeit zu erregen, denn bislang hatte mich noch keiner der Zuhörer bemerkt. Ich blieb also, nahe der Tür, und hörte unwillkürlich genötigt zu.

Der Vortrag schien offensichtlich aus einem Kolloquium oder einer Diskussion selbsttätig emporgewachsen zu sein, daraufhin deutete wenigstens die lockere und durchaus zufällige Gruppierung des Lehrers und seiner Schüler: er saß nicht dozierend auf distanzierendem Sessel, sondern, das Bein leicht überhängend, in fast burschikoser Weise auf einem der Tische, und um ihn scharten sich die jungen Menschen in unbeabsichtigten Stellungen, deren ursprüngliche Nachlässigkeit erst das interessierte Zuhören zu einer plastischen Unbeweglichkeit fixiert haben mochte. Man sah, sie mussten sprechend beisammengestanden haben, als plötzlich der Lehrer sich auf den Tisch schwang, dort von erhöhter Stellung mit dem Worte wie mit einem Lasso sie an sich heranzog und reglos an ihre Stelle bannte. Und es bedurfte nur weniger Minuten, als ich selbst schon, vergessend das Ungerufene meiner Gegenwart, das faszinierend Starke seiner Rede magnetisch wirkend fühlte; unwillkürlich trat ich näher heran, um über dem Wort die merkwürdig wölbenden und umschließenden Gesten der Hände zu sehen, die manchmal, wenn ein Wort herrisch vorstieß, sich wie Flügel spreizten, zuckend nach oben fuhren, um dann allmählich in der beruhigenden Geste eines Dirigenten musikalisch niederzuschweben. Und immer hitziger stürmte die Rede, indes der Beschwingte, wie von der Kruppe eines galoppierenden Pferdes, von dem harten Tische sich rhythmisch aufhob und atemlos fortjagte in diesen stürmenden, mit blitzenden Bildern durchjagten Gedankenflug. Niemals noch hatte ich einen Menschen so begeistert, so wahrhaft mitreißend reden gehört – zum erstenmal erlebte ich das, was die Lateiner raptus nennen, das Fortgetragensein eines Menschen über sich selbst hinaus: nicht für sich, nicht für die andern sprach hier eine jagende Lippe, es fuhr von ihr weg wie Feuer aus einem innen entzündeten Menschen.

Nie hatte ich dies erlebt, Rede als Ekstase, Leidenschaft des Vortrags als elementares Geschehen, und wie ein Ruck riss dies Unerwartete mich heran. Ohne zu wissen, dass ich ging, hypnotisch herangezogen von einer Macht, die stärker als Neugier war, mit jenen muskellosen Schritten, wie sie Schlafwandler haben, schob es mich magisch in den engen Kreis: unbewusst stand ich plötzlich innen, zehn Zoll von ihm und mitten unter den andern, die gleichfalls zu gebannt waren, um mich oder irgend etwas wahrzunehmen. Ich strömte ein in die Rede, mitgerissen in ihre Strömung, ohne von ihrem Ursprung zu wissen: offenbar musste einer der Studenten Shakespeare als meteorische Erscheinung gerühmt haben, den Mann da oben aber reizte es, zu zeigen, dass er nur der stärkste Ausdruck, die seelische Aussage einer ganzen Generation war, sinnlicher Ausdruck einer leidenschaftlich gewordenen Zeit. Mit einem einzigen Riss stellte er jene ungeheure Stunde Englands dar, jene einzige Sekunde der Ekstase, wie sie im Leben jedes Volkes gleichwie in dem jedes Menschen unvermutet aufbrechen, alle Kräfte zusammenziehend zu einem mächtigen Stoß ins Ewige hinein. Plötzlich war die Erde breiter geworden, ein neuer Kontinent entdeckt, indes die älteste Macht des alten, das Papsttum, zusammenzubrechen drohte: hinter den Meeren, die ihnen nun gehören, seit die Armada Spaniens in Wind und Wellen zerschellte, rauschen neue Möglichkeiten auf, die Welt ist weit geworden, und unwillkürlich spannt sich die Seele, ihr gleich zu sein – auch sie will weit sein, auch sie bis ins Äußerste dringen im Guten und im Bösen; sie will entdecken, erobern, jenen Konquistadoren gleich, sie braucht eine neue Sprache, eine neue Kraft. Und über Nacht sind die Sprecher dieser Sprache, die Dichter, da, fünfzig, hundert in einem Jahrzehnt, wilde, unbändige Gesellen, die nicht wie die höfischen Poetlein vor ihnen arkadische Gärtchen bestellen und eine erlesene Mythologie versifizieren, – sie stürmen das Theater, sie schlagen im Bretterbau, wo vordem nur Tierhatzen und blutrünstige Spiele tobten, ihre Walstatt auf, und der heiße Durst von Blut ist noch in ihren Werken, ihr Drama selbst ein solcher Circus maximus, in dem die wilden Bestien des Gefühls heißhungrig übereinander herfallen. Löwenhaft tobt sich der Unband dieser leidenschaftlichen Herzen aus, einer will den andern überbieten in Wildheit und Überschwang, alles ist der Darstellung gestattet, alles erlaubt: Blutschande, Mord, Untat, Verbrechen, der maßlose Tumult alles Menschlichen feiert seine heiße Orgie; wie vordem aus ihrem Gefängnis die hungrigen Bestien, so stürzen nun brüllend und gefährlich die trunkenen Leidenschaften in die holzumgürtete Arena. Ein einziger Ausbruch explodiert wie eine Petarde, fünfzig Jahre dauert er an, ein Blutsturz, eine Ejakulation, ein einmalig Wildes, das die ganze Welt umprankt und zerreißt: kaum spürt man die einzelne Stimme, die einzelne Gestalt in dieser Orgie der Kraft. Einer hitzt sich an dem andern, jeder lernt, jeder stiehlt von dem andern, jeder kämpft, ihn zu überbieten, ihn zu übertreffen, und doch alle nur geistige Gladiatoren eines einzigen Festes, losgekettete Sklaven, vorwärtsgepeitscht vom Genius der Stunde. Aus schiefen dunklen Vorstadtstuben holt er sie her und aus Palästen, Ben Jonson, den Maurerenkel, Marlowe, den Schuhmachersohn, Massinger, den Kammerdienerspross, Philipp Sidney, den reichen gelehrten Staatsmann, aber der heiße Wirbel wühlt alle zusammen; heute sind sie gefeiert, morgen krepieren sie, Kyd, Heywoods, im tiefsten Elend, fallen verhungert wie Spenser in King Street zusammen, alles unbürgerliche Existenzen, Raufbolde, Hurentreiber, Komödianten, Betrüger, aber Dichter, Dichter, Dichter sie alle. Shakespeare ist nur ihre Mitte: »the very age and body of the time«, aber man hat gar nicht Zeit ihn zu sondern, so stürmt dieser Tumult, so üppig schießt Werk an Werk, Leidenschaft über Leidenschaft heran. Und plötzlich, zuckend, wie sie aufstieg, diese herrlichste Eruption der Menschheit, bricht sie wieder zusammen, das Drama ist zu Ende, England erschöpft, und hunderte Jahre dumpft wieder das nebelnasse Grau der Themse auch über dem Geist: in einem einzigen Ansturm hat ein ganzes Geschlecht alle Gipfel und Tiefen der Leidenschaft erstiegen, die übervolle, die tolle Seele sich heiß aus der Brust gespien – nun liegt das Land da, müde, erschöpft; ein silbenstecherischer Puritanismus schließt die Theater und verschließt damit die passionierte Rede, die Bibel nimmt wieder das Wort, das göttliche, wo das allermenschlichste die feurigste Beichte aller Zeiten gesprochen und ein einzig glühendes Geschlecht einmalig für Tausende gelebt.

Und mit plötzlicher Wendung fuhr unvermutet das Blindfeuer der Rede auf uns zu: »Versteht ihr nun, warum ich meine Vorlesung nicht in historischer Folge bei den Anfängen beginne, beim King Arthur und Chaucer, sondern aller Regel zu Trotz bei den Elisabethanern? Und versteht ihr, dass ich vor allem Vertrautheit mit ihnen verlange, Einleben in diese höchste Lebendigkeit? Denn es gibt kein philologisches Verstehen ohne Erleben, kein bloß grammatikalisches Wort ohne Erkenntnis der Werte, und ihr jungen Menschen sollt ein Land, eine Sprache, die ihr euch erobern wollt, zuerst in ihrer höchsten Schönheitsform sehen, in der starken Form seiner Jugend, seiner äußersten Leidenschaft. Erst müsst ihr bei den Dichtern die Sprache hören, bei ihnen, die sie schaffen und vollenden, ihr müsst Dichtung einmal atmend und warm am Herzen gespürt haben, ehe wir sie zu anatomisieren anfangen. Darum beginne ich immer mit den Göttern, denn England ist Elisabeth, ist Shakespeare und die Shakespearianer, alles Frühere Vorbereitung, alles Spätere lahmes Nachlaufen diesem eigenen kühnen Sprung ins Unendliche zu – hier aber, fühlt es, fühlt es selbst, ihr jungen Menschen, hier die lebendigste Jugend unserer Welt. Immer erkennt man ja jede Erscheinung, jeden Menschen nur in ihrer Feuerform, nur in der Leidenschaft. Denn aller Geist steigt aus dem Blut, alles Denken aus Leidenschaft, alle Leidenschaft aus Begeisterung – darum Shakespeare und die Seinen zuerst, die euch jungen Menschen erst wahrhaftig jung machen! Erst der Enthusiasmus, dann erst der Fleiß, erst Er, der Höchste, der Äußerste, Shakespeare, dies herrlichste Repetitorium der Welt, vor dem Studium des Worts!«

»Und nun genug für heute, – lebt wohl!« – Mit jäh abschließender Geste wölbte sich die Hand und taktierte herrisch unvermutet ab, indes er gleichzeitig vom Tische absprang. Wie auseinandergerüttelt fuhr mit einmal das dicht zusammengedrückte Bündel der Studenten schütter auf, Sessel knackten und polterten, Tische rückten, zwanzig verschlossene Kehlen huben mit einmal an zu reden, sich zu räuspern, breitströmig zu atmen – jetzt erst sah man, wie magnetisch die Bannung gewesen, die alle diese atmenden Lippen verschloss. Um so hitziger und hemmungsloser wogte nun im engen Raume das Durcheinander; einige traten auf den Lehrer zu, um ihm Dank oder ein anderes zu sagen, indes die übrigen heißen Gesichts untereinander ihre Eindrücke austauschten; keiner aber stand ruhig, keiner unberührt von der elektrischen Spannung, deren Kontakt brüsk gerissen war und von der doch Hauch und Feuer noch in der gedrängten Luft zu knistern schien.

Ich selbst konnte mich nicht rühren: ich war wie auf das Herz getroffen. Leidenschaftlich ich selbst, und fähig, alles nur passioniert, mit einem vorstürzenden Stoß aller Sinne zu begreifen, hatte ich zum erstenmal von einem Lehrer, von einem Menschen mich gefasst gefühlt, eine Übermacht empfunden, vor der sich zu beugen Pflicht und Wollust sein musste. Meine Adern gingen warm, ich spürte es, mein Atem schneller, bis in meinen Körper hinein hämmerte sich dieser jagende Rhythmus und riss ungeduldig an jedem Gelenk. Endlich gab ich mir nach, drängte langsam in die vordere Reihe, das Gesicht dieses Mannes zu sehen, denn – sonderbar! – während er sprach, hatte ich seine Züge gar nicht wahrgenommen, so sehr waren sie vergangen, so sehr eingegangen in die Rede. Auch jetzt konnte ich vorerst nur ein ungenaues Profil schattenhaft erblicken: er stand, einem Studenten halb zugewandt, die Hand vertraulich auf die Schulter gelegt, im Zwielicht des Fensters. Aber selbst diese flüchtige Bewegung hatte eine Innigkeit und Anmut, wie ich sie niemals bei einem Schulmann für möglich gehalten.

Inzwischen waren einige Studenten auf mich aufmerksam geworden; und um nicht als unberufener Eindringling zu gelten, trat ich noch einige Schritte an den Professor heran und wartete, bis er sein Gespräch beendet. Nun erst gewann ich Zublick in sein Gesicht: ein Römerkopf, marmorn die Stirn gewölbt, und die blankschimmernde an den Seiten überbuscht von rückschlagender Welle weißen schopfigen Haares; ein imponierend kühner Oberbau geistiger Fraktur – unterhalb der tiefen Augenschatten aber rasch weich, fast weibisch werdend durch die glatte Rundung des Kinns, die unruhige Lippe, um die, ein Lächeln bald und bald ein unruhiger Riss, die Nerven flatterten. Was oben die Stirne mannhaft schön zusammenhielt, löste die nachgiebigere Plastik des Fleischlichen in etwas schlaffe Wangen und einen unsteten Mund; vorerst imposant und herrscherisch, wirkte von der Nähe gesehen sein Antlitz mühsam zusammengestrafft. Auch die körperliche Haltung sprach ein ähnlich Zwiefältiges aus. Seine Linke ruhte nachlässig auf dem Tisch oder schien wenigstens zu ruhen, denn unausgesetzt vibrierten kleine zitternde Triller über die Knöchel hin, und die schmalen, für eine Männerhand ein wenig zu zarten, ein wenig zu weichen Finger malten ungeduldig unsichtbare Figuren über die leere Holzplatte, indes seine von schweren Lidern gedeckten Augen anteilnehmend sich ins Gespräch beugten. War er unruhig, oder zitterte die Erregung noch in den aufgetriebenen Nerven nach: jedenfalls widersprach die fahrige Unbeherrschtheit der Hand dem ruhig Lauschenden und Abwartenden seines Gesichts, das ermattet und doch aufmerksam in die Zwiesprache mit dem Studenten vertieft schien.

Endlich kam die Reihe an mich, ich trat heran, nannte Namen und Absicht, und sofort hellte sich der Stern des Auges in der fast blauleuchtenden Pupille mir zu. Zwei, drei volle fragende Sekunden überkreiste dieser Glanz mein Gesicht vom Kinn bis ins Haar: ich mochte wohl errötet sein unter dieser mild inquisitorischen Betrachtung, denn er quittierte meine Verwirrung mit einem geschwinden Lächeln. »Also Sie wollen bei mir inskribieren: da müssen wir noch ausführlicher miteinander sprechen. Entschuldigen Sie mich, dass ichs nicht sofort tue. Ich habe jetzt noch einiges zu erledigen; vielleicht erwarten Sie mich unten vor dem Tor und begleiten mich dann nach Hause.« Dabei bot er mir die Hand, die zarte, schmale Hand, die sich leichter als ein Handschuh an meine Finger legte, schon dem Nächstwartenden freundlich zugewandt.

Zehn Minuten harrte ich vor dem Tor klopfenden Herzens. Was sagen, wenn er nach meinen Studien fragte, wie ihm bekennen, dass alles Dichterische weder meine Arbeit noch meine Mußestunden je beschäftigt? Würde er mich nicht missachten oder am Ende von vornherein ausschließen aus jenem feurigen Kreis, der mich heute magisch umfangen? Aber kaum dass er, rasch genähert und guten Lächelns, jetzt vortrat, nahm schon seine Gegenwart alle Befangenheit, ja, ohne dass er mich gedrängt, beichtete ich (unfähig vor ihm mich zu verbergen), mein erstes Semester so ziemlich versäumt zu haben. Wieder umfing mich jener warme anteilnehmende Blick. »Auch die Pause gehört zur Musik«, lächelte er ermutigend, und offenbar um mich nicht weiter in meiner Unwissenheit zu beschämen, erkundigte er sich nach bloß persönlichen Dingen, nach meiner Heimat, und wo ich hier zu wohnen gedächte. Als ich ihm mitteilte, ich hatte bislang noch kein Zimmer gefunden, bot er mir seine Hilfe an und riet, ich möchte vorerst in seinem Hause mich erkundigen, dort vermiete eine alte, halbtaube Frau ein nettes Zimmerchen, mit dem jeder seiner Schüler jeweils zufrieden gewesen sei. Und für alles andere wolle er selber sorgen: erfülle ich wirklich die Absicht, das Studium ernst zu nehmen, so betrachte er es als liebste Pflicht, mir in jeder Weise förderlich zu sein.

Wieder bot er mir, vor seiner Wohnung angelangt, die Hand und lud mich ein, ihn am nächsten Abend zu Hause zu besuchen, damit wir einen Studienplan gemeinsam ausarbeiteten. Und so groß war meine Dankbarkeit für die unverhoffte Güte dieses Menschen, dass ich nur ehrfürchtig seine Hand ertastete, verworren den Hut zog und vergaß, ihm mit einem Worte zu danken.

Selbstverständlich mietete ich sogleich das Zimmerchen im gleichen Hause. Ich hätte es nicht minder genommen, hätte es mir auch durchaus nicht zugesagt, und dies einzig aus dem naiv dankbaren Gefühl, diesem zauberischen Lehrer, der mir in einer Stunde mehr gegeben als alle andern, räumlich näher zu sein. Aber das Zimmerchen war reizend: das Dachgeschoss über der Wohnung meines Lehrers, ein wenig dunkel vom überhängenden Holzgiebel, gestattete es weitgerundeten Fensterblick auf die nachbarlichen Dächer und den Kirchturm; ferne sah man schon grünes Geviert und darüber die Wolken, die heimatgeliebten. Ein altes stocktaubes Frauchen sorgte mit rührender Mütterlichkeit für ihre jeweiligen Pfleglinge; in zwei Minuten war ich einig mit ihr, und eine Stunde später knirschte schon mein Koffer die knarrende Holztreppe hinauf.

An jenem Abend ging ich nicht mehr aus, ja ich vergaß zu essen, zu rauchen. Mit dem ersten Griff hatte ich aus dem Koffer den zufällig beigepackten Shakespeare geholt, ungeduldig, ihn (seit Jahren wieder zum erstenmal) zu lesen; meine Neugier war durch jenen Vortrag leidenschaftlich entzündet, und ich las gedichtetes Wort, wie ich es nie gelesen. Kann man derartige Verwandlungen erklären? Aber mit einmal ging mir eine Welt im Geschriebenen auf, die Worte zuckten nur so auf mich zu, als suchten sie mich seit Jahrhunderten; eine Feuerwoge lief der Vers, mich mitreißend, bis ins Adernwerk hinein, dass ich jene seltsame Gelockertheit in den Schläfen fühlte wie bei einem Flugtraum. Ich zuckte, ich zitterte, ich fühlte das Blut wärmer mich durchwogen, wie Fieber flogs mich an – all das war mir vordem nie geschehen, und ich hatte doch nichts erlebt als das Hören einer passionierten Rede. Aber von dieser Rede musste wohl noch Rausch in mir sein, ich hörte, wenn ich eine Zeile laut wiederholte, wie meine Stimme seine Stimme unbewusst nachahmte, die Sätze stürmten in gleichem fortschießendem Rhythmus, und meine Hände hatten Lust, genau wie die seinen wölbend auszufahren – wie durch Magie hatte ich in einer Stunde die Mauer, die bislang zwischen mir und der geistigen Welt stand, durchstoßen und entdeckte, der Leidenschaftliche, mir eine neue Leidenschaft, die mir treu geblieben ist bis zum heutigen Tage: die Lust am Mitgenießen alles Irdischen im beseelten Wort. Zufällig war ich auf den »Coriolan« gestoßen, und wie ein Taumel kams über mich, als ich in mir alle Elemente dieses fremdesten aller Römer fand: Stolz, Hochmut, Zorn, Hohn, Spott, alles Salz, alles Blei, alles Gold, alle Metalle des Gefühls. Was für eine neue Lust, dies magisch mit einmal zu ahnen, zu verstehen! Ich las und las, bis mir die Augen brannten; als ich auf die Uhr sah, zeigte sie halb vier. Beinahe erschreckt über die neue Gewalt, die sechs Stunden mir alle Sinne erregt und betäubt zugleich, löschte ich das Licht. Aber innen glühten und zuckten die Bilder noch weiter, ich konnte kaum schlafen vor Sehnsucht und Erwartung nach dem nächsten Tag, der die so zauberisch aufgetane Welt mir erweitern und ganz zu eigen machen sollte.

Aber der nächste Morgen brachte Enttäuschung. Ungeduldig hatte ich mich als einer der Ersten im Hörsaal eingefunden, wo mein Lehrer (denn so will ich ihn fortab nennen) sein Kolleg über englische Lautlehre lesen sollte. Schon als er eintrat, erschrak ich: war dies denn derselbe von gestern, oder hatte ihn nur meine erregte Stimmung und Erinnerung befeuert zu einem Coriolan, der auf dem Forum das Wort als Blitzstrahl führt, heldenhaft kühn, niederschlagend und bezwingend? Der hier mit leisem schleppenden Schritt eintrat, war ein alter müder Mann. Als sei eine leuchtende Mattscheibe von seinem Antlitz weggenommen, so merkte ich jetzt von der ersten Bankreihe seine fast kränklich matten Züge von scharfen Runzeln und breiten Schrunden durchackert; blaue Schatten höhlten Rinnsale querhin in das schlaffe Grau der Wangen. Über die Augen schatteten dem Lesenden zu schwere Lider, auch der Mund mit den zu blassen, zu schmalen Lippen gab dem Wort kein Metall: wo war seine Heiterkeit, der sich selbst aufjubelnde Überschwang? Selbst die Stimme schien mir fremd; gleichsam vom grammatikalischen Thema ernüchtert, ging sie steif durch trocken knirschenden Sand in monoton ermüdendem Schritt.

Unruhe überkam mich. Das war ja gar nicht der Mann, auf den ich seit der ersten wachen Stunde heute gewartet: wohin war sein Antlitz vergangen, sein gestern so astralisch mir erhelltes? Hier spulte ein abgenützter Professor sachlich sein Thema ab; immer horchte ich mit neuer Angst in sein Wort hinein, ob nicht doch jener Ton von gestern wiederkehren wollte, die warme Vibration, die wie eine klingende Hand in mein Gefühl gegriffen und zur Leidenschaft emporgestimmt. Immer unruhiger stieg mein Blick zu ihm auf, voll Enttäuschung das entfremdete Gesicht übertastend: das Antlitz hier, unleugbar, es war dasselbe, aber gleichsam entleert, enthöhlt aller zeugenden Kräfte, müde, alt, eines alten Mannes pergamentene Larve. Aber war derlei möglich? Konnte man so jung sein eine Stunde und so unjugendlich die nächste schon? Gab es derart plötzliche Wallungen des Geistes, dass sie mit dem Wort auch das Antlitz durchformen und um Jahrzehnte verjüngen?

Die Frage quälte mich. Wie ein Durst brannte mirs innen, mehr von diesem zwiefältigen Manne zu wissen. Und einer plötzlichen Eingebung folgend, eilte ich, kaum dass er blicklos an uns vorbei das Katheder verlassen, in die Bibliothek und forderte seine Werke. Vielleicht war er nur müde gewesen heute, sein Elan von einem Unbehagen des Leibes gedämpft: hier aber, im dauernd Niedergelegten der Gestaltung musste doch Einstieg und Schlüssel sein in seine mich merkwürdig anfordernde Erscheinung. Der Diener brachte die Bücher: ich erstaunte, wie wenige. In zwanzig Jahren hatte der alternde Mann also nicht mehr veröffentlicht als diese dünne Reihe loser Bändchen, Einleitungen, Vorreden, eine Diskussion über die Echtheit des Shakespeareschen Perikles, ein Vergleich zwischen Hölderlin und Shelley (dies freilich zu einer Zeit, wo weder der eine noch der andere seinem Volke als Genius galt) und sonst nur philologischen Kleinkram? Freilich: in allen Schriften war als vorbereitet ein zweibändiges Werk angekündigt: »Das Globe-Theater, seine Geschichte, seine Darstellung, seine Dichter«, doch trotzdem jene erste Voranzeige bereits zwei Jahrzehnte rückdatierte, bestätigte mir der Bibliothekar auf eine nochmalige Anfrage, niemals sei es erschienen. Ein wenig zaghaft und schon nur mehr mit halbem Mut blätterte ich die Schriften an, sehnsüchtig, aus ihnen die rauschende Stimme, jenes Hinbrausen des Rhythmus mir zu erneuern. Aber der Schritt dieser Schriften pendelte beharrlichen Ernstes, nirgends zitterte der heiß taktierte, sich selbst wie Welle die Welle überspringende Rhythmus jener rauschenden Rede. Wie schade, seufzte etwas in mir! Ich hätte mich selbst schlagen können, so bebte ich von Zorn und Misstrauen gegen mein allzu rasch und leichtgläubig ihm hingeliehenes Gefühl.

Aber nachmittags im Seminar erkannte ich ihn wieder. Diesmal sprach er zunächst nicht selber. Nach englischer College-Sitte waren diesmal zwei Dutzend Studenten zur Diskussion in Redner und Widerredner geteilt, als Thema neuerdings eins aus seinem geliebten Shakespeare gesetzt, nämlich, ob Troilus und Cressida (sein Lieblingswerk) als parodistische Figuren zu gelten hätten, das Werk selbst als Satyrspiel oder eine hinter Hohn verdeckte Tragödie. Bald entzündete sich, von seiner geschickten Hand angefacht, aus bloß geistigem Gespräch eine elektrische Erregung – Argument sprang schlagkräftig gegen lässige Behauptung, Zwischenrufe stachelten scharf und schneidend die Diskussion zur Hitzigkeit, bis die jungen Menschen fast feindlich aufeinander losfuhren. Dann erst, als die Funken klirrten, sprang er dazwischen, lockerte den allzu heftigen Zugriff, die Diskussion geschickt auf das Thematische zurückführend, um ihr aber gleichzeitig durch einen heimlichen Ruck ins Zeitlose verstärkten geistigen Schwung zu geben – und so stand er plötzlich inmitten dieses dialektischen Flammenspiels, selber heiter erregt, den Hahnenkampf der Meinungen in einem anstachelnd und zurückreißend, Meister dieser aufgestürmten Welle von jugend lichem Enthusiasmus und selber überströmt von ihr. An den Tisch gelehnt, die Arme über der Brust gekreuzt, blickte er von einem zum andern, diesen anlächelnd, jenen mit einem heimlichen Wink zur Gegenrede ermunternd, und angeregt wie gestern glänzte sein Auge: ich spürte, er musste sich bändigen, um nicht selbst ihnen allen mit einem Griff das Wort vom Munde zu reißen. Aber er hielt sich gewaltsam zurück, ich sahs an den Händen, die sich immer fester über der Brust als eine Daube anpressten, ich erriets an den springenden Mundwinkeln, die mit Mühe das schon aufzuckende Wort niederdrückten. Und plötzlich gelang es ihm nicht mehr, er warf sich wie ein Schwimmer rauschend hinein in die Diskussion – mit einer wuchtigen Geste der losfahrenden Hand zerhieb er den Tumult wie mit einem Taktstock: sofort verstummten alle, und nun fasste er in seiner wölbenden Art alle Argumente zusammen. Und aufstieg, indem er sprach, jenes Gesicht von gestern, die Falten vergingen hinter dem flatternden Nervenspiel, zu kühner herrschender Geste reckte sich Hals und Statur, und aus seiner lauschend geduckten Haltung warf er sich in die Rede wie in einen stürzenden Strom. Die Improvisation riss ihn hin: nun begann ich zu ahnen, dass er, nüchtern mit sich allein, im sachlichen Kolleg oder in der einsamen Schreibstube jenes Zündstoffs entbehrte, der ihm hier, in unserer gepressten atemlosen Gebanntheit, die innere Wand aufsprengte; er brauchte, oh, wie fühlte ich das, unseren Enthusiasmus für den seinen, unser Aufgetansein für seine Verschwendung, uns Jugend für das Jungsein in der Begeisterung. Wie ein Zymbalschläger sich berauscht an dem immer wilderen Rhythmus seiner eifernden Hände, so wurde seine Rede immer besser, immer flammender, immer farbiger im heißeren Wort, und je tiefer wir schwiegen (man fühlte unwillkürlich unsere Atemlosigkeit im Raum), um so höher, um so spannender, um so hymnischer schwang seine Darstellung sich auf. Und alle gehörten wir einzig ihm in diesen Minuten, ganz eingelauscht, eingerauscht in jenen Überschwang.

Und wieder, als er plötzlich mit einem Anruf aus Goethes Shakespeare-Rede endigte, brach unsere Erregung ungestüm entzwei. Und wieder wie gestern lehnte er erschöpft an dem Tisch, das Gesicht bleich, aber noch überrieselt von kleinen zuckenden Läufen und Trillern der Nerven, und im Auge glimmerte merkwürdig die weiterströmende Wollust der Ergießung wie bei einer Frau, die eben sich übermächtiger Umarmung entrungen. Ich hatte Scheu, jetzt mit ihm zu sprechen; aber zufällig traf mich sein Blick. Und offenbar fühlte er meine begeisterte Dankbarkeit, denn er lächelte mir freundlich zu, und leicht mir zugeneigt, die Hand meiner Schulter umlegend, erinnerte er mich, heute Abend, wie vereinbart, zu ihm zu kommen.

Pünktlich um sieben Uhr war ich dann bei ihm; mit welchem Zittern überschritt ich Knabe diese Schwelle zum erstenmal! Nichts ist ja leidenschaftlicher als die Verehrung eines Jünglings, nichts scheuer, nichts frauenhafter als ihre unruhige Scham. Man führte mich in sein Arbeitszimmer, einen halbdunklen Raum, in dem ich vorerst nur, ihre gläsernen Scheiben durchblinkend, die farbigen Rücken vieler Bücher sah. Über dem Schreibtisch hing Raffaels »Schule von Athen«, ein Bild, von ihm (wie er mir später ausführte) besonders geliebt, weil alle Arten des Lehrens, alle Gestaltungen des Geistes sich hier symbolisch zu vollkommener Synthese einen. Ich sah es zum erstenmal: unwillkürlich meinte ich in Sokrates' eigenwilligem Gesicht eine Ähnlichkeit mit seiner Stirn zu entdecken. Von rückwärts leuchtete etwas weißmarmorn, die Büste des Pariser Ganymed in schöner Verkleinerung, daneben der heilige Sebastian eines altdeutschen Meisters, tragische Schönheit neben die genießende wohl nicht zufällig gestellt. Pochenden Herzens wartete ich, atemstumm wie all die ringsum edel-schweigsamen Kunstgestalten; aus diesen Dingen sprach symbolisch eine mir neue Art der geistigen Schönheit, die ich nie geahnt und die mir noch nicht deutlich war, wenn ich auch sie brüderhaft zu spüren mich schon bereitet fühlte. Aber der Betrachtung blieb nur knappe Frist, denn eben trat der Erwartete ein und auf mich zu; wieder berührte mich jener weichumhüllende, jener wie verdecktes Feuer schwelende Blick, der zum eigenen Staunen das Geheimste in mir auftaute. Ich sprach sofort ganz frei zu ihm wie zu einem Freunde, und als er nach meinem Berliner Studiengang fragte, drängte sich mir plötzlich – ich erschrak in der gleichen Sekunde – jene Erzählung von dem Besuche meines Vaters auf die Lippe, und ich bekräftigte dem Fremden jenes geheime Gelöbnis, mit äußerstem Ernst mich dem Studium hinzugeben. Er sah mich bewegt an. »Nicht nur mit Ernst, mein Junge«, sagte er dann, »vor allem mit Leidenschaft. Wer nicht passioniert ist, wird bestenfalls ein Schulmann – von innen her muss man an die Dinge kommen, immer, immer von der Leidenschaft her.« Immer wärmer wurde seine Stimme, immer dunkler das Zimmer. Er erzählte viel von seiner eigenen Jugend, wie auch er töricht begonnen und erst spät sich die eigene Neigung entdeckt: ich solle nur Mut haben, und soweit es an ihm liege, wolle er mir förderlich sein; unbesorgt möge ich mit allen Wünschen und Fragen mich an ihn wenden. Noch nie hatte jemand so anteilnehmend, so tiefverständig in meinem Leben zu mir geredet; ich zitterte vor Dankbarkeit und war des Dunkels froh, dass es meine nassen Augen barg.

Stundenlang hätte ich, unachtsam der Zeit, so verweilen können, da klopfte es leise. Die Türe ging, eine schmale Gestalt trat herein, schattenhaft. Er stand auf und stellte vor: »Meine Frau.« Der schlanke Schatten kam undeutlich heran, legte eine schmale Hand in die meine und mahnte dann, an ihn gewandt: »Das Abendessen ist bereit.« »Ja, ja, ich weiß«, antwortete er hastig und (so dünkte es mich zumindest) ein wenig ärgerlich. Etwas Kaltes schien plötzlich in seine Stimme geraten, und wie jetzt das elektrische Licht aufflammte, war es wieder der gealterte Mann des nüchternen Schulsaales, der mit lässiger Gebärde mir Abschied bot.

Die nächsten beiden Wochen verbrachte ich in einem leidenschaftlichen Furor des Lesens und Lernens. Ich verließ kaum das Zimmer, nahm, um keine Zeit zu verlieren, stehend meine Mahlzeiten, ich studierte ohne Innehalten, ohne Pause, beinahe ohne Schlaf. Mir ging es wie jenem Prinzen im morgenländischen Zaubermärchen, der, ein Siegel nach dem andern von der Tür verschlossener Zimmer lösend, in jedem Zimmer immer noch mehr Juwelen und Edelsteine gehäuft findet und immer gieriger nun die ganze Flucht dieser Gemächer durchforscht, ungeduldig, zum letzten zu gelangen. Genau so stürzte ich aus einem Buch ins andere, von jedem berauscht, von keinem gesättigt: meine Unbändigkeit war nun ins Geistige gefahren. Eine erste Ahnung von der weglosen Weite der geistigen Welt hatte mich überkommen, ebenso verführerisch für mich als die abenteuerliche der Städte, zugleich aber auch die knabenhafte Angst, sie nicht bewältigen zu können; so sparte ich mit Schlaf, mit Vergnügen, mit Gespräch, mit jeder Form der Ablenkung, nur um die Zeit, die zum erstenmal als kostbar verstandene, zu nützen. Doch was vor allem meinen Fleiß dermaßen hitzte, war die Eitelkeit, vor meinem Lehrer zu bestehen, sein Vertrauen nicht zu enttäuschen, ein zustimmendes Lächeln zu erobern, von ihm gespürt zu werden, wie ich ihn spürte. Jeder flüchtigste Anlass diente als Probe; unablässig spornte ich die ungelenken, nun aber merkwürdig beschwingten Sinne, ihm zu imponieren, ihn zu überraschen: nannte er im Vortrage einen Dichter, dessen Werk mir fremd war, so warf ich mich nachmittags auf die Suche, um tags darauf eitel meine Kenntnis in der Diskussion vorprahlen zu können. Ein zufällig geäußerter Wunsch, von den andern kaum bemerkt, verwandelte sich mir zu Befehl: so genügte eine lässig hingeworfene Bemerkung wider das ewige Qualmen der Studenten, dass ich sofort die brennende Zigarette wegwarf und mit einem Ruck die gerügte Gewohnheit für immer unterdrückte. Wie eines Evangelisten Wort war mir das seine gleichzeitig Gnade und Gesetz; unablässig auf der Lauer, griff meine starkgespannte Aufmerksamkeit jede seiner gleichgültig hingestreuten Bemerkungen gierig auf. Jedes Wort, jede Geste sackte ich habgierig ein, zu Hause das Erraffte mit allen Sinnen leidenschaftlich betastend und bewahrend; und wie ihn einzig als Führer, so empfand meine unduldsame Passioniertheit alle Kameraden einzig als Feinde, die zu überrennen und zu übertreffen tagtäglich sich der eifersüchtige Wille aufs Neue beschwor.

Fühlte er nun, wieviel er mir bedeutete, oder hatte er dies Ungestüme meines Wesens liebgewonnen – jedenfalls zeichnete mich mein Lehrer bald durch offensichtliche Anteilnahme besonders aus. Er beriet meine Lektüre, schob den Neuling, fast ungebührlich, in den gemeinschaftlichen Diskussionen vor, und oftmals durfte ich abends zu vertraulichem Gespräche ihn besuchen. Dann nahm er meist eins der Bücher von der Wand und las mit jener sonoren Stimme, die in der Erregung immer um eine Skala heller und klingender wurde, aus Gedichten und Tragödien oder erklärte strittige Probleme; in diesen ersten beiden Wochen des Rausches habe ich mehr gelernt vom Wesenhaften der Kunst als bisher in neunzehn Jahren. Immer waren wir allein in dieser mir zu kurzen Stunde. Gegen acht Uhr klopfte es dann leise an die Tür: seine Frau mahnte zum Abendessen. Aber nie mehr betrat sie das Zimmer, offenbar einer Weisung gehorchend, unser Gespräch nicht zu unterbrechen.

So waren vierzehn Tage vergangen, prall gefüllte, durchhitzte Frühsommertage, als eines Morgens wie eine überspannte Stahlfeder die Arbeitskraft in mir absprang. Schon vordem hatte mich mein Lehrer gewarnt, ich solle den Eifer nicht übertreiben, ab und zu einen Tag aussetzen und ins Freie gehen – nun erfüllte sich plötzlich jene Voraussage: ich wachte dumpf von dumpfem Schlafe auf, alle Lettern flirrten stecknadelköpfig, sobald ich zu lesen versuchte. Auch dem geringsten Wort meines Lehrers sklavisch treu, beschloss ich sofort, zu gehorchen und einen freien, spielhaften Tag zwischen die bildungsgierigen einzuschalten. Ich zog gleich morgens los, besah zum erstenmal die teilweise altertümliche Stadt, stieg, nur um den Körper zu spannen, die Hunderte von Stufen zum Kirchturm hinauf, um dort von der Plattform im grünen Umkreis einen kleinen See zu entdecken. Nun liebte ich wasserkantiger Nordländer leidenschaftlich den Schwimmsport, und gerade hier oben auf dem Turme, zu dem selbst wie grünes Teichgelände die gesprenkelten Wiesen emporschimmerten, überkam mich, als wäre es hergestürmt von heimatlichem Wind, plötzlich ein unbändiges Verlangen, mich wieder in das geliebte Element zu werfen. Und kaum dass ich nach Tisch jene Badeanstalt aufgefunden und mich im Wasser getummelt, begann mein Körper sich wieder lustvoll zu spüren, die Muskeln an meinen Armen streckten sich seit Wochen wieder in biegsamer Kraft, Sonne und Wind an meiner nackten Haut rückverwandelten mich innerhalb einer halben Stunde in den ungestümen Burschen von vordem, der sich wild mit Kameraden balgte, für eine Tollkühnheit sein Leben wagte; ich wusste nichts mehr, wild herumplusternd und mich reckend, von Büchern und Wissenschaft. Mit jener mir eigenen Besessenheit nun wieder der lang entbehrten Passion verfallen, hatte ich zwei Stunden in dem wiedergefundenen Element gewühlt, dreißigmal vielleicht war ich vom Brett gesprungen, um im Sturz den Überschwall von Kraft zu entladen, zweimal war ich quer über den See geschwommen, und noch immer mein Unband nicht erschöpft. Prustend und an allen aufgespannten Muskeln gerüttelt, suchte ich herum nach irgendeiner neuen Probe, ungeduldig, etwas Starkes, Verwegenes, Übermütiges zu tun.

Da knatterte drüben vom Damenbad her das Sprungbrett, ich spürte nachzitternd bis heran ins Gebälk den Schwung kräftigen Abstoßes. Und schon schnellte, von der Kurve des Sprungs zu stählernem Halbbogen wie ein Türkensäbel geformt, ein schlanker Frauenkörper hoch und kopfüber hinab. Einen Augenblick höhlte der Sprung einen klatschenden und gleich weiß aufschäumenden Wirbel, dann tauchte die straffe Gestalt wieder auf, mit nervigen Schwimmstößen der Teichinsel zustrebend. »Ihr nach! Einholen!« – Sportlust riss meine Muskeln an, mit einem Ruck schnellte ich mich ins Wasser und stieß, die Schulter vorgestemmt, mit erbitterten Tempos ihrer Spur nach. Aber offenbar die Verfolgung bemerkend und gleichfalls sportbereit, nützte die Verfolgte wacker ihren Vorsprung, schrägte geschickt an der Insel vorbei, um dann hastig zurückzusteuern. Ich, ihre Absicht rasch erkennend, warf mich gleichfalls rechtsüber und paddelte so kräftig, dass meine vorstoßende Hand schon ihr ins Kielwasser kam, bloß eine Spanne trennte uns noch – da tauchte herzhaft listig die Verfolgte plötzlich unter, um dann, einige Minuten später, knapp an der Barriere der Damenabteilung emporzukommen, die weiterer Verfolgung wehrte. Triefend stieg die Siegerin die Treppe hinauf: einen Augenblick musste sie innehalten, die Hand an die Brust gepresst, offenbar versagte ihr der Atem; dann aber wandte sie sich um, und als sie mich an der Grenze gehemmt sah, lachte sie mit blanken Zähnen triumphierend herüber. Ihr Gesicht konnte ich gegen die schroffe Sonne und unter der Schwimmhaube nicht recht wahrnehmen, nur das Lachen glänzte höhnisch und blank auf den Besiegten zu.

Ich ärgerte mich und freute mich zugleich: zum erstenmal seit Berlin hatte ich wieder jenen anerkennenden Blick einer Frau gespürt – vielleicht winkte da ein Abenteuer. Mit drei Stößen schwamm ich hinüber ins Herrenbad, riss mir die Kleidung flink über die noch nasse Haut, nur um rechtzeitig beim Ausgang sie abpassen zu können. Zehn Minuten musste ich warten, dann kam – durch die knabenhaft schmalen Formen unverkennbar – meine übermütige Gegnerin leichten Schrittes und beschleunigte ihn noch, sobald sie mich warten sah, in der offenbaren Absicht, mir die Möglichkeit eines Ansprechens abzuschneiden. Sie lief ebenso muskelhaft behend, wie sie vordem geschwommen, alle Gelenke gehorchten sehnig diesem ephebisch schmalen, vielleicht etwas zu schmalen Körper: ich hatte wahrhaftig keuchende Not, die fliegend Ausschreitende einzuholen, ohne mich auffällig zu machen. Endlich gelangs; an einer Wegwende querte ich geschickt vor, lüftete nach studentischer Art weitausholend den Hut und fragte, ehe ich ihr noch recht ins Auge gesehen, ob ich sie begleiten dürfe. Sie warf von der Seite einen spöttischen Blick, und ohne dass sich das hitzige Tempo verlangsamte, antwortete mir fast aufreizende Ironie: »Wenn ich Ihnen nicht zu rasch gehe, warum nicht! Ich habe große Eile.« Durch diese Unbefangenheit ermutigt, wurde ich zudringlicher, stellte ein Dutzend neugieriger, meist alberner Fragen, die sie aber bereitwillig und mit so verblüffender Freiheit beantwortete, dass meine Absichten eigentlich mehr verwirrt als gefördert wurden. Denn mein Berliner Ansprechkodex war mehr auf Widerstand und Spöttischkeit eingestellt als auf dermaßen franke Aussprache während eines Geschwindschrittes: so hatte ich zum zweitenmal das Gefühl, recht ungeschickt an eine überlegene Gegnerin geraten zu sein.

Aber es sollte noch schlimmer kommen. Denn als ich, meine indiskreten Eindringlichkeiten vermehrend, sie fragte, wo sie wohne – da wandten sich plötzlich scharf zwei haselbraune übermütige Augen herüber und blitzten, ein Lachen gar nicht mehr verbergend: »In Ihrer allernächsten Nähe.« Verblüfft starrte ich auf. Sie sah von der Seite noch einmal herüber, ob der Partherpfeil sitze. Und wirklich, er stak mir in der Kehle. Mit einmal war es vorbei mit dem frech berlinerischen Ansprechton, ganz unsicher, ja devot stammelte ich, ob ihr meine Begleitung denn nicht lästig sei. »Aber wieso denn«, lächelte sie von neuem, »wir haben ja nur mehr zwei Straßen, und die können wir doch gemeinsam laufen.« In diesem Augenblick schwirrte mir das Blut, ich konnte kaum weiter, aber was halfs, ein Abschwenken wäre noch beleidigender gewesen: so musste ich mit bis zu dem Hause, wo ich wohnte. Da hielt sie plötzlich inne, bot mir die Hand und sagte leichthin: »Dank für die Begleitung! Sie kommen ja heute um sechs Uhr zu meinem Mann.«

Ich muss blutrot geworden sein vor Scham. Aber noch ehe ich mich entschuldigen konnte, war sie schon flink die Treppe hinauf, und ich stand da, mit Schrecken die einfältigen Reden bedenkend, deren ich mich tölpelhaft erfrecht. Zum Sonntagsausflug hatte ich flunkernder Narr sie wie ein Nähmädel eingeladen, in schleißiger Weise ihren Körper gerühmt, dann die sentimentale Walze des vereinsamten Studenten gedreht – mir war, als müsste ich erbrechen vor Scham, so würgte mich der Ekel. Und nun ging sie lachend, bis zu den Ohren voll Übermut zu ihrem Mann, meine Albernheiten zu verraten an ihn, dessen Urteil mir am meisten von allen Menschen wog, und vor dem lächerlich zu erscheinen mir qualvoller ankam, als nackt auf dem offenen Marktplatz ausgepeitscht zu sein.

Entsetzliche Stunden bis zum Abend: tausendmal malte ich mirs aus, wie er mich empfangen würde mit seinem feinen ironischen Lächeln – oh, ich wusste ja, er meisterte die Kunst des sardonischen Wortes und wusste einen Scherz rotglühend zu spitzen, dass er stach bis aufs Blut. Ein Verurteilter kann nicht gewürgter das Schafott hinaufsteigen als ich damals die Treppe, und kaum ich, ein dickes Schlucken in der Kehle mühsam niederwürgend, sein Zimmer betrat, mehrte sich noch meine Verwirrung, war mir doch, als hätte ich vom Nebenraum flüsterndes Rauschen eines Frauenkleides gehört. Gewiss horchte sie da, die Übermütige, sich an meiner Verlegenheit zu weiden, die Blamage des mauldrescherischen Jungen mitzugenießen. Endlich kam mein Lehrer. »Was ist Ihnen denn?«, fragte er besorgt, »Sie sind so blass heute.« Ich wehrte ab, innerlich den Streich erwartend. Aber die gefürchtete Exekution blieb aus, er sprach ganz wie sonst von wissenschaftlichen Dingen: kein Wort, so ängstlich ich jedes anhorchte, barg Anspielung oder Ironie. Und – erst erstaunt und dann beglückt – erkannte ich: sie hatte geschwiegen.

Um acht Uhr pochte es wieder an der Tür. Ich verabschiedete mich: das Herz stand mir wieder gerade in der Brust. Als ich aus der Tür trat, kam sie vorbei: ich grüßte, und ihr Blick lächelte mir leicht zu. Und strömenden Blutes deutete ich mir dies Verzeihen als ein Versprechen, auch weiterhin zu schweigen.

Von jener Stunde begann für mich eine neue Art der Aufmerksamkeit; bisher hatte meine knabenhaft andächtige Verehrung den vergötterten Lehrer dermaßen als Genius einer andern Welt empfunden, dass ich sein privates, sein irdisches Leben vollkommen zu beachten vergaß. In der übertreiblichen Art, die jeder wahren Schwärmerei innewohnt, hatte ich sein Dasein mir vollkommen weggesteigert von allen täglichen Verrichtungen unserer methodisch geordneten Welt.

Und so wenig etwa ein zum erstenmal Verliebter wagt, das vergötterte Mädchen in Gedanken zu entkleiden und als ebenso natürlich wie die tausend andern rocktragenden Wesen zu betrachten, so wenig wagte ich einen schleicherischen Blick in seine private Existenz: nur sublimiert empfand ich ihn immer, abgelöst von allem Gegenständlich-Gemeinen als Boten des Worts, als Hülle des schöpferischen Geistes. Nun, da jenes tragikomische Abenteuer mir plötzlich seine Frau in den Weg stieß, konnte ich nicht umhin, seine familiäre, seine häusliche Existenz intimer zu beobachten; eigentlich wider meinen Willen schlug eine unruhig späherische Neugier in mir die Augen auf. Und kaum dass dieser spürende Blick in mir begann, verwirrte er sich schon, denn dieses Mannes Existenz innerhalb des eigenen Gevierts war eigentümlich und von beinahe beängstigender Rätselhaftigkeit. Beim erstenmal schon, als ich kurz nach jener Begegnung zu Tische geladen wurde und ihn nicht allein, sondern mit seiner Frau sah, regte sich merkwürdiger Verdacht einer eigenartig krausen Lebensgemeinschaft, und je mehr ich dann in den innern Kreis des Hauses vordrang, um so verwirrender wurde mir dies Gefühl. Nicht dass in Wort oder Geste sich eine Spannung oder Verstimmung zwischen beiden kundgetan hätte: im Gegenteil, das Nichts war es, das Nichtvorhandensein irgendeiner Spannung zu- oder gegeneinander, das so seltsam sie beide verhüllte und undurchsichtig machte, eine schwere föhnige Windstille des Gefühls, die jene Atmosphäre drückender machte als Sturm eines Streits oder Wetterleuchten verborgenen Grolls. Äußerlich verriet nichts eine Reizung oder Spannung; nur Entfernung von innen her fühlte sich stärker und stärker. Denn Frage und Antwort in ihrem seltenen Gespräch berührte sich nur gleichsam mit hastigen Fingerspitzen, nie ging es herzlich ineinander, Hand in Hand, und selbst mir gegenüber blieb bei den Mahlzeiten seine Rede stockig und gebunden. Und manchmal frostete das Gespräch, solange wir nicht wieder zur Arbeit zurückkehrten, zu einem einzigen breiten Blocke Schweigens zusammen, den schließlich keiner mehr anzubrechen wagte und dessen kalte Last mir noch stundenlang auf der Seele drückend blieb.

Vor allem erschreckte mich sein vollkommenes Alleinsein. Dieser aufgetane, durchaus expansiv veranlagte Mann hatte keinerlei Freund, seine Schüler allein waren ihm Umgang und Trost. An die

Kollegen der Universität band ihn keine Beziehung als jene der höflichen Korrektheit, Gesellschaften besuchte er niemals; oft verließ er tagelang das Haus nicht zu anderm Weg als die zwanzig Schritte zur Universität. Alles grub er stumm in sich ein, sich weder Menschen noch der Schrift vertrauend. Und nun verstand ich auch das Eruptive, das Fanatisch-Überströmende seiner Reden im Kreise der Studenten: da brach aus tagelanger Stauung die Mitteilsamkeit hervor, alle Gedanken, die er schweigend in sich trug, stürzten mit jener Unbändigkeit, die der Reiter bei Pferden sinnvoll Stallfeuer nennt, brausend aus der Hürde des Schweigens in diese Wettjagd der Worte.

Zu Hause sprach er ganz selten, am wenigsten zu seiner Frau. Und mit einem ängstlichen, beinahe schamvollen Staunen erkannte selbst ich unerfahrener junger Bursche, dass hier zwischen zwei Menschen ein Schatten schwebte, ein wehender, immer gegenwärtiger Schatten aus unfühlbarem Stoff, aber doch vollkommen einen vom andern abschließend, und zum erstenmal ahnte ich, wieviel Geheimes eine Ehe nach außen verbirgt. Als sei ein Drudenfuß auf die Schwelle gezeichnet, so wagte niemals die Frau sein Arbeitszimmer ohne besondere Aufforderung zu überschreiten: damit markierte sich sichtbar ihre völlige Ausgesperrtheit von seiner geistigen Welt. Und niemals duldete mein Lehrer, dass von seinen Plänen und Arbeiten in ihrer Gegenwart gesprochen werde, ja die Art war mir geradezu peinlich, wie er, kaum dass sie eintrat, mit einem Riss mittendurch den leidenschaftlich geschwungenen Satz zerbrach. Etwas fast Beleidigendes und offenkundig Missachtendes entbehrte da selbst der höflichen Verhüllung, brüsk und offen lehnte er ihre Teilnahme ab – sie aber schien das Beleidigende nicht zu bemerken oder daran schon gewöhnt. Mit ihrem übermütigen Jungengesicht, leicht und behend, muskelfreudig und rank, flog sie treppauf und -ab, hatte immer alle Hände voll zu tun und immer doch Zeit, ging in Theater, versäumte keine sportliche Betätigung – dagegen für Bücher, für den Hausstand, für alles Versperrte, Ruhige, Bedächtige fehlte der etwa fünfunddreißigjährigen Frau jeglicher Sinn. Ihr schien nur wohl zu sein, wenn sie – immer trällernd, gern lachend und stets zu spitzem Gespräch bereit – ihre Glieder im Tanz, im Schwimmen, im Lauf, in irgend etwas Vehementem ausfahren lassen konnte; mit mir sprach sie niemals ernst, immer nur neckte sie mich wie einen halbwüchsigen Jungen, nahm mich bestenfalls als Partner übermütiger Kraftproben. Und diese ihre behende hellsinnliche Art stand in so verwirrend gegensätzlichem Kontrast zu der dunklen, ganz in sich gezogenen, nur vom Geistigen zu beflügelnden Lebensform meines Lehrers, dass ich mit immer neuem Staunen mich fragte, was jemals diese beiden urfremden Naturen hatte zusammenbinden können. Freilich, mich selbst förderte nur dieser merkwürdige Kontrast: trat ich von entnervender Arbeit in ein Gespräch mit ihr, so wars, als sei mir ein drückender Helm von der Stirn genommen; alle Dinge ordneten sich aus ekstatischer Erhitzung wieder tagfarben und klar ins Irdische zurück, das heiter Umgängliche des Lebens forderte spielhaft seine Rechte, und was ich beinahe in seiner anspannenden Gegenwart verlernte, das Lachen, entlastete wohltätig den übermächtigen Druck des Geistigen. Eine Art jungenhafter Kameradschaft knüpfte sich zwischen ihr und mir; gerade weil wir immer nur Gleichgültiges lässig plauderten oder gemeinsam ins Theater gingen, entbehrte unser Beisammensein jeder Spannung. Ein Einziges bloß unterbrach peinlich die völlige Unbesorgtheit unserer Gespräche, jedesmal mich verwirrend: und das war die Nennung seines Namens. Da stemmte sie unabänderlich meiner fragenden Neugier ein gereiztes Schweigen oder, wenn ich mich in Enthusiasmus redete, ein merkwürdig verdecktes Lächeln entgegen. Aber ihre Lippen blieben verschlossen: in anderer Art, aber mit gleich heftiger Gebärde stellte sie diesen Mann aus ihrem Leben wie er sie aus dem seinen. Und doch deckte beide schon fünfzehn Jahre das gleiche verschwiegene Dach.

Je undurchdringlicher aber dieses Geheimnis, um so mehr Verführung für meine leidenschaftliche Ungeduld. Hier war ein Schatten, ein Schleier, sonderbar nah bei jedem Windzug des Wortes fühlte ich ihn schwanken; mehrmals schon meinte ich, seine Spur zu fassen, da glitt es wieder fort, dieses verwirrende Gewebe, um im nächsten Augenblick mich neu zu überrieseln, doch niemals ward es tastbares Wort, fassbare Form. Nichts aber wirkt aufstörender, aufweckender bei einem jungen Menschen als das entnervende Spiel vager Vermutungen; der Phantasie, müßig sonst umschweifend, plötzlich offenbart sich ihr jagdhaftes Ziel, und schon fiebert sie in der neuentdeckten pürschenden Lust der Verfolgung. Ganz neue Sinne wuchsen mir bislang dumpfem Jungen in jenen Tagen zu, eine dünnhäutige Membran des Lauschens, die jeden Tonfall verräterisch abfing, ein spähender, weidhafter Blick voll Misstrauen und Schärfe, eine umstöbernde, im Dunkel umgrabende Neugier – bis zur Schmerzhaftigkeit dehnten sich elastisch die Nerven, immer erregt vom Zugriff einer Ahnung und nie abklingend zu klarem Gefühl.

Doch ich mag sie nicht schelten, meine atemlos vorgebeugte Neugier, war sie doch rein. Was dermaßen alle Sinne in mir aufhob, dankte seine Erregtheit nicht lüsterner Schaulust, die hämisch ein Niedrig-Menschliches an einem Überlegenen zu ertappen liebt – im Gegenteil, sie färbte heimliche Angst, ein ratlos zögerndes Mitleid, das mit ungewisser Bangigkeit an diesem Schweigenden ein Leiden ahnte. Denn je näher ich seinem Leben trat, um so fühlsamer bedrückte mich der schon plastisch eingedrungene Schatten über meines Lehrers geliebtem Gesicht, jene edle, weil edel bemeisterte Melancholie, die niemals sich erniederte zu unwirscher Mürrischkeit oder fahrlässigem Zorn; hatte er mich, den Fremden, in erster Stunde angezogen durch das vulkanisch vorbrechende Geleucht seines Worts, nun erschütterte den Vertrauten noch tiefer seine Schweigsamkeit, die über seine Stirne wandernde Wolke der Trauer. Nichts ergreift ja derart mächtig einen jugendlichen Sinn als erhaben männliche Düsternis: Michelangelos in den eigenen Abgrund niederstarrender Denker, Beethovens bitter nach innen gezogener Mund, diese tragischen Masken des Weltleidens rühren stärker das ungeformte Gemüt als Mozarts silberne Melodie und das klingende Licht um Lionardos Gestalten. Schönheit sie selbst, hat Jugend der Verklärung nicht not: im Übermaß lebendiger Kräfte drängt sie dem Tragischen zu, und gern gestattet sie der Schwermut, süßen Zuges an ihrem noch unerfahrenen Blute zu saugen: darum auch die ewige Bereitschaft aller Jugend für die Gefahr und ihre brüderlich entbotene Hand zu jedem Leiden im Geiste.

Und eines solchen wahrhaft Leidenden Antlitz, hier erlebte ich es zum erstenmal. Kleiner Leute Sohn, aus bürgerlicher Behaglichkeit ungefährdet entwachsen, kannte ich die Sorge nur in den lächerlichen Masken des Alltags, als Ärger gekleidet, im gelben Gewand des Neids, klirrend mit dem Kleinkram des Geldes – dieses Gesichtes Verstörung, sie aber entstammte, sofort fühlte ichs, heiligerem Element. Aus Dunkelheiten kam dies Dunkel, von innen hatte hier ein grausamer Griffel Falten und Schrunden in vorzeitig zermorschte Wangen gezeichnet. Manchmal, wenn ich sein Zimmer betrat (immer mit der Scheu eines Kindes, das einem Hause naht, in dem Dämonen hausen) und seine Versunkenheit mein Klopfen überhörte, wenn ich dann plötzlich, schamvoll und bestürzt, vor dem Selbstvergessenen stand, dann war mir, als sitze hier bloß Wagner, die leibliche Larve, in Faustens Gewand, indes der Geist umschweifte in rätselhaftem Geklüft und schaurigen Walpurgisnächten. In solchen Augenblicken waren seine Sinne vollkommen verschlossen, er hörte weder nahenden Schritt noch einen schüchternen Gruß. Fuhr er dann, jählings sich besinnend, auf, so versuchte hastiges Wort die Verlegenheit zu überdecken: er ging auf und nieder und mühte sich, durch Fragen den beobachtenden Blick von sich abzulenken. Aber lange hing dann noch immer das Dunkel über seiner Stirne, und erst das erglühende Gespräch vermochte dies von innen gesammelte Gewölk zu zerstreuen.

Er musste es manchmal spüren, wie sehr sein Anblick mich bewegte, an meinen Augen vielleicht, an meinen unruhigen Händen, mochte ahnen etwa, dass auf meinen Lippen unsichtbar eine Bitte schwebte um Zutrauen, oder in meiner vortastenden Haltung die heimliche Inbrunst erkennen, seinen Schmerz an mich, in mich zu nehmen. Sicherlich, er musste es spüren, denn unvermutet unterbrach er das rege Gespräch und sah mich ergriffen an, ja es überströmte mich dieser merkwürdig warme, von seiner eigenen Fülle verdunkelte Blick. Dann fasste er oft meine Hand, hielt sie unruhig lange, – immer erwartete ich: jetzt, jetzt, jetzt wird er zu mir sprechen. Aber statt dessen fuhr dann meist eine brüske Gebärde vor, manchmal sogar ein kaltes, absichtlich ernüchterndes oder ironisches Wort. Er, der den Enthusiasmus lebte, der ihn in mir genährt und erweckt, strich ihn dann plötzlich mir weg wie einen Fehler in einer schlecht geschriebenen Aufgabe, und je mehr er mich innig aufgetan sah, lechzend nach seinem Vertrauen, um so grimmiger stieß er mit solchen eiskalten Worten vor wie: »Das verstehen Sie nicht« oder »Lassen Sie doch derlei Übertreibungen«, Worte, die mich aufreizten und zur Verzweiflung brachten. Wie habe ich gelitten unter diesem wetterleuchtend grellen, vom Heißen zum Kalten fahrenden Menschen, der mich unbewusst hitzte, um mich plötzlich

der Prof. entschwindet für 1–2 Tage

mit Frost zu übergießen, der mit seinem Ungestüm das eigene anstachelte, um dann plötzlich die Peitsche einer ironischen Bemerkung zu fassen – ja, ich hatte das grausame Gefühl, je mehr ich zu ihm drängte, desto härter, ja angstvoller stieß er mich zurück. Nichts sollte, nichts durfte an ihn heran, an sein Geheimnis.

Denn Geheimnis, immer brennender wards mir bewusst, Geheimnis hauste fremd und unheimlich in seiner magisch anziehenden Tiefe. Ich ahnte ein Verschwiegenes an seinem merkwürdig flüchtenden Blick, der glühend vordrang und scheu wegwich, wenn man ihm dankbar sich ergab; ich spürte es an den bitter gefältelten Lippen seiner Frau, an der merkwürdig kalten Zurückhaltung der Menschen in der Stadt, die beinahe indigniert blickten, wenn man ihn rühmte, – an hundert Sonderbarkeiten und plötzlichen Verstörtheiten. Und welche Qual dabei, sich schon in dem innern Kreis eines solchen Lebens zu vermeinen und doch irr dort im Kreise zu gehen wie in einem Labyrinth, unwissend des Weges zu seinem Ursprung und Herzen!

Das Unerklärlichste, das Erregendste aber waren für mich seine Eskapaden. Eines Tages, als ich ins Kolleg kam, hing dort ein Zettel, die Vorlesung sei für zwei Tage unterbrochen. Die Studenten schienen nicht verwundert, ich aber, der noch gestern bei ihm gewesen, eilte nach Hause, von Angst getrieben, er möchte erkrankt sein. Seine Frau lächelte nur trocken, als mein Hereinstürmen solche Aufregung verriet. »Das kommt öfter vor«, sagte sie merkwürdig kalt; »das kennen Sie nur noch nicht.« Und tatsächlich erfuhr ich von den Kollegen, dass er öfters so über Nacht verschwinde, manchmal nur telegraphisch sich entschuldigend: einmal hatte ihn ein Student um vier Uhr morgens in einer Berliner Straße getroffen, ein anderer in der Wirtsstube fremder Stadt. Er schnellte plötzlich fort wie ein Pfropf aus der Flasche, kam wieder zurück, und niemand wusste, wo er gewesen. Dieses plötzliche Ausbrechen erregte mich wie eine Krankheit: ich ging geistesabwesend, unruhig, fahrig diese zwei Tage herum. Unsinnig leer war mir plötzlich das Studium ohne seine gewohnte Gegenwart, ich verzehrte mich in wirren, eifersüchtigen Vermutungen, ja, etwas von Hass und Zorn gegen seine Verschlossenheit stieg in mir auf, dass er mich, den glühend Zudrängenden, so außen ließ von seinem wirklichen Leben wie einen Bettler im Frost.

Vergebens beredete ich mich, dass mir, dem Knaben, dem Schüler, doch kein Recht zustünde, Rechenschaft und Auskunft zu fordern, da seine Güte mir hundertfach mehr Vertrauen gewährte, als einen akademischen Lehrer sein Amt verpflichtete. Aber Vernunft hatte keine Macht über die brennende Leidenschaft: zehnmal des Tages kam ich tölpischer Junge fragen, ob er schon zurückgekommen sei, bis ich schließlich an den immer brüsker werdenden Verneinungen seiner Frau schon Erbitterung spürte. Ich wachte die halbe Nacht und horchte nach seinem heimkehrenden Schritt, umschlich morgens unruhig die Tür, nun nicht mehr die Frage wagend. Und als er endlich am dritten Tage unvermutet in mein Zimmer trat, jappte ich auf: mein Erschrecken muss übermäßig gewesen sein, wenigstens merkte ichs am Widerschein seiner verlegenen Befremdung, die hastig ein paar gleichgültige Fragen übereinanderjagte. Sein Blick wich mir aus. Zum ersten Male ging unser Gespräch krumm im Kreise, ein Wort stolperte über das andere, und indes wir beide jede Anspielung auf sein Fernbleiben gewaltsam vermieden, sperrte eben dies Ungesprochene jeder Aussprache den Weg. Als er mich ließ, schlug die brennende Neugier wie eine Lohe auf: allmählich verzehrte sie mir Schlaf und Wachen.

Wochenlang währte dieser Kampf um Aufschluss und tieferes Erkennen: starrsinnig schraubte ich mich gegen den feurigen Kern, den ich unter dem felsigen Schweigen vulkanisch zu fühlen meinte. Endlich, in glücklicher Stunde, gelang mir erster Einbruch in seine innere Welt. Ich hatte wieder einmal in seinem Zimmer bis zur Dämmerung gesessen, da holte er einige Shakespearesche Sonette aus verschlossener Lade, las erst in eigener Übertragung diese gleichsam in Bronze gegossenen knappen Gebilde, um dann ihre scheinbar undurchdringliche Chiffreschrift so magisch zu erleuchten, dass mich mitten in meiner Beglückung ein Bedauern ankam, all dies, was dieser strömende Mensch schenkte, sollte verloren sein im vergänglich fließenden Wort. Da – wo holte ich ihn nur her? – packte mich plötzlicher Mut, ihn zu fragen, warum er sein großes Werk »Die Geschichte des Globe-Theaters« nicht vollendet habe – kaum aber dass ich das Wort gewagt, wurde ich schon erschrocken gewahr, wider Willen eine geheime und offenbar schmerzhafte Wunde grob angefasst zu haben. Er stand auf, wandte sich ab und schwieg lange. Das Zimmer schien plötzlich überfüllt von Dämmerung und Schweigen. Endlich kam er auf mich zu, sah mich ernst an, und die Lippen zuckten mehrmals, ehe sie schmal aufgingen; schmerzlich stieß dann ihr Geständnis vor: »Ich kann nichts Großes arbeiten. Das ist vorbei: nur die Jugend plant so verwegen. Jetzt habe ich keine Ausdauer mehr. Ich bin – warum es verbergen? – ein Mensch der kurzen Augenblicke geworden, ich kann nicht durchhalten. Früher hatte ich mehr Kraft, jetzt ist sie weg. Ich kann nur reden: da trägt michs manchmal, da reißt mich etwas über mich fort. Aber stillsitzend arbeiten, immer allein, immer allein, das gelingt mir nicht mehr.«

Seine resignierte Gebärde erschütterte mich. Und aus innerster Überzeugung drängte ich, er möchte doch, was er uns mit lockerer Hand täglich hinstreute, endlich in harter Faust festhalten, nicht immer bloß austeilen, sondern das Eigene gestaltend bewahren. »Ich kann nicht schreiben«, wiederholte er müde, »ich bin nicht konzentriert genug.« »So diktieren Sie!«, und hingerissen von dem Gedanken, fiel ich ihn beinahe flehend an: »So diktieren Sie mir. Versuchen Sie es einmal. Vielleicht nur den Beginn – dann werden Sie selbst nicht mehr zurückkönnen. Versuchen Sie das Diktat, ich bitte Sie darum, mir zuliebe!«

Er sah auf, verblüfft zuerst und dann nachdenklicher. Der Gedanke schien ihn irgendwie zu beschäftigen. »Ihnen zuliebe?«, wiederholte er. »Meinen Sie wirklich, es könnte noch irgendeinem Menschen Freude machen, wenn ich alter Mann etwas unternehme?« Ich spürte, hier begann schon zögernd ein Nachgeben, an seinem Blick spürte ichs, der noch eben wolkig nach innen gehangen, nun aber, von warmer Hoffnung gelöst, allmählich vortrat und an ihr sich erhellend. »Meinen Sie wirklich?«, wiederholte er; schon spürte ich innere Bereitschaft in seinen Willen strömen, und dann kam ein Ruck: »Also versuchen wirs! Die Jugend hat immer recht. Wer ihr nachgibt, ist klug.« Meine wildausbrechende Freude, mein Triumph schien ihn zu beleben: er ging hastig auf und ab, beinahe jugendlich erregt, und wir vereinbarten: allabendlich um neun Uhr, unmittelbar nach dem Abendessen, wollten wir es täglich eine Stunde zunächst versuchen. Und am nächsten Abend begannen wir mit dem Diktat.

Diese Stunden, wie soll ich sie schildern! Ich wartete ihnen entgegen den ganzen Tag. Schon nachmittags drückte eine schwüle, nervenauslaugende Unruhe elektrisch auf meine ungeduldigen Sinne, kaum konnte ich die Stunden ertragen, bis endlich der Abend kam. Wir gingen dann sofort von beendeter Mahlzeit in sein Arbeitszimmer, ich setzte mich an den Schreibtisch, den Rücken ihm zugekehrt, indes er unruhigen Schrittes im Raume auf und ab ging, bis der Rhythmus in ihm sich gleichsam gesammelt hatte und von erhobenem Wort der Auftakt absprang. Denn alles gestaltete dieser merkwürdige Mann aus einer Musikalität des Gefühls: er bedurfte immer eines Anschwunges, um seine Ideen in Bewegung zu bringen. Meist war es ein Bild, eine kühne Metapher, eine plastische Situation, die er, unwillkürlich am raschen Fortschreiten sich erregend, zu dramatischer Szene erweiterte. Etwas von dem großartig Naturhaften alles Schöpferischen wetterleuchtete dann oft aus dem stürzenden Geleucht dieser Improvisationen: ich erinnere mich an Zeilen, die Strophen schienen eines jambisch taktierten Gedichts, und an andere, die kataraktisch sich ergossen in großartig gedrängten Aufzählungen wie der Schiffskatalog Homers und die barbarischen Hymnen Walt Whitmans. Zum erstenmal war es mir jungem, werdendem Menschen gegeben, in das Geheimnis der Produktion einzudringen: ich sah, wie der Gedanke, farblos noch, nichts als eine reine flüssige Hitze, wie eine Glockenspeise aus dem Kessel der impulsiven Erregung vorströmte, dann allmählich erkaltend seine Form fand, und wie diese Form sich dann machtvoll rundete und enthüllte, bis endlich klar das Wort aus ihr schlug und, wie der Klöppel die Glocke erst tönend macht, dem dichterisch Erfühlten die Sprache der Menschen gab. Und so wie jeder einzelne Absatz aus Rhythmus, jede Darstellung aus szenisch gestaltetem Bild, so erhob sich das ganze groß angelegte Werk vollkommen unphilologisch aus einem Hymnus, einem Hymnus an das Meer als die irdisch sichtbare, irdisch fühlbare Form des Unendlichen, wogend von Ferne zu Ferne, zu Höhen aufschauend und Tiefen verbergend, dazwischen sinnlos-sinnvoll spielend mit irdischem Geschick, den schwanken Kähnen der Menschen: diesem Bildnis des Meeres erwuchs in großartig gestaltetem Vergleich eine Darstellung des Tragischen als der elementaren Macht, die unser Blut rauschend und zerstörend durchwaltet. Dann rollte die bildnerische Woge einem einzelnen Lande zu: England stieg auf, die Insel, ewig umbrandet von dem unruhigen Element, das alle Ränder der

Erde, alle Breiten und Zonen des Erdballs gefährlich umschließt. Dort, in England formt es den Staat: bis ins gläserne Gehäuse des Auges, das graue, das blaue, dringt dort der kalte und klare Blick des Elements; jeder Einzelne ist Meermensch und Insel zugleich, wie sein Land, und von Stürmen und Gefahr sind starke stürmische Leidenschaften lusthaft gegenwärtig in diesem Geschlecht, das in hunderten Jahren Wikingerfahrt unablässig seine Kräfte geprobt. Nun aber dünstet Friede über das wasserumbrandete Land: sie jedoch, an Stürme gewöhnt, wollen noch weiter das Meer, den harten Sturz des Geschehens mit seiner täglichen Gefahr, und so schaffen sie sich die aufpeitschende Spannung noch einmal im blutigen Spiel. Erst wird für Tierhatz und Zwiekampf das hölzerne Gerüst erstellt. Bären verbluten, Hahnenkämpfe reizen die Wollust des Grauens bestialisch vor; doch bald will gesteigerter Sinn reiner aufwühlende Spannung aus menschlich-heroischem Widerstreit. Und da ersteht aus frommen Schaubühnen, aus kirchlichen Mysterien jenes andere große wogende Spiel vom Menschen, Wiederkehr all jener Abenteuer und Fahrten, nun aber auf den innern Meeren des Herzens; neue Unendlichkeit, ein anderer Ozean mit Springfluten der Leidenschaft und Aufschwall des Geistes, den erregt zu durchsteuern, in dem atemlos umhergeschleudert zu sein, die neue Lust ist dieses späten und noch immer starken angelsächsischen Geschlechts: es entsteht das Drama der englischen Nation, das Drama der Elisabethaner.

Und volltönig aufrauschte, da er sich fanatisch in die Schilderung dieses barbarisch urweltlichen Anfangs warf, das bildnerische Wort. Seine Stimme, die anfangs flüsternd hineilte, spannte sonore Muskeln und Bänder, wurde metallen schimmerndes Flugzeug, das immer freier und höher forttrieb: zu eng ward ihr das Zimmer, die antwortend gedrängten Wände, so weit brauchte sie Raum. Ich fühlte Sturm über mir wehen, die brausende Lippe des Meeres schrie mächtig ihr dröhnendes Wort: hingeduckt an den Schreibtisch war mir, als stünde ich wieder in meiner Heimat an der Düne, und dies große Rauschen von tausend Wellen und sprühendem Wind käme atmend heran. Aller Schauer, der die Geburt so eines Menschen wie eines Wortes schmerzhaft umwittert, damals brach er zum erstenmal in mein staunend erschrecktes und schon beglücktes Gemüt.

Endete mein Lehrer dann in dem Diktate, wo mächtige Inspiration herrlich der wissenschaftlichen Absicht das Wort entriss und Denken zur Dichtung wurde, so taumelte ich auf. Feurige Müdigkeit durchströmte mich schwer und stark, eine Ermattung sehr unähnlich der seinen, die eine Erschöpfung war, ein schon Entladensein, indes ich, der Überwogte, noch bebte von jener eingeströmten Fülle. Beide aber brauchten wir dann immer noch ein abklingendes Gespräch, um zu Schlaf oder Ruhe zurückzufinden: gewöhnlich wiederholte ich noch das Stenogramm; und seltsam, kaum die Zeichen sich zu Worten verwandelten, redete, atmete und hob sich aus meiner Stimme eine andere, als hätte mir ein Wesen die Sprache im Munde vertauscht. Und dann erkannte ichs: wiederholend skandierte und formte ich seine Intonierung derart hingegeben nach, so gleichartig, dass es war, als spräche er aus mir und nicht ich selbst – so sehr war ich schon Resonanz seines Wesens geworden, Widerklang seines Worts. Das alles ist vierzig Jahre her: und doch noch heute, mitten in einem Vortrag, wenn die Rede sich mir losreißt und schwingend wird, spüre ich plötzlich befangen, dass nicht ich selber spreche, sondern jemand anderer gleichsam aus meinem redenden Munde. Eines teuren Toten Stimme erkenne ich dann, eines Toten, der einzig noch Atem hat an meiner Lippe: immer wenn Enthusiasmus mich überflügelt, bin ich er. Und ich weiß: jene Stunden haben mich geprägt.

Die Arbeit wuchs, und sie wuchs um mich wie ein Wald, allmählich allen Ausblick in die äußere Welt verschattend; nur innen lebte ich im Dunkel des Hauses, im rauschenden, immer voller brausenden Geäst des sich verbreiternden Werkes, in der umfangenden, wärmenden Gegenwart dieses Menschen.

Außer den wenigen Lehrstunden an der Universität gehörte ihm mein ganzer Tag. Ich speiste an ihrem Tische, nachts und tags kletterte Botschaft von ihrer Wohnung die Treppe zu der meinen auf und nieder: ich hatte ihren Türschlüssel und er den meinen, so dass er zu jeder Stunde mich finden konnte, ohne die halbtaube alte Wirtsfrau heranzuschreien. Je mehr ich mich aber dieser neuen Gemeinschaft verband, um so vollkommener wurde ich der Außenwelt abwendig: mit der Wärme jener innern Sphäre teilte ich gleichzeitig die frostige Abgeschlossenheit ihrer ausgesperrten Existenz. Meine Kollegen kehrten einhellig eine gewisse Kälte und Verächtlichkeit gegen mich heraus: war es geheime Feme oder bloß gereizte Eifersucht über meine sichtliche Bevorzugung – jedenfalls isolierten sie mich von ihrem Umgang, und in den Diskussionen des Seminars vermied mich, scheinbar verabredet, Ansprache und Gruß. Selbst die Professoren verbargen nicht ihre feindselige Abneigung; einmal, als ich bei dem Dozenten der romanischen Philologie eine nichtige Auskunft erbat, fertigte er mich ironisch ab: »Sie als Intimus von Professor ... sollten doch darüber Bescheid wissen.« Vergeblich suchte ich so unverschuldete Ächtung mir zu erklären. Aber Wort und Blick wichen jeder Erklärung aus. Seit ich ganz mit den beiden Einsamen lebte, war ich selbst vollkommen vereinsamt.

Diese gesellschaftliche Aussperrung hätte mich nun weiter nicht bekümmert, war doch meine Aufmerksamkeit ganz dem Geistigen verschworen; aber der steten Zerrung hielten allmählich die Nerven nicht stand. Man lebt nicht ungestraft wochenlang in einem unaufhörlichen geistigen Exzess, zudem hatte ich wohl allzu plötzlich mein Leben umgestülpt, war zu wild von einem Extrem ins andere gefahren, um nicht jenes uns geheim zugewogene Gleichgewicht der Natur zu gefährden. Denn indes in Berlin das lockere Umschweifen meine Muskeln wohlig entspannte, Abenteuer mit Frauen alles unruhig Gestaute spielhaft lockerten, presste hier eine föhnig niederdrückende Atmosphäre so unablässig die gereizten Sinne, dass sie nur zuckend, mit elektrisch springenden Spitzen in mir umfuhren; ich verlernte den tiefen gesunden Schlaf, obwohl oder vielleicht weil ich immer bis zur Morgenfrühe das Diktat jedes Abends zu meiner eigenen Lust kopierte (fiebernd vor eitler Ungeduld, meinem geliebten Lehrer die Blätter ehestens zu überbringen). Dann forderte mich die Universität, die hastig betriebene Lektüre, zu erhöhter Bereitwilligkeit, und nicht zum mindesten erregte mich die Art des Gesprächs mit meinem Lehrer, weil da jeder Nerv spartanisch sich straffte, niemals anteillos mich vor ihm erscheinen zu lassen. Der beleidigte Leib zögerte für diese Übertreiblichkeiten nicht lange mit seiner Rache. Mehrmals überfielen mich kurze Ohnmachten, Warnungssignale der gefährdeten Natur, die ich tollwütig überrannte – aber die hypnotischen Müdigkeiten mehrten sich, jede Äußerung des Gefühls wurde vehement, und die geschärften Nerven wuchsen mit ihren Spitzen nach innen, den Schlaf zerreißend und bisher verhaltene wirre Gedanken aufstachelnd.

Die erste, die eine deutsame Gefährdung meines Zustandes bemerkte, war die Frau meines Lehrers. Oftmals schon hatte ich ihren beunruhigten Blick mich übertasten gefühlt, mit Absicht streute sie immer häufiger mahnende Bemerkungen in unsere Gespräche, wie etwa, ich möchte nicht in einem Semester die Welt erobern wollen. Schließlich wurde sie deutlich. »Genug jetzt«, fuhr sie eines Sonntags auf mich zu, als ich bei schönstem Sonnenschein Grammatik büffelte, und riss mir das Buch weg; »wie kann man sich als junger lebendiger Mensch dermaßen vom Ehrgeiz versklaven lassen? Nehmen Sie sich nicht immer ein Vorbild an meinem Mann: er ist alt, und Sie sind jung, Sie müssen anders leben.« Immer funkelte, wenn sie von ihm sprach, dieser Unterton von Verächtlichkeit vor, gegen den ich Hingegebener mich immer wieder entrüstet empörte. Mit Absicht, ich spürte es, ja vielleicht in einer Art fehlgängerischer Eifersucht, suchte sie mich immer mehr von ihm wegzuhalten und mit ironischen Paraden meine Übertreiblichkeiten zu queren; saßen wir abends zu lange beim Diktat, so klopfte sie energisch an die Tür und erzwang, gleichgültig gegen seine zornige Abwehr, den Abbruch der Arbeit. »Er wird Ihnen noch Ihre Nerven verderben, er wird Sie noch ganz zerstören«, sagte sie mir einmal erbittert, als sie mich niedergebrochen fand. »Was hat er aus Ihnen schon gemacht in diesen paar Wochen! Ich kann es nicht länger mit ansehen, wie Sie gegen sich selber wüten. Und dabei …« Sie stockte und redete den Satz nicht zu Ende. Aber die Lippe bebte ihr blass von niedergepresstem Zorn.

Und wirklich, mein Lehrer machte es mir nicht leicht: je leidenschaftlicher ich ihm diente, um so gleichgültiger schien er meine hilfsbereite Verehrung zu werten. Selten, dass er mir dankte; brachte ich ihm morgens die bis in die Nacht geförderte Arbeit, so äußerte er trocken abwehrend: »Es hätte Zeit bis morgen gehabt.« Überbot sich mein ehrgeiziger Eifer zu unerbetener Gefälligkeit, so wurde plötzlich mitten im Gespräch die Lippe schmal, und ein ironisches Wort drängte mich ab. Freilich, sah er mich dann gedemütigt und verwirrt zurückweichen, so strömte wieder jener warme umfangende Blick meiner Verzweiflung tröstend zu, aber wie selten geschah das, wie selten! Und dieses Heiß und Kalt, dieses bald Aufwühlend-Nahe, bald Ärgerlich-Rückstoßende seines Wesens verwirrte vollkommen mein unbändiges Gefühl, das sich sehnte – nein, nie vermochte ich jemals deutlich zu benennen, was ich eigentlich ersehnte, was ich wünschte, forderte, anstrebte, welches Zeichen seiner Teilnahme meine enthusiastische Hingabe sich erhoffte. Denn ist verehrende Leidenschaft selbst reiner Weise einer Frau zugewandt, so strebt sie doch unbewusst einer körperlichen Erfüllung zu, ihr hat die Natur eine höchste Vereinung im Besitz des Körpers bildnerisch zugeformt – Leidenschaft des Geistes aber, von Mann zu Mann dargeboten, wie will sie, die unerfüllbare, volle Erfüllung? Ruhelos umwandert sie die verehrte Gestalt, immer sich aufflackernd zur neuen Ekstase und nie noch beruhigt durch eine letzte Hingabe. Immer strömt sie und kann doch nie ganz sich entströmen, ewig ungenügsam wie immer der Geist. So wurde mir seine Nähe niemals nah genug, seine Gegenwart nie ganz sich enthüllend und erfüllend in den langen Gesprächen; selbst wenn er vertrauend alle Fremdheit von sich abwarf, wusste ich doch, der nächste Augenblick könnte mit schneidender Geste diese atemnahe Gebundenheit zerteilen. Immer wieder verwirrte der Wetterwendische von neuem mein Gefühl, und ich übertreibe nicht, wenn ich sage, dass ich in meiner Überreiztheit oft unsinniger Tat schon nahe war, nur weil er mit lockerem Handgriff ein Buch, auf das ich ihn aufmerksam gemacht, gleichgültig beiseite geschoben oder plötzlich, wenn abends vertieftes Gespräch uns band und ich ganz eingeströmt in seine Gedanken atmete, mit einem Ruck – nachdem er noch eben zärtlich die Hand mir auf die Schultern gelehnt – aufstand und brüsk sagte: »Nun gehen Sie aber! Es ist spät. Gute Nacht.« Solche Nichtigkeiten genügten schon, um Stunden, um Tage mir zu verstören. Vielleicht sah, unablässig zur Erregung herausgefordert, mein überreiztes Gefühl auch Kränkungen, wo sie gar nicht beabsichtigt waren – doch was hilft alle nachdeutende Selbstbeschwichtigung gegen eine Verstörung des innern Gemüts? Nur dies erneute sich täglich: ich litt glühend an seiner Nähe und frostete an seiner Ferne, immer enttäuscht an seiner Verhaltenheit, von keinem Zeichen beruhigt, von jeder Zufälligkeit verwirrt.

Und seltsam: immer wenn meine Empfindlichkeit von ihm sich beleidigt fühlte, flüchtete ich hin zu seiner Frau. Unbewusster Drang vielleicht, da einen Menschen zu finden, der gleichfalls unter diesem wortlosen Weghalten litt, vielleicht Bedürfnis bloß, zu irgend jemandem sprechen zu können und wenn schon nicht Hilfe, so doch Verständnis zu finden, – jedenfalls flüchtete ich ihr wie einem heimlichen Bundesgenossen zu. Gewöhnlich spöttelte sie mir meine Empfindlichkeit weg oder erklärte mit achselzuckender Kälte, ich sollte schon diese schmerzhaften Sonderlichkeiten gewöhnt sein. Manchmal aber sah sie mich merkwürdig ernst, geradezu mit verwundertem Blick an, wenn plötzliche Verzweiflung mit einem Ruck so ein ganzes zuckendes Bündel von Vorwürfen, gestammelten Tränen, verkrampften Worten vor sie hinschleuderte, aber sie sprach kein Wort; nur um ihre Lippen ging dann verhaltenes Wetterspiel, und ich spürte, sie bedurfte aller Kraft, nicht etwas Zorniges oder Unbedachtes vorzustoßen. Auch sie hatte, kein Zweifel, mir etwas zu sagen, auch sie verschloss ein Geheimnis, vielleicht das gleiche wie er; indes er aber in brüsker Abwehr mich zurückstieß, sobald mein Wort ihm zu nahe kam, übersprang sie meistens mit einem Scherz oder einer improvisierten Eulenspiegelei jede weitere Aussprache.

Nur ein einziges Mal war ich nahe, ihr das Wort zu entreißen. Ich hatte morgens, als ich das Diktat überbrachte, nicht umhin können, meinem Lehrer begeistert zu erzählen, wie sehr mich gerade diese Darstellung (es war Marlowes Bildnis) erschüttert habe. Und heiß noch von meinem Überschwang fügte ich bewundernd hinzu, niemand schreibe ihm ein derart meisterliches Porträt nach; da biss er, schroff sich abkehrend, die Lippe, warf das Blatt hin und murrte verächtlich: »Reden Sie nicht solchen Unsinn! Was verstehen Sie denn schon von Meisterschaft.« Dies brüske Wort (hastig vorgeholte Maske wohl nur für eine ungeduldige Schamhaftigkeit) genügte, um mir den Tag zu zerschlagen. Und nachmittags, eine Stunde allein mit seiner Frau, fiel ich sie plötzlich in einer Art hysterischen Ausbruchs an, fasste sie bei den Händen: »Sagen Sie mir, warum hasst er mich so? Warum verachtet er mich so? Was habe ich ihm getan, warum reizt jedes Wort von mir ihn dermaßen auf? Was soll ich tun, helfen Sie mir! Warum kann er mich nicht leiden – sagen Sie es mir, ich bitte Sie darum.«

Da starrte, überfallen von diesem wilden Ausbruch, ein grelles Auge mich an. »Sie nicht leiden?« – und ein Lachen klirrte aus den Zähnen, ein Lachen, das in so böser schriller Spitze ausfuhr, dass ich unwillkürlich zurückwich. »Sie nicht leiden?«, wiederholte sie noch einmal und sah mir zornvoll in die verwirrten Augen. Dann aber beugte sie sich näher heran – ihre Blicke wurden allmählich weich und weicher, beinahe mitleidig wurden sie – und plötzlich strich sie mir (zum erstenmal) über das Haar. »Sie sind wirklich ein Kind, ein dummes Kind, das nichts merkt und nichts sieht und nichts weiß. Aber es ist besser so, – sonst würden Sie noch unruhiger sein.« Und mit einem plötzlichen Ruck wandte sie sich um. Vergebens suchte ich Beruhigung: wie verschnürt in den schwarzen Sack eines unzerreißbaren Angsttraumes rang ich um eine Deutung, um ein Erwachen aus der geheimnisvollen Verwirrung dieser widerstreitenden Gefühle.

Vier Monate waren so vergangen, Wochen der ungeahntesten Selbststeigerung und Verwandlung. Das Semester sprang seinem Ende zu, mit Furchtgefühl sah ich den nahen Ferien entgegen, denn ich liebte mein Fegefeuer, und die nüchtern ungeistige Häuslichkeit meiner Heimat drohte mir wie Verbannung und Raub. Schon bosselte ich heimliche Pläne, meinen Eltern vorzutäuschen, wichtige Arbeit hielte mich hier zurück, schon flocht ich Lüge und Ausflucht geschickt ineinander, um die Dauer dieser verzehrenden Gegenwart zu verlängern. Aber längst war Zeit und Stunde in anderer Sphäre mir vorgezählt. Und diese Stunde stand über mir unsichtbar, wie der Glockenschlag des Mittags in dem Erze hängt, um dann unvermutet und ernst die müßig Weilenden zu Arbeit oder Abschied zu rufen.

Wie schön begann jener schicksalshafte Abend, wie verräterisch schön! Ich hatte mit beiden bei Tisch gesessen – die Fenster standen offen, und in ihren verdunkelten Rahmen trat allmählich dämmeriger Himmel mit weißen Wolken langsam herein: ein Lindes und Klares ging von ihrem majestätisch hinschwebenden Widerleuchten wesenhaft weiter, bis tief hinab musste mans fühlen. Wir hatten lässiger, friedfertiger, geschäftiger geplaudert, die Frau und ich, als sonst. Mein Lehrer schwieg über unser Gespräch hinweg; aber sein Schweigen stand gleichsam mit stillgefalteten Flügeln über unserem Gespräch. Verstohlen sah ich ihn von der Seite an: etwas merkwürdig Erhelltes war heute in seinem Wesen, eine Unruhe, aber ohne alle Fahrigkeit, ganz wie in jenen Wolken, den sommerlichen. Manchmal hob er das Weinglas und hielt es gegen das Licht, sich der Farbe zu freuen; und als mein Blick diese Geste freudig begleitete, lächelte er leicht und wendete das Glas mir zum Gruß. Selten hatte ich sein Gesicht dermaßen klar gesehen, seine Bewegungen so rund und gefasst: beinahe feierlich froh saß er da, als hörte er Musik von der Straße her oder lausche einem unsichtbaren Gespräch. Seine Lippen, sonst ständig umflattert von winzigen Wellen, lagen still und weich wie eine aufgeschälte Frucht, und die Stirne, nun da er sie sanft gegen die Fenster wandte, nahm jene gelinde Helligkeit spiegelnd an sich und dünkte mir schön wie nie. Wunderbar, ihn so befriedet zu sehen: war es Abglanz des reinen Sommerabends, drang von der Mildigkeit der abgetönten Luft ein Wohltätiges in ihn ein, oder leuchtete von innen ein Tröstliches ihm zu, – ich wusste es nicht. Aber vertraut in seinem Antlitz wie in aufgeschlagener Schrift zu lesen, spürte ich nur: heute hatte ein milder Gott ihm die Schrunden und Falten des Herzens geglättet.

Und seltsam feierlich auch, wie er nun aufstand und mit gewohnter Kopfwendung einlud, ihm in sein Studio zu folgen: er ging, der sonst Hastige, sonderbar ernst. Dann wandte er sich noch einmal um, holte – auch dies ungewohnterweise – eine geschlossene Flasche Wein aus dem Spind und trug sie bedächtig hinüber. Genau wie ich schien seine Frau ein Wunderliches in seiner Art zu bemerken, mit staunendem Blick blickte sie von ihrer Näharbeit auf und beobachtete stumm neugierig, da wir nun zur Arbeit hinübergingen, seine ungewohnt gemessene Haltung.

Das Zimmer, wie immer vollkommen abgedunkelt, erwartete uns mit vertrauter Dämmerung, nur die Lampe rundete goldenen Kreis um dies wartende Weiß der gehäuften Blätter. Ich setzte mich an meinen gewohnten Platz und wiederholte die letzten Sätze aus dem Manuskript; immer bedurfte er zur innern Abstimmung den Rhythmus als einer Stimmgabel, um das Wort weiterströmen zu lassen. Aber indes er sonst unmittelbar an den ausschwingenden Satz ansetzte, blieb diesmal der Fortklang aus. Das Schweigen stellte sich breit in den Raum, schon drückte es von den Wänden auf uns als Spannung zurück. Noch schien er nicht ganz gesammelt, denn ich hörte hinter meinem Rücken seinen nervös auf und nieder schreitenden Schritt. »Lesen Sie es noch einmal!« – seltsam, wie unruhig mit einmal die Stimme vibrierte.

Ich wiederholte die letzten Absätze: nun setzte er unmittelbar an mein Wort an, ruckhaft, rascher und geschlossener diktierend als sonst. In fünf Sätzen war die Szene gebaut; was er bislang dargestellt, waren die kulturellen Vorbedingungen des Dramas gewesen, ein Fresko zur Zeit, ein Abriss der Geschichte. Nun wandte er mit plötzlichem Ruck sich dem Theater selbst zu, das aus Vagabundentum und Karrenfahrt endlich sesshaft wird und sich eine Heimstatt baut, verbrieft mit Recht und Privilegium, das »Rose-Theater« zuerst und die »Fortuna«, hölzerne Bretterbuden für selbst hölzerne Spiele; dann aber zimmern, der weiteren Brust der mannhaft wachsenden Dichtung gemäß, die Werkleute ein neues bretternes Kleid: am Strand der Themse, eingepfählt dem feuchten, wertlosen Schlammgrund, ersteht der ungefüge Holzbau mit dem ungeschlachten sechseckigen Turm, das Globe-Theater, auf dessen Szene Shakespeare, der Meister, erscheint. Wie ausgeworfen vom Meere, ein seltsames Schiff, piratisch rote Flagge am obersten Mast, steht es dort fest angeankert im schlammigen Grund. Im Parterre drängt sich lärmend wie in einem Hafen das niedere Volk, von den Galerien lächelt und plaudert eitel die vornehme Welt herab zu den Schauspielern. Ungeduldig fordern sie den Beginn. Sie stampfen und poltern, klirren mit dem Degenknauf lärmend gegen die Bretter, bis endlich sich zum erstenmal an paar flackernd vorgetragenen Kerzen die niedere Szene erleuchtet, Gestalten, lässig kostümierte, vortreten zu scheinbar improvisierter Komödie. Und da, ich erinnere mich noch heute seiner Worte, »braust plötzlich der Sturm der Worte auf, jenes Meer, das unendliche der Leidenschaft, das von dieser bretternen Grenze zu allen Zeiten und allen Zonen des menschlichen Herzens seine bluthafte Welle hinschlägt, unerschöpflich, unergründlich, heiter und tragisch, aller Vielfalt voll und der Menschen ureigenstes Bild – das Theater Englands, das Drama Shakespeares«.

Bei diesen erhabenen Worten riss die Rede plötzlich durch. Ein langes dumpfes Schweigen kam. Beunruhigt wandte ich mich um: mein Lehrer stand, mit einer Hand den Tisch ankrampfend in jener ausgeschöpften Gebärde da, die ich an ihm kannte. Aber diesmal hatte die Starre etwas Erschreckendes. Ich sprang auf in der Besorgnis, etwas sei ihm zugestoßen, und fragte ängstlich, ob ich aufhören sollte. Er sah mich nur an, atemlos, unverwandt, starr vorerst. Aber dann stieg der Stern seines Auges wieder blau leuchtend vor, entspannter Lippe trat er auf mich zu – »Nun, haben Sie nichts bemerkt?« – eindringlich sah er mich an. »Was denn?«, stammelte ich unsicher. Da tat er einen tiefen Atemzug, lächelte ein wenig; seit Monaten spürte ich wieder jenen umfangenden, weichen, zärtlichen Blick: »Der erste Teil ist fertig.« Ich hatte Mühe, einen Freudenschrei zu unterdrücken, so heiß durchfuhr mich die Überraschung. Wie hatte ichs übersehen können, ja, das war der ganze Bau, herrlich emporgestuft vom Urgrund der Vergangenheit bis zur Schwelle der Gestaltung: nun konnten sie kommen, Marlowe, Ben Jonson, Shakespeare, sie sieghaft zu überschreiten. Das Werk feierte seinen ersten Geburtstag: hastig eilte ich hin, zählte die Blätter. Hundertsiebzig enggeschriebene Seiten umfasste dieser erste Teil, der schwerste; denn was nun kam, war freie nachbildende Gestaltung, indes bis nun die Darstellung an historisches Zeugnis eng gefesselt war. Kein Zweifel, er würde es vollenden, sein Werk, unser Werk!

Habe ich gelärmt, bin ich umhergetanzt vor Freude, vor Stolz, vor Glück – ich weiß es nicht. Aber meine Begeisterung muss unvorhergesehene Formen des Überschwangs angenommen haben, denn sein Blick wanderte mir lächelnd nach, indes ich bald die letzten Worte überlas, bald eilfertig die Blätter zählte, sie befasste, wog und verliebt befühlte und schon in voreiligen Berechnungen phantasierte, wann wir das ganze Werk vollendet haben könnten. Sein gestauter, tief verborgener Stolz, in meiner Freude sah er sich gespiegelt: gerührt, lächelnd blickte er mir zu. Dann kam er langsam ganz, ganz nahe, beide Hände vorgestreckt, heran, fasste die meinen; unbewegt sah er mich an. Allmählich füllten sich seine Pupillen, die sonst nur ein zuckendes Blinkfeuer von Farbe hatten, mit jenem klaren beseelten Blau, das von allen Elementen nur die Tiefe des Wassers und die Tiefe menschlichen Gefühls zu bilden vermögen. Und dieses glanzhafte Blau stieg auf aus den Augensternen, trat vor, drang in mich ein; ich fühlte, wie diese warme Welle von ihnen weich bis in mein Innerstes ging, strömend sich dort verbreiternd und zu seltsamer Lust das Gefühl mir dehnend: die ganze Brust ward mit einmal weit von dieser wölbenden quellenden Gewalt, und ich spürte einen großen Mittag italisch in mir aufgehen. »Ich weiß«, überflog nun seine Stimme diesen Glanz, »dass ich niemals diese Arbeit begonnen hätte ohne Sie, nie werde ich es Ihnen vergessen. Sie haben meiner Mattigkeit den rettenden Schwung gegeben, und was von meinem verstreuten verlorenen Leben nun zurückbleibt, das haben Sie gerettet, Sie allein! Niemand hat mehr für mich getan, keiner so treulich mir geholfen. Und darum sage ich nicht, Ihnen habe ich es zu danken, sondern ... dir habe ich es zu danken. Komm! Nun wollen wir eine Stunde ganz brüderlich sein!«

Er zog mich sanft zu dem Tisch und nahm die bereitgestellte Flasche. Auch zwei Gläser standen da: als offenkundigen Dank hatte er mir diesen symbolischen Trunk zugedacht. Ich zitterte vor Freude, nichts verwirrt ja gewalttätiger unsern innern Sinn als eines glühenden Wünschens plötzliche Erfüllung. Das Zeichen, dieses offenbarste des Vertrauens, jenes Zeichen, nach dem ich unbewusst mich sehnte, sein Dank hatte das schönste gefunden: das brüderliche Du, hingeboten über die Kluft der Jahre und siebenfach kostbar durch so schwierige Ferne. Schon klirrte die Flasche, die noch stumme Täuferin, die mein ängstliches Gefühl nun für immer im Glauben beschwichtigen wollte, schon klangs mir innen gleich hell wie dieser zitternde klare Ton, – da hemmte noch ein kleines Hindernis verzögernd den festlichen Augenblick: die Flasche war verkorkt und kein Pfropfenzieher zur Stelle. Er wollte auf, ihn zu holen, aber seine Absicht erratend, stürmte ich ungeduldig ins Esszimmer voraus – brannte ich doch dieser Sekunde entgegen als der endlichen Beruhigung meines Herzens, als der offensichtlichsten Beglaubigung seiner Zuneigung.

Wie ich so stürmisch durch die Tür in den unbeleuchteten Gang hinüberfuhr, stieß ich im Dunkel mit etwas Weichem zusammen, das hastig nachgab: es war die Frau meines Lehrers, die offenbar an der Tür gelauscht hatte. Aber sonderbar: so wuchtig ich auch gegen sie angerannt, sie gab keinen Ton, sie wich nur stumm zurück, und auch ich, unfähig einer Bewegung, schwieg erschrocken. Das dauerte einen Augenblick; beide standen wir stumm, einer vor dem andern beschämt, sie im Lauschen ertappt, ich starr vor der zu unvermuteten Entdeckung. Aber dann ging leiser Schritt im Dunkel, Licht flammte auf, und ich sah sie blass und herausfordernd mit dem Rücken an den Schrank gelehnt; ihr Blick maß mich ernst, und ein Dunkles, Mahnendes und Drohendes war in ihrer unbeweglichen Haltung. Aber sie sprach kein Wort.

Meine Hände zitterten, als ich nach längerem nervösem, halbblindem Tasten endlich den Pfropfenzieher fand; zweimal musste ich an ihr vorbei, und jedesmal, wenn ich aufsah, stieß ich an gegen diesen starren Blick, der hart und dunkel glänzte wie poliertes Holz. Nichts an ihr verriet Beschämung, bei dem heimlichen Lauschen an der Tür erspäht worden zu sein; im Gegenteil, schroff und entschlossen funkelte jetzt ihr Auge eine mir unverständliche Drohung zu, und ihre trotzige Gebärde zeigte, dass sie gesonnen sei, nicht von dieser unziemlichen Stelle zu weichen und weiter horchende Wacht zu halten. Und diese Überlegenheit des Willens verwirrte mich, unbewusst duckte ich mich unter diesem fest und warnend auf mich gehefteten Blick. Und als ich endlich mit unsicherem Schritt in das Zimmer zurückschlich, wo mein Lehrer schon ungeduldig die Flasche in Händen hielt, war die eben noch maßlose Freudigkeit ganz eingefrostet zu einer sonderbaren Angst.

Er aber, wie sorglos er mich erwartete, wie heiter sein Blick mir entgegenging: Immer hatte ich geträumt, ihn einmal so sehen zu dürfen, die Wolke entwandert von der schwermütigen Stirn! Aber nun sie zum ersten Male so von Frieden leuchtete, innig mir zugewandt, stockte mir jedes Wort; wie durch geheime Poren rieselte die ganze geheime Freude aus. Verworren, ja beschämt vernahm ich, wie er mir nochmals dankte, nun mit dem vertrauten Du, silbern klangen die Gläser zusammen. Den Arm mir freundschaftlich umbreitend, führte er mich zu den Fauteuils, wir saßen einander gegenüber, locker lag seine Hand in der meinen: zum erstenmal fühlte ich ihn ganz offen und frei im Gefühl. Aber mir versagte das Wort; unwillkürlich tastete ich immer mit dem Blick an die Tür, voll Angst, dass sie dort noch horchend stünde. Sie horcht, dachte ich unablässig, sie horcht auf jedes Wort, das er zu mir spricht, auf jedes, das ich sage: warum gerade heute, warum gerade heute? Und als er mit jenem warmen Blick mich umfangend, plötzlich sagte: »Ich möchte dir heute von mir, von meiner eigenen Jugend erzählen«, da fuhr ich dermaßen erschreckt mit abwehrend bittender Hand gegen ihn auf, dass er verwundert emporsah. »Nicht heute«, stammelte ich, »nicht heute ... verzeihen Sie.« Der Gedanke war mir zu furchtbar, er könnte sich einem Lauscher verraten, dessen Gegenwart ich ihm verschweigen musste.

Unsicher sah mein Lehrer mich an. »Was ist dir denn?«, fragte er in leiser Verstimmung. »Ich bin müde ... verzeihen Sie ... es hat mich irgendwie überwältigt ... ich glaube«, und dabei stand ich zitternd auf – »ich glaube, es ist besser, dass ich gehe.« Unwillkürlich bog mein Blick an ihm vorbei zur Tür, wo ich, verborgen im Gebälk, noch immer jene feindliche Neugier auf eifersüchtiger Lauer vermuten musste.

Schwerfällig hob er sich nun gleichfalls aus dem Fauteuil. Ein Schatten flog über sein mit einmal müd gewordenes Gesicht. »Willst du wirklich schon gehen ... heute ... gerade heute?« Er hielt meine Hand: ein unmerklicher Zug machte sie schwer. Aber plötzlich ließ er sie brüsk wie einen Stein fallen: »Schade«, stieß er enttäuscht heraus, »ich hatte mich so gefreut, einmal freimütig mit dir zu sprechen! Schade!« Einen Augenblick schwang der tiefe Seufzer wie ein dunkler Schmetterling durch das Zimmer. Ich war voll Scham und einer ratlos unerklärlichen Angst; unsicher trat ich zurück und schloss leise hinter mir die Tür.

Ich tastete mich mühsam hinauf in mein Zimmer und warf mich auf das Bett. Aber ich konnte nicht schlafen. Nie hatte ich so stark gespürt, dass nur mit dünner Mauerwand meine Wohnwelt über der ihren hing, einzig abgehoben durch das undurchlässige dunkle Gebälk. Und nun spürte ich magisch mit spitzgeschliffenen Sinnen sie beide jetzt unten wachen, ich sah ohne zu sehen, ich hörte ohne zu hören, wie er jetzt unten in seinem Zimmer unruhig auf und ab ging, indes sie irgendwo anders stumm saß oder horchend umhergeisterte. Aber ich spürte ihre beiden Augen offen, und ihr Wachsein ging grauenvoll in mich ein: ein Alp, lag plötzlich das ganze schwere schweigende Haus mit seinen Schatten und Schwärze auf mir.

Ich warf die Decke ab. Meine Hände glühten. Wohin war ich geraten? Ganz nahe hatte ich das Geheimnis gespürt, seinen heißen Atem schon hart im Gesicht, und nun war es wieder fern, aber sein Schatten, sein schweigender undurchsichtiger Schatten, noch ging er raunend um, ich fühlte ihn gefährlich im Haus, schleichend wie eine Katze auf leisen Pfoten, immer da, zuspringend und abspringend, immer mit seinem elektrischen Fell anstreifend und verwirrend, warm und doch gespensterhaft. Und immer spürte ich aus dem Dunkeln seinen umfangenden Blick, weich wie seine dargebotene

Hand, und jenen andern, den scharfen, drohenden und erschreckten seiner Frau. Was sollte ich in ihrem Geheimnis, was stellten die beiden mich in die Mitte ihrer Leidenschaft mit verbundenen Augen, was jagten sie mich in ihren unfassbaren Zwist und drängten mir jeder sein brennendes Bündel von Zorn und Hass in die Sinne?

Noch immer glühte mir die Stirn. Ich warf mich hoch und stieß das Fenster auf. Draußen lag friedlich unter sommerlichem Gewölk die Stadt; noch leuchteten Fenster vom Scheine der Lampe, aber die dort saßen, einte friedliches Gespräch, wärmte ein Buch oder häusliche Musik. Und wo hinter den weißen Fensterrahmen schon Dunkel stand, gewiss, dort atmete beruhigter Schlaf. Über allen diesen ruhenden Dächern schwebte wie der Mond in silbrigem Dunste ein mildes Ruhn, eine entlockerte, sanft niedergeschwebte Stille, und die elf Schläge der Turmuhr fielen ihnen allen ohne Wucht in das zufällig lauschende oder träumende Ohr. Nur ich hier im Haus spürte noch Wachsein, böse Umlagerung fremder Gedanken. Fiebernd mühte sich ein innerer Sinn, dies wirre Raunen zu verstehen.

Plötzlich schrak ich zurück. War das nicht Schritt auf der Treppe? Ich richtete mich lauschend auf. Und wirklich, es tappte da etwas wie blind, Stufen steigend, vorsichtigen zögernden unsicheren Schritts: ich kannte dies Ächzen und Stöhnen im ausgetretenen Holz. Nur zu mir konnte dieser Schritt kommen, nur zu mir, wohnte doch keiner sonst hier oben im Giebel außer der tauben alten Frau, die längst schlief und niemanden empfing. War es mein Lehrer? Nein, das war nicht sein stolprig hastiger Gang; dieser Schritt da zögerte und zottelte feig, – jetzt wiederum! – bei jeder Stufe: ein Einschleicher, ein Verbrecher mochte so nahen, nicht aber ein Freund. Ich horchte dermaßen angespannt, dass mir die Ohren dröhnten. Und mit einmal fuhr es wie Frost mir die nackten Beine empor.

Da knackte leise das Schloss: schon musste er bei der Tür sein, der unheimliche Gast. Ein dünner Luftzug auf meine nackten Zehen zeigte, dass die äußere Tür geöffnet war, den Schlüssel aber hatte er, nur er, mein Lehrer. Doch wenn er – warum so zaghaft, so fremd? War er besorgt, wollte er nach mir sehen? Und warum zögerte dieser unheimliche Gast jetzt draußen im Vorraum, denn erstarrt war mit einmal der diebisch anschleichende Schritt. Und ebenso erstarrt stand ich selbst vor Grauen. Mir war, als müsste ich schreien, doch die Kehle klebte mir schleimig zu. Ich wollte aufschließen; die Füße staken starr mir im Boden. Nur eine dünne Wand war jetzt noch zwischen uns beiden, zwischen mir und dem unheimlichen Gast, aber nicht er tat einen Schritt und nicht ich einen dem andern entgegen.

Da schlug die Glocke vom Turm: einen Schlag nur, Viertel zwölf. Aber er löste meine Starre. Ich riss die Tür auf.

Und wirklich, da stand mein Lehrer, die Kerze in der Hand. Der Luftzug der brüsk aufgeschwungenen Tür ließ die Flamme blau emporspringen, und hinter ihm taumelte, riesenhaft losgerissen von seinem starren Dastehen, der zuckende Schatten wie ein Trunkenbold quer über die Wand. Aber auch er selbst machte, als er mich sah, eine Bewegung; er zog sich zusammen wie ein Mensch, der, von einem jähen Luftzug aus dem Schlaf geschreckt, unwillkürlich die Decke fröstelnd an sich heranzieht. Dann erst wich er zurück, die Kerze schwankte tropfend in seiner Hand.

Ich zitterte, tödlich erschrocken: »Was ist Ihnen?«, konnte ich nur stammeln. Er sah mich an, ohne zu sprechen, auch ihm würgte etwas das Wort. Endlich stellte er die Kerze auf die Kommode, und sofort beruhigte sich das fledermaushaft im Raum umflatternde Schattenspiel. Schließlich stammelte er: »Ich wollte ... ich wollte...«

Wieder blieb die Stimme ihm stecken. Er stand und sah zu Boden wie ein ertappter Dieb. Unerträglich war diese Angst, dieses Dastehen, ich im Hemd, zitternd vor Frost, er, in sich hinein gebückt, wirr vor Beschämung.

Plötzlich gab sich die schwache Gestalt einen Ruck. Er trat auf mich zu: ein Lächeln, böse, faunisch, ein Lächeln, das nur aus den Augen gefährlich glitzerte, indes die Lippen sich enge verpressten, ein Lächeln grinste mich wie eine fremde Maske erst starr an einen Augenblick – dann stieß spitz wie gespaltene Schlangenzunge die Stimme vor: »Ich wollte Ihnen nur sagen ... wir lassen lieber das Du ... Das ... das ... passt sich nicht zwischen einem Mulus und seinem Lehrer ... verstehen Sie? ... Man muss Distanz halten ... Distanz ... Distanz.«

Und dabei sah er mich an, so voll Hass, so voll beleidigender ohrfeigender Bosheit, dass seine Hand sich unwillkürlich krallte. Ich taumelte zurück. War er wahnsinnig? War er betrunken? Er stand da, die Faust geballt, als ob er sich auf mich werfen wollte oder mir ins Gesicht schlagen.

Aber eine Sekunde nur währte dies Grauen, dann stürzte dieser stoßhafte Blick in sich krumm zusammen. Er wandte sich um, murmelte etwas, das wie eine Entschuldigung klang, fasste die Kerze. Ein schwarzer, dienstfertiger Teufel, fuhr der schon zu Boden geduckte Schatten wieder auf und wirbelte ihm voraus zur Tür. Und dann ging er selbst, ehe ich die Kraft beisammen hatte, ein Wort zu erdenken. Die Tür fiel hart ins Schloss; und schwer und gequält knirschte die Treppe unter seinen gleichsam stürzenden Schritten.

Ich werde diese Nacht nicht vergessen; ein kalter Zorn wechselte wild mit einer ratlos glühenden Verzweiflung. Wie Raketen fuhren mir die Gedanken grell durcheinander. Warum martert er mich, fragte meine zerrende Qual sich hundertmal, warum hasst er mich so, dass er eigens des Nachts die Treppe sich emporschleicht, nur um mir dann feindselig solche Beleidigung ins Gesicht zu schlagen? Was hatte ich ihm getan, was sollte ich tun? Wie ihn versöhnen, ohne zu wissen, wie ich ihn gekränkt? Ich warf mich glühend ins Bett, stand auf, grub mich wieder unter die Decke: immer aber stand jenes gespenstige Bild vor mir, mein Lehrer, schleichend und von meiner Gegenwart verwirrt, und hinter ihm, rätselhaft fremd, dieser ungeheure Schatten hintaumelnd an der Wand.

Als ich dann morgens nach kurzer schwacher Versunkenheit erwachte, beredete ich mich zuerst, geträumt zu haben. Aber auf der Kommode klebten noch rund und gelb die abgetropften Stearinflecken der Kerze. Und mitten in das strahlend helle Zimmer stellte immer wieder und wieder mein grässliches Erinnern den diebisch emporgeschlichenen Gast dieser Nacht.

Ich ging den ganzen Vormittag nicht aus. Der Gedanke, ihm zu begegnen, zerknickte meine Kraft. Ich versuchte zu schreiben, zu lesen; nichts gelang. Meine Nerven waren unterminiert, jeden Augenblick konnten sie ausfahren in einen schütternden Krampf, ein Schluchzen, ein Brüllen – sah ich doch meine eigenen Finger zittern wie fremdes Geblätter an einem Baum, unfähig ihnen Ruhe zu gebieten, und die Kniekehlen wankten, als seien ihre Sehnen durchschnitten. Was tun? Was tun? Ich durchfragte mich bis zur Erschöpfung; das Blut flirrte mir schon in den Schläfen und blau unter dem Blick. Aber nur nicht fort, nur nicht hinab, nur nicht plötzlich ihm gegenüberstehen, ohne sicher zu sein, ohne wieder Kraft in den Nerven zu haben. Von neuem warf ich mich auf das Bett, hungrig, verwirrt, ungewaschen, verstört, und wieder versuchten meine Sinne sich hindurchzudenken durch das dünne Mauerwerk: wo saß er jetzt, was tat er, war er wach wie ich, verzweifelt wie ich selbst?

Es wurde Mittag, und noch lag ich im Feuerbett meiner Verworrenheit, da hörte ich endlich einen Schritt auf der Treppe. Alle Nerven klirrten Alarm: dieser Schritt jedoch ging leicht, unbesorgt, nahm zwei Stufen auf einmal in fliegendem Sprung – jetzt rührte eine Hand schon pochend die Tür. Ich sprang auf, ohne zu öffnen: »Wer ist es?«, fragte ich. »Warum kommen Sie denn nicht zum Essen?«, antwortete etwas ärgerlich die Stimme seiner Frau. »Sind Sie krank?« – »Nein, nein«, stotterte ich verwirrt, »ich komme schon, ich komme schon.« Und nun blieb mir nichts übrig, als rasch in meine Kleider zu fahren und hinunterzugehen. Aber ich musste mich an das Geländer der Treppe halten, so taumelten mir die Glieder.

Ich trat ins Speisezimmer. Vor dem einen der beiden Gedecke wartete die Frau meines Lehrers und grüßte mit leichtem Vorwurf, dass ich mich mahnen ließe. Sein eigener Platz war leer. Ich fühlte das Blut mir zu Kopf steigen. Was bedeutete dieses unvermutete Wegbleiben? Fürchtete er die Begegnung noch mehr als ich selbst? Schämte er sich, oder wollte er hinfort nicht mehr den Tisch mit mir teilen? Endlich entschloss ich mich zu fragen, ob der Professor nicht käme.

Erstaunt blickte sie empor: »Wissen Sie denn nicht, dass er heute morgen weggefahren ist?« – »Weggefahren«, stammelte ich, »wohin?« Sofort spannte sich ihr Gesicht: »Das hat mein Mann nicht geruht mir mitzuteilen, wahrscheinlich – wieder einer seiner üblichen Ausflüge.« Dann wandte sie sich plötzlich scharf und fragend mir zu. »Aber dass Sie das nicht wissen? Er ist doch gestern nachts noch eigens zu Ihnen hinaufgegangen – ich dachte, das sei, um Abschied zu nehmen ... Seltsam, wirklich seltsam ... dass er auch Ihnen nichts gesagt hat.«

»Mir« – nur einen Schrei konnte ich herausstoßen. Und dieser Schrei riss zu meiner Scham, zu meiner Schande alles mit, was die letzten Stunden so gefährlich aufgestaut. Plötzlich fuhr es aus mir heraus, ein Schluchzen, ein heulender tobender Krampf – ich erbrach einen gurgelnden Schwall von übereinanderstürzenden Worten und Schreien als eine einzige ineinandergequirlte Masse wirrer Verzweiflung, ich weinte, nein, ich schüttelte, ich schwemmte in hysterischem Schluchzen die ganze zurückgestaute Qual aus zuckendem Munde. Die Fäuste trommelten irr auf dem Tisch, ein reizbar rasendes Kind, tobte ich aus, das Gesicht von Tränen überströmt, was seit Wochen wie ein Gewitter über mir hing. Und indes ich Erleichterung empfand in diesem tobenden Vorsturz, spürte ich zugleich grenzenlose Scham, vor ihr dermaßen mich zu verraten.

»Was haben Sie! Um Gottes willen!« Sie war aufgesprungen, fassungslos. Dann aber eilte sie rasch herzu, führte mich vom Tisch zum Sofa. »Legen Sie sich hin! Beruhigen Sie sich.« Sie streichelte meine Hände, sie fuhr über mein Haar, indes nachwellende Stöße noch immer meinen zitternden Leib rüttelten. »Quälen Sie sich nicht, Roland, – lassen Sie sich nicht quälen. Ich kenne das alles, ich habe es kommen gefühlt.« Sie strich noch immer mein Haar. Aber plötzlich wurde ihre Stimme hart. »Ich weiß es selbst, wie er einen verwirren kann, niemand weiß es besser. Aber glauben Sie mir, immer wollte ich Sie warnen, als ich sah, dass Sie sich ganz an ihn hielten, der selbst ohne Halt ist. – Sie kennen ihn nicht, Sie sind blind, Sie sind ein Kind – Sie ahnen nichts, ja heute, heute noch immer nichts. Oder vielleicht haben Sie heute zum erstenmal begonnen, etwas zu verstehen – um so besser dann für ihn und für Sie.«

Sie blieb warm über mich gebeugt, ich fühlte wie aus einer gläsernen Tiefe ihre Worte und den schmerzeinschläfernden Strich beruhigender Hände. Das tat wohl, endlich, endlich wieder einmal einen Hauch Mitleid zu fühlen, und dann auch dies, endlich wieder eine Frauenhand zärtlich nah zu spüren, beinahe mütterlich. Vielleicht auch das hatte ich allzulange entbehrt, und nun ich, durch den Schleier der Trübnis, Teilnahme einer zärtlich bemühten Frau empfing, überkam mich Wohliges mitten im Schmerz. Aber doch, wie schämte ich mich, wie schämte ich mich dieses verräterischen Anfalls, dieser preisgegebenen Verzweiflung! Und wider meinen Willen geschahs, dass ich, mühsam mich aufrichtend, nun in stürzender stockender Flut nochmals anklagend herausschrie, was er alles an mir getan – wie er mich zurückgestoßen und verfolgt und wieder angezogen, wie er sich hart stellte wider mich ohne Grund, ohne

Ursache – ein Peiniger, an den ich doch liebend gebunden war, den ich liebend hasste und hassend liebte. Wieder begann ich dermaßen mich zu erregen, dass sie von neuem mich beruhigen musste. Wieder drückten mich weiche Hände sachte auf die Ottomane zurück, von der ich eifernd aufgesprungen. Endlich ward ich ruhiger. Sie schwieg merkwürdig nachdenklich: ich spürte, dass sie alles verstand und vielleicht noch mehr als ich selbst ...

Ein paar Minuten band uns dieses Schweigen. Dann stand die Frau auf. »So – jetzt waren Sie lang genug Kind, jetzt seien Sie wieder Mann. Setzen Sie sich her an den Tisch und essen Sie. Es ist nichts Tragisches geschehen – ein Missverständnis, das sich klären wird«, und als ich irgendwie abwehrte, fügte sie heftig hinzu: »Es wird sich klären, denn ich lasse Sie nicht länger so hinziehen und verwirren. Da muss ein Ende sein, er muss schließlich ein wenig sich beherrschen lernen. Sie sind zu gut für seine abenteuerlichen Spiele. Ich werde mit ihm sprechen, verlassen Sie sich auf mich. Jetzt aber kommen Sie zu Tisch.«

Beschämt und willenlos ließ ich mich zurückführen. Sie redete mit einer gewissen Hast und Eilfertigkeit von gleichgültigen Dingen, und ich war ihr innerlich dankbar dafür, dass sie meinen unbeherrschten Ausbruch gleichsam überhört und schon wieder vergessen zu haben schien. Morgen sei Sonntag, drängte sie, da mache sie gemeinsam mit dem Dozenten W. und seiner Braut einen Ausflug an einen nachbarlichen See, ich solle mitkommen, mich erheitern, mich von den Büchern befreien. All mein Unbehagen verrate nur Überarbeitung und Überreiztheit der Nerven; einmal im Wasser oder in Wanderschaft, würde mein Körper sofort wieder das Gleichgewicht finden.

Ich versprach zu kommen. Alles, nur jetzt nicht Einsamkeit, nur nicht mein Zimmer, nur nicht diese im Dunkel umkreisenden Gedanken. »Und bleiben Sie auch nachmittags heute nicht zu Hause! Gehen Sie spazieren, rennen Sie sich aus, amüsieren Sie sich!«, drängte sie nach. »Seltsam«, dachte ich, »wie sie meine innersten Gefühle errät, wie sie immer, die mir doch fremd ist, weiß, was mir not tut und weh tut, indes er, der Wissende, mich verkennt und zerschlägt.« Auch dies versprach ich ihr. Und dankbar aufsehend, fand ich ein neues Gesicht: das Spöttische, Übermütige, das ihr sonst etwas von einem frechen lockeren Jungen gab, war vergangen in einem weichen teilnehmenden Blick: niemals hatte ich sie derart ernst gesehen. »Warum blickt er mich nie so gütig an?« fragte sich sehnsüchtig in mir ein verworrenes Gefühl, »warum fühlt er niemals, wenn er mir weh tut? Warum hat er nicht so hilfreiche, so zärtliche Hände an mein Haar, an die meinen gelegt?« Dankbar küsste ich die ihre, die sie unruhig, fast heftig mir entzog. »Quälen Sie sich nicht«, wiederholte sie noch einmal, und ihre Stimme beugte sich nah heran.

Aber dann kam wieder das Harte in ihre Lippen; schroff sich aufrichtend, stieß sie leise heraus: »Glauben Sie mir, er verdient es nicht.«

Und dieses Wort, kaum hörbar geflüstert, stieß wieder Schmerz in das beinahe schon beruhigte Herz.

Was ich an jenem Nachmittag und Abend zunächst begann, scheint derart lächerlich und kindisch, dass ich mich jahrelang geschämt habe, daran zu denken – ja dass eine innere Zensur mir jedes Erinnern daran sofort hastig abblendete. Nun, heute schäme ich mich jener ungeschickten Tölpeleien nicht mehr – im Gegenteil, wie sehr verstehe ich heute den unbändigen, wirr leidenschaftlichen Jungen, der sich gewaltsam hinüberturnen wollte über die eigene Unsicherheit seines Gefühls.

Wie vom Ende eines ungeheuer langen Ganges, wie durch ein Teleskop sehe ich mich selbst: den zerfahrenen, verzweifelten Jungen, der in sein Zimmer hinaufsteigt und nicht weiß, was er gegen sich selbst beginnen will. Und der plötzlich in den Rock fährt, sich einen andern Gang anstrafft, wild entschlossene Gesten aus sich holt und dann plötzlich mit gewaltsam energischem Schritt auf die Straße geht. Ja, das bin ich, ich erkenne mich, ich weiß jeden Gedanken dieses dummen, verquälten, armen Jungen von damals, ich weiß: plötzlich habe ich mich aufgestrafft, vor dem Spiegel sogar, und mir gesagt: »Ich pfeif auf ihn! Hol ihn der Teufel! Was quäle ich mich wegen des alten Narren! Sie hat recht: lustig sein, sich einmal amüsieren! Vorwärts!«

Wirklich, so bin ich damals auf die Straße gegangen. Es war ein Ruck, um mich zu befreien – und dann ein Rennen, ein einziges feiges Davonlaufen vor der Erkenntnis, dass diese fröhliche Festigkeit gar nicht so fröhlich sei und der Eisblock, der starre, mir noch ebenso schwer über dem Herzen hing. Ich weiß noch, wie ich ging, den schweren Stock fest in der Hand, scharf jeden Studenten fixierend; in mir wütete eine gefährliche Lust, mit irgend jemand Streit vom Zaun zu brechen, den ohne Ausweg umherirrenden Zorn in den Erstbesten hineinzuprügeln, der mir gerade in den Weg kam. Aber günstigerweise würdigte mich niemand einer Aufmerksamkeit. So steuerte ich zu jenem Café, wo meist meine Kameraden aus dem Seminar beisammensaßen, bereit, mich unaufgefordert an ihren Tisch zu setzen und die geringste Stichelei zum Anlass einer Provokation zu nehmen. Doch wiederum stieß meine rauferische Bereitschaft ins Leere – der schöne Tag hatte die meisten zu Ausflügen verlockt, und die zwei oder drei, die dort beisammensaßen, grüßten höflich und boten meiner fiebrigen Gereiztheit nicht den geringsten Vorwand. Verärgert stand ich bald auf, und ging nun in ein gar nicht mehr zweifelhaftes Lokal der Vorstadt, wo bei dröhnender Damenkapellenmusik der Abhub der amüsierlustigen Kleinstädter zwischen Bier und Qualm knollig beisammen drängte. Ich stürzte zwei, drei Gläser hastig hinunter, lud mir eine übelberüchtigte Weibsperson und ihre Freundin, gleichfalls eine geschminkte dürre Halbweltlerin, an meinen Tisch und hatte eine krankhafte Freude, mich recht auffallend zu benehmen. Jeder kannte mich in der kleinen Stadt, jeder wusste, dass ich der Schüler des Professors war; jene wiederum machten sich durch freche Tracht und ihr Benehmen unverkennbar – so genoss ich die läppische verlogene Lust, mich und (wie ich tölpisch meinte) damit auch ihn zu kompromittieren; mögen sie nur sehen, dachte ich, dass ich auf ihn pfeife, dass ich mich nicht kümmre um ihn – und vor allen Leuten hofierte ich diese dickbusige Weibsperson in der taktlosesten, schamlosesten Art. Es war ein Rausch wütiger Bosheit und bald auch ein wirklicher Rausch, denn wir tranken alles wild durcheinander, Wein, Schnaps, Bier, und stießen so wüst um uns, dass Sessel zu Boden fielen und die Nachbarn vorsichtig abrückten. Aber ich schämte mich nicht, im Gegenteil; er soll es nur erfahren, wütete ich Narr, er soll sehen, wie gleichgültig er mir ist, ah, ich bin nicht traurig, nicht gekränkt – im Gegenteil: »Wein her, Wein!«, klirrte ich mit der Faust auf den Tisch, dass die Gläser

Stefan Zweig mit seiner ersten Ehefrau Friderike (geb. Burger), Wien, 1926

Stefan Zweig im Alter von 50 Jahren, Salzburg, 1931

Die Dirigenten Arturo Toscanini und Bruno Walter zu Gast bei Stefan Zweig in seinem Haus am Kapuzinerberg, Salzburg 1934 (Fotografiert von Suse von Winternitz, Tochter Friderike Zweigs aus erster Ehe)

Stefan Zweig vor seinem Haus am Kapuzinerberg, Salzburg, um 1933

Stefan Zweig auf der Terrasse seines Hauses am Kapuzinerberg, um 1933

 Aldous Huxley und Stefan Zweig, New York, 1935

Oben: Stefan Zweig (links) und Joseph Roth in Ostende, Juli 1936

Unten: Paul Valéry und Stefan Zweig, Paris, 1940

Oben: Stefan Zweig (vorne rechts) mit seinen französischen Freunden, den Schriftstellern Roger Martin du Gard (sitzend, Mitte) und Jules Romains (stehend) mit ihren Gattinnen, Nizza, 1936

Unten: Stefan Zweig und seine zweite Ehefrau Lotte (geb. Altmann), Bath, 1939

zitterten. Schließlich zog ich mit beiden ab, rechts die eine am Arm, links die andere, quer durch die Hauptstraße, wo die gewohnte Korsostunde um neun Uhr Studenten und Mädchen, Bürger und Militär zu stillbehaglichem Bummel vereinte: ein schwankes, schmieriges Kleeblatt randalierten wir drei auf dem Fahrdamm derart laut daher, dass endlich ein Schutzmann geärgert herantrat und uns energisch Ruhe gebot. Was dann weiter geschah, vermag ich nicht mehr genau zu schildern – ein blauer fuseliger Dunst verqualmt mir die Erinnerung, ich weiß nur, dass ich, angeekelt von den beiden betrunkenen Weibsbildern und selbst kaum mehr mächtig meiner Sinne, mich von ihnen loskaufte, noch irgendwo Kaffee und Kognak trank, vor dem Gebäude der Universität zum Gaudium herbeigelaufener Burschen eine Philippika gegen die Professoren hielt. Dann wollte ich, aus dem dumpfen Instinkt, mich noch mehr zu besudeln und ihm – wahnwitziger Gedanke eines wirr-leidenschaftlichen Zornes! – einen Tort zu tun, in ein öffentliches Haus, aber ich fand nicht den Weg und torkelte schließlich verdrossen heim. Das Tor aufzuschließen bereitete meiner talperigen Hand Mühe, mit arger Not schleppte ich mich die ersten Stufen hinauf.

Aber dann, vor seiner Tür, fiel, als sei mir der Kopf plötzlich in eiskaltes Wasser getaucht, der ganze dumpfe Rausch ab. Mit einmal nüchtern, starrte ich meiner eigenen, ohnmächtig wütenden Narrheit ins verzerrte Gesicht. Scham duckte mich zusammen. Und ganz leise, ganz kriecherisch wie ein geprügelter Hund, nur dass niemand mich höre, schlich ich in mein Zimmer hinauf.

Wie ein Toter hatte ich geschlafen; als ich aufwachte, überschwemmte Sonne schon den Fußboden und stieg langsam bis zum Bettrand empor, mit einem Ruck stieß ich mich heraus. Im schmerzenden Kopf zuckte allmählich Erinnerung an den gestrigen Abend auf; aber ich drückte die Scham zurück, ich wollte mich nicht mehr schämen. Seine Schuld war es doch, redete ich mir geflissentlich zu, seine Schuld allein, wenn ich so mich verluderte. Ich beruhigte mich, dies Gestrige sei nur ein rechter studentischer Spaß gewesen, wohl erlaubt einem, der seit Wochen und Wochen nichts als Arbeit und Arbeit gekannt; aber mir ward nicht wohl bei der eigenen Rechtfertigung, und ziemlich beklommen stieg ich in kleinmütiger Haltung hinab zu der Frau meines Lehrers, meines gestrigen Ausflugversprechens gedenkend.

Seltsam: kaum dass ich an die Klinke seiner Tür rührte, war Er wieder gegenwärtig in mir, damit aber auch schon jener brennende, unvernünftig wühlende Schmerz, jene wütige Verzweiflung. Ich klopfte leise, seine Frau kam mir entgegen mit seltsam weichem Blick: »Was treiben Sie für Unsinn, Roland?«, sagte sie, doch eher mitleidig als vorwurfsvoll. »Warum quälen Sie sich so!« Ich stand bestürzt: so hatte auch sie bereits von meinem narrenhaften Treiben gehört. Doch sie munterte sofort meine Verlegenheit auf: »Heute aber wollen wir vernünftig sein. Um zehn Uhr kommt Dozent W. und seine Braut, dann fahren wir hinaus und rudern und schwimmen alle Dummheiten tot.« Noch wagte ich ganz ängstlich die unnötige Frage, ob der Professor zurückgekommen sei. Sie sah mich an, ohne zu antworten, wusste ich doch selbst, dass die Frage vergeblich war.

Pünktlich um zehn Uhr rückte der Dozent an, ein junger Physiker, der, als Jude in der akademischen Gesellschaft ziemlich isoliert, eigentlich der einzige verblieb, der mit uns Abgesonderten verkehrte; ihn begleitete seine Braut, wahrscheinlich wohl eher seine Geliebte, ein junges Mädel, der das Lachen unablässig vom Mund fuhr, einfältig und ein wenig dalbrig, aber darum die rechte Gesellschaft für eine solche improvisierte Eskapade. Wir fuhren zuerst, ununterbrochen essend, plaudernd und einander zulachend, mit der Bahn zu einem nahegelegenen winzigen See, und die Wochen angestrengten Ernstes hatten mich aller gesprächiger Heiterkeit dermaßen entwöhnt, dass schon diese eine Stunde mich wie ein leichter prickelnder Wein berauschte. Wirklich, es gelang ihnen vollkommen mit ihrem kindisch übermütigen Treiben, meine Gedanken von der dunkel quellenden Wabe wegzulocken, die sie sonst immer summend umkreisten, und kaum dass ich, ins Freie tretend, bei einem zufälligen Wettrennen mit dem jungen Mädchen meine Muskeln wieder spürte, so war ich wieder der straffe, unbesorgte Bursche von ehedem.

Am See nahmen wir zwei Ruderboote, die Frau meines Lehrers steuerte das meine, in dem andern teilte der Dozent mit seiner Freundin den Ruderplatz. Und kaum abgestoßen, kam schon die sporthaft wetteifernde Lust über uns, einander zu überholen, wobei ich freilich im Nachteil war, denn indes jene zu zweit ruderten, musste ich allein gegen beide ankämpfen; aber den Rock von mir werfend, legte ich mich, ein gelernter Athlet dieses Sports, so mächtig in die Riemen, dass ich immer wieder dem Nachbarboot mit wuchtigen Schlägen vorkam. Ununterbrochen hagelte es hinüber und herüber von anfeuernden Spottreden, einer reizte den andern, und achtlos der glühenden Julihitze, gleichgültig gegen den Schweiß, der uns schmählich überströmte, roboteten wir unbändige Galeerensträflinge unserer Sportlust hitzig gegeneinander. Endlich war das Ziel nahe, eine bewaldete kleine Landzunge am See: noch wütiger legten wir uns ins Zeug, und zum Triumph meiner Mitfahrenden, die selbst von dem wetteifernden Spiel gepackt war, knirschte unser Kiel zuerst an den Strand.

Ich stieg aus, heiß, überströmt, berauscht von der ungewohnten Sonne, vom klingend erregten Blut, von der Freude des Erfolges: das Herz hämmerte mir aus der Brust, die Kleider klebten schwitzig eng am Körper. Dem Dozenten erging es nicht besser, und statt belobt, wurden wir verbissene Kämpen von den übermütigen Frauen wegen unseres Schnaubens und ziemlich pitoyablen Aussehens noch ausgiebig belacht. Endlich gewährten sie uns eine Frist, um uns abzukühlen; unter Scherzworten wurden zwei Abteilungen, ein Herren- und Damenbad, improvisiert – rechts und links vom Gebüsch. Wir zogen rasch die Schwimmkleider an, hinter dem Gebüsch blitzten blanke Wäsche und nackte Arme, und schon plätscherten, indes wir uns gleichfalls rüsteten, die beiden Frauen wohlig ins Wasser. Der Dozent, weniger ermattet als ich, der einer gegen sie beide gesiegt, sprang sofort ihnen nach, ich aber, der ein wenig zu scharf gerudert und das Herz noch vehement gegen die Rippen hämmern fühlte, legte mich vorerst gemächlich in den Schatten und ließ wohlig die Wolken über mich hinziehen, das summende süße Brausen der Müdigkeit wollüstig genießend im umrollenden Blut.

Doch schon nach wenigen Minuten begann ein stürmisches Rufen vom Wasser her: »Roland, vorwärts! Wettschwimmen! Preisschwimmen! Preistauchen!« Ich rührte mich nicht: mir war, als könnte ich tausend Jahre so liegen bleiben, die Haut sanft brennend von der einsickernden Sonne und gleichzeitig gekühlt von zart anstreifender Luft. Aber wieder flatterte Lachen her, die Stimme des Dozenten: »Er streikt! Den haben wir gründlich abgekappt! Holen

Sie den Faulenzer.« Und wirklich, schon hörte ich ein Näherplätschern und jetzt von ganz nah ihre Stimme: »Roland, vorwärts! Wettschwimmen! Wir müssens den beiden zeigen!« Ich antwortete nicht, mir machte es Spaß, mich suchen zu lassen. »Wo sind Sie denn?« Schon knirschte der Kies, ich hörte nackte Sohlen suchend den Strand ablaufen, und plötzlich stand sie vor mir, angestrafft das nasse Schwimmkleid um den knabenhaft schlanken Körper. »Da sind Sie. Ach, wie träge! Aber jetzt vorwärts, Faulenzer, die andern sind schon fast drüben bei der Insel.« Ich lag wohlig auf dem Rücken, dehnte mich faul: »Es ist viel schöner hier. Ich komme später nach.«

»Er will nicht«, trompetete sie lachend durch die hohle Hand in die Richtung des Wassers hinüber. »Hinein mit dem Prahlhans!«, hallte von weither die Stimme des Dozenten zurück. »Also kommen Sie«, drängte sie ungeduldig, »blamieren Sie mich nicht.« Aber ich gähnte nur träge. Da brach sie spaßend und geärgert zugleich eine Gerte vom Strauch. »Vorwärts!«, wiederholte sie energisch und strich mir aufmunternden Hieb über den Arm. Ich fuhr auf: sie hatte zu scharf getroffen, ein dünner Strich wie von Blut lief rot über meinen Arm. »Jetzt erst recht nicht«, sagte ich, gleichfalls spaßend und leicht erbittert zugleich. Aber nun, in wirklichem Zorn, befahl sie: »Kommen Sie! Sofort!«, und als ich aus Trotz mich nicht rührte, schlug sie nochmals und jetzt heftiger einen scharfen brennenden Hieb. Mit einem Ruck sprang ich wütig auf, ihr die Gerte zu entreißen, sie wich zurück, aber ich packte ihren Arm. Unwillkürlich gerieten in dem Ringen um die Gerte unsere halbnackten Körper nah aneinander. Und als ich jetzt ihren Arm packte und das Gelenk drehte, um sie zu zwingen, die Gerte fallen zu lassen, und die Ausweichende sich weit zurückbog, da knackte es plötzlich – die haltende Achselspange ihres Schwimmkleids war gerissen, die linke Hülle fiel von ihrem entblößten Busen, starr und rot stach mir die Knospe ihrer Brust entgegen. Unwillkürlich blickte ich hin, eine Sekunde bloß, aber es verwirrte mich: zitternd und beschämt ließ ich ihre umklammerte Hand. Sie wandte sich errötend, mit einer Haarnadel die zerrissene Spange notdürftig zusammenzurichten. Ich stand dabei und wusste nichts zu sagen. Auch sie schwieg. Und von diesem Augenblick war eine würgende, erstickte Unruhe zwischen uns beiden.

»Hallo … Hallo … Wo seid ihr denn?« – schon vor der kleinen Insel hallten die Stimmen herüber. »Ja, ich komme schon«, antwortete ich hastig und warf mich, froh, einer neuen Verwirrung zu entrinnen, mit einem Schwung hinein ins Wasser. Ein paar Tauchstöße, die begeisternde Lust des Sich-selber-Fortstoßens, Klarheit und Kälte des unfühlsamen Elements, und schon schien dieses gefährliche Rieseln und Zischen des Blutes wuchtig weggeschwemmt von stärkerer, hellerer Lust. Ich holte bald die beiden ein, forderte den schwächlichen Dozenten zu einer Reihe von Wettkämpfen, in denen ich obsiegte, wir schwammen zurück zur Landzunge, wo die Zurückgebliebene bereits angekleidet uns erwartete, um dann aus mitgebrachten Körben ein Picknick im Freien heiter zu veranstalten. Aber so übermütig die Scherzrede zwischen uns vieren die Runde ging, unwillkürlich hatten wir beide vermieden, das Wort aneinander zu richten: wir sprachen, wir lachten gleichsam über uns hinweg. Und wenn unsere Blicke sich begegneten, wichen sie in ungesprochener Gleichempfindung hastig aus: die Peinlichkeit jenes Zwischenfalls war noch nicht geglättet, und einer spürte des andern Erinnern mit beschämter Beunruhigung.

Der Nachmittag verging dann rasch mit erneuter Ruderpartie, aber die Hitzigkeit der sportlichen Leidenschaft gab immer mehr einer wohligen Ermüdung nach: der Wein, die Wärme, die eingesogene Sonne filterte sich mählich tiefer ins Blut und gab ihm röteren Gang. Schon erlaubten sich der Dozent und seine Freundin kleine Vertraulichkeiten, die wir beide mit einer gewissen Peinlichkeit dulden mussten, sie rückten immer näher zusammen, während wir um so ängstlicher Distanz bewahrten; aber das Paarhafte formte sich schon dadurch bewusster heraus, dass jene beiden Übermütigen im Waldweg gerne zurückblieben, offenbar um sich ungestörter zu küssen, und während dieses Alleingelassenseins hemmte immer ein Befangensein unser Gespräch. Schließlich waren wir alle vier zufrieden, wieder im Zuge zu sein, jene im Vorgefühl bräutlichen Abends, wir, endlich derart peinlichen Situationen zu entrinnen.

Der Dozent und seine Freundin begleiteten uns bis zur Wohnung. Die Treppe stiegen wir allein hinauf; kaum ins Haus getreten, spürte ich wieder die quälende, sehnsüchtig wirre Mahnung seiner Gegenwart. »Wäre er doch schon zurück!«, dachte ich ungeduldig.

Und gleichsam, als ob sie den ungesprochenen Seufzer mir von der Lippe gelesen, sagte sie: »Wir wollen doch sehen, ob er schon zurück ist.«

Wir traten ein. Die Wohnung lag still. In seinem Zimmer stand alles verlassen: unbewusst zeichnete mein erregtes Gefühl in den leeren Stuhl seine gedrückte, tragische Gestalt. Aber unberührt lagen die Blätter, wartend wie ich selbst. Und da kam wieder die Erbitterung: warum war er geflüchtet, warum ließ er mich allein? Immer grimmiger stieg mir der eifersüchtige Zorn in die Kehle, wieder wogte dumpf aus mir jenes töricht verworrene Gelüst, etwas Böses, etwas Hassvolles gegen ihn zu tun.

Die Frau war mir gefolgt. »Sie bleiben doch hier zum Abendessen? Sie sollten heute nicht allein sein.« Wieso wusste sies, dass ich mich fürchtete vor dem leeren Zimmer, vor dem Knirschen der Stiege, vor der grübelnden Erinnerung: alles erriet sie immer in mir, jeden ungesprochenen Gedanken, jedes böse Gelüst.

Irgendeine Angst kam mich an, eine Angst vor mir selbst und meinem wirr in mir umfahrenden Hass. Ich wollte ablehnen. Aber ich war feig und wagte kein Nein.

Ich habe von je den Ehebruch verabscheut, nicht aber um einer rechthaberischen Moral willen, aus Prüderie und Sittsamkeit, nicht so sehr, weil er Diebstahl im Dunkeln bedeutet, Besitznahme fremden Leibs, sondern weil fast jede Frau in solchen Augenblicken das Heimlichste ihres Gatten verrät – jede eine Delila, die dem Hintergangenen sein menschlichstes Geheimnis wegstiehlt und einem Fremden hinwirft, das Geheimnis seiner Kraft oder seiner Schwäche. Nicht dass Frauen selber sich geben, scheint mir Verrat, sondern dass sie fast immer dann, um sich zu rechtfertigen, das Schamtuch lüpfen von ihres Mannes Scham und den Ahnungslosen gleichsam im Schlafe einer fremden Neugier, einem höhnisch genießenden Gelächter aufbreiten.

Nicht also, dass ich damals, von blindwütiger Verzweiflung verwirrt, in der anfangs bloß mitleidigen und dann erst zärtlichen Umarmung seiner Frau Zuflucht fand – verhängnisvoll rasch glitt ein Gefühl ins andere hinüber –, nicht dies empfinde ich noch heute als die erbärmlichste Niedrigkeit meines Lebens (denn es geschah ohne Willen, beide stürzten wir unwissend-unbewusst in diesen brennenden Abgrund), sondern dass ich auf gehitzten Kissen mir über ihn noch Vertraulichkeiten erzählen ließ, dass ich der gereizten Frau erlaubte, Geheimstes ihrer Ehe zu verraten. Warum duldete ich, ohne sie wegzustoßen, dass sie mir berichtete, seit Jahren meide er sie körperlich, und in dunklen Andeutungen sich erging: warum hieß ich sie nicht herrisch schweigen über dies Geheimste seines Geschlechts? Aber ich brannte so sehr nach seinem Geheimnis, ich dürstete dermaßen, ihn schuldig zu wissen gegen mich, gegen sie, gegen alle, dass ich taumlig dies zornige Bekenntnis ihrer Vernachlässigung aufnahm – war es doch so ähnlich meinem eigenen Gefühl des Zurückgestoßenseins! So geschah, dass wir beide aus wirrem, gemeinsamen Hass etwas taten, das wie Liebe sich gebärdete: aber indes unsere Körper sich suchten und ineinanderdrängten, dachten wir beide, sprachen wir beide immer wieder und immer nur von ihm. Manchmal tat mir ihr Wort weh, und ich schämte mich, dass ich verstrickt blieb, wo ich verabscheute. Aber der Körper unter mir gehorchte nicht mehr dem Willen, er wühlte wild in seiner eigenen Lust. Und schauernd küsste ich die Lippe, die meinen liebsten Menschen verriet.

Am nächsten Morgen schlich ich, die Zunge bitter von Ekel und Scham, hinauf in mein Zimmer. In der Minute, wo das Warme ihres Leibes nicht mehr mir die Sinne trübte, empfand ich die grelle Wirklichkeit und Widerlichkeit meines Verrats. Nie wieder, sofort wusste ichs, würde ich ihm vor Augen treten können, nie mehr seine Hand nehmen: nicht ihn, mich selbst hatte ich um mein Bestes bestohlen.

Jetzt gab es nur eine Rettung: Flucht. Im Fieber packte ich alle meine Sachen, schichtete meine Bücher, bezahlte meiner Wirtin: er durfte mich nicht mehr finden, auch ich sollte verschwunden sein, grundlos, und geheimnisvoll, genau wie er mir.

Aber inmitten des geschäftigen Tuns erstarrte mir plötzlich die Hand. Ich hatte das Knirschen der Holztreppe gehört, ein Schritt hastete die Stiege herauf – sein Schritt.

Ich muss leichenfahl geworden sein. Denn kaum eingetreten, schrak er schon auf. »Was ist dir, Junge? Bist du krank?«

Ich wich zurück. Ich bog ihm aus, als er jetzt näher wollte und mich helfend anfassen.

»Was hast du?«, fragte er erschreckt. »Ist dir etwas zugestoßen? Oder ... oder ... bist du mir noch böse?«

Krampfhaft hielt ich mich zum Fenster hin. Ich konnte ihn nicht ansehen. Seine teilnehmende warme Stimme riss in mir etwas auf wie eine Wunde: einer Ohnmacht nahe, fühlte ich es aufströmen in mir, heiß, ganz heiß, brennend und verbrennend, einen glühenden Guss von Scham.

Aber auch er stand verwundert, verwirrt. Und plötzlich – ganz klein, ganz zaghaft duckte sich seine Stimme – flüsterte er eine sonderbare Frage: »Hat dir ... hat dir jemand ... etwas über mich gesagt?«

Ich machte, ohne mich ihm zuzuwenden, eine abwehrende Bewegung. Aber irgendein ängstlicher Gedanke schien ihn zu beherrschen, er wiederholte hartnäckig:

»Sag mirs ... gesteh mirs . . . hat irgend jemand über mich etwas gesagt ... irgend jemand, ich frage nicht wer.«

Ich verneinte wieder. Er stand ratlos. Aber mit einmal schien er bemerkt zu haben, dass meine Koffer gepackt, meine Bücher zusammengerafft waren und sein Kommen gerade meine letzten Reisevorbereitungen unterbrochen hatte. Erregt trat er heran: »Du willst fort, Roland, ich sehe es ... sag mir die Wahrheit.«

Da raffte ich mich auf. »Ich muss fort ... verzeihen Sie mir ... aber ich kann darüber nicht sprechen ... ich werde Ihnen schreiben.« Mehr würgte ich nicht aus der verklemmten Kehle, und in jedes Wort schlug mir das Herz.

Er blieb starr. Dann plötzlich kam wieder jene müde Art über ihn. »Es ist vielleicht besser so, Roland ... ja gewiss, es ist besser so ... für dich und für alle. Aber ehe du gehst, möchte ich dich noch einmal sprechen. Komm um sieben Uhr, zur gewohnten Stunde ... dann wollen wir Abschied nehmen, Mann zu Mann ... Nur keine Flucht vor sich selber, nur keine Briefe ... das wäre kindisch und unserer nicht würdig ... und dann, was ich dir sagen möchte, will in keine Feder ... Also du kommst, nicht wahr?«

Ich nickte nur. Mein Blick wagte sich noch immer nicht vom Fenster weg. Aber ich sah nichts von der Helligkeit des Morgens mehr, ein dichter dunkler Schleier stand zwischen mir und der Welt.

Um sieben Uhr betrat ich zum letztenmal den geliebten Raum: verfrühtes Dunkel dämmerte durch die Portieren, kaum glänzte von der Tiefe noch der fließende Stein der Marmorgestalten, und die Bücher schliefen alle schwarz hinter ihren perlmuttern flimmernden Gläsern. Geheimnisort meiner Erinnerungen, wo das Wort mir magisch geworden und ich Rausch und Verzückung der Geistigen wie nirgends erlebt – immer sehe ich dich aus dieser Abschiedsstunde und immer die verehrte Gestalt, wie sie jetzt der Lehne des Sessels sich langsam, langsam enthebt und mir schattend entgegenkommt: bloß die Stirne glänzt rund wie eine alabasterne Lampe im Dunkel, und drüber wogt, ein wehender Rauch, das weiße Haar des alten Mannes. Jetzt steigt, mühsam gehoben, von unten eine Hand empor, sie sucht die meine, jetzt erkenne ich die Augen ernst mir zugewandt, und schon fühle ich sanft meinen Arm umfasst und mich niedergeleitet zu einem Stuhl.

»Setz dich nieder, Roland, und sprechen wir klar. Wir sind Männer und müssen aufrichtig sein. Ich dränge dich nicht – aber wäre es nicht besser, die letzte Stunde schaffte auch volle Klarheit zwischen uns? Also sag, warum willst du weg? Bist du böse auf mich wegen jener unsinnigen Beleidigung?«

Ich verneinte mit einer Gebärde. Entsetzlich der Gedanke, dass er noch, er, der Betrogene, der Verratene, die Schuld auf sich nehmen wollte!

»Habe ich dir sonst bewusst oder unbewusst eine Kränkung zugefügt? Ich bin manchmal sonderbar, ich weiß es. Und ich habe dich gereizt, gequält wider meinen eigenen Willen. Ich habe dir nie genug gedankt für alle deine Anteilnahme – ich weiß es, ich weiß es, ich habe es immer gewusst, selbst in den Minuten, wo ich dir wehe tat. Ist das der Grund – sag es mir, Roland, – denn ich möchte, dass wir ehrlich voneinander Abschied nehmen.«

Wieder schüttelte ich den Kopf: ich konnte nicht sprechen. Noch immer ging seine Stimme fest: jetzt begann sie sich leicht zu verwirren.

»Oder ... ich frage dich nochmals ... hat irgend jemand dir irgend etwas über mich zugetragen ... etwas, das du als niedrig, als ... abstoßend empfindest ... etwas, was dich ... was dich mich verachten lässt?«

» Nein! nein! ... nein! ...« Wie ein Schluchzen fuhr mir der Protest heraus: ich ihn verachten! Ich ihn!

Ungeduldig wurde jetzt seine Stimme. »Was ist es dann? ... Was kann es denn sonst sein? ... Bist du der Arbeit müde? ... Oder zieht dich sonst etwas fort? ... Eine Frau ... ist es eine Frau?«

Ich schwieg. Und dies Schweigen war wohl derart anders, dass er die Bejahung spürte. Er beugte sich näher heran und flüsterte ganz leise, aber ohne Erregung, ganz ohne Erregung und Zorn:

»Ist es eine Frau? ... m e i n e Frau?«

Ich schwieg noch immer. Und er verstand. Ein Zittern lief mir über den Leib: jetzt, jetzt, jetzt würde er ausbrechen, mich anfallen, mich schlagen, mich züchtigen ... und ... ich sehnte mich beinahe danach, dass er mich peitschte, mich, den Dieb, den Verräter, dass er mich wie einen räudigen Hund wegpeitschte aus seinem geschändeten Haus. Aber seltsam ... er blieb vollkommen still ... und beinahe wie eine Erleichterung klangs, als er zu sich selber sinnend murmelte: »Das hätte ich mir eigentlich denken können.« Zweimal ging er im Zimmer auf und ab. Dann blieb er vor mir stehen und sagte, fast schien mirs, verächtlich:

»Und das ... das nimmst du so schwer? Hat sie dir denn nicht gesagt, dass sie frei ist zu tun, zu nehmen, was ihr beliebt, dass ich kein Recht habe über sie? ... Kein Recht, ihr etwas zu verbieten, und auch nicht die geringste Lust dazu ... Und warum hätte sie sich beherrschen sollen, wem zuliebe und gerade gegen dich ... Du bist jung, du bist hell und schön ... du warst uns nah ... wie sollte sie dich nicht lieben, du ... du Schöner, du Junger, wie sollte sie dich nicht lieben ... Ich ...« Plötzlich begann seine Stimme zu zittern. Und er beugte sich nahe, so nah, dass ich seinen Atem spürte. Wieder fühlte ich die warme Umfangung seiner Blicke, wieder dies seltsame Licht so ... so wie in jenen seltenen sonderbaren Sekunden zwischen ihm und mir. Immer näher kam er heran.

Und dann flüsterte er leise, kaum regten sich die Lippen. »Ich ... ich liebe dich doch auch.«

War ich aufgefahren? Hatte mich es unwillkürlich zurück geschreckt? Aber irgendeine Geste der Überraschung, der Flucht musste aus meinem Körper vorgefahren sein, denn er taumelte weg wie ein Zurückgestoßener. Ein Schatten dunkelte über sein Gesicht. »Verachtest du mich jetzt?«, fragte er ganz leise. »Bin ich dir jetzt widerlich?«

Warum fand ich damals kein Wort? Warum saß ich nur stumm da, lieblos, verlegen, betäubt, statt auf den Liebenden zuzutreten und ihm die irrige Sorge zu nehmen? Aber in mir wogten wild alle Erinnerungen; als hätte eine Chiffre mit einmal die Sprache all jener unfassbaren Botschaften gelöst, so verstand ich alles jetzt in furchtbarer Klarheit, sein zärtliches Kommen und seine brüske Verteidigung, ich verstand erschüttert jenen Besuch in der Nacht und die verbissene Flucht vor meiner begeistert zudrängenden Leidenschaft. Liebe, ich hatte sie ja immer bei ihm gefühlt, zärtlich und scheu, bald anflutend, bald wieder übermächtig gehemmt, ich hatte sie geliebt und genossen in jedem flüchtig mir zugefallenen Strahl – aber doch, wie Liebe, das Wort, jetzt von bärtigem Munde kam, sinnlich-zärtlichen Klangs, da dröhnte mir ein Grauen süß und furchtbar zugleich in den Schläfen. Und so sehr ich brannte in Demut und Mitleid für ihn, ich fand, ich verwirrter, zitternder, überfallener Knabe, kein Wort für seine unvermutet mir aufgetane Leidenschaft.

Er saß zernichtet und starrte in mein Schweigen. »So furchtbar also ist dirs, so furchtbar«, murmelte er, »auch du ... auch du verzeihst mirs also nicht, auch du, gegen den ich meine Lippen verpresst, dass ich beinahe erstickte ... dem ich mich verborgen habe, wie ich mich keinem verbarg ... Aber besser, du weißt es jetzt, nun erdrückts mich nicht mehr ... Denn es war schon zuviel für mich ... oh, viel zuviel ... besser, besser ein Ende als dies Schweigen und Verschweigen ...«

Wie das voll Trauer war, voll Zärtlichkeit und Scham; bis ins Innerste drang mir der zuckende Ton. Ich schämte mich, dermaßen kalt, derart fühllos frostig vor dem Manne zu schweigen, von dem ich mehr empfangen als von irgendeinem Menschen und der so unsinnig vor mir sich erniedrigte. Die Seele brannte mir, ihm ein Tröstliches zu sagen, aber die Lippe, die zitternde, gehorchte nicht. Und so verlegen, so jämmerlich klein hockte ich da und bog mich im Sessel herum, dass er, beinahe unwillig, mich aufmunterte. »Sitz doch nicht so da, Roland, so grauenhaft stumm ... Fass dich doch ... Ist es dir wirklich so fürchterlich? Schämst du dich meiner so sehr? ... Jetzt ist ja doch alles vorbei, ich habe dir alles gesagt ... lass uns doch wenigstens anständig Abschied nehmen, wie es zwei Männern, zwei Freunden geziemt.«

Aber ich hatte noch immer nicht Macht über mich. Da rührte er meinen Arm: »Komm, Roland, setz dich zu mir! ... Mir ist leichter, seitdem du es weißt, seit endlich Klarheit zwischen uns besteht ... Erst habe ich immer gefürchtet, du möchtest erraten, wie lieb du mir bist ... dann habe ich wieder gehofft, du selbst würdest es spüren, nur damit mir dies Geständnis erspart sei ... Aber nun ists geschehen, nun bin ich frei ... nun kann ich zu dir sprechen wie nie zu einem andern Menschen. Denn du warst mir näher als irgendeiner in all diesen Jahren ... wie keinen habe ich dich geliebt ... Wie keiner hast du, Kind, das Letzte meines Wesens mir wach gemacht ... So sollst du auch zum Abschied mehr wissen von mir als irgendein anderer Mensch, ich habe ja in all diesen Stunden dein Fragen, dein stummes, so deutlich gespürt ... Du allein sollst mein ganzes Leben kennen. Willst du, dass ich dirs erzähle?«

An meinen Blicken, an meinen verwirrten und erschütterten Blicken sah er mein Ja.

»So komm nahe ... hierher zu mir ... Ich kann diese Dinge nicht laut sagen.« Ich beugte mich – fromm, muss ichs nennen. Aber kaum dass ich wartend, lauschend ihm gegenübersaß, stand er wieder auf. »Nein, so geht es nicht ... Du darfst mich nicht ansehen dabei ... sonst ... sonst kann ich nicht sprechen.« Und mit einem Griff löschte er das Licht.

Dunkel fiel über uns. Ich fühlte, dass er nahe war, fühlte es an seinem Atem, der schwer und wie röchelnd irgendwo im Unsichtbaren ging. Und plötzlich stand zwischen uns eine Stimme auf und erzählte mir sein ganzes Leben.

Seit jenem Abend, wo dieser verehrteste Mann mir sein Schicksal wie eine harte Muschel aufschloss, seit jenem Abend vor vierzig Jahren scheint mir noch immer alles spielhaft und belanglos, was unsere Schriftsteller und Dichter in Büchern als außerordentlich erzählen, was Schauspiele den Bühnen als tragisch maskieren. Ist es Bequemlichkeit, Feigheit oder ein zu kurzes Gesicht, dass sie alle immer nur den obern erhellten Lichtrand des Lebens zeichnen, wo die Sinne offen und gesetzhaft spielen, indes unten in den Kellergewölben, in den Wurzelhöhlen und Kloaken des Herzens phosphorhaft funkelnd die wahren, die gefährlichen Bestien der Leidenschaft umfahren, im Verborgenen sich paarend und zerfleischend in allen phantastischen Formen der Verstrickung? Schreckt sie der Atem, der heiße und zehrende der dämonischen Triebe, der Dunst des brennenden Blutes, fürchten sie die Hände zu schmutzen, die allzu zarten, an den Schwären der Menschheit, oder findet ihr Blick, an mattere Helligkeiten gewöhnt, nicht hinab diese glitschigen, gefährlichen, von Fäulnis triefenden Stufen? Und doch ist dem Wissenden keine Lust gleich als jene am Verborgenen, kein Schauer so urmächtig stark, als der das Gefährliche umfröstelt, und kein Leiden heiliger, als das sich aus Scham nicht zu entäußern vermag.

Hier aber schlug ein Mensch sich mir auf in äußerster Nacktheit, hier zerriss sich einer die innerste Brust, gierig bereit, das zerhämmerte, vergiftete, verbrannte, vereiterte Herz zu entblößen. Eine wilde Wollust folterte sich flagellantisch frei in diesem durch Jahre und Jahre verhaltenen Geständnis. Nur wer ein Leben lang sich geschämt, sich geduckt und verdeckt, nur der konnte so rauschhaft überwältigt ausfahren in die Unerbittlichkeit eines solchen Gestehens. Stück für Stück brach sich hier ein Mensch sein Leben aus der Brust, und in dieser Stunde starrte ich Knabe zum erstenmal hinab in die unausdenkbaren Tiefen des irdischen Gefühls.

Erst wogte seine Stimme nur körperlos im Raum, unklarer Qualm der Erregung, unsichere Andeutung geheimen Geschehens, und doch fühlte man gerade an dieser mühsamen Beherrschung der Leidenschaft ihre kommende Gewalt, so wie man an gewissen gewaltsam verlangsamten Takten, die einem jagenden Rhythmus vorausgehen, das Furioso schon in den Nerven voraus spürt. Dann aber begannen die Bilder aufzuflackern, vom innern Sturm der Leidenschaft zuckend emporgerissen und allmählich erst sich erhellend. Einen Knaben sah ich zuerst, einen scheuen, in sich geduckten Knaben, der kein Wort zu den Kameraden wagt, den aber ein wirres körperlich-forderndes Verlangen gerade den Schönsten der Schule leidenschaftlich zudrängt. Doch mit erbittertem Rückstoß hat der eine ihn bei allzu zärtlicher Annäherung von sich weggejagt, ein zweiter ihn mit grässlich deutlichem Wort verspottet, und ärger noch: beide haben sie das abwegige Gelüst den andern verprangert. Und sofort schließt eine einhellige Feme von Hohn und Erniedrigung den Verwirrten wie einen Aussätzigen von ihrer heitern Gemeinschaft aus.

Täglicher Kreuzgang wird der Weg zur Schule, und die Nächte von Selbstekel dem früh Gezeichneten verstört: als Wahnwitz und entehrendes Laster empfindet der Ausgestoßene sein abwegiges und doch vorerst nur in Träumen verdeutlichtes Gelüst.

Unsicher schwankt die erzählende Stimme: einen Augenblick ists, als wollte sie verlöschen im Dunkel. Aber ein Seufzer stößt sie wieder empor, und aus dem düstern Qualm flackern nun neue Bilder, schattenhaft und gespenstisch gereiht. Der Knabe ist Student in Berlin geworden, zum erstenmal gewährt ihm die untergründige Stadt Erfüllung der langbeherrschten Neigung, aber wie beschmutzt sind sie von Ekel, wie vergiftet von Angst, diese zwinkernden Begegnungen an dunklen Straßenecken, im Schatten von Bahnhöfen und Brücken, wie arm in ihrer zuckenden Lust und wie grauenhaft durch Gefahr, meist erbärmlich in Erpressungen endend und jede noch wochenlang eine schleimige Schneckenspur kalter Furcht hinter sich ziehend! Höllenwege zwischen Schatten und Licht: indes am hellen arbeitsamen Tag das kristallene Element des Geistigen den Forschenden durchläutert, stößt der Abend immer wieder den Leidenschaftlichen in den Abhub der Vorstädte hinab, in die Gemeinschaft fragwürdiger, vor der Pickelhaube jedes Schutzmannes wegflüchtender Gesellen, in dünstige Bierkeller, deren misstrauische Tür nur einem gewissen Lächeln sich auftut. Und eisern muss der Wille sich straffen, diese Doppelschichtigkeit des täglichen Lebens vorsichtig zu verbergen, das medusische Geheimnis fremdem Blick zu verhüllen, tagsüber die ernst-würdehafte Haltung eines Dozenten untadelig bewahrend, um dann nachts die Unterwelt jener verschämten, im Schatten flackernder Laternen geschlossenen Abenteuer ungekannt zu durchwandern. Immer wieder spannt sich der Gequälte auf, mit der Peitsche der Selbstbeherrschung die von gewohnter Bahn ausbrechende Leidenschaft in die Hürde zurückzutreiben, immer wieder reißt ihn der Trieb zum Dunkel-Gefährlichen hin. Zehn, zwölf, fünfzehn Jahre nervenzerreißenden Ringens wider die unsichtbar magnetische Kraft unheilbarer Neigung spannen sich wie ein einziger Krampf, Genießen ohne Genuss, würgende Scham und allmählich der verdunkelte, in sich scheu verborgene Blick der Furcht vor der eigenen Leidenschaft.

Endlich, spät schon, nach dem dreißigsten Lebensjahr, ein

gewaltsamer Versuch, das Gespann auf die rechte Bahn zu reißen. Bei einer Verwandten lernt er seine spätere Frau kennen, ein junges Mädchen, die vom Geheimnisvollen seines Wesens unklar angezogen, ihm aufrichtige Neigung entgegenbringt. Und zum erstenmal vermag dieser knabenhafte Körper und ihr jugendhaft übermütiges Gebaren seine Leidenschaft für kurze Zeit zu täuschen. Ein flüchtiges Verhältnis gelingt, der Widerstand gegen das Weibliche, zum erstenmal ist er überwunden, und in der Hoffnung, dank dieser geraden Beziehung Herr seiner fehlgängerischen Neigung zu werden, ungeduldig sich festzuketten, wo er erstmalig Halt gegen dies innere Ziehen ins Gefährliche gefunden, heiratet er rasch – nach vorherigem freiem Geständnis – das junge Mädchen. Nun meint er den Rückweg in die schreckhaften Zonen versperrt. Ein paar knappe Wochen lassen ihn sorglos sein; aber bald erweist sich der neue Reiz als wirkungslos, das urtümliche Verlangen wieder eigensinnig übermächtig. Und von nun ab dient die enttäuschende Enttäuschte nur mehr als Attrappe, um gesellschaftlich die rückfälligen Neigungen zu maskieren. Wieder geht der Weg halsbrecherisch am Rand des Gesetzes und der Gesellschaft hinab ins Dunkel der Gefährlichkeiten.

Und besondere Qual zu der inneren Verwirrung: eine Stellung ist ihm ausersehen, wo solche Neigung zum Fluche wird. Dem Dozenten und bald darauf dem wohlbestallten Professor wird der ständige Umgang mit jungen Menschen amtliche Pflicht, immer wieder schiebt ihm die Versuchung atemnah neue Blüte der Jugend her, Epheben eines unsichtbaren Gymnasions innerhalb der preußischen Paragraphenwelt. Und alle – neuer Fluch! neue Gefährdung! – lieben ihn leidenschaftlich, ohne das Antlitz des Eros hinter der Maske des Lehrenden zu erkennen, sie sind beglückt, wenn jovial seine Hand (die heimlich erzitternde) sie anstreift, sie verschwenden ihre Begeisterung an einen, der ständig wider sie sich bemeistern muss. Qualen des Tantalus: hart zu sein gegen zudrängende Neigung, unablässig mit der eigenen Schwäche in nie endendem Kampf! Und immer, wenn er einer Versuchung sich fast erliegen fühlte, dann ergriff er plötzlich die Flucht. Das waren jene Eskapaden, deren blitzhaftes Kommen und Wiederkommen mich damals so verwirrt: nun sah ich den grausigen Weg dieser Flucht vor sich selbst, Flucht in das Grauen der Winkelwege und Abgründe. Er reiste dann immer in eine Großstadt, wo er an abseitiger Stelle Vertraute fand, Menschen niederen Standes, deren Begegnung beschmutzte, hurenhafte Jugend statt der heilig hingegebenen, aber dieser Ekel, dieser Sumpf, diese Widrigkeit, diese giftige Beize der Enttäuschung tat ihm not, um dann daheim, im vertrauend gescharten Kreise der Studenten seiner Sinne wieder standhaft gewiss zu sein. Oh, was für Begegnungen – welche gespenstische und doch stinkend irdische Gestalten, die sein Geständnis mir beschwor! Denn dieser hohe geistige Mann, dem Schönheit der Formen ureingeboren und atemhaft notwendig war, dieser lautere Meister aller Gefühle, er musste den letzten Erniedrigungen der Erde begegnen in jenen rauchigen, verschwelten Kaschemmen, die nur Eingeweihte einlassen: er kannte die frechen Forderungen geschminkter Promenadejungen, die süßliche Vertraulichkeit parfümierter Friseurgehilfen, das erregte Kichern der Transvestiten aus ihren Weiberröcken, die rabiate Geldgier vazierender Schauspieler, die plumpe Zärtlichkeit tabakkauender Matrosen – alle diese verkrümmten, verängstigten, verkehrten und phantastischen Formen, in denen das fehlwandernde Geschlecht sich am untersten Rande der Städte sucht und erkennt. Alle Erniedrigungen, alle Schmach und Gewaltsamkeit waren ihm auf diesen glitschigen Wegen begegnet: mehrmals war er vollkommen ausgestohlen worden (zu schwach, zu edel, sich mit einem Reitknecht zu balgen), ohne Uhr, ohne Mantel, und dazu noch ausgehöhnt von dem betrunkenen Kameraden jenes üblen Vorstadthotels heimgekehrt. Erpresser hatten sich an seine Fersen geheftet, Schritt für Schritt hatte ihn einer monatelang bis in die Universität verfolgt, frech sich in die erste Bank seiner Hörer gesetzt und dann mit schuftigem Lächeln zu dem stadtbekannten Professor aufgesehen, der, zitternd unter seinem vertraulichen Augenzwinkern, das Kolleg nur mit letzter Mühe vorwürgte. Einmal – das Herz stand mir still, da er auch dieses mir beichtete – war er mitternachts in Berlin mit einem ganzen Klüngel in einer anrüchigen Bar von der Polizei ausgehoben worden; mit jenem bauchblähenden höhnischen Lächeln des Subalternen, der sich einmal aufspielen kann über einen Intellektuellen, notierte ein feister, rotbackiger Wachtmeister des Zitternden Namen und Stand, schließlich ihm gnädig bedeutend, für diesmal sei er noch straflos entlassen, doch bleibe von nun ab sein Name auf der gewissen Liste.

Und wie an eines Menschen Gewand, der lange in fuseligen Stuben gesessen, schließlich jener Geruch fühlbar anhaftet, so musste allmählich hier in der eigenen Stadt, an irgendeiner unerfindlichen Stelle beginnend, schon munkelndes Gerede durchgesickert sein, denn genau wie damals in der Schulklasse, frostete jetzt im Kreise der Kollegen immer ostentativer Rede und Gruß, bis auch hier schließlich jener gläserne, durchsichtige Raum von Fremdheit den immer Einsamen von allen absonderte. Und in all seiner Verborgenheit im siebenfach verschlossenen Haus fühlte er sich noch immer bespäht und erkannt.

Nie aber war diesem gequälten, verängstigten Herzen die Gnade des reinen Freundes, des Edelgesinnten widerfahren, würdige Erwiderung männlich-übermächtiger Zärtlichkeit: immer musste er sein Gefühl zerteilen in ein Unten und Oben, in den zart sehnsüchtigen Verkehr mit den jungen geistigen Gefährten der Universität und jenen im Dunkel geworbenen Genossen, deren er morgens sich nur mehr schauernd besann. Nie hatte dem schon Alternden das Erlebnis einer reinen Zuneigung, der seelenvollen eines Jünglings, sich geschenkt, und matt von Enttäuschung, die Nerven zermürbt von dieser Dornenjagd im Dickicht, hatte der Resignierte schon sich verschüttet gemeint – da trat noch einmal ein junger Mensch in sein Leben, leidenschaftlich auf ihn, den Gealterten, zu, brachte mit seinem Wort, seinem Wesen opferfreudig sich selber dar, ihm zuglühend, dem ahnungslos Übermannten, der erschreckt vor nicht mehr erhofftem Wunder stand, nicht mehr sich würdig fühlend so reinen, so unbewusst dargebotenen Geschenks. Noch einmal war ein Bote der Jugend gekommen, schöne Gestalt und leidenschaftlicher Sinn, glühend für ihn in geistigem Feuer, zärtlich an ihn gebunden durch sympathetisches Band, dürstend nach seiner Neigung und ohne Gefühl ihrer Gefahr. Die Fackel des Eros in der unwissenden Seele, kühn und ahnungslos wie Parzival, der Tor, beugte er sich nah über die vergiftete Wunde, unkund des Zaubers und dass schon sein Kommen die Heilung trug – der Langerwartete eines Lebens, zu spät, in der letzten sinkenden Abendstunde trat er ins Haus.

Und mit dieser geschilderten Gestalt stieg auch die Stimme aus dem Dunkel. Ein Helles schien sie zu durchläutern, eine tiefe mitschwingende Zärtlichkeit gab ihr Musik, da dieser sprachmächtige

Mund von diesem jungen Menschen sprach, dem Spätgeliebten. Ich zitterte mit vor Erregung und mitfühlender Beglückung, aber plötzlich – da schlug es mir wie ein Hammer aufs Herz. Denn dieser junge glühende Mensch, von dem mein Lehrer sprach, das war ja – ... das war ja ... – Scham fuhr mir über die Wangen ... das war ja ich selbst: wie aus brennendem Spiegel sah ich mich vortreten, gehüllt in einen solchen Glanz ungeahnter Liebe, dass ihr Widerschein mich noch versengte. Ja, das war ich – immer näher erkannte ich mich, meine andrängende, begeisterte Art, dies fanatische Ihm-nahe-sein-Wollen, die begehrliche Ekstase, der ein Geistiges nicht genügte, mich, den törichten, wilden Jungen, der unkund seiner Macht den quellenden Samen des Schöpferischen noch einmal in dem Verschlossenen erweckt, noch einmal die schon müd hingesunkene Fackel des Eros in seiner Seele entzündet. Staunend erkannte ichs nun, was ich, der Schüchterne, ihm bedeutet, dessen zudrängenden Überschwang er als heiligste Überraschung seines Alters liebte – und schauernd erkannte ich zugleich, wie übermächtig hier sein Wille mir entgegengerungen: denn gerade von mir, dem rein Geliebten, wollte er nicht Hohn und Rückstoß, den Schauer beleidigter Leiblichkeit erfahren, gerade diese letzte Gnade unwilligen Geschicks nicht den Sinnen zum lusthaften Spiele geben. Darum setzte er meinem Zudrängen so erbitterten Widerstand entgegen, scheuchte mein flutendes Gefühl mit jähem Guss eiskalter Ironie, spitzte das weichflutende Freundeswort zu konventioneller Härte, bändigte die zärtlich umfassende Hand – nur um meinetwillen erzwang er von sich all die Schroffheiten, die mich ernüchtern sollten und ihn bewahren, und die mir durch Wochen die Seele verstörten. Grauenhaft klar ward mir nun das wüste Wirrsal jener Nacht, da er, Traumwandler seiner übermächtigen Sinne, die knirschende Treppe emporgestiegen, um dann mit jenem beleidigenden Wort sich selbst und unsere Freundschaft zu retten. Und schauernd, ergriffen, erregt wie im Fieber, zergehend in Mitleid, verstand ich, wie sehr er um meinetwillen gelitten, wie heldisch er sich um meinetwillen bemeistert.

Diese Stimme im Dunkel, diese Stimme im Dunkel, wie fühlte ich sie eindringen bis in das innerste Gebälk meiner Brust! Es war ein Ton in ihr, wie ich ihn nie vordem vernommen, nie vordem, nie nachdem – ein Ton aus Tiefen, die mittleres Schicksal nie ertastet. So sprach ein Mensch nur einmal in seinem Leben zu einem Menschen, um dann für immer zu schweigen, so wie in der Sage vom Schwane gesagt ist, dass er bloß sterbend ein einziges Mal die rauhe Stimme aufheben könne zum Gesang. Und ich nahm diese heiß vorstoßende, diese glühend eindringliche Stimme in mich auf, schauernd und schmerzhaft, wie ein Weib den Mann in sich empfängt ...

Und mit einemmal schwieg diese Stimme, und es war nur noch Dunkel zwischen uns. Ich wusste ihn nah. Nur die Hand musste ich heben, und die ausgestreckte rührte ihn an. Und mächtig drangs aus mir, dem Leidenden tröstlich zu sein.

Aber da machte er eine Bewegung. Licht zuckte auf. Müde, alt, verquält raffte vom Sessel eine Gestalt sich empor – ein alter, ein erschöpfter Mann ging langsam auf mich zu. »Leb wohl, Roland, ... jetzt kein Wort mehr zwischen uns! Es war gut, dass du gekommen bist ... und es ist gut für uns beide, dass du gehst ... Lebe wohl ... Und lass ... dich küssen zum Abschied!«

Wie von magischer Macht gerissen, schwankte ich ihm entgegen. Jenes schwelende, sonst wie von wirrem Rauch niedergehaltene Licht glomm jetzt offen in seinen Augen: brennende Flamme schlug aus ihnen hoch. Er zog mich nahe, seine Lippen pressten durstig die meinen, nervig, in einem zuckenden Krampf drängte er meinen Körper an sich.

Es war ein Kuss, wie ich ihn nie von einer Frau empfing, ein Kuss, wild und verzweifelt wie ein Todesschrei. Der zitternde Krampf seines Leibes ging in mich über. Ich schauerte von einem fremdfurchtbaren Empfinden zwiefältig gefasst – hingegeben mit meiner Seele und doch zutiefst erschreckt von einem widrigen Wehren des männlich berührten Körpers – unheimliche Verwirrung des Gefühls, die mir verpresste Sekunde zu betäubender Dauer zerdehnend.

Da ließ er mich los – es war ein Ruck, als risse gewaltsam ein Leib auseinander, – wandte sich mühsam um und warf sich in den Sessel, den Rücken mir zugewandt: ganz starr lehnte er einige Minuten vor sich ins Leere. Allmählich aber ward ihm der Kopf zu schwer, er beugte sich erst müder und matter, dann aber, so wie ein Übergewicht, ein lange schwankendes, plötzlich zur Tiefe stürzt, fiel mit einem dumpfen trockenen Ton die gebeugte Stirn schwer über den Schreibtisch hin.

Unendlich durchwogte mich Mitleid. Unwillkürlich trat ich nah. Aber da krampfte sich plötzlich der eingestürzte Rücken noch einmal auf, und sich rückwendend, heiser und dumpf aus der Höhle seiner verklammerten Hände stöhnte er drohend: »Weg! ... weg! ... Nicht! ... nicht nahekommen! ... um Gottes willen ... um unser beider willen ... geh jetzt ... geh!«

Ich verstand. Und schauernd trat ich zurück: wie ein Flüchtender verließ ich den geliebten Raum.

Nie wieder habe ich ihn gesehen. Nie einen Brief empfangen oder eine Botschaft. Sein Werk ist nie erschienen, sein Name vergessen; niemand weiß mehr um ihn als ich allein. Aber noch heute, wie einstmals der ungewisse Knabe, fühl ich: Vater und Mutter vor ihm, Frau und Kinder nach ihm, keinem danke ich mehr. Keinen habe ich mehr geliebt.

Widerstand der Wirklichkeit

»Da bist du!« Mit ausgestreckten, beinahe ausgebreiteten Armen ging er ihr entgegen. »Da bist du«, wiederholte er noch einmal und die Stimme stieg die immer hellere Skala auf von Überraschung zu Beglückung, indes zärtlicher Blick die geliebte Gestalt umfing. »Ich hatte schon gefürchtet, du würdest nicht kommen!«

»Wirklich, so wenig Vertrauen hast du zu mir?« Aber nur die Lippe spielte lächelnd mit diesem leichten Vorwurf: von den Augensternen, den klar erhellten, strahlte blaue Zuversicht.

»Nein, nicht das, ich habe nicht gezweifelt – was ist denn verlässlicher in dieser Welt als dein Wort? Aber, denk' dir, wie töricht! – nachmittags plötzlich, ganz unvermutet, ich weiß nicht warum, packte mich mit einmal ein Krampf sinnloser Angst, es könnte dir etwas zugestoßen sein. Ich wollte dir telegrafieren, ich wollte zu dir hin, und jetzt, wie die Uhr vorrückte und ich dich noch immer nicht sah, riss mich's durch, wir könnten einander noch einmal versäumen. Aber Gottlob, jetzt bist du da –«

»Ja – jetzt bin ich da«, lächelte sie, wieder strahlte der Stern aus tiefem Augenblau. »Jetzt bin ich da und bin bereit. Wollen wir gehen?«

»Ja, gehen wir!«, wiederholten unbewusst die Lippen. Aber der reglose Leib rührte keinen Schritt, immer und immer wieder umfing zärtlicher Blick das Unglaubhafte ihrer Gegenwart. Über ihnen, rechts und links klirrten die Geleise des Frankfurter Hauptbahnhofes von schütterndem Eisen und Glas, Pfiffe schnitten scharf in den Tumult der durchrauchten Halle, auf zwanzig Tafeln stand befehlshaberisch je eine Zeit mit Stunden und Minuten, indes er mitten im Quirl strömender Menschen nur sie als einzig Vorhandenes fühlte, zeitentwandt, raumentwandt in einer merkwürdigen Trance leidenschaftlicher Benommenheit. Schließlich musste sie mahnen »Es ist höchste Zeit, Ludwig, wir haben noch keine Billette.« Da erst löste sich sein verhafteter Blick, voll zärtlicher Ehrfurcht nahm er ihren Arm.

Der Abendexpress nach Heidelberg war ungewohnt stark besetzt. Enttäuscht in ihrer Erwartung, dank der Billette Erster Klasse miteinander allein zu sein, nahmen sie nach vergeblicher Umschau schließlich mit einem Abteil vorlieb, wo nur ein einzelner grauer

Herr halb schlafend in der Ecke lehnte. Schon freuten sie sich, vorgenießend, vertrauten Gespräches, da, knapp vor dem Abfahrtspfiff, stapften noch drei Herren mit dicken Aktentaschen keuchend ins Coupé, Rechtsanwälte offenbar und von eben erst beendetem Prozesse dermaßen erregt, dass ihre prasselnde Diskussion jede Möglichkeit anderen Gesprächs vollkommen niederschlug. So blieben die beiden resigniert einander gegenüber, ohne ein Wort zu versuchen. Und nur wenn einer von ihnen den Blick aufhob, sah er, dunkelwolkig überflogen vom ungewissen Lampenschatten, den zärtlichen Blick des andern sich liebend zugewandt.

Mit lockerem Ruck setzte sich der Zug in Bewegung. Das Räderrattern dämpfte und zerschlug das rechtsanwältliche Gespräch zu bloßem Geräusch. Dann aber wurde aus Stoß und Schüttern allmählich rhythmisches Schwanken, stählerne Wiege schaukelte in Träumerei. Und während unten knatternde Räder unsichtbar in ein Vorwärts liefen, jedem anders zuerfüllt, schwebten die Gedanken der beiden träumerisch ins Vergangene zurück.

Sie waren einander vor mehr als neun Jahren zum erstenmal begegnet und, seitdem getrennt durch undurchstoßbare Ferne, fühlten sie nun mit vervielfachter Gewalt dies wieder erste wortlose Nah-Beisammensein. Mein Gott, wie lange, wie weiträumig das war, neun Jahre, viertausend Tage, viertausend Nächte bis zu diesem Tage, bis zu dieser Nacht! Wieviel Zeit, wieviel verlorene Zeit, und doch sprang ein einziger Gedanke in einer Sekunde zurück zum Anfang des Anfangs. Wie war es nur? Genau entsann er sich: als Dreiundzwanzigjähriger war er zum erstenmal in ihr Haus gekommen, scharf schon die Lippe gekerbt unter dem sanften Flaum jungen Bartes. Vorzeitig losgerungen von einer durch Armut gedemütigten Kindheit, aufgewachsen an Freitischen, sich durchfrettend als Hauslehrer und Nachhelfer, verbittert vor der Zeit durch Entbehrung und kümmerliches Brot. Tagsüber die Pfennige scharrend für Bücher, nachts mit ermüdeten und krampfig gespannten Nerven dem Studium folgend, hatte er als Erster die chemischen Studien absolviert und, besonders empfohlen von seinem Ordinarius, war er zu dem berühmten Geheimrat G., dem Leiter der großen Fabrik bei Frankfurt am Main gekommen. Dort teilte man ihm zunächst subalterne Arbeiten im Laboratorium zu, aber bald des zähen Ernstes dieses jungen Menschen gewahr, der mit der ganzen gestauten Kraft eines fanatischen Zielwillens sich tief in die Arbeit schraubte, begann sich der Geheimrat für ihn besonders zu interessieren. Probeweise teilte er ihm immer verantwortlichere Arbeit zu, die jener, die Möglichkeit des Entkommens aus dem Kellergewölbe der Armut erkennend, gierig ergriff. Je mehr Arbeit man ihm auflud, desto energischer reckte sich sein Wille: so wurde er in kürzester Frist aus einem dutzendmäßigen Gehilfen der Adlatus wohlbehüteter Experimente, der »junge Freund«, wie ihn der Geheimrat schließlich wohlwollend zu benennen liebte. Denn ohne dass er es wusste, beobachtete ihn hinter der Tapetentür des Chefzimmers ein prüfender Blick auf höhere Eignung, und indes der Ehrgeizige blindwütig Tägliches zu bewältigen meinte, ordnete ihm der fast immer unsichtbare Vorgesetzte schon höhere Zukunft zu. Durch eine sehr schmerzhafte Ischias häufig zu Haus, oftmals sogar ans Bett gefesselt, spähte seit Jahren der alternde Mann nach einem unbedingt verlässlichen und geistig zureichenden Privatsekretär, mit dem er die geheimsten Patente und die in notwendiger Verschwiegenheit ausgeführten Versuche besprechen konnte: endlich schien er gefunden. Eines Tages trat der Geheimrat an den Erstaunten mit dem unerwarteten Vorschlag heran, ob er nicht, um ihm näher zur Hand zu sein, sein möbliertes Zimmer in der Vorstadt aufgeben und in ihrer geräumigen Villa als Privatsekretär Wohnung nehmen wolle. Der junge Mann war erstaunt von so unerwartetem Vorschlage, noch erstaunter aber der Geheimrat, als jener nach eintägiger Überlegungsfrist den ehrenvollen Vorschlag rundweg ablehnte, die nackte Weigerung ziemlich unbeholfen hinter schlottrigen Ausflüchten verbergend. Eminent als Gelehrter, war doch in seelischen Dingen der Geheimrat nicht erfahren genug, um den wahren Grund dieser Weigerung zu erraten, und vielleicht sich selbst gestand der Trotzige sein letztes Gefühl nicht ein. Und dies war nichts anderes als ein krampfig verbogener Stolz, die verwundete Scham einer in bitterster Armut verbrachten Kindheit. Als Hauslehrer in parvenühaften beleidigenden Häusern der Reichen aufgewachsen, ein namenlos amphibisches Wesen zwischen Diener und Hausgenossen, dabei und auch nicht dabei, Zierstück wie die Magnolien am Tische, die man aufstellte und abräumte nach Bedarf, hatte er die Seele randvoll von Hass gegen die Oberen und ihre Sphäre, die schweren wuchtigen

Möbel, die vollen üppigen Zimmer, die übermäßig fülligen Mahlzeiten, all dies Reichliche, daran er nur als Geduldeter Anteil nahm. Alles hatte er dort erlebt, die Beleidigungen frecher Kinder und das noch beleidigendere Mitleid der Hausfrau, wenn sie ihm am Monatsende ein paar Noten hinstreifte, die höhnisch ironischen Blicke der immer gegen den höher Dienenden grausamen Mägde, wenn er mit seinem plumpen Holzkoffer in ein neues Haus angerückt kam und den einzigen Anzug, die grau zerstopfte Wäsche, diese untrügbaren Zeichen seiner Armut, in einem geliehenen Kasten verstauen musste. Nein, nie mehr, hatte er sich's geschworen, nie mehr in fremdes Haus, nie mehr in den Reichtum zurück, ehe er ihm nicht selber gehörte, nie mehr sich ausspähen lassen in seiner Dürftigkeit und blessiert durch unedel dargebotene Geschenke. Nie mehr, nie mehr. Nach außen deckte ja jetzt der Doktortitel, ein billiger, aber doch undurchdringlicher Mantel, die Niedrigkeit seiner Stellung, im Büro verhüllte die Leistung die schwärende Wunde seiner geschändeten, von Armut und Almosen vereiterten Jugend: nein, für kein Geld mehr wollte er diese Handvoll Freiheit verkaufen, diese Undurchdringlichkeit seines Lebens. Und darum lehnte er die ehrende Einladung, auf die Gefahr hin seine Karriere zu verderben, mit ausflüchtender Begründung ab.

Aber bald ließen ihm unvorhergesehene Umstände nicht mehr freie Wahl. Das Leiden des Geheimrates verschlimmerte sich dermaßen, dass er längere Zeit das Bett hüten musste und selbst von telefonischem Verkehr mit seinem Büro ausgeschaltet war. So wurde ein Privatsekretär zur unentbehrlichen Notwendigkeit, und der dringlich wiederholten Aufforderung seines Protektors konnte er sich schließlich nicht mehr entziehen, wollte er nicht auch seiner Stellung verlustig gehen. Ein schwerer Gang, weiß Gott, wurde ihm diese Übersiedlung: noch genau erinnerte er sich des Tages, da er zum erstenmal die Klingel in jener vornehmen, ein wenig altfränkischen Villa an der Bockenheimer Landstraße rührte. Abends vorher hatte er noch eilig von seinen geringen Ersparnissen – eine alte Mutter und zwei Schwestern in einer verlorenen Provinzstadt zehrten an seinem kargen Gehalt – sich frische Wäsche, einen passablen schwarzen Anzug, neue Schuhe gekauft, um nicht allzu deutlich seine Bedürftigkeit zu verraten, auch trug diesmal ein Lohndiener die hässliche, ihm von vieler Erinnerung verhasste Truhe mit seinen Habseligkeiten voraus: dennoch quoll das Unbehagen wie Brei in die Kehle, als ein Diener in weißen Handschuhen ihm förmlich auftat und schon von der Vorhalle der dicke satte Brodem des Reichtums ihm entgegenschlug. Da warteten tiefe Teppiche, die den Schritt weich einschluckten, rund gespannte Gobelins schon im Vorraum, die feierliches Aufblicken forderten, da standen geschnitzte Türen mit schweren bronzenen Klinken, sichtlich bestimmt, nicht von eigener Hand berührt, sondern vom servilen Diener mit gebuckeltem Rücken aufgerissen zu werden: alles das drückte betäubend und widrig zugleich auf seine trotzige Erbitterung. Und als der Diener ihn dann in das dreifenstrige Fremdenzimmer führte, ihm als ständiger Wohnraum zugedacht, überwog das Gefühl des Ungehörigen und Eindringlings: er, gestern noch im zugigen Hinterzimmerchen des vierten Stockes, mit hölzernem Bett und blechernem Waschnapf, sollte hier heimisch sein, wo jedes Gerät mit frecher Üppigkeit und seines Geldwertes bewusst dastand und höhnisch auf den bloß Geduldeten sah. Was er mitgebracht, ja er selbst in seiner eigenen Kleidung, schrumpfte erbärmlich zusammen in diesem weiten, lichtdurchstrahlten Raum. Wie ein Gehenkter pendelte lächerlich sein einziger Rock in dem breiten fülligen Kleiderschrank, seine paar Waschsachen, sein vertragenes Rasierzeug, wie Auswurf lag's oder wie ein von einem Polier vergessenes Arbeitszeug auf dem geräumigen, marmorgekachelten Waschtisch; und unwillkürlich versteckte er die harte klotzige Holztruhe unter einem Überwurf, sie beneidend, dass sie hier sich verkriechen und verstecken konnte, indes er selbst wie ein ertappter Einbrecher in dem verschlossenen Raum stand. Vergebens pumpte er sein beschämtes und verärgertes Nichtigkeitsgefühl mit dem Zusprechen auf, er sei ja der Gebetene, der Geforderte. Aber immer wieder drückte das behäbige Ringsumher der Dinge die Argumente nieder, er fühlte sich wieder klein, geduckt und besiegt, von dem Gewicht der protzigen, prahlerischen Geldwelt, Diener, Knecht, Tellerschlucker, menschliches Möbel, gekauft und verleihbar, bestohlen um sein eigenes Sein. Und als jetzt der Diener mit leisem Knöchel die Türe berührend, eingefrorenen Gesichts und steifer Haltung meldete, die gnädige Frau lasse Herrn Doktor bitten, da spürte er, indes er zögernd die Flucht der Zimmer nachschritt, wie seit Jahren zum erstenmal seine Haltung einschrumpfte und die Schultern sich im Voraus duckten zur servilen Verbeugung und nach Jahren in ihm wieder die Unsicherheit und Verwirrung des Knaben begann.

Aber kaum dass er ihr erstmalig entgegentrat, löste sich wohltuend dieser innere Krampf: noch ehe sein Blick aus der Verbeugung auftastend, Antlitz und Gestalt der Sprechenden umfing, war ihm ihr Wort schon unwiderstehlich entgegengegangen. Und dieses erste Wort war Dank, dermaßen freimütig und natürlich gesprochen, dass es all dieses Gewölk des Unmuts um ihn zerteilte, unmittelbar das auflauschende Gefühl berührend. »Ich danke Ihnen vielmals, Herr Doktor«, und herzlich bot sie ihm zugleich die Hand, »dass Sie der Einladung meines Mannes endlich Folge geleistet haben, und ich wünschte, es wäre mir gegeben, Ihnen bald erweisen zu dürfen, wie sehr ich Ihnen dafür dankbar bin. Es mag Ihnen nicht leicht gefallen sein: man gibt seine Freiheit ja nicht gern auf, aber vielleicht beruhigt Sie das Gefühl, zwei Menschen dadurch auf das äußerste verpflichtet zu haben. Was meinerseits geschehen kann, Sie das Haus vollkommen als das Ihre fühlen zu lassen, soll von Herzen gern geschehen.« In ihm horchte etwas auf. Wieso wusste sie das von der ungern verkauften Freiheit, wieso griff sie gleich mit dem ersten Wort an das Wunde, das Aufgeschürfte und Empfindlichste seines Wesens, gleich hin an jene pulsende Stelle der Angst, seine Freiheit zu verlieren und nur ein Geduldeter, ein Gemieteter, ein Bezahlter zu sein? Wie hatte sie gleich mit der ersten Bewegung der Hand dieses alles von ihm weggestreift. Unwillkürlich sah er zu ihr auf, nun erst gewahr werdend eines warmen anteilnehmenden Blickes, der den seinen vertrauend erwartete.

Etwas sicher Sanftes, Beruhigendes und heiter Selbstbewusstes ging von diesem Antlitz aus, Klarheit strahlte hier von reiner Stirn, die, noch jugendlich blank, beinahe vorzeitig den ernsten Scheitel der Matrone trug, ein dunkel geschichtetes Haar mit tiefen Wellen niederwölbend, indes vom Hals her ein gleich dunkles Kleid die fülligen Schultern umschloss: um so heller wirkte dieses Antlitz mit seinem beruhigten Licht. Wie eine bürgerliche Madonna sah sie aus, ein wenig nonnenhaft im hochgeschlossenen Kleid, und die Gütigkeit gab jeder Bewegung eine Aura von Mütterlichkeit. Nun trat sie einen Schritt näher voll weicher Bewegung, Lächeln nahm ihm den Dank von den zögernden Lippen. »Nur eine Bitte, die erste gleich in erster Stunde. Ich weiß, ein Zusammenleben, wenn man einander nicht seit lange kennt, ist immer ein Problem. Und da hilft nur eines: Aufrichtigkeit. So bitte ich Sie, wenn bei irgendeiner Gelegenheit Sie sich hier bedrückt, von irgendeiner Einstellung oder Einrichtung gehemmt fühlen, sich frei mir gegenüber zu äußern. Sie sind der Helfer meines Mannes, ich bin seine Frau, diese doppelte Pflicht bindet uns zusammen: lassen Sie uns also aufrichtig sein gegeneinander.« Er nahm ihre Hand: der Pakt war geschlossen. Und von der ersten Sekunde an fühlte er sich dem Haus verbunden: das Kostbare der Räume drückte nicht mehr feindlich an ihn heran, ja im Gegenteil, er empfand es sofort als notwendigen Rahmen der Vornehmheit, die hier alles, was außen feindselig, wirr und gegensätzlich herandrängte, zur Harmonie abdämpfte. Allmählich erkannte er erst, ein wie erlesener Kunstsinn hier das Kostbare einer höheren Ordnung untertan machte und wie unwillkürlich jener gedämpfte Rhythmus des Daseins in sein eigenes Leben, ja in sein Wort eindrang. In sonderbarer Weise fühlte er sich beruhigt: alle spitzen, vehementen und leidenschaftlichen Gefühle verloren ihre Bösartigkeit, Gereiztheit, es war, als saugten die tiefen Teppiche, die bespannten Wände, die farbigen Stores Licht und Lärm der Gasse heimlich in sich ein, und gleichzeitig fühlte er, dass diese schwebende Ordnung nicht leer aus sich selbst geschah, sondern der Gegenwart der schweigsamen und immer mit gütigem Lächeln umhüllten Frau entstammten. Und was er in den ersten Minuten magisch empfunden, machten ihm die nächsten Wochen und Monate wohltätig bewusst: mit einem diskreten Taktgefühl zog diese Frau ihn mählich, ohne dass er Zwang geübt fühlte, in den innern Lebenskreis des Hauses. Behütet, aber nicht bewacht, spürte er eine einfühlende Aufmerksamkeit mit sich gleichsam von ferne beschäftigt: seine kleinen Wünsche erfüllten sich, kaum dass er sie angedeutet, in einer so diskret heinzelmännischen Art, dass sie besonderen Dank unmöglich machten. Hatte er, eine Mappe kostbarer Stiche durchblätternd, eines Abends einen von ihnen, den Faust von Rembrandt, maßlos bewundert, so fand er zwei Tage später die Reproduktion schon gerahmt über seinem Schreibtisch hängend. Hatte er eines Buches Erwähnung getan als gerühmt von einem Freunde, so fand er es zufällig in den nächsten Tagen in der Reihe der Bibliothek.

Unbewusst formte sich das Zimmer seinen Wünschen und Gewohnheiten zu: oft merkte er zunächst gar nicht, was sich in den Einzelheiten verwandelt, nur wohnlicher geworden spürte er es, farbiger und durchwärmter, bis er dann etwa wahrnahm, dass die gestickte orientalische Decke derart, wie er sie einmal in einem Schaufenster bewundert, die Ottomane bedeckte oder die Lampe in himbeerfarbener Seide leuchtend geworden war. Immer mehr zog ihn die Atmosphäre an sich: ungern verließ er mehr das Haus, in dem er bei einem elfjährigen Knaben einen leidenschaftlichen Freund fand, und liebte es sehr, ihn und seine Mutter in Theater oder Konzerte zu begleiten: ohne dass er es wusste, stand sein ganzes Tun in den Stunden außerhalb seiner Arbeit im milden Mondlicht ihrer ruhigen Gegenwart.

Von der ersten Begegnung an hatte er diese Frau geliebt, aber so leidenschaftlich unbedingt dieses Gefühl ihn bis in seine Träume hinein überwogte, so fehlte ihm dennoch das Entscheidende einer durchschütternden Wirkung, nämlich die bewusste Erkenntnis, dass das, was er ausflüchtend vor sich selber noch mit dem Namen Bewunderung, Ehrfucht und Anhänglichkeit überdeckte, durchaus schon Liebe war, eine fanatische, fessellose, unbedingt leidenschaftliche Liebe. Aber irgendein Serviles in ihm dämmerte diese Erkenntnis gewaltsam zurück: so fern schien sie ihm, zu hoch, zu weit weg, diese klare, von einem Sternenreif umstrahlte, von Reichtum umpanzerte Frau, von all dem, was er bisher als weiblich erfahren. Als blasphemisch vor ihm selbst hätte er es empfunden, sie gleich zu erkennen dem Geschlechte und gleichem Gesetz des Blutes unterworfen als die paar andern Frauen, die ihm seine versklavte Jugend gestattet, jene Mägde am Gutshof, die gerade einmal ihre Tür dem Hauslehrer aufgetan, neugierig zu sehen, ob der Studierte es anders täte als der Kutscher und der Knecht, oder die Nähmädchen, die er im Halbschatten der Laternen beim Heimgang getroffen. Nein, dies war anders. Sie leuchtete von einer andern Sphäre der Unbegehrlichkeit, rein und unantastbar, und selbst der leidenschaftlichste seiner Träume erkühnte sich nicht, sie zu entkleiden. Knabenhaft verwirrt hing er dem Duft ihrer Gegenwart an, jede Bewegung genießend wie Musik, glücklich ihres Vertrauens und unablässig erschreckt, ihr etwas zu verraten vor dem übermäßigen Gefühl, das ihn erregte: Gefühl, das noch namenlos war, aber längst schon geformt und durchglutet in seiner Verhüllung.

Aber Liebe wird erst wahrhaft sie selbst, sobald sie sich, sofern sie nicht mehr embryonisch dunkel im Innern des Leibes schmerzhaft wogt, sondern mit Atem und Lippe sich zu benennen, sobald sie sich zu bekennen wagt. So beharrlich ein solches Gefühl sich verpuppt, immer durchstößt eine Stunde plötzlich das verwirrte Gespinst und stürzt dann, von allen Höhen in die unterste Tiefe fallend, mit verdoppelter Wucht in das aufschreckende Herz. Dies geschah, spät genug, im zweiten Jahre seiner Hausgenossenschaft.

Der Geheimrat hatte eines Sonntags ihn in sein Zimmer gebeten: schon dass er ungewohnter Weise nach flüchtiger Begrüßung die Tapetentür hinter ihnen abschloss und durch das Haustelefon Auftrag gab, jede Störung abzuweisen, schon dies kündigte besondere Mitteilung bedeutsam an. Der alte Mann bot ihm eine Zigarre, entzündete sie umständlich, gleichsam um Zeit zu gewinnen für eine offenbar genau durchdachte Rede. Zunächst begann er mit ausführlichem Dank für seine Dienste. In jeder Hinsicht hätte er sein Vertrauen und innere Hingabe sogar übertroffen, niemals habe er bereuen müssen, auch die intimsten Geschäftlichkeiten dem so kurz Verbundenen anvertraut zu haben. Nun sei gestern in ihr Unternehmen von Übersee her wichtige Nachricht gelangt, die er ihm anzuvertrauen keinen Anstand nehme: das neue chemische Verfahren, von dem er Kenntnis habe, erfordere große Quantitäten bestimmter Erze, und eben hätte nun ein Telegramm gemeldet, dass große Vorkommnisse dieser Metalle in Mexiko festgestellt worden seien. Hauptsache sei nun Geschwindigkeit, sie rasch für das Unternehmen zu erwerben, an Ort und Stelle Förderung und Ausnützung zu organisieren, ehe amerikanische Konzerne sich der Gelegenheit bemächtigten. Dies erfordere einen verlässlichen, andererseits jungen und energischen Mann. Für ihn persönlich sei es nun ein schmerzlicher Schlag, den vertrauten und zuverlässigen Adlatus zu entbehren: dennoch habe er es für seine Pflicht gehalten, in der Sitzung des Verwaltungsrates ihn als den tüchtigsten und einzig Geeigneten vorzuschlagen. Persönlich würde er entschädigt durch die Gewissheit, ihm eine glänzende

Zukunft gewährleisten zu können. In zwei Jahren der Installierung könne er sich nicht nur dank der reichlichen Dotierung ein kleines Vermögen sichern, sondern bei seiner Rückkehr sei ihm auch ein führender Posten in dem Unternehmen vorbehalten. »Überhaupt«, endigte der Geheimrat, glückwünschend die Hand breitend, »habe ich das Vorgefühl, als würden Sie noch einmal hier auf meinem Stuhle sitzen und zu Ende führen, was ich alter Mann vor drei Jahrzehnten begonnen habe.«

Ein solcher Antrag, plötzlich aus heiterm Himmel ihm zufallend, wie sollte er nicht einen Ehrgeizigen verwirren? Da war sie endlich, die Tür, wie von Explosion aufgerissen, die ihn aus dem Kellergewölbe der Armut, aus der lichtlosen Welt des Dienstes und Gehorchens, aus der immerwährenden gebückten Haltung des zur Bescheidenheit Gezwungenen und Denkenden herausführen sollte: gierig starrte er in die Papiere und Telegramme, wo aus hieroglyphischen Zeichen allmählich in großen und ungewissen Konturen der gewaltige Plan sich formte. Zahlen brausten auf ihn plötzlich nieder, Tausende, Hunderttausende, Millionen, die zu verwalten, zu verrechnen, zu gewinnen waren, feurige Atmosphäre der gebietenden Macht, in die er betäubt und klopfenden Herzens plötzlich wie in einem Traumballon aus der servilen dumpfen Sphäre seines Daseins emporstieg. Und überdies: nicht nur Geld allein, nicht nur Geschäft, Unternehmen, Spiel und Verantwortung – nein, ein ungleich Lockenderes griff hier versucherisch nach ihm. Hier war Gestaltung, Schöpfung, hohe Aufgabe, der zeugende Beruf, aus Gebirgen, wo seit Jahrtausenden in sinnlosem Schlaf das Gestein unter der Haut der Erde dämmerte, etwas zu fördern, in sie nun Stollen einzubohren, Städte zu schaffen mit wachsenden Häusern, aufschießenden Straßen, wühlenden Maschinen und kreisenden Kranen. Hinter dem kahlen Gestrüpp der Kalkulationen begann es tropisch zu blühen von fantastischen und doch plastischen Gebilden, Gehöfte, Farmen, Fabriken, Magazine, ein neues Stück Menschenwelt, das er gebietend und ordnend mitten ins Leere zu stellen hatte. Seeluft, gebeizt vom Rausch der Ferne drang plötzlich ein in das kleine verpolsterte Zimmer, Zahlen stuften sich zu fantastischer Summe. Und in einem immer heißeren Taumel von Begeisterung, der jeder Entschließung die zuckende Form des Fluges gab, wurde alles in großen Zügen beschlossen und auch das rein Praktische vereinbart. Ein Scheck in für ihn unerwarteter Höhe, zu Reiseanschaffungen bestimmt, knisterte plötzlich in seiner Hand, und nach nochmaligem Gelöbnis wurde die Abfahrt für den nächsten Dampfer der Südlinie in zehn Tagen beschlossen. Noch ganz heiß vom Wirbel der Zahlen, umtaumelt vom Quirl der aufgewühlten Möglichkeiten, war er danach aus der Tür des Arbeitszimmers getreten, eine Sekunde irr um sich starrend, ob dies ganze Gespräch nicht nur eine Phantasmagorie überreizten Wunsches gewesen. Ein Flügelschlag hatte ihn aus der Tiefe emporgetragen in die funkelnde Sphäre der Erfüllung: das Blut brauste noch von so stürmischer Auffahrt, für einen Augenblick musste er die Augen schließen. Er schloss die Augen so, wie man Atem tief in sich zieht, einzig, um ganz bei sich selbst zu sein, das innere Ich abgesonderter, mächtiger zu genießen. Eine Minute dauerte dies: aber dann, wie er neuerdings, gleichsam erfrischt aufsah und der Blick den gewohnten Vorraum übertastete, blieb er von ungefähr auf einem Bild haften, das über der großen Truhe hing: ihr Bild. Mit ruhig gebuchteten, sanft verschlossenen Lippen sah es ihn an, lächelnd und tiefdeutig zugleich, als hätte es jedes Wort seines Innern verstanden. Und da, in dieser Sekunde, überblitzte ihn plötzlich der ganz vergessene Gedanke, dass jene Stellung anzunehmen, doch auch bedeutete, dies Haus zu verlassen. Mein Gott, sie verlassen: wie ein Messer fuhr das durch das stolz geblähte Segel seiner Freude. Und in dieser einen kontrolllosen Sekunde des Überraschtseins stürzte das ganze künstlich getürmte Gebälk von Verstellung über seinem Herzen ein, und mit einem jähen Zucken im Herzmuskel spürte er, wie schmerzlich, wie tödlich fast der Gedanke ihn zerriss, sie zu entbehren. Sie, mein Gott, sie verlassen: wie hatte er daran denken können, wie sich entscheiden, gleichsam, als ob er sich selbst noch gehöre, als ob er nicht mit allen Klammern und Wurzeln des Gefühls hier verhaftet wäre an ihre Gegenwart! Gewaltsam brach es aus, elementar, ein ganz deutlicher zuckender physischer Schmerz, ein Schlag quer durch den ganzen Leib vom Stirndach bis ins Fundament des Herzens, ein Riss, der alles aufhellte wie Blitz über nächtlichem Himmel: und nun in diesem blendenden Licht war es vergebens, nicht zu erkennen, dass jeder Nerv und jede Fiber seines Innern in Liebe zu ihr blühte, der Geliebten. Und kaum dass er wortlos das magische Wort aussprach, stürzten schon mit jener unerklärlichen Geschwindigkeit, die nur das äußerste Erschrecken aufpeitscht, unzählige kleine Assoziationen und Erinnerungen funkelnd durch sein Bewusstsein, jedes grell sein Gefühl erhellend, Einzelheiten, die er niemals bisher gewagt hatte einzugestehen oder zu erläutern. Und jetzt erst wusste er, wie restlos er ihr seit Monaten schon verfallen war.

War es nicht diese Osterwoche noch gewesen, wo sie für drei Tage zu ihren Verwandten gefahren, dass er wie ein Verlorener von Zimmer zu Zimmer getappt, unfähig ein Buch zu lesen, aufgewühlt, ohne sich zu sagen, warum – und dann in der Nacht, da sie kommen sollte, hatte er nicht bis ein Uhr nachts gewartet, ihren Schritt zu hören? Hatte ihn nicht unzählige Male nervöse Ungeduld vorzeitig die Treppen hinabgescheucht, ob der Wagen nicht schon käme? Er erinnerte sich des Schauers kalt über die Hände bis in den Nacken hinauf, wenn zufällig im Theater seine Hand die ihre gestreift: hundert solcher kleiner zuckender Erinnerungen, kaum wach gefühlter Nichtigkeiten stürzten jetzt wie durch gesprengte Schleusen brausend in sein Bewusstsein ein, in sein Blut, und alle trafen wieder geradewegs hin auf sein Herz. Unwillkürlich musste er seine Hand auf seine Brust pressen, so hart schlug es dort heraus, und nun half nichts mehr, er durfte sich nicht länger wehren, einzugestehen, was ein gleichzeitig scheuer und ehrfürchtiger Instinkt mit allerhand vorsichtigen Abblendungen so lange verdunkelt hatte: dass er nicht mehr leben könnte ohne ihre Gegenwart. Zwei Jahre, zwei Monate, zwei Wochen bloß ohne dies milde Licht auf seinem Wege, ohne die guten Gespräche in abendlicher Stunde dabei – nein, nein, es war nicht zu ertragen. Und was ihn vor zehn Minuten noch mit Stolz erfüllt hatte, die Mission nach Mexiko, der Aufstieg in schöpferische Macht, in einer Sekunde war dies eingeschrumpft, zerplatzt wie eine funkelnde Seifenblase, es war nurmehr Ferne, Wegsein, Kerker, Verbanntsein, Exil, Vernichtung, ein nicht zu überlebendes Abgespaltensein. Nein, es war nicht möglich – schon zuckte die Hand zur Klinke zurück, schon wollte er noch einmal hinein in das Zimmer, dem Geheimrat zu melden, er verzichte, er fühle sich nicht würdig für den Auftrag und bleibe lieber im Haus. Aber da meldete sich warnend die Angst: nicht jetzt! Nicht vorzeitig ein Geheimnis verraten, das ihm selbst sich erst zu entschleiern begann. Und müde ließ er die fiebrige Hand von dem kühlen Metall.

Noch einmal sah er auf das Bild: immer tiefer schienen die Augen ihn anzublicken, nur das Lächeln um den Mund, er fand es nicht mehr. Sah sie nicht ernst, beinahe traurig vielmehr aus dem Bild, gleichsam als wollte sie sagen: »Du hast mich vergessen wollen.« Er ertrug ihn nicht, diesen gemalten und doch lebendigen Blick, taumelte hin in sein Zimmer, hinsinkend auf das Bett mit einem sonderbaren, fast ohnmachtsähnlichen Gefühl von Grauen, das aber merkwürdig durchdrungen war von geheimnisvoller Süßigkeit. Gierig sann er sich alles zurück, was er in diesem Haus seit der ersten Stunde erlebt, und alles, auch die nichtigste Einzelheit, hatte nun andere Schwere und anderes Licht: alles war angestrahlt von jenem innern Licht des Erkennens, alles war leicht und schwebte empor in der erhitzten Luft der Leidenschaft. Er besann sich aller Güte, die er von ihr erfahren. Ringsum waren noch ihre Zeichen, er tastete die Dinge an mit den Blicken, die ihre Hand berührt, und jedes hatte etwas vom Glück ihrer Gegenwart: sie war da in diesen Dingen, er fühlte ihre freundschaftlichen Gedanken darin. Und diese Gewissheit ihrer ihm zugewandten Güte überwogte ihn leidenschaftlich: aber doch tief unten in dieser Strömung war in seinem Wesen noch etwas Widerstrebendes wie ein Stein, etwas nicht Gehobenes, etwas nicht Weggeräumtes, das weggeschafft werden musste, damit ganz frei sein Gefühl entströmen könne. Ganz vorsichtig tastete er heran an dieses Dunkle in seinem Untersten des Gefühls, schon wusste er, was es bedeutet, und wagte es doch nicht anzufassen. Immer aber trieb ihn die Strömung zurück zu dieser einen Stelle, zu dieser einen Frage. Und die hieß: war – Liebe wagte er nicht zu sagen – aber doch Neigung ihrerseits in all diesen kleinen Aufmerksamkeiten, eine linde, wenn auch leidenschaftslose Zärtlichkeit in dem Umlauschen und Umhüllen seiner Gegenwart? Dumpf ging diese Frage durch ihn hin, schwere schwarze Wellen des Blutes rauschten sie immer wieder auf, ohne sie doch fortwälzen zu können. »Wenn ich doch nur klar mich besinnen könnte!«, fühlte er, aber zu leidenschaftlich wogten die Gedanken ineinander mit wirren Träumen und Wünschen und jener von der äußersten Tiefe immer aufgewühlte Schmerz. So lag er fühllos, ganz sich selbst entwandert auf dem Bett, verdumpft von einer betäubenden Mischung der Gefühle, eine Stunde vielleicht oder zwei, bis plötzlich ein zartes Pochen an der Tür ihn aufschreckte, ein Pochen vorsichtiger dünner Knöchel, das er zu erkennen meinte. Er sprang auf und stürzte zur Tür.

Sie stand vor ihm, lächelnd. »Aber Doktor, warum kommen Sie nicht? Es hat schon zweimal zu Tisch geläutet.«

Übermütig beinahe war das gesagt, als hätte sie eine kleine Freude, ihn bei einer Nachlässigkeit zu ertappen. Aber kaum sie sein Antlitz sah, versträhnt das feuchte Haar, die Augen wirr ausweichend und scheu, wurde sie selber blass.

»Um Gottes willen, was ist Ihnen zugestoßen?«, stammelte sie, und dieser umkippende Ton des Schreckens fuhr ihn an wie eine Lust. »Nein, nein«, zwang er sich rasch zusammen, »ich war irgendwie in Gedanken. Die ganze Sache ist allzu rasch über mich gekommen.«

»Was denn? Welche Sache? So sprechen Sie doch!«

»Wissen Sie denn nicht? Hat Sie der Geheimrat nicht verständigt?«

»Nichts, nichts!«, drängte sie ungeduldig, beinahe irr gemacht von seinem fahrigen, heißen, ausweichenden Blick. »Was ist geschehen? Sagen Sie es mir doch!«

Da presste er alle Muskeln zusammen, um sie klar und ohne Erröten anzusehen. »Der Herr Geheimrat war so gütig, mir eine große und verantwortliche Aufgabe zuzuteilen, und ich habe sie angenommen. Ich reise in zehn Tagen nach Mexiko – für zwei Jahre.«

»Für zwei Jahre! Um Gottes willen!« Ganz von innen fuhr schusshaft und heiß ihr Erschrecken heraus, mehr Schrei als Wort. Und in unwillkürlicher Abwehr spreizte sie die Hände zurück. Vergebens, dass sie in der nächsten Sekunde sich bemühte, das herausgeschleuderte Gefühl zu verleugnen, schon hatte er (wie war es geschehen?) ihre Hände, die von Angst leidenschaftlich vorgerissenen, in den seinen, ehe sie es wussten, schlugen ihre beiden bebenden Körper in Flammen zusammen, und in einem unendlichen Kuss tranken sich unzählige Stunden und Tage unbewussten Dürstens und Verlangens satt.

Nicht er hatte sie an sich gerissen und nicht sie ihn, sie waren ineinandergefahren, wie von einem Sturm zusammengerissen, miteinander, ineinander stürzend in ein bodenloses Unbewusstes, in das hinabzusinken eine süße und zugleich brennende Ohnmacht war – ein zu lang aufgestautes Gefühl entlud sich, vom Magnet des Zufalls gezündet, in einer einzigen Sekunde. Und erst allmählich, als die verklammerten Lippen sich lösten, noch taumelnd vor Unwahrscheinlichkeit, sah er in ihre Augen, in Augen mit fremdem Licht hinter der zärtlichen Dunkelheit. Und da erst überkam ihn strömend das Erkennen, dass diese Frau, die geliebte, lange schon, wochenlang, monatelang, jahrelang ihn geliebt haben musste, zärtlich verschwiegen, glühend mütterlich, ehe solche Stunde ihr die Seele durchschlug. Und gerade dieses, das Unglaubhafte wurde nun Trunkenheit: er, er geliebt und geliebt von ihr, der Unnahbaren, – ein Himmel wuchs da auf, lichtdurchbreitet und ohne Ende, strahlender Mittag seines Lebens, aber gleichzeitig schon niederstürzend in der nächsten Sekunde mit schneidenden Splittern. Denn dies Erkennen war diesmal Abschied zugleich.

Die zehn Tage bis zur Abreise verbrachten die beiden in einem fanatischen Zustand unablässiger rauschhafter Raserei. Die plötzliche Explosion ihres einbekannten Gefühls hatte mit der ungeheuren Wucht ihres Luftdruckes alle Dämme und Hemmungen, alle Sitte und Vorsicht weggesprengt: wie Tiere, heiß und gierig fielen sie einander an, wenn sie in einem dunklen Gange, hinter einer Tür, in einer Ecke, zwischen zwei gestohlenen Minuten einander begegneten; Hand wollte Hand fühlen, Lippe die Lippe, das unruhige Blut das geschwisterliche fühlen, alles fieberte nach allem, jeder Nerv brannte, Fuß, Hand, Kleid, irgendeinen lebendigen Teil des lechzenden Leibes sinnlich zu fühlen. Dabei mussten sie gleichzeitig sich beherrschen im Hause, sie vor ihrem Mann, ihrem Sohn, ihren Dienstleuten die immer wieder vorfunkelnde Zärtlichkeit verstecken, er um den Kalkulationen, Konferenzen und Berechnungen, mit denen er verantwortlich beschäftigt war, geistig gewachsen zu sein. Immer haschten sie nur Sekunden, zuckende, diebische, gefährlich umlauerte Sekunden, nur mit den Händen, nur mit den Lippen, mit Blicken, mit gierig errafftem Kuss konnten sie fliegend einander nahen, und die dünstige, schwülende, schwälende Gegenwart des andern selbst Berauschten berauschte sie. Aber nie war es genug, beide fühlten sie es: nie genug. Und so schrieben sie einander brennende

Zettel, wirre lodernde Briefe steckten sie einander wie Schulknaben in die Hände, abends fand er sie knisternd unter dem schlaflosen Kissen, sie wieder die seinen in den Taschen ihres Mantels, und alle endeten sie im verzweifelten Schreien der unseligen Frage: wie es ertragen, ein Meer, eine Welt, unzählige Monate, unzählige Wochen, zwei Jahre zwischen Blut und Blut, zwischen Blick und Blick? Sie dachten nichts anderes, sie träumten nichts anderes, und keiner von ihnen wusste Antwort, nur die Hände, die Augen, die Lippen, die unwissenden Knechte ihrer Leidenschaft sprangen hin und wieder, lechzend nach Verbundensein, nach inniger Verpflichtung. Und darum wurden jene diebischen Augenblicke des Sich-Fassens, zuckenden Umschlingens zwischen angelehnten Türen, diese angstvollen Augenblicke so bacchantisch überfließend von gleichzeitiger Lust und Angst.

Aber nie war ihm, dem Lechzenden, ganzer Besitz des geliebten Leibes vergönnt, den er hinter dem unfühlsamen, hemmenden Kleid leidenschaftlich gebäumt sich doch nackt und heiß entgegendrängend fühlte – nie kam er ihm in dem überhellten, immer wachen und menschendurchhorchten Haus wirklich nahe. Nur am letzten Tag, als sie unter dem Vorwand, ihm einpacken zu helfen, in Wahrheit, um letzten Abschied zu nehmen, in sein schon abgeräumtes Zimmer kam und, gierig angerissen, taumelnd unter der Wucht seines Ansprungs gegen die Ottomane stürzte und fiel, als seine Küsse schon unter dem aufgezerrten Kleid ihre gebäumte Brust überglühten und gierig die weiße heiße Haut entlang bis dort, wo ihr Herz ihm keuchend entgegenschlug, da, als sie in diesen nachgebenden Minuten beinahe schon sein war mit ihrem hingegebenen Leibe, da – da stammelte sie aus ihrem Ergriffensein ein letztes flehendes »Nicht jetzt! Nicht hier! Ich bitte dich darum«.

Und so gehorsam, so unterjocht war selbst sein Blut noch der Ehrfurcht vor der so lange heilig Geliebten, dass er noch einmal seine schon strömenden Sinne zurückriss und zurückwich von ihr, die taumelnd aufstand und das Gesicht vor ihm verbarg. Er selbst blieb zuckend und mit sich selbst im Kampfe, gleichfalls abgewendet und so sichtlich der Trauer seiner Enttäuschung untertan, dass sie fühlte, wie sehr seine unbegnadete Zärtlichkeit an ihr litt. Da trat sie, ganz wieder Herrin ihres Gefühls, ihm nah und tröstete ihn leise:

»Ich durfte es nicht hier, nicht hier in meinem, in seinem Haus. Aber wenn du wiederkommst, wann immer du willst.«

Der Zug hielt ratternd an, aufkreischend unter dem Zangengriff der angezogenen Bremse. Wie ein Hund unter der Peitsche erwachend, tauchte sein Blick aus dem Träumerischen auf, aber – beglückte Erkenntnis! – siehe, da saß sie ja, die Geliebte, die lang Entfernte, da saß sie ja, still und atemnah. Die Krempe des Hutes verschattete ein wenig das zurückgelehnte Gesicht. Aber als hätte sie unbewusst verstanden, dass sein Wunsch sich nach ihrem Antlitz sehne, richtete sie sich jetzt auf, und ein lindes Lächeln kam ihm entgegen. »Darmstadt«, sagte sie hinausblickend, »noch eine Station.« Er antwortete nicht. Er saß und sah sie nur an. Ohnmächtige Zeit, dachte er innen, Ohnmacht der Zeit wider unser Gefühl: neun Jahre seitdem und nicht ein Ton ihrer Stimme ist anders geworden, nicht ein Nerv meines Leibes hört anders ihr zu. Nichts ist verloren, nichts ist vergangen, zärtliche Beglückung wie damals ihre Gegenwart.

Leidenschaftlich sah er auf ihren still lächelnden Mund, den einmal geküsst zu haben, er sich kaum entsinnen konnte, und sah hin auf ihre Hände, die ausgeruht und locker auf dem Schoße glänzten: unendlich gern hätte er sich niedergebeugt und sie mit den Lippen berührt oder die stillgefalteten in seine genommen, eine Sekunde nur, eine Sekunde! Aber schon begannen die gesprächigen Herren im Coupé ihn neugierig zu mustern und um sein Geheimnis zu hüten, lehnte er sich wieder wortlos zurück.

Wieder blieben sie einander ohne Zeichen und Wort gegenüber, und nur ihre Blicke küssten einander.

Draußen schrillte ein Pfiff, der Zug hub wieder an zu rollen, und seine schwingende Monotonie schaukelte, stählerne Wiege, ihn wieder in die Erinnerung zurück. Oh, dunkle und unendliche Jahre zwischen damals und heute, graues Meer zwischen Ufer und Ufer, zwischen Herz und Herz! Wie war es nur gewesen? Irgendeine Erinnerung war da, an die wollte er nicht rühren, nicht sich besinnen an jene Stunde des letzten Abschieds, die Stunde am Perron der gleichen Stadt, wo er heute aufgeweiteten Herzens ihrer gewartet. Nein, weg damit, vorbei daran, nicht mehr daran denken, es war zu fürchterlich. Weiter zurück, weiter zurück flatterten die Gedanken: andere Landschaft, andere Zeit tat sich träumerisch auf, vom rasch ratternden Takt der Räder hergerissen. Er war damals zerrissener Seele nach Mexiko gegangen, und die ersten Monate, die ersten entsetzlichen Wochen, ehe er von ihr eine Nachricht empfangen hatte, vermochte er nicht anders zu ertragen, als dass er sich das Gehirn vollstopfte mit Zahlen und Entwürfen, den Körper todmüdete mit Ritten ins Land und Expeditionen, von endlosen und doch entschlossen zu Ende geführten Unterhandlungen und Untersuchungen. Von Früh bis Nacht schloss er sich ein in dieses zahlenhämmernde, redende, schreibende, pausenlos werkende Maschinenhaus des Betriebs, nur um zu hören, wie die innere Stimme einen Namen, ihren Namen verzweifelt aufrief. Er übertäubte sich mit Arbeit wie mit Alkohol oder Gift, nur um die Gefühle, die übermächtigen, dumpf zu machen. Jeden Abend aber, so müde er auch war, setzte er sich hin, um Blatt auf Blatt, Stunde um Stunde alles zu verzeichnen, was er tagsüber getan, und mit jeder Post sandte er ganze Stöße solcher zitternd beschriebener Blätter an eine vereinbarte Deckadresse, damit die ferne Geliebte genau so wie im Haus an seinem Leben stündlich teilnehmen könne und er den milden Blick über tausend Meermeilen, Hügel und Horizonte ahnungshaft auf seinem Tagewerk ruhen fühlte. Dank dafür boten die Briefe, die er von ihr erhielt. Aufrechter Schrift und ruhigen Wortes, Leidenschaft verratend, aber doch in gebändigter Form: sie erzählten ernst, ohne zu klagen, von der Tage Gang, und ihm war, als fühlte er blau das sichere Auge auf sich gerichtet, nur das Lächeln fehlte darin, das leicht begütigende Lächeln, das allem Ernst seine Schwere nahm. Diese Briefe waren Trank und Speise des Einsamen geworden. Leidenschaftlich nahm er sie mit sich auf Reisen durch Steppen und Gebirge, in den Sattel hatte er eigene Taschen nähen lassen, dass sie geschützt waren gegen die plötzlichen Wolkenbrüche und die Nässe der Flüsse, die sie auf Expeditionen durchqueren mussten. So oft hatte er sie gelesen, dass er sie auswendig wusste, Wort um Wort, so oft entfaltet, dass die Bugstellen darin durchsichtig geworden waren und einzelne Worte verwischt von Küssen und Tränen. Manchmal, wenn er allein war und niemand um sich wusste, nahm er sie vor, um sie Wort für Wort in ihrem Stimmfall zu sprechen und so die Gegenwart der Entfernten magisch zu beschwören. Manchmal stand er plötzlich auf in der Nacht, wenn ihm ein Wort, ein Satz, eine Schlussformel entfallen war, entzündete Licht, um sie wiederzufinden und in ihren Schriftzügen sich das Bildnis der Hand zu erträumen, und von der Hand empor, Arm, Schulter, Haupt, die ganze über Meer und Land hergetragene Gestalt. Und wie ein Holzfäller im Urwald, so hieb er mit Berserkerwut und Kraft hinein in die vor ihm wilde und undurchdringlich noch drohende Zeit, ungeduldig schon, sie licht zu sehen, den Ausblick der Rückkehr, die Stunde der Reise, den Ausblick, den tausendmal vorgetäuschten, des wieder ersten Umfangens. In dem rasch gezimmerten, blechgedeckten Holzhaus der neugeschaffenen Arbeiterkolonie hatte er sich über dem roh gezimmerten Bett einen Kalender aufgehängt, darin strich er jeden Abend, oft schon ungeduldig am Mittag den abgewerkten Tag ab und zählte und überzählte die immer kürzere schwarz-rote Reihe der noch zu ertragenden: 420, 419, 418 Tage bis zur Wiederkehr. Denn er zählte nicht wie die andern Menschen seit Christi Geburt von einem Anfang an, sondern immer nur auf eine bestimmte Stunde zu, die Stunde der Heimkehr. Und immer wenn diese Zeitspanne zu einer runden Zahl sich formte, zu 400, zu 350 oder 300, oder wenn ihr Geburtstag, ihr Namenstag oder jene heimlichen Festtage, etwa da er sie zum erstenmal gesehen, oder jener, da sie ihm zum erstenmal ihr Gefühl verraten, – immer gab er dann den unwissend staunenden und fragenden Leuten um sich eine Art Fest. Er beschenkte die schmierigen Kinder der Mestizen mit Geld und die Arbeiter mit Branntwein, dass sie johlten und sprangen wie braune wilde Füllen, er zog sein Sonntagskleid an, ließ Wein holen und die besten Konserven. Eine Fahne flatterte dann, Flamme der Freude, von eigens aufgestockter Stange, und kamen Nachbarn und Helfer neugierig, welchen Heiligen oder kuriosen Anlass er feiere, so lächelte er nur und sagte: »Was geht's euch an? Freut euch mit mir!«

So ging es Woche und Monat, so werkte sich ein Jahr zu Tode und weiter ein halbes Jahr, schon waren es nur mehr sieben kleine winzige armselige Wochen bis zur bestimmten Rückkehr. Längst hatte er sich in maßloser Ungeduld die Bootsfahrt ausgerechnet und zum Staunen der Booker seinen Kabinenplatz auf der »Arcansas« hundert Tage früher schon belegt und ausbezahlt: da kam jener katastrophische Tag, der mitleidslos nicht nur seinen Kalender durchriss, sondern Millionen Schicksale und Gedanken gleichgiltig zerfetzte. Katastrophischer Tag: frühmorgens war der Geometer mit zwei Vorarbeitern und hinten ein Trupp eingeborener Diener mit Pferden und Mauleseln aus der schwefelgelben Ebene hinauf in das Gebirge geritten, um eine neue Bohrungsstelle zu untersuchen, wo man Magnesit vermutete: zwei Tage hämmerten, gruben, pochten und forschten die Mestizen unter den senkrechten Stichen einer unerbittlichen Sonne, die rechtwinkelig ab vom nackten Gestein noch ein zweitesmal gegen sie sprang: aber wie ein Besessener trieb er die Arbeiter an, gönnte seiner durstigen Zunge nicht die hundert Schritte zur rasch gegrabenen Wassergrube – er wollte zurück sein zur Post, ihren Brief sehen, ihre Worte. Und als am dritten Tage die Tiefe noch nicht erreicht war, die Probe noch nicht endgiltig, überfiel ihn die unsinnige Leidenschaft nach ihrer Botschaft, der Durst nach ihren Worten dermaßen wahnwitzig, dass er beschloss, allein die ganze Nacht zurückzureiten, nur um jenen Brief zu holen, der gestern mit der Post gekommen sein musste. Gleichmütig ließ er die andern in dem Zelt zurück und ritt, nur von einem Diener begleitet, auf gefährlich dunklem Saumpfad die ganze Nacht bis zur Eisenbahnstation. Aber als sie am Morgen auf dampfenden Pferden, durchfroren von der eisigen Felsengebirgskälte endlich in den kleinen Ort einritten, überraschte sie ungewohnter Anblick. Die paar weißen Ansiedler hatten ihre Arbeit gelassen und umstanden inmitten eines schreienden, fragenden, dumm glotzenden Wirbels von Mestizen und Eingeborenen die Station. Es kostete Mühe, den aufgeregten Knäuel zu durchstoßen. Dort erfuhren sie dann am Amt unvermutete Nachricht. Von der Küste waren Telegramme gekommen, Europa stände im Krieg, Deutschland gegen Frankreich, Österreich gegen Russland. Er wollte es nicht glauben, stieß dem stolpernden Gaul die Sporen so grimmig in die Weichen, dass das erschrockene Tier wiehernd aufbockte, und jagte hin zum Regierungsgebäude, um dort noch niederschmetterndere Botschaft zu hören: es war richtig und noch ärger, England hatte gleichfalls den Krieg erklärt, das Weltmeer für Deutsche verschlossen. Der Eiserne Vorhang zwischen dem einen Kontinent und dem andern war für unberechenbare Zeit schneidend niedergefallen.

Vergebens, dass er in erster Wut mit geballter Faust auf den Tisch schlug, als wollte er damit das Unsichtbare treffen: so wüteten ja Millionen machtloser Menschen jetzt gegen die Kerkerwand des Schicksals. Sofort erwog er alle Möglichkeiten, sich hinüberzuschmuggeln auf listige, auf gewaltsame Weise, dem Schicksal Schach zu bieten – aber der englische, zufällig anwesende Konsul, ihm befreundet, deutete ihm mit vorsichtiger Warnung an, er sei gezwungen, von nun an jeden seiner Schritte zu bewachen. So tröstete ihn einzig die Hoffnung, die bald betrogene von Millionen anderer Menschen, ein solcher Wahnwitz könne nicht lange dauern, in einigen Wochen, einigen Monaten müsse dieser Tölpelstreich entfesselter Diplomaten und Generäle zu Ende sein. Und diesem dünnen Fusel Hoffnung gab bald ein anderes Element, ein noch blühenderes, stärker betäubendes Kraft: die Arbeit. Durch Kabeldepeschen über Schweden erhielt er von seiner Firma den Auftrag, um einer möglichen Sequestration vorzubeugen, das Unternehmen selbständig zu machen und als mexikanische Compagnie mit einigen Strohmännern zu führen. Das erforderte äußerste Energie der Bewältigung, bedurfte doch auch der Krieg, dieser herrische Unternehmer, Erz aus den Gruben, der Abbau musste beschleunigt, der Betrieb intensiviert werden. Das spannte alle Kräfte, überdröhnte jeden eigenmächtigen Gedanken. Er arbeitete zwölf, vierzehn Stunden des Tages mit fanatischer Verbissenheit, um dann abends erschlagen von diesem Katapult von Zahlen traumlos ermüdet und unbewusst ins Bett zu sinken. Aber doch: indes er noch unverwandt zu fühlen meinte, lockerte sich von innen her allmählich die leidenschaftliche Umspannung. Es liegt nicht im Wesen der menschlichen Natur, einzig von Erinnerungen zu leben, und so wie die Pflanzen und jegliches Gebilde Nährkraft des Bodens und immer neu gefiltertes Licht des Himmels brauchen, damit ihre Farben nicht verblassen und die Kelche nicht welk zerblättern, so bedürfen selbst Träume, auch sie, die scheinbar unirdischen, einer gewissen Nahrung vom Sinnlichen her, einer zarten und bildhaften Nachhilfe, sonst gerinnt ihr Blut und ihre Leuchtkraft verblasst. So geschah es auch diesem Leidenschaftlichen, ehe er es selbst bemerkte – als Wochen, Monate und schließlich ein Jahr und dann ein zweites keine einzige Botschaft, kein geschriebenes Wort, kein Zeichen von ihr mehr herüberkam, da begann allmählich ihr Bild zu verdämmern. Jeder in Arbeit verbrannte Tag legte ein paar Stäubchen Asche über die Erinnerung; noch glühte sie durch wie rote Glut unter dem Rost, doch schließlich war der graue Belag dichter und dichter. Noch nahm er manchmal die Briefe hervor, aber die Tinte war blass geworden, die Worte schlugen nicht mehr hinein in sein Herz, und einmal erschrak er im Anblick ihrer Fotografie, weil er sich nicht entsinnen konnte der Farbe ihrer Augen. Und immer seltener zog er die einst so kostbaren Zeugnisse, die magisch belebenden, heran, ohne es zu wissen, schon müde ihres ewigen Stilleseins, des sinnlosen Sprechens mit einem Schatten, der keine Antwort gab. Außerdem hatte die rasch entstandene Unternehmung Menschen und Gefährten hergebracht, er suchte Gesellschaft, suchte Freunde, suchte Frauen. Und als ihn eine Geschäftsreise im dritten Jahr des Krieges in das Haus eines deutschen Großkaufmannes führte, nach Vera Cruz, und er dort seine Tochter kennenlernte, still, blond und von häuslicher Art, da überwältigte ihn die Angst vor diesem unablässigen Alleinsein inmitten einer vom Hass, Krieg und Tollheit hinabstürzenden Welt. Er entschloss sich rasch und heiratete das Mädchen. Dann kam ein Kind, ein zweites folgte, lebende blühende Blumen über dem vergessenen Grab seiner Liebe: nun war der Kreis rund geschlossen, außen lärmende Tätigkeit, innen häusliches Ruhen, und von dem früheren Menschen, der er gewesen, wusste er nach vier oder fünf Jahren nichts mehr.

Nur einmal kam ein Tag, ein brausender, glockenstürmender Tag, da die Telegrafendrähte zuckten und in allen Gassen der Stadt zugleich schreiende Stimmen, faustgroße Lettern die endliche Botschaft des Friedensschlusses aufriefen, da die Engländer und Amerikaner des Ortes mit rücksichtslosem Hurra-Rufen in allen Fenstern die Vernichtung seiner Heimat schmetterten, – an diesem Tag stand, aufgerissen von all den Erinnerungen an das gerade im Unglück wieder geliebte Land, auch jene Gestalt wieder in ihm auf, zwingend trat sie in sein Gefühl. Wie mochte es ihr ergangen sein während all dieser Jahre des Elends und der Entbehrungen, das hier die Zeitungen mit behaglicher Breite und journalistischer frecher Betriebsamkeit breit und spaßend auswälzten? War ihr Haus, sein Haus, verschont geblieben von den Revolten und Plünderungen, ihr Mann, ihr Sohn, lebten sie noch? Mitten in der Nacht stand er auf von der Seite seiner atmenden Frau, zündete Licht an und schrieb fünf Stunden lang bis zum Morgengrauen einen nicht enden wollenden Brief, in dem er ihr, monologisch zu sich selber sprechend, sein ganzes Leben in diesem Jahrfünft erzählte. Nach zwei Monaten, schon hatte er des eigenen Briefes vergessen, kam die Antwort: unschlüssig wog er das umfangreiche Couvert in den Händen, aufrührerisch schon durch die innig vertraute Schrift: er wagte nicht gleich das Siegel zu brechen, als hielte, Pandorens Gefäß gleich, dieses Verschlossene ein Verbotenes in sich. Zwei Tage lang trug er ihn uneröffnet in der Brusttasche: manchmal spürte er, wie sein Herz dawiderschlug. Aber der Brief, endlich eröffnet, war einerseits ohne andrängende Vertraulichkeit und doch jeder kalten Förmlichkeit bar: unverstellt atmete er in ruhigen Schriftzügen jene zarte Neigung aus, die ihn von je an ihr so sehr beglückte. Ihr Mann war gestorben, gleich zu Anfang des Krieges, fast wage sie dies nicht zu beklagen, denn so sei ihm erspart geblieben, die Gefährdung seines Unternehmens, die Besetzung ihrer Stadt und das Elend seines allzu vorzeitig siegestrunkenen Volkes zu sehen. Sie selbst und ihr Sohn seien gesund, und wie freue es sie, von ihm Günstiges zu erfahren, Besseres als sie selbst zu berichten habe. Zur Verheiratung beglückwünschte sie ihn klar und in ehrlichen Worten: unwillkürlich horchte er sie misstrauischen Herzens an, aber kein versteckter, verschlagener Nebenton dämpfte ihren klaren Anschlag. Alles war rein gesagt, ohne jede ostentative Übertriebenheit oder sentimentalische Rührung, alles Vergangene schien rein gelöst in fortwirkende Teilnahme, die Leidenschaft lichthaft geklärt zu kristallener Freundschaft. Nie hatte er es anders von ihrer Herzensvornehmheit erwartet, aber doch, diese klare sichere Art fühlend (er meinte mit einmal wieder in ihre Augen zu blicken), ernst und doch lächelnd in einem Widerglanz der Güte, da überkam ihn eine Art dankbarer Rührung: sofort setzte er sich hin, schrieb ihr lange und ausführlich, und die langentbehrte Gewohnheit des gegenseitigen Lebensberichts war wieder einverständlich aufgenommen – hier hatte der Wettersturz einer Welt nichts zu zerstören vermocht.

Mit tiefer Dankbarkeit empfand er nun die klare Form seines Lebens. Der Aufstieg war gelungen, das Unternehmen prosperierte, im Haus wuchsen Kinder aus zarter Blumenhaftigkeit allmählich zu sprechenden, freundlich blickenden Spielwesen empor, die ihm den Abend erheiterten. Und vom Vergangenen her, von jenem Feuerbrand seiner Jugend, in dem seine Nächte, seine Tage qualvoll sich verzehrten, kam nurmehr ein Leuchten her, ein stilles gutes Freundschaftslicht, ohne Forderung und Gefahr. So war es ein nur selbstverständlicher Gedanke, als er zwei Jahre später, von einer amerikanischen Compagnie beauftragt, in Berlin wegen chemischer Patente zu verhandeln, in Deutschland mit der nun zur Freundin gewordenen Geliebten von einst einen Gruß naher Gegenwart zu tauschen. Kaum in Berlin eingelangt, war es sein erstes, im Hotel telefonisch Frankfurt zu verlangen: symbolisch war es ihm, dass die Nummer sich nicht verändert hatte in diesen neun Jahren. Gute Vorbedeutung, dachte er, nichts hat sich verändert. Da klirrte schon auf dem Tisch frech die Klingel des Apparates, und plötzlich zitterte er im Vorgefühl, nun nach Jahren und Jahren wieder ihre Stimme zu vernehmen, hergeschleudert über Felder, Äcker, Häuser und Kamine, aufgerufen von seinem Klang, nah über diese Meilen von Jahren und Wasser und Erde. Und kaum dass er seinen Namen genannt und plötzlich mit einem aufschreckenden Schrei staunender Überraschung ihr »Ludwig, bist du es?« ihm entgegendrang, in die horchenden Sinne zuerst und dann gleich hinabpochend in die plötzlich gestaute Herzkammer des Blutes – da hielt ihn plötzlich etwas in Feuer: er hatte Mühe weiterzusprechen, das leichte Hörrohr taumelte in seiner Hand. Dieser helle aufschreckende Ton ihres Überraschtseins, dieser klingende Stoß der Freude, musste irgendeinen verborgenen Nerv seines Lebens getroffen haben, denn er fühlte das Blut an die Schläfen surren, mit Mühe verstand er ihre Worte. Und ohne dass er es selbst wusste und wollte, gleichsam als hätte es ihm jemand zugeflüstert, versprach er, was er gar nicht sagen gewollt, er würde übermorgen nach Frankfurt kommen. Und damit war seine Ruhe dahin; fiebrig erledigte er die Geschäfte, jagte in Automobilen herum, um die Verhandlungen mit doppelter Geschwindigkeit zu perfektionieren. Und als er am nächsten Morgen aufwachend dem Traum dieser Nacht nachspürte, wusste er: seit Jahren, seit vier Jahren wieder zum erstenmal hatte er von ihr geträumt.

Zwei Tage später, als er, angekündigt durch ein Telegramm nach durchfrorener Nacht morgens sich ihrem Hause näherte, da merkte er plötzlich, auf seine eigenen Füße schauend: das ist nicht mein Schritt, nicht mein Schritt von drüben, mein fester, gerade fortsteuernder, sicherer Schritt. Warum gehe ich wieder so wie der schüchterne, ängstliche Dreiundzwanzigjährige von damals, der beschämt seinen abgeschabten Rock noch einmal zitternden Fingers abstaubt und sich die neuen Handschuhe über die Hände zieht, ehe er an die Klingel rührt? Warum schlägt mir mit einmal das Herz, warum bin ich befangen? Damals, da spürte geheime Ahnung das Schicksal hinter dieser kupfernen Türe hocken, mich anzufassen, zärtlich oder böse. Aber heute, warum ducke ich mich, warum löst diese aufschwellende Unruhe wieder alles Feste und Sichere in mir? Vergebens bemühte er sich seiner zu besinnen, rief seine Frau, die Kinder, sein Haus, sein Unternehmen, das fremde Land in seinen Sinn. Aber wie weggetragen von gespenstigem Nebel dämmerte dies alles: er spürte sich allein und noch immer wie ein Bittender, wie der ungelenke Knabe vor ihrer Nähe. Und die Hand ward zitternd und heiß, die er nun auf die metallene Klinke legte.

Aber kaum eingetreten, verschwand schon die Fremdheit, denn der alte Diener, abgemagert und in sich eingetrocknet, hatte fast Tränen in den Augen. »Der Herr Doktor«, stammelte er über ein Schluchzen hinweg. Odysseus, musste der mit ihm Erschütterte denken, die Hunde im Hause erkennen dich: wird dich die Herrin erkennen? Aber da schob sich schon die Portiere beiseite, gebreiteter Hände kam sie ihm entgegen. Einen Augenblick, indes die Hände ineinander blieben, sahen sie sich an. Kurz und doch magisch erfüllte Pause des Vergleichens, Betrachtens, Abtastens, feurigen Nachdenkens, beschämter Beglückung und das Beglücktsein schon wieder verbergender Blicke. Dann erst löste sich die Frage in ein Lächeln, der Blick in vertraulichen Gruß. Ja, sie war es noch, ein wenig gealtert allerdings, links bog sich silberne Strähne durch das immer noch gleich gescheitelte Haar, noch stiller um einen Ton, noch ernster machte dieser Silberschein ihr mildes trauliches Gesicht und den Durst unendlicher Jahre fühlte er nun, wie er diese Stimme trank, die sanfte, durch weichen Dialekt so sehr trauliche, die ihn nun grüßte: »Wie lieb von dir, dass du gekommen bist.«

Wie das klang, rein und frei, als sei eine Stimmgabel tönend angeschlagen: nun hatte das Gespräch seinen Ton und Halt, Fragen und Erzählen ging wie rechte und linke Hand über die Tasten, klingend und klar ineinander. Alle die gestaute Schwüle und Befangenheit war gelöst vom ersten Wort ihrer Gegenwart. Solange sie sprach, gehorchte ihr jeder Gedanke. Aber kaum dass sie einmal, ergriffen nachdenkend, schwieg, die sinnend gesenkten Lider die Augen unsichtbar machten, huschte wie ein Schatten plötzlich leichtfüßig die Frage durch ihn hin: »Sind das nicht die Lippen, die ich geküsst?« Und als sie dann für einen Augenblick ans Telefon gerufen, ihn im Zimmer allein ließ, drängte ungebärdig von überall Vergangenes auf ihn zu. Solange ihre klare Gegenwart herrschte, duckte sich diese unsichere Stimme, jetzt aber hatte jeder Sessel, jedes Bild eine leise Lippe, und alle sprachen sie auf ihn ein, unhörbares Geflüster, ihm allein verständlich und offenbar. In diesem Haus habe ich gelebt, musste er denken, etwas von mir ist zurückgeblieben, etwas noch da von jenen Jahren, ich bin noch nicht ganz drüben, nicht ganz noch in meiner Welt. Sie trat wieder zurück in das Zimmer, heiter selbstverständlich, und wieder duckten sich die Dinge. »Du bleibst doch zu Mittag, Ludwig«, sagte sie mit heiterer Selbstverständlichkeit. Und er blieb, blieb den ganzen Tag an ihrer Seite, und sie blickten zusammen im Gespräch in die vergangenen Jahre zurück, und ihm schienen sie erst wirklich wahr, seit er sie hier erzählte. Und als er endlich Abschied nahm, ihre mütterlich milde Hand geküsst und die Tür hinter sich geschlossen hatte, war ihm, als sei er niemals weg gewesen.

Nachts aber, allein im fremden Hotelzimmer, nur das Ticken der Uhr neben ihm und mitten in der Brust ein noch heftiger schlagendes Herz, wich dieses beruhigte Gefühl. Er konnte nicht schlafen, stand auf und zündete Licht, löschte wieder ab, um schlaflos weiterzuliegen. Immer musste er an ihre Lippen denken und dass er sie anders gekannt als in dieser sanft redenden Vertraulichkeit. Und mit einmal wusste er, dass alle diese plaudernde Gelassenheit zwischen ihnen doch Lüge war, dass irgend noch ein Unerlöstes und Ungelöstes in ihrer Beziehung war und dass alle Freundschaft nur künstlich aufgetane Maske war über einem nervösen, fahrigen, von Unruhe und Leidenschaft verwirrten Gesicht. Zu lange, in zuviel Nächten, im Lagerfeuer drüben in seiner Hütte, zuviele Jahre, zuviele Tage hatte er dieses Wiedersehen anders gedacht – ineinanderstürzend, brennende Umfassung, letzte Hingabe, stürzendes Kleid – als dass dieses Freundlichsein, dieses höfliche Plaudern und sich Erkunden ganz wahrhaft sein könnte. Schauspieler, sagte er sich und Schauspielerin, einer dem andern gegenüber, aber keiner betrügt doch den andern. Gewiss schläft sie ebensowenig wie ich diese Nacht.

Als er dann am nächsten Morgen zu ihr kam, musste ihr das Unbeherrschte, Fahrige seines Wesens, der ausweichende Blick sofort aufgefallen sein, denn ihr erstes Wort war schon wirr, doch später fand sie nicht mehr das unbeschwerte Gleichgewicht des Gesprächs. Es zuckte hoch, fiel ab, es gab Pausen und Spannungen, die mit gewaltsamem Druck weggestoßen werden mussten. Irgend etwas stand zwischen ihnen, an dem sich die Fragen und Antworten unsichtbar zerstießen wie Fledermäuse gegen die Wand. Und beide spürten sie es, dass sie über etwas aneinander vorbei oder über etwas hinweg sprachen, und schließlich, schon taumelig von diesem vorsichtigen Im-Kreise-Herumgehen der Worte, ermüdete das Gespräch. Er erkannte es rechtzeitig und schützte, als sie ihn wiederum zum Mittagessen einlud, eine dringende Besprechung in der Stadt vor.

Sie bedauerte das sehr und wirklich, jetzt wagte die scheue Wärme der Herzlichkeit sich wieder aus ihrer Stimme. Aber doch, sie wagte nicht ernstlich, ihn zu halten. Indes sie ihn hinausbegleitete, sahen sie nervös aneinander vorbei. Irgend etwas knisterte in den Nerven, immer wieder stolperte das Gespräch über das Unsichtbare, das mit ihnen von Zimmer zu Zimmer, von Wort zu Wort ging und nun ihnen schon, gewaltsam wachsend, den Atem drückte. So war es Erleichterung, als er, den Mantel schon umgeworfen, bei der Türe stand. Aber mit einmal wandte er sich entschlossen wieder zurück. »Ich wollte dich eigentlich noch etwas bitten, ehe ich fortgehe.« »Du mich bitten, gern!«, lächelte sie, schon wieder angestrahlt von der Freude, ihm einen Wunsch erfüllen zu können.

»Es ist vielleicht töricht«, sagte er zögernden Blicks, »aber gewiss, du wirst es begreifen, ich hätte gern noch einmal das Zimmer gesehen, mein Zimmer, wo ich zwei Jahre gewohnt. Ich bin immer unten in den Empfangsräumen, den Zimmern für die Fremden gewesen, und siehst du, wenn ich jetzt heimginge, hätte ich gar nicht das Gefühl, zu Hause gewesen zu sein. Wenn man älter wird, sucht man seine eigene Jugend und hat seine dumme Freude an kleinen Erinnerungen.«

»Du und älter werden, Ludwig«, entgegnete sie fast übermütig, »dass du so eitel bist! Sieh lieber mich an, da dieser graue Streif hier im Haar. Wie ein Knabe bist du noch gegen mich und will schon vom Altern reden: lasse mir doch das kleine Vorrecht! Aber wie vergesslich von mir, dass ich dich nicht gleich in dein Zimmer führte, denn dein Zimmer ist es ja noch immer. Nichts wirst du verändert finden: in diesem Hause ändert sich nichts.«

»Ich hoffe, du auch nicht«, versuchte er zu scherzen, aber da sie ihn ansah, wurde sein Blick unwillkürlich zärtlich und warm. Sie errötete leicht. »Man altert, aber man bleibt derselbe.« Sie gingen hinauf in sein Zimmer. Schon beim Eintreten ereignete sich eine leichte Peinlichkeit: sie war öffnend zurückgewichen, um ihm den Vortritt zu lassen, und durch die gleichzeitige Bewegung beiderseitiger Höflichkeit stießen flüchtig ihre Schultern im Türrahmen zusammen. Beide schreckten unwillkürlich zurück, aber schon dieses flüchtigste Anstreifen von Leib an Leib genügte, sie verlegen zu machen. Wortlos umschlug sie, doppelt fühlbar im lautlosen leeren Raum, eine lähmende Befangenheit: nervös hastete sie an den Zugstreifen des Fensters, die Gardinen hochzuziehen, damit mehr Licht in die gleichsam geduckte Dunkelheit der Dinge falle. Aber kaum, dass jetzt im plötzlichen Guss Grelligkeit hereinstürzte, war es, als ob alle Gegenstände plötzlich Blicke bekämen und unruhig aufgeschreckt sich regten. Alles trat bedeutsam vor und sprach eine Erinnerung zudringlich aus. Hier der Schrank, den ihre sorgende Hand immer heimlich für ihn geordnet, dort die Bücherwand, die sich sinnvoll nach seinen flüchtigsten Wünschen gefüllt, da – schwüler sprechend noch – das Bett, unter dessen übergebreiteter Decke er unzählige Träume von ihr begraben wusste. Dort in der Ecke – heiß fuhr ihn der Gedanke an – die Ottomane, wo sie sich ihm damals entwunden: überall spürte er, entzündet von der nun brennenden, aufflackernden Leidenschaft Zeichen und Botschaft von ihr, von derselben, die jetzt neben ihm stand, still atmend, gewaltsam fremd, abgewandten, unfassbaren Blicks. Und dieses Schweigen, das von Jahren her dick und eingesackt in dem Raume ruhte, blähte sich jetzt aufgeschreckt von der Gegenwart der Menschen mächtig auf, wie ein Luftdruck lag es auf der Lunge und dem niedergedrückten Herzen. Etwas musste jetzt gesagt sein, etwas musste dieses Schweigen wegstoßen, damit es nicht erdrückte – beide spürten sie es. Und sie tat's – plötzlich sich umwendend.

»Nicht wahr, es ist alles genau so wie früher«, begann sie mit dem festen Willen, etwas Gleichgiltiges, Argloses zu sprechen (und doch zitterte ihre Stimme wie belegt). Aber er nahm den verbindlichen Konversationston nicht an, sondern presste die Zähne.

»Ja, alles«, stieß ihm ein plötzlich aufschießender Ingrimm erbittert durch die Zähne. »Alles ist wie früher, nur wir nicht, wir nicht!«

Ein Biss, fuhr dieses Wort auf sie los. Erschreckt wandte sie sich um.

»Wie meinst du das, Ludwig?« Aber sie fand nicht seinen Blick. Denn seine Augen griffen jetzt nicht nach den ihren, sondern starrten stumm und lodernd zugleich auf ihre Lippen, auf die Lippen, die er seit Jahren und Jahren nicht berührt und die doch einst Fleisch brannten an seinem Fleisch, diese Lippen, die er gefühlt, feucht und inwendig wie eine Frucht. Geniert verstand sie das Sinnliche seines Anschauens, eine Röte überflog ihr Gesicht, geheimnisvoll sie verjüngend, so dass sie ihm die Gleiche schien wie damals zur Stunde des Abschieds in dem gleichen Zimmer. Noch einmal versuchte sie, um diesen saugenden, diesen gefährlichen Blick von sich wegzuhalten, mit Absicht das Unverkennbare misszuverstehen.

»Wie meinst du das, Ludwig?«, wiederholte sie noch einmal, aber mehr Bitte war es, nicht sich zu erklären, als eine Frage um Antwort.

Da machte er eine feste entschlossene Bewegung, männlich stark fasste sein Blick jetzt den ihren. »Du willst mich nicht verstehen, aber ich weiß, du verstehst mich doch. Erinnerst du dich dieses Zimmers – und erinnerst du dich, was du mir in diesem Zimmer zugeschworen ... wenn ich wiederkomme ...«

Ihre Schultern zitterten, noch versuchte sie abzuwehren: »Lass das, Ludwig ... das sind alte Dinge, rühren wir nicht daran. Wo ist die Zeit?«

»In uns ist die Zeit«, antwortete er fest, »in unserem Willen. Ich habe neun Jahre gewartet mit verbissenen Lippen. Aber ich habe nichts vergessen. Und ich frage dich, erinnerst du dich noch?«

»Ja«, blickte sie ihn ruhiger an, »auch ich habe nichts vergessen.«

»Und willst du« – er musste Atem holen, damit das Wort wieder Kraft fände – »willst du es erfüllen?«

Wieder sprang die Röte auf und wogte nun bis unter das Haar. Sie trat begütigend auf ihn zu: »Ludwig, besinn dich doch! Du sagtest, du hast nichts vergessen. Aber vergiss nicht, ich bin beinahe eine alte Frau. Mit grauen Haaren hat man nichts mehr zu wünschen, hat man nichts mehr zu geben. Ich bitte dich, lass das Vergangene sein.«

Aber wie eine Lust kam es über ihn, jetzt hart und entschlossen zu sein. »Du weichst mir aus«, drängte er ihr nach, »aber ich habe zu lange gewartet, ich frage dich, erinnerst du dich deines Versprechens?«

Ihre Stimme schwankte bei jedem Wort: »Warum fragst du mich? Es hat doch keinen Sinn, dass ich es dir jetzt sage, jetzt, wo alles zu spät ist. Aber wenn du es forderst, so antworte ich dir. Ich hätte dir nie etwas verweigern können, immer habe ich dir gehört, seit dem Tage da ich dich kannte.« Er sah sie an: wie sie doch aufrecht war, selbst in der Verwirrung, wie klar, wie wahr, ohne Feigheit, ohne Ausflucht, immer dieselbe, die Geliebte, wundervoll sich bewahrend in jedem Augenblick, verschlossen und aufgetan zugleich. Unwillkürlich trat er auf sie zu, aber kaum sie das Ungestüme seiner Bewegung sah, wehrte sie schon bittend ab.

»Komme jetzt, Ludwig, komm, bleiben wir nicht hier, gehen wir hinunter; es ist Mittag, jeden Augenblick kann mich das Dienstmädchen hier suchen, wir dürfen nicht länger hier bleiben.«

Und so unwiderstehlich bog ihres Wesens Gewalt seinen Willen, dass er, genau wie damals, ihr wortlos gehorchte. Sie gingen hinab zum Empfangszimmer, durch den Flur und bis zur Tür, ohne ein Wort zu versuchen, ohne einander anzusehen. Bei der Tür wandte er sich plötzlich um und ihr zu.

»Ich kann jetzt nicht zu dir sprechen, verzeihe mir's. Ich will dir schreiben.« Sie lächelte ihm dankbar zu. »Ja, schreibe mir, Ludwig, es ist besser so.« Und kaum in sein Hotelzimmer zurückgelangt, warf er sich hin an den Tisch und schrieb ihr einen langen Brief, von Wort zu Wort, von Seite zu Seite immer zwanghafter hingerissen von der plötzlich verstoßenen Leidenschaft. Es sei sein letzter Tag in Deutschland für Monate, für Jahre, für immer vielleicht, und er wolle, er könne nicht so von ihr gehen mit der Lüge des kühlen Gesprächs, der Unwahrhaftigkeit gezwungen gesellschaftlichen Beisammenseins, er wolle, er müsse sie noch einmal sprechen, allein, losgelöst vom Haus, von der Angst und Erinnerung und Dumpfheit der überwachten, der abhaltenden Räume. Und so schlug er ihr vor, ihn mit dem Abendzug nach Heidelberg zu begleiten, wo sie beide einmal vor einem Jahrzehnt zu einem kurzen Aufenthalt gewesen, fremd einander noch und doch bewegt schon von der Ahnung innerer Nähe: heute aber solle es Abschied sein, der letzte, der tiefste, den er noch begehrte. Diesen Abend, diese Nacht fordere er noch von ihr. Hastig siegelte er den Brief, sandte ihn mit einem Boten in ihr Haus hinüber. In einer Viertelstunde schon war er zurück, ein kleines gelbgesiegeltes Couvert in den Händen. Zitternder Hand riss er es auf, nur ein Zettel war darin, ein paar Worte in ihrer festen entschlossenen Schrift, hastig und doch stark hingeschrieben:

»Es ist Torheit, was du verlangst, aber nie konnte, nie werde ich dir etwas verweigern; ich komme.«

Der Zug verlangsamte seine Fahrt, eine Station, lichterflimmernd, gebot ihm zurückhaltenden Gang. Unwillkürlich hob des Träumenden Blick sich von innen heraus und griff suchend vor, um wieder zärtlich die sich ihm zugewandte, ganz ins Helldunkle gebettete Gestalt seines Traumes zu erkennen. Ja, da war sie ja, die immer Getreue, die still Liebende, sie war gekommen, mit ihm, zu ihm – immer wieder umfing er das Handgreifliche ihrer Gegenwart. Und als hätte etwas in ihr dieses Suchende seines Blickes, diese scheu liebkosende Berührung von ferne gefühlt, so richtete sie sich jetzt empor und blickte durch die Scheibe, hinter der eine ungewisse Landschaft feucht und frühlingsdunkel wie glitzerndes Wasser vorbeistrich.

»Wir müssen gleich ankommen«, sagte sie wie zu sich selber.

»Ja«, seufzte er tief, »es hat so lange gedauert.«

Er wusste selbst nicht, meinte er die Fahrt mit diesem ungeduldig aufstöhnenden Wort oder all die langen Jahre bis heran an diese Stunde: Verwirrung zwischen Traumhaftigkeit und Wirklichkeit durchwogte ihm das Gefühl. Er spürte nur, dass unter ihm knatternde Räder liefen, auf irgend etwas zu, irgendeinem Augenblick entgegen, den er sich aus einer merkwürdigen Dumpfheit nicht verdeutlichen konnte. Nein, nicht denken daran, nur so tief sich tragen lassen von einer unsichtbaren Macht, irgend etwas Geheimnisvollem entgegen, verantwortungslos, mit entspannten Gliedern. Eine Art bräutlichen Erwartens war das, süß und sinnlich und doch auch dunkel durchmengt von der Vorangst der Erfüllung, von jenem mystischen Schauer, wenn plötzlich ein unendlich Ersehntes leibhaftig herantritt an das aufstaunende Herz. Nein, nur nichts ausdenken jetzt, nichts wollen, nicht begehren, nur so bleiben, traumhaft gerissen ins Ungewisse, getragen von fremder Flut, nicht sich berührend und doch sich fühlend, sich begehrend und sich nicht erreichend, ganz hingeschwungen ins Schicksal und zurück ins Eigene gefügt. Nur so bleiben, noch stundenlang, eine Ewigkeit lang in dieser dauernden Dämmerung, umhüllt von Träumen: und schon wie eine leise Bangnis meldete sich der Gedanke, dies könnte bald zu Ende sein.

Aber da flirrten schon, Johanniskäfern gleich, da und dort, hüben und drüben, immer lichter und lichter elektrische Funken im Tal, Laternen schossen zusammen in schnurgeraden Doppelreihen, Geleise überklirrten sich, und da wölbte bereits eine blasse Kuppel helleren Dunst aus der Dunkelheit.

»Heidelberg«, sagte aufstehend einer der Herren zu den anderen. Alle drei verstauten ihre geblähten Reisetaschen und hasteten, um früher beim Ausgang zu sein, aus dem Coupé. Schon ratterten stolperig die angebremsten Räder in das Bahnhofsrelais, es gab einen harten, aufrüttelnden Ruck, dann stockte die Geschwindigkeit, nur einmal noch quarrten die Räder wie ein gequältes Tier. Eine Sekunde saßen sie beide allein sich gegenüber, gleichsam erschreckt von der plötzlichen Wirklichkeit. »Sind wir schon da?« Unwillkürlich klang es beängstigt.

»Ja«, antwortete er und stand auf. »Kann ich dir helfen?« Sie wehrte ab und ging hastig voraus. Aber bei dem Trittbrett des Waggons blieb sie noch einmal stehen: wie vor eiskaltem Wasser zauderte der Fuß einen Augenblick, hinabzusteigen. Dann gab sie sich einen Ruck, er folgte stumm. Und beide standen sie auf dem Perron dann einen Augenblick nebeneinander, hilflos, fremd, peinlich berührt, und der kleine Koffer pendelte ihm schwer in der Hand. Da stieß plötzlich die wieder anschneubende Maschine neben ihnen grell ihren Dampf aus. Sie zuckte zusammen, sah ihn dann blass an, mit verwirrten und unsicheren Augen.

»Was hast du?«, fragte er.

»Schade, es war so schön. Man fuhr so hin. Ich wäre gern noch so Stunden und Stunden gefahren.«

Er schwieg. Genau dasselbe hatte er in dieser Sekunde gedacht. Aber nun war es vorbei: etwas musste geschehen.

»Wollen wir nicht gehen?«, fragte er behutsam.

»Ja, ja gehen wir«, murmelte sie kaum verständlich. Aber dennoch blieben sie beide locker nebeneinander stehen, als wäre etwas in ihnen zerbrochen. Dann erst (er vergaß ihren Arm zu nehmen) wandten sie sich unschlüssig und verwirrt dem Ausgang zu.

Sie traten aus dem Bahnhof, aber kaum aus der Tür, stieß ein Brausen wie Sturm gegen sie, zerknattert von Trommeln, überschrillt von Pfeifen, wuchtiger tönender Lärm – eine vaterländische Demonstration der Kriegervereine und Studenten. Wandernde Mauer, Viererreihen nach Viererreihen, von Fahnen bewimpelt, krachend im Paradeschritt marschierten militärisch gewandete Männer in einem Takt wie ein einziger Mann, den Nacken starr rückgestoßen, gewaltsame Entschlossenheit, den Mund aufgehöhlt zum Gesang, eine Stimme, ein Schritt, ein Takt. In der ersten Reihe Generäle, weißhaarige Würdenträger, ordensüberdeckt flankiert von der Jungmannschaft, die in athletischer Starrheit riesige Fahnen steil senkrecht trugen, Totenköpfe, Hakenkreuz, alte Reichsbanner im Winde wehend, breit gespannt die Brust, vorgestoßen die Stirn, als ginge es feindlichen Batterien entgegen. Wie von einer taktierenden Faust vorgestoßen, geometrisch, geordnet, marschierten Massen, zirkelhaft genau Abstand haltend und Schritt bewahrend, von Ernst jeder Nerv gespannt, Drohblick im Gesicht, und jedesmal wenn eine neue Reihe – Veteranen, Jungvolk, Studenten – an der erhöhten Estrade vorbeikam, wo das trommelnde Schlagwerk beharrlich im Rhythmus Stahl auf einem unsichtbaren Amboss zerschlug, ging militärisch stramm ein Ruck durch die Menge der Köpfe: links warfen eines Willens, einer Bewegung sich die Nacken herüber, aufzuckten wie auf Schnüren gerissen die Fahnen vor dem Heerführer, der steinernen Angesichts hart die Parade der Zivilisten abnahm. Bartlose, Flaumige oder Zerkerbte mit Falten, Arbeiter, Studenten, Soldaten oder Knaben, alle hatten sie diese Sekunde dasselbe Gesicht durch den harten, entschlossenen zornigen Blick, das aufgestoßene Kinn des Trotzes und die unsichtbare Geste des Schwertgriffes. Und immer wieder von Truppe zu Truppe hämmerte der prasselnde, in seiner Monotonie doppelt aufrührerische Trommeltakt die Rücken straff, die Augen hart – Schmiede des Krieges, der Rache, unsichtbar aufgestellt auf friedlichem Platz in einen von linden Wolken süß überflogenen Himmel hinein.

»Wahnsinn«, stammelte der Überraschte auftaumelnd zu sich selbst. »Wahnsinn! Was wollen sie? Noch einmal, noch einmal?«

Noch einmal diesen Krieg, der eben ihm sein ganzes Leben zerschlagen? Mit einem fremden Schauer sah er hinein in diese jungen Gesichter, starrte er hin auf diese schwarz wandelnde Masse, die viergereihte, dies quadratische Filmband, das aus der engen Gasse einer dunklen Schachtel sich aufrollte, und jedes Antlitz, das er anfasste, war gleich starr von entschlossener Erbitterung, eine Drohung, eine Waffe. Warum diese Drohung klirrend hinaufgereckt in einen milden Juniabend, hineingehämmert in eine freundlich hinträumende Stadt?

»Was wollen sie? Was wollen sie?« Noch immer würgte ihn diese Frage. Noch eben hatte er die Welt gläsern hell und klingend gefühlt, übersonnt von Zärtlichkeit und Liebe, war eingeschlagen gewesen in eine Melodie der Güte und des Vertrauens, und plötzlich da tappte dieser eherne Massenschritt alles nieder, militärisch gegürtet, tausendstimmig, tausendartig und doch nur eines atmend in Schrei und Blick, Hass, Hass, Hass.

Unwillkürlich fasste er ihren Arm, etwas Warmes zu fühlen, Liebe, Leidenschaft, Güte, Mitleid, ein weiches beschwichtendes Gefühl, aber die Trommeln prasselten ihm die innere Stille entzwei, und jetzt, da alle die Tausende von Stimmen zu einem unverständlichen Kriegsgesang zusammendröhnten, die Erde bebte vom takthaft geschlagenen Schritt, die Luft explodierte von dem plötzlichen Hurra-Geschrei der riesigen Rotte, da war ihm als zerbreche innen etwas Zartes und Klingendes an diesem gewaltsamen, laut vordringenden Gedröhn der Wirklichkeit.

Eine leichte Berührung an seiner Seite schreckte ihn auf: ihre

Hand mit behandschuhten Fingern, zart die seine mahnend, nicht so wild sich zur Faust zu krampfen. Da wandte er den verhafteten Blick – sie sah ihn bittend an ohne Worte, nur am Arme fühlte er leise drängenden Zug.

»Ja, gehen wir«, murmelte er sich zusammenfassend, zog die Schultern hoch wie in Abwehr gegen etwas Unsichtbares und gab sich gewaltsamen Abstoß durch den dünstig gedrängten Menschengallert, der wortlos wie er selbst und gebannt auf den unaufhörlichen Vormarsch der militärischen Legionen starrte. Er wusste nicht, wohin er sich durchrang, nur heraus aus diesem tosenden Tumult, weg von hier, von diesem Platz, wo ein klirrender Mörser in unerbittlichem Takt alles Leise und Traumhafte in ihm zerstampfte. Nur fort sein, allein sein mit ihr, dieser einen, umwölbt von Dunkel, von einem Dach, ihren Atem fühlen, zum erstenmal seit zehn Jahren unbewacht, ungestört in ihre Augen schauen, ausgenießen dieses Alleinsein, vorgeschworen in unzähligen Träumen und nun schon fast weggeschwemmt von dieser wirbelnden, in Schrei und Schritt sich selbst immer wieder überrennenden Menschenwoge. Sein Blick griff nervös die Häuser ab, fahnenüberwimpelt sie alle, dazwischen manche, wo goldene Lettern Firmen ankündigten, und manche einen Gasthof. Mit einmal spürte er das leise Ziehen des kleinen Koffers mahnend in der Hand: irgendwo rasten, zu Hause sein, allein! Sich eine Handvoll Stille kaufen, ein paar Quadratmeter Raum! Und gleichsam Antwort gebend, sprang jetzt vor hoher steinerner Fassade der goldglitzernde Name eines Hotels vor, und ihnen entgegen wölbte es sein gläsernes Portal. Sein Schritt wurde klein, sein Atem dünn. Beinahe betroffen blieb er stehen, unwillkürlich löste sich sein Arm aus dem ihren. »Dies soll ein gutes Hotel sein, man hat es mir empfohlen«, log stammelnd seine nervöse Verlegenheit.

Sie wich erschreckt zurück, Blut übergoss das blasse Gesicht. Ihre Lippen bewegten sich und wollten etwas sagen – vielleicht das Gleiche wie vor zehn Jahren, das aufgestörte »Nicht jetzt! Nicht hier«.

Aber da sah sie seinen Blick auf sich gerichtet, ängstlich, verstört, nervös. Und da senkte sie das Haupt in wortlosem Einverständnis und folgte ihm mit kleinen mutlosen Schritten die Schwelle des Eingangs empor.

In der Empfangsecke des Hotels stand, farbig bekappt und wichtigtuerisch wie der Kapitän am verantwortlichen Auslug des Schiffes, spielend der Portier hinter seinem distanzierenden Verschlag. Keinen Schritt ging er den zögernd Eintretenden entgegen, bloß ein flüchtig und schon geringschätzender, rasch taxierender Blick streifte den kleinen Toilettenkoffer. Er wartete, und man musste bis an ihn heran, der mit einmal wieder emsig in den breit aufgeschlagenen Folioblättern der riesigen Strazze beschäftigt schien. Erst als der Einlasswerbende schon ganz knapp vor ihm stand, hob er kühlen Blick und examierte sachlich streng: »Haben die Herrschaften bestellt?«, um dann die beinahe schuldbewusste Verneinung mit einem neuerlichen Blättern zu beantworten. »Ich fürchte, es ist alles besetzt. Wir hatten heute Fahnenweihe, aber –«, fügte er gnädig hinzu, »ich werde sehen, was sich machen lässt.«

Ihm eine in die Fresse schlagen können, diesem galonierten Feldwebel, dachte der Gedemütigte erbittert, Bettler hier wieder, Gnadennehmer und Eindringling zum erstenmal seit einem Jahrzehnt. Aber inzwischen hatte der Wichtigtuerische seine umständliche Prüfung beendet. »Nummer 27 ist eben frei geworden, ein zweibettiges Zimmer, wenn Sie darauf reflektieren.« Was blieb übrig, als dumpf grollend ein rasches »Gut« zu sagen, und schon nahm die unruhige Hand den dargereichten Schlüssel, ungeduldig schon, schweigende Wände zwischen sich und dem Menschen zu haben. Da drängte von rückwärts noch einmal die strenge Stimme »Einschreiben, bitte«, und ein rechteckiges Blatt wurde ihm vorgelegt, zerschachtelt in zehn oder zwölf Rubriken, die er ausfüllen musste, Stand, Name, Alter, Herkunft, Ort und Heimat, die aufdringliche Frage des Amts an den lebendigen Menschen. Das Widerwärtige ward fliegenden Stifts getan: nur als er ihren Namen eintragen musste, unwahrerweise (was sonst einst geheimster Wunsch gewesen) dem seinen ehelich verbindend – da zitterte der leichte Bleistift ihm täppisch in der Hand. »Hier noch Dauer des Aufenthalts«, reklamierte der Unerbittliche, das Geschriebene nachprüfend und deutete mit fleischigem Finger auf die noch leere Rubrik. »Einen Tag«, zeichnete der Stift zornig ein: schon fühlte der Erregte seine Stirne feucht, er musste den Hut abnehmen, so drückte ihn diese fremde Luft.

»Erster Stock links«, erläuterte flink zuspringend ein höflich beflissener Kellner, als der Erschöpfte sich jetzt zur Seite wandte. Aber er suchte nur sie: sie hatte krampfhaft interessiert während der ganzen Prozedur vor einem Plakat reglos gestanden, das den Schubertabend einer unbekannten Sängerin verhieß, doch über die Schultern lief während dieses reglosen Dastehens eine zitternde Welle wie Wind über eine Wiese. Er merkte, beschämt, ihre gewaltsam beherrschte Erregtheit: wozu habe ich sie aus ihrer Stille gerissen, hierher, dachte er wider seinen Willen? Aber nun gab es kein Zurück. »Komm«, drängte er leise. Sie löste sich, ohne ihm ihr Gesicht zu zeigen, von dem fremden Plakat und ging die Treppe voraus, langsam, mühsam mit schweren Schritten: wie eine alte Frau, dachte er unwillkürlich.

Eine Sekunde nur hatte er es gedacht, wie sie, die Hand am Geländer, die wenigen Stufen sich hinaufmühte, und sofort den hässlichen Gedanken weggestoßen. Aber etwas Kaltes, Wehtuendes blieb an der Stelle der gewaltsam fortgestoßenen Empfindung.

Endlich waren sie oben im Gange: eine Ewigkeit diese zwei schweigenden Minuten. Eine Tür stand offen, es war ihr Zimmer: das Stubenmädchen manipulierte noch darin mit Staubtuch und Besen. »Einen Augenblick, ich mache gleich fertig«, entschuldigte sie sich, »das Zimmer ist eben geräumt worden, aber die Herrschaften können schon eintreten, ich bringe nur frisches Bettzeug.«

Sie traten ein. Die Luft stockte dick und süßlich im verschlossenen Raum, es roch nach Olivenseife und kaltem Zigarettenrauch, irgendwo duckte sich noch fremder Menschen gestaltlose Spur.

Frech und vielleicht noch menschenwarm stand in der Mitte das aufgewühlte Doppelbett als offenbarer Sinn und Zweck des Raumes: ihn ekelte vor dieser Deutlichkeit: unwillkürlich flüchtete er zum Fenster hin und stieß es auf: feuchte weichliche Luft, durchmengt mit verdunstetem Lärm der Straße quoll langsam vorbei an den zurückweichenden schwankenden Gardinen. Er blieb beim offenen Fenster und blickte angespannt hinaus auf die schon abgedunkelten Dächer: wie hässlich dieses Zimmer war, wie beschämend dies Hiersein, wie enttäuschend dies seit Jahren ersehnte Zuzweitsein, das weder er noch sie so plötzlich, so schamlos nackt gewollt! Drei, vier, fünf Atemzüge lang – er zählte sie – blickte er hinaus, feige vor dem ersten Wort; dann nein, das ging nicht an, zwang er sich herum.

Und ganz wie er es vorausgefühlt, wie er es gefürchtet, stand sie steinern starr in ihrem grauen Staubmantel, mit niederhängenden, gleichsam geknickten Armen mitten im Zimmer als etwas, das hier nicht hineingehörte und nur durch gewaltsamen Zufall, durch Versehen in den widrigen Raum geraten war. Sie hatte die Handschuhe abgestreift, offenbar um sie abzulegen, aber es musste sie geekelt haben, sie an irgendeine Stelle dieses Zimmers zu tun: so pendelten sie, leere Hülsen, ihr leer in den Händen. Ihre Augen stockten wie hinter einem Schleier von Starre: nun da er sich wandte, strömten sie flehend ihm zu. Er verstand. »Wollen wir nicht« – die Stimme stolperte über den gepressten Atem – »wollen wir nicht noch ein wenig spazierengehen? ... Es ist doch so dumpf hier.«

»Ja ... ja.« Wie befreit strömte das Wort ihr aus – losgekettete Angst. Und schon griff ihre Hand gegen die Türklinke. Er folgte ihr langsamer und sah: ihre Schultern zitterten wie die eines Tieres, das tödlicher Umkrallung entkommen.

Die Straße wartete warm und menschenüberwogt, noch war ihr strömiger Gang vom Kielwasser des festlichen Aufmarsches unruhig bewegt – so bogen sie seitab zu stilleren Gassen, zu dem waldigen Weg, dem gleichen, der sie vor einem Jahrzehnt auf sonntäglichem Ausflug zum Schlosse emporgeführt. »Erinnerst du dich, es war ein Sonntag«, sagte er unwillkürlich laut und sie, offenbar mit gleicher Erinnerung innerlich beschäftigt, antwortete leise. »Nichts mit dir habe ich vergessen. Otto ging mit seinem Schulfreund, sie eilten so ungestüm voraus – fast hätten wir sie verloren im Wald. Ich rief nach ihm und rief, er möchte zurückkommen, und tat's doch wider Willen, denn mich drängte es doch mit dir allein zu sein. Aber damals waren wir einander noch fremd.«

»Und heute«, versuchte er zu scherzen. Aber sie blieb stumm. Ich hätte es nicht sagen sollen, fühlte er dumpf: was drängt mich, immer zu vergleichen, heute und damals. Aber warum glückt mir kein Wort heute zu ihr: immer drängt sich dies Damals dazwischen, vergangene Zeit.

Sie stiegen schweigend die Höhe empor. Schon bückten sich matten Geleuchts die Häuser unter ihnen zusammen, aus dämmerigem Tal wölbte immer heller schon der geschwungene Fluss, indes hier die Bäume rauschten und Dunkel über sie herabsenkten. Niemand kam ihnen entgegen, nur vor ihnen schoben sich schweigend ihre Schatten. Und immer wenn schräge eine Laterne ihre Gestalten überleuchtete, schmolzen die Schatten vor ihnen zusammen, als umarmten sie sich, sie dehnten sich und sehnten sich zueinander, Leib in Leib eine Gestalt, wichen wieder auseinander, um neu sich zu umfangen, indes sie selbst lass und atemweit schritten. Wie gebannt sah er dies sonderbare Spiel, dieses Fliehen und Fassen und Wiedereinanderlassen dieser unbeseelten Gestalten, schattender Leiber, die doch nur Widerschein ihrer eigenen waren, mit einer kranken Neugier sah er dieser wesenlosen Figuren Flucht und Verstrickung, und fast vergaß er der Lebendigen neben ihm über dem schwarzen fließenden und flüchtenden Bild. Er dachte an nichts deutlich dabei und fühlte doch dumpf, dass an irgend etwas dies scheue Spiel ihn mahnte, an irgend etwas, das brunnenhaft tief in ihm lag und nun unruhig aufwogte, als tastete der Eimer des Erinnerns unruhig und drohend heran. Was war es nur? – Er spannte alle Sinne, woran gemahnte ihn dieser Schattengang hier im schlafenden Wald: Worte mussten es sein, eine Situation, ein Erlebtes, Gehörtes, Gefühltes, irgend gehüllt in eine Melodie, ein ganz tief Vergrabenes, an das er Jahre und Jahre nicht gerührt.

Und plötzlich brach es auf, blitzender Spalt im Dunkel des Vergessens: Worte waren es, ein Gedicht, das sie ihm einmal vorgelesen abends im Zimmer. Ein Gedicht, ja, französisch, er wusste die Worte, und wie hergerissen von einem heißen Wind waren sie mit einmal bis hoch an die Lippen, er hörte über ein Jahrzehnt weg mit ihrer Stimme diese vergessenen Verse aus einem fremden Gedicht:

Dans le vieux parc solitaire et glacé
Deux Spectres cherchent le passé

Und kaum dass sie aufleuchteten im Gedächtnis, diese Verse, fügte sich magisch schnell ein ganzes Bild daran: die Lampe golden glühend im verdunkelten Salon, wo sie ihm eines Abends das Gedicht Verlaines vorgelesen. Er sah sie, vom Schatten der Lampe abgedunkelt, wie sie damals saß, nah und fern zugleich, geliebt und unerreichbar, fühlte mit einmal sein eigenes Herz von damals hämmernd vor Erregung, ihre Stimme schwingen zu hören auf der klingenden Woge des Verses, sie im Gedicht, – wenn auch im Gedicht nur – die Worte »Sehnsucht« zu hören und »Liebe«, fremder Sprache zwar und Fremden zugemeint, aber doch berauschend zu hören von dieser Stimme, ihrer Stimme. Wie hatte er's vergessen können, jahrelang, dies Gedicht, diesen Abend wo sie allein im Haus und verwirrt vom Alleinsein flüchteten von gefährdendem Gespräch in der Bücher umgänglicheres Gefild, wo hinter Worten und Melodie manchmal deutsam Geständnis innigeren Gefühls aufblitzte wie Licht im Gesträuch, unfassbar funkelnd und doch beglückend ohne Gegenwart. Wie hatte er's vergessen können so lange? Aber wie auch war es plötzlich wiedergekommen, dies verlorene Gedicht? Unwillkürlich sagte, übersetzte er sich die Zeilen:

Im alten Park, eisstarrend und verschneit
Zwei Schatten suchen die Vergangenheit

und kaum, dass er sich's gesagt, so verstand er sie schon, lag schon schwer und funkelnd der Schlüssel in seiner Hand, die Assoziation, die aus schlafendem Schacht das Erinnern, dies eine, plötzlich so sinnlich hell, so scharf emporgerissen: Die Schatten da waren es über dem Weg, die Schatten, sie hatten ihr eigenes Wort berührt und erweckt, ja, aber noch mehr. Und schauernd fühlte er plötzlich erschreckten Erkennens Sinn; Worte wahrsagenden Sinns: waren sie es nicht selbst, diese Schatten, die ihre Vergangenheit suchten, dumpfe Fragen richteten an ein Damals, das nicht mehr wirklich war, Schatten, Schatten, die lebendig werden wollten und es nicht mehr vermochten, nicht sie, nicht er mehr dieselben und sich doch suchend in vergebenem Bemühen, sich fliehend und sich haltend in wesenlosen kraftlosen Bemühungen wie diese schwarzen Gespenster vor ihrem Fuß?

Unbewusst musste er aufgestöhnt haben, denn sie wandte sich herum: »Was hast du, Ludwig? Woran denkst du?«

Aber er wehrte nur ab »Nichts! Nichts!« Und er horchte nur tiefer in das Innen hinein, in das Damals zurück, ob nicht nochmals diese Stimme, die wahrsagende des Erinnerns zu ihm sprechen wolle und mit Vergangenheit ihm die Gegenwart enthüllen.

Die spät bezahlte Schuld

Dear old Ellen,
Du wirst, ich weiß es, verwundert sein, von mir nach so langen Jahren einen Brief zu erhalten; es mögen fünf oder vielleicht gar sechs Jahre sein, seitdem ich Dir zum letztenmal geschrieben habe. Ich glaube, es war ein Glückwunsch, als Deine jüngste Tochter sich verheiratete. Diesmal ist der Anlass nicht so feierlich, und vielleicht scheint Dir sogar mein Bedürfnis sonderbar, gerade Dich zum Vertrauten einer merkwürdigen Begegnung zu machen. Aber das, was mir vor wenigen Tagen begegnet ist, kann ich nur Dir erzählen. Nur Du allein kannst es verstehen.

Unwillkürlich stockt mir die Feder, indem ich dies hinschreibe. Ich muss selbst ein wenig lächeln. Haben wir nicht genau dasselbe »Nur Du kannst das verstehen« uns tausendmal als fünfzehnjährige, als sechzehnjährige unflügge, aufgeregte Mädchen auf der Schulbank oder auf dem Nachhauseweg gegenseitig gesagt, wenn wir uns unsere kindischen Geheimnisse anvertrauten? Und haben wir uns nicht damals in unserer grünen Zeit feierlich zugeschworen, uns alles in jeder Einzelheit zu berichten, was einen gewissen Menschen betrifft? All das liegt heute mehr als ein Vierteljahrhundert weit, aber was einmal beschworen ist, möge bestehen bleiben. Du sollst sehen, ich halte getreulich, wenn auch verspätet, mein Wort.

Die ganze Sache kam so. Ich hatte in diesem Jahr eine schwere und angestrengte Zeit hinter mir. Mein Mann war als Chefarzt an das große Hospital nach R. versetzt worden, ich musste allein die ganze Übersiedlung durchführen, zwischendurch reiste mein Schwiegersohn mit seiner Frau geschäftlich nach Brasilien und ließ uns die drei Kinder im Haus, die prompt Scharlach bekamen, eins nach dem andern, und ich musste sie pflegen ... Und noch war das Letzte nicht ausgestanden, so starb die Mutter meines Mannes. Alles das ging quer durcheinander. Ich meinte zuerst, diesen wilden Betrieb tapfer getragen zu haben, aber irgendwie musste er mich doch mehr hergenommen haben, als ich wusste, denn eines Tages sagte mein Mann zu mir, nachdem er mich lange schweigend angesehen: »Ich glaube, Margaret, Du solltest jetzt, nachdem die Kinder wieder glücklich gesund sind, selbst etwas für Deine Gesundheit tun. Du siehst übermüdet aus und hast Dich auch gründlich übernommen.

Zwei, drei Wochen am Land in irgendeinem Sanatorium und Du bist wieder auf dem Damm.«

Mein Mann hatte recht. Ich war sehr erschöpft, mehr als ich mir zugestand. Ich spürte es daran, dass manchmal, wenn Leute kamen – und wir mussten schrecklich viel repräsentieren und Besuche machen, seit mein Mann hier die Stellung übernommen hatte –, nach einer Stunde nicht mehr recht zuhören konnte, wenn sie sprachen, dass ich oft und öfter im Haushalt das Allereinfachste vergaß und mir morgens Gewalt antun musste, um aufzustehen. Mit seinem klaren, ärztlich geschulten Blick musste mein Mann diese körperliche und auch seelische Übermüdung richtig konstatiert haben. Mir fehlten wirklich nichts als vierzehn Tage Erholung. Vierzehn Tage ohne an die Küche, die Wäsche, an Besuche, an den täglichen Betrieb zu denken, vierzehn Tage Alleinsein, sein eigenes Ich sein und nicht nur immer Mutter, Großmutter, Hausvorstand und Chefarztsgattin. Zufällig hatte meine verwitwete Schwester gerade Zeit, zu uns herüberzukommen; so war für meine Abwesenheit alles vorgesorgt, und ich hatte weiter keine Bedenken, dem Ratschlag meines Mannes zu folgen und zum erstenmal seit fünfundzwanzig Jahren allein von zu Hause wegzugehen. Ja, ich freute mich sogar im Voraus mit einer gewissen Ungeduld der neuen Frische entgegen, die mir dieses Ausspannen gewähren sollte. Nur in einem Punkte lehnte ich den Vorschlag meines Mannes ab, nämlich die Erholung in einem Sanatorium zu suchen, obwohl er schon vorsorglich eines ausgewählt hatte, mit dessen Besitzer er von Jugend auf befreundet war. Denn dort waren wieder Menschen, Bekannte, dort hieß es weiter höflich und umgänglich sein. Aber ich wollte nichts als mit mir allein sein, vierzehn Tage mit Büchern, mit Spazierengehen, Träumereien und langem ungestörten Schlaf, vierzehn Tage ohne Telefon und ohne Radio, vierzehn Tage Schweigen, vierzehn Tage ungestörtes eigenes Ich, wenn ich so sagen darf. Unbewusst hatte ich mich seit Jahren nach nichts so sehr gesehnt als nach diesem vollkommenen Ausschweigen und Ausruhen.

Nun erinnerte ich mich aus den ersten Jahren meiner Ehe, von Bozen, wo mein Mann damals als Hilfsarzt praktizierte, einmal drei Stunden zu einem kleinen verlorenen Dorf hoch in den Bergen hinaufgewandert zu sein. Dort stand an dem winzigen Marktplatz gegenüber der Kirche eines jener ländlichen Wirtshäuser jener Art, wie sie in Tirol häufig zu finden sind, zu ebener Erde in breiten wuchtigen Steinen gequadert, das erste Stockwerk unter dem breiten überhängenden hölzernen Dach mit einer geräumigen Veranda und das Ganze umsponnen mit Weinlaub, das damals im Herbst wie ein rotes und doch kühlendes Feuer das ganze Haus umglühte. Zur Rechten und zur Linken duckten sich wie getreue Hunde kleine Häuschen und breite Scheunen, das Haus selbst aber stand mit offener Brust frei unter den weichen wehenden Wolken des Herbstes und sah hinüber in das endlose Panorama der Berge.

Vor diesem kleinen Wirtshaus war ich damals sehnsüchtig und fast verzaubert gestanden. Du kennst das gewiss, dass man von der Eisenbahn aus oder auf einer Wanderung ein Haus sieht, und plötzlich fasst einen der Gedanke an: ach, warum lebt man nicht hier? Hier könnte man glücklich sein. Ich glaube, jeden Menschen überkommt manchmal dieser Gedanke, und wo man einmal ein Haus lange angeblickt hat mit dem heimlichen Wunsch, hier könnte man glücklich sein, dort prägt sich das sinnliche Bild mit jeder Linie dem Gedächtnis ein. Jahrelang erinnerte ich mich noch an die roten und gelben Blumenstöcke vor den Fenstern und an die Holzgalerie an dem ersten Stock, wo damals wie bunte Fahnen die Hauswäsche flatterte, und an die gemalten Fensterläden, gelb auf blauem Grund, in die kleine Herzen in der Mitte eingeschnitten waren, und an den First auf dem Giebel mit dem Storchennest. Manchmal, in einer Unruhe des Herzens, fiel mir dieses Haus ein. Dorthin für einen Tag, dachte ich in jener träumerischen und halb unbewussten Weise, wie man an Unmögliches denkt. War nicht jetzt die beste Gelegenheit, diesen alten und fast schon verschollenen Wunsch zu erfüllen? War nicht gerade dies das Richtige für übermüdete Nerven, dies bunte Haus auf dem Berg, dies Wirtshaus ohne all die lästigen Bequemlichkeiten unserer Welt, ohne Telefon, ohne Radio, ohne Besucher und Formalitäten? Schon während ich es nur mir wieder in die Erinnerung zurückrief, meinte ich den starken, würzigen Duft der Bergluft einzuatmen und das ferne Klingen der ländlichen Kuhglocken zu hören. Schon im Erinnern war ein erstes neues Mutfassen und Gesunden. Es war einer jener Einfälle, die uns ganz ohne Ursache zu überraschen scheinen, aber in Wirklichkeit nur Emanationen lang verhaltener und unterirdisch wartender Wünsche sind. Mein Mann, der nicht wusste, wie oft ich von diesem, vor Jahren einmal gesehenen Häuschen geträumt, lächelte zuerst ein wenig, aber sprach mir zu, dort anzufragen. Die Leute antworteten, alle drei Gastzimmer stünden leer und ich könnte wählen, welches ich wollte. Um so besser, dachte ich: keine Nachbarn, keine Gespräche, und fuhr mit dem nächsten Nachtzug. Am nächsten Morgen brachte mich ein kleiner ländlicher Einspänner mit meinem schmalen Koffer in langsamem Trott den Berg hinauf.

Ich fand alles so vortrefflich, wie ich es nur wünschen konnte. Das Zimmer leuchtete blank mit seinen einfachen Möbeln aus hellem Zirbelholz, von der Veranda, die mir durch die Abwesenheit jedweder Gäste allein zugedacht war, ging die Aussicht in die unendliche Ferne. Ein Blick in die blankgescheuerte, blitzend saubere Küche zeigte mir als erfahrener Hausfrau, dass ich hier auf das Beste versorgt sein würde. Nochmals bestätigte mir die Wirtin, eine hagere, freundliche, grauhaarige Tirolerin, dass ich keinerlei Störung oder Belästigung durch Besucher zu befürchten hätte. Jeden Abend nach sieben kämen freilich der Amtsschreiber, der Gendarmeriekommandant und ein paar andere Nachbarn ins Wirtshaus, um ihren Wein zu trinken, Karten zu spielen und zu plaudern. Aber das seien alles stille Leute, und um elf Uhr gingen sie wieder ihres Weges. Sonntags nach der Kirche und vielleicht auch nachmittags ginge es etwas redseliger zu, weil da von den Halden und Höfen die Bauern herüberkämen. Aber ich würde kaum etwas davon bis in mein Zimmer hören.

Der Tag leuchtete zu schön, als dass es mich lange in meinem Zimmer gehalten hätte. Ich packte die paar Sachen aus, die ich mitgebracht hatte, ließ mir ein Stück guten braunen Landbrots und paar Scheiben kaltes Fleisch mitgeben und wanderte los über die Wiesen, höher und höher. Alles lag frei vor mir, das Tal mit seinem schäumenden Fluss, der Kranz der Firnen, frei wie ich selbst. Ich spürte die Sonne bis in die Poren und ging und ging und ging, eine Stunde, zwei Stunden, drei Stunden lang bis zu der höchsten der Alpenwiesen. Dort streckte ich mich hin in das weiche, warme Moos und spürte, wie mit dem Summen der Bienen, dem leichten und rhythmischen Sausen des Winds eine große Ruhe über mich kam, die Ruhe, nach der ich so lange mich gesehnt. Ich schloss wohlig die Augen und geriet ins Träumen und merkte es gar nicht, dass und wann ich einschlief. Ich wachte erst durch ein Gefühl der Kälte in meinen Gliedern auf. Es war nahezu Abend, und ich musste fünf Stunden geschlafen haben. Nun wusste ich erst, wie müde ich gewesen. Aber die Frische war schon in meinen Nerven, in meinem Blut. Mit starken, festen, beschwingten Schritten ging ich zwei Stunden den Weg nach dem kleinen Wirtshaus zurück.

Vor der Türe stand schon die Wirtin. Sie war ein wenig beunruhigt gewesen, ob ich mich nicht etwas verloren hätte und bot mir an, gleich das Abendessen zu bereiten. Ich war herzhaft hungrig, so hungrig wie ich mich nicht erinnern konnte, seit Jahren gewesen zu sein, und folgte ihr gern in die kleine Wirtsstube. Es war ein dunkler, niederer Raum, holzgetäfelt und behaglich mit seinen rot und blau karierten Tischtüchern, den Gemsenkrucken und gekreuzten Gewehren an der Wand. Und obwohl der mächtige blaue Kachelofen an diesem warmen Herbsttage nicht geheizt war, strömte eine behagliche eingewohnte Wärme von dem Raume aus. Auch die Gäste gefielen mir. An einem der vier Tische saßen der Gendarmerieoffizier, der Finanzer, der Amtsschreiber bei einer Kartenpartie zusammen, jeder sein Glas Bier neben sich. An dem andern lümmelten, die Ellbogen aufgestützt, ein paar Bauern mit dunkelgebräunten markigen Gesichtern. Wie alle Tiroler sprachen sie wenig und sogen nur an ihren langstieligen Porzellanpfeifen. Man sah ihnen an, dass sie tagsüber hart gearbeitet hatten und eigentlich nur ausruhten, zu müde, um zu denken, zu müde, um zu sprechen, brave, redliche Leute, in deren holzschnittharte Gesichter zu schauen dem Blick wohltat. Am dritten Tisch saßen ein paar Fuhrwerker und tranken mit kleinen Zügen ihren starken Kornschnaps, müde auch sie und gleichfalls still. Der vierte Tisch war für mich gedeckt und wurde bald belastet mit einem Rostbraten so riesigen Formats, dass ich ihn ansonsten nicht zur Hälfte bewältigt hätte, ohne den zehrenden, gesunden Hunger, den ich mir in der frischen Bergluft angegangen.

Ich hatte mir ein Buch von meinem Zimmer heruntergeholt, um zu lesen, aber es war so wohlig, hier zu sitzen in dieser stillen Stube unter freundlichen Menschen, deren Nähe nicht bedrückte und nicht belastete. Manchmal ging die Tür, ein blondhaariges Kind kam und holte einen Krug Bier für die Eltern, ein Bauer trat im Vorübergehen ein und leerte ein Glas an dem Schanktisch. Eine Frau kam, um leise mit der Wirtin zu plaudern, die am Schanktisch die Strümpfe ihrer Kinder oder Enkel stopfte. Es war ein wunderbar stiller Rhythmus in all diesem Kommen und Gehen, der den Blick beschäftigte und das Herz nicht belastete, und ich fühlte mich wunderbar wohl in dieser behaglichen Atmosphäre.

So hatte ich eine Zeitlang gesessen, träumerisch und gedankenlos, als sich – es mochte etwa neun Uhr sein – wiederum die Türe öffnete, aber diesmal nicht in der langsamen, behäbigen Art der andern Bauern. Sie wurde plötzlich breit aufgestoßen, und der Mann, der eintrat, blieb, statt sie sofort zu schließen, einen Augenblick breit auf der Schwelle stehen, als wäre er noch nicht ganz entschlossen, ob er eintreten solle. Dann erst warf er, viel lauter als die andern, die Tür ins Schloss, blickte nach allen Seiten und grüßte mit einem tiefen und tönenden »Grüß Gott allesamt, meine Herren.« Mir fiel sofort dieser etwas künstliche und unbäurische Gruß auf. In einem Tiroler Dorfwirtshaus pflegte man sich nicht mit dem städtischen »Meine Herren« zu begrüßen, und in der Tat schien auch jene pompöse Ansprache bei den Insassen der Wirtsstube wenig Begeisterung zu erwecken. Niemand schaute auf, die Wirtin stopfte ruhig weiter an den grauen Wollsocken, nur vom Tisch der Kutscher knurrte einer leise ein gleichgültiges »Grüß Gott« zurück, das im Tonfall ebenso sagen konnte: »Hol dich der Teufel.« Niemanden schien das Sonderbare dieses sonderbaren Gastes zu verwundern, aber der Fremde ließ sich durch diesen unfreundlichen Empfang keineswegs verwirren. Langsam und gravitätisch hing er seinen etwas zu breiten und gar nicht bäurischen Hut mit der abgegriffenen Krempe an eine der Gemskrucken und blickte dann von Tisch zu Tisch, unschlüssig, an welchem er Platz nehmen sollte. Von keinem kam ein Wort der Aufforderung. Die drei Spieler vertieften sich mit merkwürdigem Eifer in ihre Karten, die Bauern auf ihren Bänken machten nicht die geringsten Anstalten, zusammenzurücken, und ich selbst, etwas unbehaglich berührt von diesem merkwürdigen Gebaren und die Gesprächigkeit dieses Fremden befürchtend, schlug eilig mein Buch auf.

So blieb dem Fremden nichts übrig als mit einem auffällig schweren und ungelenken Schritt zum Schanktisch hinzutappen.

»Ein Bier, schöne Frau Wirtin, schäumend und frisch«, bestellte er ziemlich laut. Wieder fiel mir dieser merkwürdig pathetische Ton auf. In einem Tiroler Dorfwirtshaus schien mir eine solche gedrechselte Redeweise wenig am Platz, und an der Wirtin, dieser braven alten Großmutter, war nichts, was auch nur im Entferntesten ein solches Kompliment rechtfertigen konnte. Wie zu erwarten war, machte diese Ansprache keineswegs besonderen Eindruck auf sie. Ohne zu antworten, nahm sie einen der breitgebauchten Krüge aus Steingut, spülte ihn mit Wasser aus, trocknete ihn mit einem Tuch, füllte ihn aus dem Fass und schob ihn – nicht gerade unhöflich, aber doch völlig gleichgültig – dem Gast über den Schanktisch zu.

Da über ihm, gerade vor dem Schanktisch die runde Petroleumlampe an ihren Ketten schwebte, hatte ich Gelegenheit, mir diesen merkwürdigen Gast besser anzusehen. Er mochte etwa fünfundsechzig Jahre alt sein, war stark beleibt, und mit der Erfahrung, die ich als Arztgattin immerhin gewonnen hatte, erkannte ich sofort, was die Ursache des schlurfenden und schwerfälligen Ganges war, der mir schon bei seinem Eintreten aufgefallen war. Ein Schlagfluss musste die eine Körperseite leicht gelähmt haben, denn auch sein Mund war nach dieser Seite hin schief verzogen, und über dem linken Auge hing das Lid sichtlich tiefer und schlaffer herab, was seinem Gesicht einen verzerrten und bitteren Zug aufprägte. Seine Kleidung war absonderlich für ein Gebirgsdorf; er trug statt der ländlichen, bäurischen Joppe und der üblichen Lederhose gelbe schlottrige Pantalons, die einmal weiß gewesen sein mochten, sowie einen Rock, der ihm offenbar seit Jahren zu eng geworden war und an den Ellbogen gefährlich glänzte; die Krawatte, unordentlich gebunden, hing wie ein schwarzer Strick nieder von dem schwammigen und verdickten Hals. Etwas Heruntergekommenes war in seinem ganzen Aufzug, und doch war es möglich, dass dieser Mann einmal stattlich gewirkt haben mochte. Die Stirn, rund und hochgewölbt, weiß und wirr überlodert vom dichten Haar, hatte etwas Gebietendes, aber knapp unter den buschigen Augenbrauen begann schon der Verfall, verschwommen die Augen unter den geröteten Lidern, schlaff und faltig die Wangen niederfallend in den weichen und verdickten Nacken. Unwillkürlich erinnerte er mich an die Maske eines jener römischen Imperatoren der Spätzeit, die ich einmal in Italien gesehen hatte, an einen jener Kaiser des Untergangs. Ich wusste im ersten Augenblick noch nicht, was es war, das mich so stark zwang, ihn so aufmerksam zu beobachten, aber ich verstand sogleich, dass ich mich hüten musste, ihm meine Neugier zu zeigen, denn es war offenkundig, dass er schon ungeduldig war, mit irgend jemandem ein Gespräch anzuknüpfen. Es war, als sei es ein Zwang für ihn, zu sprechen. Kaum dass er mit seiner etwas zitternden Hand das Glas gehoben und einen Schluck getan, äußerte er laut: »Ah ... prächtig, prächtig«, und blickte um sich. Niemand antwortete ihm. Die Spieler mischten und teilten ihre Karten, die andern schmauchten ihre Pfeifen, alle schienen ihn zu kennen und doch aus irgendeinem mir unbekannten Grunde auf ihn nicht neugierig zu sein.

Schließlich hielt es ihn nicht länger. Er nahm sein Glas Bier und trug es hinüber zum Tisch, wo die Bauern saßen. »Gestatten die Herren etwas Raum für meine alten Knochen.« Die Bauern rückten etwas auf der Bank zusammen und achteten nicht weiter auf ihn. Eine Zeitlang blieb er still, rückte das halbvolle Glas abwechselnd vor und zurück. Wieder sah ich, dass seine Finger dabei zitterten. Schließlich lehnte er sich zurück und begann zu sprechen, und zwar ziemlich laut. Es war eigentlich nicht sichtlich, zu wem er sprach, denn die beiden Bauern neben ihm hatten deutlich ihre Abneigung bekundet, sich mit ihm einzulassen. Er sprach eigentlich für alle. Er sprach – ich spürte das sofort – um zu sprechen und sich sprechen zu hören.

»Das war heute eine Sache«, begann er. »Gut gemeint vom Herrn Grafen, gut gemeint, da lässt sich nichts sagen. Begegnet mir mit seinem Auto auf der Straße und hält an – jawohl, hält eigens an für mich. Er fahre mit den Kindern hinunter nach Bozen ins Kino, und ob ich nicht Lust hätte mitzukommen – ist eben ein vornehmer Mann, ein Mann mit Bildung und Kultur, der Verdienst zu würdigen versteht. Einem solchen Mann darf man nicht Nein sagen, man weiß schließlich, was sich gehört. Nun, ich fahr' mit, im Rücksitz natürlich, neben dem Herrn Grafen – ist immerhin eine Ehre mit einem solchen Herrn, und lass' mich von ihm in diese Schattenbude führen, die sie in der Hauptstraße aufgemacht haben, groß aufgemacht mit Reklamen und Lichtern wie für eine Kirchweih. Nun, warum soll man sich's nicht ansehen, was die Herren Engländer oder Amerikaner drüben machen und uns andrehn für teures Geld. Soll ja, so sagen sie, auch eine Kunst sein, diese Kinospielerei. Aber, pfui Teufel« - er spie dabei kräftig aus – »ja, pfui Teufel sage ich, was für einen Dreck ziehn sie da über die Leinwand! Eine Schmach ist das für die Kunst, eine Schmach für die Welt, die einen Shakespeare hat und einen Goethe! Erst kam da so ein farbiger Blödsinn mit bunten Viechern – na, da sag' ich noch nichts, das macht vielleicht Kindern Spaß und tut niemandem Schaden. Aber dann machen sie einen ›Romeo und Julia‹, und das sollte verboten sein, verboten im Namen der Kunst! Wie das nur klingt, die Verse, als ob sie einer aus einem Ofenrohr quäkte, die heiligen Verse Shakespeares, und wie das verzuckert ist und verkitscht! Aufgesprungen wäre ich und davongelaufen, wenn's nicht wegen dem Herrn Graf gewesen wär', der mich eingeladen hatte. So einen Dreck, so einen Dreck zu machen aus dem lautersten Gold! Und unsereins muss leben in so einer Zeit!«

Er fasste das Bierglas, tat einen kräftigen Zug und stellte es so laut zurück, dass es krachte. Seine Stimme war jetzt ganz laut geworden, er schrie beinahe. »Und dazu geben sich die Schauspieler von heut her – für Geld, das verfluchte Geld spucken sie Shakespeareverse in Maschinen und versauen die Kunst. Da lob' ich mir jede Hur' auf der Straße! Vor der letzten hab' ich mehr Respekt als vor diesen Affen, die ihre glatten Gesichter metergroß auf die Plakate picken lassen und sich Millionen scheffeln für das Verbrechen, das sie an der Kunst tun. Die das Wort verstümmeln, das lebendige Wort, und Shakespeareverse in einen Trichter brüllen, statt das Volk zu erziehen und die Jugend zu belehren. Eine moralische Anstalt, so hat Schiller das Theater genannt, aber der gilt ja nicht mehr. Nichts gilt heut mehr, nur das Geld, das verfluchte Geld, und die Reklame, die einer mit sich zu machen versteht. Und wer's nicht verstanden hat, der krepiert. Aber besser krepieren, sag ich, für mich gehört jeder an den Galgen, der sich verkauft an dies verfluchte Hollywood! An den Galgen, an den Galgen!« Er hatte ganz laut geschrien und mit der Faust auf den Tisch geschlagen. Vom Tisch der Spieler murrte einer herüber: »Zum Teufel, sei doch stad! Man weiß doch selber nicht mehr, was man spielt mit deinem blöden Geschwätz!«

Der alte Mann zuckte auf, als wollte er etwas erwidern. Sein erloschenes Auge blinkte für einen Augenblick stark und heftig, aber dann machte er nur eine verächtliche Bewegung, als ob er sagen wollt', er sei sich zu gut um zu antworten. Die beiden Bauern sogen an ihren Pfeifen, er starrte stumm mit glasigen Augen vor sich hin und schwieg, dumpf und schwer. Man sah, es war nicht das erste Mal, dass er sich zum Schweigen zwang.

Ich war zutiefst erschrocken. Mir bebte das Herz. Etwas erregte mich an diesem gedemütigten Menschen, der, das fühlte ich sofort, einmal etwas Besseres gewesen sein musste und auf irgendeine Weise – vielleicht durch Trunk – so tief heruntergekommen war. Ich konnte kaum mehr atmen aus Furcht, dass er oder die andern eine heftige Szene beginnen könnten. Schon vom ersten Augenblick an, da er eingetreten war und ich seine Stimme gehört, hatte etwas in ihm – ich wusste nicht was – mich unruhig gemacht. Aber nichts geschah. Er blieb still, sein Kopf senkte sich tiefer herab, er starrte vor sich hin und mir war, als ob er leise für sich etwas murmelte. Niemand achtete auf ihn.

Unterdessen war die Wirtin von ihrem Schanktisch aufgestanden, um etwas aus der Küche zu holen. Ich nützte den Anlass, um ihr nachzugehen und sie zu fragen, wer das wäre. »Ach«, sagte sie gleichmütig, »der arme Kerl, der wohnt hier im Armenhaus, und ich spendier ihm jeden Abend ein Glas Bier. Er kann sich's nicht selber zahlen. Aber man hat's nicht leicht mit ihm. Er ist früher einmal irgendwo Schauspieler gewesen, und es kränkt ihn halt, dass die Leut' ihm nicht recht glauben, dass er irgend etwas gewesen ist und ihm keine Ehre antun. Manchmal ziehen sie ihn auf und sagen ihm, er solle ihnen etwas vortragen. Und da stellt er sich dann hin und redt stundenlang herunter, lauter Dinge, die kein Mensch versteht. Manchmal schenken sie ihm dann einen Tabak und zahlen ihm noch ein Bier. Manchmal lachen sie ihn aus, und dann wird er immer wild. Man muss halt mit ihm vorsichtig sein. Und dabei tut er keinem etwas. Zwei, drei Maß Bier, wenn man ihm zahlt, dann ist er schon glücklich – ja, er ist halt ein armer Teufel, der alte Peter.«

»Wie, wie heißt er?« fragte ich ganz erschrocken, ohne noch recht zu wissen, warum ich erschrocken war.

»Peter Sturzentaler. Sein Vater war Holzfäller hier im Dorf, und so haben sie ihn aufgenommen ins Armenhaus.«

Du kannst Dir denken, Liebe, warum ich so erschrak. Denn

ich verstand sofort das Unausdenkbare. Dieser Peter Sturzentaler, dieser herabgekommene, vertrunkene, gelähmte alte Mann aus dem Armenhaus konnte niemand anderer sein als der Gott unserer Jugend, der Herr unserer Träume; er, der als Peter Sturz, als Schauspieler und erster Liebhaber unseres Stadttheaters für uns der Inbegriff des Hohen und Erhabenen gewesen, er, den wir beide – Du weißt es doch – als Mädchen, als halbe Kinder so wahnwitzig bewundert, so irrwitzig geliebt hatten. Jetzt wusste ich auch, warum gleich beim ersten Wort, das er in der Wirtsstube gesprochen, etwas in mir unruhig geworden war. Ich hatte ihn nicht erkannt – wie hätte ich ihn erkennen können in dieser verfallenen Larve, in dieser Verwandlung und Verwesung – aber in der Stimme war etwas gewesen, was einen Zugang aufsprengte zu der längst verschütteten Erinnerung. Weißt Du noch, wie wir ihn zum erstenmal sahen? Er war von irgendeiner Provinzstadt an unser Stadttheater in Innsbruck engagiert worden, und zufällig erlaubten uns unsere Eltern, zu seiner Antrittsvorstellung zu gehen, weil es ein klassisches Stück war, die ›Sappho‹ von Grillparzer, und er spielte den Phaon, den schönen Jüngling, der Sapphos Herz verwirrt. Aber wie erst ergriff er das unsere, als er auf die Szene trat, griechisch gewandet, den Kranz im vollen dunklen Haar, ein anderer Apoll; noch hatte er kaum die ersten Worte gesprochen, da zitterten wir vor Erregung und hielten einander die Hände. Nie hatten wir in dieser Stadt der kleinen Bürger und Bauern einen Mann wie diesen gesehen, und der kleine Provinzschauspieler, dessen Schminke und Aufmachung wir von der Galerie nicht wahrnehmen konnten, schien uns ein gottgesandtes Sinnbild des Edlen und Erhabenen auf Erden. Unsere kleinen törichten Herzen schlugen in der jungen Brust; wir waren andere, Verzauberte, als wir aus dem Theater gingen, und da wir innige Freundinnen waren und diese Freundschaft nicht gefährden wollten, schworen wir einander, ihn gemeinsam zu lieben, gemeinsam zu verehren, und mit diesem Augenblick begann der Irrwitz. Nichts war uns mehr wichtig als er. Alles was in der Schule, im Haus, in der Stadt geschah, verband sich auf geheimnisvolle Weise mit ihm, alle anderen Dinge schienen uns schal, wir liebten Bücher nicht mehr, und nur in seiner Sprache suchten wir Musik. Ich glaube, dass wir Monate und Monate lang nichts anderes sprachen als von ihm und über ihn. Jeder Tag begann mit ihm; wir huschten die Treppe hinab, um die Zeitung vor den Eltern zu erhaschen, um zu wissen, welche Rolle ihm zugeteilt sei, um die Kritiken zu lesen, und keine war uns begeistert genug. Stand ein unfreundliches Wort über ihn darin, so waren wir verzweifelt, war ein anderer Schauspieler gelobt, so verabscheuten wir ihn. Ach, unsere Narrheiten, es waren zu viele, als dass ich mich des tausendsten Teils heute noch besinnen könnte. Wir wussten, wann er ausging und wohin er ging, wir wussten, mit wem er sprach, und beneideten jeden, der mit ihm die Straße entlangschlendern durfte. Wir kannten die Krawatten, die er trug, und den Stock, wir hatten seine Photographien nicht nur zu Hause versteckt, sondern auch im Umschlag unserer Schulbücher, so dass wir mitten in der Stunde ab und zu einen heimlichen Blick auf ihn werfen konnten; eine eigene Zeichensprache hatten wir erfunden, um während der Schulzeit von Bank zu Bank uns beweisen zu können, dass wir an ihn dachten. Wenn wir den Finger zur Stirn hoben, meinte das: »Ich denke an ihn«, wenn wir Gedichte vorzulesen hatten, sprachen wir unwillkürlich mit seiner Stimme, und noch heute könnte ich manche Stücke, in denen ich ihn damals gesehen habe, nicht anders hören als in seinem Tonfall. Wir warteten auf ihn an dem Bühnenausgang und schlichen hinter ihm her, wir standen in einem Haustor gegenüber dem Kaffeehaus, wo er saß, und sahen endlos zu, wie er die Zeitung las. Aber unsere Verehrung war so groß, dass wir in diesen zwei Jahren nie wagten, ihn anzusprechen oder mit ihm bekannt zu werden. Andere unbefangenere Mädchen, die für ihn schwärmten, bettelten ihn an um Autogramme, ja, sie wagten sogar, ihn auf der Straße zu begrüßen. Nie hätten wir dazu den Mut gehabt. Aber einmal, als er ein Zigarettenende weggeworfen hatte, hoben wir es auf wie ein Heiligtum und teilten es in zwei Teile, Du die eine Hälfte und ich die andere. Und diese kindische Götzendienerei übertrug sich auf alles, was zu ihm Beziehung hatte. Seine alte Haushälterin, die wir sehr beneideten, weil sie ihn bedienen und betreuen durfte, war für uns ein ehrfürchtiges Wesen. Einmal, als sie am Markte einkaufte, boten wir ihr an, ihr den Korb zu tragen und waren glücklich, dass sie uns ein gutes Wort dafür gab. Ach, was für Narrheiten haben wir Kinder nicht getan für ihn, der nichts davon wusste oder ahnte, für diesen Peter Sturz. Heute mag es für uns, da wir ältliche und darum vernünftige Personen geworden sind, leicht sein, über diese Torheiten verächtlich zu lächeln, als eine bei halbwüchsigen Mädchen ganz übliche Schwärmerei. Und doch kann ich mir nicht verschweigen, dass sie in unserem Fall schon gefährlich geworden war. Ich glaube, unsere Verliebtheit nahm nur deshalb so übertreibliche und absurde Formen an, weil wir dummen Kinder uns geschworen hatten, ihn gemeinsam zu lieben. Dies bedingte, dass eine die andere in ihrer Exaltation überbieten wollte, dass wir uns täglich weiter und weiter trieben und uns immer neue Beweise gegenseitig erfanden, dass wir nicht einen Augenblick an diesen Gott unserer Träume vergaßen. Wir waren nicht wie die anderen Mädchen, die zwischendurch für glatte Jungen schwärmten und einfältige Spiele spielten; für uns war alles Gefühl und alle Begeisterung beschlossen in diesem einen; nur ihm haben alle unsere Gedanken während dieser zwei leidenschaftlichen Jahre gehört. Manchmal wundere ich mich, dass es uns nach dieser frühen Besessenheit später überhaupt noch möglich war, unsere Männer, unsere Kinder mit einer klaren, festen und gesunden Liebe zu lieben und wir nicht schon alle Kraft des Gefühls in diesen unsinnigen Übersteigerungen verbraucht hatten. Aber trotz allem, wir brauchen uns dieser Zeit nicht zu schämen. Denn wir haben dank dieses Menschen doch auch in der Leidenschaft für die Kunst gelebt, und in unserer Narrheit ist doch ein geheimnisvoller Drang nach dem Höheren, Reineren, Besseren gewesen, das nur in seiner Person eine höchst zufällige Personifizierung gewann.

All das schien längst schon so furchtbar ferne, so überwachsen von anderem Leben und anderem Gefühl, und doch, als die Wirtin mir seinen Namen nannte, schrak ich so heftig auf, dass es ein Wunder war, dass sie es nicht bemerkte. Die Überraschung war zu groß, jenen Mann, den wir nur von der Aura der Begeisterung umstrahlt gesehen und als das Sinnbild der Jugend und Schönheit derart fanatisch geliebt hatten, als Bettler, als anonymen Almosenempfänger zu sehen, von groben Bauern verlacht, und schon zu alt und müde, um Scham zu empfinden über seinen Verfall. Unmöglich war es mir, gleich in die Wirtsstube zurückzugehen, ich hätte vielleicht die Tränen nicht verhalten können bei seinem Anblick oder mich sonst irgendwie vor ihm verraten. Ich musste erst wieder Fassung gewinnen. So ging ich hinauf in mein Zimmer, um mich erst wieder recht zu erinnern, was dieser Mensch meiner Jugend gewesen. Denn so sonderbar ist das menschliche Herz: ich hatte Jahre und Jahre nicht ein einzigesmal mehr mich an diesen Mann erinnert, der einst mein ganzes Denken beherrscht und meine ganze Seele erfüllt hatte. Ich hätte sterben können und ihm nie mehr nachgefragt, er hätte sterben können und ich es nicht gewusst.

Ich zündete kein Licht an in meinem Zimmer, ich setzte mich ins Dunkle und versuchte mich zu erinnern an das eine, an das andere, an den Anfang und an das Ende, und mit einemmal erlebte ich wieder die ganze alte verlorene Zeit. Mir war, als würde mein eigener Körper, der vor Jahren und Jahren schon Kinder geboren, wieder der schmale, unflügge Mädchenleib und ich sei dieselbe, die damals pochenden Herzens saß auf ihrem Bett vor dem Schlafengehen und an ihn dachte. Unwillkürlich wurden mir die Hände heiß, und dann geschah etwas, über das ich erschrak, etwas was ich Dir kaum schildern kann. Mit einemmal, ich wusste zuerst nicht warum, lief ein Schauer über mich hin. Etwas rüttelte mich durch und durch. Ein Gedanke, ein bestimmter Gedanke, ein bestimmtes Erinnern hatte mich überkommen an etwas, an das ich mich seit Jahren und Jahren nicht hatte erinnern wollen. Schon in der Sekunde, wo die Wirtin seinen Namen genannt hatte, spürte ich, dass etwas in mir drückte und drängte, etwas, an das ich mich nicht erinnern wollte, das ich, wie jener Professor Freud in Wien sagt, »verdrängt hatte« – so tief in mich hinein verdrängt, dass ich es jahrelang wirklich vergessen hatte, eines jener tiefen Geheimnisse, die man trotzig sogar sich selber verschweigt. Auch Dir habe ich dies Geheimnis damals verschwiegen, auch Dir, der ich geschworen hatte, alles zu sagen, was ihn betrifft. Jahrelang hatte ich es vor mir selbst versteckt. Nun war es plötzlich wieder wach und nah, und erst heute, da es an unseren Kindern und bald an unseren Enkeln ist, ihre Torheiten zu begehen, kann ich Dir gestehen, was zwischen mir und diesem Menschen damals geschehen.

Jetzt kann ich es Dir offen sagen, dies innerste Geheimnis. Dieser fremde Mensch, dieser alte, zerbrochene, heruntergekommene kleine Komödiant, der den Bauern für ein Glas Bier jetzt Verse vorsprach und den sie verhöhnten und verlachten, dieser Mann, Ellen, dieser Mann hat eine gefährliche Minute lang mein ganzes Leben in

Händen gehabt. Es lag an ihm, es lag in seiner Willkür, und meine Kinder wären nicht geboren, ich wäre heute, ich weiß nicht wo und ich weiß nicht was. Die Frau, die Freundin, die Dir heute schreibt, wäre wahrscheinlich ein unglückliches Wesen und vielleicht ebenso vom Leben zermalmt und zertreten wie er selbst. Halte das bitte nicht für eine Übertreibung. Ich habe damals ja selbst nicht begriffen, wie gefährdet ich war, aber heute sehe und verstehe ich klar, was ich damals nicht verstand. Heute erst weiß ich, wie tief ich diesem fremden, vergessenen Menschen verschuldet war.

Ich will Dir's erzählen, so gut ich's vermag. Du erinnerst Dich, dass damals knapp vor Deinem sechzehnten Jahr Dein Vater plötzlich versetzt wurde aus Innsbruck, und ich sehe Dich noch, wie Du verzweifelt in mein Zimmer stürmtest und schluchztest, Du müsstest mich verlassen, ihn verlassen. Ich weiß nicht, was Dir schwerer war. Fast glaube ich, dass Du ihn nicht mehr sehen durftest, den Gott unserer Jugend, ohne den Dir das Leben kein Leben schien. Damals musste ich Dir zuschwören, alles Dir zu berichten, was auf ihn sich bezog, jede Woche, nein, jeden Tag einen Brief, ein ganzes Tagebuch, und eine Zeitlang habe ich es auch getreulich getan. Auch für mich war es hart, Dich zu verlieren, denn wem konnte ich mich nun anvertrauen, wem diese Exaltationen berichten, diese seligen Narrheiten unseres Überschwangs. Aber immerhin, ich hatte noch ihn, ich durfte ihn sehen, er gehörte mir allein, und dies war eine kleine Lust inmitten der Qual. Aber bald darauf ereignete sich – Du erinnerst Dich vielleicht noch – jener Zwischenfall, über den wir nur Ungewisses erfuhren. Es hieß, dass Sturz der Frau des Direktors den Hof machte – wenigstens später erzählte man mir dies – und nach einer heftigen Szene genötigt war, seine Entlassung zu nehmen. Nur ein letztes Auftreten zu seinem Benefiz wurde ihm noch bewilligt. Einmal noch sollte er unsere Bühne betreten, dann hatte auch ich ihn vielleicht zum letzten Male gesehen.

Wenn ich heute nachdenke, so finde ich keinen Tag in meinem Leben, der unglücklicher war als jener, der ankündigte, Peter Sturz spiele zum letztenmal. Ich war wie krank. Ich hatte niemanden, der meine Verzweiflung teilte, niemanden, um mich ihm anzuvertrauen. In der Schule fiel es den Lehrern auf, wie schlecht und wie verstört ich aussah, zu Hause war ich derart heftig und wild, dass mein Vater, der nichts ahnte, in Zorn geriet und zur Strafe mir verbot, das Theater zu besuchen. Ich flehte ihn an – vielleicht zu heftig, zu leidenschaftlich – und machte alles nur schlimmer, denn auch meine Mutter sprach jetzt gegen mich: das viele Theatergehen mache mich nervös, ich müsse zu Hause bleiben. In diesem Augenblick hasste ich meine Eltern – ja, so wirr und wahnsinnig war ich an diesem Tag, dass ich sie hasste und ihren Anblick nicht mehr ertrug. Ich sperrte mich ein in mein Zimmer. Ich wollte sterben. Eine jener plötzlichen gefährlichen Melancholien kam über mich, wie sie jungen Menschen manchmal gefährlich werden können, ich saß starr auf meinem Sessel, ich weinte nicht – ich war zu verzweifelt, um zu weinen. Etwas war in mir eiskalt, und dann riss es mich plötzlich wieder auf wie ein Fieber. Ich lief hin und her von einem Zimmer ins andere. Ich riss die Fenster auf und starrte hinunter auf den Hof, drei Stock tief, und maß die Tiefe aus, ob ich mich hinabstürzen solle. Und immer wieder dazwischen der Blick auf die Uhr: drei Uhr erst, und um sieben Uhr begann die Vorstellung. Er sollte zum letztenmal spielen und ich ihn nicht hören, er sollte umjubelt sein von den andern und ich ihn nicht sehen. Plötzlich hielt es mich nicht mehr. Das Verbot meiner Eltern, das Haus zu verlassen, war mir gleichgültig. Ich lief fort, ohne jemandem etwas zu sagen, ich lief die Treppe hinab und auf die Straße – ich weiß nicht wohin. Ich glaube, ich hatte irgendeine wirre Vorstellung, mich zu ertränken oder sonst etwas Unsinniges zu tun. Nur nicht mehr leben wollte ich ohne ihn und wusste nicht, wie man das Leben beendet. Und so lief ich die Straßen auf und nieder, ohne den Gruß zu erwidern, wenn Freunde mich anriefen. Alles war für mich gleichgültig, jeder andere Mensch auf der Welt für mich nicht mehr vorhanden außer ihm. Plötzlich, ich weiß nicht, wieso es geschah, stand ich vor seinem Hause. Wir hatten oft gegenüber in der Nische des Tors gewartet, ob er nach Hause käme, oder hinaufgeschaut zu seinen Fenstern, und vielleicht die wirre Hoffnung hatte mich unbewusst hergetrieben, dass ich durch Zufall ihm noch einmal begegnen könnte. Aber er kam nicht. Dutzende gleichgültiger Menschen, der Postbote, ein Schreiner, eine dicke Marktfrau verließen das Haus oder gingen hinein, Hunderte und Hunderte gleichgültiger Menschen eilten auf der Gasse vorbei, nur er kam nicht, er.

Wie es dann kam, weiß ich nicht mehr. Aber mit einemmal riss es mich hin. Ich lief über die Straße, lief die Treppen hinauf in seinem Haus zum zweiten Stock, ohne Atem zu holen, und hin bis zu seiner Wohnungstür; nur ihm nahe sein, nur ihm näher sein! Nur ihm etwas noch sagen, ich wusste nicht was. Es geschah wirklich in einem Zustand der Besessenheit, der Tollheit, über den ich mir keine Rechenschaft geben konnte, und ich rannte vielleicht so rasch die Stufen empor, um alle Bedenken zu überrennen, und schon – noch immer, ohne Atem geholt zu haben – drückte ich auf die Klingel. Heute höre ich noch den scharfen, grellen Ton, und dann das lange völlige Schweigen, durch das plötzlich mein erwachendes Herz schlug. Endlich vernahm ich von innen her Schritte, die schweren, festen, pathetischen Schritte, wie ich sie vom Theater kannte. In diesem Moment erwachte in mir die Besinnung. Ich wollte wieder wegflüchten von der Tür, aber alles in mir war vor Schrecken erstarrt. Meine Füße waren wie gelähmt, und mein kleines Herz stand still.

Er öffnete die Tür und sah mich verwundert an. Ich weiß nicht, ob er mich überhaupt kannte oder erkannte. Auf der Straße schwirrten ja immer dutzendweise die vielen unflüggen Buben und Mädchen um ihn herum, die ihn bewunderten. Wir beide aber, die ihn doch am meisten liebten, waren zu scheu gewesen, wir waren immer geflüchtet vor seinem Blick. Auch diesmal stand ich gesenkten Hauptes vor ihm und wagte nicht aufzuschauen. Er wartete, was ich ihm auszurichten hätte – offenbar glaubte er, ich sei ein Laufmädel von irgendeinem Geschäft, das ihm eine Botschaft zu überbringen hätte. »Nun, mein Kind, was gibt's?«, ermutigte er mich schließlich mit seiner tiefen sonoren Stimme. Ich stammelte: »Ich wollte nur ... Aber ich kann das hier nicht sagen ...« und stockte schon wieder. Gutmütig brummte er: »Nun, kommen Sie nur herein, mein Kind. Was ist denn los?« Ich folgte ihm in sein Zimmer. Es war ein weiter, einfacher Raum, der ziemlich unordentlich aussah; die Bilder von den Wänden waren schon abgeräumt, Koffer standen halbgepackt umher. »Nun, also los ... – von wem kommen Sie?«, fragte er wieder. Und plötzlich brach es heraus aus mir zugleich mit brennenden Tränen. »Bitte, bleiben Sie hier ... bitte, bitte, reisen Sie nicht ab ... bleiben Sie hier bei uns.«

Er trat unwillkürlich einen Schritt zurück. Seine Brauen schoben sich empor, ein scharfer Zug schnitt sich ein in den Mund. Er hatte verstanden, dass es wieder eine jener zudringlichen Schwärmerinnen war, die ihn belästigten, und ich fürchtete schon, er würde mich grob anfahren. Aber etwas muss in mir gewesen sein, das ihn mitleidig machte mit meiner kindischen Verzweiflung. Er trat auf mich zu, strich mir sanft über den Arm: »Liebes Kind« – wie ein Lehrer zu einem Kind sagte er das – »das liegt doch nicht an mir, dass ich hier Abschied nehme, und lässt sich jetzt nicht mehr ändern. Es ist sehr lieb von Ihnen, dass Sie gekommen sind, mir das zu sagen. Für wen wirkt man denn als für die Jugend? Das war immer meine beste Freude, dass man die jungen Menschen für sich hatte. Aber die Würfel sind gefallen, ich kann es nicht mehr ändern. Nun, wie gesagt« – er trat einen Schritt zurück – »es war sehr, sehr lieb von Ihnen, dass Sie mir das zu sagen kamen, und ich danke Ihnen. Bleiben Sie mir weiter gut und bewahrt mir alle ein freundliches Andenken.«

Ich verstand, dass er mich verabschiedet hatte. Aber gerade das steigerte nur meine Verzweiflung. »Nein, bleiben Sie hier«, brach ich schluchzend heraus, »bleiben Sie um Gotteswillen hier ... Ich ... ich kann ohne Sie nicht leben.«

»Sie Kind«, wollte er begütigen. Aber ich klammerte mich an ihn an, mit beiden Armen klammerte ich mich an ihn, ich, die ich bisher nie den Mut gehabt hatte, auch nur seinen Rock anzustreifen. »Nein, gehen Sie nicht fort«, schluchzte ich verzweifelt, »lassen Sie mich nicht allein! Nehmen Sie mich mit. Ich geh' mit Ihnen, wohin Sie wollen ... überallhin ... tun Sie mit mir, was Sie wollen ... nur verlassen Sie mich nicht.«

Ich weiß nicht, was für unsinnige Sachen ich ihm damals noch sagte in meiner Verzweiflung. Ich presste mich an ihn, als könnte ich ihn damit festhalten, völlig ahnungslos, in welche gefährliche Situation ich mit diesem leidenschaftlichen Angebot geriet. Denn Du weißt doch, wie naiv wir damals noch waren, ein wie fremder und unbekannter Gedanke die körperliche Liebe. Aber immerhin, ich war ein junges Mädchen und – heute darf ich es wohl sagen – ein auffallend hübsches Mädchen, dem die Männer auf der Straße schon nachsahen, und er war ein Mann, siebenunddreißig oder achtunddreißig Jahre damals, und er hätte mit mir damals tun können, was er wollte. Ich wäre ihm wirklich gefolgt; was immer er versucht hätte, ich hätte keinen Widerstand geleistet. Es wäre ein Spiel gewesen für ihn, damals in seiner Wohnung meinen Unverstand zu missbrauchen. In dieser Stunde hatte er mein Schicksal in der Hand. Wer weiß, was aus mir geworden wäre, hätte er in einer unedlen Weise mein kindisches Drängen genützt, hätte er seiner Eitelkeit nachgegeben und vielleicht seinem eigenen Verlangen und der heftigen Versuchung – heute erst weiß ich, in welcher Gefahr ich damals gewesen. Ein Augenblick war, in dem ich nun fühle, dass er unsicher wurde, da er meinen Körper an sich fühlte und meine zuckenden Lippen ganz nah. Aber er beherrschte sich und drängte mich langsam fort. »Einen Augenblick«, sagte er, beinahe gewaltsam sich losreißend, und wandte sich hin zur anderen Tür. »Frau Kilcher!«

Ich erschrak furchtbar. Instinktiv wollte ich fortlaufen. Wollte er mich lächerlich machen vor dieser alten Frau, seiner Haushälterin? Mich vor ihr verhöhnen? Da kam sie schon herein. Er wandte sich ihr zu. »Denken Sie sich, wie lieb, Frau Kilcher«, sagte er zu ihr. »Da kommt dies junge Fräulein, um mir im Namen der ganzen Schule noch herzliche Abschiedsgrüße zu überbringen. Ist das nicht rührend?« Er wandte sich mir wieder zu. »Ja, sagen Sie allen meinen besten Dank. Ich habe es immer als das Schöne unseres Berufes empfunden, dass wir die Jugend für uns haben und damit das Beste auf Erden. Nur die Jugend ist dankbar für das Schöne, ja, ja, nur sie. Sie haben mir eine große Freude gemacht, liebes Fräulein, ich werde Ihnen das« – dabei fasste er meine Hände – »niemals vergessen.«

Meine Tränen stockten. Er hatte mich nicht beschämt, er hatte mich nicht gedemütigt. Aber noch weiter ging seine Fürsorge, denn er wandte sich nun zur Haushälterin: »Ja, wenn wir nicht so viel zu tun hätten, wie gern hätte ich mit diesem lieben Fräulein geplaudert. Aber nicht wahr, Sie begleiten sie hinunter bis zur Tür, und alles Gute, alles Gute!«

Erst später verstand ich, wie vorsorglich er für mich gedacht, um mich zu schonen, um mich zu schützen, indem er mir die Haushälterin mitsandte bis zur Tür. Ich war schließlich in der kleinen Stadt bekannt, und irgendein Böswilliger hätte sehen können, wie ich junges Mädchen allein aus der Türe des bekannten Schauspielers schlich, und Übles verbreiten. Er hatte, dieser fremde Mensch, besser verstanden, als ich Kind es hätte verstehen können, was mir gefährlich war. Er hatte mich vor meiner eigenen unverständigen Jugend geschützt – wie klar war mir das nach mehr als fünfundzwanzig Jahren.

Ist es nicht sonderbar, ist es nicht beschämend, liebste Freundin, dass ich all dies vergessen hatte, Jahre und Jahre, weil ich es aus Scham vergessen wollte. Dass ich innerlich nie diesem Manne dankbar gewesen, nie mehr nach ihm gefragt, nach ihm, der damals an jenem Nachmittag mein Leben, mein Schicksal in Händen gehabt. Und nun saß dieser selbe Mann unten vor seinem Bierglas, ein gescheitertes Wrack, ein Bettler, von allen verhöhnt, und niemand wusste von ihm, wer er war und wer er gewesen, als ich allein. Nur ich wusste es. Ich war vielleicht die Einzige auf Erden, die sich überhaupt noch an seinen Namen erinnerte, und ich war in Schuld gegen ihn. Nun konnte ich sie vielleicht entgelten. Mit einemmal kam eine große Ruhe über mich. Ich war nicht mehr erschrocken, ich war nur ein wenig beschämt, dass ich so ungerecht hatte sein können, so lange vergessen zu haben, dass dieser fremde Mensch einmal in einer entscheidenden Stunde meines Lebens großmütig zu mir gewesen.

Ich ging die Treppe hinab wieder in die Wirtsstube. Es mochten im Ganzen nur zehn Minuten vergangen sein. Nichts war verändert. Die Spieler spielten weiter Karten, die Wirtin nähte am Schanktisch, die Bauern sogen mit schläfrigen Augen an ihren Pfeifen. Auch er saß noch unverändert an seinem Platz, das leere Bierglas vor sich, und starrte vor sich hin. Und jetzt wurde ich erst gewahr, wieviel Trauer in diesem verstörten Antlitz lag, stumpf die Augen unter den schweren Lidern, bitter und verbissen der durch die Lähmung ins Schiefe gezogene Mund. Verdüstert saß er da mit aufgestützten Ellbogen, um das vorgeneigte Haupt gegen die Müdigkeit zu halten, gegen die Müdigkeit, die nicht die eines Schlafes, sondern Müdigkeit am Leben war. Niemand sprach zu ihm, niemand kümmerte sich um ihn. Wie ein großer, grauer, zerschlissener Vogel im Dunkel des Käfigs hockt, vielleicht träumend von seiner einstigen Freiheit, da er noch Schwingen entfalten konnte und durch den Äther fahren, so saß er da.

Wieder ging die Tür, abermals traten drei Bauern ein mit schweren, schlurfenden Schritten, bestellten ihr Bier und sahen sich dann um nach einem Platz. »Geh', rück zur Seiten«, befahl einer ihm ziemlich grob. Der arme Sturz starrte auf. Ich sah, diese grobe Verächtlichkeit, mit der man über ihn verfügte, beleidigte ihn. Aber er war schon zu müde und zu gedemütigt, um sich zu wehren oder zu streiten. Schweigend rückte er zur Seite und schob sein leeres Bierglas mit sich hin. Die Wirtin brachte den andern die vollen Krüge. Er sah, ich merkte es, mit einem gierigen, einem durstigen Blick darauf hin, aber die Wirtin blickte gleichmütig an seiner stummen Bitte vorbei. Er hatte sein Bettlerteil schon erhalten, und wenn er nicht fortging, so war es seine Schuld. Ich sah, er hatte keine Kraft mehr, sich zu wehren, und wie viel an Demütigung erwartete sein Alter noch! In diesem Augenblick kam endlich der befreiende Gedanke über mich. Ich konnte ihm nicht wirklich helfen, das wusste ich. Ich konnte ihn nicht wieder jung machen, diesen zerbrochenen, zermürbten Mann. Aber ich konnte ihn vielleicht ein wenig schützen gegen die Pein dieser Verachtung, ihm hier in diesem verlorenen Dorf für die paar Monate, die der vom Griffel des Todes Gezeichnete noch zu leben hatte, ein bisschen Ansehen retten.

So stand ich auf und schritt, ziemlich auffällig, auf seinen Tisch zu, wo er eingezwängt zwischen den Bauern saß, die verwundert bei meinem Kommen aufblickten, und sprach ihn an. »Habe ich vielleicht die Ehre, mit Herrn Hofschauspieler Sturz zu sprechen?«

Er zuckte auf. Es war wie ein elektrischer Schlag durch und durch, sogar das schwere Lid über dem linken Auge hob sich auf. Er starrte mich an. Jemand hatte ihn gerufen mit seinem alten Namen, den hier niemand kannte, mit diesem Namen, den alle außer ihm selbst längst vergessen hatten, und sogar Hofschauspieler hatte ich ihn genannt, was er in Wirklichkeit nie gewesen war. Die Überraschung war zu heftig, als dass er die Kraft gehabt hätte, aufzustehen. Allmählich wurde sein Blick unsicher; vielleicht war auch dies nur ein abgekarteter Spaß.

»Allerdings ... das ist ... das war mein Name.«

Ich bot ihm die Hand. »Oh, das ist eine große Freude für mich ... eine ganz große Ehre.« Ich sprach absichtlich laut, denn es galt jetzt, kühn zu lügen, um ihm Achtung zu verschaffen. »Ich habe zwar nie das Glück gehabt, Sie auf der Bühne bewundern zu dürfen, aber mein Mann hat mir immer und immer wieder von Ihnen erzählt. Er hat Sie als junger Gymnasiast oft auf dem Theater gesehen. Es war, glaube ich, in Innsbruck ...«

»Jawohl, in Innsbruck, dort war ich zwei Jahre.« Sein Gesicht begann sich plötzlich zu beleben. Er merkte, dass ich ihn nicht verspotten wollte.

»Sie können gar nicht ahnen, Herr Hofschauspieler, wie viel er mir von Ihnen erzählt hat, wie viel ich von Ihnen weiß! Oh, er wird mich beneiden, wenn ich ihm morgen schreibe, dass ich das Glück hatte, Ihnen persönlich hier begegnen zu dürfen. Sie ahnen nicht, wie er Sie noch heute verehrt. Nein, niemand, so hat er mir oft und oft gesagt, war Ihrem Marquis Posa zu vergleichen, selbst Kainz nicht, niemand Ihrem Max Piccolomini, Ihrem Leander, und ich glaube, er ist eigens dann später einmal nach Leipzig gefahren, nur um Sie auf der Bühne zu sehen. Aber er hatte dann nicht den Mut, Sie anzusprechen. Aber alle Ihre Photographien aus jener Zeit hat er noch aufbewahrt, und ich wünschte, Sie könnten in unser Haus kommen, um zu sehen, wie sorgfältig sie behütet sind. Er würde sich furchtbar freuen, mehr von Ihnen zu hören, und vielleicht können Sie mir da behilflich sein, indem Sie mir einiges erzählen, das ich ihm dann berichten will ... ich weiß nur nicht, ob ich Sie nicht störe oder ob ich Sie bitten darf, hinüber an meinen Tisch zu kommen.«

Die Bauern neben ihm starrten auf und rückten unwillkürlich respektvoll zur Seite. Ich sah, dass sie irgendwie beunruhigt und beschämt waren. Sie hatten diesen alten Mann bisher als einen Bettler behandelt, dem man ab und zu ein Glas Bier schenkt und mit dem man seinen Spaß hat. Durch die ehrfurchtsvolle Art, mit der ich, eine Fremde, ihn behandelte, überkam sie zum erstenmal der beunruhigende Verdacht, dass er jemand war, den man draußen in der Welt kannte und sogar verehrte. Der absichtlich demütige Ton, mit dem ich ein Gespräch mit ihm wie eine gewaltige Auszeichnung erbat, begann zu wirken. »Na, so geh' doch«, drängte ihn der Bauer an seiner Seite.

Er stand auf, noch schwankend, wie man aus einem Traum aufsteht. »Aber gern ... gern«, stammelte er. Ich merkte, dass er Mühe hatte, seine Begeisterung zurückzuhalten, und dass er, der alte Schauspieler, jetzt mit sich rang, nicht vor den andern zu verraten, wie überrascht er war, wie er sich ungeschickt bemühte, so zu tun, als wären solche Aufforderungen und Bewunderungen für ihn eine alltägliche und selbstverständliche Sache. Mit der am Theater gelernten Würde schritt er langsam hinüber zu meinem Tisch.

Ich bestellte laut: »Eine Flasche Wein und den besten zu Ehren des Herrn Hofschauspielers.« Jetzt blickten auch die Spieler am Kartentisch auf und begannen zu wispern. Ein Hofschauspieler, ein berühmter Mann, ihr Sturzentaler? Es musste schon etwas an ihm sein, wenn die Fremde aus der Großstadt ihm solche Ehre antat. Und es war mit einer anderen Geste als vordem, mit einer durchaus respektvollen, mit der nun die alte Wirtin das Glas vor ihn stellte.

Und dann kam eine wunderbare Stunde für ihn und für mich. Ich erzählte ihm alles, was ich von ihm wusste, indem ich ihm vortäuschte, mein Mann hätte es mir erzählt. Er konnte sich vor Staunen nicht fassen, dass ich jede einzelne seiner Rollen und den Namen des Kritikers kannte und jede Zeile, die er über ihn geschrieben. Und wie bei einem Gastspiel Moissi, der berühmte Moissi, sich geweigert habe, allein vor die Rampe zu treten und ihn mit sich gezogen und ihm dann abends noch das brüderliche Du angeboten. Immer wieder staunte er wie aus einem Traum: »Das wissen Sie auch!« Er hatte sich längst vergessen und begraben geglaubt, und nun war da eine Hand und pochte an seinen Sarg und holte ihn heraus und täuschte ihm einen Ruhm vor, den er in Wahrheit nie gehabt. Und da das Herz sich immer gern selber belügt, so glaubte er diesem seinen Ruhm in der großen Welt und hatte keinen Verdacht. »Ach, das wissen Sie auch ... ich hatte es doch selbst schon vergessen«, stammelte er immer wieder, und ich merkte, er musste sich wehren, um seine Rührung nicht zu verraten; zweimal, dreimal holte er sein großes, etwas schmutziges Taschentuch aus dem Rock und wandte sich ab, um sich zu schneuzen, in Wirklichkeit aber, um die Tränen rasch wegzuwischen, die ihm über die verfallenen Wangen liefen. Ich merkte es, und mir bebte das Herz, wie ich sah, dass ich ihn glücklich machen konnte, dass dieser alte, kranke Mann noch einmal glücklich war vor dem Sterben.

So saßen wir in einer Art Verzückung beisammen bis elf Uhr nachts. Dann trat der Gendarmerieoffizier sehr bescheiden heran und mahnte höflich, es sei Polizeistunde. Der alte Mann erschrak sichtlich: das

Wunder vom Himmel sollte schon zu Ende sein? Er wäre am liebsten stundenlang noch gesessen, um von sich zu hören, von sich zu träumen. Aber ich war dieser Mahnung froh, denn immer fürchtete ich mich, er müsse schließlich den wahren Sachverhalt doch erraten. Und so bat ich die andern: »Ich hoffe, die Herren werden so gütig sein, den Herrn Hofschauspieler nach Hause zu begleiten.«

»Mit größtem Vergnügen«, sagten alle wie aus einem Mund; einer holte ihm respektvoll den zerschlissenen Hut, der andere half ihm empor, und ich wusste, von diesem Augenblick an würden sie nie mehr über ihn spotten, nie mehr über ihn lachen, nie mehr ihm Schmerz antun, diesem armen alten Mann, der einstens das Glück und die Not unserer Jugend gewesen.

Bei dem letzten Abschied allerdings verließ ihn die krampfhaft bewahrte Würde, die Rührung überwältigte ihn, und er konnte die Haltung nicht mehr bewahren. Plötzlich strömten die Tränen dick und breit aus seinen müden alten Augen, und seine Finger bebten, wie er meine Hand fasste. »Oh, Sie gute, gute gnädige Frau«, sagte er, »grüßen Sie mir Ihren Mann und sagen Sie ihm, dass der alte Sturz noch lebt. Vielleicht kann ich doch noch einmal zurück ans Theater. Wer weiß, wer weiß, vielleicht werde ich noch einmal gesund.«

Die beiden Männer zur Rechten und zur Linken stützten ihn. Aber er ging beinahe aufrecht; ein neuer Stolz hatte den Gebrochenen aufgestrafft, und ich hörte, es war ein anderer stolzer Ton in seiner Stimme. Ich hatte ihm helfen können am Ende seines Lebens, wie er mir im Anfang geholfen. Ich hatte meine Schuld bezahlt.

Am nächsten Morgen entschuldigte ich mich bei der Wirtin, dass ich nicht länger bleiben könne, die Gebirgsluft sei zu stark für mich. Ich versuchte ihr Geld zurückzulassen, damit sie dem armen alten Manne von nun ab statt des einen Glases Bier, immer wenn er wolle, noch ein zweites und drittes schenke. Aber da stieß ich auf den heimatlichen Stolz. Nein, das wolle sie schon selber tun. Sie hätten im Dorf ja nicht gewusst, dass der Sturzentaler so ein großer Mann gewesen sei. Das sei eine Ehre für das ganze Dorf, der Bürgermeister hätte schon angeordnet, dass man ihm von nun ab monatlich etwas zuzahlen solle, und sie stünde ein dafür, dass sie alle gut auf ihn achten würden. So ließ ich nur einen Brief an ihn zurück, einen Brief überschwänglichen Danks, dass er so gütig gewesen sei, mir einen Abend zu schenken. Ich wusste, er würde ihn tausendmal lesen vor seinem Tod und jedem zeigen, diesen Brief, er würde nun selig diesen falschen Traum seines Ruhms immer wieder träumen bis zum Ende.

Mein Mann war sehr verwundert, dass ich so rasch von meinem Urlaub zurückkam, und noch mehr erstaunt, wie frisch, wie froh mich diese zwei Tage Abwesenheit gemacht hatten. Eine Wunderkur, so nannte er es. Aber ich kann nichts Wunderbares dabei finden. Nichts macht einen so gesund als Glücklichsein, und es gibt kein größeres Glück, als einen anderen Menschen glücklich zu machen.

So, und damit habe ich auch an Dich meine Schuld aus den Mädchentagen entrichtet. Jetzt weißt Du alles von unserem Peter Sturz und auch das letzte alte Geheimnis

von Deiner Freundin

Margaret

Schachnovelle

Typoskript D der *Schachnovelle*

doch jeden Zug, jede Gegenpointe auf fünf, auf sechs Züge vorausberechnet. So etwas kann niemand aus dem Handgelenk. Das ist doch völlig ausgeschlossen - nicht wahr?"

Mit der letzten Frage hatte McConnor sich unwillkürlich an Czentovic gewandt. Aber der Weltmeister blieb unerschütterlich kühl.

"Ich vermag darüber kein Urteil abzugeben. Jedenfalls hat der Herr etwas befremdlich und interessant gespielt; deshalb habe ich ihm auch absichtlich eine Chance gelassen." Gleichzeitig lässig aufstehend fügte er in seiner sachlichen Art hinzu:

"Sollte der Herr oder die Herren morgen eine abermalige Partie wünschen, so stehe ich von drei Uhr ab zur Verfügung."

Wir konnten ein leises Lächeln nicht unterdrücken. Jeder von uns wusste, dass Czentovic unserem unbekannten Helfer keineswegs grossmütig eine Chance gelassen und diese Bemerkung nichts anderes als eine naive Ausflucht war, um sein eigenes Versagen zu maskieren. Umso heftiger wuchs unser Verlangen, einen derart unerschütterlichen Hochmut gedemütigt zu sehen. Mit einem Mal war über uns friedliche, lässige Bordbewohner eine wilde, ehrgeizige Kampflust gekommen, denn der Gedanke, dass gerade auf unserem Schiff, mitten auf dem Ozean dem Schachmeister der Welt die Palme entrungen werden könnte - ein Rekord, der dann von allen Telegraphenbüros über die ganze Welt hingeblitzt würde - faszinierte uns in herausforderndster Weise. Dazu kam noch der Reiz des Mysteriösen, der von dem unerwarteten Eingreifen unseres Ratters gerade im kritischen Momente ausging, und der Kontrast seiner fast ängstlichen Bescheidenheit mit dem unerschütterlichen Selbstbewusstsein des Professionellen. Wer war dieser Unbekannte? Hatte hier der Zufall ein noch unentdecktes Schachgenie zutage gefördert? Oder verbarg uns aus einem unerforschlichen Grunde ein berühmter Meister seinen Namen? Alle diese Möglichkeiten erörterten wir in aufgeregtester Weise; selbst die verwegensten Hypothesen waren uns nicht verwegen genug, um die rätselhafte

Auf dem großen Passagierdampfer, der mitternachts von New York nach Buenos Aires abgehen sollte, herrschte die übliche Geschäftigkeit und Bewegung der letzten Stunde. Gäste vom Land drängten durcheinander, um ihren Freunden das Geleit zu geben, Telegrafenboys mit schiefen Mützen schossen Namen ausrufend durch die Gesellschaftsräume, Koffer und Blumen wurden geschleppt, Kinder liefen neugierig treppauf und treppab, während das Orchester unerschütterlich zur deck-show spielte. Ich stand im Gespräch mit einem Bekannten etwas abseits von diesem Getümmel auf dem Promenadedeck, als neben uns zwei- oder dreimal Blitzlicht scharf aufsprühte – anscheinend war irgendein Prominenter knapp vor der Abfahrt noch rasch von Reportern interviewt und photographiert worden. Mein Freund blickte hin und lächelte. »Sie haben da einen raren Vogel an Bord, den Czentovic.« Und da ich offenbar ein ziemlich verständnisloses Gesicht zu dieser Mitteilung machte, fügte er erklärend bei: »Mirko Czentovic, der Weltschachmeister. Er hat ganz Amerika von Ost nach West mit Turnierspielen abgeklappert und fährt jetzt zu neuen Triumphen nach Argentinien.«

In der Tat erinnerte ich mich nun des Namens dieses jungen Weltmeisters und sogar einiger Einzelheiten im Zusammenhang mit seiner raketenhaften Karriere; mein Freund, ein aufmerksamerer Zeitungsleser als ich, konnte sie mit einer ganzen Reihe von Anekdoten ergänzen. Czentovic hatte sich vor etwa einem Jahr mit einem Schlage neben die bewährtesten Altmeister der Schachkunst, wie Aljechin, Capablanca, Tartakower, Lasker, Bogoljubow gestellt; seit dem Auftreten des siebenjährigen Wunderkindes Rzecewski bei dem Schachturnier 1922 in New York hatte noch nie der Einbruch eines völlig Unbekannten in die ruhmreiche Gilde derart allgemeines Aufsehen erregt. Denn Czentovics intellektuelle Eigenschaften schienen ihm keineswegs eine solche blendende Karriere von vornherein zu weissagen. Bald sickerte das Geheimnis durch, dass dieser Schachmeister in seinem Privatleben außerstande war, in irgendeiner Sprache einen Satz ohne orthographischen Fehler zu schreiben und, wie einer seiner verärgerten Kollegen ingrimmig spottete, »seine Unbildung war auf allen Gebieten gleich universell«. Sohn eines blutarmen südslawischen Donauschiffers, dessen winzige Barke eines Nachts von einem Getreidedampfer überrannt wurde, war der damals Zwölfjährige nach dem Tode seines Vaters vom Pfarrer des abgelegenen Ortes aus Mitleid aufgenommen worden, und der gute Pater bemühte sich redlich, durch häusliche Nachhilfe wettzumachen, was das maulfaule, dumpfe, breitstirnige Kind in der Dorfschule nicht zu erlernen vermochte.

Aber alle Anstrengungen blieben vergeblich. Mirko starrte die schon hundertmal ihm erklärten Schriftzeichen immer wieder fremd an; auch für die simpelsten Unterrichtsgegenstände fehlte seinem schwerfällig arbeitenden Gehirn jede festhaltende Kraft. Wenn er rechnen sollte, musste er noch mit vierzehn Jahren jedesmal die Finger zur Hilfe nehmen und ein Buch oder eine Zeitung zu lesen, bedeutete für den schon halbwüchsigen Jungen noch besondere Anstrengung. Dabei konnte man Mirko keineswegs unwillig oder widerspenstig nennen. Er tat gehorsam, was man ihm gebot, holte Wasser, spaltete Holz, arbeitete mit auf dem Felde, räumte die Küche auf und erledigte verlässlich, wenn auch mit verärgernder Langsamkeit, jeden geforderten Dienst. Was den guten Pfarrer aber an dem querköpfigen Knaben am meisten verdross, war seine totale Teilnahmslosigkeit. Er tat nichts ohne besondere Aufforderung, stellte nie eine Frage, spielte nicht mit anderen Burschen und suchte von selbst keine Beschäftigung, sofern man sie nicht ausdrücklich anordnete; sobald Mirko die Verrichtungen des Haushalts erledigt hatte, saß er stur im Zimmer herum mit jenem leeren Blick, wie ihn Schafe auf der Weide haben, ohne an den Geschehnissen rings um ihn den geringsten Anteil zu nehmen. Während der Pfarrer abends, die lange Bauernpfeife schmauchend, mit dem Gendarmeriewachtmeister seine üblichen drei Schachpartien spielte, hockte der blondsträhnige dumpfe Bursche stumm daneben und starrte unter seinen schweren Lidern anscheinend schläfrig und gleichgültig auf das karierte Brett.

Eines Winterabends klingelten, während die beiden Partner in ihre tägliche Partie vertieft waren, von der Dorfstraße her die Glöckchen eines Schlittens rasch und immer rascher heran. Ein Bauer, die Mütze mit Schnee überstäubt, stapfte hastig herein, seine alte Mutter läge im Sterben und der Pfarrer möge eilen, ihr noch rechtzeitig die letzte Ölung zu erteilen. Ohne zu zögern, folgte ihm der Priester. Der Gendarmeriewachtmeister, der sein Glas Bier noch nicht ausgetrunken hatte, zündete sich zum Abschied eine neue Pfeife an und bereitete sich eben vor, die schweren Schaftstiefel anzuziehen, als ihm auffiel, wie unentwegt der Blick Mirkos auf dem Schachbrett mit der angefangenen Partie haftete.

»Na, willst du sie zuende spielen?«, spaßte er, vollkommen überzeugt, dass der schläfrige Junge nicht einen einzigen Stein auf dem Brette richtig zu rücken verstünde. Der Knabe starrte scheu auf, nickte dann und setzte sich auf den Platz des Pfarrers. Nach vierzehn Zügen war der Gendarmeriewachtmeister geschlagen und musste zudem eingestehen, dass keineswegs ein versehentlich nachlässiger Zug seine Niederlage verschuldet habe. Die zweite Partie fiel nicht anders aus.

»Bileams Esel!«, rief erstaunt bei seiner Rückkehr der Pfarrer aus, dem weniger bibelfesten Gendarmeriewachtmeister erklärend, schon vor zweitausend Jahren hätte sich ein ähnliches Wunder ereignet, dass ein stummes Wesen plötzlich die Sprache der Weisheit gefunden habe. Trotz der vorgerückten Stunde konnte der gute Pater sich nicht enthalten, seinen halb analphabetischen Famulus zu einem Zweikampf herauszufordern. Mirko schlug auch ihn mit Leichtigkeit. Er spielte zäh, langsam, unerschütterlich, ohne ein einzigesmal die gesenkte breite Stirn vom Brette aufzuheben. Aber er spielte mit unwiderlegbarer Sicherheit; weder der Gendarmeriewachtmeister noch der Pfarrer waren in den nächsten Tagen imstande, eine Partie gegen ihn zu gewinnen. Der Pfarrer, besser als irgend jemand befähigt, die sonstige Rückständigkeit seines Zöglings zu beurteilen, wurde nun ernstlich neugierig, wie weit diese einseitige sonderbare Begabung einer strengeren Prüfung standhalten würde. Nachdem er Mirko bei dem Dorfbarbier die struppigen strohblonden Haare hatte schneiden lassen, um ihn einigermaßen präsentabel zu machen, nahm er ihn mit seinem Schlitten in die kleine Nachbarstadt, wo er im Café des Hauptplatzes eine Ecke mit enragierten Schachspielern wusste, denen er selbst erfahrungsgemäß nicht gewachsen war. Es erregte bei der ansässigen Runde nicht geringes Staunen, als der Pfarrer den fünfzehnjährigen strohblonden und rotbäckigen Burschen in seinem nach innen getragenen Schafspelz und schweren hohen Schaftstiefeln in das Kaffeehaus schob, wo der Junge befremdet mit scheu niedergeschlagenen Augen in einer Ecke stehenblieb, bis man ihn zu einem der Schachtische hinrief. In der ersten Partie wurde Mirko geschlagen, da er die sogenannte sizilianische Eröffnung bei dem guten Pfarrer nie gesehen hatte. In der zweiten Partie kam er schon gegen den besten Spieler auf Remis. Von der dritten und vierten an schlug er sie alle, einen nach dem andern.

Nun ereignen sich in einer kleinen südslawischen Provinzstadt höchst selten aufregende Dinge; so wurde das erste Auftreten dieses bäuerlichen Champions für die versammelten Honoratioren unverzüglich zur Sensation. Einstimmig wurde beschlossen, der Wunderknabe müsse unbedingt noch bis zum nächsten Tage in der Stadt bleiben, damit man die anderen Mitglieder des Schachklubs zusammenrufen und vor allem den alten Graf Simczic, einen Fanatiker des Schachspiels, auf seinem Schlosse verständigen könne. Der Pfarrer, der mit einem ganz neuen Stolz auf seinen Pflegling blickte, aber über seiner Entdeckerfreude doch seinen pflichtgemäßen Sonntagsgottesdienst nicht versäumen wollte, erklärte sich bereit, Mirko für eine weitere Probe zurückzulassen. Der junge Czentovic wurde auf Kosten der Schachecke im Hotel einquartiert und sah an diesem Abend zum erstenmal ein Wasserklosett. Am folgenden Sonntagnachmittag war der Schachraum überfüllt. Mirko, unbeweglich vier Stunden vor dem Brett sitzend, besiegte, ohne ein Wort zu sprechen oder auch nur aufzuschauen, einen Spieler nach dem andern; schließlich wurde eine Simultanpartie vorgeschlagen. Es dauerte eine Weile, ehe man dem Unbelehrten begreiflich machen konnte, dass bei einer Simultanpartie er allein gleichzeitig gegen die verschiedenen Spieler zu kämpfen hätte. Aber sobald Mirko diesen Usus begriffen, fand er sich rasch in die Aufgabe, ging mit seinen schweren, knarrenden Schuhen langsam von Tisch zu Tisch und gewann schließlich sieben von den acht Partien.

Nun begannen große Beratungen. Obwohl dieser neue Champion im strengeren Sinne nicht zur Stadt gehörte, war doch der heimische Nationalstolz lebhaft entzündet. Vielleicht konnte endlich die kleine Stadt, deren Vorhandensein auf der Landkarte kaum jemand bisher wahrgenommen, zum erstenmal sich die Ehre erwerben, einen berühmten Mann in die Welt zu schicken. Ein Agent namens Koller, sonst nur Chansonetten und Sängerinnen für das Kabarett der Garnison vermittelnd, erklärte sich bereit, sofern man den Zuschuss für ein Jahr leiste, den jungen Menschen in Wien von einem ihm bekannten ausgezeichneten kleinen Meister fachmäßig in der Schachkunst ausbilden zu lassen. Graf Simczic, dem in sechzig Jahren täglichen Schachspiels nie ein so merkwürdiger Gegner entgegengetreten war, zeichnete sofort den Betrag. Mit diesem Tage begann die erstaunliche Karriere des Schiffersohnes.

Nach einem halben Jahr beherrschte Mirko sämtliche Geheimnisse der Schachtechnik, allerdings mit einer seltsamen Einschränkung, die später in den Fachkreisen viel beobachtet und bespöttelt wurde. Denn Czentovic brachte es nie dazu, auch nur eine einzige Schachpartie auswendig – oder wie man fachgemäß sagt: blind – zu spielen. Ihm fehlte vollkommen die Fähigkeit, das Schachfeld in den unbegrenzten Raum der Phantasie zu stellen. Er musste immer das schwarz-weiße Karree mit den vierundsechzig Feldern und zweiunddreißig Figuren handgreiflich vor sich haben; noch zur Zeit seines Weltruhms führte er ständig ein zusammenlegbares Taschenschach mit sich, um, wenn er eine Meisterpartie rekonstruieren oder ein Problem für sich lösen wollte, sich die Stellung optisch vor Augen zu führen. Dieser an sich unbeträchtliche Defekt verriet einen Mangel an imaginativer Kraft und wurde in dem engeren Kreise ebenso lebhaft diskutiert, wie wenn unter Musikern ein hervorragender Virtuose oder Dirigent sich unfähig gezeigt hätte, ohne aufgeschlagene Partitur zu spielen oder zu dirigieren. Aber diese merkwürdige Eigenheit verzögerte keineswegs Mirkos stupenden Aufstieg. Mit siebzehn Jahren hatte er schon ein Dutzend Schachpreise gewonnen, mit achtzehn sich die ungarische Meisterschaft, mit zwanzig endlich die Weltmeisterschaft erobert. Die verwegensten Champions, jeder einzelne an intellektueller Begabung, an Phantasie und Kühnheit ihm unermesslich überlegen, erlagen ebenso seiner zähen und kalten Logik wie Napoleon dem schwerfälligen Kutusow, wie Hannibal dem Fabius Cunctator, von dem Livius berichtet, dass er gleichfalls in seiner Kindheit derart auffällige Züge von Phlegma und Imbezillität gezeigt habe. So geschah es, dass in die illustre Galerie der Schachmeister, die in ihren Reihen die verschiedensten Typen intellektueller Überlegenheit vereinigt, Philosophen, Mathematiker, kalkulierende, imaginierende und oft schöpferische Naturen, zum erstenmal ein völliger Outsider der geistigen Welt einbrach, ein schwerer, maulfauler Bauernbursche, aus dem auch nur ein einziges publizistisch brauchbares Wort herauszulocken selbst den gerissensten Journalisten nie gelang. Freilich, was Czentovic den Zeitungen an geschliffenen Sentenzen vorenthielt, ersetzte er bald reichlich durch Anekdoten über seine Person. Denn rettungslos wurde mit der Sekunde, da er vom Schachbrette aufstand, wo er Meister ohnegleichen war, Czentovic zu einer grotesken und beinahe komischen Figur; trotz seines feierlichen schwarzen Anzuges, seiner pompösen Krawatte mit der etwas aufdringlichen Perlennadel und seiner mühsam manikürten Finger blieb er in seinem Gehaben und seinen Manieren derselbe beschränkte Bauernjunge, der im Dorf die Stube des Pfarrers gefegt. Ungeschickt und geradezu schamlos plump suchte er zum Gaudium und zum Ärger seiner Fachkollegen aus seiner Begabung und seinem Ruhm mit einer kleinlichen und sogar oft ordinären Habgier herauszuholen, was an Geld herauszuholen war. Er reiste von Stadt zu Stadt, immer in den billigsten Hotels wohnend, er spielte in den kläglichsten Vereinen, sofern man ihm sein Honorar bewilligte, er ließ sich abbilden auf Seifenreklamen und verkaufte sogar, ohne auf den Spott seiner Konkurrenten zu achten, die genau wussten, dass er nicht imstande war, drei Sätze richtig zu schreiben, seinen Namen für eine »Philosophie des Schachs«, die in Wirklichkeit ein kleiner galizischer Student für den geschäftstüchtigen Verleger geschrieben. Wie allen zähen Naturen fehlte ihm jeder Sinn für das Lächerliche; seit seinem Siege im Weltturnier hielt er sich für den wichtigsten Mann der Welt, und das Bewusstsein, all diese gescheiten, intellektuellen, blendenden Sprecher und Schreiber auf ihrem eigenen Felde geschlagen zu haben und vor allem die handgreifliche Tatsache, mehr als sie zu verdienen, verwandelte die ursprüngliche Unsicherheit in einen kalten und meist plump zur Schau getragenen Stolz.

»Aber wie sollte ein so rascher Ruhm nicht einen so leeren Kopf beduseln?«, schloss mein Freund, der mir gerade einige klassische Proben von Czentovics kindischer Präpotenz anvertraut hatte. »Wie sollte ein einundzwanzigjähriger Bauernbursche aus dem Banat nicht den Eitelkeitskoller kriegen, wenn er plötzlich mit ein bisschen Figurenherumschieben auf einem Holzbrett in einer Woche mehr verdient als sein ganzes Dorf daheim mit Holzfällen und den bittersten Abrackereien in einem ganzen Jahr? Und dann, ist es nicht eigentlich verflucht leicht, sich für einen großen Menschen zu halten, wenn man nicht mit der leisesten Ahnung belastet ist, dass ein Rembrandt, ein Beethoven, ein Dante, ein Napoleon je gelebt haben? Dieser Bursche weiß in seinem vermauerten Gehirn nur das eine, dass er seit Monaten nicht eine einzige Schachpartie verloren hat, und da er eben nicht ahnt, dass es außer Schach und Geld noch andere Werte auf unserer Erde gibt, hat er allen Grund, von sich begeistert zu sein.«

Diese Mitteilungen meines Freundes verfehlten nicht, meine besondere Neugierde zu erregen. Alle Arten von monomanischen, in eine einzige Idee verschlossenen Menschen haben mich zeitlebens angereizt, denn je mehr sich einer begrenzt, um so mehr ist er andererseits dem Unendlichen nah; gerade solche scheinbar Weltabseitigen bauen in ihrer besonderen Materie sich termitenhaft eine merkwürdige und durchaus einmalige Abbreviatur der Welt. So machte ich aus meiner Absicht, dieses sonderbare Spezimen intellektueller Eingleisigkeit auf der zwölftägigen Fahrt bis Rio näher unter die Lupe zu nehmen, kein Hehl.

»Jedoch, da werden Sie wenig Glück haben«, warnte mein Freund. »Soviel ich weiß, ist es noch keinem gelungen, aus Czentovic das Geringste an psychologischem Material herauszuholen. Hinter all seiner abgründigen Beschränktheit verbirgt dieser gerissene Bauer die große Klugheit, sich keine Blößen zu geben, und zwar dank der simplen Technik, dass er außer mit Landsleuten seiner eigenen Sphäre, die er sich in kleinen Gasthäusern zusammensucht, jedes Gespräch vermeidet. Wo er einen gebildeten Menschen spürt, kriecht er in sein Schneckenhaus; so kann niemand sich rühmen, je ein dummes Wort von ihm gehört oder die angeblich unbegrenzte Tiefe seiner Unbildung ausgemessen zu haben.«

Mein Freund sollte in der Tat recht behalten. Während der ersten Tage der Reise erwies es sich als vollkommen unmöglich, an Czentovic ohne grobe Zudringlichkeit, die schließlich nicht meine Sache ist, heranzukommen. Manchmal schritt er zwar über das Promenadedeck, aber dann immer die Hände auf dem Rücken verschränkt mit jener stolz in sich versenkten Haltung, wie Napoleon auf dem bekannten Bilde; außerdem erledigte er immer so eilig und stoßhaft seine peripatetische Deckrunde, dass man ihm hätte im Trab nachlaufen müssen, um ihn ansprechen zu können. In den Gesellschaftsräumen wiederum, in der Bar, im Rauchzimmer zeigte er sich niemals; wie mir der Steward auf vertrauliche Erkundigung hin mitteilte, verbrachte er den Großteil des Tages, in seiner Kabine auf einem mächtigen Brett Schachpartien einzuüben oder zu rekapitulieren.

Nach drei Tagen begann ich mich tatsächlich zu ärgern, dass seine zähe Abwehrtechnik geschickter war als mein Wille, an ihn heranzukommen. Ich hatte in meinem Leben noch nie Gelegenheit gehabt, die persönliche Bekanntschaft eines Schachmeisters zu machen, und je mehr ich mich jetzt bemühte, mir einen solchen Typus zu personifizieren, umso unvorstellbarer schien mir eine Gehirntätigkeit, die ein ganzes Leben lang ausschließlich um einen Raum von vierundsechzig schwarzen und weißen Feldern rotiert. Ich wusste wohl aus eigener Erfahrung um die geheimnisvolle Attraktion des ›königlichen Spiels‹, dieses einzigen unter allen Spielen, die der Mensch ersonnen, das sich souverän jeder Tyrannis des Zufalls entzieht und seine Siegespalmen einzig dem Geist oder vielmehr einer bestimmten Form geistiger Begabung zuteilt. Aber macht man sich nicht bereits einer beleidigenden Einschränkung schuldig, indem man Schach ein Spiel nennt? Ist es nicht auch eine Wissenschaft, eine Technik, eine Kunst, schwebend zwischen diesen Kategorien wie der Sarg Mohammeds zwischen Himmel und Erde, eine einmalige Bindung aller Gegensätzepaare: uralt und doch ewig neu, mechanisch in der Anlage und doch nur wirksam durch Phantasie, begrenzt in geometrisch starrem Raum und dabei unbegrenzt in seinen Kombinationen, ständig sich entwickelnd und doch steril, ein Denken, das zu nichts führt, eine Mathematik, die nichts errechnet, eine Kunst ohne Werke, eine Architektur ohne Substanz und nichts destominder erwiesenermaßen dauerhafter in seinem Sein und Dasein als alle Bücher und Werke, das einzige Spiel, das allen Völkern und allen Zeiten zugehört und von dem niemand weiß, welcher Gott es auf die Erde gebracht, um die Langeweile zu töten, die Sinne zu schärfen, die Seele zu spannen. Wo ist bei ihm Anfang und wo das Ende: jedes Kind kann seine ersten Regeln erlernen, jeder Stümper sich in ihm versuchen, und doch vermag es innerhalb dieses unveränderbar engen Quadrats eine besondere Spezies von Meistern zu erzeugen, unvergleichbar allen andern, Menschen mit einer einzig dem Schach zubestimmten Begabung, spezifische Genies, in denen Vision, Geduld und Technik in einer ebenso genau bestimmten Verteilung wirksam sind wie im Mathematiker, im Dichter, im Musiker, und nur in anderer Schichtung und Bindung. In früheren Zeiten physiognomischer Leidenschaft hätte ein Gall vielleicht die Gehirne solcher Schachmeister seziert um festzustellen, ob bei solchen Schachgenies eine besondere Windung in der grauen Masse des Gehirns, eine Art Schachmuskel oder Schachhöcker sich intensiver eingezeichnet fände als in anderen Schädeln. Und wie hätte einen solchen Physiognomiker erst der Fall eines Czentovic angereizt, wo dies spezifische Genie eingesprengt erscheint in eine absolute intellektuelle Trägheit wie ein einzelner Faden Gold in einem Zentner tauben Gesteins. Im Prinzip war mir die Tatsache von jeher verständlich, dass ein derart einmaliges, ein solches geniales Spiel sich spezifische Matadore schaffen müsste, aber wie schwer, wie unmöglich doch, sich das Leben eines geistig regsamen Menschen vorzustellen, dem sich die Welt einzig auf die enge Einbahn zwischen Schwarz und Weiß reduziert, der in einem bloßen Hin und Her, Vor und Zurück von zweiunddreißig Figuren seine Lebenstriumphe sucht, einen Menschen, dem bei einer neuen Eröffnung den Springer vorzuziehen statt des Bauern schon Großtat und sein ärmliches Eckchen Unsterblichkeit im Winkel eines Schachbuches bedeutet – einen Menschen, einen geistigen Menschen, der ohne wahnsinnig zu werden, zehn, zwanzig, dreißig, vierzig Jahre lang die ganze Spannkraft seines Denkens immer und immer wieder an den lächerlichen Einsatz wendet, einen hölzernen König auf einem hölzernen Brett in den Winkel zu drängen!

Und nun war ein solches Phänomen, ein solches sonderbares Genie oder ein solcher rätselhafter Narr mir räumlich zum erstenmal ganz nahe, sechs Kabinen weit auf demselben Schiff, und ich Unseliger, für den Neugier in geistigen Dingen immer zu einer Art Passion ausartet, sollte nicht imstande sein, mich ihm zu nähern. Ich begann mir die absurdesten Listen auszudenken: etwa ihn in seiner Eitelkeit zu kitzeln, indem ich ihm ein angebliches Interview für eine wichtige Zeitung vortäuschte, oder bei seiner Habgier zu packen dadurch, dass ich ihm ein einträgliches Turnier in Schottland proponierte.

Aber schließlich erinnerte ich mich, dass die bewährteste Technik der Jäger, den Auerhahn an sich heranzulocken, darin besteht, dass sie seinen Balzschrei nachahmen; was konnte eigentlich wirksamer sein, um die Aufmerksamkeit eines Schachmeisters auf sich zu ziehen, als indem man selber Schach spielt?

Nun bin ich zeitlebens nie ein ernstlicher Schachkünstler gewesen und zwar aus dem einfachen Grunde, dass ich mich mit Schach immer bloß leichtfertig und ausschließlich zu meinem Vergnügen befasste; wenn ich mich für eine Stunde vor das Brett setze, geschieht dies keineswegs, um mich anzustrengen, sondern im Gegenteil, um mich von geistiger Anspannung zu entlasten. Ich ›spiele‹ Schach im wahrsten Sinne des Wortes, während die andern, die wirklichen Schachspieler, Schach »ernsten«, um ein verwegenes neues Wort in die mir von Hitler verbotene deutsche Sprache einzuführen. Für Schach ist nun wie für die Liebe ein Partner unentbehrlich und ich wusste zur Stunde noch nicht, ob sich außer uns andere Schachliebhaber an Bord befanden. Um sie aus ihren Höhlen herauszulocken, stellte ich im Smoking Room eine primitive Falle auf, indem ich mich mit meiner Frau, obwohl sie noch schwächer spielt als ich, vogelstellerisch vor ein Schachbrett setzte. Und tatsächlich, wir hatten noch nicht sechs Züge getan, so blieb schon jemand im Vorübergehen stehen, ein zweiter erbat die Erlaubnis, zusehen zu dürfen; schließlich fand sich auch der erwünschte Partner, der mich zu einer Partie herausforderte. Er hieß McConnor und war ein schottischer Tiefbauingenieur, der wie ich hörte, bei Ölbohrungen in Kalifornien sich ein großes Vermögen gemacht hatte, von äußerem Ansehen ein stämmiger Mensch mit starken, fast quadratisch harten Kinnbacken, kräftigen Zähnen und einer satten Gesichtsfarbe, deren prononcierte Rötlichkeit wahrscheinlich zumindest teilweise reichlichem Genuss von Whisky zu verdanken war. Die auffällig breiten, fast athletisch vehementen Schultern machten sich leider auch im Spiel charaktermäßig bemerkbar, denn dieser Mister McConnor gehörte zu jener Sorte selbstbesessener Erfolgsmenschen, die auch im belanglosesten Spiel eine Niederlage schon als Herabsetzung ihres Persönlichkeitsbewusstseins empfinden. Gewöhnt, sich im Leben rücksichtslos durchzusetzen und verwöhnt vom faktischen Erfolg, war dieser massive Selfmade-man derart unerschütterlich von seiner

Überlegenheit durchdrungen, dass jeder Widerstand ihn als ungebührliche Auflehnung und beinahe Beleidigung erregte. Als er die erste Partie verlor, wurde er mürrisch und begann umständlich und diktatorisch zu erklären, dies könne nur durch eine momentane Unaufmerksamkeit geschehen sein, bei der dritten machte er den Lärm im Nachbarraum für sein Versagen verantwortlich; nie war er gewillt, eine Partie zu verlieren, ohne sofort Revanche zu fordern. Anfangs amüsierte mich diese ehrgeizige Verbissenheit; schließlich nahm ich sie nur mehr als unvermeidliche Begleiterscheinung für meine eigentliche Absicht hin, den Weltmeister an unseren Tisch zu locken.

Am dritten Tage gelang es und gelang doch nur halb. Sei es, dass Czentovic uns vom Promenadedeck aus durch das Bordfenster vor dem Schachbrett beobachtet oder er nur zufälligerweise den Smoking Room mit seiner Anwesenheit beehrte – jedenfalls trat er, sobald er uns Unberufene seine Kunst ausüben sah, unwillkürlich einen Schritt näher und warf aus dieser gemessenen Distanz einen prüfenden Blick auf unser Brett. McConnor war gerade am Zuge. Und schon dieser eine Zug schien ausreichend, um Czentovic zu belehren, wie wenig ein weiteres Verfolgen unserer dilettantischen Bemühungen seines meisterlichen Interesses würdig sei. Mit derselben selbstverständlichen Geste, mit der unsereiner in einer Buchhandlung einen angebotenen schlechten Detektivroman weglegt, ohne ihn auch nur anzublättern, trat er von unserem Tische fort und verließ den Smoking Room. »Gewogen und zu leicht befunden«, dachte ich mir, ein bisschen verärgert durch diesen kühlen, verächtlichen Blick, und um meinem Unmut irgendwie Luft zu machen, äußerte ich zu McConnor:

»Ihr Zug scheint den Meister nicht sehr begeistert zu haben.«

»Welchen Meister?«

Ich erklärte ihm, jener Herr, der eben an uns vorübergegangen und mit missbilligendem Blick auf unser Spiel gesehen, sei der Weltschachmeister Czentovic gewesen. Nun, fügte ich bei, wir beide würden es überstehen, und ohne Herzleid uns mit seiner illustren Verachtung abfinden; arme Leute müssten eben mit Wasser kochen. Aber zu meiner Überraschung übte auf McConnor meine lässige Mitteilung eine völlig unerwartete Wirkung. Er wurde sofort erregt, vergaß unsere Partie, und sein Ehrgeiz begann geradezu hörbar zu pochen. Er habe keine Ahnung gehabt, dass Czentovic an Bord sei und Czentovic müsse unbedingt gegen ihn spielen. Er habe noch nie im Leben gegen einen Weltmeister gespielt außer einmal bei einer Simultanpartie mit vierzig anderen; schon das sei furchtbar spannend gewesen und er habe damals beinahe gewonnen. Ob ich den Schachmeister persönlich kenne? Ich verneinte. Ob ich ihn nicht ansprechen wolle und zu uns bitten? Ich lehnte ab mit der Begründung, Czentovic sei meines Wissens für neue Bekanntschaften nicht sehr zugänglich. Außerdem, was für einen Reiz sollte es einem Weltmeister bieten, mit uns drittklassigen Spielern sich abzugeben?

Nun, das von den drittklassigen Spielern hätte ich zu einem dermaßen ehrgeizigen Manne wie McConnor lieber nicht äußern sollen. Er lehnte sich verärgert zurück und erklärte schroff, er für seinen Teil könne nicht glauben, dass Czentovic die höfliche Aufforderung eines Gentlemans ablehnen werde; dafür werde er schon sorgen. Auf seinen Wunsch gab ich ihm eine kurze Personenbeschreibung des Weltmeisters und schon stürmte er, unser Schachbrett gleichgültig im Stich lassend, in unbeherrschter Ungeduld Czentovic auf das Promenadedeck nach. Wieder spürte ich, dass der Besitzer dermaßen breiter Schultern nicht zu halten war, sobald er einmal seinen Willen in eine Sache geworfen.

Ich wartete ziemlich gespannt. Nach etwa zehn Minuten kehrte McConnor zurück, nicht sehr aufgeräumt, wie mir schien.

»Nun?«, fragte ich.

»Sie haben recht gehabt«, antwortete er etwas verärgert. »Kein sehr angenehmer Herr. Ich stellte mich vor, erklärte ihm, wer ich sei. Er reichte mir nicht einmal die Hand. Ich versuchte ihm auseinanderzusetzen, wie stolz und geehrt wir alle an Bord sein würden, wenn er eine Simultanpartie gegen uns spielen wollte. Aber er hielt seinen Rücken verflucht steif; es täte ihm leid, aber er habe kontraktliche Verpflichtungen gegen seinen Agenten, die ihm ausdrücklich untersagten, während seiner ganzen Tournee ohne Honorar zu spielen. Sein Minimum sei zweihundertfünfzig Dollar pro Partie.«

Ich lachte. »Auf diesen Gedanken wäre ich eigentlich nie geraten, dass Figuren von Schwarz auf Weiß zu schieben ein derart einträgliches Geschäft sein kann. Nun, ich hoffe, Sie haben sich ebenso höflich empfohlen.«

Aber McConnor blieb vollkommen ernst. »Die Partie ist für morgen nachmittags drei Uhr angesetzt. Hier im Rauchsalon. Ich hoffe, wir werden uns nicht so leicht zu Brei schlagen lassen.«

»Wie? Sie haben ihm die zweihundertfünfzig Dollar bewilligt?«, rief ich ganz betroffen aus.

»Warum nicht? C'est son métier. Wenn ich Zahnschmerzen hätte und es wäre zufällig ein Zahnarzt an Bord, würde ich auch nicht verlangen, dass er mir den Zahn umsonst ziehen soll. Der Mann hat ganz recht, dicke Preise zu machen; in jedem Fach sind die wirklichen Könner auch die besten Geschäftsleute. Und was mich betrifft: je klarer ein Geschäft, umso besser. Ich zahle lieber in Cash, als mir von einem Herrn Czentovic Gnaden erweisen zu lassen und mich am Ende noch bei ihm bedanken zu müssen. Schließlich habe ich in unserem Klub schon mehr an einem Abend verloren als zweihundertfünfzig Dollar und dabei mit keinem Weltmeister gespielt. Für ›drittklassige‹ Spieler ist es keine Schande, von einem Czentovic umgelegt zu werden.«

Es amüsierte mich, zu bemerken, wie tief ich McConnors Selbstgefühl mit dem einen unschuldigen Wort »drittklassiger Spieler« gekränkt hatte. Aber da er den teuren Spaß zu bezahlen gesonnen war, hatte ich nichts einzuwenden gegen seinen deplacierten Ehrgeiz, der mir endlich die Bekanntschaft meines Kuriosums vermitteln sollte. Wir verständigten eiligst die vier oder fünf Herren, die sich bisher als Schachspieler deklariert hatten, von dem bevorstehenden Ereignis und ließen, um von durchgehenden Passanten möglichst wenig gestört zu werden, nicht nur unseren Tisch, sondern auch die Nachbartische für das bevorstehende Match im Voraus reservieren.

Am nächsten Tage war unsere kleine Gruppe zur vereinbarten Stunde vollzählig erschienen. Der Mittelplatz gegenüber dem Meister blieb selbstverständlich McConnor zugeteilt, der seine Nervosität entlud, indem er eine schwere Zigarre nach der andern anzündete und immer wieder unruhig auf die Uhr blickte. Aber der Weltmeister ließ – ich hatte nach den Erzählungen meines Freundes derlei schon geahnt – gute zehn Minuten auf sich warten, wodurch allerdings sein Erscheinen dann erhöhten Aplomb erhielt. Er trat ruhig und gelassen auf den Tisch zu. Ohne sich vorzustellen – ›Ihr wisst, wer ich bin, und wer ihr seid, interessiert mich nicht‹, schien diese

Unhöflichkeit zu besagen – begann er mit fachmännischer Trockenheit die sachlichen Anordnungen. Da eine Simultanpartie hier an Bord mangels an verfügbaren Schachbrettern unmöglich sei, schlage er vor, dass wir alle gemeinsam gegen ihn spielen sollten. Nach jedem Zuge werde er, um unsere Beratungen nicht zu stören, sich zu einem anderen Tisch am Ende des Raumes verfügen. Sobald wir unseren Gegenzug getan, sollten wir, da bedauerlicherweise keine Tischglocke zur Hand sei, mit dem Löffel gegen ein Glas klopfen. Als maximale Zugzeit schlage er zehn Minuten vor, falls wir keine andere Einteilung wünschten. Wir pflichteten selbstverständlich wie schüchterne Schüler jedem Vorschlage bei. Die Farbenwahl teilte Czentovic Schwarz zu; noch im Stehen tat er den ersten Gegenzug und wandte sich dann gleich dem von ihm vorgeschlagenen Warteplatz zu, wo er lässig hingelehnt eine illustrierte Zeitung durchblätterte.

Es hat wenig Sinn, über die Partie zu berichten. Sie endete selbstverständlich, wie sie enden musste, mit unserer totalen Niederlage und zwar bereits beim vierundzwanzigsten Zuge. Dass nun ein Weltschachmeister ein halbes Dutzend mittlerer oder untermittlerer Spieler mit der linken Hand niederfegt, war an sich wenig erstaunlich; verdrießlich wirkte eigentlich auf uns alle nur die präpotente Art, mit der Czentovic es uns allzu deutlich fühlen ließ, dass er uns mit der linken Hand erledigte. Er warf jedesmal nur einen scheinbar flüchtigen Blick auf das Brett, sah an uns so lässig vorbei, als ob wir selbst tote Holzfiguren wären, und diese impertinente Geste erinnerte unwillkürlich an die, mit der man einem räudigen Hund abgewendeten Blicks einen Brocken zuwirft. Bei einiger Feinfühligkeit hätte er meiner Meinung nach uns auf Fehler aufmerksam machen können oder durch ein freundliches Wort aufmuntern. Aber auch nach Beendigung der Partie äußerte dieser unmenschliche Schachautomat keine Silbe, sondern wartete, nachdem er »Matt« gesagt, regungslos vor dem Tische, ob man noch eine zweite Partie von ihm wünsche. Schon war ich aufgestanden, um, hilflos wie man immer gegen dickfellige Grobheit bleibt, durch eine Geste anzudeuten, dass mit diesem erledigten Dollargeschäft wenigstens meinerseits das Vergnügen unserer Bekanntschaft beendet sei, als zu meinem Ärger neben mir McConnor mit ganz heiserer Stimme sagte: »Revanche!«

Ich erschrak geradezu über den herausfordernden Ton; tatsächlich bot McConnor in diesem Augenblick eher den Eindruck eines Boxers vor dem Losschlagen als den eines höflichen Gentlemans. War es die unangenehme Art der Behandlung, die uns Czentovic hatte zuteil werden lassen oder nur sein pathologisch reizbarer Ehrgeiz – jedenfalls war McConnors Wesen vollkommen verändert. Rot im Gesicht bis hoch hinauf an das Stirnhaar, die Nüstern von innerem Druck stark aufgespannt, transpirierte er sichtlich, und von den verbissenen Lippen schnitt sich scharf eine Falte gegen sein kämpferisch vorgerecktes Kinn. Ich erkannte beunruhigt in seinen Augen jenes Flackern unbeherrschbarer Leidenschaft, wie sie sonst Menschen nur am Roulettetisch ergreift, wenn zum sechsten- oder siebentenmal bei immer verdoppeltem Einsatz nicht die richtige Farbe kommt. In diesem Augenblick wusste ich, dieser fanatisch Ehrgeizige würde, und sollte es ihn sein ganzes Vermögen kosten, gegen Czentovic so lange spielen und spielen und spielen, einfach oder doubliert, bis er wenigstens ein einziges Mal eine Partie gewonnen. Wenn Czentovic durchhielt, so hatte er an McConnor eine Goldgrube gefunden, aus der er bis Buenos Aires ein paar tausend Dollar schaufeln konnte.

Czentovic blieb unbewegt. »Bitte«, antwortete er höflich. »Die Herren spielen jetzt Schwarz.«

Auch die zweite Partie bot kein verändertes Bild, außer dass durch einige Neugierige unser Kreis nicht nur größer, sondern auch lebhafter geworden war. McConnor blickte so starr auf das Brett, als wollte er die Figuren mit seinem Willen zu gewinnen magnetisieren; ich spürte ihm an, dass er auch tausend Dollar begeistert geopfert hätte für den Lustschrei »Matt!« gegen den kaltschnäuzigen Gegner. Merkwürdigerweise ging etwas von seiner verbissenen Erregung unbewusst in uns über. Jeder einzelne Zug wurde ungleich leidenschaftlicher diskutiert als vordem, immer hielten wir noch im letzten Moment einer den andern zurück, ehe wir uns einigten, das Zeichen zu geben, das Czentovic an unseren Tisch zurückrief. Allmählich waren wir beim siebzehnten Zuge angelangt und zu unserer eigenen Überraschung war eine Konstellation eingetreten, die verblüffend vorteilhaft schien, weil es uns gelungen war, den Bauern der c-Linie bis auf das vorletzte Feld c2 zu bringen; wir brauchten ihn nur vorzuschieben auf c1, um eine neue Dame zu gewinnen. Ganz behaglich war uns freilich nicht bei dieser allzu offenkundigen Chance; wir argwöhnten einmütig, dieser scheinbar von uns errungene Vorteil müsse von Czentovic, der doch die Situation viel weitblickender übersah, mit Absicht uns als Angelhaken zugeschoben sein. Aber trotz angestrengtem gemeinsamen Suchen und Diskutieren vermochten wir die versteckte Finte nicht wahrzunehmen. Schließlich, schon knapp am Rande der verstatteten Überlegungsfrist, entschlossen wir uns, den Zug zu wagen. Schon rührte McConnor den Bauern an, um ihn auf das letzte Feld zu schieben, als er sich jäh am Arm gepackt fühlte und jemand leise und heftig flüsterte: »Um Gotteswillen! Nicht!«

Unwillkürlich wandten wir uns alle um. Ein Herr von etwa fünfundvierzig Jahren, dessen schmales scharfes Gesicht mir schon vordem auf der Deckpromenade durch seine merkwürdige, fast kreidige Blässe aufgefallen war, musste in den letzten Minuten, indes wir unsere ganze Aufmerksamkeit dem Problem zuwandten, zu uns getreten sein. Hastig fügte er, unseren Blick spürend, hinzu:

»Wenn Sie jetzt eine Dame machen, schlägt er sie sofort mit dem Läufer c1, Sie nehmen mit dem Springer zurück ... Aber inzwischen geht er mit seinem Freibauern auf d7, bedroht Ihren Turm, und auch wenn Sie mit dem Springer Schach sagen, verlieren Sie und sind nach neun bis zehn Zügen erledigt. Es ist beinahe dieselbe Konstellation, wie sie Aljechin gegen Bogoljubow 1922 im Pistyaner Großturnier initiiert hat.«

McConnor ließ erstaunt die Hand von der Figur und starrte nicht minder verwundert als wir alle auf den Mann, der wie ein unvermuteter Engel helfend vom Himmel kam. Jemand, der auf neun Züge im voraus ein Matt berechnen konnte, musste ein Fachmann ersten Ranges sein, vielleicht sogar ein Konkurrent um die Meisterschaft, der zum gleichen Turnier reiste und sein plötzliches Kommen, sein Eingreifen gerade in einem so kritischen Moment hatte etwas fast Übernatürliches. Als erster fasste sich McConnor zusammen:

»Was würden Sie raten?«, flüsterte er aufgeregt.

»Nicht gleich vorziehen, sondern zunächst ausweichen! Vor allem mit dem König abrücken aus der gefährdeten Linie von g8 auf h7. Er wird wahrscheinlich den Angriff dann auf die andere Flanke hinüberwerfen. Aber das parieren Sie mit Turm c8-c4; das kostet ihn in zwei Tempis einen Bauern und damit die Überlegenheit. Dann steht Freibauer gegen Freibauer, und wenn Sie sich richtig defensiv halten, kommen Sie noch auf Remis. Mehr ist nicht herauszuholen.«

Wir staunten abermals. Die Präzision nicht minder als die Raschheit seiner Berechnung hatte etwas Verwirrendes; es war, als ob er die Züge aus einem gedruckten Buche ablesen würde. Immerhin wirkte die unvermutete Chance, dank seines Eingreifens unsere Partie gegen einen Weltmeister auf Remis zu bringen, zauberisch. Einmütig rückten wir zur Seite, um ihm freieren Blick auf das Brett zu gewähren. Noch einmal fragte McConnor:

»Also König g8 auf h7?«

»Jawohl! Ausweichen vor allem!«

McConnor gehorchte und wir klopften an das Glas. Czentovic trat mit seinem gewohnt-gleichmütigen Schritt an unseren Tisch und maß mit einem einzigen Blick den Gegenzug. Dann zog er auf dem Königsflügel den Bauern h2-h4, genau wie es unser unbekannter Helfer vorausgesagt. Und schon flüsterte dieser aufgeregt:

»Turm vor, Turm vor, c8 auf c4, er muss dann zuerst den Bauern decken. Aber das wird ihm nichts helfen! Sie schlagen, ohne sich um seinen Freibauern zu kümmern, mit dem Springer c3-d5, und das Gleichgewicht ist wieder hergestellt. Den ganzen Druck nach vorwärts, statt zu verteidigen.«

Wir verstanden nicht, was er meinte. Für uns war, was er sagte, Chinesisch. Aber schon einmal in seinem Bann, zog McConnor, ohne zu überlegen, wie jener geboten. Wir schlugen abermals an das Glas, um Czentovic zurückzurufen. Zum erstenmale entschied er sich nicht rasch, sondern blickte gespannt auf das Brett. Unwillkürlich schoben sich seine Brauen zusammen. Dann tat er genau den Zug, den der Fremde uns angekündigt, und wandte sich zum Gehen. Jedoch ehe er zurücktrat, geschah etwas Neues und Unerwartetes. Czentovic hob den Blick und musterte unsere Reihen; offenbar wollte er herausfinden, wer ihm mit einemmale so energischen Widerstand leistete.

Von diesem Augenblick an wuchs unsere Erregung ins Ungemessene. Bisher hatten wir ohne ernstliche Hoffnung gespielt, nun aber trieb der Gedanke, den kalten Hochmut Czentovics zu brechen, uns eine fliegende Hitze durch alle Pulse. Schon aber hatte unser neuer Freund den nächsten Zug angeordnet und wir konnten – die Finger zitterten mir, als ich den Löffel an das Glas schlug – Czentovic zurückrufen. Und nun kam unser erster Triumph. Czentovic, der bisher immer nur im Stehen gespielt, zögerte, zögerte und setzte sich schließlich nieder. Er setzte sich langsam und schwerfällig; damit aber war schon rein körperlich das bisherige Von-oben-herab zwischen ihm und uns aufgehoben. Wir hatten ihn genötigt, sich wenigstens räumlich auf eine Ebene mit uns zu begeben. Er überlegte lange, die Augen unbeweglich auf das Brett gesenkt, sodass man kaum mehr die Pupillen unter den schweren Lidern wahrnehmen konnte, und im angestrengten Nachdenken öffnete sich ihm allmählich der Mund, was seinem runden Gesicht ein etwas einfältiges Aussehen gab. Czentovic überlegte einige Minuten, dann tat er seinen Zug und stand auf. Und schon flüsterte unser Freund:

»Ein Hinhaltezug! Gut gedacht! Aber nicht darauf eingehen! Abtausch forcieren, unbedingt Abtausch, dann kommen wir auf Remis und kein Gott kann ihm helfen.«

McConnor gehorchte. Es begann in den nächsten Zügen zwischen den beiden – wir andern waren längst zu leeren Statisten herabgesunken – ein uns unverständliches Hin und Her. Nach etwa sieben Zügen sah Czentovic nach längerem Nachdenken auf und erklärte: »Remis!«

Einen Augenblick herrschte totale Stille. Man hörte plötzlich die Wellen rauschen und das Radio aus dem Salon herüberjazzen, man vernahm jeden Schritt von dem Promenadedeck und das leise feine Sausen des Winds, der durch die Fugen der Fenster fuhr. Keiner von uns atmete, es war zu plötzlich gekommen und wir alle noch geradezu erschrocken über das Unwahrscheinliche, dass dieser Unbekannte dem Weltmeister in einer schon halb verlorenen Partie seinen Willen aufgezwungen haben sollte. McConnor lehnte sich mit einem Ruck zurück, der zurückgehaltene Atem fuhr ihm hörbar in einem beglückten »Ah!« von den Lippen. Ich wiederum beobachtete Czentovic. Schon bei den letzten Zügen hatte mir geschienen, als ob er blässer geworden sei. Aber er verstand sich gut zusammenzuhalten. Er verharrte in seiner scheinbar gleichmütigen Starre und fragte nur in lässigster Weise, während er die Figuren mit ruhiger Hand vom Brette schob:

»Wünschen die Herren noch eine dritte Partie?«

Er stellte die Frage rein sachlich, rein geschäftlich. Aber das Merkwürdige war: er hatte dabei nicht McConnor angeblickt, sondern scharf und gerade das Auge gegen unseren Retter gehoben. Wie ein Pferd am festeren Sitz einen neuen, einen besseren Reiter, musste er an den letzten Zügen seinen wirklichen, seinen eigentlichen Gegner erkannt haben. Unwillkürlich folgten wir seinem Blick und sahen gespannt auf den Fremden. Jedoch ehe dieser sich besinnen oder gar antworten konnte, hatte in seiner ehrgeizigen Erregung McConnor schon triumphierend ihm zugerufen:

»Selbstverständlich! Aber jetzt müssen Sie allein gegen ihn spielen! Sie allein gegen Czentovic!«

Doch nun ereignete sich etwas Unvorhergesehenes. Der Fremde, der merkwürdigerweise noch immer angestrengt auf das schon abgeräumte Schachbrett starrte, schrak auf, da er alle Blicke auf sich gerichtet und sich so begeistert angesprochen fühlte. Seine Züge verwirrten sich.

»Auf keinen Fall, meine Herren«, stammelte er sichtlich betroffen. »Das ist völlig ausgeschlossen ... ich komme gar nicht in Betracht ... Ich habe seit zwanzig, nein, fünfundzwanzig Jahren vor keinem Schachbrett gesessen und ... und ich sehe erst jetzt, wie ungehörig ich mich betragen habe, indem ich mich ohne Ihre Verstattung in Ihr Spiel einmengte ... Bitte entschuldigen Sie meine Vordringlichkeit ... Ich will gewiss nicht weiter stören.« Und noch ehe wir uns von unserer Überraschung zurechtgefunden, hatte er sich bereits zurückgezogen und das Zimmer verlassen.

»Aber das ist doch ganz unmöglich!«, dröhnte der temperamentvolle McConnor, mit der Faust aufschlagend. »Völlig ausgeschlossen, dass dieser Mann fünfundzwanzig Jahre nicht Schach gespielt haben soll! Er hat doch jeden Zug, jede Gegenpointe auf fünf, auf sechs Züge vorausberechnet. So etwas kann niemand aus dem Handgelenk. Das ist doch völlig ausgeschlossen – nicht wahr?«

Mit der letzten Frage hatte sich McConnor unwillkürlich an Czentovic gewandt. Aber der Weltmeister blieb unerschütterlich kühl.

»Ich vermag darüber kein Urteil abzugeben. Jedenfalls hat der Herr etwas befremdlich und interessant gespielt; deshalb habe ich ihm auch absichtlich eine Chance gelassen.« Gleichzeitig lässig aufstehend fügte er in seiner sachlichen Art bei:

»Sollte der Herr oder die Herren morgen eine abermalige Partie wünschen, so stehe ich von drei Uhr ab zur Verfügung.«

Wir konnten ein leises Lächeln nicht unterdrücken. Jeder von uns wusste, dass Czentovic unserem unbekannten Helfer keineswegs großmütig eine Chance gelassen und diese seine Bemerkung nichts anderes als eine naive Ausflucht war, um sein eigenes Versagen zu maskieren. Um so heftiger wuchs unser Verlangen, einen derart unerschütterlichen Hochmut gedemütigt zu sehen. Mit einem Mal war über uns friedliche, lässige Bordbewohner eine wilde, ehrgeizige Kampflust gekommen, denn der Gedanke, dass gerade auf unserem Schiff mitten auf dem Ozean dem Schachmeister die Palme entrungen werden könnte – ein Rekord, der dann von allen Telegrafenbüros über die ganze Welt hingeblitzt würde – faszinierte uns in herausforderndster Weise. Dazu kam noch der Reiz des Mysteriösen, der von dem unerwarteten Eingreifen unseres Retters gerade im kritischen Momente ausging, und der Kontrast seiner fast ängstlichen Bescheidenheit mit dem unerschütterlichen Selbstbewusstsein des Professionellen. Wer war dieser Unbekannte? Hatte hier der Zufall ein noch unentdecktes Schachgenie zutage gefördert? Oder verbarg uns aus einem unerforschlichen Grunde ein berühmter Meister seinen Namen? Alle diese Möglichkeiten erörterten wir in aufgeregtester Weise: selbst die verwegensten Hypothesen waren uns nicht verwegen genug, um die rätselhafte Scheu und das überraschende Bekenntnis des Fremden mit seiner doch unverkennbaren Spielkunst in Einklang zu bringen. In einer Hinsicht jedoch blieben wir alle einig: keinesfalls auf das Schauspiel eines neuerlichen Kampfes zu verzichten. Wir beschlossen, alles zu versuchen, damit unser Helfer am nächsten Tage eine Partie gegen Czentovic spiele, für deren materielles Risiko McConnor aufzukommen sich verpflichtete. Da sich inzwischen durch Umfrage beim Steward herausgestellt hatte, dass der Unbekannte ein Österreicher sei, wurde mir als seinem Landsmann der Auftrag zugeteilt, ihm unsere Bitte zu unterbreiten.

Ich benötigte nicht lange, um auf dem Promenadedeck den so eilig Entflüchteten aufzufinden. Er lag auf seinem Deck-chair und las. Ehe ich auf ihn zutrat, nahm ich die Gelegenheit wahr, ihn zu betrachten. Der scharfgeschnittene Kopf ruhte in der Haltung leichter Ermüdung auf dem Kissen; abermals fiel mir die merkwürdige Blässe des verhältnismäßig jungen Gesichtes besonders auf, dem die Haare blendend weiß die Schläfen rahmten; ich hatte, ich weiß nicht warum, den Eindruck, dieser Mann müsse plötzlich gealtert sein. Kaum ich auf ihn zutrat, erhob er sich höflich und stellte sich mit einem Namen vor, der mir sofort vertraut war als der einer hochangesehenen altösterreichischen Familie. Ich erinnerte mich, dass ein Träger dieses Namens zu dem engsten Freundeskreis Schuberts gehört hatte und auch einer der Leibärzte des alten Kaisers dieser Familie entstammte. Als ich Dr. B. unsere Bitte übermittelte, die Herausforderung Czentovics anzunehmen, war er sichtlich verblüfft. Es erwies sich, dass er keine Ahnung gehabt hatte, bei jener Partie einen Weltmeister und gar den zur Zeit erfolgreichsten, ruhmreich bestanden zu haben. Aus irgend einem Grunde schien diese Mitteilung auf ihn besonderen Eindruck zu machen, denn er erkundigte sich immer und immer wieder von neuem, ob ich dessen gewiss sei, dass sein Gegner tatsächlich ein anerkannter Weltmeister gewesen. Ich merkte bald, dass dieser Umstand meinen Auftrag erleichterte, und hielt es nur, seine Feinfühligkeit spürend, für ratsam, zu verschweigen, dass das materielle Risiko einer allfälligen Niederlage zu Lasten von McConnors Kasse ginge. Nach längerem Zögern erklärte sich Dr. B. schließlich zu einem Match bereit, doch nicht, ohne ausdrücklich gebeten zu haben, die anderen Herren nochmals zu warnen, sie möchten keineswegs auf sein Können übertriebene Hoffnungen setzen.

»Denn«, fügte er mit einem versonnenen Lächeln hinzu, »ich weiß wahrhaftig nicht, ob ich fähig bin, eine Schachpartie nach allen Regeln richtig zu spielen. Bitte glauben Sie mir, dass es keineswegs falsche Bescheidenheit war, wenn ich sagte, dass ich seit meiner Gymnasialzeit, also seit mehr als zwanzig Jahren, keine Schachfigur mehr berührt habe. Und selbst zu jener Zeit galt ich bloß als Spieler ohne sonderliche Begabung.«

Er sagte dies in einer so natürlichen Weise, dass ich nicht den leisesten Zweifel an seiner Aufrichtigkeit hegen durfte. Dennoch konnte ich nicht umhin, meiner Verwunderung Ausdruck zu geben, wie genau er an jede einzelne Kombination der verschiedensten

Meister sich erinnern könne; immerhin müsse er sich doch wenigstens theoretisch mit Schach viel beschäftigt haben. Dr. B. lächelte abermals in jener merkwürdig traumhaften Art.

»Viel beschäftigt! – weiß Gott, das kann man wohl sagen, dass ich mich mit Schach viel beschäftigt habe. Aber das geschah unter ganz besonderen, ja völlig einmaligen Umständen. Es war dies eine ziemlich komplizierte Geschichte, und sie könnte allenfalls als kleiner Beitrag gelten zu unserer lieblichen großen Zeit. Wenn Sie eine halbe Stunde Geduld haben ...«

Er hatte auf den Deck-chair neben sich gedeutet. Gerne folgte ich seiner Einladung. Wir waren ohne Nachbarn. Dr. B. nahm die Lesebrille von den Augen, legte sie zur Seite und begann:

»Sie waren so freundlich zu äußern, dass Sie sich als Wiener des Namens meiner Familie erinnerten. Aber ich vermute, Sie werden kaum von der Rechtsanwaltskanzlei gehört haben, die ich gemeinsam mit meinem Vater und späterhin allein leitete, denn wir führten keine Causen, die publizistisch in der Zeitung abgehandelt wurden und vermieden aus Prinzip neue Klienten. In Wirklichkeit hatten wir eigentlich gar keine richtige Anwaltspraxis mehr, sondern beschränkten uns ausschließlich auf die Rechtsberatung und vor allem Vermögensverwaltung der großen Klöster, denen mein Vater als früherer Abgeordneter der klerikalen Partei nahe stand. Außerdem war uns – heute, da die Monarchie der Geschichte angehört, darf man wohl schon darüber sprechen – die Verwaltung der Fonds einiger Mitglieder der kaiserlichen Familie anvertraut. Diese Verbindungen zum Hof und zum Klerus – mein Onkel war Leibarzt des Kaisers, ein anderer Abt in Seitenstetten – reichten schon zwei Generationen zurück; wir hatten sie nur zu erhalten, und es war eine stille, eine, möchte ich sagen, lautlose Tätigkeit, die uns durch dies ererbte Vertrauen zugeteilt war, eigentlich nicht viel mehr erfordernd als strengste Diskretion und Verlässlichkeit, zwei Eigenschaften, die mein verstorbener Vater im höchsten Maße besaß; ihm ist es tatsächlich gelungen, sowohl in den Inflationsjahren als in jenen des Umsturzes durch seine Umsicht seinen Klienten beträchtliche Vermögenswerte zu erhalten. Als dann Hitler in Deutschland ans Ruder kam und gegen den Besitz der Kirche und der Klöster seine Raubzüge begann, gingen auch von jenseits der Grenze mancherlei Verhandlungen und Transaktionen, um wenigstens den mobilen Besitz vor Beschlagnahme zu retten, durch unsere Hände, und von gewissen geheimen politischen Verhandlungen der Kurie und des Kaiserhauses wussten wir beide mehr, als die Öffentlichkeit je erfahren wird. Aber gerade die Unauffälligkeit unserer Kanzlei – wir führten nicht einmal ein Schild an der Tür – sowie die Vorsicht, dass wir beide alle Monarchistenkreise in Wien ostentativ mieden, bot sichersten Schutz vor unberufenen Nachforschungen. De facto hat in all diesen Jahren keine Behörde in Österreich jemals vermutet, dass die geheimen Kuriere des Kaiserhauses ihre wichtigste Post immer gerade in unserer unscheinbaren Kanzlei im vierten Stock abholten oder abgaben.

Nun hatten die Nationalsozialisten, längst ehe sie ihre Armeen gegen die Welt aufrüsteten, eine andere ebenso gefährliche und geschulte Armee in allen Nachbarländern zu organisieren begonnen, die Legion der Benachteiligten, der Zurückgesetzten, der Gekränkten. In jedem Amt, in jedem Betrieb waren ihre sogenannten ›Zellen‹ eingenistet, an jeder Stelle bis hinauf in die Privatzimmer von Dollfuß und Schuschnigg saßen ihre Horchposten und Spione. Selbst in unserer unscheinbaren Kanzlei hatten sie, wie ich leider erst zu spät erfuhr, ihren Mann. Es war freilich nicht mehr als ein jämmerlicher und talentloser Kanzlist, den ich auf Empfehlung eines Pfarrers einzig deshalb angestellt hatte, um der Kanzlei nach außen hin den Anschein eines regulären Betriebs zu geben; in Wirklichkeit verwerteten wir ihn zu nichts anderem als zu unschuldigen Botengängen, ließen ihn das Telephon bedienen und die Akten ordnen, das heißt jene Akten, die völlig gleichgültig und unbedenklich waren. Die Post durfte er niemals öffnen, alle wichtigen Briefe schrieb ich, ohne Kopien zu hinterlegen, eigenhändig mit der Maschine, jedes wesentliche Dokument nahm ich selbst nach Hause und verlegte geheime Besprechungen ausschließlich in die Priorei des Klosters oder in das Ordinationszimmer meines Onkels. Dank dieser Vorsichtsmaßnahmen bekam dieser Horchposten von den eigentlichen Vorgängen nichts zu sehen; aber durch einen unglücklichen Zufall musste der ehrgeizige und eitle Bursche bemerkt haben, dass man ihm misstraute und hinter seinem Rücken allerhand Interessantes geschah. Vielleicht hat einmal in meiner Abwesenheit einer der Kuriere unvorsichtigerweise von ›Seiner Majestät‹ gesprochen statt wie vereinbart vom ›Baron Fern‹, oder der Lump musste Briefe widerrechtlich geöffnet haben – jedenfalls holte er sich, ehe ich Verdacht schöpfen konnte, von München oder Berlin Auftrag, uns zu überwachen. Erst viel später, als ich längst in Haft saß, erinnerte ich mich, dass seine anfängliche Lässigkeit im Dienst sich in den letzten Monaten in plötzlichen Eifer verwandelt hatte und er sich mehrfach beinahe zudringlich angeboten, meine Korrespondenz zur Post zu bringen. Ich kann mich einer gewissen Unvorsichtigkeit also nicht freisprechen, aber sind schließlich nicht auch die größten Diplomaten und Militärs der Welt von der Hitlerei heimtückisch überspielt worden? Wie genau und liebevoll die Gestapo mir längst ihre Aufmerksamkeit zugewandt hatte, erwies dann äußerst handgreiflich der Umstand, dass noch am selben Abend, da Schuschnigg seine Abdankung gab und einen Tag, ehe Hitler in Wien einzog, ich bereits von SS-Leuten festgenommen war. Die allerwichtigsten Papiere war es mir glücklicherweise noch gelungen zu verbrennen, kaum ich im Radio die Abschiedsrede Schuschniggs gehört, und den Rest der Dokumente mit den unentbehrlichen Belegen für die im Ausland deponierten Vermögenswerte der Klöster und zweier Erzherzöge schickte ich – wirklich in letzter Minute, ehe die Burschen mir die Tür einhämmerten – in einem Waschkorb versteckt durch meine alte verlässliche Haushälterin zu meinem Onkel hinüber.«

Dr. B. unterbrach, um sich eine Zigarre anzuzünden. Bei dem aufflackernden Licht bemerkte ich, dass ein nervöses Zucken um seinen rechten Mundwinkel lief, das mir schon vorher aufgefallen war und, wie ich beobachten konnte, sich jede paar Minuten wiederholte. Es war nur eine flüchtige Bewegung, kaum stärker als ein Hauch, aber sie gab dem ganzen Gesicht eine merkwürdige Unruhe.

»Sie vermuten nun wahrscheinlich, dass ich Ihnen jetzt vom Konzentrationslager erzählen werde, in das doch alle jene überführt wurden, die unserem alten Österreich die Treue gehalten, von den Erniedrigungen, Martern, Torturen, die ich dort erlitten. Aber nichts dergleichen geschah. Ich kam in eine andere Kategorie. Ich wurde nicht zu jenen Unglücklichen getrieben, an denen man mit körperlichen und seelischen Erniedrigungen ein lang aufgespartes Ressentiment austobte, sondern jener anderen, ganz kleinen Gruppe zugeteilt, aus der die Nationalsozialisten entweder Geld oder wichtige Informationen herauszupressen hofften. An sich war meine bescheidene Person natürlich der Gestapo völlig uninteressant. Sie mussten aber erfahren haben, dass wir die Strohmänner, die Verwalter und Vertrauten ihrer erbittertsten Gegner gewesen, und was sie von mir zu erpressen hofften, war belastendes Material: Material gegen die Klöster, denen sie Vermögensverschiebungen nachweisen wollten, Material gegen die kaiserliche Familie und all jene, die in Österreich sich aufopfernd für die Monarchie eingesetzt. Sie vermuteten – und wahrhaftig nicht zu Unrecht – dass von jenen Fonds, die durch unsere Hände gegangen waren, wesentliche Bestände sich noch ihrer Raublust unzugänglich, versteckten; so holten sie mich darum gleich am ersten Tag heran, um mit ihren bewährten Methoden mir diese Geheimnisse abzuzwingen. Leute meiner Kategorie, aus denen wichtiges Material oder Geld herausgepresst werden sollte, wurden deshalb nicht in Konzentrationslager abgeschoben, sondern für eine besondere Behandlung aufgespart. Sie erinnern sich vielleicht, dass unser Kanzler und anderseits der Baron Rothschild, dessen Verwandten sie Millionen abzunötigen hofften, keineswegs hinter Stacheldraht in ein Gefangenenlager gesetzt wurden, sondern unter scheinbarer Bevorzugung in ein Hotel, das Hotel Metropole, das zugleich Hauptquartier der Gestapo war, überführt, wo sie jeder ein abgesondertes Zimmer erhielten. Auch mir unscheinbarem Mann wurde diese Auszeichnung erwiesen.

Ein eigenes Zimmer in einem Hotel – nicht wahr, das klingt an sich äußerst human? Aber Sie dürfen mir glauben, dass man uns keineswegs eine humanere, sondern nur eine raffiniertere Methode zudachte, wenn man uns ›Prominente‹ nicht zu zwanzig in eine eiskalte Baracke stopfte, sondern in einem leidlich geheizten und separaten Hotelzimmer behauste. Denn die Pression, mit der man uns das benötigte ›Material‹ abzwingen wollte, sollte auf subtilere Weise funktionieren als durch rohe Prügel oder körperliche Folter: durch die denkbar raffinierteste Isolierung. Man tat uns nichts – man stellte uns nur in das vollkommene Nichts, denn bekanntlich erzeugt kein Ding auf Erden einen solchen Druck auf die menschliche Seele als das Nichts. Indem man uns jeden einzeln in ein völliges Vakuum sperrte, in ein Zimmer, das hermetisch von der Außenwelt abgeschlossen war, sollte statt von außen durch Prügel und Kälte jener Druck von innen erzeugt werden, der uns schließlich die Lippen aufsprengte. Auf den ersten Blick sah das mir zugewiesene Zimmer durchaus nicht unbehaglich aus. Es hatte eine Tür, einen Tisch, ein Bett, einen Sessel, eine Waschschüssel, ein vergittertes Fenster. Aber die Tür blieb Tag und Nacht verschlossen, auf dem Tisch durfte kein Buch, keine Zeitung, kein Blatt Papier, kein Bleistift liegen, das Fenster starrte eine Feuermauer an; rings um mein Ich und selbst an meinem eigenen Körper war das vollkommene Nichts konstruiert. Man hatte mir jeden Gegenstand abgenommen, die Uhr, damit ich nicht wisse um die Zeit, den Bleistift, dass ich nicht etwa schreiben könne, das Messer, damit ich mir nicht die Adern öffnen könne; selbst die kleinste Betäubung wie eine Zigarette wurde mir versagt. Nie sah ich außer dem Wärter, der kein Wort sprechen und auf keine Frage antworten durfte, ein menschliches Gesicht, nie hörte ich eine menschliche Stimme; Auge, Ohr, alle Sinne bekamen von morgens bis nachts und von nachts bis morgens nicht die geringste Nahrung, man blieb mit sich, mit seinem Körper und den vier oder fünf stummen Gegenständen Tisch, Bett, Fenster, Waschschüssel rettungslos allein; man lebte wie ein Taucher unter der Glasglocke im schwarzen Ozean dieses Schweigens und wie ein Taucher sogar, der schon ahnt, dass das Seil nach der Außenwelt abgerissen ist und er nie zurückgeholt werden wird aus der lautlosen Tiefe. Es gab nichts zu tun, nichts zu hören, nichts zu sehen, überall und ununterbrochen war um einen das Nichts, die völlige raumlose und zeitlose Leere. Man ging auf und ab und mit einem gingen die Gedanken auf und ab, auf und ab, immer wieder. Aber selbst Gedanken, so substanzlos sie scheinen, brauchen einen Stützpunkt, sonst beginnen sie zu rotieren und sinnlos um sich selbst zu kreisen; auch sie ertragen nicht das Nichts. Man wartete auf etwas, von morgens bis abends, und es geschah nichts. Man wartete wieder und wieder. Es geschah nichts. Man wartete, wartete, wartete, man dachte, man dachte, man dachte, bis einem die Schläfen schmerzten. Nichts geschah. Man blieb allein. Allein. Allein.

Das dauerte vierzehn Tage, die ich außerhalb der Zeit, außerhalb der Welt lebte. Wäre damals ein Krieg ausgebrochen, ich hätte es nicht erfahren; meine Welt bestand doch nur aus Tisch, Tür, Bett,

Waschschüssel, Sessel, Fenster und Wand, und immer starrte ich auf dieselbe Tapete an derselben Wand; jede Linie ihres gezackten Musters hat sich wie mit ehernem Stichel eingegraben bis in die innerste Falte meines Gehirns, so oft habe ich sie angestarrt. Dann endlich begannen die Verhöre. Man wurde plötzlich abgerufen, ohne recht zu wissen, ob es Tag war oder Nacht. Man wurde gerufen und durch ein paar Gänge geführt, man wusste nicht wohin; dann wartete man irgendwo und wusste nicht wo, und stand plötzlich vor einem Tisch, um den ein paar uniformierte Leute saßen. Auf dem Tisch lag ein Stoß Papier: die Akten, von denen man nicht wusste, was sie enthielten, und dann begannen die Fragen, die echten und die falschen, die klaren und die tückischen, die Deckfragen und Fangfragen, und während man antwortete, blätterten fremde böse Finger in den Papieren, von denen man nicht wusste, was sie enthielten, und fremde, böse Finger schrieben etwas in ein Protokoll und man wusste nicht, was sie schrieben. Aber das Fürchterlichste bei diesen Verhören für mich war, dass ich nie erraten und errechnen konnte, was die Gestapoleute von den Vorgängen in meiner Kanzlei tatsächlich wussten und was sie erst von mir herausholen wollten. Wie ich Ihnen bereits sagte, hatte ich die eigentlich belastenden Papiere meinem Onkel in letzter Stunde durch die Haushälterin geschickt. Aber hatte er sie erhalten? Hatte er sie nicht erhalten? Und wieviel hatte jener Kanzlist verraten? Wieviel hatten sie an Briefen aufgefangen, wieviel inzwischen in den deutschen Klöstern, die wir vertraten, einem ungeschickten Geistlichen vielleicht schon abgepresst? Und sie fragten und fragten. Welche Papiere ich für jenes Kloster gekauft, mit welchen Banken ich korrespondiert, ob ich einen Herrn Soundso kenne oder nicht, ob ich Briefe aus der Schweiz erhalten und aus Steenookerzeel? Und da ich nie errechnen konnte, wieviel sie schon ausgekundschaftet hatten, wurde jede Antwort zur ungeheuersten Verantwortung. Gab ich etwas zu, was ihnen nicht bekannt war, so lieferte ich vielleicht unnötig jemanden ans Messer. Leugnete ich zu viel ab, so schädigte ich mich selbst.

Aber das Verhör war noch nicht das Schlimmste. Das Schlimmste war das Zurückkommen nach dem Verhör in mein Nichts, in dasselbe Zimmer mit demselben Tisch, demselben Bett, derselben Waschschüssel, derselben Tapete. Denn kaum allein mit mir, versuchte ich zu rekonstruieren, was ich am klügsten hätte antworten sollen und was ich das nächste Mal sagen müsste, um den Verdacht wieder abzulenken, den ich vielleicht mit einer unbedachten Bemerkung heraufbeschworen. Ich überlegte, ich durchdachte, ich durchforschte, ich überprüfte meine eigene Aussage auf jedes Wort, das ich dem Untersuchungsrichter gesagt, ich rekapitulierte jede Frage, die sie gestellt, jede Antwort, die ich gegeben, ich versuchte zu erwägen, was sie davon protokolliert haben könnten und wusste doch, dass ich das nie errechnen und erfahren könnte. Aber diese Gedanken, einmal angekurbelt im leeren Raum, hörten nicht auf, im Kopf zu rotieren, immer wieder von neuem, in immer anderen Kombinationen, und das ging hinein bis in den Schlaf; jedesmal nach einer Vernehmung durch die Gestapo übernahmen ebenso unerbittlich meine eigenen Gedanken die Marter des Fragens und Forschens und Quälens, und vielleicht noch grausamer sogar, denn jene Vernehmungen endeten doch immerhin nach einer Stunde und diese nie dank der tückischen Tortur dieser Einsamkeit. Und immer um mich nur der Tisch, der Schrank, das Bett, die Tapete, das Fenster, keine Ablenkung, kein Buch, keine Zeitung, kein fremdes Gesicht, kein Bleistift, um etwas zu notieren, kein Zündholz, um damit zu spielen, nichts, nichts, nichts. Jetzt erst gewahrte ich, wie teuflisch sinnvoll, wie psychologisch mörderisch erdacht dieses System des Hotelzimmers war. Im Konzentrationslager hätte man vielleicht Steine karren müssen, bis einem die Hände bluteten und die Füße in den Schuhen abfroren, man wäre zusammengepackt gelegen mit zwei Dutzend Menschen in Stank und Kälte. Aber man hätte Gesichter gesehen, man hätte ein Feld, einen Karren, einen Baum, einen Stern, irgend, irgend etwas anstarren können, indes hier immer dasselbe um einen stand, immer dasselbe, das entsetzliche Dasselbe. Hier war nichts, was mich ablenken konnte von meinen Gedanken, von meinen Wahnvorstellungen, von meinem krankhaften Rekapitulieren. Und gerade das beabsichtigten sie – ich sollte doch würgen und würgen an meinen Gedanken, bis sie mich erstickten und ich nicht anders konnte als sie schließlich ausspeien, als auszusagen, alles auszusagen, was sie wollten, endlich das Material und die Menschen auszuliefern. Allmählich spürte ich, wie meine Nerven unter diesem grässlichen Druck des Nichts sich zu lockern begannen, und ich spannte, der Gefahr bewusst, bis zum Zerreißen meine Nerven, irgendeine Ablenkung zu finden oder zu erfinden. Um mich zu beschäftigen, versuchte ich alles, was ich jemals auswendig gelernt, zu rezitieren und zu rekonstruieren, die Volkshymne und die Spielreime der Kinderzeit, den Homer des Gymnasiums, die Paragraphen des Bürgerlichen Gesetzbuchs. Dann versuchte ich zu rechnen, beliebige Zahlen zu addieren, zu dividieren, aber mein Gedächtnis hatte im Leeren keine festhaltende Kraft. Ich konnte mich auf nichts konzentrieren. Immer fuhr und flackerte derselbe Gedanke dazwischen: Was wissen sie? Was wissen sie nicht? Was habe ich gestern gesagt, was muss ich das nächste Mal sagen?

Dieser eigentlich unbeschreibbare Zustand dauerte vier Monate. Nun – vier Monate, das schreibt sich leicht hin: just ein Dutzend Buchstaben! Das spricht sich leicht aus: vier Monate – vier Silben. In einer Viertelsekunde hat die Lippe rasch so einen Laut artikuliert: vier Monate! Aber niemand kann schildern, kann messen, kann veranschaulichen, nicht einem andern, nicht sich selbst, wie lange eine Zeit im Raumlosen, im Zeitlosen währt, und keinem kann man erklären, wie es einen zerfrisst und zerstört, dieses Nichts und Nichts und Nichts um einen, dies immer nur Tisch und Bett und Waschschüssel und Tapete, und immer das Schweigen, immer derselbe Wärter, der, ohne einen anzusehen, das Essen hereinschiebt, immer dieselben Gedanken, die im Nichts um das eine kreisen, bis man irre wird. An kleinen Zeichen wurde ich beunruhigt gewahr, dass mein Gehirn in Unordnung geriet. Im Anfang war ich bei den Vernehmungen noch innerlich klar gewesen, ich hatte ruhig und überlegt ausgesagt; jenes Doppeldenken, was ich sagen sollte und was nicht, hatte noch funktioniert. Jetzt konnte ich schon die einfachsten Sätze nur mehr stammelnd artikulieren, denn während ich aussagte, starrte ich hypnotisiert auf die Feder, die protokollierend über das Papier lief, als wollte ich meinen eigenen Worten nachlaufen. Ich spürte, meine Kraft ließ nach, ich spürte, immer näher rückte der Augenblick, wo ich, um mich zu retten, alles sagen würde, was ich wusste und vielleicht noch mehr, wo ich, um dem Würgen dieses Nichts zu entkommen, zwölf Menschen und ihre Geheimnisse verraten würde, ohne mir selbst damit mehr zu schaffen als einen Atemzug Rast. An einem Abend war es wirklich schon so weit: als der Wärter zufällig in diesem Augenblick des Erstickens mir das Essen brachte, schrie ich ihm plötzlich nach: ›Führen Sie mich zur Vernehmung! Ich will alles sagen! Ich will alles aussagen! Ich will sagen, wo die Papiere sind, wo das Geld liegt! Alles werde ich sagen, alles!‹ Glücklicherweise hörte er mich nicht mehr. Vielleicht wollte er mich auch nicht hören.

In dieser äußersten Not ereignete sich nun etwas Unvorhergesehenes, was Rettung bot, Rettung zum Mindesten für eine gewisse Zeit. Es war Ende Juli, ein dunkler, verhangener, regnerischer Tag: ich erinnere mich an diese Einzelheit deshalb ganz genau, weil der Regen gegen die Scheiben im Gang trommelte, durch den ich zur Vernehmung geführt wurde. Im Vorzimmer des Untersuchungszimmers musste ich warten. Immer musste man bei jeder Vorführung warten: auch dies Wartenlassen gehörte zur Technik. Erst riss man einem die Nerven auf durch den Anruf, durch das plötzliche Abholen aus der Zelle mitten in der Nacht, und dann, wenn man schon eingestellt war auf die Vernehmung, schon Verstand und Willen gespannt hatte zum Widerstand, ließen sie einen warten, sinnlos-sinnvoll warten, eine Stunde, zwei Stunden, drei Stunden vor der Vernehmung, um den Körper müde, um die Seele mürbe zu machen. Und man ließ mich besonders lange warten an diesem Donnerstag, den 27. Juli, zwei geschlagene Stunden im Vorzimmer stehend warten; ich erinnere mich auch an dieses Datum aus einem bestimmten Grunde so genau, denn in diesem Vorzimmer, wo ich – selbstverständlich ohne mich niedersetzen zu dürfen, – zwei Stunden mir die Beine in den Leib stehen musste, hing ein Kalender, und ich vermag Ihnen nicht zu erklären, wie in meinem Hunger nach Gedrucktem, nach Geschriebenem, ich diese eine Zahl, diese wenigen Worte ›27. Juli‹ an der Wand anstarrte und anstarrte; ich fraß sie gleichsam in mein Gehirn hinein. Und dann wartete ich wieder und wartete und starrte auf die Tür, wann sie sich endlich öffnen würde, und überlegte zugleich, was die Inquisitoren mich diesmal fragen könnten und wusste doch, dass sie mich etwas ganz anderes fragen würden als worauf ich mich vorbereitete. Aber trotz alledem war die Qual dieses Wartens und Stehens zugleich eine Wohltat, eine Lust, weil dieser Raum immerhin ein anderes Zimmer war als das meine, etwas größer und mit zwei Fenstern statt einem und ohne das Bett und ohne die Waschschüssel und ohne den bestimmten Riss am Fensterbrett, den ich millionenmal betrachtet. Die Tür war anders angestrichen, ein anderer Sessel stand an der Wand und links ein Registerschrank mit Akten sowie eine Garderobe mit Aufhängern, an denen drei oder vier nasse militärische Mäntel, die Mäntel meiner Folterknechte hingen. Ich hatte also etwas Neues, etwas anderes zu betrachten, endlich einmal etwas anderes mit meinen ausgehungerten Augen, und sie krallten sich gierig an jede Einzelheit. Ich beobachtete an diesen Mänteln jede Falte, ich bemerkte zum Beispiel einen Tropfen, der von einem der nassen Kragen niederhing, und so lächerlich es für Sie klingen mag, ich wartete mit einer unsinnigen Erregung, ob dieser Tropfen endlich abrinnen wollte die Falte entlang oder ob er noch gegen die Schwerkraft sich wehren und länger haften bleiben würde – ja, ich starrte und starrte minutenlang atemlos auf diesen Tropfen, als hinge mein Leben daran. Dann, als er endlich niedergerollt war, zählte ich wieder die Knöpfe auf den Mänteln nach, acht an dem einen Rock, acht an dem andern, zehn an dem dritten, dann wieder verglich ich die Aufschläge; all diese lächerlichen, unwichtigen Kleinigkeiten betasteten, umspielten, umgriffen meine verhungerten Augen mit einer Gier, die ich nicht zu beschreiben vermag. Und plötzlich blieb mein Blick starr an etwas haften. Ich hatte entdeckt, dass an einem der Mäntel die Seitentasche etwas aufgebauscht war. Ich trat näher heran und glaubte an der rechteckigen Form der Ausbuchtung zu erkennen, was diese etwas geschwellte Tasche in sich barg: ein Buch! Mir begannen die Knie zu zittern: ein BUCH! Vier Monate lang hatte ich kein Buch in der Hand gehabt, und schon die bloße Vorstellung eines Buches, in dem man aneinandergereihte Worte sehen konnte, Zeilen, Seiten und Blätter, eines Buches, aus dem man andere, neue, fremde, ablenkende Gedanken lesen, verfolgen, sich ins Hirn nehmen könnte, hatte etwas Berauschendes und gleichzeitig Betäubendes. Hypnotisiert starrten meine Augen auf die kleine Wölbung, die jenes Buch innerhalb der Tasche formte, sie glühten diese eine unscheinbare Stelle an, als ob sie ein Loch in den Mantel brennen wollten. Schließlich konnte ich meine Gier nicht verhalten; unwillkürlich schob ich mich näher heran. Schon der Gedanke, ein Buch durch den Stoff mit den Händen wenigstens antasten zu können, machte mir die Nerven in den Fingern bis zu den Nägeln glühen. Fast ohne es zu wissen, drückte ich mich immer näher heran.

Glücklicherweise achtete der Wärter nicht auf mein gewiss sonderbares Gehaben; vielleicht auch schien es ihm nur natürlich, dass ein Mensch nach zwei Stunden aufrechten Stehens sich ein wenig an die Wand lehnen wollte. Schließlich stand ich schon ganz nahe bei dem Mantel, und mit Absicht hatte ich die Hände hinter mich auf den Rücken gelegt, damit sie unauffällig den Mantel berühren könnten. Ich tastete den Stoff an und fühlte tatsächlich durch den Stoff etwas Rechteckiges, etwas das biegsam war und leise knisterte – ein Buch! Ein Buch! Und wie ein Schuss durchzuckte mich der Gedanke: stiehl dir das Buch! Vielleicht gelingt es und du kannst dir's in der Zelle verstecken und dann lesen, lesen, lesen, endlich wieder einmal lesen! Der Gedanke, kaum in mich gedrungen, wirkte wie ein starkes Gift; mit einemmal begannen mir die Ohren zu brausen und das Herz zu hämmern, meine Hände wurden eiskalt und gehorchten nicht mehr. Aber nach der ersten Betäubung drängte ich mich leise und listig noch näher an den Mantel, ich drückte, immer dabei den Wächter fixierend, mit den hinter dem Rücken versteckten Händen das Buch von unten aus der Tasche höher und höher. Und dann: ein Griff, ein leichter, vorsichtiger Zug und plötzlich hatte ich das kleine, nicht sehr umfangreiche Buch in der Hand. Jetzt erst erschrak ich vor meiner Tat. Aber ich konnte nicht mehr zurück. Jedoch wohin damit? Ich schob den Band hinter meinem Rücken unter die Hose an die Stelle, wo sie der Gürtel hielt, und von dort allmählich hinüber an die Hüfte, damit ich es beim Gehen mit der Hand militärisch an der Hosennaht festhalten könnte. Nun galt es die erste Probe. Ich trat von der Garderobe weg, einen Schritt, zwei Schritte, drei Schritte. Es ging. Es war möglich, das Buch im Gehen festzuhalten, wenn ich nur die Hand fest an den Gürtel presste.

Dann kam die Vernehmung. Sie erforderte meinerseits mehr Anstrengung als je, denn eigentlich konzentrierte ich meine ganze Kraft, während ich antwortete, nicht auf meine Aussage, sondern vor allem darauf, das Buch unauffällig festzuhalten. Glücklicherweise fiel das Verhör diesmal kurz aus und ich brachte das Buch heil in mein Zimmer – ich will Sie nicht aufhalten mit all den Einzelheiten, denn einmal rutschte es von der Hose gefährlich ab mitten im Gang und ich musste einen schweren Hustenanfall simulieren, um mich niederzubücken und es wieder heil unter den Gürtel zurückzuschieben. Aber welch eine Sekunde dafür, als ich damit in meine Hölle zurücktrat, endlich allein und doch nicht mehr allein!

Nun vermuten Sie wahrscheinlich, ich hätte sofort das Buch gepackt, betrachtet, gelesen. Keineswegs! Erst wollte ich die Vorlust auskosten, dass ich ein Buch mit mir hatte, die künstlich verzögernde und meine Nerven wunderbar erregende Lust, mir auszuträumen, welche Art Buch dies gestohlene am liebsten sein sollte: sehr eng gedruckt vor allem, viele, viele Lettern enthaltend, viele, viele dünne Blätter, damit ich länger daran zu lesen hätte. Und dann wünschte ich mir, es sollte ein Werk sein, das mich geistig anstrengte, nichts Flaches, nichts Leichtes sondern etwas, das man lernen, auswendig lernen konnte, Gedichte, und am besten – welcher verwegene Traum! – Goethe oder Homer. Aber schließlich konnte ich meine Gier, meine Neugier nicht länger verhalten. Hingestreckt auf das Bett, so dass der Wärter, wenn er plötzlich die Tür aufmachen sollte, mich nicht ertappen könnte, zog ich zitternd unter dem Gürtel den Band heraus.

Der erste Blick war eine Enttäuschung und sogar eine Art erbitterter Ärger: dieses mit so ungeheurer Gefahr erbeutete, mit so glühender Erwartung aufgesparte Buch war nichts anderes als ein Schachrepetitorium, eine Sammlung von hundertfünfzig Meisterpartien. Wäre ich nicht verriegelt, verschlossen gewesen, ich hätte im ersten Zorn das Buch durch ein offenes Fenster geschleudert, denn was sollte, was konnte ich mit diesem Nonsens beginnen? Ich hatte als Knabe im Gymnasium wie die meisten anderen mich ab und zu aus Langeweile vor einem Schachbrett versucht. Aber was sollte mir dies theoretische Zeug? Schach kann man doch nicht spielen ohne einen Partner und schon gar nicht ohne Steine, ohne Brett. Verdrossen blätterte ich die Seiten durch, um vielleicht dennoch etwas Lesbares zu entdecken, eine Einleitung, eine Anleitung; aber ich fand nichts als die nackten quadratischen Schemata der einzelnen Meisterpartien und darunter mir zunächst unverständliche Zeichen, a1-a2, Sf1–Sg3 und so weiter. Alles das schien mir eine Art Algebra, zu der ich keinen Schlüssel fand. Erst allmählich enträtselte ich, dass die Buchstaben a, b, c, für die Längsreihen, die Zahlen 1 bis 8 für die Querreihen eingesetzt waren und den jeweiligen Stand jeder einzelnen Figur bestimmten; damit bekamen die rein grafischen Schemata immerhin eine Sprache. Vielleicht, überlegte ich, könnte ich mir in meiner Zelle eine Art Schachbrett konstruieren und dann versuchen, diese Partien nachzuspielen; wie ein himmlischer Wink erschien es mir, dass mein Bettuch sich zufällig als grob kariert erwies. Richtig zusammengefaltet, ließ es sich am Ende so legen, um vierundsechzig Felder zusammenzubekommen. Ich versteckte also zunächst das Buch unter der Matratze und riss nur die erste Seite heraus. Dann begann ich aus kleinen Krümeln, die ich mir von meinem Brot absparte, in selbstverständlich lächerlich unvollkommener Weise die Figuren des Schachs, König, Königin und so weiter zurechtzumodeln; nach endlosem Bemühen konnte ich es schließlich unternehmen, auf dem karierten Bettuch die im Schachbuch abgebildete Position zu rekonstruieren. Als ich aber versuchte, die ganze Partie nachzuspielen, misslang es zunächst vollkommen mit meinen lächerlichen Krümelfiguren, von denen ich zur Unterscheidung die eine Hälfte mit Staub dunkler gefärbt hatte. Ich verwirrte mich in den ersten Tagen unablässig; fünfmal, zehnmal, zwanzigmal musste ich diese eine Partie immer wieder von Anfang an beginnen. Aber wer auf Erden verfügte über so viel ungenützte und nutzlose Zeit wie ich, der Sklave des Nichts, wem stand so viel unermessliche Gier und Geduld zu Gebot? Nach sechs Tagen spielte ich schon die Partie tadellos zu Ende, nach weiteren acht Tagen benötigte ich nicht einmal die Krümel auf dem Bettuch mehr, um mir die Position aus dem Schachbuch zu vergegenständlichen, und nach weiteren acht Tagen wurde auch das karierte Bettuch entbehrlich; automatisch verwandelten sich die anfangs abstrakten Zeichen des Buches, a1, a2, c7, c8 hinter meiner Stirn zu visuellen, zu plastischen Positionen. Die Umstellung war restlos gelungen: ich hatte das Schachbrett mit seinen Figuren nach innen projiziert und überblickte auch dank der bloßen Formeln die jeweilige Position, so wie einem geübten Musiker der bloße Anblick einer Partitur schon genügt, um alle Stimmen und ihren Zusammenklang zu hören. Nach weiteren vierzehn Tagen war ich mühelos imstande, jede Partie aus dem Buch auswendig – oder wie der Fachausdruck lautet: blind – nachzuspielen; jetzt erst begann ich zu verstehen, welche unermessliche Wohltat mein frecher Diebstahl mir erobert. Denn ich hatte mit einemmale eine Tätigkeit – eine sinnlose, eine zwecklose, wenn Sie wollen, aber doch eine, die das Nichts um mich zunichte machte, ich besaß mit den hundertfünfzig Turnierpartien eine wunderbare Waffe gegen die erdrückende Monotonie des Raumes und der Zeit. Um mir den Reiz der neuen Beschäftigung ungebrochen zu bewahren, teilte ich mir von nun ab jeden Tag genau ein: zwei Partien morgens, zwei Partien nachmittags, abends dann noch eine rasche Wiederholung. Damit war mein Tag, der sich sonst wie Gallert formlos dehnte, ausgefüllt, ich war beschäftigt, ohne mich zu ermüden, denn das Schachspiel besitzt den wunderbaren Vorzug, durch Bannung der geistigen Energien auf ein eng begrenztes Feld selbst bei angestrengtester Denkleistung das Gehirn nicht zu erschlaffen, sondern eher seine Agilität und Spannkraft zu schärfen. Allmählich begann bei dem zuerst bloß mechanischen Nachspielen der Meisterpartien ein künstlerisches, ein lusthaftes Verständnis in mir zu erwachen. Ich lernte die Feinheiten, die Tücken und Schärfen in Angriff und Verteidigung verstehen, ich erfasste die Technik des Vorausdenkens, Kombinierens, Ripostierens und erkannte bald die persönliche Note jedes einzelnen Schachmeisters in seiner individuellen Führung so unfehlbar wie man Verse eines Dichters schon aus wenigen Zeilen feststellt; was als bloß zeitfüllende Beschäftigung begonnen, wurde Genuss, und die Gestalten der großen Schachstrategen wie Aljechin, Lasker, Bogoljubow, Tartakower traten als geliebte Kameraden in meine Einsamkeit. Unendliche Abwechslung beseelte täglich die stumme Zelle, und gerade die Regelmäßigkeit meiner Exerzitien gab meiner Denkfähigkeit die schon erschütterte Sicherheit zurück; ich empfand mein Gehirn aufgefrischt und durch die ständige Denkdisziplin sogar noch gleichsam neu geschliffen. Dass ich klarer und konziser dachte, erwies sich vor allem bei den Vernehmungen; unbewusst hatte ich mich auf dem Schachbrett in der Verteidigung gegen falsche Drohungen und verdeckte Winkelzüge vervollkommnet; von diesem Zeitpunkt an gab ich mir bei den Vernehmungen keine Blöße mehr, und mir dünkte sogar, dass die Gestapoleute mich allmählich mit einem gewissen Respekt zu betrachten begannen. Vielleicht fragten sie sich im Stillen, da sie alle anderen zusammenbrechen sahen, aus welchen geheimen Quellen ich allein die Kraft solch unerschütterlichen Widerstands schöpfte.

Diese meine Glückszeit, da ich die hundertfünfzig Partien jenes Buches Tag für Tag systematisch nachspielte, dauerte etwa zweieinhalb bis drei Monate. Dann geriet ich unvermuteterweise an einen toten Punkt. Plötzlich stand ich neuerdings vor dem Nichts. Denn sobald ich jede einzelne dieser Partien zwanzig- oder dreißigmal durchgespielt hatte, verlor sie den Reiz der Neuheit, der Überraschung, ihre vordem so aufregende, so anregende Kraft war erschöpft. Welchen Sinn hatte es, nochmals und nochmals Partien zu wiederholen, die ich Zug um Zug längst auswendig kannte? Kaum ich die erste Eröffnung getan, klöppelte sich ihr Ablauf gleichsam automatisch in mir ab, es gab keine Überraschung mehr, keine Spannungen, keine Probleme. Um mich zu beschäftigen, um mir die schon unentbehrlich gewordene Anstrengung und Ablenkung zu schaffen, hätte ich eigentlich ein anderes Buch mit anderen Partien gebraucht. Da dies aber vollkommen unmöglich war, gab es nur einen Weg auf dieser sonderbaren Irrbahn: ich musste mir statt der alten Partien neue erfinden. Ich musste versuchen, mit mir selbst oder vielmehr gegen mich selbst zu spielen.

Ich weiß nun nicht, bis zu welchem Grade Sie über die geistige Situation bei diesem Spiel der Spiele nachgedacht haben. Aber schon die flüchtigste Überlegung dürfte ausreichen, um klarzumachen, dass beim Schach als einem reinen, vom Zufall abgelösten Denkspiel es logischerweise eine Absurdität bedeutet, gegen sich selbst spielen zu wollen. Das Attraktive des Schachs beruht doch im Grunde einzig darauf, dass sich seine Strategie in zwei verschiedenen Gehirnen verschieden entwickelt, dass in diesem geistigen Krieg Schwarz die jeweiligen Manöver von Weiß nicht kennt und ständig zu erraten und zu durchkreuzen sucht, während seinerseits wiederum Weiß die geheimen Absichten von Schwarz zu überholen und zu parieren strebt. Bildeten nun Schwarz und Weiß ein- und dieselbe Person, so ergäbe sich der widersinnige Zustand, dass ein- und dasselbe Gehirn gleichzeitig etwas wissen und doch nicht wissen sollte, dass es als Partner Weiß funktionierend, auf Kommando völlig vergessen könnte, was es eine Minute vorher als Partner Schwarz gewollt und beabsichtigt. Ein solches Doppeldenken setzt eigentlich eine vollkommene Spaltung des Bewusstseins voraus, ein beliebiges Auf- und Abblendenkönnen der Gehirnfunktion wie bei einem mechanischen Apparat; gegen sich selbst spielen zu wollen, bedeutet also im Schach eine solche Paradoxie wie über seinen eigenen Schatten zu springen.

Nun, um mich kurz zu fassen, diese Unmöglichkeit, diese Absurdität habe ich in meiner Verzweiflung monatelang versucht. Aber ich hatte keine Wahl als diesen Widersinn, um nicht dem puren Irrsinn oder einem völligen geistigen Marasmus zu verfallen. Ich war durch meine fürchterliche Situation gezwungen, diese Spaltung in ein Ich Schwarz und ein Ich Weiß zumindest zu versuchen, um nicht erdrückt zu werden von dem grauenhaften Nichts um mich.«

Dr. B. lehnte sich zurück in dem Liegestuhl und schloss für eine Minute die Augen. Es war, als ob er eine verstörende Erinnerung gewaltsam unterdrücken wollte. Wieder lief das merkwürdige Zucken, das er nicht zu beherrschen wußte, um den linken Mundwinkel. Dann richtete er sich in seinem Lehnstuhl etwas höher auf.

»So – bis zu diesem Punkte hoffe ich Ihnen alles ziemlich verständlich erklärt zu haben. Aber ich bin leider keineswegs gewiss, ob ich das Weitere Ihnen noch ähnlich deutlich veranschaulichen kann. Denn diese neue Beschäftigung erforderte eine so unbedingte Anspannung des Gehirns, dass sie jede gleichzeitige Selbstkontrolle unmöglich machte. Ich deutete Ihnen schon an, dass meiner Meinung nach es an sich schon Nonsens bedeutet, Schach gegen sich selber spielen zu wollen; aber selbst diese Absurdität hätte immerhin noch eine minimale Chance mit einem realen Schachbrett vor sich, weil das Schachbrett durch seine Realität immerhin noch eine gewisse Distanz, eine materielle Exterritorialisierung erlaubt. Vor einem wirklichen Schachbrett mit wirklichen Figuren kann man Überlegungspausen einschalten, man kann sich schon rein körperlich bald auf die eine Seite, bald auf die andere des Tisches stellen und damit die Situation bald vom Standpunkt Schwarz, bald vom Standpunkt Weiß ins Auge fassen. Aber genötigt, wie ich es war, diese Kämpfe gegen mich selbst oder wenn Sie wollen, mit mir selbst in einen imaginären Raum zu projizieren, war ich genötigt, in meinem Bewusstsein die jeweilige Stellung auf den vierundsechzig Feldern deutlich festzuhalten und außerdem nicht nur die momentane Figuration sondern auch schon die möglichen weiteren Züge von beiden Partnern mir auszukalkulieren und zwar – ich weiß, wie absurd dies alles klingt – mir doppelt und dreifach zu imaginieren, nein sechsfach, achtfach, zwölffach, für jedes meiner Ich, für Schwarz und Weiß immer schon vier und fünf Züge voraus. Ich musste – verzeihen Sie, dass ich Ihnen zumute, diesen Irrsinn durchzudenken – bei diesem Spiel im abstrakten Raum der Phantasie als Spieler Weiß vier oder fünf Züge vorausberechnen und ebenso als Spieler Schwarz, also alle sich in der Entwicklung ergebenden Situationen gewissermaßen mit zwei Gehirnen vorauskombinieren, mit dem Gehirn Weiß und dem Gehirn Schwarz. Aber selbst diese Selbstzerteilung war noch nicht das Gefährlichste an meinem abstrusen Experiment sondern, dass ich durch das selbständige Ersinnen von Partien mit einemmal den Boden unter den Füßen verlor und ins Bodenlose geriet. Das bloße Nachspielen der Meisterpartien, wie ich es in den vorhergehenden Wochen geübt, war schließlich nichts als eine reproduktive Leistung gewesen, ein reines Rekapitulieren einer gegebenen Materie und als solches nicht anstrengender als wenn ich Gedichte auswendig gelernt hätte oder Gesetzesparagraphen memoriert; es war eine begrenzte, eine disziplinierte Tätigkeit und darum ein ausgezeichnetes exercitium mentalis. Meine zwei Partien, die ich morgens, die zwei, die ich nachmittags probte, stellten ein bestimmtes Pensum dar, das ich ohne jeden Einsatz von Erregung erledigte; sie ersetzten mir eine normale Beschäftigung und überdies hatte ich, wenn ich mich im Ablauf einer Partie irrte oder nicht weiterwusste, an dem Buche noch immer einen Halt. Nur darum war diese Tätigkeit für meine erschütterten Nerven eine so heilsame und eher beruhigende gewesen, weil ein Nachspielen fremder Partien nicht mich selber ins Spiel brachte; ob Schwarz oder Weiß siegte, blieb mir gleichgültig, es waren doch Aljechin oder Bogoljubow, die um die Palme des Champions kämpften, und meine eigene Person, mein Verstand, meine Seele genossen einzig als Zuschauer, als Kenner die Peripetien und Schönheiten jener Partien. Von dem Augenblick an, da ich aber gegen mich zu spielen versuchte, begann ich mich unbewusst herauszufordern. Jedes meiner beiden Ich, mein Ich Schwarz und mein Ich Weiß hatten zu wetteifern gegeneinander und gerieten jedes für sein Teil in einen Ehrgeiz, in eine Ungeduld zu siegen, zu gewinnen; ich fieberte als Ich Schwarz nach jedem Zuge, was das Ich Weiß nun tun würde. Jedes meiner beiden Ich triumphierte, wenn das andere einen Fehler machte und erbitterte sich gleichzeitig über sein eigenes Ungeschick.

Das alles scheint sinnlos und in der Tat wäre ja eine solche künstliche Schizophrenie, eine solche Bewusstseinsspaltung mit ihrem Einschuss an gefährlicher Erregtheit bei einem normalen Menschen in normalem Zustande undenkbar. Aber vergessen Sie nicht, dass ich aus aller Normalität gewaltsam gerissen war, ein Häftling, unschuldig eingesperrt, seit Monaten raffiniert mit Einsamkeit gemartert, ein Mensch, der seine aufgehäufte Wut längst gegen irgend etwas entladen wollte. Und da ich nichts anderes hatte als dies unsinnige Spiel gegen mich selbst, fuhr meine Wut, meine Rachelust fanatisch in dieses Spiel hinein. Etwas in mir wollte recht behalten, und ich hatte doch nur dieses andere Ich in mir, das ich bekämpfen konnte; so steigerte ich mich während des Spiels in eine fast manische Erregung. Im Anfang hatte ich noch ruhig und überlegt gedacht, ich hatte Pausen eingeschaltet zwischen einer und der andern Partie, um mich von der Anstrengung zu erholen; aber allmählich erlaubten meine gereizten Nerven mir kein Warten mehr. Kaum mein Ich Weiß einen Zug getan, stieß schon mein Ich Schwarz fiebrig vor; kaum war eine Partie beendigt, so forderte ich mich schon zur nächsten heraus, denn jedesmal war doch eines meiner beiden Schach-Ich von dem andern besiegt worden und verlangte Revanche. Nie werde ich auch nur annähernd sagen können, wie viele Partien ich infolge dieser irrwitzigen Unersättlichkeit während dieser letzten Monate in meiner Zelle gegen mich selbst gespielt – vielleicht tausend, vielleicht mehr. Es war eine Besessenheit, deren ich mich nicht erwehren konnte; von früh bis nachts dachte ich an nichts als an Läufer und Bauern und Turm und König und a und b und c und Matt und Rochade, mit meinem ganzen Sein und Fühlen stieß ich mich in das karierte Quadrat. Aus der Spielfreude war eine Spiellust geworden, aus der Spiellust ein Spielzwang, eine Manie, eine frenetische Wut, die nicht nur meine wachen Stunden sondern allmählich auch meinen Schlaf durchdrang. Ich konnte nur Schach denken, nur in Schachbewegungen, Schachproblemen; manchmal wachte ich mit feuchter Stirne auf und erkannte, dass ich sogar im Schlaf unbewusst weitergespielt haben musste, und wenn ich von Menschen träumte, so geschah es ausschließlich in den Bewegungen des Läufers, des Turms, im Vor und Zurück des Rösselsprungs. Selbst wenn ich zum Verhör gerufen wurde, konnte ich nicht mehr konzis an meine Verantwortung denken; ich habe die Empfindung, dass bei den letzten Vernehmungen ich mich ziemlich konfus ausgedrückt haben muss, denn die Verhörenden blickten sich manchmal befremdet an. Aber in Wirklichkeit wartete ich, während sie fragten und berieten, in meiner unseligen Gier doch nur darauf, wieder zurückgeführt zu werden in meine Zelle, um mein Spiel, mein irres Spiel fortzusetzen, eine neue Partie und noch eine und noch eine. Jede Unterbrechung wurde mir zur Störung; selbst die Viertelstunde, da der Wärter die Gefängniszelle aufräumte, die zwei Minuten, da er mir das Essen brachte, quälten meine fiebrige Ungeduld; manchmal stand abends der Napf mit der Mahlzeit noch unberührt, ich hatte über dem Spiel vergessen zu essen. Das Einzige, was ich körperlich empfand, war ein fürchterlicher Durst; es muss wohl schon das Fieber dieses ständigen Denkens und Spielens gewesen sein; ich trank die Flasche leer in zwei Zügen und quälte den Wärter um mehr und fühlte dennoch im nächsten Augenblick die Zunge schon wieder trocken im Munde. Schließlich steigerte sich meine Erregung während des Spielens – und ich tat nichts anderes mehr von morgens bis nachts – zu solchem Grade, dass ich nicht einen Augenblick mehr stillzusitzen vermochte; ununterbrochen ging ich, während ich die Partien überlegte, auf und ab, immer schneller und schneller und schneller auf und ab, auf und ab, auf und ab, und immer hitziger, je mehr sich die Entscheidung der Partie näherte; die Gier zu gewinnen, zu siegen, mich selbst zu besiegen, wurde allmählich zu einer Art Wut, ich zitterte vor Ungeduld, denn immer war dem einen Schach-Ich in mir das andere zu langsam. Das eine trieb das andere an; so lächerlich es Ihnen vielleicht scheint, ich begann mich zu beschimpfen ›schneller, schneller!‹ oder ›vorwärts, vorwärts!‹, wenn das eine Ich in mir dem andern Ich nicht rasch genug ripostierte. Selbstverständlich bin ich mir heute ganz im Klaren, dass dieser mein Zustand schon eine durchaus pathologische Form geistiger Überreizung war, für die ich eben keinen andern Namen finde als den bisher medizinisch ungekannten: eine Schachvergiftung. Schließlich begann diese monomanische Besessenheit nicht nur mein Gehirn sondern auch meinen Körper zu attackieren. Ich magerte ab, ich schlief unruhig und verstört, ich brauchte beim Erwachen jedesmal eine besondere Anstrengung, die bleiernen Augenlider aufzuzwingen; manchmal fühlte ich mich derart schwach, dass wenn ich ein Trinkglas anfasste, ich es nur mit Mühe bis zu den Lippen brachte, so zitterten mir die Hände; aber kaum das Spiel begann, überkam mich eine wilde Kraft: ich lief auf und ab, auf und ab mit geballten Fäusten, und wie durch einen roten Nebel hörte ich manchmal meine eigene Stimme, wie sie heiser und böse ›Schach!‹ oder ›Matt!‹ sich selber zuschrie.

Wie dieser grauenhafte, dieser unbeschreibbare Zustand zur Krise kam, vermag ich selbst nicht zu berichten. Alles was ich darüber weiß, ist, dass ich eines Morgens aufwachte und es war ein anderes Erwachen als sonst. Mein Körper war gleichsam abgelöst von mir, ich ruhte weich und wohlig. Eine dichte gute Müdigkeit, wie ich sie seit Monaten nicht gekannt, lag auf meinen Lidern, lag so warm und wohltätig auf ihnen, dass ich mich zuerst gar nicht entschließen konnte, die Augen aufzutun. Minuten lag ich schon wach und genoss noch diese schwere Dumpfheit, dies laue Liegen mit wollüstig betäubten Sinnen. Auf einmal war mir, als ob ich hinter mir Stimmen hörte, lebendige menschliche Stimmen, leise flüsternde Stimmen, die Worte sprachen, und Sie können sich mein Entzücken nicht ausdenken, denn ich hatte doch seit Monaten, seit bald einem Jahr keine anderen Worte gehört als die harten, scharfen und bösen von der Richterbank. ›Du träumst‹, sagte ich mir. ›Du träumst! Tu' keinesfalls die Augen auf! Lass ihn noch dauern, diesen Traum, sonst siehst du wieder die verfluchte Zelle um dich, den Stuhl und den Waschtisch und den Tisch und die Tapete mit dem ewig gleichen Muster. Du träumst – träume weiter!‹

Aber die Neugier behielt die Oberhand. Ich schlug langsam und vorsichtig die Lider auf. Und Wunder: es war ein anderes Zimmer, in dem ich mich befand, ein Zimmer, breiter, geräumiger als meine Hotelzelle. Ein ungegittertes Fenster ließ freies Licht herein und einen Blick auf Bäume, grüne, im Wind wogende Bäume statt meiner starren Feuermauer, weiß und glatt glänzten die Wände, weiß und hoch hob sich über mir die Decke – wahrhaftig, ich lag in einem neuen, einem fremden Bett und wirklich, es war kein Traum, hinter mir flüsterten leise menschliche Stimmen. Unwillkürlich muss ich mich in meiner Überraschung heftig geregt haben, denn schon hörte ich hinter mir einen nahenden Schritt. Eine Frau kam weichen Gelenks heran, eine Frau mit weißer Haube über dem Haar, eine Pflegerin, eine Schwester. Ein Schauer des Entzückens lief über mich: ich hatte seit einem Jahr keine Frau gesehen. Ich starrte die holde Erscheinung an, und es muss ein wilder, ekstatischer Aufblick gewesen sein, denn ›Ruhig! Bleiben Sie ruhig!‹ beschwichtigte mich dringlich die Nahende. Ich aber lauschte nur auf ihre Stimme – war das nicht ein Mensch, der sprach? Gab es wirklich noch auf Erden einen Menschen, der mich nicht verhörte, nicht quälte? Und dazu noch – unfassbares Wunder! – eine weiche, warme, eine fast zärtliche Frauenstimme. Gierig starrte ich auf ihren Mund, denn es war mir in diesem Höllenjahr unwahrscheinlich geworden, dass ein Mensch gütig zu einem andern sprechen könnte. Sie lächelte mir zu – ja, sie lächelte, es gab noch Menschen, die gütig lächeln konnten – dann legte sie den Finger mahnend auf die Lippen und ging leise weiter. Aber ich konnte ihrem Gebot nicht gehorchen. Ich hatte mich noch nicht sattgesehen an dem Wunder. Gewaltsam versuchte ich mich in dem Bette aufzurichten, um ihr nachzublicken, diesem Wunder eines menschlichen Wesens nachzublicken, das gütig war. Aber wie ich mich am Bettrande aufstützen wollte, gelang es mir nicht. Wo sonst meine rechte Hand gewesen, Finger und Gelenk, spürte ich etwas Fremdes, einen dicken, großen, weißen Bausch, offenbar einen umfangreichen Verband. Ich staunte dieses Weiße, Dicke, Fremde an meiner Hand zuerst verständnislos an, dann begann ich langsam zu begreifen, wo ich war, und zu überlegen, was mit mir geschehen sein mochte. Man musste mich verwundet haben oder ich hatte mich selbst an der Hand verletzt. Ich befand mich in einem Hospital.

Mittags kam der Arzt, ein freundlicher älterer Herr. Er kannte den Namen meiner Familie und erwähnte derart respektvoll meinen Onkel, den kaiserlichen Leibarzt, dass mich sofort das Gefühl überkam, er meine es gut mit mir. Im weiteren Verlauf richtete er allerhand Fragen an mich, vor allem eine, die mich erstaunte – ob ich Mathematiker sei oder Chemiker. Ich verneinte.

›Sonderbar‹, murmelte er. ›Im Fieber haben Sie immer so sonderbare Formeln geschrien, c3, c4. Wir haben uns alle nicht ausgekannt.‹

Ich erkundigte mich, was mit mir vorgegangen sei. Er lächelte merkwürdig.

›Nichts Ernstliches. Eine akute Irritation der Nerven‹, und

fügte, nachdem er sich zuvor vorsichtig umgeblickt hatte, leise bei: ›Schließlich eine recht verständliche. Seit dem 13. März, nicht wahr?‹

Ich nickte.

›Kein Wunder bei dieser Methode‹, murmelte er. ›Sie sind nicht der Erste. Aber sorgen Sie sich nicht.‹ An der Art, wie er mir dies beruhigend zuflüsterte, und dank seines begütigenden Blicks wusste ich, dass ich bei ihm gut geborgen war.

Zwei Tage später erklärte mir der gütige Doktor ziemlich freimütig, was vorgefallen war. Der Wärter hatte mich in meiner Zelle laut schreien hören und zunächst geglaubt, dass jemand eingedrungen sei, mit dem ich streite. Kaum er sich aber an der Tür gezeigt, hätte ich mich auf ihn gestürzt und ihn mit wilden Ausrufen angeschrien, die ähnlich klangen wie: ›Zieh schon einmal, du Schuft, du Feigling!‹, ihn bei der Gurgel zu fassen gesucht und schließlich so wild angefallen, dass er um Hilfe rufen musste. Als man mich in meinem tollwütigen Zustand dann zur ärztlichen Untersuchung schleppte, hätte ich mich plötzlich losgerissen, auf das Fenster im Gang gestürzt, die Scheibe zerschlagen und mir dabei die Hand zerschnitten – Sie sehen noch die tiefe Narbe hier. Die ersten Nächte im Hospital hätte ich in einer Art Gehirnfieber verbracht, aber jetzt finde er mein Sensorium völlig klar. ›Freilich‹, fügte er leise bei, ›werde ich das lieber nicht den Herrschaften melden, sonst holt man Sie am Ende noch einmal dorthin zurück. Verlassen Sie sich auf mich, ich werde mein Bestes tun.‹

Was dieser hilfreiche Arzt meinen Peinigern über mich berichtet hat, entzieht sich meiner Kenntnis. Jedenfalls erreichte er, was er erreichen wollte: meine Entlassung. Mag sein, dass er mich als unzurechnungsfähig erklärt hat, oder vielleicht war ich inzwischen schon der Gestapo unwichtig geworden, denn Hitler hatte seitdem Böhmen besetzt und damit war der Fall Österreich für ihn erledigt. So brauchte ich nur die Verpflichtung zu unterzeichnen, unsere Heimat innerhalb von vierzehn Tagen zu verlassen, und diese vierzehn Tage waren dermaßen erfüllt mit all den tausend Formalitäten, die heutzutage der einstmalige Weltbürger zu einer Ausreise benötigt, Militärpapiere, Polizei, Steuer, Pass, Visum, Gesundheitszeugnis, dass ich keine Zeit hatte, über das Vergangene viel nachzusinnen. Anscheinend wirken in unserem Gehirn geheimnisvoll regulierende

Kräfte, die, was der Seele lästig und gefährlich werden kann, selbsttätig ausschalten, denn immer wenn ich zurückdenken wollte an meine Zellenzeit, löschte gewissermaßen in meinem Gehirn das Licht aus; erst nach Wochen und Wochen, eigentlich erst hier auf dem Schiff, fand ich wieder den Mut zu besinnen, was mir geschehen war.

Und nun werden Sie begreifen, warum ich mich so ungehörig und wahrscheinlich unverständlich Ihren Freunden gegenüber benommen. Ich schlenderte doch nur ganz zufällig durch den Rauchsalon, als ich Ihre Freunde vor dem Schachbrett sitzen sah; unwillkürlich fühlte ich den Fuß angewurzelt vor Staunen und Schrecken. Denn ich hatte total vergessen, dass man Schach spielen kann an einem wirklichen Schachbrett und mit wirklichen Figuren, vergessen, dass bei diesem Spiel zwei völlig verschiedene Menschen einander leibhaft gegenübersitzen. Ich brauchte wahrhaftig ein paar Minuten, um mich zu erinnern, dass was diese Spieler dort taten, im Grunde dasselbe Spiel war, was ich in meiner Hilflosigkeit monatelang gegen mich selbst versucht. Die Chiffren, mit denen ich mich beholfen während meiner grimmigen Exerzitien, waren doch nur Ersatz gewesen und Symbol für diese beinernen Figuren; meine Überraschung, dass dieses Figurenrücken auf dem Brett dasselbe sei wie mein imaginäres Phantasieren im Denkraum, mochte vielleicht der eines Astronomen ähnlich sein, der sich mit den kompliziertesten Methoden auf dem Papier einen neuen Planeten errechnet hat und ihn dann wirklich am Himmel erblickt als einen weißen, klaren, substantiellen Stern. Wie magnetisch festgehalten starrte ich auf das Brett und sah dort meine Schemata, Pferd, Turm, König, Königin und Bauern als reale Figuren, aus Holz geschnitzt; um die Stellung der Partie zu überblicken, musste ich sie unwillkürlich erst zurückmutieren aus meiner abstrakten Ziffernwelt in die der bewegten Steine. Allmählich überkam mich die Neugier, ein solches reales Spiel zwischen zwei Partnern zu beobachten. Und da passierte das Peinliche, dass ich, alle Höflichkeit vergessend, mich einmengte in Ihre Partie. Aber dieser falsche Zug Ihres Freundes traf mich wie ein Stich ins Herz. Es war eine reine Instinkthandlung, dass ich ihn zurückhielt, ein ganz impulsiver Zugriff, wie man, ohne zu überlegen ein Kind fasst, das sich über ein Geländer beugt. Erst später wurde mir die grobe Ungehörigkeit klar, deren ich mich durch meine Vordringlichkeit schuldig gemacht.«

Ich beeilte mich, Dr. B. zu versichern, wie sehr wir alle uns freuten, diesem Zufall seine Bekanntschaft zu verdanken und dass es für mich nach all dem, was er mir anvertraut, nun doppelt interessant sein werde, ihm morgen bei dem improvisierten Turnier zusehen zu dürfen. Dr. B. machte eine unruhige Bewegung.

»Nein, erwarten Sie wirklich nicht zu viel. Es soll nichts als eine Probe für mich sein ... eine Probe, ob ich ... ob ich überhaupt fähig bin, eine normale Schachpartie zu spielen, eine Partie auf einem wirklichen Schachbrett mit faktischen Figuren und einem lebendigen Partner ... denn ich zweifle jetzt immer mehr daran, ob jene hunderte und vielleicht tausende Partien, die ich gespielt habe, tatsächlich regelrechte Schachpartien waren und nicht bloß eine Art Traumschach, ein Fieberschach, ein Fieberspiel, in dem wie immer im Traum Zwischenstufen übersprungen wurden. Sie werden mir doch hoffentlich nicht im Ernst zumuten, dass ich mir anmaße, einem Schachmeister und gar dem ersten der Welt Paroli bieten zu können. Was mich interessiert und intrigiert, ist einzig die posthume Neugier, festzustellen, ob das in der Zelle damals noch Schachspiel oder schon Wahnsinn gewesen, ob ich damals noch knapp vor oder schon jenseits der gefährlichen Kippe mich befand – nur dies, nur dies allein.«

Vom Schiffsende dröhnte in diesem Augenblick der Gong, der zum Abendessen rief. Wir mussten – Dr. B. hatte mir alles viel ausführlicher berichtet, als ich es hier zusammenfasse – fast zwei Stunden verplaudert haben. Ich dankte ihm herzlich und verabschiedete mich. Aber noch war ich nicht das Deck entlang, so kam er mir schon nach und fügte sichtlich nervös und sogar etwas stottrig bei:

»Noch eines! Wollen Sie den Herren gleich im Voraus ausrichten, damit ich nachträglich nicht unhöflich erscheine: ich spiele nur eine einzige Partie ... sie soll nichts als der Schlussstrich unter eine alte Rechnung sein – eine endgültige Erledigung und nicht ein neuer Anfang ... Ich möchte nicht ein zweites Mal in dieses leidenschaftliche Spielfieber geraten, an das ich nur mit Grauen zurückdenken kann ... und übrigens ... übrigens hat mich damals auch der Arzt gewarnt ... ausdrücklich gewarnt. Jeder, der einer Manie verfallen war, bleibt für immer gefährdet und mit einer – wenn auch ausgeheilten – Schachvergiftung soll man besser keinem Schachbrett nahekommen ... Also Sie verstehen – nur diese eine Probepartie für mich selbst und nicht mehr.«

Pünktlich um die vereinbarte Stunde, drei Uhr, waren wir am nächsten Tage im Rauchsalon versammelt. Unsere Runde hatte sich noch um zwei Liebhaber der königlichen Kunst vermehrt, zwei Schiffsoffiziere, die sich eigens Urlaub vom Borddienst erbeten, um dem Turnier zusehen zu können. Auch Czentovic ließ nicht wie am vorhergehenden Tage auf sich warten, und nach der obligaten Wahl der Farben begann die denkwürdige Partie dieses homo obscurissimus gegen den berühmten Weltmeister. Es tut mir leid, dass sie nur für uns durchaus unkompetente Zuschauer gespielt war und ihr Ablauf für die Annalen der Schachkunde ebenso verloren ist wie Beethovens Klavierimprovisationen für die Musik. Zwar haben wir an den nächsten Nachmittagen versucht, die Partie gemeinsam aus dem Gedächtnis zu rekonstruieren, aber vergeblich; wahrscheinlich hatten wir alle während des Spiels zu passioniert, zu interessiert auf die beiden Spieler statt auf den Gang des Spiels geachtet. Denn der geistige Gegensatz im Habitus der beiden Partner wurde im Verlauf der Partie immer mehr körperlich plastisch. Czentovic, der Routinier, blieb während der ganzen Zeit unbeweglich wie ein Block, die Augen streng und starr auf das Schachbrett gesenkt; Nachdenken schien bei ihm eine geradezu physische Anstrengung, die alle seine Organe zu äußerster Konzentration nötigte. Dr. B. dagegen bewegte sich vollkommen locker und unbefangen. Als der rechte Dilettant im schönsten Sinne des Worts, dem im Spiel nur das Spiel, das »diletto« Freude macht, ließ er seinen Körper völlig entspannt, plauderte während der ersten Pausen erklärend mit uns, zündete sich mit leichter Hand eine Zigarette an und blickte immer nur gerade wenn an ihn die Reihe kam, eine Minute auf das Brett. Jedesmal hatte es den Anschein, als hätte er den Zug des Gegners schon im Voraus erwartet.

Die obligaten Eröffnungszüge ergaben sich ziemlich rasch. Erst beim siebten oder achten schien sich etwas wie ein bestimmter Plan zu entwickeln. Czentovic verlängerte seine Überlegungspausen; daran spürten wir, dass der eigentliche Kampf um die Vorhand einzusetzen begann. Aber um der Wahrheit die Ehre zu geben, bedeutete die allmähliche Entwicklung der Situation wie jede richtige Turnierpartie für uns Laien eine ziemliche Enttäuschung. Denn je mehr sich die Figuren zu einem sonderbaren Ornament ineinander verflochten, um so undurchdringlicher wurde für uns der eigentliche Stand. Wir konnten weder wahrnehmen, was der eine Gegner noch was der andere beabsichtigte und wer von beiden sich eigentlich im Vorteil befand. Wir merkten bloß, dass sich einzelne Figuren wie Hebel vorschoben, um die feindliche Front aufzusprengen, aber wir vermochten nicht – da bei diesen überlegenen Spielern jede Bewegung immer auf mehrere Züge vorauskombiniert war – die strategische Absicht in diesem Hin und Wieder zu erfassen. Dazu gesellte sich allmählich eine lähmende Ermüdung, die hauptsächlich durch die endlosen Überlegungspausen Czentovics verschuldet war und die auch unseren Freund sichtlich zu irritieren begannen. Ich beobachtete beunruhigt, wie er, je länger die Partie sich hinzog, immer unruhiger auf seinem Sessel herumzurücken begann, bald aus Nervosität eine Zigarette nach der anderen anzündend, bald nach dem Bleistift greifend, um etwas zu notieren. Dann wieder bestellte er ein Mineralwasser, das er Glas um Glas hastig hinabstürzte; es war offenbar, dass er hundertmal schneller kombinierte als Czentovic. Jedesmal wenn dieser nach endlosem Überlegen sich entschloss, mit seiner schweren Hand eine Figur vorwärtszurücken, lächelte unser Freund nur wie jemand, der etwas lang Erwartetes eintreffen sieht und ripostierte bereits. Er musste mit seinem rapid arbeitenden Verstand im Kopf alle Möglichkeiten des Gegners vorausberechnet haben; je länger darum Czentovics Entschließung sich verzögerte, um so mehr wuchs seine Ungeduld, und um seine Lippen presste sich während des Wartens ein ärgerlicher und fast feindseliger Zug. Aber Czentovic ließ sich keineswegs drängen. Er überlegte stur und stumm und pausierte immer länger, je mehr sich das Feld von Figuren entblößte. Beim zweiundvierzigsten Zuge, nach geschlagenen zweidreiviertel Stunden, saßen wir schon alle ermüdet und beinahe teilnahmslos um den Turniertisch. Einer der Schiffsoffiziere hatte sich bereits entfernt, ein anderer ein Buch zur Lektüre genommen und blickte nur bei jeder Veränderung für einen Augenblick auf. Aber da geschah plötzlich bei einem Zuge Czentovics das Unerwartete. Sobald Dr. B. merkte, dass Czentovic den Springer fasste, um ihn vorzuziehen, duckte er sich zusammen wie eine Katze vor dem Ansprung. Sein ganzer Körper begann zu zittern, und kaum Czentovic den Springerzug getan, schob er scharf die Dame vor, sagte laut triumphierend: »So! Erledigt!«, lehnte sich zurück, kreuzte die Arme über der Brust und sah mit herausforderndem Blick auf Czentovic. Ein heißes Licht glomm plötzlich in seiner Pupille.

Unwillkürlich beugten wir uns über das Brett, um den so triumphierend angekündigten Zug zu verstehen. Auf den ersten Blick war keine direkte Bedrohung sichtbar. Die Äußerung unseres Freundes musste sich also auf eine Entwicklung beziehen, die wir kurzdenkenden Dilettanten noch nicht errechnen konnten. Czentovic war der Einzige unter uns, der sich bei jener herausfordernden Ankündigung nicht gerührt hatte; er saß so unerschütterlich, als ob er das beleidigende »Erledigt!« völlig überhört hätte. Nichts geschah. Man hörte, da wir alle unwillkürlich den Atem anhielten, mit einemmal das Ticken der Uhr, die man zur Feststellung der Zugzeit auf den Tisch gelegt hatte. Es wurden drei Minuten, sieben Minuten, acht Minuten, – Czentovic rührte sich nicht, aber mir war, als ob sich von einer inneren Anstrengung seine dicken Nüstern noch breiter dehnten. Unserem Freunde schien dieses stumme Warten ebenso unerträglich wie uns selbst. Mit einem Ruck stand er plötzlich auf und begann im Rauchzimmer auf und ab zu gehen, erst langsam, dann schneller und immer schneller. Alle blickten wir ihm etwas verwundert zu, aber keiner beunruhigter als ich, denn mir fiel auf, dass seine Schritte trotz aller Heftigkeit dieses Auf und Ab immer nur die gleiche Spanne Raum ausmaßen; es war, als ob er jedesmal mitten im leeren Zimmer an eine unsichtbare Schranke stieße, die ihn nötigte umzukehren. Und schaudernd erkannte ich, es reproduzierte unbewusst dieses Auf und Ab das Ausmaß seiner einstmaligen Zelle; genau so musste er in den Monaten des Eingesperrtseins auf und ab gerannt sein wie ein eingesperrtes Tier im Käfig, genau so die Hände verkrampft und die Schultern eingeduckt; so und nur so musste er dort tausendmal auf und nieder gelaufen sein, die roten Lichter des Wahnsinns im starren und doch fiebernden Blick. Aber noch schien sein Denkvermögen völlig intakt, denn von Zeit zu Zeit wandte er sich ungeduldig dem Tisch zu, ob Czentovic sich inzwischen schon entschieden hätte. Aber es wurden neun, es wurden zehn Minuten. Dann endlich geschah, was niemand von uns erwartet hatte. Czentovic hob langsam seine schwere Hand, die bisher unbeweglich auf dem Tisch gelegen. Gespannt blickten wir alle auf seine Entscheidung. Aber Czentovic tat keinen Zug, sondern sein gewendeter Handrücken schob mit einem entschiedenen Ruck alle Figuren langsam vom Brett. Erst im nächsten Augenblick verstanden wir: Czentovic hatte die Partie aufgegeben. Er hatte kapituliert, um nicht vor uns sichtbar mattgesetzt zu werden. Das Unwahrscheinliche hatte sich ereignet, der Weltmeister, der Champion zahlloser Turniere hatte die Fahne gestrichen vor einem Unbekannten, einem Manne, der zwanzig oder fünfundzwanzig Jahre kein Schachbrett angerührt. Unser Freund, der Anonymus, der Ignotus hatte den stärksten Schachspieler der Erde in offenem Kampfe besiegt!

Ohne es zu merken, waren wir in unserer Erregung einer nach dem anderen aufgestanden. Jeder von uns hatte das Gefühl, er müsste etwas sagen oder tun, um unserem freudigen Schrecken Luft zu machen. Der Einzige, der unbeweglich in seiner Ruhe verharrte, war Czentovic. Erst nach einer gemessenen Pause hob er den Kopf und blickte unseren Freund mit steinernem Blick an.

»Noch eine Partie?«, fragte er.

»Selbstverständlich«, antwortete Dr. B. mit einer mir unangenehmen Begeisterung und setzte sich, noch ehe ich ihn an seinen Vorsatz mahnen konnte, es bei einer Partie bewenden zu lassen, sofort wieder nieder und begann mit fiebriger Hast, die Figuren neu aufzustellen. Er rückte sie mit solcher Hitzigkeit zusammen, dass zweimal ein Bauer durch die zitternden Finger zu Boden glitt; mein schon früher peinliches Unbehagen angesichts seiner unnatürlichen Erregtheit wuchs zu einer Art Angst. Denn eine sichtbare Exaltiertheit war über den vorher so stillen und ruhigen Menschen gekommen; das Zucken fuhr immer öfter um seinen Mund, und sein Körper zitterte wie von einem jähen Fieber geschüttelt.

»Nicht!«, flüsterte ich ihm leise zu. »Nicht jetzt! Lassen Sie's für heute genug sein! Es ist für Sie zu anstrengend.«

»Anstrengend! Ha!«, lachte er laut und boshaft. »Siebzehn Partien hätte ich unterdessen spielen können statt dieser Bummelei! Anstrengend ist für mich einzig, bei diesem Tempo nicht einzuschlafen! – Nun! Fangen Sie doch schon einmal an!«

Diese letzten Worte hatte er in heftigem, beinahe grobem Ton zu Czentovic gesagt. Dieser blickte ihn ruhig und gemessen an, aber sein steinern starrer Blick hatte etwas von einer geballten Faust. Mit einemmal stand etwas Neues zwischen den beiden Spielern; eine gefährliche Spannung, ein leidenschaftlicher Hass. Es waren nicht zwei Partner mehr, die ihr Können spielhaft aneinander proben wollten, es waren zwei Feinde, die sich gegenseitig zu vernichten geschworen. Czentovic zögerte lange, ehe er den ersten Zug tat und mich überkam das deutliche Gefühl, er zögerte mit Absicht so lange. Offenbar hatte der geschulte Taktiker schon herausgefunden, dass er gerade durch seine Langsamkeit den Gegner ermüdete und irritierte. So setzte er nicht weniger als vier Minuten aus, ehe er die normalste, die simpelste aller Eröffnungen machte, indem er den Königsbauer die üblichen zwei Felder vorschob. Sofort fuhr unser Freund mit seinem Königsbauern ihm entgegen, aber wieder machte Czentovic eine endlose, kaum zu ertragende Pause; es war, wie wenn ein starker Blitz niederfährt und man pochenden Herzens auf den Donner wartet und der Donner kommt und kommt nicht. Czentovic rührte sich nicht. Er überlegte, still, langsam und, wie ich immer gewisser fühlte, boshaft langsam; damit aber gab er mir reichlich Zeit, Dr. B. zu beobachten. Er hatte eben das dritte Glas Wasser hinabgestürzt; unwillkürlich erinnerte ich mich, dass er mir von seinem fiebrigen Durst in der Zelle erzählt. Alle Symptome einer abnormalen Erregung zeichneten sich deutlich ab; ich sah seine Stirne feucht werden und die Narbe auf seiner Hand röter und schärfer als zuvor. Aber noch beherrschte er sich. Erst als beim vierten Zug Czentovic wieder endlos überlegte, verließ ihn die Haltung und er fauchte ihn plötzlich an:

»So spielen Sie doch schon endlich einmal!«

Czentovic blickte kühl auf. »Wir haben meines Wissens zehn Minuten Zugzeit vereinbart. Ich spiele prinzipiell nicht mit kürzerer Zeit.«

Dr. B. biss sich die Lippe; ich merkte, wie unter dem Tisch seine Sohle unruhig und immer unruhiger gegen den Boden wippte, und wurde selbst unaufhaltsam nervöser durch das drückende Vorgefühl, dass sich irgend etwas Unsinniges in ihm vorbereitete. In der Tat ereignete sich bei dem achten Zug ein zweiter Zwischenfall. Dr. B., der immer unbeherrschter gewartet hatte, konnte seine Spannung nicht mehr verhalten; er rückte hin und her und begann unbewusst mit den Fingern auf dem Tisch zu trommeln. Abermals hob Czentovic seinen schweren bäurischen Kopf.

»Darf ich Sie bitten, nicht zu trommeln? Es stört mich. Ich kann so nicht spielen.«

»Ha!«, lachte Dr. B. kurz. »Das sieht man.«

Czentovics Stirn wurde rot. »Was wollen Sie damit sagen?«, fragte er scharf und böse.

Dr. B. lachte abermals knapp und boshaft. »Nichts. Nur dass Sie offenbar sehr nervös sind.«

Czentovic schwieg und beugte seinen Kopf nieder. Erst nach sieben Minuten tat er den nächsten Zug, und in diesem tödlichen Tempo schleppte sich die Partie fort. Czentovic versteinte gleichsam immer mehr; schließlich schaltete er immer das Maximum der vereinbarten Überlegungspause ein, ehe er sich zu einem Zug entschloss, und von einem Intervall zum andern wurde das Benehmen unseres Freundes sonderbarer. Es hatte den Anschein, als ob er an der Partie gar keinen Anteil mehr nehme sondern mit etwas ganz anderem beschäftigt sei. Er ließ sein hitziges Auf- und Niederlaufen und blieb an seinem Platz reglos sitzen. Mit einem stieren und fast irren Blick ins Leere vor sich starrend, murmelte er ununterbrochen unverständliche Worte vor sich hin; entweder verlor er sich in endlosen Kombinationen oder er arbeitete – dies war mein innerster Verdacht – sich ganz andere Partien aus, denn jedesmal, wenn Czentovic endlich gezogen hatte, musste man ihn aus seiner Geistesabwesenheit zurückmahnen. Dann brauchte er immer einige Minuten, um sich in der Situation wieder zurechtzufinden; immer mehr beschlich mich der Verdacht, er habe eigentlich Czentovic und uns alle längst vergessen in dieser kalten Form des Wahnsinns, der sich plötzlich in irgendeiner Heftigkeit entladen konnte. Und tatsächlich, bei dem neunzehnten Zug brach die Krise aus. Kaum dass Czentovic seine Figur bewegt, stieß Dr. B. plötzlich, ohne recht auf das Brett zu blicken, seinen Läufer drei Felder vor und schrie derart laut, dass wir alle zusammenfuhren:

»Schach! Schach dem König!«

Wir blickten in der Erwartung eines besonderen Zuges sofort

auf das Brett. Aber nach einer Minute geschah, was keiner von uns erwartet. Czentovic hob ganz, ganz langsam den Kopf und blickte – was er bisher nie getan – in unserem Kreise von einem zum andern. Er schien irgend etwas unermesslich zu genießen, denn allmählich begann auf seinen Lippen ein zufriedenes und deutlich höhnisches Lächeln. Erst nachdem er diesen seinen uns noch unverständlichen Triumph bis zur Neige genossen, wandte er sich mit falscher Höflichkeit unserer Runde zu.

»Bedaure – aber ich sehe kein Schach. Sieht vielleicht einer von den Herren ein Schach gegen meinen König?«

Wir blickten auf das Brett und dann beunruhigt zu Dr. B. hinüber. Czentovics Königsfeld war tatsächlich – ein Kind konnte das erkennen – durch einen Bauern gegen den Läufer völlig gedeckt, also kein Schach dem König möglich. Wir wurden unruhig. Sollte unser Freund in seiner Hitzigkeit eine Figur danebengestoßen haben, ein Feld zu weit oder zu nah? Durch unser Schweigen aufmerksam gemacht, starrte jetzt auch Dr. B. auf das Brett und begann heftig zu stammeln:

»Aber der König gehört doch auf f7 ... er steht falsch, ganz falsch ... Sie haben falsch gezogen! Alles steht ganz falsch auf diesem Brett ... der Bauer gehört doch auf g5 und nicht auf g4 ... Das ist ja eine ganz andere Partie ... Das ist ...«

Er stockte plötzlich. Ich hatte ihn heftig am Arm gepackt oder vielmehr ihn so hart in den Arm gekniffen, dass er selbst in seiner fiebrigen Verwirrtheit meinen Griff spüren musste. Er wandte sich um und starrte mich wie ein Traumwandler an.

»Was ... was wollen Sie?«

Ich sagte nichts als: »Remember!« und fuhr ihm gleichzeitig mit dem Finger über die Narbe an seiner Hand. Er folgte unwillkürlich meiner Bewegung, sein Auge starrte glasig auf den blutroten Strich. Dann begann er plötzlich zu zittern und ein Schauer lief über seinen ganzen Körper.

»Um Gotteswillen«, flüsterte er mit blassen Lippen. »Habe ich etwas Unsinniges gesagt oder getan ... bin ich am Ende wieder ...?«

»Nein«, flüsterte ich leise. »Aber Sie müssen sofort die Partie abbrechen, es ist höchste Zeit. Erinnern Sie sich, was der Arzt Ihnen gesagt!«

Dr. B. stand mit einem Ruck auf. »Ich bitte um Entschuldigung für meinen dummen Irrtum«, sagte er mit seiner alten höflichen Stimme und verbeugte sich vor Czentovic. »Es ist natürlich purer Unsinn, was ich gesagt habe. Selbstverständlich bleibt es Ihre Partie.« Dann wandte er sich zu uns. »Auch die Herren muss ich um Entschuldigung bitten. Aber ich hatte Sie gleich im Voraus gewarnt, Sie sollten von mir nicht zuviel erwarten. Verzeihen Sie die Blamage – es war das letzte Mal, dass ich mich im Schach versucht habe.«

Er verbeugte sich und ging, in der gleichen bescheidenen und geheimnisvollen Weise, mit der er zuerst erschienen. Nur ich wusste, warum dieser Mann nie mehr ein Schachbrett berühren würde, indes die andern ein wenig verwirrt zurückblieben mit dem ungewissen Gefühl, mit knapper Not etwas Unbehaglichem und Gefährlichem entgangen zu sein. »Damned fool«, knurrte McConnor in seiner Enttäuschung. Als Letzter erhob sich Czentovic von seinem Sessel und warf noch einen Blick auf die halbbeendete Partie.

»Schade«, sagte er großmütig. »Der Angriff war gar nicht so übel disponiert. Für einen Dilettanten ist dieser Herr eigentlich ungewöhnlich begabt.«

Stefan Zweig, Wien, 1925

Aufsätze, Essays, Porträts

Die zehn Wege zum deutschen Ruhm

Der deutsche Ruhm ist, solange die Kritik bei uns nicht kritisch, sondern sentimental ist, eine Angelegenheit nicht des Verdienstes, sondern der Geschicklichkeit. Ein paar Ratschläge seien Jüngeren und Auftretenden darum gegeben:

D e r e r s t e : Pflege deinen Körper, damit du alt werdest. Der deutsche Ruhm wächst nicht aus Werken, sondern aus Jubiläen. Die Kunst, berühmt zu werden, geht Hand in Hand mit Diätetik, der Kunst der Langlebigkeit. Du musst fünfzig Jahre werden, dann sechzig und siebzig. Mit achtzig, wenn du's erlebst, bekommst du den Nobelpreis.

D e r z w e i t e : Schreibe viel und kümmere dich nicht um Qualität. Non multum sed multa. Wir leben in einem Lande, wo Tüchtigkeit sichtbar sein will, und Fleiß als Tugend, ja als Talent gilt. Sei umfangreich in deinen Werken, solange Langeweile noch mit Literatur identisch ist. Ändert sich der Geschmack, so ändere dich mit.

D e r d r i t t e : Sei allgegenwärtig in deinen Veröffentlichungen. Das Odol-Prinzip muss das deine sein, man muss dir nicht entfliehen können.

D e r v i e r t e : Darum unterzeichne alles, was dir an Aufrufen, Rundfragen, Kommunikationen in die Hände kommt, ob es dich etwas angeht oder nicht. Erwecke den Anschein universalen Interesses, sei überall beteiligt, wo du nicht hingehörst und menge dich in die fremdesten Angelegenheiten. Denn dies gilt als Kennzeichen, dass man kein Literat ist, sondern ein Dichter. Wird es wieder geschmackvoll, Literat zu scheinen, so ... vide den zweiten Ratschlag.

D e r f ü n f t e : Schaffe dir eine Spezialität, irgend eine Etikette zur Bequemlichkeit für die Literaturgeschichtsfabrikanten. Man gibt dir sonst eine unbequeme, also affichiere dich lieber selbst. Findest du keine, so nenne dich den deutschen X und setze für das X den Namen eines dir sympathischen Ausländers. Es braucht ja nicht zu stimmen, ist nur Formalität (wie das Schreiben überhaupt). Das einzig Wichtige ist, bekannt zu werden.

D e r s e c h s t e : Sei eine Zeitlang verkannt, oder scheine es, das macht Freunde. Hast du mit einem Buch viele Auflagen, so verschweige sie. Es gilt sonst als schlecht.

D e r s i e b e n t e : Sei persönlich umgänglich. Tritt in alle Vereine deiner Vaterstadt ein, korrespondiere mit den andern. Vergiss nie zu gratulieren (besonders wenn es in die Zeitung kommt). Jungen Dichtern (den alten übrigens auch) schreibe immer begeistert. Deinem Verleger empfiehl jeden, der dich darum bittet, in glühenden Worten, warne ihn aber immer zuvor privatim. Halte Reden, wo irgend es geht, zu Jubiläen und Begräbnissen, beides steht dir ja selber bevor (vide Ratschlag eins).

D e r a c h t e : Habe von Zeit zu Zeit einen kleinen Unglücksfall oder werde krank. Je gefährlicher, desto besser. Vergiss nicht, dass Tolstoi, Strindberg und andere immer erst den Alarm ihres Todes erwecken mussten, damit man überhaupt merkte, dass sie in unserer Zeit leben (indessen man es von Otto Ernst und Fulda jederzeit wusste). Überhaupt: nimm dir ein Beispiel an den Letzteren. Die können die Kunst!

D e r n e u n t e : Wenn du verheiratet bist, führe gute Küche und habe gute Klubsessel sowie Zigarren, die Bücher sind Nebensache, die guten Freunde, da sie die Meinung machen, das einzig Wichtige. Kunst ist ja nur Meinungssache, weshalb es ein Fehler ist, sich um die Kunst zu bemühen, statt um die Meinung. Die Letztere ist leichter herumzukriegen, also halte dich an sie.

D e r z e h n t e : Sei unbesorgt um den Nachruhm. Du kannst ihm in Deutschland nicht entgehen. In München ist ein Verleger, der druckt die ganze Weltliteratur noch einmal, da kommst du auch an die Reihe. Auch deine Briefe werden gedruckt – es gibt ja genug Leute bei uns mit dem Lebensideal, Unnötiges und Gleichgültiges herauszugeben. Sie werden dafür zuerst Dozenten, dann Professoren und sind, solange du lebst, deine Widersacher. Drum stirb – aber erst nach mehreren Jubiläen, vide Ratschlag eins – denn in ihnen lebst du weiter. Das ganze dichterische Lebenswerk ist ja immer nur ein Vorwand für einen Späteren, dazu eine Einleitung zu schreiben und für den Verleger, mit honorarfreien Autoren die Lebendigen zu schädigen. Also hüte dich, ein Zeitgenosse zu sein.

Bürophobie

Brief an einen Arzt

Ich kenne, lieber Freund, Ihr leidenschaftliches Interesse für gerade jene seelischen Sondererscheinungen, bei denen das Wort Krankheit schon vorschnell angewandt wäre, die gleichsam nur einen Schwebezustand zwischen dem Normalen und Abnormen darstellen, und von denen ja Meister Freud, Alfred Adler so prachtvolle Analysen gegeben haben. Soll ich Ihnen nun aus meinem eigenen Leben eine merkwürdige seelische Wucherung zur Diagnose übermitteln, so kann ich es getrost öffentlich tun, denn mir scheint, dass die Phänomene, die ich seit einiger Zeit an mir beobachtete, nicht Produkte einer persönlichen Veranlagung, sondern eines Gesamtzustandes sind, möglicherweise sogar eine epidemische Erscheinung, und darum nicht nur in mir allein, sondern in der Gesamtheit festzustellen. Ich will mich in meiner Schilderung möglichster Klarheit befleißen, den psychoanalytischen Jargon vermeiden, und meinen Zustand so erörtern, als säße ich vor Ihnen auf einem Fauteuil als Patient, der die Symptome wie die Ursachen seines Unwohlbefindens Ihrer unerschütterlichen Geduld vorzutragen hat.

Die wesentlichen Erscheinungen jener seelischen Störung – die ich Bürophobie, also Kanzleiangst benennen möchte – sind im Allgemeinen folgende. Ich bemerke seit einiger Zeit und in rapid gesteigerter Form bei mir einen Abscheu, einen Ekel, eine nervöse Furcht, eine Erbitterung gegen jedes Amtslokal, mag es nun staatlichen, städtischen, militärischen Zwecken dienen, gegen Büros kurzweg und alles, was mit dieser beamtlichen oder ärarischen Welt in Verbindung ist. Bei jeder notwendigen Begegnung mit solchen Amtsstellen habe ich eine Hemmung zu überwinden, die auch nicht im Entferntesten in einem möglichen Verhältnis zu dem Anlasse steht. Ich will Ihnen das Phänomen an Beispielen beschreiben. Durchaus nicht träge und, wie Sie wissen, keine noch so schwierige Reise scheuend, spüre ich, wenn ich als erste nächste Etappe dieser Reise ein solches Gebäude nur überhaupt betreten muss, eine

Furcht, die ich, oder besser, die mein bewusstes Ich als lächerlich und beschämend empfindet. Soll ich mir einen Pass abholen, so sinne ich stundenlang darüber nach, ob ich diese Besorgung, die nur persönlich erledigt werden kann, nicht durch eine Mittelsperson besorgen lassen könnte. Ich verzögere, so wichtig mir die Sache ist, einen Tag oder zwei. Ich mache dann schließlich einen Umweg um das Haus. An der Stiege habe ich Herzklopfen und ein bitteres Gefühl in der Kehle. Alles flößt mir unüberwindlichen Ekel ein, die Gänge mit ihren Erlässen und Türnummern, die Vorzimmer mit jenem merkwürdigen ungelüfteten Geruch von Tabak und Papierstaub, die Tintenfässer mit dem nassen Streusand. Und gelange ich endlich bis an den über mich verfügenden Beamten (denn ich kann mich der Vorstellung nicht erwehren, dass ich Objekt der freien Willkür dieses einfachen und meist überarbeiteten Menschen sei), so ist das, was mein wahres Ich ist, mein Wille, meine geistige Kraft, meine Sprechfähigkeit irgendwie weggeschmolzen. Ich habe eine trockene, mir fremde Stimme, einen gebückten Rücken, ich spreche leise und hastig, überhaupt ich bin wie ein Schuljunge, der sich fürchtet, angeschrien zu werden. Ich glaube, dass ich nur warte und gar nicht wirklich lebe, bis ich endlich den gewünschten Wisch bekomme. Mir nur das Mindeste durchzusetzen, bin ich unfähig, denn mich beschäftigt restlos der eine Gedanke, möglichst rasch wieder aus dem Amtslokal fortzukommen. Dieser ganze Erregungszustand bemächtigt sich meiner nun auch schon bei der kleinsten Berührung mit der amtlichen Maschinerie, selbst auf dem Postamt, wenn man eine Legitimation von mir verlangt, bei jedem Anlass überhaupt, der mich daran erinnert, dass ich jener anonymen Obrigkeit Staat in irgendeiner Form verbunden bin, und er überwächst sich dermaßen, dass ganz fremde Komplexe davon erfasst werden, dass ich zum Beispiel solche Straßen hasse, die mir amtlich bekannt sind. Und ich glaube, dass ich imstande wäre, wichtigste Angelegenheiten meiner Existenz zu vernachlässigen, nur weil sie mit der Notwendigkeit gepaart sind, Büros aufsuchen zu müssen.

Sie lächeln, lieber Freund, und sagen, an Wesentlicheres gewohnt, freundlich: »Eine kleine Psychose, die bald vergehen wird.« Gewiss, eine Psychose, und wie alle hervorgerufen durch eine tatsächliche oder eingebildete Erniedrigung und bei mir auch eine

Kriegspsychose. Ich weiß genau, dass ich vor jener großen Zeit diesen Abscheu nie so körperlich empfunden habe, nur war das Unabhängigkeitsgefühl in mir immer schon leidenschaftlich ausgebildet und ich habe mich in jenen Ländern tatsächlich am wohlsten gefühlt, wo die Existenz jenes unsichtbaren Wesens Staat am wenigsten die meine berührte, wo man sich es ersparen durfte, sich mit einem Meldezettel als vorhanden zu bekräftigen, und gerade ohne diese Bekräftigung sein wirkliches Sein viel freier und stärker spürte. Im Kriege bekam nun dieses Freiheitsgefühl den fürchterlichsten Schock, ich gehörte mit einemmal nicht nur dem Staat, sondern einem Kader, einem Regiment, einer Kompanie, einem Stand, ich war in einem Geflecht von Zetteln, Grundbuchsblättern, Überweisungsscheinen, Listen und Registern gefangen und wurde dann leihweise von diesem Regiment, leihweise und auf jederzeit mögliche Kündigung einem Büro überwiesen. Hier begann nun, so freundlich mich meine Vorgesetzten behandelten, jene Krankheit, die Kanzleiangst, von der ich fürchte, nie mehr ganz zu genesen, jenes entsetzliche Gefühl der Unsicherheit und des Widerwillens vor dem Mystischen des Amtes, jenes ohnmächtige Gefühl des vormals freien Weltbürgers, sich als ewig hörigen Staatsbürger zu entdecken. Und aus jenen Tagen datiert auch der unüberwindliche Abscheu vor ärarischem Mobiliar, amtlichen Papieren und Stempeln. Bedenken Sie: Mein Hauptdienst bestand wie bei allen militärischen Ämtern darin, über das, was ich zu tun hatte, Bericht zu erstatten; so wartete ich täglich durch drei Jahre, also tausend und zweihundert Tage in demselben Vorzimmer etwa ein bis zwei Stunden, und alle Gegenstände dieses Vorzimmers, das Amtsmobiliar, ist von der Weißglut der Erbitterung mir in das Gehirn gebrannt, der verstaubte, vorvorjährige Kalender, von dem ich jedes Mondzeichen auswendig wusste, der links im Geflecht löchrige Strohsessel, der Tisch mit dem schlammigen und verstaubten Tintenfass, die ungeputzte Klinke, die graue Diele – ich kenne das alles so gehässig, wie ein Gefangener eben sein Gefängnis kennt. Und dies Gefängnis sehe ich jetzt überall, wo Amt ist, denn überall ist ein Teil meines Wesen dort gefangen, überall steht mein Name in einem Buch, beim Magistrat, bei der Polizei, bei der Steuer, bei der Statthalterei, beim Konskriptionsamt, bei der Lebensmittelzuweisung, jedes dieser Ämter hat ein Recht über mich und eine Macht, jeder (in seiner Liebenswürdigkeit ahnungslose) Beamte scheint mir Kerkermeister meiner Freiheit. Und ich werde des Tages nicht mehr froh, wo zu Hause eine Berührung mit einer amtlichen Stelle mir die Unfreiheit ins Bewusstsein ruft, so wie von je an der Grenze die körperliche und sachliche Durchsuchung, die Antastung meiner Person, mir zu erschütternder Erkenntnis meiner menschlichen Rechtslosigkeit wird. Für den kleinsten Schritt brauche ich eine Legitimation, einen Permiss, stündlich hatte ich das Gefühl, ärarischer Besitz zu sein. Zu welchem Grade sich dies in jener Epoche gesteigert hat, als ich, im Sommer in Kalksburg wohnend, mir täglich und abertäglich gehorsamst einen Erlaubnisschein erbitten musste, dort zu übernachten (weil ich als Mannschaftsperson den Rayon anders nicht überschreiten durfte), mag ich selbst nicht mehr überdenken, und das Possenhafte, das ich jetzt darin erkenne, kann doch die einmal erlittene Störung des Sicherheits- und Selbstempfindens nie mehr ganz beseitigen. Ich habe das Gefängnisgefühl vom Militär auf den ganzen Staat übertragen.

Ich sehe, Sie lächeln nicht mehr, lieber Freund, weil Sie merken, dass ich in der Torheit meines Gehabens, in der scheinbar stupiden Marotte der Amtsscheu doch noch vernünftig genug geblieben bin, um die Ursachen zu kennen. Und ich komme auch gar nicht zu Ihnen, um Rat zu erbitten. Ich weiß, dass ein Teil dieser Hemmung bei mir nie zu überwinden sein wird, weil mein vaterländisches Gefühl immer ein weltbürgerliches war und sein wird, ob man auch jetzt Grenzen aufrichtet, verschiebt oder vertieft. Ich werde jede denkbare isolierte Staatsform innerhalb Europas immer im letzten Sinn noch als Hemmung, als Gefängnis spüren, und wenn ich allmählich die Amtsscheu auch verliere oder sie sich nur abschwächt, etwas in mir bleibt schon aus bewusstem Willen wehrhaft gegen die Verwüstung des nationalen Staatsgebildes, gegen die Abschnürung der Adern, die Europa, den einzig organischen Körper unserer geistigen Welt durchpulsen. Aber ich will Sie nicht mit meinem europäischen Bekenntnis langweilen, das ich zwar zu verteidigen weder müde geworden bin noch werde, sondern Ihre Meinung über den von mir geschilderten Fall erbitten. Ich möchte Sie fragen, ob dieses Phänomen des zum Abscheu gesteigerten Widerwillens gegen die tägliche Unvermeidlichkeit von Ämtern und Kanzleien, gegen die

Wucherung von Zetteln und Erlässen und Verordnungen und Gesetzen, ob dies, was ich Ihnen erzählte, bloß bei mir ein ganz seltsamer, absurder und vereinzelter Fall ist, der erste dieser Art, oder ob Ihnen schon vielfach ähnlicher, bis zum Krankhaften gesteigerter Abscheu vorgetragen wurde. Ich bin geneigt, nach den Erfahrungen von der Hammelnatur der meisten Menschen mir nicht übertriebene Erwartungen von ihrem Widerstand gegen ein Weltbüro zu machen, aber doch, ich kann es mir nicht denken, dass nicht Unzählige bei diesem jahrelangen Eiertanz zwischen Verordnungen und den spitzen Messern der Bestrafungen schwindlig geworden seien. Dass nicht in den Tausenden und Abertausenden, deren Leben jetzt fünf Jahre mit solchen Zetteln hin und her geschoben wurde, die unzählige Stunden von Kanzleitischen arbeitend oder wartend verbracht haben, ein ähnlicher Ekel entstanden wäre, also schon viele von dieser Bürophobie befallen sind.

Denn offen gesagt, lieber Freund, ich wünsche, diese meine Krankheit würde eine Epidemie, eine europäische Epidemie. So lästig sie ist, so gefährlich, ich wünsche sie Tausenden und Millionen. Wenn ich lese, wie der frühere Mensch und Staatsbürger (nie waren wir es so sehr im Sinn der Pflichten, so wenig im Sinn von Recht als seit der großen Zeit) immer mehr von Verordnungen, Gesetzen und Erlässen dermaßen umwickelt wird, dass er die Hände nicht mehr rühren kann, die Beine nicht mehr vorwärts heben, wenn ich lese, dass man, um von Pressburg nach Wien zu fahren, zuerst auf ein Passbüro und von dort ins Steuerbüro muss – wenn ich dies lese und denke, dass jetzt Millionen zu den täglichen Zetteln für Brot und Milch und Fett und Zucker und Käse in Zukunft noch werden jahrelang tagtäglich von einem Büro ins andere pilgern müssen, um sich auszuweisen, zu deklarieren, zu explizieren, dass man gezwungen wird, sich einen Wahlzettel zu holen und zu wählen, dass von der ersten Anmeldung der Geburt bis zum Totenschein nun verzehntfacht die Wanderschaft des Lebens von Amtslokal zu Amtslokal gehen soll – dann, lieber Freund, wünsche ich den baldigen Ausbruch der Epidemie von Bürophobie und eine Organisation dieser Kranken. Eine Organisation, die auf Vereinfachung des Apparats hindrängt, auf Erhöhung der persönlich menschlichen Freiheit – und wenn alle Grenzen darüber fallen müssten, alle Zölle und Schutzwälle zerstoßen. Je mehr der Staat uns seine Macht fühlen lässt, je mehr er unsere private, anonyme Existenz in den Winkel drängt, um so stärker, um so krankhaft leidenschaftlicher muss unsere Erregung gegen die papierenen Ketten, gegen diese mit Verordnungen, Legitimationen, Erlaubnissen, Bescheinigungen überklebte Gefängniszelle werden. Ein Land, das sich abschnürt, schnürt seine Menschen ein. Je freier die Staaten zusammen leben, um so freier werden alle seine Bürger leben. Je mehr ein Staat aber seine individuelle Existenz fühlen lässt, um so gedrückter fühlt jeder einzelne seiner Bürger die seine: je enger er seine Menschen an sich zieht, desto weniger Liebe spüren sie für ihn. Mit Papierwänden kann man die Welt schließlich doch nicht verbauen, und wenn man auch ein Drittel der Häuser in Büros verwandelte und die Hälfte der Bürger darin verwendete, die andere Hälfte zu überwachen und zu verwalten, so wird man doch nur Dumpfheit schaffen und keine Kraft. Denn alle Kraft kommt im Letzten immer nur aus Freiheit des Willens, und darum muss von allen seinen Gesetzen dem Staate jenes der Freiheit, Freizügigkeit, Freiwahl und des Freilebens jedes einzelnen Menschen das Wichtigste sein.

Von den Bäumen

Ich glaube, dass man einer guten und wirklich fruchtbaren Idee zuliebe unter Umständen auf einen übertriebenen nationalen Ehrgeiz Verzicht leisten und sich nicht schämen soll, einen guten Gedanken des Auslandes in Deutschland einzupflanzen. Ich möchte die deutschen Verleger, die ja gerade in erzieherischen Dingen einen ganz bewundernswerten Eifer entfalten, nachdrücklichst auf ein Werk aufmerksam machen, das in Belgien bei irgendeinem versteckten kleinen Verleger erschienen ist und einen schönen Gedanken aufs Glücklichste, allerdings mit unzulänglichen Mitteln, auszuführen sucht. Ein junger belgischer Dichter Louis Pierard veranstaltete dort eine Anthologie, die den Kindern nach und nach die Gegenstände und Erscheinungen der Natur aus den Werken der Dichter und den Bildern der größten Maler lieb und vertraut machen soll. Er beginnt mit den Bäumen und wählt aus der französischen Literatur nicht nur die schönsten Gedichte aus, die den Bäumen gelten, sondern gibt den jungen Lesern durch kluge und sehr belebte Auszüge aus statistischen Werken gleichzeitig zu verstehen, dass hier die Natur jenes Wunder hervorbringt, das die Kunst des Menschen so oft vergeblich nachzuahmen sucht: mit größter, anscheinend zweckbefreiter Schönheit auch Nützlichkeit zu vereinen. Die Kinder können aus diesen Beispielen lernen, zu hören, dass in dem Rauschen der Blätter Musik ist, in dem aufrechten, ungebeugten Trotz gegen Wind und Wetter ein moralisches Beispiel, sie werden gleichsam im Spiel erzogen an der Ehrfurcht der großen Dichter vor diesen wunderbaren Erscheinungen, die Bäume als etwas Lebendiges und fast Heiliges zu betrachten, das nicht mutwillig geschändet oder verstümmelt werden darf. Die beigegebenen Bilder lassen sie ohne jede ästhetische Doktrin zugleich verstehen, ein wie einziger Schmuck der Landschaft die Bäume sind, gleichgültig, ob es einer schmächtigen Birke Stand ist, der in silbrigen Wäldchen Zuflucht vor der brennenden Sonne gewährt, oder ein afrikanischer Riesenbaum, der einsam, wie ein Wahrzeichen, sich in der Wüste aufrichtet. Dieses Lob der

Bäume aber ist nur als erster Band einer großen und pantheistisch aufgestuften Anthologie zum Lobe der ganzen Natur gedacht. Ihm sollen die Darstellung der Blumen, der Landschaften, des Meeres und der Tiere folgen, damit die Kinder, langsam weiterschreitend vom scheinbar Unbelebten zum Belebten, schließlich auch die Liebe zum Menschen und damit zu sich selbst lernen.

Ich könnte mir denken, dass in Deutschland dank der ungleich größeren Bevölkerungszahl und vor allem dank der vortrefflichen Organisation unsrer Verleger und Lehrer ein ähnliches Unternehmen prachtvolle Wirksamkeit gewinnen könnte und einerseits den Sinn für die Natur bei den Kindern stärker entflammen würde, anderseits sie aber aus den Proben auch mit der Kunst und der Dichtung vertrauter machen könnte. Darum möchte ich diese interessante Anthologie von Louis Pierard – sie heißt »Aimons les arbres!« (erschienen bei Dufranne Friart, Frameries, Belgien) – den deutschen Lehrern und Verlegern eindringlichst zur Beachtung empfehlen; und sollte einer tatsächlich die Absicht verwirklichen wollen, so weiß ich dafür keine schönere Einführung, als die kleine Einleitung Emile Verhaerens an die Kinder, die ich hier beifügen möchte, weil sie mir wunderbar die edle Idee dieses Buches zu erfassen und zu vertiefen scheint:

»Ihr Kinder, an die sich dieses kleine Buch wendet, seid euch immer dessen bewusst, dass euer größter Schatz eure beiden Augen sind. Ihr habt sie da vorne, unter eurer Stirn. Ihr könnt sie mit euren kleinen Händen anrühren und in einem Spiegel betrachten. Sie gehören euch, gleichviel, ob ihr reich oder arm seid. Sie gehören euch ganz allein und bedeuten euch zwei sichere Quellen der Freude. So wie das Wasser den Himmel spiegelt, so spiegeln eure beiden Augen die Blumen, die Landschaften, die Bäume, die Tiere, die Menschen, die Dörfer, die ganze Welt. Nun müsst ihr nur noch lernen zu schauen, und wenn ihr gelernt habt, richtig zu schauen, so werdet ihr bewundern und werdet lieben.

Eine Blume, eine Rose, eine Primel, ein Veilchen, eine Tulpe, eine Lilie, jede ist ein Wunder. Kein Mensch kann sie so schön anfertigen, als sie die Natur geschaffen hat. Er kann vielleicht ihren Bau nachahmen, aber ihre Frische kann er nicht wiedergeben. Wären nur einige wenige Tulpen in der Welt, so würde man von den fernsten Ländern herlaufen, um sie zu sehen, und es wäre euch sicherlich verboten, sie zu pflücken. Ihr aber dürft ungestraft euch daraus ein Bündel reihen. Dennoch sollt ihr von dieser Freiheit nicht übermäßigen Gebrauch machen. Löst sie aus keinem andern Grunde von ihrem Boden los, als um ihnen näher zu sein und sie besser zu lieben. Betrachtet jeden ihrer Kelche, seine Durchsichtigkeit, seine Biegung, seine Adern, seine Haut, durch die der Saft quillt, wie das Blut durch eure Hände, seine zartrote Farbe, die so bezaubernd ist, wie die eurer Wangen, und begreifet dann nach und nach, dass es ebenso schlimm wäre, eine Blume ohne Zwang zu verletzen, wie euch selber weh zu tun. Später einmal wird man euch erklären, dass ihr die Freunde von all dem sein müsst, was es auf Erden gibt: Inzwischen macht euch zu Freunden dessen, was der Schmuck der Erde ist, der Blumen, der Bäume und der Tiere.

Nehmt vom Gesträuch und von den Bäumen nichts, als ihren Schatten! Lasst ihre Zweige frei ausgreifen und reißt kein Blatt im losen Spiele ab. Menschen, die ohne Zweck zerstören, sind schlechte Menschen. Wenn ihr auf eurem Wege irgendwo einem jungen Baum begegnen werdet, den man geknickt oder ausgerissen hat, so erkennt, dass hier ein schlechter Mensch vorbeigegangen ist. Es war ein Feigling, der einen Wehrlosen schlug. Man straft diejenigen, die in den Häusern stehlen, ihre Türen aufbrechen und Gegenstände rauben. Diejenigen, die die baumbestandenen Fluren zerstören, nur um zu zerstören, zu vernichten, sind ebenso verbrecherisch. Nein, sogar noch mehr, denn sie handeln aus reiner Bosheit, während die andern wenigstens die Entschuldigung haben, dass sie irgendeinen Vorteil aus ihrer Schlechtigkeit ziehen wollten.

Wenn ihr dann einmal dazu gelangt seid, die Blumen und die Bäume zu achten, so werdet ihr auch sicherlich dazu gelangen, die Erde selbst zu lieben, die sie trägt, das Licht, das sie badet, das Wasser, das sie nährt. Ihr werdet die ganze Gegend lieben, die sie einschließt, kurz, ihr werdet den Winkel lieben, wo ihr geboren seid: Ihr werdet eure Heimat lieben. Alle diese Arten Liebe sind miteinander verbunden und stufen sich untereinander ab. Sie sind gewissermaßen die erste Schwelle einer ungeheuren Stiege, die unablässig emporsteigt. In der Schule lehrt man euch die Geschichte der Helden, die dort gelebt haben, wo ihr nun seid, aber man vergisst oft, euch zu sagen, wie sehr diese Großen von einst die Landschaft, die Gegend liebten, die vor ihren Augen war. Wenn es auch nicht jedem gegeben ist, sie in ihren großen Taten nachzuahmen, so könnt ihr ihnen wenigstens in ihrem täglichen Leben Folge leisten, die Erde und den Himmel mit ebenso bewegtem Blick sehen, als sie sie einst schauten, in den Wäldern und Feldern dahin gehen, wo sie einst gingen, und euch ihrer würdig zeigen, durch euer schlichtes, aber im Tiefsten der gleichen Erde geweihtes Leben, für die jene gestorben sind. Beginnet ihr so, so werdet ihr später die ganze Welt lieben.«

Die Jahrhundertausstellung Wiener Malerei in Zürich

Sie war nicht laut und lange angekündigt gewesen, diese großzügig geplante Ausstellung in Zürich, die hier zum erstenmal die Wiener malerische Kunst dreier Generationen als lebendige Einheit zeigen will: mit einemmal stand sie, still und sorglich geordnet, in den Sälen des Kunsthauses, wo erst in jüngster Zeit bedeutende Vorgänger, Hodler und die französischen Impressionisten, unvergesslichen Eindruck geschenkt und damit den Nachfahren vollgültige Leistung als Pflicht auferlegten. Der Anlass, die gastliche Einladung, die freundlich voreingenommene Neigung für die österreichische Kunst forderte viel von den Wiener Veranstaltern – die Zeit wiederum, die widrigen Umstände der heute vervielfachten Entfernung, die Enge des Raumes schien nur ein Geringes bewilligen zu wollen, so ward es zur Aufgabe, im engsten Rahmen ein möglichst vollendetes Bild der künstlerischen Bewegung zu bieten, knapp zu sein und doch übersichtlich, auswählend und doch gerecht, einschränkend und doch repräsentativ. Nicht Österreich konnte gezeigt werden, die ganze verästelte Vielfalt seiner Volksstämme und ihre künstlerische Blüte: nur Wien, und von Wien wiederum nicht dies gerade hier so bedeutsame Ineinandergreifen des malerischen und dekorativen Stiles, die Durchdringung des Handwerks und die Beseelung der Architektur von einheitlichem Geiste, Wiener Kunst aus ihrem Milieu genommen, aus ihrer musikalisch anschaulichen Welt, wird den Kenner den wirksamsten Rahmen vermissen lassen, doch dieser Probe des Werkes an sich neues Interesse abfordern. Einzig die Wiener Malerei ward geboten und sie wieder im strengsten Sinne, der die köstlichen Miniaturen Alt-Wiens und die Graphik der Gegenwart dem Gedanken der Einheit aufopfern musste. Aber selbst dies: in hundertfünfzig Gemälden in bloß sieben Räumen alles darzustellen, was bei uns in drei Generationen ausgewirkt ward, die fließenden Übergänge darin festzuhalten und dennoch im Errungenen zu verweilen, die Vergangenheit sinnvoll der Gegenwart anzuordnen – selbst dies zwang, überall nur einen Extrakt des Extraktes zu geben, eine Auswahl in gedrängtester Form, die durch Sinnfälligkeit die fehlende Fülle entschädigt, war schwierig genug.

Auswahl in künstlerischen Dingen kann zweierlei sein: unpersönlicher, fachlicher Kompromiss oder schöpferischer Eigenwille. Man kann bei solchen repräsentativen Ausstellungen eine Jury einsetzen, die in wechselseitigen Geschmackskonzessionen ein arithmetisches Mittel der Neigungen findet und eine Quote, einen Schlüssel des Ruhmes und des Wertes für die Auswahl sich errechnet. Oder man kann die Auswahl einem Einzigen anvertrauen, der frei seinem Geschmacke und seiner Überzeugung nach schalten darf und diese Freiheit seiner Anschauung mit der Verantwortung seines Namens zu decken hat. Für diese Ausstellung ist einem Einzigen die Lese und Ordnung überwiesen worden, und wir haben allen Grund, diesem Entschluss dankbar zu sein, nicht weil dieses System unverweigerlich das bessere und einzig richtige darstellt, sondern weil es das richtige wird, wenn es dem rechten Manne zugewiesen ist. Und wer wäre prädestinierter durch Geburt, Fähigkeit, Tatkraft und Neigung, ein Jahrhundert Wiener Malerei zu veranschaulichen als Carl Moll? Durch Familie und Tradition der alten Schule, dem Meister Schindler nahestehend, ein Maler und zugleich ein geistiger Mensch, Künstler und doch nicht weltfremd, Wiener und gleichzeitig Europäer, durch die eigene Sammlung den alten Meistern durch Neigung der jüngsten Bewegung enge vertraut – unabhängig und frei, ohne staatliches Amt und behördliche Verpflichtung, niemandem verantwortlich als dem Strengsten: sich selbst, war er wie keiner berufen, an so wichtiger Stelle repräsentativ zu wirken. Seinen Blick hatte er oft bewährt, nun war ihm Gelegenheit geboten, seine Autorität schöpferisch zu erweisen. Die kaiserliche Gemäldegalerie, die moderne Galerie hatten in dankenswerter Weise ihm ihre Schätze zur Auswahl geboten, leider in bedeutend geringerem Maße der Wiener aristokratische und private Besitz. Und so sehr auch die Besorgnis verständlich ist, in der jetzigen Zeit der Fährlichkeiten, da selbst die Menschen sich vor einer Reise fürchten wie vor einem Abenteuer, seine kostbaren Bilder in die Ferne wandern zu lassen, müsste man doch meinen, dass bei solchem repräsentativen Anlass das Gefühl der moralischen Verantwortlichkeit bei den Besitzern hätte stärker sein sollen als das ihrer Ängstlichkeit. Gerade heute, da Bilder viel als Kapitalsanlage erworben werden, ist es notwendig, zu erinnern, dass Kunstbesitz eine Verpflichtung bedeutet, weil er, eigensüchtig gehandhabt, nicht Werte der nationalen Allgemeinheit enthält, sondern sie im höheren Sinne entzieht, und keiner moralisch berechtigt ist (und vielleicht ließe sich dafür einmal auch eine gesetzliche Formel finden), künstlerische Werte, die er nicht selbst geschaffen, der Öffentlichkeit vorzuenthalten. Glücklicherweise ist Carl Moll dieser Schwierigkeiten Herr geworden, und noch fruchtbarer als in der positiven Zusammenstellung hat er sich im Negativen, in der Abstoßung erwiesen. Nur wir aus Wien können den Mut und die schöne, überzeugte Gewaltsamkeit richtig auswerten, mit der er viele Namen, die bei uns gesellschaftlich und auch im Handel als die ersten gelten, oder solche, die nur tüchtige Arbeit leisten, glatt übergangen hat, in dem Bestreben, nur das Entscheidende der Wiener Entwicklung aufzuzeigen. Bei hundertfünfzig Bildern für die Darstellung eines Jahrhunderts ist kein Raum für Höflichkeit und Konzessionen, für persönliche Freunde und mondäne Lieblinge, das hat er richtig empfunden und ist nicht nur mit spürendem Auge, sondern auch mit hochgespannten Ellbogen durch die ganze Zeit, durch die Sezession, das Künstlerhaus, den Hagenbund durchgegangen – ob mit Recht oder Unrecht an manchem Einzelnen vorbeigehend, wäre nur Dialog des persönlichen Geschmacks mit dem seinen. Wesentlich für das Gelingen war die Entschlossenheit zu seinem persönlichen Urteil. Nie hat die Wiener Malerei bisher eine ähnlich knappe und persönliche Abbreviatur gefunden, nie war der Bogen straffer gespannt – aber nie hat man vielleicht von der so ausgestrafften Sehne den künstlerischen Klang so scharf und bestimmt empfunden, als von dieser Ausstellung, die – obzwar freundnachbarlichem Lande zugedacht – gerade den Österreichern ein starker und eigenartiger Eindruck war.

Beispiele wirken lehrhaft. Auf ihre Auswahl kommt es an, soll ein ganzer Komplex bewältigt sein.

Die Grundidee der Mollschen Anordnung ist die Ordnung der Materie in vier Epochen. Der Jahrhundertanfang, wo die Wiener Malerei, der Abhängigkeit vom italienischen Einfluss endgültig entrungen, in Füger, Lampi und Waldmüller, in den Alt-Wienern sich einen großen Anfang schafft und für das Empire in Österreich einen eigenartigen und dauerhaften Ausdruck findet. Mit dem Verblühen des Alt-Wiener Stils geht eine Einheitlichkeit verloren. Die nächste Gruppe ist die einer Übergangszeit, in ihrer Unruhe der Stadt selbst entsprechend, die aus der habsburgischen Residenz in die neue europäische Weltstadt hineinwächst. Auch da ist Waldmüller, der seinerzeit als Revolutionär gegolten, ein Führer, und Schwind, Pettenkofen, Schindler, Makart, Canon, Romako, Rudolf v. Alt drücken in ihren widerspruchsvollen Erscheinungen noch die Unentschiedenheit des Zustandes aus, Idylliker und Romantiker die einen, nachträumend dem verblühenden Altösterreich, die andern, neue Weltformen spürend, heiß, unruhig, drängend und überschwänglich. Weniger datiert empfindet man Werke von unverwüstlicher Modernität des Könnens, wie etwa die Leglers, Molls und vor allem Rumplers, die, weder Zeitgeschmack prägend noch ihm unterliegend, in ihrem Neuen dennoch klassisch wirken. Aber ganz europäisch, neuzeitlich wird die Malerei erst in jener Zeit der ersten Sezession – der dritten Gruppe in der Mollschen Einteilung – wo in Gustav Klimt eine neue Jugend das Wort ergreift, noch gesegnet vom Altmeister und Ehrenpräsidenten Rudolf v. Alt, dem Patriarchen der drei Generationen. Und auch sie – Klimts Tod hat es schmerzlich bezeugt – ist schon wieder Vergangenheit. Bewegtere Gegenwart und Zukunft gehört einem neuen Geschlecht, einer Generation, die durch die Namen Kokoschka und Schiele am stärksten bestimmt scheint und der Moll in dankenswerter Weise einen verhältnismäßig breiten Raum in der Ausstellung angewiesen, um hier sichtlich zu zeigen, dass bei aller Wertschätzung für seine Vergangenheit Wien seine malerische Zukunft noch als das stärkere empfindet und unser freiestes Wort vielleicht noch das ungesagte ist, dass Tradition sich hier noch nicht in Vergangenheit erschöpft sieht.

Für die Auswahl, scheint mir, war außerdem bestimmend, nur das zu zeigen, was man nicht im Kunstbesitz jedes Landes als einen Ausdruck, eine Note der Zeit, als Weltmode antrifft.

Räumlich konnte sich diese allgemeine Grundeinteilung nicht ganz wörtlich festhalten: ihre Idee blieb gewahrt, indes sich die Ausstellung in glücklichster Weise an die zufällige Gelegenheit der Saalformen schloss, gleichsam musikalisch in die Räume komponierte. Den Eingang machen in dem kleinen Kuppelsaale eine Reihe ausgewählter älterer Porträts, unter denen ein Füger und Lampis Canova besonders wirken. Ein kleiner Vorraum zum Hauptsaale gehört Rudolf v. Alt, von dessen unerschöpflicher Fülle freilich nur eine enge, aber qualitativ erlesene Auswahl zeugt, den großen Hauptsaal haben jene großen Künstler der Übergangszeit inne, die sich wohl nur künstlich in einen einheitlichen Begriff binden ließen: Canon mit seiner Mittagsruhe, Makart mit zwei Porträts, Romako mit seinem unvergesslichen »Tegetthof«, Schindler, Schuch, Pettenkofen sind seine stärksten Attraktionen. Aber von Besuchern gedrängt, kaum dass man die Werke recht bewundern konnte, waren die beiden Kabinette, von denen das oktogone ganz Meister Waldmüller, das andere Rundkabinett den ausgewählten Stücken Danhausers, Moritz v. Schwinds, des stillen Führich und Fendis, gewidmet sind. Ein Saal für sich allein stellt Gustav Klimt stärker und eindringlicher, als alle Worte vermöchten, der Fremde dar, ein leuchtender Nachruf in Farben, unendliche Helligkeit über seinem Tod. Acht seiner schönsten Landschaften, eine sehr glückliche Auswahl der Frauenbildnisse aus allen Epochen, das große Gemälde »Tod und Liebe«, die »Judith« lassen die Universitätsbilder leicht vermissen, so voll ist hier das Können dieses Meisters im Umriss sichtlich und von der unbeschreiblichen Farbenfreudigkeit, die von diesem Raume ausgeht, bleibt Befreiung und dauernde Dankbarkeit. In den Sälen der Jugend ist Kokoschka mit einem ganz neuen, prachtvoll dynamischen Porträt Carl Molls der Mittelpunkt, ihm zur Seite wirken Schiele mit einem Meisterbildnis und zwei Stadtvisionen, Faistauer, Wiegele, Gütersloh, Harte mit einzelnen Werken, die ihre lebendige und schöpferische Kraft glücklich manifestieren und den großen Erfolg, den diese Jüngsten in Stockholm gewonnen haben, aufs Neue bekräftigen.

Am mächtigsten und eindrucksvollsten wirkt in dieser Ausstellung natürlich alles, was einheitlich und in sich geschlossen ist, das Waldmüller-, das Alt-Wiener Kabinett, der Klimt-Saal – den anderen Meistern wird der Raum ein wenig eng und die Abbreviatur des Malerischen bei den meisten der Ausgestellten erinnert an jene durchaus nötige Art der Literaturgeschichte, wo das ganze Lebenswerk eines Dichters in ein einziges Adjektiv zusammengedrängt ist.

Einzelne sind freilich durch Bilder von solcher Schlagkraft vertreten – Romako durch den »Tegetthoff«, Danhauser durch die »Mutterliebe«, Kokoschka durch sein Porträt Molls – dass man der Meisterschaft unverweigerlich gewahr wird, andere wieder, und da vor allem Schwind, Makart sind nur in Proben vertreten, die nicht ihre Dimension und schöpferische Fülle ahnen lassen. Wir selbst, die wir Wien und Österreich kennen, sehen ja diese Ausstellung gleichsam zwiefach, mit dem sinnlichen Auge und zugleich mit unserem heimatlichen Kunstwissen – wir sehen bei jedem Künstler nicht nur die ausgestellten Bilder, sondern auch diejenigen, die fehlen (und wie schon gesagt, notwendig fehlen müssen). Wir wissen die ganze Fülle, aus der das Gebotene eine Auslese ist, und sehen das Einzelne in seinen heimischen Zusammenhängen, die Fügers inmitten der kostbaren Miniaturen, die Waldmüllers in ihren Biedermeiermöbeln, die Makarts in der Prunkpracht der Siebziegerjahre, die Klimts in Zusammenhang mit den Taten Josef Hoffmanns und Alfred Rollers, inmitten der Wiener Werkstätte. Nur wir wissen, aus einer wie großen Vielfalt die Auswahl, aus welcher geschlossenen Kultur diese zwölf Dutzend Bilder gelöst sind, und möchten am liebsten, wie auf einer Landkarte unten immer der Vermerk der Proportion eingetragen ist, anmerken, wie ungeheuer der Maßstab der Verkürzung hier notwendigerweise gewesen ist und welchem kulturellen Umfang dieser knappe und doch konsequente Querschnitt entspricht. Moll hat es in seinem Vorwort angedeutet, aber vielleicht zu bescheiden, dass dies nur gesiebte Auswahl ist, und nur eine gute ausführliche Einführung in die Gesamtheit der Wiener Kunst hätte das richtige Größenverhältnis herstellen und vor allem den Zusammenhang der gebotenen Werke mit der Jahrhundertkultur Wiens und seiner Stilgeschichte beleuchten sollen. Denn nur wir wissen, wie viele Bilder hinter diesen hundertfünf stehen, wissen die Fäden zu den anderen Künsten, zum seelischen und geistigen Besitz.

Aber uns, die wir Wien und seine Vergangenheit kennen, gilt sie nicht, diese Ausstellung, sondern der Schweiz, der sie eigentlich erste Kunde von unserer Malerei bringt. Und diese erste Botschaft war notwendig, denn die wichtigsten Galerien besitzen hier kein einziges Bild unserer Meister, und es wäre unbillig, darin eine Nachlässigkeit oder eine Missachtung zu erblicken. Dass diese ersten Künstler von Waldmüller bis Klimt nie rechtzeitig den Weg von uns in die Welt fanden, ist weniger jenem Mangel an Kunstimperialismus zu danken, jener Gleichgültigkeit gegen Weltwirkung, die ebenso unseren besten Dichtern eigen war als unserer eigenen Unterschätzung. Wer heute sich wundern will, dass unsere Maler im Ausland bislang nicht genug gewertet wurden, möge sich zuerst erinnern, dass dieser Waldmüller eine Entdeckung der letzten fünfzehn Jahre, Romako das Gelächter seiner Zeit gewesen ist und man von Klimt und Kokoschka auswärts am ehesten durch unsere Witzblätter unterrichtet wurde. Darum ist diese Ausstellung als ein neuer Anfang denkwürdig. Zum erstenmal fast wurde hier die Wiener Malerei als eine wachsende, lebendige, organische und fruchtbare Einheit dem Ausland gezeigt, und dass die glücklichste Wahl selbst in der notwendigen Verkürzung Sinn, Wirkung und Wert bewahrte, gibt ihr glücklichste Vorbedeutung. Was uns als fragmentarischer Abriss erscheint, schon dies wurde hier von den Besten als vollwertig empfunden, und wenn wir in Hinkunft die Welt über uns belehren wollen, so müssen wir an diesem Beispiel lernen (was bei uns immer gewusst und immer wieder vergessen wird): dass man unser Bestes, die Kunst, immer nur dem Besten anvertrauen soll. Wo sich ein Land richtig darstellen will, muss es die Rücksichten zu Hause lassen, und nur wenn wir uns selbst recht vertrauen, können wir Vertrauen fordern.

»Darf der Dichter in seinem Werk Privatpersonen porträtieren?«

Eine Umfrage

Jacob Wassermann:

Man muss unterscheiden zwischen dem Dichter und dem Pamphletisten. Zu allen Zeiten haben sich die größten Schriftsteller und Dichter Modelle aus dem Leben geholt. Tolstoi, Dostojewski, Balzac haben ihre meisten Helden dem Leben zu verdanken. Keinem Modell ist eingefallen, sich dagegen öffentlich aufzulehnen. Kein Schriftsteller hat das Rechte, private Geheimnisse oder ihm anvertraute persönliche Verhältnisse der Öffentlichkeit preiszugeben, im Falle diese diffamierend für die betreffende Figur sind; einem Schriftsteller von Rang wird es aber ohnedies nicht einfallen, in den verborgenen Schlupfwinkeln des Privatlebens zu schnüffeln: Er wird alles Private und Zufällig-Persönliche umgestalten; hat er dazu die Phantasie nicht, dann ist er eben nicht fähig, einen Roman, eine Dichtung zu schreiben.

Das ganze Problem spitzt sich zu auf die Frage der Kapazität des Schriftstellers. Seit Romanschriftsteller existieren, hat man ihnen den Vorwurf gemacht, dass sie persönliche Bekanntschaften zu Modellen benützen. Anderseits gesteht man einem Romanschriftsteller keinen höheren Rang zu, wenn er nicht die Realität des Lebens formt oder sich in romantischen Erfindungen gefällt. Man hat zu bedenken, dass bei Dichtungen von höherem Wert nach 30 oder 50 Jahren kein Mensch mehr von den Originalen eine Ahnung hat, und dass dann nur noch die dichterische Form Wert hat und Gesetze gibt. Der arme Narr, der vor dreihundert Jahren dem Don Quichotte zum Modell stand, hat heute seine Unsterblichkeit gewonnen.

Aber ich möchte noch betonen: Tagesschriftsteller und Modeschriftsteller, die durch den Abklatsch wirklicher Vorgänge und innerhalb einer gewissen Gesellschaftsklasse allgemein bekannter

Kombinationen ihren Erfolg bestreiten und ihre Sensationen erringen, verdienen die öffentliche Missachtung.

Eine Genugtuung oder Schadenersatz? Ich wüsste nicht, wie der »Schaden« rechtlich zu erfassen wäre.

Franz Werfel:

Ich finde, dass »Diskretion« eine unberechtigte Bezeichnung ist. Die Welt der Wirklichkeit und die Welt der Dichtung stellen zwei vollkommen andere Sphären vor, und in einer wirklichen Dichtung ist jede Figur einer bestimmten Gesetzmäßigkeit – ihrer eigenen nämlich, – unterworfen, die nichts zu tun hat mit der Realität des Lebens. Es gibt also keine Ebenbilder. Das Wesen einer literarischen Schöpfung ist es gerade, dass alles aus ihrer eigenen Mitte entspringt; jede Landschaft, jede Figur. Das Wesen des Machwerks aber ist die gesetzlose Zusammenklitterung von beobachteten Zügen an Menschen und Dingen.

Emil Ludwig:

Wunderliche Frage! Als ob wir je was anderes taten als »Privatpersonen« zu schildern; denn auch, wenn es sogenannte historische sind, ist ihre Darstellung nur sinnvoll, wenn sie als menschliche Charaktere behandelt werden. Hortus zoologicus Dei bleibt das Arsenal, aus dem der Dichter schöpft.

Solange das Problem etwa nur an der Frage haftet, ob man einen lebenden König auf die Bühne bringen dürfe, wie es mir einmal verboten und dann erlaubt wurde, ist es nur juristisch. In Wahrheit ist es ein moralisches Problem. Zunächst wird niemals eine lebende oder vollendete Person ganz so geschildert wie sie war und ist; die Gesetze der Optik und Perspektive nötigen den Autor wie den Maler zu dauernden Verschiebungen, da das Gegebene sich vor ihm in ein Geschautes verwandelt. (Deshalb sind die Dichter gute, aber unpraktische Menschenkenner.) Niemals wird ein Modell ganz nachgebildet; nicht einmal Werthers Lotte, die bis auf den Namen nach der Natur gezeichnet wurde, ist ihrem Modell kongruent, und doch beschwerte sich der gute Kestner, weil man ihn erkannte. Wenn heute interessante Gestalten zu Romanfiguren degradiert oder erhoben werden; wenn man, wie jeder von uns, Objekt wie Subjekt romanhafter Porträtierung wurde, so hängt das Unternehmen nur vom Talent des Darstellenden ab.

Interessanter ist die Frage, wie dicht der Autor seine Schleier zieht: ob er, dahinter mit den Augen zwinkernd, seine Vorlage enthüllt oder ob er sie verhüllt. Als ich in einem Roman einen berühmten Berliner Politiker dargestellt hatte, war ich froh, erst ein Jahrzehnt später von einem Leser ertappt zu werden. Kürzlich nannte mir Shaw als Urbild des Kellners in »Man kann nie wissen« einen berühmten Engländer; der innerste Kern dieses Mannes ist getroffen, und doch weiß selbst in London niemand darum.

Die zweite Bedingung ist vollkommene Veränderung äußerer Umstände. Zeichne ich schon eine Figur nach dem Leben, so darf ich in keinem Falle auch ihr Schicksal abzeichnen. Jeder verantwortlich Schreibende hat die Mühe, ja den Zorn erfahren, der ihn bei künstlicher Umformung der erlebten oder gesehenen Geschichte ankommt; denn immer verliert die Sache an innerer Logik und Kraft durch die uns aufgelegte Bearbeitung. Eine Liebesaffäre, die man erlebt oder in der Nähe gesehen hat, so darzustellen, wie sie sich zutrug, also lebende Personen in ihren wirklichen Konflikten unverhüllt darzustellen, ist ein Verbrechen, das mit öffentlicher Erklärung der Ehrlosigkeit bestraft werden müsste. Was mich betrifft, so möchte ich die schlüpfrigen Hände nicht fassen, die ich von fern so arbeiten sehe, und verachte in dieser Zeit der Prätentionen keine so sehr, wie jene laszive Indiskretion, mit der heute Männer und leider noch mehr Frauen der sogenannten Gesellschaft ihre Amorosa affichieren; sie gleichen den letzten Türkinnen des alten Regimes, die zwar noch den Schleier, die ihn aber aufreizend dünn tragen. In unserer Epoche, wo gewisse Damen ihre Liebschaften nur anfangen, um mit Männern von Geist oder Rang zusammen genannt zu werden, sollte wenigstens der Dichter unzugänglich bleiben.

In der ersten Jugend haben wir alle allzu autobiographische Romane geschrieben, in späteren Jahren sind solche selbst den hohen Gaben d'Annunzios nicht zu verzeihen; Strindberg und Dehmel, die großen Bekenner sind vielleicht mit ihrem hohen Pathos zu absolvieren und trotzdem vor Taktlosigkeit nicht bewahrt geblieben. Warum hat man nie von den Urbildern der Gestalten gehört, die der größte lebende Dichter bildete? Oder glaubt einer, Hamsun habe nicht nach der Natur gezeichnet? Der Schlüsselroman, ja selbst die Schlüsselfigur ist nur ein Beweis von Taktlosigkeit, die einem echten Dichter in seiner reifen Zeit nicht passiert.

Anton Wildgans:

Indiskretion ist ein Begriff der konventionellen Moral und als solcher auf die Werke der Kunst nicht anwendbar. Kein Autor kann auf die Gestalten und Schicksale, die ihm das Leben bietet, verzichten. Ist ihm (wie etwa Goethe im Werther) gelungen, ein wirkliches Kunstwerk zu schaffen, so werden alle privaten Empfindlichkeiten dahinter zurücktreten müssen. Ob dem Betroffenen gegebenenfalls Schadenersatzansprüche zustehen, ist eine Frage des Pressegesetzes. Aber würde auch der Autor nach dessen Paragraphen verurteilt werden, er würde dennoch im Rechte und unbescholten sein, wenn es ihm geglückt ist, den diskreten und privaten Einzelfall zu allgemein menschlicher Wichtigkeit und Gültigkeit emporzugestalten. Nur darauf kommt es an, und selbst menschlich-minderwertige Motive, die den Autor etwa geleitet haben könnten, würden dieses einzig maßgebende Kriterium nicht aufheben. Sonst wäre das Kunstwerk des Satirikers, dem wohlfeile Abwehr zumeist unlautere Beweggründe unterschiebt, jeder Willkür der Unterdrückung preisgegeben, und Pietro Aretino z. B. lebte in meinem Bewusstsein bloß als Lump und nicht als einer der glänzendsten Schriftsteller aller Zeiten. Im Allgemeinen kann ich sagen: In der Literatur gibt es nur ein einziges Verbrechen: Schlecht zu schreiben.

Stefan Zweig:

Wenn ein Schriftsteller lebende Personen und deren Schicksale in seinen Werken dermaßen photographisch wiedergibt, dass sie allgemein kenntlich sind, so ist das für mich nicht nur ein Zeichen schlechten Geschmacks, sondern auch einer gewissen Talentlosigkeit, denn dann ist er eben nicht Dichter und Erfinder genug, um durch kleine Verwandlungen und Transponierungen nachschöpferisch eine neue Wirklichkeit neben die schon vorhandene zu stellen.

Eine wirkliche rechtliche Gegenwehr aber gegen solche Ungeschicklichkeit und Talentlosigkeit scheint mir unmöglich. Gäbe es überhaupt richterlichen oder moralischen Schutz gegen Taktlosigkeiten und Indiskretion, so wäre unsere Welt ein behaglicherer Aufenthalt.

Blick über die elektrische Stadt in die Zukunft hinein

Sieht man einen alten Freund jeden Tag, so bemerkt man nicht wie sein Antlitz sich verändert, weil man die Veränderung mitlebt. Und so sieht man in einer Stadt, in der man lebt, mit der man lebt, nicht, was jedes Jahr in ihr neu und anders macht. Nur wenn man einander lange nicht ins Auge gesehen hat, wird man überrascht bewusst, wie sehr eine Physiognomie sich verändert hat, und vielleicht fällt darum mir, einem Ausländer, der lange nicht New York gesehen hat, das Neue wesentlicher auf als einem Amerikaner, vielleicht ist es darum nicht unbescheiden, wenn ich zu Ihnen als Gast von meinen Eindrücken spreche. Denn es ist ein riesiges Stück Zeit vergangen, seitdem ich zum letzten Male diese großartige Stadt gesehen, fünfundzwanzig Jahre, ein Vierteljahrhundert, und was ist in diesem Vierteljahrhundert geschehen: ein Weltkrieg, Tausende von Erfindungen und Entdeckungen, die der Welt einen neuen Rhythmus, ein neues Gefühl von Raum und Zeit gegeben haben, und selbst diese Zeit ist eine andere drüben in Europa und hier herüben in Amerika; bei uns geht sie langsamer, bei Ihnen schneller, und es ist nur ein Symbol, wenn wir die Uhr in unserer Tasche um sechs, acht Stunden zurückstellen, sobald wir über den Ozean fahren, denn wir müssen hier in anderen, geschwinderen Maßen denken und fühlen lernen.

Das Erste und Merkwürdigste bei dieser neuen Begegnung ist schon ein solcher Unterschied im Zeitgefühl. Wenn wir einem Menschen nach einem Vierteljahrhundert wieder begegnen, so ist er – und wir selbst – um fünfundzwanzig Jahre älter geworden. Bei dieser Stadt New York ist der erste, der schlagendste Eindruck: sie ist jünger geworden, unermesslich jünger und nicht nur um fünfundzwanzig Jahre sondern viel, viel mehr. Sie ist tausendmal vitaler, energischer, dynamischer, männlicher, straffer als damals und vor allem, sie hat schon für den ersten Blick vom Schiff aus ihre Haltung verändert. Sie ist nicht nur riesig gewachsen; nicht das ist das Charakteristische an der Veränderung, denn auch unsere europäischen

Städte, auch London, Paris, Berlin, Moskau wachsen unablässig an Einwohnerzahl, aber diese Städte wachsen ins Breite, sie fließen nur immer weiter in das Land hinein. Ihre Entwicklung ist nur in den horizontalen Linien und nicht wie bei New York gleichzeitig eine vertikale. Sie wachsen nur auf der Erde weiter, während sich diese eine Stadt gleichzeitig immer höher in den Himmel hebt. Vielleicht macht ein Sprachbild diesen Unterschied noch sichtbarer: In der deutschen Sprache sagen wir von Städten, sie »liegen« an einem Flusse, an einem Berge, an einem Meere. Und tatsächlich man hat von den Städten, weil sie so flach und weitausgestreckt am Meer oder an einem Berge liegen, das Gefühl, dass sie ruhen, dass sie hingestreckt sind wie ein Mensch im Schlaf. New York ist die einzige Stadt, die ich kenne, von der ich nicht wagen würde zu sagen, sie »liegt« am Meere. Sie ist eine aufrechte Stadt und der erste Eindruck nach diesen fünfundzwanzig Jahren war, als ob sie seitdem aufgestanden sei und einem entgegenschreite. So muss Swifts Gulliver empfunden haben, als sein Schiff in Brobdingnag landete und er die Riesen sich entgegenschreiten sah, überlebensgroß, wunderbar, ein großartiges Geschlecht; und wie Gulliver kommt sich der Europäer zuerst sehr klein und zwergisch vor, wenn er sich diesen steinernen Giganten nähert, dieser wahrhaft männlichen eisengepanzerten Schar.

Aber doch, ich erinnerte mich einen oder den andern aus dieser Schar der Riesen schon damals gesehen zu haben. Damals vor fünfundzwanzig Jahren stand ich und staunte das Singer Building an als ein Wunder der Welt. Ganz fremd und sehr hochmütig stand es da und blickte über die Kirchtürme hinweg: es wirkte damals als Extravaganz, als Ausnahmefall, als Experiment, als Kuriosität, etwa wie der Eiffelturm in Paris. Es war nur ein kühner Versuch einer neuen Technik, aber noch nicht diese neue amerikanische Architektur, die erst in der Fülle der Bauten, in ihrer Steigerung und Übersteigerung ihre Form und ihre Schönheit gefunden hat. Erst heute, da Schulter an Schulter diese grandiosen Bauten stehen, jeder den früheren an Reinheit der Proportionen übertreffend, haben sie dieser Stadt einen Stil gegeben, der unvergessbar ist und einen neuen unnachahmlichen Charakter, der das Kühne und Wagemutige des amerikanischen Charakters ausdrückt. Nein, es genügt nicht, diese Bauten im Kino daheim gesehen zu haben. Erst hier verstehen wir beglückt, dass dies nicht Zufall ist, sondern der natürliche Ausdruck der Seele dieser Stadt, der einzig wahre und mögliche. Was in andern Städten als künstlich hereingetragen wirkt in das Stadtbild, als bloße Imitation, hier in New York wirkt es notwendig und aus der innern Natur der Stadt und ihrer Menschen geboren: hier oder nirgends musste dieser Stil entstehen, und nur diese Stadt war berufen, ihn zu formen. Hier begreift man, dass das Technische nicht in Feindschaft stehen muss zur Kunst, sondern sich binden kann zu einer neuen energischeren moderneren Form der Schönheit, als sie die früheren Städte gekannt. Hier ist von New York der alten Welt, die große kühne Baukunst nur in den Werken der Gotik und Renaissance erblickte, ein Wort der Aufmunterung gesagt. So werden, träumt man, einmal alle Menschen wohnen, so frei und so ganz im Licht! So schön, so stark, so kühn werden die Städte aufsteigen aus den Niederungen. Von der Höhle, in der er vor tausenden Jahren verkrochen war, erhebt sich der Mensch auf die Firste dieser künstlichen Berge, um Weite zu sehen und sich frei zu fühlen. Ich weiß nicht, ob Sie selbst, die in solchen Häusern leben, die Größe dieser ihrer neuen Leistung selbst noch so deutlich spüren, aber für uns ist, jedesmal wenn wir auf der Höhe eines solchen Turmes stehen, die Seele beschwingt von einem solchen Gefühl der Zeit, was unsere Menschheit zu leisten vermag und von einer großartigen Hoffnung, was sie noch schaffen wird. Immer erschafft der Mut einer Nation einen Optimismus für alle. Und von diesen Türmen sieht man nicht nur hin über New York, sondern weit in die Zukunft hinein.

Eine andere Gestalt hat diese Stadt in fünfundzwanzig Jahren gewonnen, aber auch eine andere Farbe, ein anderes Licht. Damals war sie düsterer schon bei Tage, man schmeckte wie in London den Rauch in der Luft, missmutig und verrußt blickte sie einem an nebeligen Tagen entgegen; die neue Architektur mit ihren hellen Steinen, mit ihrem Glanz von Nickel und Glas, hat einen helleren Farbton geschaffen. Aber wie ungeheuer ist die Veränderung in der Nacht, wie glänzt, wie strahlt diese Stadt! Ich glaube, stünden plötzlich aus ihren Gräbern die Menschen vergangener Generationen auf, nichts würden sie an der unsern so sehr bewundern, als wie wir das Licht gebändigt und uns dienstbar gemacht haben. Und welche Fortschritte, seitdem ich diese Stadt zum letztenmal gesehen. Damals endete der Lichtkreis in den Straßen unten, die Auslagen und die Fahrbahnen waren erhellt, oben aber lag das Dunkel nachts wie in den Zeiten Manhattans, der Himmel kannte kein Menschenlicht. Jetzt aber schafft es hier Wunder über Wunder, es arbeitet als Bildhauer die Fassaden der Häuser plastisch heraus, es malt seine Flächen mit lebendigem Feuer, es springt als Tänzer von Dach zu Dach, es macht aus dieser Stadt eine Phantasmagorie. Ich weiß, wie ich zum ersten Male beinahe erschrak, als ich, aufschauend aus einer Straßenschlucht, hoch oben, wo man sonst nur Sterne sucht, eine erhellte Säule aus der Nacht schweben sah, und noch heute bin ich nicht müde, allnächstens es zu bestaunen, wie die Häuser mit ihren tausend erleuchteten Fenstern. Nein, man weiß nicht dank dieses Lichtzaubers, wo die Erde endet und wo der Himmel beginnt, – Tag und Nacht, die seit allen Ewigkeiten durch Gottes Wille getrennt waren, hat hier die Menschheit wieder in eines getan. Dieses Bild des nächtlichen New York, eines der eindrucksvollsten und unvergesslichen dieser Erde, dies ist neu, dies kannte ich nicht, dies hat erst die Generation dieser fünfundzwanzig Jahre geschaffen. Ich spürte es sofort, dieser Rhythmus ist anders als vor einem Vierteljahrhundert.

Wenn eine Stadt so den Tag lebt und die Nacht, muss sie notwendigerweise ihren Rhythmus ändern. Und wirklich, es ist heller geworden, metallischer, synkopischer und unendlich schneller: den ganzen Wandel zur Beschleunigung habe ich deutlich an der kleinen Pulsprobe gefühlt, als ich unten am Broadway die alte elektrische Tramway wiederfand, mit der ich schon damals gefahren. Damals schien sie mir schnell, sie entsprach völlig meinem allgemeinen Zeitgefühl, diesmal war sie mir unerträglich mit ihrem Stocken und Anhalten, nach zehn Minuten sprang ich ab, ich ertrug es nicht mehr, sie antwortete nicht mehr dem neuen Zeitgefühl, das hier gelernt hat, in drei Minuten sechzig Stockwerke emporzusausen. Und ich habe an diesem winzigen Beispiel verstanden, was in dieser Stadt zurückbleibt und sich nicht anpasst, unheimlich schnell altert. Was hier nicht Schritt hält mit diesem herrlichen, stürmischen Vorwärts, das bleibt am Wege liegen, denn diese Stadt ist eine motorische, eine dynamische Stadt, ewig im Wettlauf mit sich selbst. Aber glücklicherweise ist sie auch so stark, dass sie einen jeden sofort in ihren Rhythmus aufnimmt. Und wieder wie damals habe ich es gespürt, so sehr es einen jagt und steigert, man wird hier doch nicht müde. Denn ihr kollektiver Rhythmus ist so stark, dass er einen von selbst mitträgt, wie eine heftige Strömung den Schwimmer vorwärts reißt, ohne dass er sich mühen muss. Man empfängt hier als ein Geschenk persönliche Energie von dieser geheimnisvoll wirkenden Stadt, und nur wer sie so mit starken pulsenden Sinnen ansieht, kann sie wirklich verstehen und genießen.

Es ist eine besondere elektrisierende Kraft, die von New York ausgeht, und wenn ich ihr einen Namen geben sollte unter den Städten der Erde, so würde ich sie die elektrische Stadt nennen. Denn man hat das Gefühl, als sei die Elektrizität nur für New York erfunden und nur hier richtig verstanden und genutzt, als hätten die andern Städte noch nicht ganz die Magie verstanden, die hier Kraft in Licht und Bewegung verwandelt, als hätte New York allein gewusst, alles an Schönheit und Leben aus dieser jungen Entdeckung unserer Menschheit herauszuholen. Alles geschieht hier durch Elektrizität, diese leise, herrliche unsichtbare Kraft, sie treibt die Bahnen, sie wäscht die Wäsche, sie kocht das Essen, sie gibt Hitze und gibt Kälte, sie trägt uns die künstlichen Gebirge empor und wieder hinab, sie schenkt uns Wort und Klang und Schau: unausdenkbar der Gedanke, was aus New York würde, stockte für einen Augenblick diese Kraft; es wäre wie ein Herzschlag, der alle Glieder lähmte, alles stände still, alles würde dunkel und leer, denn sie ist überall und alles, die Elektrizität in dieser Stadt, und ich glaube, untersuchte ein Biologe vergleichend die menschlichen Körper, er fände bei den Bewohnern New Yorks mehr Elektrizität in den Nerven und Muskeln, als bei den Bewohnern unserer Welt. Bis zum Grunde der Stadt und bis zu den Gipfeln, durch und durch geht diese vibrierende Spannung, und wer New York betritt, ist von der ersten Stunde eingeschalten in diesen Kontakt, er ist nicht mehr allein, nicht mehr er selbst, sondern mitbebend und mitlebend in dem lebendigen Strom dieser Kraft.

Denn die Schönheit New Yorks ist eine Schönheit der Kraft, eine Schönheit nicht der Ruhe, sondern eine der Bewegung, eine neue Schönheit, die immer schöner wird je verwegener und neuer sie ist. Hier erlebt man das in Europa ganz Seltene, dass eine Stadt ihren Gewinn an neuer Schönheit nicht zugleich auch mit einem Verlust an alter Schönheit bezahlt. Wird in Rom, in Paris ein neuer

Boulevard geschaffen, so sinken damit geliebte Vergangenheiten ins Nichts, und oft bedauert schon das nächste Geschlecht die Veränderung. Hier habe ich nicht ein Haus, nicht eine Straße vermisst, die vergebens der neuen Architektur geopfert worden wäre, als völlig logisch und natürlich empfindet man die kühneren Proportionen und für jedes Gebäude, das zerstört wurde, ist ein tausendmal schöneres entstanden – gesegnet eine Stadt, die so mutig wagen darf, sich zu erneuern, die nicht gebunden ist und gehemmt durch Vergangenheiten, die nicht zittern muss wie eine Frau in reiferen Jahren, dass ihre Schönheit im Verblühen ist, sondern die weiß, dass jedes neue Jahr, jeder neue Akt des Mutes sie stärker, kräftiger, gesünder, schöner macht. Alles was hier alt ist, ist überlebt, damit gehorcht die Stadt dem organischen Gesetz der Natur. Alles was hier neu ist wiederum, gehorcht dem Gesetz der Zeit und besser als in irgendeiner andern Metropole, kann man in New York die Stunde der Weltuhr ablesen, hier lebt und erlebt man Gegenwart, hier ahnt und liebt man die Zukunft.

Weil sie hochaufgerichtet und kühn über das Meer und das Land blickt, sieht sie weitere Horizonte als unser ängstlicheres Geschlecht. Weil sie mutig ist und gläubig, schafft sie eine neue Schönheit. Je neuer heißt hier besser, je jünger bei einem Bauwerk um so schöner. Schwer ist es, diese starke, diese seelenkräftigende Atmosphäre zu verlassen, aber doch man tut es mit einer innern Sicherheit. Denn wer abreisend, vom Schiffe aus noch einen letzten liebenden Abschiedsblick auf diese Stadt wirft, der weiß: er braucht ohne Sorge zu sein. Wenn er wiederkehrt wird er sie noch schöner, noch großartiger finden als diesmal und jedesmal.

Vorbeigehen an einem unauffälligen Menschen

Otto Weininger

Von keiner der bedeutenden Gestalten unserer Generation sind weniger Begegnungen berichtet als von Otto Weininger, der mit 24 Jahren, knapp vor dem Anbruch seines Ruhmes, sich mit einer Revolverkugel den Schädel zerschmetterte.

Oft hatte ich diesen hageren, unsicheren, hässlichen, gedrückten Studenten im Kolleg gesehen, wusste, dass er Weininger hieß, kannte ebenso vom Namen her die anderen an seinem Kaffeehaustisch, Oskar Ewald, Emil Lucka, Arthur Gerber, Hermann Swoboda, wie sie mich kannten, der ich damals schon mit zwei Büchern ihnen vorausgeschossen war. Aber zur Bindung fehlte eine einzige dumme Kleinigkeit – wir waren einander nicht »vorgestellt«; und obwohl unsere Kreise, der dichterische wie der philosophische, sich heimlich sehr füreinander interessierten, obwohl Botschaft und Gespräch zwischen uns Zwanzigjährigen neugierig spazieren wanderte, kam es doch niemals oder lange nicht zu einer offiziellen »Vorstellung«.

Schließlich, ich muss es gestehen, auch meinerseits unternahm ich nie einen ernstlichen Versuch, mit ihm bekannt zu werden. Weininger, der Name sagte damals nichts, und sein Gesicht war weniger anziehend. Er sah immer aus wie nach einer dreißigstündigen Eisenbahnfahrt, schmutzig, ermüdet, zerknittert, ging schief und verlegen herum, sich gleichsam an eine unsichtbare Wand drückend, und der Mund unter dem dünnen Schnurrbärtchen quälte sich irgendwie schief herab. Seine Augen (erzählten mir später die Freunde) sollen schön gewesen sein: ich habe sie nie gesehen, denn er blickte immer an einem vorbei (auch als ich ihn sprach, fühlte ich sie keine Sekunde lang mir zugewandt): all dies verstand ich erst später aus dem gereizten Minderwertigkeitsempfinden, dem russischen Verbrechergefühl des Selbstgepeinigten. Nochmals: ich wusste nicht, was mich an dem Kollegen Weininger, damals im siebenten Semester, hätte interessieren sollen.

Da verbreitete sich plötzlich Ende 1902 in unseren Kreisen das Gerücht, ein Student unserer engeren Wissenschaft habe Professor Jodl eine Dissertation vorgelegt, die dieser erstaunt und erschreckt als genial bezeichnet habe. Sie sei Teil eines grundlegenden, ganz neuartigen Werkes, dem Professor Jodl jetzt einen Verleger suche, der Verfasser Otto Weininger. Weininger? – unwillkürlich betrachtete ich ihn nun mit anderem, eindringlicherem Blick (den er wohl spüren musste); aber das Gefühl des Unheimlichen wollte nicht weichen vor diesen scheuen, in sich verkrochenen Augen, vor diesem bittern Mund, vor dieser – ich sage es aufrichtig – unangenehmen physischen Struktur. Auf einen solchen verborgenen, in sich geduckten Menschen konnte man auch als Kollege nicht zugehen, ihn kordial ansprechen, das spürte ich sofort. So blieb die Neugier latent.

Eines Nachmittags nun kam ich in den kleinen Lesesaal der Universität, bestellte mir ein Buch und setzte mich an den einzig freien Platz. Neben mir rückte jemand höflich zur Seite, ich sah unwillkürlich hin: Weininger! Vor ihm lag ein Stoß Korrekturen – die Fahnen zu »Geschlecht und Charakter«, wie ich später feststellen konnte. Unsere Ärmel streiften einander; wenn wir aufschauten, merkte ich, dass wir einander beobachteten und dass dies Nebeneinandersein und Sichkennen und Sichnichtkennen jeden von uns irritierte. Ein selbstverständliches kollegiales Wort hätte diese Spannung sofort gelöst, aber (manche werden das aus eigenem Erleben wissen) es gibt Menschen, denen die Scheu vor der Missdeutung zu tief im Blute steckt, als dass sie die gerade, die Walt-Whitmansche Brudergeste als Sympathie jemals leibhaftig werden lassen könnten. So saßen wir gewaltsam fremd nebeneinander: ich sah eine zarte, merkwürdig weibische Hand Korrekturen einzeichnen, aber bald stand er auf und – grüßte zu meiner eigenen Überraschung. Der erste Schritt war getan.

Und seltsam: drei Tage später stand ich mit einem Kollegen zusammen; Weininger kam vorbei, mein Kollege sprach ihn an. Und plötzlich, unser reserviertes Gegenüberstehen bemerkend, fragte er erstaunt: »Ja, kennt Ihr Euch denn nicht?« Wir sagten nicht Ja und nicht Nein, stellten uns nicht mit Namen vor (es wäre lächerlich gewesen) und reichten einander die Hände. Und nun will ich ganz aufrichtig sein: ich habe selten mit einem Menschen ein kälteres, unpersönlicheres Verlegenheitsgespräch geführt als damals mit Weininger. Ich fragte ihn, der schon promoviert hatte, nach der Art der Prüfung, er riet mir sachlich, sachlich, wie man sich zu verhalten habe: man müsse den geschwätzigen Professor Müllner selbst zum Reden locken und bei Professor Jodl alles Idealistische stark betonen ...

Dass diese erste, eigentlich negative Begegnung zugleich die letzte blieb, war Weiningers tragische Schuld. In jenem Juni 1903 erschien sein Buch, dann fielen die Sommerferien ein, im September erst kam ich von Italien zurück. Niemand hatte dies großartige, grundlegende Werk bishin bemerkt, einzig in unseren engsten Kreisen begann es eben Erregung zu bewirken. Ich las es noch im September, wir Freunde diskutierten darüber erbittert eine ganze Nacht, und ich freute mich schon, bei der nächsten Begegnung ihn nun wissender, persönlicher ansprechen zu können. Aber es kam anders: am 5. Oktober stand schon in der Zeitung, ein junger Privatgelehrter Otto Weininger habe sich in seiner Wohnung, in Beethovens Sterbehaus, erschossen.

Unser wirkliches Begegnen war versäumt. Doch von wenigen Menschen habe ich so deutlich sinnliche Erinnerung wie von dieser tragischen, nah an mir vorbeigegangenen Gestalt.

Ich erzähle absichtlich diese scheinbar unbedeutende Begegnung mit äußerster, kalter Wahrhaftigkeit und ohne jede Ausschmückung, obgleich ich dieser Art eingestehe, einem so bedeutenden Menschen räumlich und zeitlich nahe gewesen zu sein, ohne ihn innerlich geahnt oder erreicht zu haben. Aber mir erscheint es wichtiger, dem unheilbar an das romantische Ideal der pittoresken Erscheinung verschworenen Publikum wieder einmal unbarmherzig zu exemplifizieren, dass fast niemals das wahrhaft Geniale eines Menschen in Antlitz und Wesensart seiner Umgebung kenntlich wird, sondern dass, gleichsam gesetzmäßig, die Natur ihre merkwürdigsten Formen in Geheimnis hüllt. Nur geistig, nicht bildnerisch-plastisch, tritt das Schöpferische in die Welt: nur vom Geiste aus lässt sich's ahnen und ertasten.

Immer noch wie in mythischen Zeiten ist Unkenntlichkeit der Göttlichen liebstes Gewand und Verkleidung auf Erden.

Peter Altenberg und Wien

Manchmal heben uns die wachen Träume aus dem wirren Geräusch des Alltags empor. Es ist still um uns. Wir sehen nicht mehr die Konturen und farbigen Linien der Umgebung, die uns umgrenzt, wir hören nicht die lauten Stimmen des Lebens, sondern horchen nur in uns hinein. Und da klingt etwas wie ein fernes Wellenschlagen in die Meerestiefen unsrer Seelen, mit einem leisen, vagen Schmerzgefühl spüren wir diese dumpfen Empfindungen. Denn es sind keine klaren, scharfumrandeten Gefühle, die uns die Momente des wachen Traumes bewusst werden lassen, sondern ungeborene, ungeformte Sehnsüchte, ungeweinte Tränen, noch nicht genossene Lüste und Wünsche, die noch kein Ziel wissen ...

Bei diesen geheimnisvollen Emanationen der Psyche setzt Peter Altenberg ein. Nicht die Bewegungen der Seele analysiert er, wie sie großen, starken Einflüssen reagieren, sondern diese U n t e r - s t r ö m u n g e n d e r S e e l e, die in der Flut des Alltags rücksichtslos mitgeschwemmt werden, ohne dass sie ihre Existenz zur Äußerung gebracht haben. Bei manchen, die mit dem harten Realismus des Lebens kämpfen, sind es nur Momente der inneren Feiertagsstille, aus denen diese Regungen auftauchen, wie versunkene Sagenstädte aus dem abendumleuchteten Meeresgrabe. Aber bei einigen wenigen, denen das Leben nicht Glück und Leid verschenkt, blühen diese geheimen Empfindungen zu seltener exotischer Größe und Schönheit auf. Das sind die Kinder, die jungen aufgeblühten Mädchen, die in sich träumen, die unverstandenen Frauen, die auf den Einen warten, der ihren Innenklang mit seiner Melodie zu einer restlosen Harmonie auflöst. –

Altenberg liebt diese »Unfertigen«, die eigentlich gar nichts erleben, die nur immer wieder sich selbst erleben, die in jedem Worte viel hören, für die ein verständnisinniges Schweigen tausend geheimnisvolle beredte Zungen hat, zu denen ein stummes Kunstwerk mit der eindringlichen Stimme des Schaffenden spricht. Denn diese haben für »schön und unschön« die subtilsten Wertungen und die individuellsten zugleich. Denn Altenbergs Dichtungen sind ihnen nur der Spiegel, der immer wieder nur ihr eigenes Bild reflektiert. Und für diese innerlich Reichen schreibt er auch nur. Denn die andern! ... Er sagt es ja selbst in seiner »Selbstbiographie« in der drastischen Art, die ihm eigen ist: »Sind denn meine kleinen Sachen Dichtungen?! Keineswegs. Es sind Extrakte. Extrakte des Lebens. Das Leben der Seele und des zufälligen Tages in zwei bis drei Seiten eingedampft, vom Überflüssigen befreit wie das Rind im Liebig-Tiegel. Dem Leser bleibe es überlassen, diese Extrakte aus eigenen Kräften wieder aufzulösen, in genießbare Bouillon zu verkochen, aufkochen zu lassen im eigenen Geiste, mit einem Worte, sie dünnflüssig und verdaulich zu machen. Aber es gibt ›geistige Mägen‹, welche Extrakte nicht vertragen können. Alles bleibt schwer und ätzend liegen. Sie bedürfen 90 Prozent Brühe. Wässerigkeiten! Womit sollen sie Extrakte auflösen?! – So habe ich viele Gegner.«

Um diese verfeinerten, verständnisvollen – oder einfacher gesagt »dekadenten« – Einsamen zu schildern, die aber auch gleichzeitig seine Jünger sind, bedarf Altenberg keines stimmungsvoll abgetönten, mattfarbigen Hintergrundes. Er geht in den ersten besten Salon oder Kurplatz. Gerade durch den Kontrast des Lyrischen und des Mondän-Alltäglichen, durch die Gegenüberstellung dieser Isolierten gegen die kompakte Masse der Gewöhnlichen, Dutzendmäßigen sucht er die Wirkung zu erzielen. Und da findet er seine verfeinerte Seelen, deren Regungen er nachspürt bis in die feinsten, verzitterndsten Emotionen. Es ist fast immer die Psyche der Frau, die ihn anzieht. Denn für ihn ist die Frauenseele das intimste, feinfühligste Instrument, dessen nervösen Schwingungen er mit tiefer Andacht nachlauscht, ebenso wie er als Evangelium den Frauenleib verehrt, dessen Heiligkeit nie befleckt werden kann. Und die Dirne ist ihm eine Märtyrerin und alle die anderen Frauen, die der Brutalität ihrer Männer erliegen, denen sie »nicht Wille der eigenen Ewigkeiten sind, sondern nur Wünsche ihrer nächtlichen Leidenschaft«. Und alle diese zerrissenen Herzen will er erlösen, über das Leben hinwegtragen »durch die Ekstasen der Seele«.

Aber Altenberg wagt sich noch weiter.

Er schildert und idealisiert nicht nur die menschliche Psyche, er verfeinert auch Triebe und Instinkte und edelt sie zu seelischen Gefühlen. Man erinnere sich nur an sein Buch von den Ashantees, seine Verehrung vor diesen sich primitiv auslösenden Seelenvorgängen – ein Buch, das wohl in Zukunft das beste Zitat für die alte These sein wird, dass die Einfachheit zugleich wieder auch die letzte Stufe der Dekadenz und Subtilität ist und ihr höchster Reiz. Oder man denke an die Skizzen, wo er Tieren – einem Kettenhund oder einem Pudel – Liebe, Sehnsucht in so gesteigerter und gedankenbewusster Form zuschreibt, wie sie nur Menschen zu Gebote steht. Und darin liegt seine Größe: dass Wesenloses und Ungefärbtes in seinen Skizzen wie pulsierende, nuancenschillernde Ausschnitte aus dem Leben werden, dass jedes Ding seelisch belebt wird, weil der Dichter seine eigene Seele in alles einströmen lässt. –

Vor Kurzem ist ein neuer Skizzenband unter dem aparten Titel »Was der Tag mir zuträgt« erschienen. Im Ganzen bringt er nichts Neues, sondern vertieft und verschärft nur das Charakterbild Altenbergs. Er ist noch immer Lyriker, Philosoph und Novellist zugleich, aber diese Verbindung ist noch immer nur eine organische und keine chemische. Bei einer einzelnen Skizze schwingt sich die eine Richtung empor und schleppt die beiden anderen nur nach. Und er ist noch immer der Typus des Großstadtdichters, der alle denkbaren Anregungen auf sich hat einwirken lassen und nun müde ist. Altenberg ist den alten Calvarienweg gegangen, wie mancher vor ihm und nach ihm. Den Weg vom Romantiker zum Dekadenten. Original war an ihm vor allem seine Form, die nur langsam zur Schablone zu erkalten beginnt, denn es ist noch immer Mode, Altenbergskizzen zu schreiben. Allerdings bekommen die meisten nur die Form heraus, eventuell noch den Hauptfehler derselben, das selbstbeschauliche, kokett; denn – wenigstens mir geht es so – das Selbstauftreten unter der Chiffre P. A. schiebt mir immer das Portrait von der ersten Seite in die Szenerie hinein und hemmt den klaren Ausstrom der Stimmung. Und das spürt man bei den Nachtretern umsomehr, weil sie eben gar keine »Stimmung« haben.

Ganz im Anfange steht eine kleine Skizze. Sie ist nicht von Altenberg, sondern ihm gewidmet. »Warum sie dieses Dichters Werke so sehr liebte« ist ihr Titel. Und ein junges Mädchen hat sie aus einer ehrlichen, panegyrischen Begeisterung heraus geschrieben. Die Skizze ist vielleicht nur schön, weil sie jedenfalls auch erlebt ist. Aber das breitet so ein mildes, vertrauensseliges Licht über das Buch, dass man es schon mit geheimer Sympathie liest und sich gerne von ihm gefangen nehmen lässt ...

Erinnerung an Theodor Herzl

Diese Erinnerungen, ich weiß es wohl, scheinen von einem anderen Theodor Herzl zu erzählen als dem, den die Gegenwart kennt. Sie sprechen zunächst von einem einst berühmten und heute vollkommen vergessenen Schriftsteller, dessen Bildnis die ins Überzeitliche wachsende Gestalt des Zionisten Herzl vollkommen verschattet hat.

Aber es gab, aus meiner frühesten Jugend kann ich es bezeugen, einen begeistert geliebten, heimlich und laut in ganz Österreich verehrten Schriftsteller, den aus Ungarn stammenden, in Budapest geborenen Theodor Herzl, und ihn habe ich längst verehrt, als der Zionismus kaum als Nebelstreif dem geistigen Weltbild sich darbot. Theodor Herzl war damals der erste Feuilletonist der »Neuen Freien Presse« und bezauberte die Leser durch die leicht melancholisch überhauchte und dann wieder geistreich glitzernde, durch die profund gefühlsmäßige und dabei doch kristallkluge Tönung seiner Aufsätze. Das Leichte schien ihm gewichtig, das Gewichtige wusste er vorzutragen in der gefälligsten und fassbarsten Art, und nicht nur ein ironischer Skeptizismus, sondern auch die Geschliffenheit seiner Aphorismen zeigte, wieviel er in Paris von seinem über alles verehrten Anatole France gelernt hatte. Niemand gab unbewusst besser, was die Wiener wollten, auch für das Burgtheater schrieb er ihnen mit einem Kollegen zusammen ein geschmackvolles Lustspielchen, aus besten Ingredienzien kunstvoll serviert. Überdies war er ein auffallend schöner Mann, konziliant, gefällig, amüsant; kurzum, kein Schriftsteller war um die Jahrhundertwende beliebter, berühmter, gefeierter als er innerhalb der ganzen Bourgeoisie und wohl auch Aristokratie des alten Österreich.

Diese Beliebtheit erhielt nun plötzlich einen heftigen Stoß. Denn gerade knapp vor dem Jahrhundertende begann durchzusickern (kein Mensch dachte wirklich daran, die Broschüre zu lesen), dieser elegante, noble, geistreiche Causeur hätte da plötzlich einen abstrusen Traktat geschrieben, der nichts mehr und nichts minder wollte, als dass die Juden aus ihren Ringstraßenhäusern und Villen und ihren Geschäften und Rechtsanwaltskanzleien, kurz, dass sie mit Sack und Pack nach Palästina übersiedeln und dort eine Nation gründen sollten. Die erste Antwort war bei seinen Freunden verärgertes Bedauern über diesen »Unfug« eines doch sonst kreuzklugen und hochbegabten Schriftstellers. Dann setzte die in Wien auf jedes Geschehnis unfehlbare Wendung ein, die Erledigung durch Heiterkeit. Karl Kraus schoss eine Broschüre gegen ihn ab, und ihre Spitze, das Titelwort »Eine Krone für Zion«, blieb Herzl lebenslang in der Haut stecken; wenn er ins Theater trat, schön bebartet, ernst und mit zwingender hoher Haltung, zischelte und wisperte es von allen Seiten: »Der König von Zion«, oder »Seine Majestät ist erschienen«, aus jedem Gespräch, aus jedem Blick funkelte ihm verdeckt dieser ironische Name entgegen; die Zeitungen, insofern sie nicht wie sein Chef glattweg verboten, dass das Wort Zionismus in der »Neuen Freien Presse« gedruckt werden dürfe, überboten sich in Spöttereien. Vielleicht ist niemand zu Anfang des Jahrhunderts so sehr in dieser spottlustigen Stadt gehöhnt worden wie Theodor Herzl und jener andere große Mann, der gleichzeitig eine entscheidende Weltidee allein und unabhängig aufgestellt – wie sein großer Schicksalsgefährte Sigmund Freud, den übrigens noch zu seinem siebzigsten Geburtstage die hohe Fakultät nicht geruhte mit einem Glückwunsch zu begrüßen.

Nun will ich offen sein und eingestehen, dass auch all meine Liebe und Bewunderung ebenfalls nur dem heute verschollenen Schriftsteller Theodor Herzl galt. Seit ich richtig lesen konnte, hatte ich jeden seiner Aufsätze gelesen, mich daran gebildet und seine Bildung bewundert: noch heute erinnere ich mich (Kindheitserinnerungen sind unbezwinglich) an fast jedes seiner Feuilletons so deutlich wie an die ersten Gedichte Rilkes und Hofmannsthals, die ich damals auf der Schulbank las. Keine Autorität galt mir höher als die seine, kein Urteil wesentlicher und wirklicher. Und so war es eigentlich ganz natürlich, dass ich, gerade dem Gymnasium entlaufen, an niemand anderen dachte, um ihm eine Novelle, die ich geschrieben hatte, vorzulegen, als ihm, dem für mich entscheidenden und geliebten Richter. Nun kannte ich ihn nicht persönlich und hatte auch keinen rechten Weg zu ihm, so wählte ich mit der glücklichen

Naivität und dem nicht mehr wiederkehrenden Mut der Jugend den allereinfachsten Weg, nämlich ihn in der Redaktion aufzusuchen, wo er als Feuilletonredakteur seines Amtes waltete. Ich hatte seine Sprechstunde erkundet, ich glaube, es war nachmittags von zwei bis drei Uhr, so ging ich glatt und einfach eines Tages zu ihm hin. Zu meinem Erstaunen wurde ich sofort vorgelassen, in ein sehr enges, einfenstriges, nach Staub und Druckeröl dunstendes Zimmerchen und war plötzlich, ohne dass ich mich innerlich zusammengerichtet hatte, vor ihm, der höflich aufstand und mir einen Sessel neben dem Schreibtisch anbot. Die ihm natürliche und wirklich bezaubernde Art seiner Höflichkeit hat mich in diesem ersten Augenblick und bei jeder Begegnung mit ihm immer von neuem gewonnen. Sie kam aus französischer Schule, bekam aber an seiner majestätischen Gestalt wirklich etwas von der Höflichkeit von Königen oder hohen Diplomaten: nicht nur vom Geist, sondern gleichsam aus seinem körperlichen Wesen mochte ihm der Gedanke einer Führerrolle gekommen sein. Man subordinierte sich ihm unwillkürlich rein aus dem Gestaltmäßigen seiner Natur.

Er lud mich sehr freundlich ein, Platz zu nehmen, und fragte mich: »Was bringen Sie mir?« Ich stammelte recht und schlecht, dass ich ihm eine Novelle vorlegen wollte. Er nahm sie, zählte die handgeschriebenen Seiten bis auf die letzte, sah dann gespannt die erste Seite an, lehnte sich zurück. Mit einem gewissen Schreck merkte ich, dass er in meiner Gegenwart sofort zu lesen begann. Die Minuten dauerten mir lange, ich füllte sie bewusst, indem ich von der Seite her vorsichtig sein Gesicht betrachtete. Es war makellos schön. Der weiche, schwarze, wohlgepflegte Vollbart gab ihm ein klares, fast rechteckiges Maß, dem auch die reine, klar in die Mitte gestellte Nase nicht widersprach und nicht die hohe, leicht gerundete Stirn. Aber dieses vielleicht fast zu ebenmäßige, beinahe zu bildhafte Gesicht wurde vertieft durch die weichen, mandelförmigen Augen mit ihren schweren, schwarzen, melancholischen Wimpern, uralte Augen des Orients in diesem sonst französischen, à la Alphonse Daudet arrangierten Gesicht, welches leicht parfümiert gewirkt hätte oder Typus Frauenarzt oder »schöner Mann«, ohne diesen Seelenaufschlag tausendjähriger Melancholie. Er schien es zu merken, dass ich ihn betrachtete, denn einmal beim Blättern sah er mich scharf, aber nicht streng an: er war es gewohnt, betrachtet zu sein, vielleicht liebte er es sogar. Endlich schlug er die letzte Seite um und tat eine merkwürdige Geste, er schüttelte die Blätter zurecht, legte sie zusammen, schrieb etwas mit blauem Bleistift darauf, legte sie links in eine Schublade. Dann erst, nach dieser umständlichen, offenbar auf Spannung berechneten Geste (ein wunderbar Theatralisches verließ ihn nie), wandte er sich mir zu und sagte mit dem Bewusstsein großer Ankündigung: »Die Novelle ist angenommen.«

Das war viel, unerhört viel sogar, denn zu jener Zeit galt das Feuilleton noch als ein Heiligtum, einzig Vollwertigen oder Angegrauten zugänglich, und nur der junge Hofmannsthal hatte einmal den geheiligten Bann durchbrochen. Herzl fragte mich dann noch allerhand, was ich studiere, aber zu Gespräch blieb nicht viel Zeit, und er entließ mich mit dem Wunsch, ich möge ihm doch wieder etwas vorlegen. Er hat dann jene Novelle wirklich bald veröffentlicht und mehr noch getan, gleichfalls unvermutet, indem er in einem seiner nächsten Feuilletons plötzlich darauf hinwies, es seien jetzt wieder junge Leute in Wien, von denen allerlei zu erwarten wäre, und dabei sofort meinen Namen nannte. Es war das erstemal, dass ganz spontan, aus einem urtümlichen Vertrauen, jemand mir öffentlich Mut zusprach, und vielleicht kein Augenblick innerhalb einer literarischen Laufbahn ist so entscheidend und so unvergesslich wie ein solcher erster unvermuteter Impuls. Ich habe es immer seitdem als eine Verpflichtung empfunden, dass es gerade Theodor Herzl gewesen, der als Erster zu mir (mehr aus Instinkt als aus dem vorhandenen Werke) Zutrauen hatte, und ich bin ihm immer noch genau so dankbar wie in jener überraschenden ersten Stunde.

Ich durfte ihn dann öfter sehen, nicht zu oft freilich, denn ich studierte in Deutschland, und wenn ich nach Wien kam, hielt mich Respekt zurück, ihm seine Zeit zu nehmen, aber es kam selten vor, dass er mich im Theater sah, ohne auf mich zuzutreten und mit ein paar freundlichen Worten nach meiner Arbeit zu fragen. Inzwischen war aus Dankbarkeit für den Menschen mir auch die Idee vertraut geworden, die ihn mehr und mehr beschäftigte. Ich begann die zionistische Bewegung zu verfolgen, ging auch hie und da als Zuhörer zu den kleinen Versammlungen, die meist im Unterkeller von Kaffeehäusern abgehalten wurden, und begegnete auf der Universität öfter und öfter dem edelsten seiner Schüler, Martin Buber. Aber eine rechte Bindung wollte mir nicht gelingen, mich ließen die Studenten fremd, denen die Satisfaktionsfähigkeit noch irgendwie den Kern des Judentums zu bilden schien, und den Diskussionsabenden entfremdete mich die heute wohl nicht mehr vorstellbare Art der Respektlosigkeit, mit der sich gerade die ersten Schüler zu Herzls Person stellten. Die östlichen warfen ihm vor, er verstände nichts vom Judentum, er kenne nicht einmal seine Gebräuche, die Nationalökonomen betrachteten ihn als Feuilletonisten, jeder hatte seinen eigenen Einwand und nicht immer der respektvollsten Art. Dieser Mangel an geistiger Subordinationsfähigkeit hielt mich instinktiv von jenem Kreise fern. Ich wusste, wie gerade damals vollkommen ergebene, selbst gegen ihre eigene Meinung wortlos mithelfende Menschen und besonders junge Leute Herzl wohlgetan hätten, und dieser zänkische, rechthaberische Geist der heimlichen Revolte gegen Herzl entfremdete mich sofort der Bewegung, der ich mich nur um Herzls willen neugierig genähert hatte. Als wir einmal über das Thema sprachen, gestand ich es ihm offen ein. Er lächelte etwas bitter und sagte: »Vergessen Sie nicht, wir sind seit Jahrhunderten an das Spielen mit Problemen, an den Streit mit Ideen gewöhnt. Wir Juden haben ja seit zweitausend Jahren historisch gar keine Praxis, etwas Reales in die Welt zu setzen. Die unbedingte Hingabe muss man erst lernen und ich selbst habe sie noch heute nicht gelernt, denn ich schreibe noch immer zwischendurch Feuilletons und bin noch immer Feuilletonredakteur der ›Neuen Freien Presse‹, während es meine Pflicht wäre, keinen Gedanken außer dem einen zu haben, keinen Strich für irgend etwas anderes auf ein Blatt Papier zu tun. Aber ich bin schon unterwegs, mich da zu verbessern, ich will die unbedingte Hingabe erst selbst lernen, und vielleicht lernen da die anderen mit.« Ich weiß noch, dass diese Worte auf mich tiefen Eindruck machten, denn das hatte uns alle unbewusst irritiert, dass Herzl sich so lange nicht entschließen konnte, seine Stellung bei der »Neuen Freien Presse« aufzugeben – wir meinten, um seiner Familie willen. Dass dem nicht so war und er sein eigenes Privatvermögen der Sache geopfert hatte, erfuhr die Welt erst viel später, und wie sehr er selbst unter diesem Zwiespalt gelitten hatte, erwies mir nicht nur dieses Gespräch, sondern auch viele Aufzeichnungen in seinen Tagebüchern.

Ich sah ihn dann noch mehrmals, aber von allen Begegnungen ist mir nur eine als wichtige erinnerlich und unvergesslich, vielleicht, weil sie die letzte war. Ich war im Ausland, nicht anders als brieflich mit Wien in Verbindung gewesen, endlich traf ich ihn eines Tages im Stadtpark. Er kam offenbar aus der Redaktion, ging sehr langsam und ein wenig in sich gebeugt; es war nicht mehr der alte schwingende Schritt. Ich grüßte höflich und wollte vorüber, aber er kam rasch emporgestrafft auf mich zu, bot mir die Hand: »Warum verstecken Sie sich? Sie haben das gar nicht nötig.« Dass ich so oft ins Ausland flüchtete, rechnete er mir hoch an. »Es ist unser einziger Weg«, sagte er. »Alles, was ich weiß, habe ich im Ausland gelernt. Nur dort gewöhnt man sich, in Distanzen zu denken. Ich bin überzeugt, ich hätte nie den Mut zu jener ersten Konzeption gehabt, man hätte sie mir zerstört, solange sie noch im Keimen und Wachsen war. Aber Gott sei Dank, als ich sie herbrachte, war schon alles fertig, und sie konnten nicht mehr tun, als das Bein aufheben.« Er sprach dann sehr bitter über Wien; hier hätte er die stärksten Hemmungen gefunden, und kämen nicht von außen, von Osten besonders und auch von Amerika, neue Impulse, er wäre schon müde geworden. »Überhaupt«, sagte er, »mein Fehler war, dass ich zu spät begonnen habe. Viktor Adler, der war mit dreißig Jahren Führer der Sozialdemokratie, in seinen besten, ureigentlichsten Kampfjahren, und von den Großen der Geschichte will ich gar nicht reden. Ich brauchte irgendeinen jungen Menschen, einen leidenschaftlichen und klugen, der mit mir denkt und aus mir herausdenkt. Ich habe zuerst auf F. gehofft, aber der ist zu weich, zu unpolitisch. Wenn Sie wüssten, wie ich leide im Gedanken an die verlorenen Jahre, dass ich nicht früher an meine Aufgabe herangekommen bin. Wäre meine Gesundheit so gut wie mein Wille, dann stünde alles gut, aber Jahre kauft man nicht mehr zurück.« Ich begleitete ihn noch lange des Weges und er sprach viel von den Schwierigkeiten, die man ihm entgegenstellte, nicht so sehr erbittert, sondern eher resigniert: er schien es schon gewohnt, immer wieder Widerstand zu finden gerade an der unerwarteten Seite. Ich versuchte ihm irgend etwas Wohltuendes zu sagen und erzählte ihm von der Auswirkung, die seine Idee im Auslande gefunden habe, von der Anzahl Menschen, die nur den einen Wunsch hätten, ihm die Hand zu drücken, und wies ihn dann darauf hin, ob er nicht selber fühle, wie weit er über sich hinausgewachsen sei aus diesem Wien, aus diesem Österreich, irgendwohin bis in die fernsten Zonen der Welt. Aber er lächelte nur trüb und sagte: »Ja, ihr, ihr jungen Leute, euch scheint Erfolg und Ruhm immer schon alles. Da« (und er wies plötzlich auf seinen schönen und wirklich schon stark durchsilberten Bart) »da, nehmen Sie mir die weißen Haare aus meinem Bart und meinem Haar und ich schenke Ihnen meinen ganzen Ruhm.« Ich begleitete ihn noch lange, fast bis zu seinem Hause. Dort blieb er stehen und gab mir die Hand und sagte: »Warum kommen Sie nie zu mir? Sie haben mich nie zu Hause besucht. Telefonieren Sie vorher an, ich mache mich schon frei.« Ich versprach es ihm, fest entschlossen, das Versprechen nicht zu halten, denn je mehr ich einen Menschen liebe, desto mehr ehre ich seine Zeit. Ich war fest entschlossen, nicht zu ihm zu kommen.

Aber ich bin dennoch zu ihm gekommen und schon wenige Monate später. Die Krankheit, die damals ihn zu beugen begann, hatte ihn plötzlich gefällt, und nur zum Friedhof mehr konnte ich ihn begleiten. Vor genau fünfundzwanzig Jahren. Ein sonderbarer Tag war es, ein Tag im Juli, unvergesslich jedem, der ihn miterlebte. Denn plötzlich kamen auf allen Bahnhöfen der Stadt, mit jedem Zug bei Tag und Nacht aus allen Reichen und Ländern Menschen gefahren, westliche, östliche, russische, türkische Juden, aus allen Provinzen und kleinen Städten stürmten sie plötzlich herbei, den Schreck der Nachricht noch im Gesicht; niemals spürte man deutlicher, was früher das Gestreite und Gerede unsichtbar gemacht, dass hier einer großen Bewegung der Führer gefallen war. Es war ein endloser Zug. Mit einmal merkte Wien, dass hier nicht nur ein Feuilletonist gestorben war, ein Schriftsteller oder mittlerer Dichter, sondern einer jener Gestalter von Ideen, wie sie in einem Land, in einem Volk nur in ungeheuren Intervallen sich sieghaft erheben. Am Friedhof entstand ein Tumult, zu viele strömten plötzlich zu seinem Sarge, weinend, heulend, schreiend in einer wild explodierenden Verzweiflung, es wurde ein Toben, ein Wüten fast; alle Ordnung war zerbrochen durch eine Art elementarer und ekstatischer Trauer, wie ich sie niemals vordem und nachher bei einem Begräbnis gesehen: und an diesem ungeheuren, aus der Tiefe eines ganzen Millionenvolkes stoßhaft aufstürmenden Schmerz konnte ich zum erstenmal ermessen, wieviel Leidenschaft und Hoffnung dieser einzelne und einsame Mensch durch die Gewalt eines einzigen Gedankens in die Welt getragen.

Otto Soyka

Tatsächlich, er hat für seine Romane ein neues Rezept der Unterhaltsamkeit gefunden, dieser Otto Soyka, der gleich mit drei Büchern auf einmal debütiert. In seinem Kessel brodeln ganz eigenartige Ingredienzien, anders als die übrigen ehrenwerten deutschen Literatoren kocht er sich seine Imaginationen ein. Er lässt vor allem die üblichen Narkotika fort, so man Stimmung, Lyrik und Landschaft nennt, er schmalzt nicht mit Sentimentalitäten, pfeffert nicht mit Erotik, sondern beizt einem nur die Nerven mit einer geheimnisvollen zerebralen Substanz, bis sie sich straff spannen und unruhig zu schwingen beginnen. Er greift einem nicht schmeichlerisch an die Herzgrube, sondern zielt gradaus aufs Gehirn, das er in aufregendster Weise zu beunruhigen versteht. Seine Romane sind kühn errechnete Hasardspiele, die an die Neugierde appellieren und tatsächlich aufregen, weil sie mit so hohen geistigen Ziffern operieren, und man ihm immer dabei auf die Finger passt, ob er nicht bald psychologisch bankrott wird. Behaglich und passiv beschaulich lässt sich's nicht durch Soykas Romane lesen, man schnellt da auf den straffen Sprungfedern verblüffender Einfälle immer weiter hinein ins Unvermutete, bis dieser boshafte Mechaniker der Erregung die Güte hat, die Kurbel abzudrehen, und man sich – meist gibt ein Revolverschuss das Signal zum Aussteigen – mit einem gewissen Wohlbehagen nach diesem gefährlichen *Looping the loop* auf dem Boden der Realität wiederfindet. Natürlich lüstets einen, sofort hinter das Geheimnis dieser Nervenschwingmaschinen zu kommen, und tatsächlich, sie ist vertrackt, die Schwergewichtsfrage in den Romanen Soykas. Ihre ganze Last ruht auf Einfällen, zwei, drei Menschen bloß sind ihre Karyatiden. Eigentlich streng genommen nicht einmal zwei oder drei, denn wirklich lebendige Menschen gibt es gar nicht in Soykas Büchern, Menschen, die essen und trinken, arbeiten und faulenzen, Zigarren rauchen und mit Frauen zu Bett gehn. Es gibt nur Menschen, die denken, an ein Ziel denken, und von diesen ambulanten Gehirnen nur die Effluoreszenz ihres Willens. Was Soyka als

Menschen ausgibt, sind genial konstruierte Intelligenzmaschinen, die wie E. T. A. Hoffmanns Olympia ihre Arien mit den schönsten Koloraturen singen und bei nicht scharf Hinsehenden tatsächlich den Glauben an ihre Beseeltheit erzwingen können. Aber in Wirklichkeit ist – so vielfähig sie sich auch zu bewegen scheinen und so eigenwillig ihre Äußerungen dünken – ihr Denkmechanismus ein geradliniger. Sie gehen mit starren Augen von der ersten Seite zur letzten auf ein vorbestimmtes Ziel zu, sie alle – der Konrad Wehlen im »Herr im Spiel« (Hans von Weber), der Artur Reming im »Fremdling« (Albert Langen), der Konrad Weglehner im »Herbarium der Ehre« – sind auf eine einzige Idee eingestellt wie eine Maschine auf eine, wenn auch vielfach verteilte Verrichtung. Alle Widerstände, die ihnen entgegentreten, sind im Voraus kalkuliert, und den Helden die entsprechend starke Dynamik des Willens mitgegeben, so dass sie – die Helden Soykas haben alle eine markante Gemeinsamkeit lautloser Energie und geräuschloser Tragik – schließlich immer über die Materie des Minderwertigen, des nicht gleich Scharfgeistigen triumphieren (oder zumindest ihre Idee, denn im banalen Sinn unterliegen sie). Bessere Menschenmaschinerie ist selten bei uns gemacht worden. Diese Figuren Soykas funktionieren psychologisch fehlerlos, nicht ein einzigesmal hört man's in ihren Scharnieren knacken. Das Sympathischste aber an diesen Attrappen ist die Offenkundigkeit, mit der sie eingestanden sind. Soyka rührt keinen Finger, um den offenkundigen Mangel an atmender Plastik zu verbergen, im Gegenteil, er banalisiert mit Absicht die Namen seiner Helden ins Gartenlaubendeutsch, er wendet keinen Pinselstrich Farbe an ihre äußere Physiognomie, um so bewusst die Illusion des Schematischen aufrecht zu halten, und schildert überdies noch die Geschehnisse in einer steifen beintrockenen Sprache. Sein neues Prinzip – vielleicht aus Raffinement gedrehte Verlegenheit – hat Ähnlichkeit mit der Kinographentheaterdramatik, wo die Gestalten ja auch rein flächig, ganz unkörperlich in einem unwirklichen Licht mit nur rinnenden Konturen vorbeizittern, aber dem Publikum doch vielleicht besser das Gruseln lehren als eine lebendige Schmierentruppe. Die Entscheidung liegt da nicht im Prinzip, sondern einzig darin, ob er Kraft genug hat, die stets aufmuckende Kritik des Herzens mit brutaler Spannung nieder zu halten. Und daran fehlts nicht bei

Soyka. Er hat alle Utensilien des Kriminalromans auf dem Lager, nur mit neuem vortrefflichem psychologischem Triebwerk versehen. Manche werden darum diese Romane, schon weil sie der traditionellen deutschen Langeweile Fehde ansagen, sofort aus dem jeweilig berechneten Kreis der Kunst stellen wollen, aber damit ist Soykas Können nicht geleugnet. Der wirkliche Fehler dieser Romane steckt anderswo. Misst man sie etwa an Jensens »Madame d'Ora« oder dem »Rad« so ists rasch erkannt: es fehlt ihnen an Ozon. Sie haben keine frische blutauftreibende lungenerlösende Luft in sich, sondern alles geschieht wie hinter Glas, im Luftleeren. Sie sind ganz aus Geist destilliert, und Geist kann sich zwar in alle Formen pressen, nur selber keine Substanz schaffen. Sie sind menschlich unfruchtbar, sie beschäftigen und erregen nur, ohne in uns etwas zu erweitern oder zu verwandeln, wunderbar hoch aufsteigende Feuerwerke, denen der gefesselte Blick nachstarrt, bis sie sich wieder restlos im Dunkel lösen. Aber solang sie funkeln, binden sie mit ihren oft dämonischen Lichtspielen unsere gesamten innern Kräfte. Von wie viel neuern deutschen Romanen – diesen mit lyrischen Lauben geschmückten Stelldicheins prätentiöser Weitschweifigkeit mit falscher Psychologie – kann man das sagen? Gruß und Zuruf darum für Soyka als Verbündetem im Kampf gegen die blühende deutsche Langeweile.

Hermann Bahr, der Fünfzigjährige

Sollen meine Worte zu Ihnen dem ganzen und wahrhaften Werke Hermann Bahrs gelten, so muss es mein Erstes ein, der missverständlichen Einschränkung zu wehren, als meinte ich mit dem Werk nur seine gesammelten Werke. Die Bücher Bahrs sind bei all ihrem innerlichen Reiz und dem eminenten künstlerischen Temperament, das sie auszeichnet, doch nur ein Teil seiner Tat. Lebensspuren sind sie, nicht sein Leben, wesenhaft zwar, aber doch noch nicht das Wesentliche, und ich will mit dem offenen Geständnis nicht zögern, dass ich von den etwa sechzig Büchern diese Unermüdlichen kaum die Hälfte gelesen habe. Ja, ich will in dieser Aufrichtigkeit sogar noch weiter gehen und frei zugestehen, dass dieses Unterlassen nicht aus äußeren Ursachen, sondern einem inneren Widerstreben geschieht, aus der aufrichtigen Angst, als Nachgeborner diesen Büchern nicht mehr ganz gerecht sein zu können. Bahr zurückzulesen, ohne um diese seine Bücher die ganze Zeit, die moralische und artistische Sphäre jener Epoche aufzubauen, gegen die und für die sie entstanden sind, heißt ein Unrecht tun gegen den lebendigen und gegenwärtigen Menschen; denn diese Bücher sind nicht mehr ganz, sie haben nicht mehr ihr reines Gleichgewicht, ihre innere Schwebe und vor allem für unsere Zeit nicht immer mehr ihre volle Notwendigkeit. Die Notwendigkeiten von gestern werden immer die Selbstverständlichkeiten von heute, die Hemmungen von morgen, und wir trennen irgend etwas sehr Wertvolles, wenn wir Werke, die mit ihren innersten Nerven in einer Zeit verwurzelt sind, gewaltsam von ihr ablösen, ein Kampfbuch im Frieden lesen. Alle Bücher Bahrs, dieses ausgesprochenen Gegenwartsmenschen, haben ihre höchste Wirklichkeit am Tage des Erscheinens, in der Rotglut des Augenblicks. Nehmen wir sie nach Jahren dann wieder auf, so fehlt uns etwas darin, was uns damals entzückte, und etwas anderes ist darin, das uns befremdet, ihre Haltung scheint ein wenig übertrieben, ihre Liebe zu selbstverständlich, ihr Zorn zu gehässig, ihr Spott zu maßlos – irgend ein wertvolles Element ist aus ihnen geschwunden, etwas, das ihre Kraft mit dem Bedürfnis harmonisch zusammenhielt und damals das künstlerische Equilibrium schuf. Was ihnen heute fehlt, ist der Widerstand von einst. Wie eine Sprungfeder, wenn sie nicht straff gegen einen Druck gespannt ist, die reine Windung ihrer Spirale, so verlieren diese Bücher durch das Erschlaffen des kulturellen Widerstandes. Vielleicht scheint Ihnen ein Widerspruch darin zu liegen, wenn ich sage, ein Buch könne etwas verlieren, da es doch ein Ganzes, Abgelöstes und Fertiges darzustellen scheint, aber, wenn auch aus unvergänglichster Materie, steht ein Werk doch nie im Leeren, sondern immer in einer Atmosphäre. So wie jeder Raum mit Luft, wie selbst wir Lebendigen in unserer Brust, in unserem Hirn nicht reine, lustlose Leere, sondern Luft unserer Zeit haben, so atmet in jedem Werk etwas von der Atmosphäre ihrer Umgebung mit. Verwandelt sich dann diese Umwelt, übertragen wir das Werk in fremde Zeit, so wandelt sich auch etwas im Unsichtbaren, im Inkommensurablen des Werkes, es ist leichter oder schwerer im veränderten Druck der Luft, ist irgendwie anders im veränderten Widerstand.

Um jene Bücher Bahrs ganz zu würdigen, müsste man daneben die Zeitungen jener Epoche legen, die Bilder der Makart-Zeit, die böse Innenarchitektur und die Jamben-Stücke von damals, müsste die ganze stickige Atmosphäre wieder entwickeln, eine tote, abgestorbene Zeit aus ihrem Sarge reißen. Ohne diesen Widerstand einzukalkulieren, berechnen wir den Wert der Bahrschen Attacken falsch, die jetzt für uns oft die schiefe Geste eines Kraftmeiers haben, der offene Türen mit ungeheurer Anstrengung einrennt. Dass diese Türen aber offen sind, ist eben ein Teil seiner Lebenstat und seiner Bücher. Bahr muss an dem Widerstande gemessen werden, den er gegen die Zeit stemmte und sie gegen ihn, seine Bücher wiederum nicht bloß nach ihrer Schönheit, sondern auch nach seiner Notwendigkeit. Sagte ich, dass ihnen etwas fehlt, so meine ich dies nicht im Sinne eines Tadels, denn nichts ist aus ihnen fort, es hat sich nur verwandelt aus Papiernem in Gestaltung. Etwas, das in diesen Büchern war und nun nicht mehr ist, steckt in den Steinen der Sezession, den Bildern der modernen Maler, in der Regiekunst Reinhardts, in den Werken unserer Dichter, im deutschen Journalismus, im ganzen modernen Kulturempfinden. Das unmittelbare Leben hat sich diesen Büchern, möchte ich sagen, nicht ganz geschenkt, sondern nur geliehen, die Zeit sich nicht versteinert in ihnen und festgeformt in dauerndem Symbol (wie etwa in Liliencrons und Dehmels Gedichten, Hauptmanns Dramen und manchem Einzelnen und manchem einzelnen Werk), sondern sie ist bloß durchgeflossen wie durch eine Stromschnelle, in der sie neue Wucht und Sprengkraft erhalten hat. Psychologische und polemische Schriften ersten Ranges, sind Bahrs Werke vor allem ein vollkommenes Kalendarium der Zeit: kein Tag, keine schöpferische Stunde der deutschen Welt ist in ihnen vergessen, und ihre Vollständigkeit gibt ihnen ähnlichen Wert wie den Büchern der Artisten ihre Vollkommenheit.

In seinen Schriften finden Sie alle Probleme, alle Persönlichkeiten, mit Liebe, Leidenschaft und Kunst erörtert und gestaltet, die im letzten Vierteljahrhundert einer geistigen Generation Erlebnis oder zumindest Verheißung waren und sie alle in jenem ersten unruhigen aufknospenden Augenblick der Entstaltung, jener kostbaren Minute, die sonst in der literarhistorischen Darstellung wie zur Herbarie vertrocknet. Hier ist aber alles von nah gesehen und von innen, denn Bahr war immer mitgerissen von jeder Welle, war Deutschnationaler in Wien, Weltbürger in Paris, Franzosenfreund, Anarchist, Sozialist, Slavophile, Freimaurer, Monist und Mystiker, er war in der Keimzelle jeder neuen künstlerischen Bewegung, immer überall dabei und im richtigen Moment, in Berlin bei der Gründung der »Freien Bühne«, der Geburt des Naturalismus und dem Debut Hauptmanns, in Wien bei der Begründung der »Sezession« und der Proklamierung der jungen Generation durch Schnitzler, Hofmannsthal, Beer-Hofmann, Altenberg. Er war Regisseur bei Reinhardt, Vorleser und Agitator, Globe-Trotter und immer – wie nebenbei – schaffender Künstler. Seine stärksten Wirkungen aber waren die unmittelbaren und unsichtbaren, durch Freundschaft und Enthusiasmus. Er hat ein Jahr gemeinsam mit dem damals höchst unbekannten Klavierlehrer Hugo Wolf in Wien gewohnt, war der Freund Kainzens in dessen bitterster Zeit, war eine Art unterirdischer Mitdirektor des Burgtheaters unter Burckhardt und der Oper unter Mahler, der erste Verkünder der Duse für Europa, Klimts, Olbrichs und Hofmannsthals. Ich bin nur zu sicher, viel bei dieser Aufzählung zu vergessen, denn wo immer in der deutschen Welt sich ein Neues gestalten wollte, war er, begeistert und begeisternd, dabei. Oder besser gesagt – und sicher gilt das von Österreich – wo immer er war, organisierte sich ein Neues. Von stärkster Reizsamkeit als Empfänger, wusste er diese Empfindung immer mit verdoppelter Intensität wieder in die Welt zurückzuschleudern, nicht so sehr Anreger als Erreger, denn nichts Eigenes und Persönliches hat er in all diese Menschen hineingebracht, sondern jeden immer nur bestärkt in seiner Eigenart. Nie wollte er jemanden anders, sondern jeden nur immer mit dessen eigenen Vorzügen und Fehlern stärker, er selbst. Je fremder Dinge waren, desto mehr lockte es ihn, sich in sie zu verwandeln.

Eine solche unbegrenzte Wandlungsfähigkeit pflegt nun das treue bürgerlich-starre Gewissen gern als Charakterlosigkeit, Überzeugungsakrobatik, Untreue und Hanswursterei zu bezeichnen. Ich denke nicht daran, Bahr gegen solche Worte – es sind auch vehementere gesagt worden – zu verteidigen. Es verlockt mich, einzig darzustellen, dass die Wandlungen in Bahr nicht Schauspielerei, ein Maskentausch, sondern Notwendigkeit seiner Natur, eine stete innere Umgebärung sind. Es gibt intensive und expansive Naturen, intensive, die das Leben aufsaugen und zur Kunst verarbeiten, expansive, die es ausströmen und wieder in Leben zurückverwandeln. Bahr ist keiner von jenen, die mit innerer Ruhe und Stetigkeit die Dinge von außen betrachten können. Sie mit dem Intellekt sezieren, dem Gefühl anfassen, ohne dabei auch nur einen Schritt aus ihrem inneren Ich herauszutreten. Für Bahr wird alles zum Vitalitätsproblem. Er kann nichts bloß mit dem Gehirn verstehen; um ein Wesenhaftes zu spüren, muss er sich in sein Problem verwandeln. Alles muss durch ihn durch, durch alle Sinne, Herz und Magen, mitten durch seine Existenz. Um den Sozialismus zu verstehen, muss er – zumindest für eine Spanne Zeit – mit allen seinen Sinnen Sozialist gewesen sein, um den Naturalismus zu begreifen, selbst Werke in diesem Stil geschaffen haben. Damit irgendein Ding in der Welt für ihn überhaupt erst existent wird, muss er es bejahen, und dieses Ja bedeutet für ihn: Ich. Bejahen bedeutet ihm: etwas von mir ist in diesem Werke oder etwas von diesem Werke in mir, ich brauche es für mein Leben oder es braucht meine Kraft für seine Existenz. Der expansive Mensch ist im Grunde genau so selbstsüchtig für seine Persönlichkeit wie der intensive. Denn nur scheinbar will er das Wesen der Dinge erfahren, in Wahrheit aber sein eigenes vielfältiges Wesen an den Dingen. Mit der Vielfalt seiner Formen will er die Welt nicht in Staunen setzen, sondern nur stärker erleben. Sich selbst im Wandel getreu, hat Bahr sich an tausend Erscheinungen begeistert und sie gepriesen, nicht um den Wert dieser Dinge, sondern um sich selbst zu steigern. Mag für andere, für den intensiven Menschen, Innehalten ein Bereichern sein, für ihn wäre es ein Verarmen. Nur in der Verwandlung, im Unablässigen kann er sein Selbst bewahren und steigern.

Verwandlung war und ist für Bahr Selbstbehauptung, Bewegung sein Element. Stille und Einkehr müsste sein Wesen zersprengen, den Überschuss der Kräfte selbstmörderisch nach innen kehren. Der expansive Trieb ist so übermächtig in seiner Natur, dass er überhaupt nur in der Resonanz sich selbst empfindet. Bahr hat von sich einmal gesagt, wenn er über Künstler rede, sei dies ihm nur ein Mittel, sie inniger zu empfinden: ich wage zu sagen, es ist seine einzige Möglichkeit, sie zu empfinden. Er kann nicht schweigen im Genuss, ihn nicht verhalten, er muss ihn verschwenden, er lebt gewissermaßen mit seinem Enthusiasmus in den Tag hinein. Nach jeder Entladung von Begeisterung ist er für einen Augenblick leer und muss sich neu anfüllen, darum braucht er unablässig die Ekstase, um nicht zu verhungern im Gefühl, daher diese wundervolle Ratlosigkeit, sich als ewig Erneuernder an Neues hinzugeben. Bis in seine Sprache hinein fühle ich diesen Mangel an Geheimnis in seinem Wesen, dies Schöne und Gefährliche, dass er sich restlos entladet und hingibt; keiner weiß so wie er das, was er sagen will, ganz zu sagen, so fasslich, so klar, so mühelos, aber er sagt auch immer alles aus, was er zu sagen hat, und hinter dem Ausgesagten bleibt dann für einen Augenblick ein leerer Raum. Bei den ganz reinen, den lyrischen Dichtern, fühlt man das Wort immer als Symbol eines Ungesagten, als ein mühsam Entrungenes von einem noch Größeren, das spröde sich der Sprache verwehrt, man ahnt einen Rest, der im Künstler noch innen stecken geblieben ist, unveräußerlich und nur halb bewusst. Bei Bahr ist nichts angedeutet, sondern immer alles gesagt, die Worte haben wie Thamissos Peter Schlemihl keinen Schatten hinter sich. Und nur das prachtvoll stete Fortquellen der Gedanken, die ewige Erneuerung seines inneren Menschen überflutet diese stete Ebbe hinter der Flut seines zu starken, zu raschen, zu leichten Wortes und ersetzt die Geheimnislosigkeit seines Seins durch das Geheimnis seines steten Werdens.

Nur ein solcher Mensch der Verwandlung, eine elastische, entwicklungsträchtige Natur war unserem Zeitalter als Wortführer gemäß, ein Übergangsmensch in einer Zeit der Übergänge. Scheint die Epoche, in der wir leben, noch unklar in ihren Zielen und Wandlungen, so ist ihre tiefste Errungenschaft doch zu entraten: ein starkes Gegenwartsgefühl. Nie hat sich seit Jahrhunderten eine Zeit so stark selbst gefühlt, so stark selbst geliebt und bewundert wie die unsere. Ein neuer Schönheitsbegriff, ein neues Weltgefühl will sich bilden, die Geburt einer neuheidnischen Religiosität scheint sich zu bereiten, deren erste Krämpfe und Zuckungen heute alle Länder durchschauen. In einer solchen unruhigen Zeit war der Unruhige der richtige Wortführer, war der Gegenwartsmensch der wahrhaft Zeitgenössische und jener der Wichtigste, der stark und begeistert selbst dem Ephemeren ins Auge blickte, statt zurückzuschauen nach Überlebtem oder in die Zukunft zu schielen. Einer, der sich jeder Strömung hingab und von jeder sich tragen ließ. Denn wenn wir uns frei und ehrlich fragen, ob seit Richard Wagner jemand in Deutschland gekommen ist, eine Botschaft in künstlerischen Dingen uns zu bringen, wert, ihr allein sein Leben zu widmen, müssen wir nicht beschämt verneinen? Ein starrer Mensch wäre zerbrochen, oder Damm geworden gegen unsere werdenden Entwicklungen, nötig war einer, der sich anpasste und mitverwandelte an den Wandlungen der Zeit, der demütig war und nicht herrisch und vor allem stark gegenwartsgläubig, eben darum, weil er eine Zukunft nahe spürte. Bei all seiner Bewunderung hat Bahr seine Generation und sich selbst immer nur provisorisch als Boten einer besseren empfunden. »Ich vermute«, sagte er einmal, »dass nach uns eine Zeit großer Menschen kommen wird; diese wollen wir bereiten helfen. Das mag der Sinn unseres wunderlichen Wesens sein. Niemals ist eine solche Sehnsucht nach einem freien und wahrhaften und heroischen Wesen unter den Menschen gewesen, jedes Leben, das einer von uns lebt, ist eine bloße Skizze, ein erster Entwurf oder ein Modell eines späteren Lebens, das erst kommen wird. Dieses wird das unsere ausführen. Wir haben sozusagen aus uns Figurinen für die nächsten Menschen gemacht, diese werden sie erst ins Große übertragen müssen.« Durch dieses stolze und zugleich demütige Gegenwartsgefühl ist Bahr der Zeit wichtiger geworden als durch eine starre Überzeugung, die sich immer unwillkürlich von selbst als Waffe gegen die nächste Generation wendet. Er hat als Kritiker die Dinge vom Tage, vom Augenblick aus betrachtet, und nicht von einer imaginären Zukunft wie die anderen, die Philologie an Lebendigen üben, Meteorologen des Ruhms, die das literarische Wetter von morgen und übermorgen weissagen wollen, die Werke immer nur als zukünftige Objekte der Literaturgeschichte werten statt als unsere unmittelbaren Erlebnisse. Gegenwartsmensch, Tagesmensch hat er den Tag geliebt und die Stunde, aber immer als ein Fragment der Ewigkeit, als das einzige, das wir wahrhaft von ihr mit unseren Sinnen zu fassen vermögen. Er hat alles geliebt, wie es ihm entgegenkam, ohne jeden Verbesserungswahn, als der unprinzipiellste Kritiker, den wir je in Deutschland hatten. »Mir tun die Menschen leid, die nur das Vollkommene lieben können«, dies schöne Leitwort seines weitherzigen Weltgefühles sondert ihn von allen denen, die auf ein imaginäres Ideal blicken, indes sie Wirklichkeiten meinen, und nicht wie Bahr im Letzten einzig bestrebt sind, sich selbst zu vervollkommnen am fremden, unvollkommenen Werk. Freude strömt von ihm aus, ob sie nun in heiteren Komödien als Esprit schaumsprühend die Wortwellen übertanzt oder in den ernsten Schriften tief innen rauscht; ich kenne kein einziges Buch Bahrs, das irgendwie das Leben verneinte. Freude ist Leben für ihn und Leben die Freude. Nur ein solcher konnte Nothelfer sein einer gärenden Zeit, die selbst keine Vollkommenheiten schuf; eine andere hätte ihn anders gefordert.

Nothelfer war er manchem in der Generation, aber im wesentlichen der seiner eigenen Lebensnot. Auf die Gefahr hin, die schöne und rührende Legende vom gütigen, edlen, allzeit hilfreichen Hermann Bahr zu zerstören, möchte ich ihm nicht das bürgerliche Lob jener Güte geben, das Schwäche, Nachgiebigkeit und Mitleid meint. Er half, weil er helfen musste, um sich selber zu helfen, tat überall mit, weil seine Natur ihn zwang, sich zu vervielfachen und alle Dinge um ihn in den stürmischen Rhythmus seiner eigenen Ungeduld zu bringen. Darum wollte er sie alle aufreißen und nach vorwärts jagen, damit sie nicht hinter ihm zurückblieben: im Innersten aber war er nie Agitator fremder Werte, sondern immer der seiner eigenen

Lebenskraft, und alle Objekte nur Mittel, sie kämpfend mit der Welt zu messen. Geliebt und gehasst hat er die Erscheinungen nur als Vorwand und immer die letzten Wesenheiten, deren Symbole sie sind, gemeint, geliebt die große, kühne, freche, schöpferische Freude, wo immer sie sich in einem Menschen oder einem Werke auftat, gehasst die Trägheit und Lebensschwere. Doch auch sie nicht im einzelnen Individuum, sondern im Typus, im Bürokraten, im Fachmann, kurz in dem in sich eingesperrten Menschen, der auch die andere Welt in Verschluss bringen und jedes Überströmen verhüten möchte. Er aber blieb, eben dadurch, dass er sich an nichts band, der ewig Freie, blieb durch die beharrliche Untreue, an seine Vergangenheiten treu jenem Selbst, das durch alle seine Verwandlungen in ewiger Erneuerung sich bewahrte: seiner unzerstörbaren rastlosen Lebenskraft. Sie hat ihn zum Wirkenden gemacht, sie und seine Furchtlosigkeit, die jeden Widerstand nur liebte, und scheute nicht einmal den Spott. Dostojewski hat einmal das wunderbare Wort gesagt, nichts hindere uns so sehr, unser wahrhaftes Leben zu führen, als die kleine Angst vor der Lächerlichkeit. Des Rechten bewusst, wagten wir das Wichtigste oft nicht zu bekennen aus Furcht vor dem mesquinen Lächeln irgend eines Gleichgültigen, und an dieser inneren Hemmung zerscheiterten unsere besten Taten. An dieser Angst der Lächerlichkeit hat Bahr niemals gelitten, er war durch Jahre Lieblingsfigur aller Witzblätter, die Entrüstung unserer Prinzipiellen, die Zielscheibe unserer heimischen Satirik. Stark wie er war, hat er stets starke Reaktion geweckt und, geliebt, oder gehasst, ist es ihm bis heute erspart geblieben, ein »beliebter« Autor zu werden. Das Wirken war ihm wichtiger als die Wirkung: er ist immer gegangen, wohin es ihn trieb, gleichgültig gegen Entrüstungen, und Tolstois Wunsch war wohl auch der seine, bei offenen Türen und Fenstern sein Leben zu leben, unbesorgt um die guten oder bösen Blicke von der Gasse.

Diese große tatwütige Lebensfreude, dieser innere Tumult von Kräften, dieses freie und nicht zu dämmende Überquellen schöpferischen oder agitatorischen Dranges ist das Unvergleichliche an Bahr. So viel er auch geschaffen, so männlich er gewirkt hat, immer spürt man innere Not, eine Kraft, für die alle Kunst kaum mehr als ein Ventil ist, ein Leben, das am Leben nie genug haben kann, niemals aber Produktion aus Gier oder Eitelkeit: Bahr hat nie gearbeitet, wenn man das Wort Arbeit als Gegensatz zur Freude und zum Genießen stellt, er hat sich nie geplagt und nie gequält. Für ihn war Schaffen, Agitieren, Stückeschreiben, Reisen, Raufen und Vorlesen immer nur einzige komplexe Form des Genießens. Selbst der Kunst sich ganz als Diener zu verdingen, war er ganz frei; er wollte sie zwingen, nicht von ihr sich zwingen lassen. Sein Leben war ihm mehr als sein Werk. Nur stärkste Äußerung, nicht aber Endzweck seiner Existenz war ihm die Kunst, weshalb es höchst ungerecht ist, Bahr einzig als Künstler messen zu wollen auf Tiefe und Ewigkeit seiner Bücher hin und nicht auch auf die Breite und Fülle seiner Lebenstat, die wir noch unvollkommen überschauen. Ein Buch, das uns Bahr, den ganzen im Wandel beharrlichen Bahr, geben könnte, müsste nicht nur von dem reichen Künstler in ihm geschaffen sein, sondern auch von dem unendlich Tätigen gelebt, und ich erhoffte diese Harmonie von seiner Selbstbiographie, die auch anders heißen könnte: Die künstlerische Entwicklung der letzten 30 Jahre oder Kulturgeschichte des neueren Österreich. Denn er hat so voll mit seiner Zeit gelebt und sie so sehr mit ihm, dass sein Leben längst nicht mehr die Geschichte einer einzelnen Existenz ist, sondern die einer Generation. Die einer vergangenen und die der heutigen, denn fortschreitend mit der Zeit und im Rhythmus mit ihr, ist er dort geblieben, wo er vor dreißig Jahren stand: bei Ihnen, bei der Jugend, bei all denen, die das Leben erst anfangen, frei und ohne Voraussetzung. Ein Graubart sitzt er heute, nicht schon lehrhaft am Katheder des Lebens, sondern auf der Schulbank mitten unter ihnen, ungeduldiger, ungebärdiger als die Jungen und Jüngsten. Und heute wie damals fasst ihn noch unvermindert das Wort, mit dem ihn vor beinahe einem Vierteljahrhundert der junge Hofmannsthal grüßte: »Er ist der Lebendigste von uns allen«.

Abschied von Wien

Über Erwin Riegers Roman: »Die Zerrissenen« und Paul Wertheimers Gedichte: »Das war mein Wien«

Erst im Verlust den Wert des Verlorenen zu erkennen, mag ein allgemein Menschliches sein. Aber doch spürte man kaum, je stärker diese wehmütig-reumütige Stimmung nicht bloß eines Einzelnen, sondern einer ganzen Generation, eines ganzen Volkes, als nun, da ein Abschiednehmen vom alten Österreich, vom alten Wien beginnt und sich mit einem Male Unzählige besinnen, was eigentlich diese sonderbar leise, nirgends prononzierte und doch das Tiefste weich durchdringende Kultur der francesco-josefinischen Welt gewesen. Und diese melancholische Besinnlichkeit hebt nun zum erstenmal an, sich in dichterischen Formen zu reflektieren, die ihrerseits vielleicht nur wieder ein Beginn einer ganzen Literatur sind. Noch einmal fügt dichterischer Wille das Zerstörte für eine Stunde zusammen, um es in Gegensatz zu stellen zu einer neuen – und von allen gleich entschieden abgelehnten – Gegenwart. Zum erstenmal erhebt sich aus Sentimentalität und Verraunztheit ganz schüchtern und wehmütig – gilt es doch einem Vergangenen – eine sehr merkwürdige und nun erst freigewordene Liebe zu der alten Stadt, die eigentlich früher niemals ihren dichterischen Ausdruck gefunden hatte und nun ihr Bild wie das einer teuern Verstorbenen mit Worten der Andacht umkränzt. Zwei Bücher, fast gleichzeitig erschienen, sind diesem Unwiederbringlichen gewidmet; sie werden, man fühlt es, nicht die letzten sein, und vielleicht blüht gerade aus dem Niedergang, aus der moralischen Verwandlung dieser Stadt nun unverstellt die Liebe ihrer Dichter entgegen.

Den ersten Roman vom Untergang Wiens, von der Tragödie des Zusammenbruchs hat – typisch genug! – ein Franzose geschrieben. Pierre Hamp in seinen »Chercheurs d'or«. Hamp war immer, in allen seinen Romanen, ein Fanatiker der Statistik, ein an Balzac erzogener Meister der Zahlen und Daten. Mit gutem Geist hat er die internationalen Raubritter gepackt, die sich wie Aasgeier auf die wehrlos daliegende Stadt stürzten, um sie auszubeuten: Nationalökonomie war gleichsam plastisch geworden in diesem dargestellten Sturz von leeren Millionen, die mit ihrem Schwall den alten ererbten Besitz wegfegen. Aber was Pierre Hamp in seinen raschgeholten und doch rein funktionellen Informationen nicht fassen konnte, war der Verlust an unsichtbaren Werten, das Inkommensurable einer Kultur, die nicht auf einmal wie unter einem Keulenhieb hinstürzen kann, sondern sich langsam ausblutet, die, ohne äußere Symptome, kaum wahrnehmbar bei allen trügerischen Zeichen äußeren Wohlbefindens an einer geheimen Auszehrung hinsiecht. Dies konnte nur ein Mensch aus jener Sphäre schildern, nur ein Dichter fühlen, der nicht bloß in dieser Kultur, sondern auch von ihr gelebt, dem sie Sauerstoff seiner geistigen Existenz und bis zu einem gewissen Grade Bedingung seiner Kunst war. Nur ein solcher Dichter ist befähigt, die Unmerklichkeiten, die klinischen Symptome des leisen Verfalls atmosphärisch zu empfinden: und nichts ergreift uns, die um diese Morbidität der alten Wiener Kultur Wissenden, als diese kleinen Details, dies bröckelnde, leise Schürfen, das fast zärtlich den Verfall aufdeckt mit der unbarmherzigen Hand des Darstellers und ihn doch gleichzeitig gerne verdecken möchte mit einer heimatlichen Liebe.

Erwin Rieger hat mit seinen »Die Zerrissenen« diesen Wiener Roman zu schreiben versucht. Lyriker zartester und kunstvollster Art, eminenter Kenner der alten österreichischen Theaterkultur, wie er in seinen Studien über die Wiener Operette und das Burgtheater es erwiesen, Europäer durch Bildung und Neigung, hatte er jene Zwiefalt des Innen und Außen, des Traditionellen und des Unbefangenen, die jedes rechte Heimatswerk erfordert. Eine gewisse Zartheit wagt es noch nicht bei ihm, das Epische breit anzufassen, das Problem des vergehenden kaiserlichen Wien in seiner ganzen Grausamkeit anzugeben: er effleuriert es nur in seinen feinsten, seelischen Manifestationen. Nicht wie Balzac Paris in seiner strotzenden Fülle, sondern eher wie Charles Louis Philippe in irgendwelchen typischen Vereinzelungen tritt er Wien entgegen in der Gestalt eines jungen Offizierssohnes aus altbürgerlicher patrizischer Familie, der die letzten Kriegsjahre in der Schweiz verbracht und nun heimkehrt, um Abschied zu nehmen. Und das nun ist gleich in den ersten Kapiteln das unendlich Wahre und Reizsame, dass er nicht sofort die Veränderung schildert, sondern jenen unterirdischen und doch vergeblichen Kampf der alten Leute, seines Großvaters vor allem, des bekannten Klinikers, die durchaus die veränderte Welt nicht bemerken, nicht anerkennen wollen, die krampfhaft gespannten Willens ihre alte Existenz in einem fanatischen Trug aufrechtzuerhalten sich bemühen, indem die neue Jugend sich mit gefährlicher Geschwindigkeit jeder neuen Form, sei sie Schiebertum oder Kommunismus, mit gleicher Verantwortungslosigkeit hinwirft. Und ganz besonders glücklich ist dann das Gegenteil der beiden Mädchen emporgestuft, die er einst in schwärmerischen Tagen in Baden geliebt: in ihnen spannt er den Kontrast der Zeit wirklich ins Großartige. Die eine ist Gattin eines Schiebers geworden, skrupellos in ihrer Verschwendung, gleichgültig gegen das Elend, sie saust in Autos und sitzt mit Reparationsoffizieren in der Oper. Die andere, Witwe eines Offiziers mit einem Kinde, ist ins Proletarische niedergestürzt, Schreibmaschinensklavin, müde vom Alltag, früh alternd, hinsiechend ins dumpfe Grau, das wie ein bleierner Ring um das Funkeln der inneren Stadt, dem trügerischen Blick von Luxus, liegt. Er aber, der Zerrissene, liebt beide: der Luxus verführt ihn, den Verwöhnten, ebenso sehr wie die Innerlichkeit der andern. Und diese Zerrissenheit zwischen dem Altgewohnten und Neubegehrten spiegelt sich dem Heimgekehrten dann in hundert Formen, bis er dann, tragisch gegen sich selbst gewandt, wegflüchtet, um sich irgendwo eine neue Existenz zu finden. Nicht aus Spaß, nicht aus Verachtung, sondern aus verwundeter Liebe kehrt er der Stadt, kehrt er seiner für immer vergangenen Vergangenheit den Rücken, um noch einmal ein neues Leben in neuer Welt anzuheben oder zugrunde zu gehen. Etwas wie Angst vor dem langsamen Sterben, vor dem allmählichen Ausbluten, wie er es im Spiegel seiner Heimat gesehen, ist nun in ihm: darum ist sein Abschied voll Gewalt und doch ohne Bitterkeit.

In diesem Buche Erwin Riegers ist zum erstenmal die unterirdische, nicht die sinnfällige Tragödie der Verwandlung Wiens episch versucht. Zum erstenmal hört man die Stimme der Schweigenden darin, derer, die nicht laut klagen, die ihr Gebrest nicht schaustellen, sondern im Stillen leiden an den ganz kleinen und doch so unendlich wichtigen vergehenden Dingen, gerade an jenen, deren gemeinschaftliche leise Blüte das war, was man die Wiener Kultur nannte. Diese Zartheit, dieses feine Aufspüren ist der Reiz seines Buches, das es gleichzeitig interessant und dokumentarisch macht: vielleicht wird nur in solcher Form, nicht im breiten prosaischen Fresko diese leere Tragödie dargestellt werden können, und man wünschte, aus anderen Kreisen, aus anderem Gesichtswinkel des Sozialen würde bald dieses erste Buch des Abschieds ergänzt, das ein schöner Anfang ist für die Darstellung einer ganzen mitgelebten Epoche und gleichzeitig der Anbeginn eines sehr ernst zu nehmenden österreichischen Dichters.

Was Erwin Rieger, selbst ein Lyriker, hier in epischer Prosa versucht, das unternimmt ein anderer Dichter, Paul Wertheimer, in Versen zu sagen: das Geheimnis des alten hinschwindenden Wiens. Auch hier ist der Abschied von einer Jugend, von Leichtigkeit und Leichtlebigkeit vergangener Tage, von der Welt, wo die »Liebelei« entstand und ein Jung-Wien von neuem Erwachen träumte. Es ist ein aquarelliertes Buch, dies »Das war mein Wien«, dünne, hingestrichelte feine Farben, erinnernd an die bunten Stiche von Schütz-Ziegler, die man in den letzten Jahren vor dem Kriege so eifrig zu sammeln begann – vielleicht schon aus einem ahnenden Vorgefühl, diese Vergangenheit sei der alten Stadt besserer Schicksalsteil. Wie dort ohne Prätention, ohne Willen zu höchster Kunst mit einer anmutenden sauberen Bescheidenheit die alten Basteien, die schönen Plätze zärtlich gezeichnet und gestochen waren, ist hier im Vers versucht, in ähnlichen schlichten und anmutigen Gebilden, das Genrehafte der alten Kaiserstadt festzuhalten. In Sonetten, leichten Strophen und Sizilianen blühen die Parks, der Volksgarten, der Stadtpark, Laxenburg, dunkeln die abgelegenen Plätze hin: mit einer gewollten Unwirklichkeit ist die Gegenwart von sich selbst weggeschoben und das Hingeschwundene mit einem leicht sentimentalen Glanz von Jugend umträumt. Immer schattet eine kleine Melancholie in die Erinnerung einstiger Abenteuerchen, ein lindes Bedauern, und doch klingts lieb und leicht aus diesen Sizilianen, wie etwa jener vom »alten Universitätsplatz«.

Starr steht der graue Jesuitendom.
Der Brunnen dort .... Schwibbogen ernst im Grunde ....
Einst hat der stürmenden Studenten Strom
»Freiheit« gebraust rings um des Platzes Runde.
Wir spielten hier Komödie ..... »Dies ist Rom ... «
»Ich falle, Cäsar« – so zur nächtigen Stunde
Klang es die Gassen hin ... Wie liegst du weit,
Bohème .... im Mondduft wie die blaue Zeit.

Man möchte sagen, hier ist der Abschied noch nicht vom tragischen Bewusstsein erfasst, sondern noch spielerisch »wienerisch«, aber doch tut diese leichte Grazie wohl in Erinnerung an gute Vergangenheit, wo dieser Stadt das Leben noch leicht war. Sie spiegelt sich vielleicht noch immer am klarsten im verwandten Element. In dieser spielhaften und doch im Letzten echten Schwärmerei einer Dichtung, die selbst einen Totenkranz noch mit hellen Blumen und den Abschiedsgruß mit Walzermusik durchflicht, die das Schwere durch Melodie lindert und das Leiden durch Leichtigkeit; seinen Tragiker hat Österreich nie gefunden und hoffentlich wird sein Schicksal nicht so gewaltsam, dass es ihn erschafft.

Richard Strauss und Wien

Für unsere Generation, für jene in Wien, die in Liebe und Verehrung für Gustav Mahler aufgewachsen war, von ihm in den entscheidenden Bildungsjahren die Magie der Musik empfing und die noch heute dem Gedächtnis seiner dämonischen Erscheinung unbedingt verschworen ist – für uns alle bedeutete es zuerst eine Art Untreue, Richard Strauss zu lieben. Ich glaube, dieses aufrichtige Geständnis auch in festlichster Stunde beschämt uns nicht, denn blinder, einseitiger Fanatismus ist das schöne Vorrecht und der edle Fehler aller knabenhaften Leidenschaft. Wir vermochten aus Passioniertheit für diesen einen lange keinem anderen neben und nach ihm gerecht zu werden, ja wir weigerten uns beharrlich, gerecht zu sein, obwohl wir niemals in innerster Seele das Genie Richard Strauss', seine herrliche Dynamik, sein magistrales Können auch nur einen Augenblick verkannten. Es hat (Ehrlichkeit über alles!) Jahre bedurft, ehe wir, die an Mahler Verschworenen und Verfallenen, von unserem eifersüchtig bewahrten Gefühl zu einer freien rückhaltlosen Gerechtigkeit kamen, aber gerade ein solches freigerungenes, von innerer Überzeugung überwältigtes Gefühl, wenn es nach geheimnisvollem Widerstand sich endlich beredt aufschließt, darf man füglich das Wort ergreifen und sich einer Parteilichkeit zeigen, die nur eine eifersüchtige Treue war. Jeder Aufrichtige von uns hat seit Jahren mit immer erneuter Bewunderung gefühlt, dass kein Musiker unserer Tage der Musik so viel an neuer Farbe und Leuchtkraft gegeben, als Richard Strauss; wir alle haben den starken nervigen Rhythmus seiner Kraft gefühlt und manche Szenen seiner Opern sind eingebannt in den Kreis des Wiener Hauses als Sinnbild der Vollendung und rauschhaften Größe. Unmerklich, aber mit erhabener Selbstverständlichkeit, ist die Gestalt Richard Strauss' eingewachsen in das geliebte Haus, in die Stadt und unsere geistige Welt, ein klingendes Glied jener unvergleichlichen Kette, die von Mozart zu Bruckner und Mahler und nun durch ihn weiter in eine hoffentlich nicht geringere Zukunft führt. Seine Taten sind Teile unserer Atmosphäre, Nahrung des gesteigerten Sinns und unserer Seele, er ist nicht mehr wegzudenken aus der Kultur unserer Stadt, unserer Welt, und indem er uns immer wieder mit der Gewalt seiner Kunst zu eigen nimmt, dürfen wir ihn selbst unseren wertvollsten Besitz nennen. Es ist immer etwas Herrliches, die Nähe eines Menschen zu erleben, der schon Geschichte wurde durch sein Werk und gleichzeitig noch schaffende Gegenwart ist, lebendiger Atem von den Lippen der Zeit: mögen wir noch lange das Glück solcher Gegenwart als eigensten Besitz und zugleich höchste Gemeinsamkeit empfinden!

Gestaltung einer Jugend

Über Lou Andreas-Salomé: »Rodinka. Russische Erinnerung«

Nichts vermag das innere Antlitz eines Menschen so vollkommen zu verbergen, so nachdrücklich zu verstellen, als ein einmaliger, aus geläufigem Begriff festgemauerter Ruhm. Spricht man heute den Namen Lou Andreas-Salomés vor einem Gebildeten aus, so wird unverweigerlich sich in unabweisbarer Assoziation der Name Friedrich Nietzsches einstellen, in dessen Leben sie vor vierzig Jahren eine flüchtige (und wohl romantisch übersteigerte) Episode bildete. Diese Episode ist nun unerbittlich Lou Andreas-Salomés literarische Markierung geblieben, ja sie hat dermaßen alle geistige Neugier aufgezehrt und erschöpft, dass ihre ganze, beinahe nun ein halbes Jahrhundert fortgesetzte Produktion gleichgültig übersehen, und selbst ein Buch unbeachtet blieb, das schon vor mehr als einem Jahre erschien und nur an Gewicht und psychologischer Fülle weitaus bemerkenswerter erscheinen will, als vielgerühmte und laut umredete Erscheinungen der Zeit.

Eine alte, mehr als sechzigjährige Frau gestaltet darin ihre Jugend: es ist nicht mehr »die junge, wahrhaft heroische Seele«, deren hohe »Anmut« Nietzsche gerühmt, sondern eine Wissende und Klare, die sich jenes wunderbare Geheimnis persönlichster Existenz durch Bekenntnis für sich selbst sinnlich und sinnend lösen will. Denn nur sich selbst ist dieses Buch erzählt, gleichsam in chiffrierten Zügen, womit aber nicht gesagt sein soll, als ob es verdunkelt und bewusst verschattet sei. Sondern hier ist das Bekennen und Erinnern nur hinabgeführt bis in jene tiefere Sphäre, wo das Unbewusste in Gestalt und Gefühl sprechend wird. Nichts ist deutlich von sich selbst ausgesagt und doch alles aufgetan für jene, die die Sprache der unteren Welt, diese aus Symbolen und Schweigen gewebte Form des seelischen Ausdruckes zu verstehen vermögen: hier meint Klarheit nicht Deutlichkeit, fassliche Plastik, sondern Sich-selbst-klar-Werden, ein Sich-Entdecken im Sich-Erzählen, gleichsam ein Sich-Freisprechen und Freimachen durch das reinste Medium der Wahrheit. Und der geheimste Reiz dieser inneren Selbstmanifestation ist ihre Diskretion: die meisten, denen dieses Buch in die Hände kam, mögen darin kaum mehr gesehen haben als flüchtige und scheinbar zusammenhanglose Episoden aus der russischen Kindheit der Dichterin. Aber die Stimme der unteren Welt, die Vibration des Sichselbsterlebens atmet wunderbar bewegt aus seiner verschlossenen Brust: ich kann mich kaum entsinnen, dass eine Frau stärker ihr Gefühl erzählt habe, ohne es zu benennen und zu deuten als in dieser Gestaltung von nahen Gestalten.

Bis in die erste Kindheit greift dieses merkwürdige Buch – »Rodinka« heißt es und ist bei Eugen Diederichs 1923 erschienen – bildhaft zurück, und die ganze Atmosphäre Russlands taucht magisch beschworen empor. Vielleicht mag unbewusst die Dichterin sich eines Buches entsonnen haben (solche Zusammenhänge fließen im Untersten oft zusammen), das man in Russland als ein klassisches auf den Schulen liest und das man bei uns bedauernswerterweise gar nicht kennt, der »Familienchronik« von Aksakow. Denn auch in jenem epischen Meisterwerk, das manchmal Züge homerischer Einfachheit und Herrlichkeit hat, ist ein Landgut mit seinen Menschen gleichsam so zufällig und absichtslos geschildert, dass man kaum merkt, wie sich die Figuren dramatisch gegeneinanderstellen und im scheinbaren Idyll eine Tragödie mit erbittertem Schicksal die Menschen durchwaltet. Diese Art des Verschweigens, des wortlosen Hindeutens wiederholt sich hier wunderbar: nichts vom Wesenhaften der Schicksale ist deutlich ausgesagt, keines der Gefühle brüsk benannt, nur in den Zwischentönen, im Ungesagten, gleichsam auf einer jenseitigen Bühne steigern sich die seelischen Dramen empor. Die ganze Darstellung ist von ungesprochener Zärtlichkeit erfüllt, die manche Gestalten erschütternd und liebenswert macht, und ihre nachträgliche Klarheit – rückstrahlend nach fast einem halben Jahrhundert in die verlorene Sphäre – gibt den vielleicht erträumten Gesprächen geistige Bedeutung und symbolische Größe. Es sind hier Worte gesagt, die damals vielleicht nicht mit Lippen gesprochen wurden, sondern jetzt erst, aus einem höheren Wissen, diesen Menschen eingesenkt: aber die sind aus der Wahrheit ihres Wesens, aus einem bewussten Verstehen ihres Seins. Und dies verleiht diesem Buche eine so hohe Magie: es hat so gleichzeitig den Schmelz der Jugendlichkeit aus dem wiedererweckten Gefühl und eine sehr hohe Klarheit vom gereiften Geist: transponiertes Erleben in das Erkennen, eine Steigerung ins Sublime der inneren Wahrhaftigkeit, die höher als jene der realen Fakten und Geschehnisse ist.

Und in eben diesem Sinne ist die Landschaft gesehen, das Haus und die Ferne, das Russland von einst – durchaus nicht idealisiert und mystisch erhoben wie bei Dostojewski, aber doch deutsam durch eine Entwirklichung bei aller Wahrheit. So wie das eigene Leben, wie die Menschen, ist hier das ganze Land aus der aufgehellten Tiefe eines einstmals unbewussten Empfindens nun in geistige Bewusstheit emporgedeutet. Und die intellektuelle wie die moralische Kraft, mit der hier diese Umdeutung geschieht, will mir ganz ungewöhnlich erscheinen: einzelne Gespräche mit ihrem merkwürdig russischen Sprachrhythmus, ihrer dichterischen Erhabenheit und geistigen Weite sind durchaus unvergesslich wie die ganze Atmosphäre, die von diesem merkwürdigen Buche ausgeht, das nicht einem der geläufigen Romane und Biographien verglichen werden kann. Ohne organisch zu wirken, hat es doch die höhere Einheit der seelischen Umfassung: man denkt daran zurück, wie an eine ganz persönliche und eigenartige, eine unvergessliche Melodie.

Den Menschen in sich selbst, den durch die Jahre verteilten und verlorenen, wollte hier ein Werk, ein Bekenntnis, eine gesteigerte Erinnerung sich zurückerwecken. Und dabei hat Lou Andreas-Salomé die Dichterin in sich erweckt, die immer nur spurhaft, immer nur teilhaft und unvollkommen in ihren anderen dichterischen Bemühungen zur Gestaltung kam. Was ihre Novellen, ihre Gedichte (deren eines, den »Hymnus an das Leben« Nietzsche ja noch vertonte) ihre philosophischen Arbeiten immer nur in Andeutungen gaben, die ganze, die letzte Ausdrucksfähigkeit ihres Wesens, hat sie bei dieser Selbstgewinnung sich und uns gewonnen: so wird die Ahnung der stärksten Menschenkenner, der Malwida v. Meysenbug und Friedrich Nietzsches nach Jahren und Jahren sichtbar erfüllt, und mit Verehrung grüßt man in dieser ungewöhnlichen Frau die hohe Tugend, um deren sie jene liebten: die Kühnheit zu sich selbst und die Leidenschaft eines höheren Wissens um die eigene Welt.

Gedächtnis eines Freundes

Über Leo Feld

Das Burgtheater wird heute an seiner kleineren Bühne, dem Akademietheater, ein nachgelassenes Lustspiel von Leo Feld zur Aufführung bringen, ein sorgloses, leichtes Werk, das nicht mehr wollte, als zwei Stunden eines Abends den Menschen rasch und heiter wegspielen, das aber nun gerade für seine Freunde Anlass wehmütig nachsinnender Erinnerung wird. Denn nichts hat der vor einem Jahre Dahingegangene, an dem viele in Wien einen immer bereiten Freund und ausgezeichneten Kameraden hatten, so sehr, so glühend seit seinen Jugendtagen ersehnt, als eine Aufführung im Burgtheater: sie war das höchste Ziel seines angestrengten, leidenschaftlichen, dramatischen Schaffens, der erträumte Höhepunkt seines Erfolges, die sichtbare Krönung eines durch Dezennien angespannten Bemühens. Und nun ihm – zu spät! Diese Freude, die geliebten, verehrten, ach so unendlich verehrten Schauspieler, die er oft in fremden bewundert, in eigenem Werk lebendig zu sehen, nun darf er sie nicht mehr erleben. Und so fällt ein Schatten von Tragik auf ein leicht gemeintes Spiel.

Dass eine Aufführung im Burgtheater der Brennpunkt innersten Ehrgeizes, ja die Summe und das Ziel eines schaffenden Lebens sein könnte, solcher Überschwang dürfte einem heutigen Geschlecht zunächst kaum mehr ganz verständlich sein. Uns ist das Burgtheater ein Theater wie ein anderes geworden, in dem manchmal sorgfältig, manchmal minder sorgfältig gespielt wird und der ungeheure Nimbus, der diesen Namen einstens umwob, hat etwas Legendäres und Historisches bekommen: seine Gewalt scheint vergangen an der Gegenwart. Vielleicht wäre es interessant, einmal nachzuspüren, wann diese Magie ihre Kraft verlor: mir persönlich will es scheinen, als sei die unsichtbare Grenze in dem Erlebnis, ob einer noch das Burgtheater im »alten« Hause am Michaelerplatz oder nur im neuen gekannt. Denn mit dieser Übersiedlung muss ein geheimnisvolles Ferment verloren gegangen sein, und wir Jüngern standen bei bestem Willen immer fremd gegenüber dem scheuen Respekt, der zitternden Ehrfurcht, mit denen die Älteren, diesen Namen gleichsam als etwas Heiliges aussprachen. Und Leo Feld gehörte zu diesen Ehrfurchtsvollen: ihm war das Burgtheater (auch das neue noch) höhere geweihte Welt und schon nur seinen prosaischen Vorhof betreten zu dürfen, die Schlenthersche Bierstube oder mit Kainz oder einem anderen der Heroen jener Sphäre beisammen gewesen zu sein, erfüllte ihn mit einer Art Glück und Stolz. Er liebte jeden Künstler dieses Hauses, jede Premiere war ihm Aufregung und Ereignis, seine immer anteilnehmende Leidenschaft begleitete jede Veränderung mit Ängstlichkeit oder Begeisterung: für ihn und wie für alle jener Generation galt eine Aufführung im Burgtheater als eine Art Ritterschlag, die einen erst literarisch vollwertig machte, weil sie von vornherein Würde und Wert des Werkes verbürgte. An diesem vollkommen neidlosen, immer nur aus innerer Erregung teilnehmenden Manne konnte man deutlich sehen, ein wie hoher, wie adeliger Begriff das Burgtheater für die frühere Generation gewesen sein musste. Und so war sein ganzes Werk ein unsichtbares glühendes Werben um diese Sphäre, die nun heute sein Schatten, nicht mehr seine Erscheinung betritt.

Dem Theater war er zugeboren, dem Theater zugeschworen mit allen Sinnen und der innersten Lebensgewalt. Als blutjunger Beginner hatte er mit einem Stück »Die Lumpen« debütiert, einem jener Dramen, die ähnlich wie Dörmanns »Ledige Leute« den Naturalismus von Berlin mit Glück ins Wienerische transponierten. Das Stück hatte Erfolg, aber einen kurzatmigen, denn Feld kam schon ins Kielwasser des Naturalismus: die Strömung lief zurück gegen den Strand und trug nicht mehr hinaus ins offene Meer des Ruhms. Auch die anderen Bühnenwerke hatten Erfolg, keines freilich einen überdauernden: eine Komödie »Serenissimus« blühte und starb mit dem Überbrettl, ein klares, heiteres, sauberes Verslustspiel »Der Stein von Pisa« erreichte nicht das ersehnte Burgtheater, fand aber wie die andern dramatischen Werke an anderen Bühnen willkommene Aufnahme. Mit nimmermüdem Fleiß sandte er dann ein Werk dem anderen nach: fast alle hatten Erfolg, keines freilich einen, der ihn auf Jahre hinaus der Sorgen überhob, ihm die Freiheit gab zu dem ruhigen, ernsten, geduldigen Gestalten, das er innerlichst zutiefst ersehnte.

So hatte er immer den halben Erfolg und wir verstanden es vorerst nie, dass ihm niemals ein ganzer zufiel. Denn Leo Feld war ein eminenter Praktiker des Theaters, er hatte eine geschickte, geschwinde Hand, Schwung und Feuer von innen her, einen trefflichen Sinn für Rollen, einen beweglichen Dialog – alles Handwerkliche, alles Fachliche besaß er in seltenem Beisammensein, und dazu noch das Wichtigste, jenen Fanatismus für die Bühne, jene Besessenheit für das Theater, die erst dem Praktischen, dem Taktischen die Wärme gibt. Alle Voraussetzungen größten Erfolges waren gegeben und nichts falsch vielleicht in seiner unerschütterlichen Anstrengung als die Richtung seiner Mühe. Er zielte immer zu hoch hinauf in die Literatur, er wollte um jeden Preis jene unsichtbare Linie des Burgtheaters einhalten: eine innere Verantwortlichkeit verbot ihm die leichten Effekte. So zielte er immer hinauf, während das Schwarze des Theatererfolges fast immer unter dem Niveau des guten Geschmackes liegt. Er hätte sich nur ein wenig bücken brauchen, ein wenig unbedenklicher sein, und sein außerordentlicher praktischer Theatersinn hätte Stücke gezimmert wie kaum ein anderer der unliterarischen Zimmerleute. Aber sein literarischer Sinn, eine wahrhaft bewundernswerte Selbstachtung hielt ihn immer wieder zurück. Ein einziges Mal hatte er mit seinem robusteren Bruder Viktor Leon ein Stück für die Leute geschrieben, ein einziges Mal ganz gerade und scharf auf das Publikum gezielt. Und sofort schlug das Stück ein – es hieß »Der große Name« – sofort war es ein Erfolg. Aber er wollte es nicht ein zweites Mal versuchen, sein Ehrgeiz ging wieder höher, immer jener unsichtbaren Schwelle des Burgtheaters entgegen, die für ihn Pegel und Maß alles Wertes war: so streifte er dann den Erfolg wieder, ohne ihn ins Herz zu treffen. Es war manchmal ein schmerzliches Schauspiel für seine Freunde, zu sehen, wie diese ehrliche, lautere Natur vergeblich rang: aber immer war es ein würdiges Schauspiel, immer die Anspannung eines ganzen Menschen um ein höheres unerreichbares Ziel. Denn im Grunde hatte dieser ernste, bescheidene Mann, der den meisten nur als Theaterschriftsteller galt, ein viel reineres, viel edleres Verhältnis zur Kunst als mancher heute sehr berühmte Name: immer wollte er mehr, als er zu geben hatte, niemals erniedrigte er diesen seinen (ganz nach innen gewandten) Ehrgeiz zu einer raschen oder unsauberen Geschäftlichkeit.

Keine Enttäuschung aber konnte jemals den inneren Enthusiasmus seiner Natur, die ewige Hoffnungsfreudigkeit seines Temperaments brechen. Er war ein voller, ein strömender, ein starker Mensch, er freute sich im Überschwang an allem, auch am Ephemeren, er liebte das Alte und begeisterte sich für das Neue, war allen offen und neidete niemanden. Nie werden wir es ihm vergessen, wie der um ein gutes Jahrzehnt Ältere uns halbwüchsige junge Menschen, die wir zaghaft eben in die Literatur eingetreten waren, aufgetanen Herzens empfing, wie er sich freute an unserer Freude und heiter unseren Weg begleitete. In seiner Gegenwart war immer Lebendigkeit: er atmete erst ganz aus sich heraus, wenn Wellenschlag um ihn war, Lärm, Diskussion, erregte Gespräche, denn er war immer geladen mit Begeisterung, ständig gleichsam angekurbelt. Es knatterte nur so immer um ihn her, ihm wurde erst recht wohl, wenn er sprechen, lachen, poltern, diskutieren, wenn er sich hergeben, sich ausströmen, sich in seiner Lebensfülle ganz fühlen konnte. Vielleicht hat er viel von seiner inneren Gestaltungskraft, von seinem produktiven Wesen in diesen Gesprächen verschwenderisch verbraucht, vielleicht sich künstlerisch geschwächt gerade an diesem raschen Ausströmen im Wort, dieser wegsprudelnden Begeisterung. Aber es war doch eine Wohltat, in einer Stadt ironischer, frozzelnder, skeptischer, witzelnder, absprechender Menschen einen echten Enthusiasten zu haben, der sich immer freute an etwas, immer von jemandem begeistert war, der eine kindhafte Gläubigkeit hatte für alles, was ihn überwältigte: man konnte sich mit ihm erholen, wenn man der schweren Bücher und der matten Menschen müde war. Und manchem wird seine heiße, seine wahrhaft lebendige Gegenwart erst jetzt im Fehlen bewusst sein.

So war Leo Felds, unseres Freundes Leben doch voll im Sinne der Fülle, wenn es auch ihm selbst nicht die Fülle bot, wenn es auch mit einer beinahe ironischen Grausamkeit das Ersehnteste ihm immer in einem Augenblick wahr machte und unwahr zugleich. Dreißig Jahre, vielleicht vierzig sogar, hatte sich der für alles Starke, für die Renaissance vor allem, Passionierte ersehnt, Rom, die Heilige Stadt, zu sehen, die Fresken Michelangelos und die Stanzen, die Ruinen des Forums und den Blick vom Posillippo. Endlich, nach dreißig Jahren, nach vierzig vielleicht, erfüllte sich sein Wunsch; schon war er unterwegs, schon die Alpen überschritten, ein Tag noch und er hätte die heilige Stätte erreicht: da traf ihn in Florenz der Tod. Und dreißig Jahre lang hat sich der Schaffende gesehnt, eines seiner Werke von Schauspielern des Burgtheaters gespielt zu sehen. Und nun ist der Wunsch, der geliebteste, erfüllt, aber er wird fast sinnlos durch sein Fernsein, und was ihm höchste Freude des Lebens gewesen, muss seinen Freunden als Totenfeier und Abschied gelten.

Erinnerung an Arthur Schnitzler

Er hatte einen merkwürdigen blauen Blick, scharf und diagnostisch wach, wenn er beobachtete, träumerisch, wenn er Musik hörte, und wunderbar warm und teilnehmend, wenn man allein mit ihm sprach. Ein unvergesslicher Blick war das, ein ruhender und einhüllender; ganz und sicher fühlte man sich darin geborgen, wie zu einem Arzt sprach man vertraulich zu ihm, und genau so hörte er zu, scharf überlegend, rasch zusammenfassend und mit einem besonderen menschlichen Wissen begreifend. Ich habe ihn unruhig gesehen – Ungerechtigkeiten, Taktlosigkeiten konnten sein unglaubliches Feingefühl rasch erbittern –, niemals aber unsicher: er wusste genau, wie er zu jedem Geschehnis, zu jedem Menschen stand aus einem unalterierbaren und unbestechlichen Gerechtigkeitsgefühl: unter allen Künstlern der Zeit habe ich kaum einen gütigeren gekannt und gewiss (außer Rolland) keinen gerechteren. Gerecht zu sein war ihm ein fast funktionelles Bedürfnis: vielleicht wird erst eine spätere Zeit, der er seine durch fünfzig Jahre unerbittlich fortgesetzten Tagebücher hinterlassen hat, einsehen, wie ehrlich und streng dieser große Psychologe jedes Wort und jede Tat seines eigenen Lebens überwacht hat. Unserer Generation ist dieses große Dokument nicht mehr zugedacht, aber wir hatten dafür das Beispiel seines Lebens noch, und es war jedem der Jüngeren gegeben, von seiner exemplarischen Haltung zu lernen, die furchtlos war und frei und von einem einzigartigen Adel der Gesinnung. Wieviel er als Dichter gilt, steht in den Literaturgeschichten und kann doch jeder nur für sich allein bemessen: mit dem Menschen aber ist einer der neunundneunzig Gerechten dahingegangen, auf denen nach der alten Legende der Bestand unseres moralischen Weltalls ruht.

Der Don Juan der Erkenntnis

Hermann Bahr zum 70. Geburtstag

Von allen Lebenden hat keiner unsere Zeit so sehr tätig und schildernd miterlebt als Hermann Bahr. »Semper novarum rerum cupidus«, immer, von der ersten Jugend an, glühend jeder geistigen, jeder politischen, jeder menschlichen und kulturellen Bewegung mit Einsatz seiner ganzen Neugierkraft beigesellt, ist er allen schöpferischen Menschen und Mächten der letzten fünfzig Jahre nicht nur mit dem äußeren Nervengeflecht, sondern im innersten Blute persönlich verbunden gewesen. So konnte er alles, was Österreich, was die Welt bewegte, unmittelbar aus dem organischen Geist dieser Bewegung darstellen.

Nirgends wird darum der kommende Historiker unserer Epoche soviel Anschauliches und Überzeugendes, soviel hinreißend wahr gestalteten Weltstoff finden als in den fünfzig oder sechzig Bänden dieses wundervoll Wandelbaren, dem es gegeben war, jeder Richtung und jedem Menschen, auch den gegensätzlichsten, mit der gleichen Kraft passionierten Verstehens gerecht zu werden, denn Hermann Bahr konnte, im Gegensatz zu den meisten, niemals Geschehnisse und Gestalten bloß objektiv mit kaltem Auge, sondern immer nur subjektiv, immer nur mit gereizter und erschütterter Seele anblicken und schildern. Niemals bloß Zeuge, allerorts und jederzeit tätiger und mitfördernder Künstler, strömende und überströmende Natur, ist er an nichts vorübergegangen, was Keim und Kraft wirkenden Lebens in sich trug; ein ewiger Sucher und Versucher, ein rechter Don Juan der Erkenntnis, hat er alle Erscheinungen so lange leidenschaftlich umworben, bis sie sich ihm liebend aufschlossen, bis ihr Letztes an Wärme und Weltkraft geistig in ihn übergegangen war, und gerade in diesem steten Verlassen und Weitersuchen war höhere Treue als im starren Beharren, nämlich Treue zum ewig sich erneuernden Leben.

Wie weit, wie strömend, wie voll und überschwänglich hat dieser Mann seine Existenz zum Zeitgeschehnis erweitert, drei Generationen ein Führer, Anfeurer und Entdecker, in allen künstlerischen Formen, in Drama, im Epos und Essay, ein eigenwilliger, eigenschaffender Meister, ein Vorwärtstreiber der Welt, weil er sein eigenes Herz so herrlich über sich hinausgetrieben. Jeder von uns dankt der spendenden Großmütigkeit und Großzügigkeit seines Wesens geistiges Glück und erhöhte Daseinsdankbarkeit, er selbst aber den reichen Gewinn; denn an ihm hat wieder einmal die Natur ihre wunderbar ausgleichende Gerechtigkeit erwiesen, dass sie gerade demjenigen unter ihren Dienern, der mit sich nicht spart, sondern großmütig sein Pfund an alle und alles verschwendet, als Dank für dieses Schenken und Sich-Weitergeben mit allem Reichtum und aller Fülle des Schaffens begnadet.

Abschied von Joseph Roth

Abschiednehmen, diese schwere und bittere Kunst zu erlernen, haben uns die letzten Jahre reichlich, ja überreichlich Gelegenheit geboten. Von wie vielem und wie oft haben wir Ausgewanderte, Ausgestoßene Abschied nehmen müssen, von der Heimat, von dem eigenen gemäßen Wirkungskreis, von Haus und Besitz und aller in Jahren erkämpften Sicherheit. Wieviel haben wir verloren, immer wieder verloren, Freunde durch Tod oder Feigheit des Herzens, und wieviel Gläubigkeit vor allem, Gläubigkeit an die friedliche und gerechte Gestaltung der Welt, Gläubigkeit an den endlichen und endgültigen Sieg des Rechts über die Gewalt. Zu oft sind wir enttäuscht worden, um noch leidenschaftlich überschwänglich zu hoffen, und aus Instinkt der Selbstbewahrung versuchen wir, unser Gehirn dahin zu disziplinieren, dass es wegdenke, rasch hinüberdenke über jede neue Verstörung und alles, was hinter uns liegt, schon als endgültig abgelöst zu betrachten. Aber manchmal weigert sich unser Herz dieser Disziplin des raschen und radikalen Vergessens. Immer, wenn wir einen Menschen verlieren, einen der seltenen, die wir unersetzlich und unwiederbringlich wissen, fühlen wir betroffen und beglückt zugleich, wie sehr unser getretenes Herz noch fähig ist, Schmerz zu empfinden und aufzubegehren gegen ein Schicksal, das uns unserer Besten, unserer Unersetzlichen vorzeitig beraubt.

Ein solcher unersetzlicher Mensch war unser lieber Joseph Roth, unvergessbar als Mensch und für alle Zeiten durch kein Dekret als Dichter auszubürgern aus den Annalen der deutschen Kunst. Einmalig waren in ihm zu schöpferischem Zwecke die verschiedensten Elemente gemischt. Er stammte, wie Sie wissen, aus einem kleinen Ort an der altösterreichisch-russischen Grenze; diese Herkunft hat auf seine seelische Formung bestimmend gewirkt. Es war in Joseph Roth ein russischer Mensch – ich möchte fast sagen, ein Karamasowscher Mensch –, ein Mann der großen Leidenschaften, ein Mann, der in allem das Äußerste versuchte; eine russische Inbrunst des Gefühls erfüllte ihn, eine tiefe Frömmigkeit, aber verhängnisvollerweise auch jener russische Trieb zur Selbstzerstörung. Und es war in Roth noch ein zweiter Mensch, der jüdische Mensch mit einer hellen, unheimlich wachen, kritischen Klugheit, ein Mensch der gerechten und darum milden Weisheit, der erschreckt und zugleich mit heimlicher Liebe dem wilden, dem russischen, dem dämonischen Menschen in sich zublickte. Und noch ein drittes Element war von jenem Ursprung in ihm wirksam: der österreichische Mensch, nobel und ritterlich in jeder Geste, ebenso verbindlich und bezaubernd im täglichen Wesen wie musisch und musikalisch in seiner Kunst. Nur diese einmalige und nicht wiederholbare Mischung erklärt mir die Einmaligkeit seines Wesens, seines Werkes.

Er kam aus einem kleinen Städtchen, ich sagte es, und aus einer jüdischen Gemeinde am äußersten Rande Österreichs. Aber geheimnisvollerweise waren in unserem sonderbaren Österreich die eigentlichen Bekenner und Verteidiger Österreichs niemals in Wien zu finden, in der deutschsprechenden Hauptstadt, sondern immer nur an der äußersten Peripherie des Reiches, wo die Menschen die mild-nachlässige Herrschaft der Habsburger täglich vergleichen konnten mit der strafferen und minder humanen der Nachbarländer. In dem kleinen Städtchen, dem Joseph Roth entstammte, blickten die Juden dankbar hinüber nach Wien; dort wohnte, unerreichbar wie ein Gott in den Wolken, der alte, der uralte Kaiser Franz Joseph, und sie lobten und liebten in Ehrfurcht diesen fernen Kaiser wie eine Legende, sie ehrten und bewunderten die farbigen Engel dieses Gotts, die Offiziere, die Ulanen und Dragoner, die einen Schimmer leuchtender Farbe in ihre niedere, dumpfe, ärmliche Welt brachten. Die Ehrfurcht vor dem Kaiser und seiner Armee hat sich Roth also schon als den Mythos seiner Kindheit aus seiner östlichen Heimat nach Wien mitgenommen.

Noch ein Zweites brachte er mit, als er endlich nach unsäglichen Entbehrungen diese ihm heilige Stadt betrat, um dort an der Universität Germanistik zu studieren: eine demütige und doch leidenschaftliche, eine werktätig sich immer wieder erneuernde Liebe zur deutschen Sprache. Meine Damen und Herren, es ist hier nicht die Stunde, mit den Lügen und Verleumdungen abzurechnen, mit welchen die nationalsozialistische Propaganda die Welt zu verdummen sucht. Aber von all ihren Lügen ist vielleicht keine verlogener, gemeiner und wahrheitswidriger als diejenige, dass die Juden in Deutschland jemals Hass oder Feindseligkeit geäußert hätten wider die deutsche Kultur. Im Gegenteil, gerade in Österreich konnte man unwidersprechlich gewahren, dass in all jenen Randgebieten, wo der Bestand der deutschen Sprache bedroht war, die Pflege der deutschen Kultur einzig und allein von Juden aufrechterhalten wurde. Der Name Goethes, Hölderlins und Schillers, Schuberts, Mozarts und Bachs war diesen Juden des Ostens nicht minder heilig als der ihrer Erzväter. Mag es eine unglückselige Liebe gewesen sein und heute gewiss eine unbedankte, das Faktum dieser Liebe wird doch nie und niemals wegzulügen sein aus der Welt, denn sie ist in tausend einzelnen Werken und Taten bezeugt. Auch Joseph Roths innerstes Verlangen war von Kindheit an, der deutschen Sprache zu dienen und in ihr den großen Ideen, die vordem Deutschlands Ehre waren, dem Weltbürgertum und der Freiheit des Geistes. Er war nach Wien gekommen um dieser Ehrfurcht willen, ein gründlichster Kenner und bald ein Meister der Sprache. Eine umfassende Bildung, errungen und abgerungen zahllosen Nächten, brachte der schmale, kleine, schüchterne Student schon mit an die Universität, und ein anderes noch: seine Armut. Ungern hat Roth von diesen Jahren beschämender Entbehrung in späterer Zeit erzählt. Aber wir wussten, dass er bis zum einundzwanzigsten Jahre nie einen Anzug getragen, der für ihn selber geschneidert worden war, immer nur die abgetragenen, abgelegten von anderen, dass er an Freitischen gesessen, wie oft vielleicht gedemütigt und in seiner wunderbaren Empfindsamkeit verletzt, – wir wussten, dass er nur mühsam durch rastloses Stundengeben und Hauslehrerei das akademische Studium fortsetzen konnte. Im Seminar fiel er sofort den Professoren auf, man verschaffte diesem besten und blendendsten Schüler ein Stipendium und machte ihm Hoffnung auf eine Dozentur, alles schien plötzlich herrlich für ihn zu werden. Da fuhr 1914 die harte Schneide des Krieges dazwischen, die für unsere Generation die Welt unerbittlich in ein Vorher und Nachher geschieden hat.

Der Krieg wurde für Roth Entscheidung und Befreiung zugleich. Entscheidung, weil dadurch für immer die geregelte Existenz als Gymnasialprofessor oder Dozent erledigt war. Und Befreiung, weil sie ihm, dem bisher ewig von andern Abhängigen, Selbständigkeit gab. Die Uniform des Fähnrichs war die erste, die ihm neu und eigens auf den Leib geschneidert wurde. An der Front Verantwortung zu tragen, das gab ihm, diesem unermesslich bescheidenen, zarten und schüchternen Menschen, zum erstenmal Männlichkeit und Kraft.

Aber es war im Schicksal Joseph Roths in ewiger Wiederholung beschlossen, dass wo immer er seine Sicherheit fand, sie erschüttert werden sollte. Der Zusammenbruch der Armee warf ihn zurück nach Wien, ziellos, zwecklos, mittellos. Vorbei war der Traum der Universität, vorbei die erregende Episode des Soldatentuns: es galt eine Existenz aus dem Nichts aufzubauen. Beinahe wäre er damals Redakteur geworden, aber glücklicherweise ging es ihm in Wien zu langsam, und so übersiedelte er nach Berlin. Dort kam der erste Durchbruch. Zuerst druckten ihn die Zeitungen bloß, dann umwarben sie ihn als einen der brillantesten, scharfsichtigsten Darsteller menschlicher Zustände: die »Frankfurter Zeitung« sandte ihn – dies ein neues Glück für ihn – weit in die Welt, nach Russland, nach Italien, nach Ungarn, nach Paris. Damals fiel uns dieser neue Name Joseph Roth zum erstenmal auf – alle spürten wir hinter dieser blendenden Technik seiner Darstellung einen immer und überall menschlich mitfühlenden Sinn, der nicht nur das Äußere, sondern auch das Innere und Innerste von Menschen zu durchseelen verstand.

Nach drei oder vier Jahren hatte unser Joseph Roth nun alles, was man im bürgerlichen Leben Erfolg nennt. Er lebte mit einer jungen und sehr geliebten Frau, er war von den Zeitungen geschätzt und umworben, von einer immer wachsenden Leserschaft begleitet und begrüßt, er verdiente Geld und sogar viel Geld. Aber Erfolg konnte diesen wunderbaren Menschen nicht hochmütig machen, das Geld bekam ihn nie in seine Abhängigkeit. Er gab es weg mit vollen Händen, vielleicht weil er wusste, dass es bei ihm nicht bleiben wollte. Er nahm kein Haus und hatte kein Heim. Nomadisch wandernd von Hotel zu Hotel, von Stadt zu Stadt mit seinem kleinen Koffer, einem Dutzend feingespitzter Bleistifte und dreißig oder vierzig Blättern Papier in seinem unwandelbaren grauen Mäntelchen, so lebte er sein Leben lang bohemehaft, studentisch, irgendein tieferes Wissen verbot ihm jede Bleibe, misstrauisch wehrte er sich jeder Bruderschaft mit behäbig-bürgerlichem Glück.

Und dieses Wissen behielt Recht – immer und immer wieder gegen jeden Anschein der Vernunft. Gleich der erste Damm, den er sich gegen das Verhängnis gebaut, seine junge, seine glückliche Ehe, brach ein über Nacht. Seine geliebte Frau, dieser sein innerster Halt, wurde plötzlich geisteskrank, und obwohl er es sich verschweigen wollte, unheilbar und für alle Zeit. Dies war die erste Erschütterung seiner Existenz, und um so verhängnisvoller, als der russische Mensch in ihm, jener russische, leidenswütige Karamasow-Mensch, von dem ich Ihnen sprach, dies Verhängnis gewaltsam umwandeln wollte in eigene Schuld.

Aber gerade dadurch, dass er damals bis ins Innerste sich selbst die Brust aufriss, legte er zum erstenmal sein Herz frei, dieses wunderbare Dichterherz; um sich selbst zu trösten, um sich selbst Heilung zu geben, suchte er, was sinnloses persönliches Schicksal war, umzugestalten in ein ewiges und ewig sich erneuerndes Symbol; sinnend und immer wieder nachsinnend, warum ihn, und gerade ihn, der niemandem etwas zuleide getan, der in den Jahren der Entbehrung still und demütig gewesen und sich in den kurzen Jahren des Glücks nicht überhoben, das Schicksal so hart züchtige, da mochte ihn Erinnerung überkommen haben an jenen andern seines Bluts, der mit der gleichen verzweifelten Frage: Warum? Warum mir? Warum gerade mir? sich gegen Gott gewandt.

Sie wissen alle, welches Symbol, welches Buch Joseph Roths ich meine, den »Hiob«, dies Buch, das man in eiliger Abbreviatur einen Roman nennt und das doch mehr ist als Roman und Legende, eine reine, eine vollkommene Dichtung in unserer Zeit und wenn ich nicht irre, die einzige, die alles zu überdauern bestimmt ist, was wir, seine Zeitgenossen, geschaffen und geschrieben. Unwiderstehlich hat sich in allen Ländern, in allen Sprachen die innere Wahrhaftigkeit dieses gestalteten Schmerzes offenbart, und dies ist inmitten der Trauer um den Hingeschwundenen unser Trost, dass in dieser vollkommenen und durch Vollkommenheit unzerstörbaren Form ein Teil des Wesens Joseph Roths gerettet ist für alle Zeiten.

Ein Teil von dem Wesen Joseph Roths, sagte ich, ist in diesem Werk für alle Zeit vor Vergänglichkeit bewahrt, und ich meinte mit diesem Teil den jüdischen Menschen in ihm, den Menschen der ewigen Gottesfrage, den Menschen, der Gerechtigkeit fordert für diese unsere Welt und alle künftigen Welten. Aber nun, zum erstenmal seiner dichterischen Kraft bewusst, unternahm es Roth, auch den anderen Menschen in sich darzustellen: den österreichischen Menschen. Und abermals wissen Sie, welches Werk ich meine – den »Radetzkymarsch«. Wie die alte vornehme und an ihrer inneren Noblesse unkräftig gewordene österreichische Kultur zugrundegeht, dies wollte er in der Gestalt eines letzten Österreichers aus verblühendem Geschlecht zeigen. Es war ein Buch des Abschieds, wehmütig und prophetisch, wie es immer die Bücher der wahren Dichter sind. Wer in kommenden Zeiten die wahrste Grabinschrift der alten Monarchie wird lesen wollen, wird sich niederbeugen müssen über die Blätter dieses Buches und seiner Fortführung, der »Kapuzinergruft«.

Mit diesen zwei Büchern, diesen zwei Welterfolgen, hatte Joseph Roth sich endlich enthüllt und erfüllt als der, der er war, der echte Dichter und wunderbar wache Betrachter jener Zeit und ihr mild verstehender, gütiger Richter. Viel Ruhm und viel Ehre warben damals um ihn: sie konnten ihn nicht verführen. Wie hellsichtig empfand er alles und wie nachsichtig zugleich, jedes Menschen, jedes Kunstwerks Fehler erkennend und doch verzeihend, ehrfürchtig vor jedem Älteren seines Standes, hilfreich gegen jeden jüngeren. Freund jedem Freunde, Kamerad jedem Kameraden und wohlgesinnt auch dem Fremdesten, wurde er ein wirklicher Verschwender seines Herzens, seiner Zeit und – um das Wort unseres Freundes Ernst Weiß zu borgen – immer ein »armer Verschwender«. Das Geld floss ihm fort unter den Fingern; jedem, der etwas entbehrte, gab er in Erinnerung an seine einstigen Entbehrungen, jedem, der Hilfe brauchte, half er in Erinnerung an die wenigen, die ihm einstens geholfen. In allem, was er tat, was er sagte und schrieb, spürte man eine unwiderstehliche und unvergessliche Güte, ein großartiges, ein russisch überschwängliches Sich-selbst-Verschwenden. Nur wer ihn gekannt in diesen Zeiten, wird verstehen können, warum und wie unbegrenzt wir diesen einzigen Menschen geliebt.

Dann kam die Wende, jene fürchterliche für uns alle, die jeden Menschen um so unmäßiger traf, je mehr er weltfreundlich, zukunftsgläubig gesinnt war und im seelischen Sinne empfindlich –, also einen derart zart organisierten, derart gerechtigkeitsfanatischen Menschen wie Joseph Roth am allerverhängnisvollsten. Nicht dass seine eigenen Bücher verbrannt und verfemt wurden, sein Name ausgelöscht –, nicht das Persönliche also erbitterte und erschütterte ihn so sehr bis in die untersten Tiefen seines Wesens, sondern dass er das böse Prinzip, den Hass, die Gewalt, die Lüge, dass er, wie er sagte, den Antichrist auf Erden triumphieren sah, dies verwandelte ihm das Leben in eine einzige andauernde Verzweiflung.

Und so begann in diesem gütigsten, zarten und zärtlichen Menschen, für den Bejahen, Bestärken und durch Güte Befreunden die elementarste Lebensfunktion gewesen war, jene Wandlung ins Bittere und Kämpferische. Er sah nur eine Aufgabe mehr: alle seine Kraft, die künstlerische wie die persönliche, einzusetzen zur Bekämpfung des Antichrist auf Erden. Er, der immer allein gestanden, der in seiner Kunst zu keiner Gruppe und zu keinem Klüngel gehört hatte, suchte jetzt mit aller Leidenschaft seines wilden und erschütterten Herzens Unterkunft in einer kämpfenden Gemeinschaft. Er fand sie oder er meinte sie im Katholizismus und im österreichischen Legitimismus zu finden. In seinen letzten Jahren wurde unser Joseph Roth gläubiger, bekennender, alle Gebote dieser Religion demütig erfüllender Katholik, wurde er Kämpfer und Vorkämpfer in der kleinen und, wie es die Tatsachen erwiesen haben, recht machtlosen Gruppe der Habsburgtreuen, der Legitimisten.

Ich weiß, dass viele seiner Freunde und alten Kameraden ihm diese Wendung ins Reaktionäre, wie sie es nannten, verübelt haben und sie als eine Verirrung und Verwirrung angesehen. Aber so wenig ich selbst diese Wendung zu billigen oder gar mitzumachen vermochte, so wenig möchte ich mich anmaßen, ihre Ehrlichkeit bei ihm zu bezweifeln oder in dieser Hingabe etwas Unverständliches zu sehen. Denn schon vordem hatte er seine Liebe zum alten, zum kaiserlichen Österreich in seinem »Radetzkymarsch« bekundet, schon vordem dargetan in seinem »Hiob«, welches religiöse Bedürfnis, welcher Wille nach Gottgläubigkeit das innerste Element seines schöpferischen Lebens war. Kein Gran Feigheit oder Absicht oder Berechnung war in diesem Übergang, sondern einzig und allein der verzweifelte Wille, als Soldat zu dienen in diesem Kampf um die europäische Kultur, nebensächlich, in welcher Reihe und in welchem Rang. Und ich glaube, dass er im Tiefsten wusste, lange vor dem Untergang des zweiten Österreich, dass er einer verlorenen Sache diente. Aber gerade dies entsprach dem Ritterlichen seiner Natur, sich dorthin zu stellen, wo es am unbedanktesten und am gefährlichsten war, ein Ritter ohne Furcht und Tadel, ganz hingegeben dieser ihm heiligen Sache, dem Kampf gegen den Weltfeind und gleichgültig gegen das eigene Geschick.

Gleichgültig gegen das eigene Geschick und sogar mehr noch – voll heimlicher Sehnsucht nach baldigem Untergang. Er litt, unser teurer verlorener Freund, so unmenschlich, so tierisch wild angesichts jenes Triumphs des bösen Prinzips, das er verachtete und verabscheute, dass er, als er die Unmöglichkeit einsah, dies Böse auf Erden aus eigener Kraft zu zerstören, sich selber zu zerstören begann. Um der Wahrheit willen dürfen wir es nicht verschweigen – nicht nur Ernst Tollers Ende ist ein Freitod gewesen aus Abscheu gegen unsere tollwütige, unsere ungerechte und schurkische Zeit. Auch unser Freund Joseph Roth hat aus dem gleichen Gefühl der Verzweiflung sich bewusst selber vernichtet, nur dass bei ihm diese Selbstzerstörung noch viel grausamer, weil um vieles langsamer sich vollzog, weil sie ein Selbstzerstören war Tag um Tag und Stunde um Stunde und Stück um Stück, eine Art Selbstverbrennung.

Ich glaube, die meisten von Ihnen wissen bereits, was ich jetzt andeuten will: das Unmaß der Verzweiflung über die Erfolglosigkeit und Sinnlosigkeit seines Kampfes, die innere Verstörung durch die Verstörung der Welt hatten in den letzten Jahren diesen wachen und wunderbaren Menschen zu einem heillosen und schließlich unheilbaren Trinker gemacht. Aber denken Sie bei diesem Wort Trinker nicht etwa an einen heiteren Zecher, der lustig und schwatzfreudig im Kreise von Kameraden sitzt, der sich anfeuert und sie anfeuert zu Frohmut und gesteigertem Lebensgefühl. Nein, Joseph Roths Trinken war ein Trinken aus Bitternis, aus Sucht nach Vergessen; es war der russische Mensch in ihm, der Mensch der Selbstverurteilung, der sich gewaltsam in die Hörigkeit dieser langsamen und scharfen Gifte begab. Früher war der Alkohol für ihn nur ein künstlerischer Anreiz gewesen; er pflegte während der Arbeit ab und zu – aber immer nur ganz wenig – an einem Glase Cognac zu nippen. Es war anfangs nur ein Kunstgriff des Künstlers. Während andere zum Schaffen einer Stimulierung bedürfen, weil ihr Gehirn nicht genug rapid, nicht genug bildnerisch schafft, so brauchte er mit seiner ungeheuren Überklarheit des Geistes eine ganz zarte, ganz leise Vernebelung, gleichsam wie man einen Raum abdunkelt, um besser Musik zu hören.

Dann aber, als die Katastrophe hereinbrach, wurde das Bedürfnis immer dringlicher, sich stumpf zu machen gegen das Unabwendbare und gewaltsam seinen Abscheu vor unserer brutalisierten Welt zu vergessen. Dazu benötigte er mehr und mehr dieser goldhellen und dunklen Schnäpse, immer schärfere und immer noch bitterere, um die innere Bitterkeit zu überspielen. Es war, glauben Sie es mir, ein Trinken aus Hass und Zorn und Ohnmacht und Empörung, ein böses, ein finsteres, ein feindliches Trinken, das er selber hasste und dem er sich doch nicht zu entringen vermochte.

Sie mögen sich denken, wie uns, seine Freunde, diese rasende Selbstzerstörung eines der edelsten Künstler unserer Zeit erschütterte. Furchtbar schon, einen geliebten, einen verehrten Menschen neben sich hinsiechen zu sehen und ohnmächtig dem übermächtigen Verhängnis nicht wehren zu können und dem immer näher andrängenden Tod. Aber wie grauenhaft erst, mitansehen zu müssen, wenn solcher Zerfall nicht Schuld des äußeren Schicksals ist, sondern bei einem geliebten Menschen von innen her gewollt, wenn man einen innigsten Freund sich selber morden mitansehen muss, ohne ihn zurückreißen zu können! Ach, wir sahen ihn, diesen herrlichen Künstler, diesen gütigen Menschen, äußerlich wie innerlich in Nachlässigkeit fallen, deutlich und immer deutlicher stand schon das endgültige Fatum in seinen verlöschenden Zügen. Es wurde ein unaufhaltsamer Niedergang und Untergang. Aber wenn ich dieser seiner schrecklichen Selbstverheerung Erwähnung tue, geschieht es nicht, um ihm die Schuld zuzumessen – nein, Schuld trägt nur unsere Zeit an diesem Untergang, diese ruchlose und rechtlose Zeit, die Edelste in solche Verzweiflung stößt, dass sie aus Hass gegen diese Welt keine andere Rettung wissen, als sich selbst zu vernichten.

Nicht also, meine Damen und Herren, um das seelische Bildnis Joseph Roths abzuschatten, habe ich dieser seiner Schwäche Erwähnung getan, sondern gerade im Gegensinn, nur damit Sie nun doppelt das Wunderbare, ja das Wunder fühlen, wie herrlich unzerstörbar und unvernichtbar bis zum Letzten in diesem schon verlorenen Menschen der Dichter, der Künstler blieb. Wie Asbest dem Feuer, so trotzte die dichterische Substanz in seinem Wesen unbeschädigt der moralischen Selbstverbrennung. Es war ein Wunder gegen alle Logik, gegen alle medizinischen Gesetze, dieser Triumph des in ihm schaffenden Geistes über den schon versagenden Körper. Aber in der Sekunde, da Roth den Bleistift fasste, um zu schreiben, endete jede Verwirrung; sofort begann in diesem undisziplinierten Menschen jene eherne Disziplin, wie sie nur der vollsinnige Künstler übt, und keine Zeile hat Joseph Roth uns hinterlassen, deren Prosa nicht gesiegelt wäre mit dem Signum der Meisterschaft. Lesen Sie seine letzten Aufsätze, lesen oder hören Sie die Seiten seines letzten Buches, knapp einen Monat vor seinem Tode geschrieben, und prüfen Sie misstrauisch und genau diese Prosa, wie man einen Edelstein mit der Lupe untersucht – Sie werden keinen Sprung finden in ihrer diamantenen Reinheit, keine Trübung in ihrer Klarheit. Jede Seite, jede Zeile ist wie die Strophe eines Gedichts gehämmert mit dem genauesten Bewusstsein für Rhythmus und Melodik. Geschwächt in seinem armen, brüchigen Leibe, verstört in seiner Seele, blieb er immer noch aufrecht in seiner Kunst – in seiner Kunst, mit der er sich nicht dieser von ihm verachteten Welt, sondern der Nachwelt verantwortlich fühlte: es war ein Triumph, ein beispielloser des Gewissens über den äußeren Untergang. Ich bin ihm oft schreibend begegnet an seinem geliebten Kaffeehaustisch und wusste: das Manuskript war schon verkauft, er brauchte Geld, die Verleger drängten ihn. Aber mitleidslos, der allerstrengste und allerweiseste Richter, riss er vor meinen Augen die ganzen Blätter noch einmal durch und begann von neuem, nur weil irgendein winziges Beiwort noch nicht das rechte Gewicht, ein Satz noch nicht den vollen musikalischen Klang zu haben schien. Treuer seinem Genius als sich selber, hat er sich herrlich in seiner Kunst erhoben über seinen eigenen Untergang.

Meine Damen und Herren, wieviel drängte es mich noch, Ihnen zu sagen von diesem einmaligen Menschen, dessen weiterwirkender Wert selbst uns, seinen Freunden, in diesem Augenblicke vielleicht noch nicht ganz erfassbar ist. Aber es ist nicht die Zeit, jetzt für endgültige Wertungen und nicht auch, der eigenen Trauer besinnend nachzuhängen. Nein, dies ist keine Zeit für eigene, persönliche Gefühle, denn wir stehen mitten in einem geistigen Krieg und sogar an seinem gefährlichsten Posten. Sie wissen alle, im Krieg wird bei jeder Niederlage einer Armee eine kleine Gruppe abgesondert, um den Rückzug zu decken und dem geschlagenen Heer die notwendige Neuordnung zu ermöglichen. Diese paar aufgeopferten Bataillone haben dann dem ganzen Druck der Übermacht möglichst lange standzuhalten, sie stehen im schärfsten Feuer und haben die schwersten Verluste. Ihre Aufgabe ist es nicht, den Kampf zu gewinnen – dafür sind sie zu wenige –, ihre Aufgabe ist einzig, Zeit zu gewinnen, Zeit für die stärkeren Kolonnen hinter ihnen, für die nächste, die eigentliche Schlacht. Meine Freunde – dieser vorgeschobene, dieser aufgeopferte Posten ist heute uns zugeteilt, uns, den Künstlern, den Schriftstellern der Emigration. Wir wissen selbst in dieser Stunde noch nicht deutlich zu erkennen, was der innere Sinn unserer Aufgabe ist. Vielleicht haben wir, indem wir diese Bastion halten, vor der Welt nur die Tatsache zu verschleiern, dass die Literatur innerhalb Deutschlands seit Hitler die kläglichste Niederlage der Geschichte erlitten hat und im Begriffe ist, aus dem Blickfeld Europas völlig zu verschwinden. Vielleicht aber – und lasst uns dies von ganzer Seele hoffen! – vielleicht haben wir diese Bastion nur solange zu halten, bis hinter uns die Umgruppierung erfolgt ist, bis das deutsche Volk und seine Literatur wieder frei ist und abermals als eine schöpferische Einheit dem Geiste dient. Doch sei, wie dem sei – wir haben nicht nach dem Sinn unserer Aufgabe zu fragen, sondern jetzt jeder nur eines zu tun: den Posten zu halten, an den wir gestellt sind. Wir dürfen nicht mutlos werden, wenn unsere Reihen sich lichten, wir dürfen nicht einmal, wenn rechts und links die besten unserer Kameraden fallen, wehmütig unserer Trauer nachgeben, denn – ich sagte es eben – wir stehen mitten im Kriege und an seinem gefährdetsten Posten. Ein Blick gerade nur hinüber, wenn einer der Unsern fällt, – – ein Blick der Dankbarkeit, der Trauer und des treuen Gedenkens, und dann wieder zurück an die einzige Schanze, die uns schützt: an unser Werk, an unsere Aufgabe – unsere eigene und unsere gemeinsame, um sie so aufrecht und mannhaft zu erfüllen bis an das bittere Ende, wie diese beiden verlorenen Kameraden es uns vorausgezeigt, wie unser ewig überschwänglicher Ernst Toller, wie unser unvergesslicher, unvergessbarer Joseph Roth.

Worte am Sarge Sigmund Freuds

Gesprochen am 26. September 1939 am Friedhof Golders Green, London

Erlauben Sie mir angesichts dieses ruhmreichen Sarges einige Worte erschütterten Dankes im Namen seiner Wiener, seiner österreichischen, seiner Weltfreunde in jener Sprache zu sagen, die Sigmund Freud durch sein Werk so großartig bereichert und geadelt hat. Lassen Sie sich vor allem ins Bewusstsein rufen, dass wir, die wir hier in gemeinsamer Trauer versammelt sind, einen historischen Augenblick durchleben, wie er keinem von uns wohl ein zweitesmal vom Schicksal verstattet sein wird. Erinnern wir uns – bei andern Sterblichen, bei fast allen, ist innerhalb der knappen Minute, da der Leib erkaltet, ihr Dasein, ihr Mitunssein für immer beendet. Bei diesem Einen dagegen, an dessen Bahre wir stehen, bei diesem Einen und Einzigen innerhalb unserer trostlosen Zeit bedeutet Tod nur eine flüchtige und fast wesenlose Erscheinung. Hier ist das Vonunsgehen kein Ende, kein harter Abschluss, sondern bloß linder Übergang von Sterblichkeit in Unsterblichkeit. Für das körperlich Vergängliche, das wir heute schmerzvoll verlieren, ist das Unvergängliche seines Werks, seines Wesens gerettet – wir alle in diesem Raume, die noch atmen und leben und sprechen und lauschen, wir alle hier sind im geistigen Sinne nicht ein tausendstel Teil so lebendig wie dieser große Tote hier in seinem engen irdischen Sarg.

Erwarten Sie nicht, dass ich Sigmund Freuds Lebenstat vor Ihnen rühme. Sie kennen seine Leistung, und wer kennt sie nicht? Wen unserer Generation hat sie nicht innerlich durchformt und verwandelt? Sie lebt, diese herrliche Entdeckertat der menschlichen Seele, als unvergängliche Legende in allen Sprachen und dies im wörtlichsten Sinne, denn wo ist eine Sprache, welche die Begriffe, die Vokabeln, die er der Dämmerung des Halbbewussten entrungen, nun wieder missen und entbehren könnte? Sitte, Erziehung, Philosophie, Dichtkunst, Psychologie, alle und alle Formen geistigen und künstlerischen Schaffens und seelischer Verständigung sind seit zwei, seit drei Generationen durch ihn wie durch keinen Zweiten unserer Zeit bereichert und umgewertet worden – selbst die von seinem Werk nicht wissen oder gegen seine Erkenntnisse sich wehren, selbst jene, die niemals seinen Namen vernommen, sind ihm unbewusst pflichtig und seinem geistigen Willen untertan. Jeder von uns Menschen des zwanzigsten Jahrhunderts wäre anders ohne ihn in seinem Denken und Verstehen, jeder von uns dächte, urteilte, fühlte enger, unfreier, ungerechter ohne sein uns Vorausdenken, ohne jenen mächtigen Antrieb nach innen, den er uns gegeben. Und wo immer wir versuchen werden, in das Labyrinth des menschlichen Herzens vorzudringen, wird sein geistiges Licht weiterhin auf unserem Wege sein. – Alles, was Sigmund Freud geschaffen und vorausgedeutet als Finder und Führer, wird auch in Hinkunft mit uns sein; nur eines und einer hat uns verlassen – der Mann selbst, der kostbare und unersetzliche Freund. Ich glaube, wir alle haben ohne Unterschied, so verschieden wir sein mögen, in unserer Jugend nichts so sehr ersehnt, als einmal in Fleisch und Blut vor uns gestaltet zu sehen, was Schopenhauer die höchste Form des Daseins nennt – eine moralische Existenz: einen heroischen Lebenslauf. Alle haben wir als Knaben geträumt, einmal einem solchen geistigen Heros zu begegnen, an dem wir uns formen und steigern könnten, einem Mann, gleichgültig gegen die Versuchungen des Ruhms und der Eitelkeit, einem Mann mit voller und verantwortlicher Seele einzig seiner Aufgabe hingegeben, einer Aufgabe, die wiederum nicht sich selbst, sondern der ganzen Menschheit dient. Diesen enthusiastischen Traum unserer Knabenzeit, dieses immer strengere Postulat unserer Mannesjahre hat dieser Tote mit seinem Leben unvergessbar erfüllt und uns damit ein geistiges Glück ohnegleichen geschenkt. Hier war er endlich inmitten einer eitlen und vergesslichen Zeit: der Unbeirrbare, der reine Wahrheitssucher, dem nichts in dieser Welt wichtig war als das Absolute, das dauernd Gültige. Hier war er endlich vor unseren Augen, vor unserem ehrfürchtigen Herzen, der edelste, der vollendetste Typus des Forschers mit seinem ewigen Zwiespalt – vorsichtig einerseits, sorgsam prüfend, siebenfach überlegend und sich selber bezweifelnd, solange er einer Erkenntnis nicht sicher war, dann aber, sobald er eine Überzeugung erkämpft, sie verteidigend gegen den Widerstand einer ganzen Welt. An ihm haben wir, hat die Zeit wieder einmal vorbildlich erfahren, dass es keinen herrlicheren Mut auf Erden gibt als den freien, den unabhängigen, des geistigen Menschen; unvergesslich wird uns dieser sein Mut sein, Erkenntnisse zu finden, die andere nicht entdeckten, weil sie nicht wagten sie zu finden oder gar auszusprechen und zu bekennen. Er aber hat gewagt und gewagt, immer wieder und allein gegen alle, sich vorausgewagt in das Unbetretene bis zum letzten Tage seines Lebens; welch ein Vorbild hat er uns gegeben mit dieser seiner geistigen Tapferkeit im ewigen Erkenntniskriege der Menschheit!

Aber wir, die wir ihn kannten, wissen auch, welche rührende persönliche Bescheidenheit diesem Mute zum Absoluten nachbarlich wohnte, und wie er, dieser wundervoll Seelenstarke, gleichzeitig der Verstehendste aller seelischen Schwächen bei anderen war. Dieser tiefe Zweiklang – die Strenge des Geistes, die Güte des Herzens – ergab am Ende seines Lebens die vollendetste Harmonie, welche innerhalb der geistigen Welt errungen werden kann: eine reine, klare, eine herbstliche Weisheit. Wer ihn erlebt in diesen seinen letzten Jahren, war getröstet in einer Stunde vertrauten Gesprächs über den Widersinn und Wahnsinn unserer Welt, und oft habe ich mir in solchen Stunden gewünscht, sie seien auch jungen, werdenden Menschen mitgegönnt, damit sie in einer Zeit, wenn wir für die seelische Größe dieses Mannes nicht mehr werden zeugen können, noch stolz sagen könnten: ich habe einen wahrhaft Weisen gesehen, ich habe Sigmund Freud gekannt.

Dies mag unser Trost sein in dieser Stunde: er hatte sein Werk vollendet und sich innerlich selbst vollendet. Meister selbst über den Urfeind des Lebens, über den physischen Schmerz durch Festigkeit des Geistes, durch Duldsamkeit der Seele, Meister nicht minder im Kampf gegen das eigene Leiden, wie er es zeitlebens im Kampf gegen das fremde gewesen, und somit vorbildlich als Arzt, als Philosoph, als Selbsterkenner bis zum letzten bitteren Augenblick. Dank für ein solches Vorbild, geliebter, verehrter Freund, und Dank für Dein großes schöpferisches Leben, Dank für jede Deiner Taten und Werke, Dank für das, was Du gewesen und was Du von Dir in unsere eigenen Seelen gesenkt - Dank für die Welten, die Du uns erschlossen und die wir jetzt allein ohne Führung durchwandeln, immer Dir treu, immer Deiner in Ehrfurcht gedenkend, Du kostbarster Freund, Du geliebtester Meister, Sigmund Freud.

Nachwort

1

Was fasziniert uns an Stefan Zweig? An einem Schriftsteller, der vor mehr als 70 Jahren gestorben ist? Was hat uns einer, der der Generation unserer Großeltern oder Urgroßeltern angehört, noch zu sagen? Diese und ähnliche Fragen werden gelegentlich gestellt, wenn von Stefan Zweig die Rede ist. Meist klingt dabei auch Skepsis mit: Ist dieser österreichische Schriftsteller nicht doch ein altmodischer Großbürger aus der *Welt von Gestern*? Ein Autor, der den Umbruch der Moderne verpasst hat und somit ein Kunstverständnis von vorgestern repräsentiert? Ein unpolitischer Denker, der sich vor klaren Stellungnahmen zu sozialen und politischen Fragestellungen gedrückt hat? Überdies ein Dichter, der von dem jungen Lesepublikum nicht mehr wahrgenommen wird, wenn es nicht gerade gilt, in der Schule die *Schachnovelle* zu lesen?

Die einfachste Antwort wäre, der oder dem Fragenden einige der berühmten Novellen Stefan Zweigs in die Hand zu drücken und die Fortsetzung des Gesprächs auf den Zeitpunkt nach der Lektüre zu verschieben. Denn das ist unbestreitbar: Zweigs Novellen gehören zum Besten der österreichischen Erzählkunst im 20. Jahrhundert. Sie begründen Zweigs Rang als Klassiker der Moderne. Diese Prosa ist wirksam bis heute, sie fasziniert Leserinnen und Leser auch bei wiederholter Lektüre.

Zum fiktionalen Werk Stefan Zweigs gehören nicht nur seine mehr als vierzig Erzählungen, sondern auch seine drei Romane. Von ihrer Anlage her sind auch sie große Erzählungen. Zwei Romane sind jedoch Fragment geblieben: *Rausch der Verwandlung* und *Clarissa* – die Titel stammen übrigens nicht von Stefan Zweig, sondern von dem damaligen Herausgeber. Der dritte, 1939 erschienene Roman *Ungeduld des Herzens* war sofort nach dem Erscheinen ein außergewöhnlicher Erfolg. Zweigs Schriftstellerkollegen haben ihn hoch gelobt. Die Verfilmung aus dem Jahre 1946 (mit Lilli Palmer in der weiblichen Hauptrolle) trug später zur weiteren Popularisierung des Buches bei.

Man muss nicht die vielen Facetten von Zweigs umfangreichem Werk in Erinnerung rufen, um die Bedeutung dieses Autors einschätzen zu können. Zweigs erste Ehefrau Friderike formulierte es in einem Brief an ihren Mann einmal so: „Dein Schrifttum ist ja nur ein Drittel Deines Selbst, und auch das Wesentliche daraus für die Deutung der anderen zwei Drittel hat niemand erfaßt." (18. Juli 1930) Faszinierend kann es auch sein, die Epoche von der Jahrhundertwende bis zum Beginn des Zweiten Weltkriegs durch den Blick Stefan Zweigs kennenzulernen. Aus diesem Grund werden in diesem Buch auch seine Begegnungen mit Peter Altenberg, Theodor Herzl, Otto Weininger, Hermann Bahr, Arthur Schnitzler und anderen in Erinnerung gebracht, – vor allem mit Texten, die bisher noch nicht in Buchform veröffentlicht worden sind.

Faszinierend an diesem Autor ist auch dies: Zweig versuchte die wesentlichen geistigen Strömungen seiner Zeit kennenzulernen und zu verarbeiten. Er war ein wacher, sensibler Beobachter. Dafür entwickelte er ein dichtes Netzwerk, in dem bedeutende Künstler, Intellektuelle und Politiker seiner Zeit mehr oder weniger eng miteinander verbunden waren: Rainer Maria Rilke, Hugo von Hofmannsthal, Arthur Schnitzler, Hermann Hesse, James Joyce, Thomas Mann, Franz Werfel, Hermann Broch, Elias Canetti, Romain Rolland, Paul Valéry, Andre Gide, Albert Einstein, Sigmund Freud, Albert Schweitzer, Benedetto Croce, H. G. Wells, Walter Rathenau, James Ensor, Frans Masereel, Salvador Dali, Arturo Toscanini, Richard Strauss, Alban Berg, Béla Bartók – und das sind nur einige der bekanntesten Persönlichkeiten aus Zweigs Kosmos. Wie kein anderer Autor seiner Zeit versuchte Zweig im Dialog, durch Begegnungen, Freundschaften und in tausenden von Briefen die geistige und kulturelle Identität des Kontinents Europas zu erkunden und zu bekräftigen. Gleichzeitig wollte er auch mit seiner literarischen Arbeit zur europäischen Friedenssicherung beitragen. Wesentliche Teile seines Œuvres sind unmittelbar in diesem Sinne konzipiert.

Und so ist es keine Phrase, zu sagen, dass sich Zweig tatsächlich in erster Linie nicht als Österreicher, als Jude, sondern als Europäer verstand. Schon in seiner Familie – der Vater war der geschäftstüchtige Inhaber einer Textilfabrik, geboren in Mähren, die Mutter, Tochter eines Bankiers, wurde in Ancona geboren – mischten sich österreichische, jüdische, tschechische und italienische Einflüsse. Seine vielen Reisen innerhalb von Europa, wie die nach Nord- und Südamerika, Asien und Afrika, ließen ihn zu einem überzeugten Kosmopoliten werden. Wenn er in der Welt gerne von Österreich und vom alten Wien erzählte, wenn er von der österreichischen Musik und Literatur schwärmen konnte, so war ihm zugleich alles Nationalistische verhasst.

2

Stefan Zweig wurde am 28. November 1881 in Wien, Schottenring 14, im 1. Bezirk geboren. Er besuchte die Volksschule in der Werdertorgasse, 1. Bezirk, und das Maximiliansgymnasium (heute: Bundesgymnasium 9, Wasagasse) im 9. Bezirk. Im Juli 1900 legte er seine Matura ab. Wie sehr er sich gegen die Anforderungen seiner Lehrer gewehrt, ja die Schule gehasst hat, daran erinnert sich sogar der Sechzigjährige, und erstaunlicherweise sind seine Schilderungen immer noch gnadenlos. Zweig war ein schlechter Schüler, das mag einiges von seiner Aversion erklären. Sein Maturazeugnis enthält vier *Genügend* und zwei *Befriedigend.* Immerhin, das Unterrichtsfach »Deutsche Sprache« schließt Zweig mit der Beurteilung *Lobenswert* ab.

Seinen Enthusiasmus, der dem jungen Mann für Latein, Griechisch, Mathematik oder Naturgeschichte mangelt, kultiviert er jedoch, und im Übermaß, für seine Tagträume von einer Künstlerexistenz. Schon als 16-Jähriger schreibt er Gedichte, wie vor ihm auch der Schüler Hugo von Hofmannsthal, wie – etwas später in Prag – der Gymnasiast Franz Werfel. Offenbar liebte der Literaturbetrieb jener Zeit die pubertierenden Genies. Stefan Zweig, soviel ist klar, möchte auf sich aufmerksam machen. Zwar nicht im Unterricht, aber in der Literaturszene. Also bietet er schon mit 17, 18 Jahren zahlreichen Redaktionen renommierter Zeitschriften und Zeitungen seine Texte an, aber keineswegs nur in Wien, sondern auch in Deutschland, Ungarn und Böhmen. Er ist noch nicht zwanzig Jahre alt, als er in einem Berliner Verlag seinen ersten Gedichtband *Silberne Saiten* veröffentlichen kann. Mehr als fünfzig Rezensenten nehmen das schmale Heft zur Kenntnis.

Da ein »Numerus clausus« in Wien nicht existiert, absolviert Stefan Zweig, wie er behauptet ausschließlich auf besonderen Wunsch der Eltern, noch flink ein Studium: Literaturgeschichte, Philosophie und Geschichte. Im Sommersemester 1902 hält er sich in Berlin auf, wobei seine ungeteilte Aufmerksamkeit, wie er freimütig gesteht, auch dort der Literatur- und Kunstszene gilt. Er studiert in Berlin vor allem dies: wie die anderen es machen, wie sie ihre Autor-Rolle anlegen. Und in Berlin lernt er die unterschiedlichsten Varianten einer Künstlerexistenz kennen. Er trifft Else Lasker-Schüler, Rudolf Steiner, Ephraim Moshe Lilien, Herwarth Walden, Gerhart Hauptmann und viele andere.

Im Sommer 1904, noch nicht dreiundzwanzigjährig, beendet Zweig nach Abgabe einer schmalen Doktorarbeit in Wien seine akademische Karriere. Jetzt kann das Dichterleben beginnen. Anteile auf sein zu erwartendes Erbe liegen auf einem Konto, somit ist gesichert, dass Zweig nie einen Brotberuf ausüben muss. Auch seine zahlreichen Artikel für Zeitungen und Zeitschriften, seine Übersetzungen, die Vortragstätigkeit, und ein paar Jahre später auch seine Bücher, bringen Geld ein.

Der junge Dichter sucht mit leidenschaftlicher Energie vor allem eines: Anerkennung. Er will dazugehören. Er studiert und imitiert, eifert diesem und jenem Vorbild nach, und er wechselt probeweise seine poetischen Anschauungen. Mit jedem neuen Werk bittet der elegant gekleidete Dandy um Aufnahme in den Club der Arrivierten. Zweig versammelt einen Freundeskreis Gleichaltriger um sich, eine innige Männerbündelei entsteht. Gleichzeitig sucht er aber auch die Nähe zu den älteren, renommierten Kollegen wie Hermann Bahr, Rainer Maria Rilke, Hugo von Hofmannsthal oder Arthur Schnitzler. Auch der oft überschwängliche Ausdruck gibt Zeugnis von diesem kreativen Überdruck, unter den sich Zweig selbst gesetzt hatte. Mit einer Rastlosigkeit ohnegleichen produziert Zweig einen Text nach dem anderen, lanciert ein Buchprojekt, ein nächstes, ein drittes – in den ersten Jahren meist als Vermittler, als Übersetzer und Herausgeber. Mit ausladender Geste bietet er aber auch seine Texte nach allen beliebigen Richtungen an. Wir sehen, wie er mehreren Verlagen die unterschiedlichsten Buchprojekte vorschlägt und die großen Zeitungen Europas als Forum benützen möchte. Schon früh möchte sich Zweig nicht nur für das Wiener und das deutschsprachige Publikum verständlich machen, er hat ganz Europa im Blick.

Zweig veröffentlicht in den Jahren zwischen 1900 und 1914 zwei Prosa-Bände, eine Handvoll weiterer Erzählungen, die verstreut publiziert werden, er legt einen zweiten Gedichtband vor, erobert mit drei Stücken als Dramatiker die Bühnen Deutschlands und Österreichs. Zweig übersetzt aber auch die Gedichte Charles Baudelaires und schreibt eine kleine Biographie Paul Verlaines, übersetzt das lyrische und dramatische Werk des Belgiers Émile Verhaeren und verfasst gleich auch noch seine Biographie, publiziert Feuilletons von seinen zahlreichen Reisen, tourt mit Vorträgen über von ihm verehrte Kollegen durch deutsche Städte, schreibt literarische Essays, Vorworte, Nachworte, rezensiert Bücher usw.

Man kann über diese enorme Produktivität nur staunen und rätseln: Woher kommt diese Rastlosigkeit, was verursacht diesen Überdruck? Die Antwort könnte sein: Zweig hat seine eigene Position noch nicht gefunden, er ist kein jugendliches Genie, sein künstlerisches Programm entwickelt sich in diesen Jahren mühsam erst nach und nach. Noch stammen die ästhetischen Anleihen von unterschiedlichen Kollegen, seine Theaterstücke folgen völlig divergierenden dramaturgischen Modellen, seine Erzählungen erinnern schon manchen Zeitgenossen an Keyserling und Schnitzler oder an italienische, englische oder französische Autoren. Immerhin, nach einigen äußerst fleißigen Jahren hat sich der Eifer gelohnt, als Dreißigjähriger gehört Zweig nun dazu, zu den *happy few*. Er kann überall publizieren, wird in ganz Europa eingeladen, seine Bücher werden in viele Sprachen übersetzt. Das wäre geschafft.

Dann unterbricht der Erste Weltkrieg das rastlose Künstlerleben. Kriegsbegeistert, wie ganz Wien damals war, meldet sich Zweig im Herbst 1914 freiwillig zum Militär, um bald aber im Büro des Kriegsarchives (in der Kaserne in der Stiftgasse, VII. Bezirk) seinen eher friedlichen Dienst zu tun: Propagandaschriften für das Kriegsministerium verfassen. Selbstkritisch schreibt er in einem Brief vom Oktober 1914 an den Schriftsteller-Kollegen Paul Zech:

»Vielleicht waren wir alle auf dem falschen Wege, als wir künstlerischen Dingen unser ganzes Leben hingaben: heute ist nur der nützliche Mensch der wahrhaft wertvolle: ich bedauere, so wenig für die Zeit tun zu können, da ich doch nichts anderes meistere als das Wort.«

Tatsächlich hat Zweig von den sozialen Konflikten in seiner Heimatstadt Wien kaum Notiz genommen. Auch mit den nationalen Problemen, die den Zusammenhalt der Monarchie schon Ende des 19. Jahrhunderts gefährdeten, hat er sich nie befasst. Selbst den alltäglichen Antisemitismus seiner Heimatstadt versucht er, wie die meisten jüdischen Bürger, zu ignorieren. Er will aus tiefster Seele nur eines sein: Künstler. Und ein Künstler macht sich mit dem realpolitischen Alltagsgeschehen nicht schmutzig. Ein echter Künstler ist für eine höhere, eine geistige Art der Kommunikation bestimmt, ein echter Künstler begibt sich nicht in die Niederungen von Reichsrat, Biertisch und Demonstration. Es dauert eine Weile, bis Zweig so weit ist, den Krieg als europäische Katastrophe zu begreifen.

Erst im November 1917, Titular-Feldwebel Zweig hatte sich mit einigen Tricks aus dem Stubenhockerdasein des Kriegsarchivs befreien und als Korrespondent für die *Neue Freie Presse* in die Schweiz fahren können, vollzieht sich die tiefgreifende Wandlung. Zweigs Überschwang, sein Enthusiasmus gehen nicht verloren, aber sein Selbstverständnis als Künstler erhält zum ersten Mal eine politische Dimension.

Ausgelöst wird die neue Sicht auf die Welt vor allem durch den Dialog, durch viele Gespräche und Briefe mit seinem französischen Freund, dem großen Vorbild jener Jahre, dem Literaturnobelpreisträger Romain Rolland. Dieser hat mit seinem deutsch-französischen Bildungsroman *Jean Christophe* Weltruhm erlangt. Rolland hatte darin die kulturelle Gemeinsamkeit von Deutschland und Frankreich beschworen – zwei Völker, die sich zu dieser Zeit in einem hasserfüllten Kampf gegenüberstanden. Rolland hatte die französische Kriegspolitik wiederholt kritisiert, er war als pazifistischer Dissident in Paris angefeindet und bedroht worden, und schließlich an den Genfer See ins Schweizer Exil geflüchtet. Eine solche Radikalität zu praktizieren, danach sehnte sich auch Stefan Zweig.

Man staunt, wie sich der sechsunddreißigjährige Wiener Dichter Stefan Zweig nun ein neues Programm zu eigen macht. Im Kreis von pazifistisch gesinnten Schriftstellern aus Frankreich und der Schweiz entdeckte Zweig 1917/1918 seine neue Lebensaufgabe: sich als Schriftsteller für den Frieden in Europa zu engagieren. Zweigs Briefe aus jener Zeit glühen vor Fanatismus, den man fast religiös nennen könnte. Angesichts des mörderischen Kriegs, so ist Zweig überzeugt, habe der Künstler nur noch eine Aufgabe: Frieden stiften. Im Dialog mit den Intellektuellen und Künstlern Europas sollten die durch den Krieg verfeindeten Völker versöhnt werden und Europa als eine kulturelle Einheit erkennbar werden. Gleichzeitig starten viele andere Intellektuelle in Europa ähnliche Initiativen, unter ihnen auch Graf Richard von Coudenhove-Kalergi, der mit seiner »Paneuropa-Bewegung« dazu beitragen will, dass es in naher Zukunft die »Vereinigten Staaten von Europa« geben kann.

Am 21. Jänner 1918 schreibt Zweig an Rolland, rückblickend auf jene Tage, die sie im November 1917 gemeinsam in Villeneuve am Genfersee verbracht hatten:

»Mein Ziel wäre, eines Tages nicht ein großer Kritiker, eine literarische Berühmtheit zu werden – sondern eine moralische Autorität. Ein Mann, wie Sie einer für Europa, für die Welt bereits sind. Mir dünkt dies das menschlich Schönste, das man zu erreichen vermag.«

Mit dieser selbstgewählten Mission kehrte Stefan Zweig 1919 vom Zürchersee nach Österreich zurück. Aber in Wien fühlt er sich mit seinem tief empfundenen Friedens-Enthusiasmus nicht verstanden. Also verlässt er mit einiger Verbitterung die Stadt. Für fünfzehn Jahre, von 1919 bis 1934, zieht sich der Autor mit seiner ersten Frau Friderike (und den beiden Töchtern aus deren erster Ehe) nach Salzburg zurück. Als Geldanlage hat er während des Krieges ein desolates Jagdschlösschen am Kapuzinerberg erworben. Auch Hermann Bahr ist Schlossbewohner in Salzburg geworden, Max Reinhardt wird sie mit Schloss Leopoldskron und seinen grandiosen Sommerfesten alle übertrumpfen.

In Salzburg entstehen nun in rascher Folge Zweigs erfolgreichste Bücher, Erzählbände, historisch-biographische Romane, eine Reihe von großen Essay-Bänden sowie die *Sternstunden der Menschheit.* Zum Leidwesen Thomas Manns wird Zweig in diesen Jahren zum meistübersetzten Autor deutscher Sprache. Über den Antisemitismus in Salzburg hatte Stefan Zweig nie geklagt – solange er in dieser Stadt lebte. Das ist umso erstaunlicher, da in den rechtsgerichteten Blättern selbst so berühmte Stars der Festspiele wie Max Reinhardt, Alexander Moissi oder Bruno Walter nicht verschont geblieben waren.

Im Februar 1934 verließ Zweig Salzburg, ein Jahr nach Hitlers Machtergreifung. Auch in Österreich hatte ein kleiner Diktator die politischen Parteien verboten, in einem Bürgerkrieg das Militär eingesetzt und auf Sozialdemokraten und Kommunisten schießen lassen. Aber Zweig hatte schon 1933 mehrere Monate in London verbracht und diesen Ort als künftigen Wohnort in Erwägung gezogen. Von 1934 bis 1940, für sechs Jahre, lebte Zweig schließlich im Exil in England. Jetzt erst recht möchte er sich politisch nicht äußern. Er konzentriert sich auf einige größere Projekte: Die Biographie von Maria Stuart, die Studie über den Streit zwischen Castellio und Calvin, seine Balzac-Biographie und den Roman *Ungeduld des Herzens*. Nachdem Österreich im März 1938 von deutschen Soldaten besetzt wird, erfährt er von der Bücherverbrennung in Salzburg, bei der auch Zweigs Bücher verbrannt wurden. Am 2. Mai 1938 schreibt Zweig aus London an Romain Rolland nach Paris einen Brief: Salzburg sei jene Stadt die in Österreich »am stärksten nazistisch« war, es sei »die Stadt die mich gedemütigt hatte«, die »Stadt die gestern als erste in Österreich unsere Bücher verbrannt hat. Ich wusste das, ich litt unter dieser Atmosphäre. Ich war angewidert von diesen Menschen, die man feierte, diese Innitzer, Dollfuß, selbst Schuschnigg ...«

Im Jahr 1938 – Friderike war mit den Töchtern in Salzburg geblieben – wird die Ehe geschieden. 1939 heiratete Stefan Zweig seine sechsundzwanzig Jahre jüngere Sekretärin Elisabeth Charlotte Altmann, eine jüdische Emigrantin aus Deutschland. Im selben Jahr wurden sie beide britische Staatsbürger. Sie lebten, aber nur für einige Monate, in Bath, wo sich Zweig erneut ein Haus (ein »Ersatzsalzburg«, wie er es nannte) gekauft hatte. England befand sich seit September 1939 im Kriegszustand mit Deutschland, und weil die Besetzung auch Großbritanniens durch die deutschen Soldaten erwartet wurde, verließen Lotte und Stefan Zweig im Juli 1940 den europäischen Kontinent für immer.

Die letzten eineinhalb Lebensjahre verbrachten die beiden in den USA und in Brasilien, wo sie sich im Februar 1942 gemeinsam das Leben nahmen. Wer nach den Gründen für das tragische Ende des Ehepaars Zweig fragt, der sollte an Stefan Zweigs großen Pessimismus denken, an seine schon früh bemerkbar gewordene Angst vor dem Altern und an seine immer deutlicher werdende depressive Erkrankung. Von Episoden tiefer Verzweiflung ist schon in Briefen um seinen 50. Geburtstag (1931) die Rede.

Vor allem aber sollte man an Zweigs Erschöpfung und Ohnmachtsgefühle während seiner verschiedenen Stationen des Exils denken. Seine Heimat Österreich war zerstört, der Krieg war weltumspannend geworden und Hitler eilte von Erfolg zu Erfolg: Die Zerstörung amerikanischer Militär-Stützpunkte in Pearl Harbour und der japanische Angriff auf Singapur sowie der Kriegseintritt der USA hatten Stefan Zweig tief erschüttert. Entscheidend für den Suizid war ohne Zweifel aber auch, dass die Zerstörung demokratischer Ordnungen in vielen europäischen Ländern, dass Hitlers Krieg, die Verfolgung und Ermordung der europäischen Juden, Zweigs Lebensinhalt zerstört hatten. Er musste sich in der brasilianischen Abgeschiedenheit, in die er sich selbst manövriert hatte, eingestehen, dass sein persönliches Lebensprogramm, seine friedensstiftende Mission, die er sich nach dem Ersten Weltkrieg auferlegt hatte, vollends gescheitert war.

Heute ist Stefan Zweig immer noch ein Autor der Weltliteratur. Kein österreichischer Schriftsteller ist bei dem Lesepublikum in der ganzen Welt so bekannt und beliebt wie er. In China ist er, nach Goethe und Schiller, der drittbekannteste Schriftsteller deutscher Sprache, in Russland haben seine Auflagen Millionenhöhe, in Brasilien wird er wie ein Dichter des eigenen Landes verehrt. In Frankreich, Italien, England und Spanien erleben Zweigs Bücher seit einigen Jahren eine grandiose Renaissance, viele seiner Bücher wurden neu übersetzt, neue Filme entstanden, wissenschaftliche Studien waren erschienen. Nach dem Ende des Urheberschutzes (31. Dezember 2012) werden Zweigs Werke in der ganzen Welt eine neuerliche Welle der Verbreitung erleben.

3

Libidinöse Verwirrungen, erotische Abgründe, die Konflikte der Geschlechter mit den Konventionen der Zeit – in diesen Koordinaten sind viele der Erzählungen Stefan Zweigs zu lesen. Sie machen den Ruhm des Erzählers aus. Aber der Autor beansprucht das Genre auch für poetische Illustrationen essayistischer Entwürfe und sozialpolitische Kontexte. So berichtet die 1920 veröffentlichte Erzählung *Der Zwang* die Geschichte eines Österreichers, der während seines Aufenthaltes in der Schweiz den Einberufungsbefehl zum Militär erhält und nach großem inneren Kampf beschließt, den Dienst mit der Waffe zu verweigern und in der Schweiz zu bleiben. Zweig schrieb sie damals als leidenschaftliches Bekenntnis und widmete sie seinem französischen Freund, dem Schriftsteller Pierre Jean Jouve.

Auch die *Episode vom Genfersee* (1919) nimmt die Folgen des Krieges zum Anlass. Erzählt wird von einem russischen Soldaten, der sich bei Ende des Ersten Weltkrieges auf seinem Fußmarsch zurück in die Heimat verirrt hat und an den Genfersee gelangt ist. Wie der Krieg über sein Ende hinaus eine traumatische zerstörerische Kraft behält, wird erlebbar, wenn sich der fremde Soldat aus Einsamkeit und Verzweiflung im See ertränkt.

Auch in Erzählung, Essay und Drama machte Zweig den Krieg viele Male zum Thema, insbesondere beschäftigte er sich auch mit Kriegs-Folgen in sogenannten Friedenszeiten. Eine *Episode aus der deutschen Inflation,* so der Untertitel, erzählt die Novelle *Die unsichtbare Sammlung* (1925): Ein erblindeter Holzschnitt- und Kupferstichsammler glaubt sich im Besitz eines eminenten Kunstschatzes. Stolz betastet er seine Blätter, darunter Drucke von Dürer und Rembrandt, und zeigt sie einem Sammlerkollegen. Aber seine Töchter haben die wertvollen Stiche längst gegen wertlose Kopien und leere Blätter ausgetauscht, um die medizinische Behandlung für den Vater finanzieren zu können. Der Alte hält, was er nicht weiß, nur noch wertlose Papierbögen in seinen Händen.

Ein kaum bekanntes Beispiel dieser Prosa haben wir für diesen Band ausgewählt: Auch die 1906 erstmals veröffentlichte Erzählung *Das Kreuz* ist eine Episode aus dem Krieg, eine blutrünstige, grausame Geschichte von den napoleonischen Schlachtfeldern. Zweig führt hier die Absurdität von Freund- und Feind-Denken exemplarisch vor. Der Schauplatz ist Spanien, man schreibt das Kriegsjahr 1810. Erzählt wird die Tragödie jenes französischen Offiziers, der, um sich zu retten, sich mit der Uniform eines von ihm getöteten spanischen Soldaten bekleidet, demzufolge von seinen eigenen Landsleuten für einen Feind gehalten und erschossen wird. Und weil sie in seiner Rocktasche den napoleonischen Orden ihres vermissten Colonels finden, rächen sie sich auf bestialische Weise an dem vermeintlichen Gegner. Sie haben nicht erkannt, dass der Gefolterte ihr Kamerad ist. Bemerkenswert bei dieser Erzählung, dass Zweig Goyas Radierungen *Desastres de la Guerra* herangezogen hat, um die Schrecken des Krieges besonders anschaulich zu machen.

Ein neuer Krieg, die Besetzung Österreichs durch die deutschen Soldaten, der Terror der Gestapo in Wien, sie bilden den historischen Hintergrund für eine der populärsten Erzählungen Zweigs. Auch in der *Schachnovelle* (1942) spielen – wenn wir von der Verfilmung aus dem Jahr 1960, bei der mit dem Stoff sehr frei umgegangen und eine Frauenfigur dazu erfunden wurde, absehen – Liebe, Leidenschaft und erotische Verstrickung keine Rolle.

Die *Schachnovelle* berichtet in ihrer Rahmenhandlung von der existentiellen Krise eines Wiener Rechtsanwaltes, der 1938 von den Nazis verhaftet wurde. Von größter Verzweiflung des Gefangenen ist in dieser Novelle die Rede, aber auch von einer befreienden Utopie, von der Überwindung von Terror und Not. Wie Dr. B. in der *Schachnovelle* konnte auch Stefan Zweig vor den Nationalsozialisten nach Südamerika fliehen. Aber im Gegensatz zu Dr. B. hatte Stefan Zweig keinen wohlmeinenden Arzt an seinem Krankenbett, der dem Patienten ein günstiges Attest ausgestellt, ihn für unzurechnungsfähig erklärt und ihn dergestalt aus seiner Depression gerettet hätte. Natürlich könnte man anmerken: Auch wenn Dr. B. die Flucht ins Exil geglückt ist, wissen wir am Ende der Erzählung keineswegs, ob er sich von den Folgen der Psycho-Folter in der Wiener Gestapo-Haft erholen wird.

Die *Schachnovelle* ist kein politischer Essay. Und doch nimmt die Erzählung innerhalb des Prosawerks von Stefan Zweig eine besondere Position ein, weil es die einzige Erzählung Zweigs ist, in der der Autor direkt auf die politischen Verhältnisse in Österreich 1938 und auf den Terror der Nationalsozialisten Bezug nimmt. Auch den Umstand, dass Stefan Zweig als Sechzigjähriger in seiner letzten Erzählung noch einmal Bilder jener für immer verlorenen Welt aus Wien aufruft, und damit die Szenerie seiner Kindheit und Jugend berührt, sollte man bedenken.

*

Man muss durchaus nicht Stefan Zweigs Bekanntschaft mit Sigmund Freud und die Lektüre einiger seiner Schriften bemühen, um zu konstatieren, dass Zweig, natürlich auch in seinen historischen Biographien, ein besonderes Interesse für Psychologie und für seelenkundliche Forschungen entwickelt hat. Es ist auffällig, dass Zweig in einigen seiner frühen Erzählungen das widersprüchliche Verhältnis zwischen Kindern und Eltern, pendelnd zwischen Liebe, ödipaler Verklammerung und Hass, , zum Thema macht. So handelt er in der auch durch mehrere Verfilmungen bekannten Erzählung *Brennendes Geheimnis* diesen Wechsel von Zuneigung und Rivalität in wechselnden Varianten auf faszinierende Weise ab. Es verwundert nicht, dass diese Erzählung sowohl bei Psychoanalytikern als auch Amateur-Psychologen besonders beliebt ist.

Von der Schwierigkeit der Frauen, sich von den Konventionen des dominierenden Patriarchats im Wiener Fin de siècle zu befreien, schrieb Stefan Zweig sehr eindrücklich in seinen Erinnerungen *Die Welt von Gestern.* In seiner Jugend konnte er erleben, wie sich die tradierten Geschlechterbeziehungen auflösten, wie sich eine radikale Verwandlung von Männer- und Frauenbildern ankündigte, wie Mann und Frau mit den entstehenden Widersprüchen ihrer Rollenbilder zu kämpfen haben. Der Literaturwissenschaftler Joseph P. Strelka merkte 1982 an, dass zwischen der »psychologisierten, verinnerlichten Form der Novelle« Zweigs einerseits und der Freudschen Psychoanalyse andererseits »insoferne eine innere Parallele besteht, als bestimmte existentielle Merkmale dieser Gattungsform wie die Vorliebe für radikale Grenzfälle des Psychischen, die pointierte Zuspitzung, der oft in Paradoxien kulminierende Wendepunkt, der sogenannte doppelte Boden der Novelle überraschende analoge Entsprechungen in den Lehren der Psychoanalyse finden«.

Während Zweig in der *Welt von Gestern* die letzte Glanzzeit des Bürgertums vor dem Ersten Weltkrieg als eine *Welt der Sicherheit* verklärt, erleben wir diese in seinen Erzählungen als fragwürdig, ja zerbrochen, bisweilen sogar als zerstörerisch. Viele von Zweigs Erzählungen enden mit einem Suizid oder dem Suizid-Versuch. Das ist ja das Erstaunliche, dass Zweig, der in seinem Alltag ein sehr zurückhaltender, höflicher Mensch war, bei der Gestaltung seiner Figuren diese Diskretion fallen lässt.

Bezeichnenderweise sind in einigen der großen Erzählungen Zweigs Frauen die Heldinnen. Der große Monolog in *Brief einer Unbekannten* erzählt uns mehr über Stefan Zweig als das recht holzschnittartige Profil des Erfolgsschriftstellers – mit dem Stefan Zweig nur wenig Ähnlichkeit hat. Schon viele Literaturwissenschaftler hat dieser besondere Umstand gereizt, das Frauenbild bei Stefan Zweig im Überblick darzustellen. Und doch fehlt bis heute eine plausible, umfassende Studie.

Eine der besten Erzählungen, die Stefan Zweig geschrieben hat, ist zweifellos die Novelle *Angst.* Auch hier gilt das besondere Einfühlungsvermögen des Autors einer Frau. Irene Wagner ist eine Dame der »eleganten Gemeinschaft der Wiener Bourgeoisie«. Sie ist die Gattin eines tüchtigen Rechtsanwaltes und Mutter von zwei kleinen Kindern. Wegen der »Schlaffheit der Atmosphäre«, die sie zuhause erlebt, unterhält sie heimlich ein Liebesverhältnis mit einem Pianisten: »Sie hatte diesen jungen Menschen bei einer gelegentlichen Abendunterhaltung kennengelernt und war bald, ohne es recht zu wollen und beinahe ohne es zu begreifen, seine Geliebte geworden.«

Eines Tages, als Irene nach einem Rendezvous die Künstlerwohnung verlässt, wird sie von einer unbekannten Frau aufgehalten und bedrängt. Diese gibt sich als die kürzlich verlassene Geliebte des Musikers aus. Um die zudringliche Person zu beschwichtigen, steckt ihr Irene hastig Geld zu und flüchtet in Panik nach Hause. Unter dem Druck weiterer Geldforderungen durch die Unbekannte beendet Irene ihr Verhältnis mit dem Künstler. Die verzweifelte Frau schließt sich tagelang in ihrer Wohnung ein. Aber die Erpresserin hat das Spiel noch nicht beendet. Sie hat die Adresse ausfindig gemacht und steht plötzlich vor der Wohnungstür. Die Summen, die gezahlt werden müssen, werden größer, die Träume quälender.

Dem Ehemann entgeht die Veränderung seiner Frau keineswegs. Seine wiederholten Angebote zur Aussprache will, ja kann sie aus Angst, dass ihr Geheimnis entdeckt werden könnte, nicht annehmen. Irene spürt, wie der letzte Rest ihrer Selbstbehauptung zerbröckelt, wie ihre »behagliche, breitbürgerliche, windstille Existenz« zerstört ist. Es gibt, so denkt sie, keinen Weg aus dieser Situation. Also nur den einen. Zum Suizid entschlossen, kauft sie in der Apotheke eine größere Portion Morphium. Aber in diesem Moment greift eine männliche Hand neben ihr nach dem tödlichen Fläschchen ...

Jetzt erst, am Ende der Erzählung, erfahren wir, dass es der rechtschaffene Ehemann war, der eine Schauspielerin engagiert hatte, um seine Frau zu überführen. Aber wieso quält der Rechtsanwalt, dem es im Berufsleben doch um Trennung von Recht und Unrecht, von Wahrheit und Lüge gehen sollte, seine Frau auf eine derart sadistische Weise?

Erstaunlich ist in dieser Erzählung, wie tief uns Zweig Einblick gibt in die Verzweiflung dieser Frau. Eine sehr moderne Sicht. Das Außergewöhnliche, das Einzigartige dieser Dreiecksgeschichte ist ja nicht die heimliche Erotik im bürgerlichen Hinterzimmer, die seelische Aufgewühltheit aus grandioser Leidenschaft, sondern das Gegenteil: die besinnungslose Flucht aus einer von maßloser Angst zerstörten Lebensform. Vielleicht sollte man die Novelle *Angst* einmal im Vergleich mit Schnitzlers *Leutnant Gustl* untersuchen.

Nicht von ungefähr hat Zweigs Novelle *Angst* eine besondere Erfolgsgeschichte vorzuweisen. Der Erstveröffentlichung in Fortsetzungen in der Wiener Tageszeitung *Neue Freie Presse* im August und September 1913 folgten mehrere Nachdrucke zu Lebzeiten Zweigs, zahlreiche Übersetzungen wurden veröffentlicht. Auch die Filmemacher liebten diese Novelle sehr, sodass wir fünf Verfilmungen von *Angst* kennen: 1928 entstand ein Stummfilm, 1933, 1978 und 1998 Tonfilme. Im Jahr 1954 erzählte der berühmte italienische Regisseur Roberto Rossellini die Novelle unter dem Titel *La paur* neu. Sie spielt nun in den fünfziger Jahren in München, in der Nachkriegs- und Wirtschaftswunderzeit Deutschlands. Wie Ingrid Bergmann die Angst Irenes zu verbergen sucht, das ist das Wunderbare dieses Films.

*

Nach vielen Jahren des getrennten Lebens begegnen sie sich wieder, die inzwischen verheiratete Frau und ihr früherer Freund aus Jugendzeiten, Sie lebt als Gattin eines reichen Mannes in einer mondänen Villa irgendwo »hart am Meer«, ihn haben die Geschicke nach Amerika getrieben. Bei dem unvermuteten Wiedersehen bringt man sich die früheren Träume in Erinnerung. Und man spricht von der Liebe, die damals verloren ging. Zweigs impressionistischer Erstling *Vergessene Träume* steht in diesem Buch, weil es trotz aller Vorbehalte erstaunlich ist, wie ein junger Mann im Alter von achtzehn Jahren den Rückblick auf eine verflossene Jugendliebe inszeniert. Könnte man in dem nur an materiellen Dingen interessierten Ehemann nicht auch eine verdeckte Kritik an Zweigs Vater, dem Textilunternehmer Moriz Zweig, sehen?

Vom Wiedersehen nach vielen Jahren, von der Erinnerung an eine lang zurückliegende und nie eingelöste Leidenschaft und von einem vergeblichen Befreiungsversuch und einer missglückten Flucht handelt die ebenfalls kaum bekannte Erzählung Stefan Zweigs *Widerstand der Wirklichkeit.* Sie entstand Ende der 20er-Jahre in Salzburg, wurde aber nicht zu Ende geschrieben, so dass der Autor das Fragment mit nach London nahm. Es blieb Fragment. Wie wir den Notizen im Londoner Nachlass entnehmen können, rang Zweig vergeblich um einen versöhnlichen Schluss der Geschichte.

Auch in dieser Novelle unterdrückt die wohlsituierte Bürgerlichkeit das Lebensglück einer Frau. Bezeichnenderweise erleben wir diesmal keine Szenerie aus dem Wiener, sondern aus dem Frankfurter Großbürgertum. Die Gattin des Geheimrates G., eines kunstsinnigen Industriellen, verliebt sich in den im selben Haushalt lebenden jungen Privatsekretär ihres Mannes. Und dieser begehrt sie: »Von der ersten Begegnung an hatte er diese Frau geliebt.« Aber die Liebenden konnten zusammen nicht kommen, weil sie sich ihre Zuneigung erst eingestehen, als der junge Mann im geschäftlichen Auftrag nach Mexiko reisen soll. Oder hat ihn der »gedämpfte Rhythmus des Daseins«, der im Hause herrscht, gar angesteckt? Im Verborgenen werden wilde Küsse getauscht – am letzten Abend geben sich die Liebenden ein unmissverständliches Versprechen.

Nach neun Jahren sehen sie sich wieder. Mit einer zärtlichen Reise nach Heidelberg soll das Versprechen aus der Vergangenheit eingelöst werden. Aber als die beiden aus dem Bahnhof treten, zerstört die »Wirklichkeit« ihren Traum: »Veteranen, Jungvolk, Studenten« dröhnen, trommeln durch die Stadt, »Jungmannschaft, die in athletischer Starrheit riesige Fahnen steil senkrecht trugen, Totenköpfe, Hakenkreuz, alte Reichsbanner im Winde wehend …« versperren ihnen den Weg. Und wieder wird die Erlösung der alten Sehnsüchte unmöglich.

Da sie bis vor einigen Jahren noch nicht ins Französische übersetzt war, löste diese Geschichte unter dem Titel *Reise in die Vergangenheit* in Frankreich eine begeisterte Zweig-Renaissance aus, die, unterstützt von vielen folgenden Veröffentlichungen Zweigscher Novellen, bis zum heutigen Tage andauert.

*

Sigmund Freud war es, der Stefan Zweig als Erster begeistert gratulierte, nachdem er den Novellenband *Verwirrung der Gefühle* gelesen hatte. Vor allem die darin enthaltene Erzählung *24 Stunden aus dem Leben einer Frau* hatte es Freud angetan. Am 24. September 1926 schrieb Freud an Zweig: »Die Analyse lässt uns vermuten, dass der große, anscheinend unerschöpfliche Reichtum der vom Dichter behandelten Probleme und Situationen sich auf eine kleine Anzahl von ›Urmotiven‹ zurückführen lässt, die zumeist aus dem verdrängten Erlebensstoff des Kinderseelenlebens stammen, so dass diese Dichtungen verkleideten, verschönerten, sublimierten Neuauflagen jener Kinderphantasien entsprechen.«

Wie so oft bedient sich Zweig einer Rahmenhandlung, in die ein monologischer Bericht eingebettet ist. In einem Hotel an der Riviera vertraut die inzwischen 67 Jahre alte schottische Adelige Mrs. C. dem Erzähler das Geschehen eines Tages aus ihrem Leben an: Als sie vor Jahren im Spielcasino von Monte Carlo einem verzweifelten Mann das Leben retten und auf welche Weise sie ihn von der Spielsucht befreien wollte. Was ihr dann doch nicht gelang.

Auch die Titelgeschichte des Novellenbandes gehört zu Stefan Zweigs meisterhaften Texten. Erzählt wird die Geschichte eines jungen Anglistik-Studenten, der seinen charismatischen Professor, eine Koryphäe auf dem Gebiet des Elisabethanischen Dramas, wie einen Vater verehrt. Dass sein Lehrer homosexuell ist, ahnt der

Student nicht. Unbedenklich nimmt er das Angebot an, in das Untermietzimmer im Hause des Professors einzuziehen. Tatkräftig hilft der junge Mann bei der Abfassung eines Buches mit.

Auch in dieser Erzählung winkt das Ödipus-Motiv – die sportliche, schöne Gattin des Universitätsprofessors findet an dem Studenten Gefallen. Während ihr Mann wieder einmal auf Reisen ist, finden die beiden zusammen. Nach der Rückkehr des Hausherrn gesteht der beschämte Student voller Angst die Liebesnacht ein. Aber der Professor antwortet mit einem Liebesbekenntnis an den jungen Mann. Auf alles war der Student vorbereitet, nur darauf nicht. Zweig zeigt in dieser Erzählung, wie in jeder Form von Verehrung, jedem Autoritätsverhältnis eine Geschichte aus der Kindheit mit erzählt wird.

Zuletzt sei noch auf die in Südtirol angesiedelte Erzählung *Die spät bezahlte Schuld* hingewiesen, die sich in Zweigs brasilianischem Nachlass fand. Sie ist eine der letzten Arbeiten, die Stefan Zweig im brasilianischen Exil vollendet hat. 1942 wurde sie in Rio in portugiesischer Übersetzung (in einem Band mit der *Schachnovelle*) erstmals veröffentlicht. Auch diese Geschichte erzählt von einer Wiederbegegnung nach vielen Jahren. Und von der Vergänglichkeit des Ruhms.

Im zweiten Teil dieses Lesebuches haben wir Essays, Aufsätze und persönliche Erinnerungen Stefan Zweigs versammelt, die – bis auf wenige Ausnahmen – noch nie in Buchform erschienen sind. Zu Beginn handelt es sich um verstreut publizierte Beiträge zu verschiedenen Anlässen, der größere Teil verweist auf Stefan Zweigs Kreis von Freunden und Bekannten aus seiner Wiener Lebenszeit. Es handelt sich um eine Auswahl von Texten, die sich auf die Kulturszene Wiens beziehen. Eines Tages wird es eine vollständige Sammlung von Stefan Zweigs bisher noch nicht veröffentlichten Arbeiten geben.

Klemens Renoldner

Text-Nachweise

Die in diesem Lesebuch versammelten Erzählungen, Essays und Aufsätze Stefan Zweigs folgen, soweit sie uns zugänglich waren, den Erstveröffentlichungen in Zeitungen und Zeitschriften bzw. den Erstdrucken in Buchausgaben. Aus Gründen der Lesbarkeit wurde die aktuell gültige Rechtschreibung angewendet. Dies bedeutet Änderungen gegenüber den Druckvorlagen vor allem bei der Groß- und Kleinschreibung. Im Sinne einer besseren Lesbarkeit wurde auch die ß- und ss-Schreibung der heutigen Rechtschreibung angeglichen.

Veraltete Schreibweisen einzelner Wörter wurden aktualisiert, so wurde z. B. aus der „Bureauphobie" eine „Bürophobie", aus „ortographisch" wird „orthographisch", aus „südslavisch" wird „südslawisch", aus „mondain" wird „mondän" etc. Verändert gegenüber den Vorlagen wurde auch die Schreibung von Umlauten am Wortanfang, so wird „Oesterreicher" zu „Österreicher" und „Ueberlegenheit" zu „Überlegenheit" etc.

Ebenfalls dem heutigen Schreibgebrauch angeglichen wurde die Verwendung von Anführungszeichen in der direkten Rede. Offenkundige Abschreibfehler wie etwa die irrtümliche Doppelung desselben Wortes u. ä. wurden kommentarlos richtiggestellt.

Nicht modernisiert wurde in jenen Texten, für die eine Originalpublikation vorlag, jedoch die Interpunktion. Stefan Zweigs Eigenheiten bei der Komma- und Semikolon-Setzung wurden in diesen Fällen beibehalten. In späteren Ausgaben wurden diese meist normalisiert. Auch Zweigs spezieller Gebrauch der Groß- und Kleinschreibung nach einem Doppelpunkt wurde übernommen. Ebenso wurden alle besonderen stilistischen Eigenheiten Stefan Zweigs (Satzstellung, elliptische Verkürzungen von Sätzen, altertümliche Wendungen und Wörter etc.) *nicht* im Sinne des heutigen Sprachgebrauchs geglättet.

Für die hier veröffentlichten Texte wurden folgende Druckvorlagen verwendet:

ERZÄHLUNGEN

Vergessene Träume

Berliner Zeitung, 22. Juli 1900.
Später auch veröffentlicht in dem Erzählband *Verwirrung der Gefühle*, Frankfurt/Main: S. Fischer Verlag, 1983
(= Stefan Zweig – Gesammelte Werke in Einzelbänden)

Das Kreuz

Die Nation, Berlin, 6. Januar 1906.
Später auch veröffentlicht in dem Erzählband *Der Amokläufer*, Frankfurt/Main: S. Fischer Verlag, 1984
(= Stefan Zweig – Gesammelte Werke in Einzelbänden)

Angst

Wir veröffentlichen hier die unbekannte erste Fassung der Novelle, wie sie in der *Neuen Freien Presse*, in wöchentlichen Abständen zwischen 3. August und 21. September 1913, zusätzlich auch am 15. August, erschienen ist. Stefan Zweig hat den Text für verschiedene Ausgaben überarbeitet und erweitert.
In veränderter Form auch veröffentlicht in dem Erzählband *Verwirrung der Gefühle*, Frankfurt/Main: S. Fischer Verlag, 1983
(= Stefan Zweig – Gesammelte Werke in Einzelbänden)

Die Augen des ewigen Bruders

Erstmals in *Die neue Rundschau, Jahrgang XXXII der freien Bühne*, Berlin, Mai 1921. Erste Buchausgabe: Insel-Verlag, Leipzig 1922 (Insel-Bücherei, Band Nr. 349).
Später auch veröffentlicht in dem Erzählband *Rahel rechtet mit Gott*, Frankfurt/Main: S. Fischer Verlag, 1990
(= Stefan Zweig – Gesammelte Werke in Einzelbänden)

Vierundzwanzig Stunden aus dem Leben einer Frau

Veröffentlicht wird hier die erste Fassung der Erzählung, die Zweig 1927 in der Novellen-Sammlung *Verwirrung der Gefühle* im Insel-Verlag in Leipzig publizierte.

Später auch in veränderter Form veröffentlicht in dem Erzählband *Phantastische Nacht*, Frankfurt/Main: S. Fischer Verlag, 1982 (= Stefan Zweig – Gesammelte Werke in Einzelbänden)

Verwirrung der Gefühle

Auch diese Erzählung wird hier nach der ersten Fassung veröffentlicht, die sich in dem gleichnamigen Erzählband von 1927, Insel-Verlag, befindet.
Später auch veränderter Form veröffentlicht in dem Erzählband *Verwirrung der Gefühle*, Frankfurt/Main: S. Fischer Verlag, 1983 (= Stefan Zweig – Gesammelte Werke in Einzelbänden)

Widerstand der Wirklichkeit

Die Fragment gebliebene Erzählung aus dem englischen Nachlass Stefan Zweigs trägt auf der ersten Seite auch den Titel *Reise in die Vergangenheit.* 1929 hatte Zweig unter dem Titel *Fragment einer Novelle* einen Teil dieser Erzählung veröffentlicht.
Als Fragment veröffentlicht in: Stefan Zweig: *Brennendes Geheimnis.* Frankfurt/Main: S. Fischer Verlag, 1987 (= Stefan Zweig – Gesammelte Werke in Einzelbänden)

Die spät bezahlte Schuld

Diese Erzählung aus dem brasilianischen Nachlass Stefan Zweigs wurde 1942 zuerst in einer portugiesischen Übersetzung in einem Band mit drei Erzählungen *(As três paixoes. Três novelas)* in Rio de Janeiro veröffentlicht.
In deutscher Sprache erschien sie erstmals in der Tageszeitung *Die Presse,* Wien, 15., 22., 29. September, 6., 13. Oktober 1951. Später auch veröffentlicht in dem Erzählband *Phantastische Nacht,* Frankfurt/Main: S. Fischer Verlag, 1982 (= Stefan Zweig – Gesammelte Werke in Einzelbänden)

Schachnovelle

Zwei Tage vor seinem Tod, am 21. 2. 1942, schickte Zweig drei Typoskripte der *Schachnovelle* an seine Verleger und Übersetzer. Die erste Veröffentlichung erfolgte in Brasilien in portugiesischer Sprache in dem Band *As três paixoes. Três novelas* (Drei Leiden-

schaften, drei Novellen). Die deutschen Erstausgaben von Buenos Aires und Stockholm weisen Änderungen im Text auf, die von Lektoren vorgenommen wurden. Diese Eingriffe haben sich in den weiteren Ausgaben großteils erhalten. Veröffentlicht wird hier die Originalversion der *Schachnovelle*, in jener Form, die Zweig hinterlassen hat.
Nähere Angaben zur Entstehungsgeschichte und zu den verschiedenen Fassungen finden Sie in dem Band: Stefan Zweig: *Schachnovelle*. Kommentierte Ausgabe. Hrsg. v. Klemens Renoldner. Stuttgart, Reclam-Verlag, 2013

ESSAYS

Die zehn Wege zum deutschen Ruhm

In: *Der Ruf*, Karnevalsausgabe, Wien/Leipzig, Februar 1912
Dieser Text ist bisher in keiner Anthologie veröffentlicht worden.

Bürophobie

In: *Neue Freie Presse*, Wien, 6. März 1919
Dieser Text ist bisher in keiner Anthologie veröffentlicht worden.

Von den Bäumen

In: *Der Kunstwart*, Halbmonatsschau für Ausdruckskultur auf allen Lebensgebieten, München, 24. Jg., Juli bis September 1911
Dieser Text ist bisher in keiner Anthologie veröffentlicht worden.

Die Jahrhundertausstellung Wiener Malerei in Zürich

In: *Neue Freie Presse*, Wien, 8. Juli 1918
Dieser Text ist bisher in keiner Anthologie veröffentlicht worden.

»Darf der Dichter in seinem Werk Privatpersonen porträtieren?« – Eine Umfrage

In: *Die literarische Welt*, Berlin, 23. September 1927
Dieser Text ist bisher in keiner Anthologie veröffentlicht worden.

Blick über die elektrische Stadt in die Zukunft hinein
In: *Neue Rundschau,* 103. Jg., 1992, Heft 1
Dieser Text ist bisher in keiner Anthologie veröffentlicht worden.

Vorbeigehen an einem unauffälligen Menschen – Otto Weininger
In: Stefan Zweig: *Europäisches Erbe.* Frankfurt/Main: S. Fischer Verlag, 1987

Peter Altenberg und Wien
In: *Stimmen der Gegenwart, Monatsschrift für moderne Litteratur und Kritik,* Eberswalde, Februar 1901
Dieser Text ist bisher in keiner Anthologie veröffentlicht worden.

Erinnerung an Theodor Herzl
In: Stefan Zweig: *Begegnungen mit Menschen, Büchern, Städten.* Wien, Leipzig, Zürich: Reichner-Verlag, 1937

Otto Soyka
In: *Die neue Rundschau, XXIIter Jahrgang der freien Bühne,* Band 2, Berlin, 1911
Dieser Text ist bisher in keiner Anthologie veröffentlicht worden.

Hermann Bahr, der Fünfzigjährige
In: *Neue Freie Presse,* Wien, 27. Mai 1913
Dieser Text ist bisher in keiner Anthologie veröffentlicht worden.

Abschied von Wien – Erwin Rieger und Paul Wertheimer
In: *Neue Freie Presse,* Wien, 28. August 1921
Dieser Text ist bisher in keiner Anthologie veröffentlicht worden.

Richard Strauss und Wien
In: *Neue Freie Presse,* Wien, 9. Juni 1924
Dieser Text ist bisher in keiner Anthologie veröffentlicht worden.

Gestaltung einer Jugend – Lou Andreas-Salomé
In: *Neue Freie Presse,* Wien, 10. August 1924
Dieser Text ist bisher in keiner Anthologie veröffentlicht worden.

Gedächtnis eines Freundes – Leo Feld
In: *Neue Freie Presse,* Wien, 16. Mai 1925
Dieser Text ist bisher in keiner Anthologie veröffentlicht worden.

Erinnerung an Arthur Schnitzler
In: *Die literarische Welt,* Berlin, 6. November 1931
Auch veröffentlicht in: Stefan Zweig: *Briefwechsel.* Mit Hermann Bahr, Sigmund Freud, Rainer Maria Rilke und Arthur Schnitzler. Herausgegeben von Jeffrey B. Berlin, Hans-Ulrich Lindken und Donald A. Prater. Frankfurt/Main: S. Fischer Verlag, 1987

Der Don Juan der Erkenntnis – Hermann Bahr
In: *Neue Freie Presse,* Wien, 19. Juli 1933
Dieser Text ist bisher in keiner Anthologie veröffentlicht worden.

Abschied von Joseph Roth
Rede zur Trauerfeier für Joseph Roth in London, 23. Juni 1939.
In: Stefan Zweig: *Europäisches Erbe.* Frankfurt/Main: S. Fischer Verlag, 1960

Worte am Sarge Sigmund Freuds
Rede zur Trauerfeier für Sigmund Freud am Friedhof Golders Green in London, 26. September 1939
In: Stefan Zweig: *Zeit und Welt.* Gesammelte Aufsätze und Vorträge. 1904–1940. Herausgegeben von Richard Friedenthal. Frankfurt/Main: S. Fischer Verlag, 1946

Bild-Nachweise

IMAGNO brandstätter images: S. 162, 163, 164, 165, 166, 167, 249, 250, 251, 252, 253, 255 o.
Das Foto auf Seite 252 stammt von Trude Fleischmann, alle anderen Fotografien hat Franz Xaver Setzer aufgenommen.

Stefan Zweig Centre Salzburg: 161, 254, 255 u., 256 sowie Stefan Zweigs Signatur.

Das Typoskript D der *Schachnovelle* (vgl. Seite 347) befindet sich in der „Stefan-Zweig-Collection“ der Reed-Library an der State University of New York von Fredonia/NY.

Die Seite vier aus dem Manuskript von Stefan Zweigs Rede bei der „Trauerfeier für Sigmund Freud“ (vgl. Seite 168) befindet sich im Londoner Nachlass Stefan Zweigs.

Das *Stefan Zweig Centre Salzburg* wurde im Herbst 2008 von der Universität Salzburg – gemeinsam mit Stadt und Land Salzburg – gegründet. Zu sehen ist eine Ausstellung zu Leben und Werk Stefan Zweigs, ein umfangreiches Veranstaltungsprogramm im In- und Ausland und wissenschaftliche Konferenzen zur österreichischen Literatur zwischen 1900 und 1945 werden angeboten.
Das *Stefan Zweig Centre Salzburg* befindet sich in der Edmundsburg auf dem Salzburger Mönchsberg.
Öffnungszeiten: Mo, Mi, Do, Fr 14–16 Uhr.

www.stefan-zweig-centre-salzburg.at

Stefan Zweig

Literatur bei Styria

Mit PARADIES hat der österreichische Erfolgsautor Gabriel Barylli ein radikales Buch geschrieben – es geht um eine Sache, die eigentlich ganz einfach ist: die Befreiung der Menschen von Unterdrückung und Denkverboten. Wer in das „Paradies"-Spiel hineingeht, erlebt faszinierende Situationen von Klarheit, und es ist vor allem die Frau, die im Zentrum steht – denn solange es keine wahrhaftige Gleichberechtigung gibt, so lange gibt es keine wirkliche Liebe. Der erste Band der Trilogie, ein Aufsehen erregender Auftakt!

Gabriel Barylli
PARADIES
Roman

272 Seiten; 13,5 x 21,5 cm
€ 24,99 · ISBN 978-3-222-13356-5

Eine junge Frau blickt zurück. Vielleicht hat sie den Mann ihres Lebens gefunden, den Märchenprinz. Aber sie möchte, dass er sie wirklich und wahrhaftig kennenlernen kann. Also blickt sie zurück: auf ihre Kindheit, auf die Jahre und Ereignisse, die sie geformt und geprägt haben. Sie schreibt einen großen Bericht, in dem sie sich nicht schont, und am Ende versteht man ihre Sehnsucht nach Wahrheit und Klarheit. Und man ahnt, dass es dieser Maria gelingen wird, ihr wirkliches Leben zu führen. Der zweite Band der Trilogie, in sich abgeschlossen.

Gabriel Barylli
BEGINN
Roman

264 Seiten; 13,5 x 21,5 cm
€ 24,99 · ISBN 978-3-222-13371-8

styria premium

Lyrik, Poesie - es gibt so viele Momente im Leben, in denen das Gedicht der richtige Text ist. Die Quelle, aus der Menschen Gefühle und Gedanken schöpfen. Große Künstler, die das Wort l(i)eben, öffnen ihr Herzkästchen und präsentieren ihre ganz persönliche Auswahl. Ihre 25 Lieblingsgedichte, ihr Fenster in das Schatzhaus Dichtung.

Friederike Mayröcker
MEINE 25 LIEBLINGSGEDICHTE

64 Seiten; 12 x 21,5 cm
€ 16,- · ISBN 978-3-222-13358-9

Michael Heltau
MEINE 25 LIEBLINGSGEDICHTE

64 Seiten; 12 x 21,5 cm
€ 16,- · ISBN 978-3-222-13359-6

Daniel Spoerri
MEINE 25 LIEBLINGSGEDICHTE

64 Seiten; 12 x 21,5 cm
€ 16,- · ISBN 978-3-222-13369-5

Erwin Steinhauer
MEINE 25 LIEBLINGSGEDICHTE

64 Seiten; 12 x 21,5 cm
€ 16,- · ISBN 978-3-222-13366-4

styria premium

ISBN 978-3-222-13372-5

Wien – Graz – Klagenfurt

Bücher aus der Verlagsgruppe Styria gibt es
in jeder Buchhandlung und im Online-Shop

Lektorat: Reinhard Deutsch
Cover- und Buchgestaltung: Bruno Wegscheider
Coverfoto: IMAGNO

Druck und Bindung:
Druckerei Theiss GmbH, St. Stefan im Lavanttal
7 6 5 4 3 2 1
Printed in Austria